Peer Heinlein: Das Postfix-Buch

open
source
P R E S S

Peer Heinlein

Das Postfix-Buch

Sichere Mailserver mit Linux

2., überarbeitete und erweiterte Auflage

Bibliografische Information Der Deutschen Bibliothek

Die Deutsche Bibliothek verzeichnet diese Publikation in der Deutschen Nationalbibliografie; detaillierte bibliografische Daten sind im Internet über http://dnb.ddb.de abrufbar.

© 2004 Open Source Press GmbH, München
Gesamtlektorat: Dr. Markus Wirtz
Satz: Open Source Press GmbH (LaTeX)
Umschlaggestaltung: Fritz Design GmbH, Erlangen
Gesamtherstellung: Kösel GmbH & Co. KG, Krugzell

Die 1. Auflage erschien 2002 bei SuSE Press.

ISBN 3-937514-04-X   http://www.opensourcepress.de

Vorwort

Mailserver – die Könige unter den TCP/IP-Servern. Sie sind das Rückgrat im Austausch elektronischer Nachrichten, Rundbriefe und Mitteilungen.

Wenn Mailserver nicht oder nur schlecht funktionieren, wird Kommunikation unterbrochen oder gar verhindert. Sie transportieren Geschäftsangebote und Urlaubsgrüße, Liebesbriefe und Drohungen, Absprachen und Verabredungen, Werbemails und Nachrichten – eben die gesamte Palette menschlicher Kommunikation.

Mailserver sind wohl die komplexesten TCP/IP-Server, die es gibt: Zugriffsbeschränkungen, Protokolle, Kennwörter, Spam-Schutz, Weiterleitungen, Queues, Verteilerlisten, Web-Interfaces, Mailfilter, Viren und Würmer, Nutzerdatenbanken, Kryptographie … Die technische Administration eines Webservers ist vergleichsweise trivial gegen die zahlreichen Möglichkeiten und verschiedenen Auswirkungen bei der Konfiguration eines Mailservers. Schon der normale Weg einer E-Mail vom Absenden bis zur tatsächlichen Zustellung umfasst viele Schritte und Stationen mit einer Vielzahl von Konfigurations-, Einfluss- und natürlich auch Fehlermöglichkeiten. Das Ablaufschema von Postfix spricht eine deutliche Sprache. – Der Abruf einer Webseite ist dagegen „kalter Kaffee", PHP-Interpreter und Zugangsbeschränkungen eingeschlossen!

Doch gleichzeitig sind Mailserver auch *gefährlich*: Sie arbeiten automatisiert mit anderen Servern zusammen und treffen Entscheidungen, selbst im Netz aktiv zu werden. Ein nicht funktionierender Webserver ist für die Benutzer nicht erreichbar – und damit das persönliche Problem des Webmasters. Ein Amok laufender Mailserver kann zahlreiche andere Mailserver blockieren, Postfächer überfluten, Mails auf Nimmerwiedersehen verschwinden lassen und so unter Umständen große finanzielle Schäden verursachen.

Vieles „hinter den Kulissen" ist für einen Laien, aber auch für einen Profi gar nicht erkennbar – selbst bei gezielter Suche. Man muss einfach *wissen, wonach* man sucht, denn intuitiv würde man nicht einmal dessen Existenz vermuten.

Im Alltag sind viele Mailserver selbst namhafter Firmen mangelhaft konfiguriert. Sie sind unzuverlässig oder unsicher und nicht gegen Missbrauch durch UCE-/Spam-

Versender geschützt. Auch die Kommunikation ihrer Benutzer ist wenig bis gar nicht gesichert. Gute Kennwörter oder Datenverschlüsselung sind oft böhmische Dörfer – doch ein Schutz der Kommunikation wird angesichts immenser elektronischer Datenschnüffelei immer wichtiger und unverzichtbarer.

Da es bislang weder ein „Handbuch für Postmaster" noch eine deutsche Referenz für Postfix gibt, war dieses Buch wohl überfällig, und ich freue mich sehr, dass es in der ersten Auflage – glaubt man den vielen positiven Reaktionen – so gut ankam. Doch Probleme kommen und gehen, und Software ändert sich; daher ist nun Zeit für die zweite Auflage. Alle Kapitel wurden dem aktuellen Stand der Dinge angepasst, und gegenüber der ersten Auflage sind verschiedene Themen auf über 90 Seiten hinzugekommen.

Ich hoffe, dieses Buch gibt anderen Postmastern einen tiefen Einblick in die Arbeit und Tücken, die die Pflege eines Mailservers mit sich bringt. Zwar heißt es: „Aus Fehlern wird man klug." Aber warum soll man alle Fehler selbst machen? Ich für meinen Teil habe genug Fehler gemacht und lege deshalb in diesem Buch einen besonderen Schwerpunkt auf Erfahrungen und Berichte aus der Praxis und erlaube mir auch, einfach die eine oder andere Begebenheit zu erzählen. Je mehr Erfahrungen man hat, desto eher steigt man hinter ein Problem.

Eine nackte technische Referenz soll dieses Buch daher nicht sein. Dennoch ist es hoffentlich geeignet, die – wie ich finde – wirklich hervorragende Software Postfix zu erklären, zu verbreiten und zu unterstützen. Ich möchte den Spagat wagen und Ihnen Mailserver *anhand von Postfix* erklären. Wer noch nicht zu Postfix bekehrt ist, wird hoffentlich ebenfalls manch Lehrreiches aus diesem Buch ziehen und sich mit diesem ausgereiften, soliden Programm anfreunden.

Auf meinen Servern lief Postfix all die Zeit stets genügsam, schnell, stabil und zuverlässig – ein echtes Arbeitstier. Es ist übersichtlich, und trotzdem konnte ich bislang stets das konfigurieren, was ich für meinen Postmaster-Alltag brauchte. Kurzum: Eine immer größer werdende Schar Postfix-Fans ist rundum zufrieden, daher ein Dank an Wietse Venema, den Autor von Postfix!

Die meisten Computerbücher sind *technische* Bücher und nach technischen Aspekten gegliedert – nicht nach Problemstellungen. Genau das aber habe ich hier versucht: Jeweils anhand eines markanten Problems oder einer Aufgabe erkläre ich Ihnen Postfix und wie man damit die jeweilige Aufgabe löst. Entsprechend sind Probleme und deren Lösungen über das ganze Buch verstreut. Dennoch sollte man das, was einem gerade unter den Nägeln brennt, in diesem Buch rasch finden und nachlesen können – wie man es eben braucht.

Wenn Sie dieses Buch durchlesen, so beachten Sie bitte folgende Punkte: Distributionen ändern zum Teil sehr schnell ihre „Gewohnheiten", Vorgehensweisen oder Programmpfade. Haben Sie also bitte Verständnis, wenn sich Pfadangaben oder Links nach Drucklegung des Buches ändern; es sollte aber sicher kein Problem sein, die benötigten Pfade ggf. selbst herauszufinden. Darüber hinaus kann dieses Buch unmöglich *alle* Möglichkeiten und Fähigkeiten von Postfix im Detail beschreiben – das wäre ohnehin stinklangweilig, überflüssig und sicher nicht in Ihrem Sinne.

Das Buch enthält aber (fast) alles, was man meiner Erfahrung nach im Leben als Postmaster braucht. Im Anhang finden Sie eine Referenz mit allen Parametern, und ich traue Ihnen zu, dass, *wenn* Sie ausgefallene Parameter aus dem letzten Winkel von Postfix benötigen, dann auch so weit sind, diese mit Hilfe der Dokumentation zu ergründen. Zuletzt noch eine technische Anmerkung: Ich habe Variablen im Text stets mit Dollarzeichen benannt, also **$mynetworks**, auch wenn es technisch korrekt wäre, nur **mynetworks** zu schreiben. Ich möchte Ihnen damit das Lesen leichter machen und Ihnen helfen, zwischen Parametern und Variablen zu unterscheiden.

Auf den Webseiten http://www.postfixbuch.de wird dieses Buch weitergeführt! Sie finden dort aktuelle Hinweise, alle Listings des Buches zum Download, alle Links aus den Kapiteln und – ich fürchte, das lässt sich nicht vermeiden – auch Fehlerkorrekturen gegenüber der Druckversion. Ich habe mir große Mühe gegeben und alles mehrmals überprüft – sollten Sie Fehler finden oder andere Hinweise, Kritik oder Verbesserungsvorschläge haben: immer her damit, auch eine 3. Auflage wird's hoffentlich geben.

Schreiben Sie mir: autor@postfixbuch.de!

Auf den Webseiten von http://www.postfixbuch.de sind auch Links zur Mailingliste **postfixbuch-users**, wo ein zum Teil sehr reger Austausch der deutschen Postfix-Gemeinschaft stattfindet und wo viele Fragen, Probleme und andere Tipps und Tricks ausgetauscht werden.

Zu guter Letzt dürfen Dankeschöns natürlich nicht fehlen. Auch ich habe diese früher gerne überblättert, doch haben diese Personen wirklich einen Dank und damit auch Ihre Aufmerksamkeit verdient, denn ohne sie gäbe es das Buch nicht! Also spendiere ich ihnen kurz ein paar Zeilen, denn es ist keine Förmelei:

Allen voran natürlich meinem Lektor und engen Freund Dr. Markus Wirtz, ohne den ich wahrscheinlich nie dazu gekommen wäre, neben dem Postfix-Buch noch andere Bücher zu schreiben.

Gleich an nächster Stelle steht Andreas Baumann von IMU/BerliNet, mit dem ich nun schon seit über 12 Jahren gemeinsam Mailboxen betreibe und als Internet-Provider tätig bin und ohne den ich mich wohl auch nie mit Internet-Servern beschäftigt hätte. Andreas: Auch wenn der viel zu frühe Abschied von Anton alles über den Haufen wirft, mach weiter wie bisher, bleib, wie Du bist, und halt die Ohren steif. Lieber Anton: Ohne Dich hätte es alles so nicht gegeben. Danke – und mach's gut!

Hobby – da ist er, der ungewöhnliche *politische Provider JPBerlin*, der mir schon so viele Stunden meines Schlafes geraubt hat. Und natürlich auch alle JPBerliner, die Nutzer, die nicht müde werden, mich mit immer neuen Extrawünschen zu quälen (Wunschtermin: stets vorgestern!), die es sich aber auch nie nehmen lassen, über Mundpropaganda neue JPBerliner zu werben, damit ich auch ja nicht zu viel

Zeit für Langeweile habe. Danke euch allen, denn ohne euch hätte ich das Wissen über Linux, Server und eben auch Mailserver erst gar nicht erworben! Verzeiht die eine oder andere Verzögerung oder vergessene Support-Mail, oder, wie es James angetütert in *Dinner for One* ausdrückte: „Well... I'll do my very best!"

Wirklich großen Dank auch an mein Team Jens Kulmegies, Peer Hartleben, Thomas Scholz und Thomas Bechtold, die jeden Tag mit mir klarkommen müssen und die tapfer für dieses Buch zugearbeitet und hoffentlich alle Fehler gefunden haben.

Für fachlichen Rat und Mitarbeit auch ein Dank an die stets hilfsbereiten und unbestritten sehr kompetenten Ralf Hildebrandt, Robert Simai und Heiko Rommel, die sich sehr engagiert haben, das Buch fachlich abzusichern und Fehler zu finden, ebenso an Carsten Höger, den Postfix-Maintainer bei SUSE, und ebenfalls ganz herzlich an Kai Bodensiek für seine juristische Beratung und Hilfe in Kapitel 13.

Die Zuschriften zur 1. Auflage waren so zahlreich, dass man nicht alle Namen nennen kann, aber alle engagierten Schreiberlinge mit ihren vielen Vorschlägen, Fragen und auch Fehlerhinweisen dürfen sich hiermit angesprochen fühlen und ein ganz herzliches Dankeschön für ihre Mühe in Empfang nehmen. Auch wenn ich sicherlich vergessen habe, auf die eine oder andere E-Mail zu antworten: Ich habe alle Hinweise dankbar gelesen und hoffentlich auch befolgt.

Und natürlich – jetzt wird's persönlich, aber auch das muss sein, denn es kommt von Herzen – ein Dank an meine komplette Familie, meine Lieblings-Verlagskauffrau Ivonne (der ich gar nicht böse bin, dass ich ohne sie vielleicht schon viel mehr Bücher geschrieben hätte), meine Lieblingsmitbewohnerin Jana und natürlich an meine Freunde und alle anderen, denen ich mit „den Büchern" in den Ohren liege.

Peer Heinlein   Berlin, im Februar 2004

Inhaltsverzeichnis

Teil 1

Grundlagen

Funktionsweise eines Mailservers

Die grundsätzlichen Aufgaben eines Mailservers sind schnell geklärt: Einkommende E-Mails sollen in den Postfächern der Nutzer gespeichert werden, bei ausgehenden E-Mails muss der passende Zielrechner ermittelt und an diesen die E-Mail zugestellt werden. Ggf. muss er noch als Zwischenspeicher (*Relay*) für einen anderen, gerade ausgefallenen Mailserver herhalten.

Soweit hört sich das erst einmal sehr einfach an – und trotzdem besteht ein moderner Mailserver aus einer ganzen (nur auf den ersten Blick unüberschaubaren) Ansammlung verschiedener Softwarekomponenten, Module und einem raffinierten Zusammenspiel mit externen Zusatzprogrammen. Ein Mailserver ist eine komplexe Struktur, doch richtig installiert greifen alle Teile nahtlos ineinander und funktionieren rundum sorgen- und fast pflegefrei.

Schauen wir uns also grundsätzlich einmal an, wie Mailserver funktionieren, was sie können und was nicht, damit Sie ein Gefühl dafür bekommen, was passiert, wenn Sie eine E-Mail über das Internet zustellen.

1.1 SMTP und POP3/IMAP

Im Folgenden müssen wir jedoch schon die erste technische Differenzierung vornehmen: Mails versenden und Mails aus dem Postfach abholen sind zwei völlig verschiedene Dinge.

Für die erste Funktion wird ein Verfahren namens SMTP benutzt, das *Simple Message Transfer Protocol*. Ein *Protokoll* legt stets fest, nach welchem Verfahren zwei Rechner miteinander kommunizieren, also Daten austauschen. Schließlich muss eine gemeinsame „Sprachregelung" gefunden werden, damit Rechner A auch versteht, was Rechner B von ihm will.

SMTP definiert also, wie ein Rechner (*Host*) an einen anderen Host eine E-Mail zustellen kann.

Etwas anderes sind jedoch die Verfahren *Post Office Protocol* (POP3) und *Internet Mail Access Protocol* (IMAP): Diese beiden Protokolle regeln, wie ein Nutzer an die in seinem Postfach gespeicherten E-Mails letztendlich herankommt, um die Mails zu lesen, sich das Inhaltsverzeichnis eines E-Mail-Postfaches auflisten oder einzelne E-Mails gezielt aus dem Postfach löschen zu lassen. Dies ist etwas grundsätzlich anderes als SMTP. So wird man sich bei POP3/IMAP Gedanken um eine Authentifizierung des Nutzers machen müssen, damit Unbefugte nicht an fremde E-Mails herankommen. SMTP hingegen stellt eine E-Mail an den Zielrechner zu, und Sinn und Zweck ist es ja gerade, dass diese E-Mail von einem beliebigen Dritten stammen kann und von einem beliebigen Mailserver irgendwo in der Welt an uns zugestellt wird, eine Authentifizierung also gerade nicht zwingend stattfinden muss.

POP3 ist noch recht einfach, aber gerade IMAP ist ein recht komplexes Protokoll. Dieses Buch dreht sich dennoch größtenteils um SMTP und alle Probleme, die die Zustellung und Annahme von E-Mails mit sich bringen. Liegen die Mails erst einmal auf der Festplatte gespeichert im Postfach des Benutzers, ist die Abholung über POP3/IMAP durch die Mailsoftware des Benutzers dann vergleichsweise ein Kinderspiel und bietet wenig Anlass zu größeren Konfigurationsarbeiten. Einen SMTP-Server sicher zu konfigurieren und zu betreiben ist hingegen eine wahre Kunst!

1.2 SMTP – die Sprache der Mailserver

Beginnen wir also mit SMTP, der Sprache der Mailserver untereinander. Nur so verstehen wir, was sich beim Zustellen einer E-Mail an einen anderen Host abspielt.

Versetzen wir uns in die Lage des Rechners **mail.irgendwas.de**, der für ein Postfach auf dem Rechner **mail.postfixbuch.de** eine E-Mail zustellen möchte. Würden wir auf dem Netzwerk lauschen, so ließe sich folgender kleiner Dialog verfolgen (die fett gedruckten Teile stammen von **mail.irgendwas.de**):

```
Connected to mail.postfixbuch.de.
Escape character is '^]'.
220 mail.postfixbuch.de ESMTP Postfix on SuSE Linux 9.0 (i386)
HELO mail.irgendwas.de
250 mail.postfixbuch.de
MAIL FROM: <user@irgendwas.de>
250 Ok
RCPT TO: <postmaster@mail.postfixbuch.de>
250 Ok
DATA
354 End data with <CR><LF>.<CR><LF>
Subject: Ein Betreff

Hallo Welt


.
250 Ok: queued as A6B701E890
QUIT
221 Bye
```

Der Dialog scheint recht simpel: Nachdem Rechner mail.irgendwas.de über TCP/IP eine Verbindung zum Rechner mail.postfixbuch.de auf Port 25 – dem üblichen SMTP-Port – aufgebaut und sich durch das Kommando HELO quasi „vorgestellt" hat, gibt er der Reihe nach Absender und Empfänger der nachfolgenden E-Mail bekannt. Hat der empfangende Mailserver keine Einwände, z. B. weil er sich für die genannte Empfänger-Domain nicht zuständig fühlt, beginnt unser einliefernder Mailserver nach dem Kommando DATA den Inhalt der E-Mail zu senden. Ein einzelner „." am Beginn einer leeren Zeile beendet die E-Mail, und Rechner mail.postfixbuch.de gibt zur Information bekannt, unter welcher Kennung die E-Mail bei ihm erfolgreich gespeichert wurde. mail.irgendwas.de kann sich nun verabschieden und seinerseits die E-Mail aus seiner lokalen Warteschlange löschen.

Diese und alle nachfolgenden Protokoll-Dialoge lassen sich leicht „per Hand" nachvollziehen. Während der Befehl telnet mail.postfixbuch.de normalerweise zum Telnet-Login des Rechners auf Port 23 führt, können wir auch einen gezielten Login auf Port 25 erzwingen und in direkten Dialog mit der dortigen E-Mail-Software treten, um den oben zitierten Dialog nachzuspielen:

```
user@linux:~> telnet mail.postfixbuch.de 25
Connected to mail.postfixbuch.de.
Escape character is '^]'.
220 mail.postfixbuch.de ESMTP Postfix on SuSE Linux 9.0 (i386)
HELO mail.irgendwas.de
250 mail.postfixbuch.de
QUIT
221 Bye
Connection closed bei foreign host.
user@linux:~>
```

Letztlich machen unsere Server den ganzen Tag lang nichts anderes: Verbindungen aufbauen und Befehle senden. Wer's weiß, kann so schnell eine E-Mail abschicken, ohne ein Mailprogramm zur Hand haben zu müssen. Gleichzeitig ist diese Methode eine unverzichtbare Möglichkeit zum Austesten unseres Mailservers: Welche Adressen nimmt er an? Oder interessanter sogar: Welche Adressen nimmt er *nicht* an? Doch damit werden wir uns später, in Kapitel 12 befassen.

1.3 „Relayende" Mailserver

Nun wird aber mitnichten auf jedem Rechner eine eigene Mailserver-Software laufen. Und, ob nun sinnvoller Luxus oder überflüssige Spielerei: Eine eigene Domain und Mailadresse im Stil von martin@schmidt.de ist gängige Praxis, obwohl unser Martin Schmidt wohl kaum jemals einen kompletten Mailserver sein Eigen nennt, der ausschließlich für ihn zuständig ist.

1.3.1 Unechtes Relaying

Ein Mailserver muss deshalb auch in der Lage sein, E-Mails für Domains und Adressen anzunehmen, die nicht ausdrücklich an seinen Namen adressiert sind. Jeder Provider wird viele, viele weitere Domains für Kunden halten und pflegen. Natürlich wird er deswegen aber noch lange nicht für jede Domain einen eigenen Mailserver bereitstellen. Schnell sind große Mailserver für tausende Domains gleichzeitig zuständig. Im Folgenden werden wir also nach einem Mechanismus Ausschau halten müssen, der die Zuständigkeit für weitere Domains regelt.

Der Mailserver wird E-Mails an diese *virtuellen Maildomains* meist direkt in ein lokal existierendes Postfach auf dem Mailserver umleiten. Aus diesem kann sich der Nutzer die E-Mail per POP3/IMAP abholen. Funktional entspricht dies einer Adressierung direkt unter der „echten Mailadresse" an das lokale Postfach auf dem Mailserver. Die eigene Mailadresse hat hier eher kosmetische als wirklich funktionale Bedeutung.

1.3.2 Echtes Relaying

Ebenso gut kann es sein, dass der Mailserver die Mail nur zwischenspeichern muss, um sie an einen anderen Mailserver zuzustellen. Wir nennen diese Funktionalität *relayen*. Ein Relay ist lediglich eine Zwischenstation auf dem Weg der E-Mail zum eigentlichen Ziel, z. B. wenn eine Mailadresse an eine andere Mailadresse weitergeleitet wird, oder aber wenn der Mailserver nicht das endgültige Ziel der Maildomain darstellt, sondern nur als Backup-Server eingerichtet ist. Das ist zum Beispiel dann notwendig, wenn der endgültige Mailserver nicht permanent erreichbar ist, sondern sich nur sporadisch über eine Wählleitung ins Internet einwählt (Home-LAN, kleine Firma etc.). Wir benötigen dann einen echten, fest angebundenen Mailserver als Relay, der für uns E-Mails annimmt, solange wir offline sind.

Doch selbst große Mailserver in Rechenzentren oder bei Internet Service Providern (ISP) sind nicht immer erreichbar: Sie können defekt oder überlastet sein, eine Netzwerkverbindung ist gestört, oder der Admin ist gerade mit Arbeiten am Rechner beschäftigt und hat diesen offline geschaltet. Aus diesem Grunde gibt es für ordentlich gepflegte Domains stets mindestens einen weiteren Backup-Mailserver, der die Mails erst einmal annehmen und zwischenspeichern kann.

In diesen Fällen wird das Relay die jeweiligen E-Mails nicht in lokale Postfächer abspeichern, sondern diese solange in der Warteschlange halten, bis sie tatsächlich per SMTP an den Ziel-Mailserver zugestellt werden können.

1.4 UUCP-Gateways

Zu guter Letzt besteht die Welt nicht nur aus TCP/IP oder Standleitungen. Früher kam vor allem das Protokoll *Unix to Unix Copy* (UUCP) zum Einsatz. Auch wenn UUCP-Verbindungen und das Wissen darüber fast ausgestorben sind, könnten sie eigentlich in vielen Fällen eine sinnvolle Alternative zu einer SMTP-Verbindung über TCP/IP sein. UUCP stellt die zu übertragenden Daten in einem Paket bereit, und bei einem direkten Anruf per Telefon oder auch bei einer UUCP-Verbindung über TCP/IP wird dieses Paket en bloc übertragen. Dabei kann man dadurch Übertragungszeit und Kosten sparen, dass sich dieses UUCP-Paket mit einem Packer komprimieren lässt und mehrere E-Mails auf einmal enthalten kann.

Allerdings benötigen Hosts, die per UUCP angebunden sind, oft einen SMTP-fähigen Partner mit permanenter Netzwerkanbindung, der die Verbindung zum Rest des Netzes aufrecht erhält, die E-Mails annimmt oder abschickt und empfangene Mails über UUCP weiterleiten kann. Wir nennen diesen Rechner ein *Gateway*, da er zwischen beiden Techniken vermittelt und konvertiert.

1.5 Weitere Wünsche

Soweit zum technischen Muss eines Servers. Natürlich haben wir noch zahlreiche weitere Wünsche. Mindestens folgende Funktionen sollte er darüber hinaus bereitstellen:

- E-Mail-Adressen sollten sich an andere, auch externe Postfächer weiterleiten lassen (Kapitel 5.2.2).

- Es muss einen Missbrauchsschutz geben, damit nur diejenigen unseren Server nutzen können, die wir kennen und denen wir vertrauen (Kapitel 9).

- So genannte Verteiler oder auch Mailinglisten sollen eine Mail schnell und unkompliziert an einen bestimmten Empfängerkreis verteilen (Kapitel 10).

- Man sollte Mails nach bestimmten Kriterien (Absender, Mailinhalt) filtern und die Annahme verweigern können (Kapitel 14.1).

- Die Verschlüsselung des gesamten Mailverkehres wäre sinnvoll. Nicht nur eine einzelne Mail, sondern der gesamte Sende- und Empfangsprozess sollte nach Möglichkeit mitsamt der benutzten Passwörter geschützt werden (Kapitel 18).

Und selbstverständlich kann Postfix all diese Aufgaben lösen!

1.6 Fachbegriffe

Bevor wir in die Installation von Postfix einsteigen, sollten wir für die nächsten Kapitel noch kurz folgende Begriffe klären:

MTA (*Mail Transport Agent*)
> Mailserver wie *Postfix, qmail, exim, sendmail* usw.; sie sind allein für den Transport zuständig. Was die Mails enthalten, wie sie geschrieben oder gelesen werden, muss sie nicht interessieren. Der Post ist es ja auch einerlei, wie ein Brief zustande gekommen ist oder was darin steht – Hauptsache, er gelangt ans Ziel.

MDA (*Mail Delivery Agent*)
> ein kleines, i. d. R. wenig auffälliges Programm, das vom MTA aufgerufen wird, um die E-Mails auf der Festplatte des Servers in die Mailordner zu speichern. Hier bietet sich die Möglichkeit, durch einen eigenen MDA E-Mails besonders abzuspeichern, z. B. in einer Datenbankumgebung oder nach einem vorherigen Anti-Viren-Check. In aller Regel wird man sich um einen MDA aber nicht kümmern müssen. Bei Postfix ist das Programm **local** dabei, das alles ohne weitere Konfiguration erledigt. Postfix kümmert sich um dessen Aufruf. Nehmen Sie die Existenz eines MDAs zur Kenntnis und vergessen Sie ihn erst einmal wieder... Nur wenn Sie wirklich besondere Mailserver bauen wollen, müssen Sie sich bei Gelegenheit mit dem MDA auseinander setzen.

MUA (*Mail User Agent*)
> Mailprogramm des Benutzers, also Mailreader wie *The Bat, KMail, Netscape Messenger, Mutt, Pine, Crosspoint, Eudora, Outlook, Pegasus Mail* und andere; sie regeln die Übergabe geschriebener Mails per SMTP an einen

MTA oder fragen Postfächer auf einem Server per POP3/IMAP ab. Sie sind es auch, die den Inhalt der Mail zu verwalten haben: Antwortfunktionen, Dateianhänge, Zeichensatzkonvertierung, und und und... Wie die Mail aber ans eigentliche Ziel gelangt, ist nicht ihr Problem.

Dieses Buch handelt also in erster Linie vom MTA Postfix und in zweiter Linie von allen anderen Aspekten rund um den Betrieb von Mailservern. Schauen wir uns nun an, wie Postfix diese und noch viele weitere Aufgaben löst und wie all das zu konfigurieren ist!

Parlez-vous RFC?

Das Leben im Netz ist von Protokollen bestimmt, die die Programme „sprechen" und gemäß derer sie mit anderen Hosts oder Programmen kommunizieren. Protokolle legen fest, nach welchen Abläufen oder Verfahren sich die Rechner untereinander verständigen und Daten austauschen, also z. B. wie unser Postfix auf einem anderen Mailserver eine E-Mail einzuliefern hat.

Protokolle werden in so genannten *Request for Comments* (RFC) beschrieben. Das sind vom Netz gemeinsam bestimmte Definitionen der unterschiedlichsten Belange und Verhaltensweisen – sozusagen die DIN-Normen des Internet. Alle RFCs sind natürlich öffentlich und an verschiedensten Stellen im Internet auch recherchierbar.[1]

RFCs muss man nicht unbedingt gelesen haben, solange man nicht Software programmiert. Es schadet allerdings auch nicht, die wenigen nachfolgend genannten RFCs einmal grob zu überfliegen. Wenigstens aber sollte man wissen, dass es sie gibt und wo man sie findet. Wir werden nicht umhin kommen, uns mit den dar-

---

[1] Eine gute Anlaufstelle: http://www.faqs.org/rfcs.

in beschriebenen Protokollen näher zu beschäftigen, da es für das Verständnis der Abläufe und die Analyse bei der Fehlersuche doch sehr hilfreich ist, die wichtigsten Kommandos zu kennen. Schauen wir uns also zwei von ihnen an:

RFC 2821 (früher *RFC 821*)

> und andere definieren SMTP/ESMTP, das *(Enhanced) Simple Message Transfer Protocol*. Darin ist festgelegt, wie eine E-Mail bei einem Mailserver eingeliefert werden muss: Entweder durch einen anderen Mailserver oder auch durch den Mailclient eines Benutzers. Wir haben das ja bereits vorhin im SMTP-Dialog gesehen.

RFC 2822 (früher *RFC 822*)

> definiert hingegen, wie der Header einer E-Mail aufgebaut sein muss. Das hat mit SMTP zunächst einmal nichts zu tun, denn eine E-Mail kann ja auch rein lokal innerhalb eines Systems erzeugt und zugestellt werden, ohne dass sie über SMTP und TCP/IP das System verlassen hat. Oder sie wird über UUCP zugestellt, auch dann bleibt SMTP außen vor.

Anders ausgedrückt: RFC 2821 regelt den Transport über SMTP, RFC 2822 den Aufbau und damit den Inhalt der transportierten E-Mail. Im Laufe der Zeit sind natürlich Ergänzungen und Erweiterungen hinzugekommen, und es gibt weitere RFCs, die RFC 2821 und RFC 2822 vervollständigen oder modifizieren. Am Grundsatz hat sich jedoch nichts geändert.

2.1 SMTP richtig sprechen

In Kapitel 1.2 haben wir den Ablauf einer SMTP-Verbindung schon einmal kurz kennen gelernt, jetzt wird es Zeit, sich SMTP in voller Länge mit allen einzelnen Befehlen anzuschauen.

2.1.1 SMTP-Kommandos

RFC 2821 definiert SMTP – die Grundlage der Auslieferung und Zustellung von E-Mails über das Internet. SMTP umfasst nicht viele Befehle, doch die wenigen müssen von den Servern vollständig unterstützt werden.

Neben den Grundbefehlen von SMTP hat man unter der Bezeichnung ESMTP (*Enhanced* SMTP) einige zusätzliche Befehle geschaffen. Dabei müssen Mailserver nicht alle ESMTP-Befehle unterstützen, sie sind stets optional und für die Zustellung der Mails nicht zwingend notwendig. Postfix beherrscht natürlich wichtige und relevante ESMTP-Kommandos.[2]

---

[2] Falls Sie einmal nachschlagen wollen: Relevante RFCs für (E)SMTP sind: **RFC 2821** (hat das veraltete **RFC 821** ersetzt), **1425, 1985** und **2822**.

HELO <hostname> (bei ESMTP: EHLO)

> initiiert die Verbindung und übergibt den Hostnamen des einliefernden Mail-servers. Gibt der Client statt HELO ein EHLO an, gibt er zu erkennen, dass er ESMTP-fähig ist, der Server antwortet dann mit einer Liste der von ihm un-terstützten ESMTP-Befehle.

> Nach dem HELO/EHLO-Kommando gibt der Client noch seinen Hostnamen an – kann diesen aber prinzipiell beliebig fälschen. Je nach Einstellung des Servers muss das HELO/EHLO-Kommando einen *Fully Qualified Domain Name* (FQDN) enthalten. Ganz paranoide Mailserver verlangen sogar, dass der übertragene Hostname mit dem im *Domain Name System* (DNS) der IP-Nummer zugeordneten Namen übereinstimmt (*Reverse Lookup*). D. h., sie überprüfen den angegebenen Namen mit der IP-Nummer des einliefernden Hosts und verweigern die Annahme von E-Mails, wenn diese Namen nicht zusammenpassen. Darum ist es sehr wichtig, dass das Reverse Lookup für Ihren Mailserver stets korrekt benannt ist (Kapitel 6.1 und Appendix B), an-dernfalls werden einige strenge Mailserver von Ihnen keine E-Mails mehr annehmen.

MAIL FROM: <mailadresse>

> benennt den Absender der Mail

RCPT TO: <mailadresse>

> (*Recipient to*) benennt den Empfänger der Mail

DATA

> startet die Übertragung der eigentlichen E-Mail; das Ende der Übertragung wird durch eine Zeile mit nur einem einzelnen Punkt signalisiert (genauer: <CR> <LF> . <CR> <LF>).

RSET

> (*Reset*) bricht die Übertragung ab und setzt die Verbindung zurück

NOOP

> (*No Operation*) provoziert nur eine Antwort des Servers, um die Verbindung aufrecht zu erhalten oder zu prüfen

QUIT

> beendet die Verbindung

ESMTP kennt noch folgende Erweiterungen, die aber stets optional sind:

HELP

> gibt, falls unterstützt, eine Klartexthilfe und Übersicht zu allen unterstützten Befehlen

SEND FROM: <mailadresse>

Sofern der Nutzer gerade online eingeloggt ist, wird die Nachricht direkt an sein Terminal gesendet. Das Kommando **SEND FROM:** kann vom Client statt des sonst üblichen **MAIL FROM:** benutzt werden. Achtung, lassen Sie sich nicht verwirren: Der Parameter dieses Kommandos ist noch immer die *Absender*adresse – der Empfänger wird stets erst durch **RCPT TO:** definiert! Dieser Befehl und die nachfolgenden SEND-Varianten sind aber kaum verbreitet und eher historisch begründet. Sie werden von Postfix auch nicht unterstützt.

SOML FROM: <mailadresse>

(*Send Or Mail*) Ist der Nutzer eingeloggt, wird die Nachricht direkt auf seinem Terminal ausgegeben, ist er nicht eingeloggt, geht sie in sein Postfach.

SAML FROM: <mailadresse>

(*Send And Mail*) Falls eingeloggt, wird die Mail auf dem Terminal des Nutzers angezeigt, in jedem Fall aber wird sie auch in seinem Postfach gespeichert.

EXPN <mailadresse>

(*Expand*) Falls die Empfängeradresse eine Mailingliste ist, gibt der Mailserver eine Liste aller darin enthaltenen Mailadressen zurück. Dieser Befehl basiert aber auf einfachen Verteilerlisten und funktioniert nicht mehr mit den später vorgestellten Mailinglistenlösungen wie *Mailman* oder *Majordomo*. Weil **EXPN** als Sicherheitsrisiko gelten muss, wird er von Postfix nicht unterstützt.

VRFY <mailadresse>

(*Verify*) prüft die Existenz eines Postfaches; der Befehl ist aus Sicherheitsgründen umstritten, da er von Spammern genutzt werden kann, E-Mail-Adressen zu verifizieren. Über den Eintrag **disable_vrfy_command=yes** in der Datei **main.cf** können Sie dafür sorgen, dass Postfix dieses Kommando nicht mehr unterstützt.

TURN

kehrt die Verbindung zwischen Client und Server um; bei gleicher Verbindung können dann Mails in die Gegenrichtung ausgeliefert werden. Sicherheitstechnisch sehr bedenklich und von Postfix nicht unterstützt.

ETRN

(*Enhanced Turn*) soll das TURN-Kommando überflüssig machen; ein Server soll veranlasst werden, alle Mails an eine bestimmte Maildomain sofort zuzustellen, z. B. wenn der zuständige Mailserver über eine Wählleitung nur sporadisch online ist. Im Gegensatz zu **TURN** geschieht das aber durch eigenständige, vom Mailserver aufzubauende Verbindungen; es wird sozusagen ein Rückruf angefordert und die Abarbeitung dieser Mails in der Mailqueue provoziert. Allerdings erfordert **ETRN**, dass der eingewählte Mailserver stets die gleiche IP-Nummer besitzt. Auch gegen **ETRN** sind zahlreiche Sicherheitsbedenken bekannt geworden.[3]

Diese Befehle können vom Client an den Server übermittelt werden, SMTP läuft dabei wie fast alle TCP/IP-Protokolle als reine Klartextverbindung ab. Das ermöglicht es, zu Testzwecken unseren Mailserver durch eine Telnet-Sitzung zu kontaktieren und diese Kommandos selbst einzugeben. Öffnen Sie dazu einfach eine Telnet-Sitzung an Port 25 Ihres Servers und begrüßen Sie ihn durch das **HELO**-Kommando wie in Kapitel 1.2.

2.1.2 SMTP-Antworten des Servers

Die Antworten des Servers selbst basieren auf Zahlen, die er zurückgibt (*Return Codes*) und die eine definierte Bedeutung haben. Die Return Codes sind dabei grundsätzlich dreistellig und nach Typ der Rückmeldung gegliedert.

Fangen wir mit dem Hunderter an:

1xx

> positive vorläufige Antwort; das endgültige Ergebnis hängt aber vom weiteren Verlauf ab (kommt nur bei ESMTP vor).

2xx

> Der Server hat das Kommando erfolgreich ausgeführt.

3xx

> Der Server hat das Kommando verstanden, aber weitere Daten sind nötig, um das Kommando abzuschließen.

4xx

> temporärer Fehler, Kommando nicht ausgeführt; allerdings sind spätere Versuche sinnvoll, da der Fehler nur vorübergehender Natur ist.

5xx

> permanenter Fehler, Kommando nicht ausgeführt; erneute Versuche sind zwecklos.

Die Zehnerstelle grenzt etwas genauer ein, worum es geht:

x0x

> Ein Syntax-Fehler trat auf.

x1x

> Antwort dient nur der Information.

---

[3] Vgl. dazu http://www.jak.com/ETRN.htm.

x2x

>   Antwort bezieht sich auf den Verbindungsstatus.

x3x

>   unspezifiziert

x4x

>   unspezifiziert

x5x

>   Antwort ist Server-Status (bezieht sich auf das Mailsystem).

Üblicherweise wird hinter der Zahl das Ergebnis auch als Klartext ausgegeben, doch ist der Inhalt dieses Textes nicht festgelegt und wird vom Client nicht ausgewertet. Er dient nur dazu, die Antwort für einen etwaigen menschlichen Mitleser verständlicher zu machen. Bezüglich der Klartext-Rückmeldung des Servers gibt **RFC 2821** also nur eine Art „Empfehlung", von der Postfix auch bisweilen abweicht.

Allgemeine Fehlermeldungen:

500 Syntax error, command unrecognized
>   Syntax-Fehler oder unbekannte Kommandos (allgemeine Fehler)

501 Syntax error in parameters or arguments
>   Syntax-Fehler in Parametern oder Argumenten; der Befehl wurde aber erkannt.

502 Command not implemented
>   unbekanntes Kommando

503 Bad sequence of commands
>   falsche Kommandoabfolge (z. B. **DATA** vor **RCPT TO:**)

504 Command parameter not implemented
>   Der Server kennt für dieses Kommando keine Parameter.

Allgemeine Statusmeldungen:

211 System status, or system help reply
>   Statusmeldung oder nachfolgender Hilfetext

214 Help message
>   Klartexthilfe für einen menschlichen Mitleser, erklärt z. B. besondere Kommandos, die der Server versteht, die aber nicht Bestandteil von (E)SMTP sind.

220 <domain> Service ready
>   Server bereit

221 <domain> Service closing transmission channel
Der Server schließt die TCP/IP-Verbindung.

421 <domain> Service not available, closing transmission channel
Eine TCP/IP-Verbindung konnte zwar aufgebaut werden, doch ist der Server derzeit offline oder die Annahme von Mails deaktiviert.

Allgemeines „Okay":

250 Requested mail action okay, completed
alles ok, Befehl fehlerfrei ausgeführt

Empfängeradresse (RCPT TO:) akzeptiert, Mail wird zugestellt:

251 User not local; will forward to <forward-path>
Mail wird angenommen, hinter der Adresse verbirgt sich aber eine Weiterleitung, die hier zur Information bekannt gegeben wird.

Empfängeradresse verstanden, aber die Annahme der Mail wird dennoch verweigert (Sie sehen hier auch noch einmal: Fehler **4xx** sind temporär, Fehler **5xx** sind dauerhaft):

450 Requested mail action not taken: mailbox unavailable
Mail wird nicht angenommen, das Postfach ist offline/gesperrt/überfüllt.

451 Requested action aborted: error in processing
Abbruch – unbekannter Fehler bei der Ausführung des Kommandos

452 Requested action not taken: insufficient system storage
Festplatten-/RAM-Speicher des Servers überfüllt

550 Requested action not taken: mailbox unavailable
Postfach existiert nicht oder konnte nicht gefunden werden

551 User not local; please try <forward-path>
unbekannter User, verweist auf neue Adresse (Postfix: **relocated**-table)

552 Requested mail action aborted: exceeded storage allocation:
Festplattenspeicher überfüllt

553 Requested action not taken mailbox name not allowed:
Username ist pauschal geblockt (Postfix: **access**-table) oder Mailadresse anderweitig unzulässig

Übertragung der Mail (DATA-Befehl):

354 Start mail input; end with <CRLF>.<CRLF>
    DATA-Befehl verstanden, Eingabe der Mail wird erwartet

554 Transaction failed
    allgemeiner Übertragungsfehler

Wenn die SMTP-Zahlencodes kein anschließendes Leerzeichen, sondern ein Minus
„-" nachgestellt haben, zeigt der Server an, dass seine Antwort noch nicht beendet
ist. Der Client wird dann auf weitere Zeilen warten, erst die letzte Antwortzeile des
Servers ist dann wieder mit einem Zahlencode und einem Leerzeichen abgeschlossen. – Sie sehen das auch im Listing auf Seite 39.

2.1.3 Besondere Fähigkeiten des Mailservers

Der Vollständigkeit halber sind hier noch einige Eigenschaften oder Fähigkeiten des
Servers zu nennen, die dieser im Rahmen von ESMTP unterstützen kann.

PIPELINING
    Der Client kann sofort weitere Befehle senden, ohne auf eine Antwort des
    Servers warten zu müssen. Das beschleunigt die Verbindung. Allerdings wird
    das gerne von den Versendern von UCE (Massen-Werbe-E-Mails) eingesetzt.

SIZE <wert>
    teilt dem Client die maximal zulässige Mailgröße in Bytes mit

8BITMIME
    Der Server ist 8-Bit-fähig, in Header und Body der Mail können daher 8 Bit
    benutzt werden. Da es aber weiterhin 7-Bit-Mailserver geben wird, werden
    auch weiterhin Verfahren wie *MIME* oder *Quoted Printable* benutzt werden
    müssen, um 8 Bit auf 7 Bit zu konvertieren, da anders die 7-Bit-Mailserver
    mit diesen Mails nicht umgehen können.

DSN
    (*Delivery Status Notification*) Ein Verfahren, mit dem man den Server an-
    weisen kann, an den Absender eine Benachrichtigung bei erfolgter Zustel-
    lung der E-Mail oder bei tatsächlichem Abruf der Mail durch den Nutzer zu
    senden. Normalerweise wird der Absender nur bei unzustellbaren Mails in-
    formiert, nicht aber, wenn eine Mail zustellbar war. DSN wird von Postfix
    derzeit nicht unterstützt.

VERP oder **XVERP**

eine besondere Fähigkeit der Mailserver, Return-Adressen so zu kodieren, dass Mailinglistenserver aus zurückgehenden Nachrichten die unzustellbare Adresse erkennen und diese aus Mailinglisten herauslöschen können.

Welche ESMTP-Befehle der Server unterstützt, wird dem Client mitgeteilt, sobald er sich bei seiner Anmeldung **EHLO** selbst als ESMTP-fähig geoutet hat. Es liegt dann an ihm, ob er von diesen Fähigkeiten Gebrauch machen möchte oder nicht.

```
user@linux:~> telnet localhost 25
220 mail.postfixbuch.de ESMTP Postfix on SuSE Linux 9.0 (i386)
EHLO testclient.postfixbuch.de
250-mail.postfixbuch.de
250-PIPELINING
250-SIZE 10240000
250-VRFY
250-ETRN
250-XVERP
250 8BITMIME
```

2.1.4   Local Mail Transfer Protocol (LMTP)

Das *Local Mail Transfer Protocol* (LMTP) wurde entwickelt, um die Kommunikation zwischen einem *Mail Transport Agent* (MTA, hier Postfix) und dem *Mail Delivery Agent* (MDA, speichert die Mails in die lokalen Postfächer) zu verbessern.

Bislang wurden die E-Mails vom MTA an den MDA über einen einfachen Programmaufruf mit übergebenen Empfängeradressen und dem Inhalt der Mail realisiert. Dieses Verfahren ermöglicht bei mehreren Empfängern jedoch keinerlei Differenzierung, an welche Mailadressen die lokale Zustellung möglich gewesen ist und an welche nicht. Stattdessen kann nur für den gesamten Mailtransfer ein Error-Code zurückgegeben werden.

LMTP ist ein bislang noch wenig eingesetztes Protokoll, das SMTP/ESMTP sehr ähnlich ist. Es ist aber nicht dazu gedacht, SMTP/ESMTP zu ersetzen, es soll auch nicht gegenüber anderen Mailservern eingesetzt werden. Es soll allein für die lokale Kommunikation zum MDA eingesetzt werden und einen erheblichen Performance-Gewinn in Hochleistungsumgebungen bringen. Der MDA kann sich dabei auch auf einem anderen Server befinden.

Postfix beherrscht LMTP – als *Client*, denn der zugehörige Server ist der MDA. Mailsysteme wie *Cyrus* unterstützen eine LMTP-Kommunikation zum Mailserver und arbeiten mit Postfix über LMTP zusammen. Lesen Sie darüber ggf. in der Dokumentation des jeweiligen MDA nach.

2.2 Mailheader richtig lesen und setzen

Soweit zum Transport der E-Mail. Was uns jetzt noch fehlt, ist der Inhalt der transportierten E-Mail, denn diese besteht mitnichten aus dem bloßen Mailtext. Vielmehr setzt sie sich aus einem *Mailheader*, den der Nutzer i. d. R. nicht zu sehen bekommt, und dem *Mailbody*, dem eigentlichen Mailtext, zusammen. Der Mailbody ist dabei durch eine einzelne Leerzeile vom Header abgetrennt:

```
Received: from localhost (localhost [127.0.0.1]) by mail.postfixbuch.de
          (Postfix) with ESMTP id A636323CDE0; Sun, 27 Jan 2002 23:10:26
          +0100 (CET)
Received: from there (unknown [62.8.206.67]) by mail.postfixbuch.de
          (Postfix) with SMTP id F3F7F23CD9E; Sun, 27 Jan 2002
          23:10:25 +0100 (CET)
From: geeko@suse.de (Geeko, das Chamaeleon)
To: tux@suse.de
Reply-To: geeko@postfixbuch.de
CC: tux@nordpol.suse.de
Subject: Hallo Tux!
Date: Sun, 27 Jan 2002 23:10:50 +0100
X-Mailer: KMail [version 1.3.1]
Message-Id: <20020127221025.F3F7F23CD9E@palme.postfixbuch.de>
X-Virus-Scanned: by AMaViS snapshot-20010714
MIME-Version: 1.0
Content-Type: text/plain; charset=ISO-8859-1

Hallo Tux!

Ich habe demnächst Urlaub und wollte Dich mal besuchen! Das wird zwar
etwas kalt bei Dir, aber das steh ich durch. Hättest Du noch einen
Platz im Iglu frei?

Viele Grüße von Geeko!
```

Nutzer und Administratoren haben häufig Schwierigkeiten, die Bedeutung des Mailheaders zu verstehen. Denn wie Sie in diesem Beispiel sehen können, sind auch hier Absender (**From:**, **Sender:**) und Empfänger (**To:**) definiert. Diese haben aber zunächst einmal nichts mit Transport und Zustellung zu tun, so dass sie auch völlig unsinnige Werte enthalten können und die Mail dennoch im Postfach eines bestimmten Users landet. Rundmails an viele User haben zum Beispiel häufig den Eintrag:

```
To: <undisclosed recipients:;>
```

Dennoch werden diese Mails zugestellt. Die Zustellung richtet sich nach dem **RCPT TO:**, das im SMTP-Dialog beim Transport der E-Mail übergeben wird, aber nicht mit dem **To:** im Mailheader identisch sein muss.

Ein Beispiel aus dem Alltag mag den Unterschied deutlich machen: Die Post stellt einen Brief an denjenigen zu, der außen auf dem Umschlag als Empfänger genannt ist, und ein unzustellbarer Brief geht zunächst an die Absenderadresse auf eben diesem Briefumschlag zurück. Das entspricht dem, was wir oben bei den SMTP-Kommandos **MAIL FROM:** und **RCPT TO:** kennen gelernt haben. Wir nennen diese Adressen deshalb auch *Envelope Sender/From* oder *Envelope Recipient/To* („envelope", engl. für „Umschlag"). Die Mailserver sollen die E-Mail lediglich transportieren und sich nicht für den Inhalt der E-Mail und damit auch nicht für den Mailheader interessieren.

Darüber hinaus enthält ein normaler Brief ja auch auf dem im Umschlag liegenden Briefpapier einen Briefkopf des Absenders und bei einem Geschäftsbrief nochmals die Empfängeradresse. Natürlich stimmt diese in der Regel mit der Adresse auf dem Umschlag überein, muss sie aber nicht.

Dieser Briefkopf wird i. d. R. erst nach erfolgter Zustellung vom Empfänger zur Kenntnis genommen, sofern er den Brief aufgemacht hat und ihn liest. Dieser Briefkopf entspricht also dem Mailheader, der meist erst vom Mailclient des Benutzers ausgewertet wird, z. B. um das Absendedatum der E-Mail auszulesen. Der Briefumschlag wird hingegen nicht mehr benötigt, sobald der Brief einmal korrekt zugestellt worden ist. Darum bekommt auch der normale Nutzer den SMTP-Envelope nicht mehr zu sehen.

Wird eine E-Mail nun über eine automatische Mailweiterleitung in ein anderes Postfach geschickt, so enthält der Eintrag **To:** im Mailheader weiterhin die Original-Mailadresse, wie sie vom Absender ursprünglich angegeben worden ist. Lediglich der Envelope-Sender zeigt ab sofort auf die neue Mailadresse, damit die Mail zugestellt werden kann. Der Mailclient des Empfängers kann dadurch aber auch weiterhin feststellen, an welche Adresse die Mail ursprünglich gesendet worden ist, z. B. um sie in passende lokale Ablagen einzusortieren.

Um das Bild weiterzuführen: Ein Postbote öffnet bei einem Nachsendeantrag auch nicht den Briefumschlag und kritzelt auf dem Briefpapier herum ...

Trotzdem verewigen sich Mailserver auch in den Mailheadern einer E-Mail, z. B. um durch eine neu hinzugefügte **Received**-Zeile zu markieren, wann und wo diese E-Mail einmal bearbeitet und zugestellt worden ist. Nur werden Mailserver in der Regel den Header der E-Mail nicht auswerten oder umschreiben, sondern nur Einträge zur Information des Empfängers hinzufügen. Der Mailheader hat damit keine Auswirkung auf den Transport der Mail.

Fassen wir kurz zusammen. Insgesamt besteht eine E-Mail stets aus drei Teilen:

1. dem *SMTP-Envelope*, der von den Mailservern ausgewertet wird

2. dem *Mailheader*

3. dem *Mailbody*, der erst vom Mailclient interpretiert wird

2.2.1 Die Headerfelder im Einzelnen

Immer wieder kann und wird es notwendig sein, den Header einer E-Mail zu analysieren, sei es, weil Sie den Urheber einer Werbe-E-Mail ausfindig machen wollen (gefälschte Mailheader, Kapitel 9.10) oder weil Sie rekonstruieren müssen, warum eine Nachricht verzögert oder als unzustellbar zurückgeschickt worden ist.

Schauen wir uns einmal den Mailheader an und klären wir die Bedeutung der einzelnen Felder:

```
Received: from localhost (localhost [127.0.0.1]) by brainy.jpberlin.de
          (Postfix) with ESMTP id A636323CDE0; Sun, 27 Jan 2002 23:10:26
          +0100 (CET)
Received: from there (unknown [62.8.206.67]) by brainy.jpberlin.de
          (Postfix) with SMTP id F3F7F23CD9E; Sun, 27 Jan 2002 23:10:25
          +0100 (CET)
From: geeko@suse.de (Geeko, das Chamaeleon)
To: tux@suse.de
Reply-To: geeko@postfixbuch.de
CC: tux@nordpol.suse.de
Subject: Hallo Tux!
Date: Sun, 27 Jan 2002 23:10:50 +0100
X-Mailer: KMail [version 1.3.1]
Message-Id: <20020127221025.F3F7F23CD9E@palme.postfixbuch.de>
X-Virus-Scanned: by AMaViS snapshot-20010714
MIME-Version: 1.0
Content-Type: text/plain; charset=ISO-8859-1
```

Received:
: Jeder MTA, der diese Nachricht durchleitet, verewigt sich hier. Protokolliert werden häufig:

- Informationen über die eigene IP bzw. den eigenen Hostnamen des MTA
- Informationen über die eigene benutzte Software und ihre Userkennung auf dem Mailserver
- die IP-Nummer des Rechners, der die Mail eingeliefert hat
- Hostname, mit dem sich der einliefernde Rechner nach **HELO/EHLO** vorgestellt hat
- manchmal auch die Envelope-Mailadresse, für die diese Mail bestimmt war
- ID-Kennung, unter der die Nachricht in den Logfiles protokolliert wurde

Jeder MTA erzeugt dabei eine eigene **Received**-Zeile, die jeweils neueste steht oben.

From:
: Mailadresse des *inhaltlichen* Urhebers der Nachricht

Sender:

> (*optional*) Mailadresse des *technischen* Erzeugers der Nachricht, z. B. die Nutzerkennung eines Mailrobots oder die Admin-Adresse eines Postmasters des Systems

Reply-To:

> Mailadresse, abweichend von **Sender:/From:**, die für Antworten zu benutzen ist

To:

> Mailadresse des Empfängers

Cc:

> Mailadressen weiterer Empfänger (*Carbon Copy*, engl. für „Durchschlag")

Bcc:

> Mailadressen weiterer CC-Empfänger, die aber geheim bleiben sollen (BCC, *Blind Carbon Copy*)

Date:

> Datum der Mailerzeugung, ggf. auch inklusive Angabe der Zeitzone

Keywords:

> optionale Schlüsselwörter zur Mail, z. B. zur Verarbeitung und Indizierung in einer Datenbank

Comment:

> möglicher Kommentar zur Mail

Return-Path:

> technischer Pfad zurück zum Absender für unzustellbare Nachrichten; dieser wird häufig aus dem SMTP-Envelope (**MAIL FROM:**) übernommen.

References:

> Angabe weiterer Message-ID, auf die sich diese Nachricht bezieht

Message-ID:

> eine weltweit eindeutig erzeugte Kennung der E-Mail zur automatischen Verarbeitung oder Registrierung der Nachricht; Clients können anhand der Message-ID z. B. erkennen, ob sie eine Nachricht bereits lokal gespeichert haben bzw. hatten, falls die Mail schon wieder gelöscht ist.

X-:

> Alle mit X- beginnenden Header sind optional. Sie enthalten zusätzliche Angaben zur reinen Information oder können auch technisch ausgewertet werden. Keine Software darf sich aber an ihr unbekannten X-Headern stören. X-Header können zum Beispiel zur Information von einem Virenfilter eingefügt werden.

Subject:
Betreff der Nachricht

2.2.2 Der Unterschied zwischen Sender: und From:

Vielleicht ist Ihnen nach diesem Überblick der Unterschied zwischen den Header-feldern **From:** und **Sender:** noch unklar. Dieser Unterschied ist aber enorm wichtig, wenn Sie einen Mailroboter, also ein Programm, das automatisch Mails verarbeiten und erzeugen kann, einrichten oder gar selbst programmieren wollen.

Wenn Sie diese Header nicht auseinander halten, können sich fatale Mailschleifen bilden, in denen sich Mailroboter gegenseitig mit automatisch erzeugten Nachrichten torpedieren. Und glauben Sie mir: Mailroboter können dann *sehr* viele Nachrichten in *sehr* kurzer Zeit erzeugen ...

Ein kurzes Beispiel:

Der Nutzer geeko@postfixbuch.de ist in Urlaub, sein Provider schaltet einen Dämon, der alle eingehenden Mails mit einem kurzen Verweis auf die baldige Rückkehr beantwortet. Leider steht **geeko** noch in einer Mailingliste; sobald ihn die erste Nachricht aus der Mailingliste erreicht, wird eine Urlaubsbenachrichtigung erzeugt.

Dummerweise hat der Postmaster des Providers RFC 2822, Abschnitt 3.6.2 nicht gelesen oder verstanden – und die Antworten werden vom Urlaubsdämon an die unter **From:** angegebene Mailadresse geschickt. Im Falle einer korrekt aufgesetzten Mailingliste würde der Header nämlich so aussehen:

```
From: infoliste@postfixbuch.de
Sender: postmaster@postfixbuch.de
```

Das Verhängnis nimmt seinen Lauf: Die automatische Benachrichtigung geht an die Listenadresse, diese wird verteilt und auch an geeko@postfixbuch.de geschickt. Der Mailroboter erzeugt daraufhin wieder eine Urlaubsmail an die Listenadresse, diese wird verteilt, geht auch an geeko@postfixbuch und ...

Sie können sich das Szenario wohl lebhaft vorstellen, wenn sich zwei kräftige Mail-server mit starken Standleitungen im Millisekundentakt gegenseitig E-Mails zu-senden. Und vergessen Sie bitte nicht, eine Gedenkminute für die armen Mitglieder der Mailingliste einzulegen, die alles in tausendfacher Ausfertigung ebenfalls ins Postfach geliefert bekommen.

Um genau dieses Ping-Pong-Spiel zwischen zwei Mailrobotern zu verhindern, definiert RFC 2822 Folgendes:

- An die Adresse **Sender:** werden Benachrichtigungen über die Zustellbarkeit oder Verzögerung der E-Mail gerichtet. Kurzum: Alle durch einen Mailrobot erzeugten Nachrichten, auch Urlaubs- und Abwesenheitsmeldungen!

- An die Adresse **From:** gehen alle übrigen Antworten, sprich: menschliche Antworten, d. h. per Hand gesendete Nachrichten – es sei denn, es ist durch **Return-Path:** eine abweichende Adresse festgelegt. Das ist also der Regelfall, wenn wir mit unserem Mailclient eine ganz normale Antwort an den Absender einer an uns gerichteten E-Mail schreiben.

Da nun das Feld **Sender:** den für den technischen Versand der E-Mail Verantwortlichen benennt – also z. B. den Admin des Urlaubsdämons oder den Postmaster einer Mailingliste – und das Feld **From:** den inhaltlich Verantwortlichen (also den Urheber einer an die Mailingliste gegangenen Nachricht, die Mailingliste selbst oder denjenigen, für den der Urlaubsdämon geschaltet war), ist sichergestellt, dass Roboterantworten an den technisch Verantwortlichen gehen – nicht etwa an genau die Mailadresse selbst, hinter der sich vielleicht ein weiterer Robot verbirgt. Menschliche Antworten sollen aber gerade an diese Mailadresse gehen, denn was interessiert den für den technischen Versand Verantwortlichen die inhaltliche Antwort!?

Solange Sie diese Unterscheidung nicht wirklich verinnerlicht haben, sollten Sie tunlichst davon absehen, einen eigenen Mailrobot zu installieren, geschweige denn aufzusetzen. Wenn Sie automatisch Rückantworten per Mail generieren, so sollten Sie noch einmal sehr scharf nachdenken, bevor Sie Ihr System online gehen lassen. Testen Sie es aus, sonst läuft Ihr Mailserver irgendwann Amok, und der Ärger ist groß.

Lesen Sie im Zweifel im Original RFC 2822 nach (englisch).[4]

2.2.3 Der Unterschied zwischen To:, CC: und BCC:

Doch was ist nun der Unterschied zwischen To: auf der einen und CC:/BCC: auf der anderen Seite? Nun – zunächst einmal gibt es keinen! Innerhalb der gesendeten E-Mail gibt es keine Unterscheidung. RFC 2822 spricht nur vom *ersten* und vom *zweiten* Empfänger, wohlwissend, dass beide Felder auch eine ganze Liste von Empfängern enthalten können. Für die Zustellung der E-Mail kommt es aber auf den Inhalt der Empfänger in den Mailheadern ohnehin nicht an, hier ist vielmehr die SMTP-Envelope-Adresse entscheidend, wie wir oben gesehen haben.

Unterscheidet man als Absender einer Nachricht zwischen To: und CC:/BCC:, geschieht das aus rein inhaltlichen, nicht technischen Gründen. Man kann dem Empfänger signalisieren, ob er die E-Mail als Original-Adressat oder nur als Kopie zur Information und Kenntnisnahme bekommen hat. Gute Mailsoftware wertet diese Information übrigens aus und setzt sie bei der Mailanzeige entsprechend um.

Auch der Unterschied zwischen BCC: und CC: sollte nun schnell klar werden: Die unter BCC: genannten Empfänger werden gegenüber dem echten To:-Empfänger

---

[4] http://www.faqs.org/rfcs/rfc2822.html

nicht bekannt gemacht. Die unter CC: stehenden Adressen sind für den To:-Empfänger hingegen sichtbar.

Oder anders: Soll der Empfänger wissen, wer eine Kopie der Mail bekommen hat, so wird CC: genutzt. Soll dem Empfänger verheimlicht werden, dass eine Kopie auch an einen Dritten ging, so ist BCC: das richtige Feld.

Ob allerdings BCC:-Empfänger erfahren dürfen, wer die anderen To:- oder CC:-Empfänger waren, hat RFC 2822 nicht definiert und diese Frage den Programmierern der Mailsoftware überlassen.

Eine Warnung noch zuletzt: Der Versand einer „heimlichen" Kopie per BCC: vertraut darauf, dass andere Mailserver und Mailclients dieses Feld auch entsprechend berücksichtigen und sich an seine Bestimmung halten. Im Idealfall wird das Feld vollständig entfernt, sobald es in das Postfach einsortiert wird. Eine hundertprozentige Garantie gibt es dafür aber nicht. Im Zweifel sollte man für wirklich geheime Kopien lieber eine separate Mail schicken!

2.3   Dateien und Attachments

Das Versenden von Dateien per E-Mail als Attachment ist sehr populär geworden und hat andere Übertragungsarten wie Up- oder Download per http oder ftp weit hinter sich gelassen.

Doch wie funktioniert das Versenden einer Datei nun im Einzelnen?

2.3.1   uudecode/uuencode

Aus Gründen der Kompatibilität v. a. mit älteren Unix-Mailservern, die Daten nur im 7-Bit-Format (128 Zeichen) verarbeiten konnten bzw. können, werden auch heute noch Mails in diesem Format übertragen, obwohl die meisten Systeme heute mit 8-Bit-Daten (256 Zeichen) arbeiten.

Um nun normale Binärdateien versenden zu können, wurde das Verfahren *uudecode/uuencode* („uu" steht für „Unix to Unix") entwickelt. Damit können die Dateien in 7-Bit-Dateien umgerechnet und so als „blanker Text" problemlos verschickt werden. Auf dem Zielsystem findet dann eine Rückumwandlung in 8-Bit statt. Ein Nachteil ist aber, dass die „uuencodete" Datei um ca. ein Drittel größer wird als das Original; das lässt sich jedoch nicht vermeiden.

Die uuencodierte Datei ist dann ein reiner Textblock ohne „Sonderzeichen", den man mit Cut & Paste bequem in den Text einer E-Mail kopieren kann:

Hallo!

Werft doch mal einen Blick auf die neue Version!

```
begin 644 Postfix.pdf
M)5!X1BTQ+C,,*)<?LCZ(*-B'P(&]B:@HX/"],96YG=&@@-R'P(4(O1FEEL=&5R
MA")F;&==T941E8V]D93X'"G-T<F5A;OIXG&U9R8Y=QPT-LGQ?\99.'6\5:ZXL
MN1NPX@FD0T#604<>@J<SMFPA^?N<0[*J[NN!!\$Z+??#5P&3QAD/N@?,_SOT\?
M;[_<WGR?[S]^NOUR%_UI_GGZ>'_['C^.S]&K:G?JW_]PPU"-?48\5Y'.'I^
M^'C[XML_O?__7K1Q%>>N&B]_^\??'APZ[D2CE00<[[YL//__W[@O[_PES??BYQ[/
M<@H\\/"O'04VER92'Q,,S<U("]2;V]T($#<@."0("!;!());F9O(#((#@.,!2"CX^'G-T
M(687])#T>])E9@HX,3<U].#.#)(WB"B42$14])""@''
```
end

Auch heute noch unterstützen Mailclients diese Art des Dateiversands. Oft kann man beim Anhängen der Datei oder an passender Stelle im Maileditor auswählen, ob sie als MIME-Attachment oder uuencodiert verschickt werden soll. Der uuencodierte Textblock wird dann einfach an das Ende der Mail angehängt.

Insbesondere auf Unix/Linux-Systemen ist uuencode noch recht interessant:[5] Bequem lassen sich damit Dateien von der Kommandozeile aus konvertieren und sofort an einen Mailer zum Versand pipen:

```
user@linux:~> uuencode Postfix.pdf - | mail lektor@postfixbuch.de
user@linux:~>
```

Leider kennen viele User uuencodierte Dateien nicht mehr, einige Mailclients scheinen damit auch nicht mehr vernünftig umgehen zu können: Sie werden von manchen Programmen nicht richtig als Dateianhang erkannt und dekodiert. Gute Mailclients kommen damit aber selbstverständlich zurecht.

2.3.2 MIME-Attachments

Neuer und mittlerweile weitaus verbreiteter sind MIME-Attachments (MIME steht für *Multipurpose Internet Mail Extensions*). Diese haben die Vorteile, zum einen mehrere Attachments in einer Mail gleichzeitig einbinden zu können, zum anderen steckt hinter MIME ein generelles Verfahren, um Dateitypen zu kennzeichnen und sie damit einer Software zuzuordnen. Man ist damit in der Lage, eine Datei in mehreren Datenformaten parallel anzubieten, der Client kann sich dann das ihm genehmste Format aussuchen.

Für den Versand von E-Mails im HTML-Format wird das gerne gewählt. Diese Mails haben oft den Text einmal als reine ASCII-Textfassung, einmal als HTML-Version.

---

[5] Bei den neueren SUSE-Linux-Versionen findet sich dieses Programm im Paket *sharutils*.

Angezeigt wird beim Client i. d. R. aber nur die Fassung, die er am besten darstellen kann bzw. die als Default-Typ ausgewählt ist.

Die MIME-Struktur einer E-Mail mit einem Attachment würde ungefähr folgendermaßen aussehen:

```
- - - - - - - - - - - - -Boundary-00=_ELXPKT0YHATO3893BC5M
Content-Type: text/plain;
  charset="iso-8859-15"
Content-Transfer-Encoding: 8bit

Hallo!

Werft doch mal einen Blick auf die neue Version!

- - - - - - - - - - - - -Boundary-00=_ELXPKT0YHATO3893BC5M
Content-Type: application/pdf;
  name="Postfix.pdf"
Content-Transfer-Encoding: base64
Content-Disposition: attachment; filename="Postfix.pdf"

JVBERi0xLjMKJcfsj6IKNiAwIG9iago8PC9MZW5ndGggNyAwIFIvRmlsdGVyIC9GbGF0ZURl
Y29kZT4+CnN0cmVhbQp4nG1ZyY5dxw0Nsnxf8ZZOAF8Va64sFRuwFgFsQ0DWQUcegqcEtmwh
+fucQ7Kq7u1uBE6LfDVwPGTxhkPugf/zv08fb7/c3nyf7z9+uv1yF//1p/nn6eH/7Hj+Oez9G
ranf3/9ws22CNfUY8V5HOAp++Hj74ts/vf/XrRxFeuGi9/+8ffHhw69kSj1SSc775sPP/37g
v7/w1zffi5xPT+3INjQgMDAwMDAgbiAKdHJhWx1cgo8PCAvU216ZSAxMzc1IC9Sb290IDEg
MCBSIC9JbmZvVIDIgMCBSCj4+CnN0YXJ0eHJlZgoxMTc1ODI3CiUlRU9GCg==

- - - - - - - - - - - - -Boundary-00=_ELXPKT0YHATO3893BC5M- -
```

Und auch hier sehen wir, dass es – neben einigen komfortablen Eigenschaften von MIME – letztlich nur darum geht, die E-Mail in ein für den Transport problemlos handhabbares 7-Bit-Format zu bringen.

Bei dieser Gelegenheit will ich Ihnen auch nicht verschweigen, wie Sie praktisch in der Kommandozeile eine Datei als MIME-Attachment versenden können. Ich greife da immer gerne auf die Hilfe von *mutt* zurück, ein textbasiertes E-Mail-Programm, das man leicht über Aufrufparameter steuern kann:

```
user@linux:~> echo "Hier der Text" | mutt -a Postfix.pdf \
> lektor@postfixbuch.de
user@linux:~>
```

2.3.3 Attachments sind hier uninteressant

Welches Verfahren wir auch anwenden: E-Mails bestehen immer aus einer reinen Textdatei, die transportiert wird. Gewisse Sonderzeichen und Strukturen veranlassen die Mailclients aber dazu, bestimmte Textteile anders zu interpretieren und ggf.

einen Dateianhang daraus extrahieren zu können. Davon bekommt der Nutzer allerdings in der Regel nichts zu sehen.

Unserer Mailserver-Software ist das auch einerlei, denn all dies betrifft ausschließlich den Inhalt der E-Mail, den *Mailbody*. Für diesen ist der MTA aber – wie oben ausgeführt – nie zuständig. Er transportiert den Mailbody ins passende Postfach – woraus er besteht, ist Sache des Clients. Und auch verschickte Dateien sind eben nichts anderes als blanker Text und damit nichts anderes als jede andere E-Mail auch. Eine besondere Behandlung auf dem Server ist nicht notwendig.

Teil 11

Postfix starten

3

Installation und Schnellstart

3.1 Installation der Programme aus RPM-Paketen

Zur Installation von Postfix müssen Sie das Archiv entpacken und übersetzen...
Halt – nein! Ich möchte an dieser Stelle darauf verzichten, ausgeschmückte Down-
loadanleitungen der Original-Sourcen und Screenshots von Programmübersetzun-
gen zu bringen. Nahezu jede ernstzunehmende Linux-Distribution bringt natürlich
auch ein vorkonfiguriertes Postfix-Paket mit, das sich wie jede andere Software per
Tastendruck fertig kompiliert installieren lässt.

Für einige Funktionen kann es unter Umständen notwendig sein, sich irgendwann
doch einmal einen aktuellen so genannten *Snapshot* von Postfix zu besorgen, also
eine noch nicht freigegebene Beta-Version, die in den Distributionen nicht enthalten ist. Für diesen Fall finden Sie in Anhang A.1 eine Anleitung. Unter normalen
Umständen ist das Standard-Postfix Ihrer Distribution das richtige. Es ist ausgereift,
vom Entwickler als stabil freigegeben und mit wenigen Handgriffen zum Laufen zu
bringen.

Sie sollten allerdings darauf achten, dass Sie ein Postfix in einer Version 2.x.x vor sich haben. Die Version 2.0.0 wurde im Dezember 2002 veröffentlicht und sollte mittlerweile den Weg in alle aktuellen Distributionen gefunden haben (bei SUSE Linux ab 8.2). Da das neue Postfix erhebliche technische Verbesserungen mit sich gebracht hat, sollte man es der Version 1 vorziehen. Mit Version 2 kamen zwar diverse neue Optionen und Parameter hinzu, und einige (wenige) Optionen haben sich in Aufruf bzw. Namen geändert, diese Änderungen betreffen aber so gut wie nie das Grundsystem, so dass Sie dieses Buch auch problemlos für Postfix 1 heranziehen können. Nur wenn Sie sich wundern, dass Ihr Postfix einige Optionen nicht kennt, sollten Sie ggf. prüfen, ob es nicht schlichtweg zu alt ist. Im Übrigen habe ich zahlreiche Hinweise und Optionen für Postfix 1 aus der ersten Auflage des Buches übernommen, so dass es keine ernsthaften Probleme geben sollte.

Welche Distribution Sie vor sich haben, spielt also eigentlich keine Rolle, sie alle sind grundsätzlich gleich geeignet für den Aufbau eines Mailservers. Der Autor greift seit jeher gerne auf SUSE Linux zurück. SUSE fördert Postfix seit geraumer Zeit, hat es mittlerweile gut in die Distribution eingebunden und installiert es als Standard-Mailer. Auch die SUSE Linux Enterprise Server oder der SUSE eMail-Server setzen auf Postfix. Beim „normalen" SUSE Linux können Sie selbst entscheiden, ob Sie das moderne Postfix oder das klassische *Sendmail* einsetzen wollen. Nun, wenn Sie dieses Buch besitzen, wird Ihre Antwort wohl kaum Sendmail lauten...

Sendmail war über lange Jahre Standard und mit einem unerreichten Funktionsumfang *der* Mailserver schlechthin. Doch genau da liegt das Problem: Sendmail kann fast alles, aber es ist weder übersichtlich noch einfach, noch sicher, noch schnell. Postfix hingegen ist schnell, sicher, einfach, flexibel und weit verbreitet! Im Gegensatz zu den berühmt-berüchtigten Konfigurationsdateien von Sendmail („Ich kenne jemanden, der fließend **sendmail.cf** spricht!" – „Nicht wahr... – wirklich?!") ist Postfix auch klar strukturiert und einfach und überschaubar zu konfigurieren.

3.1.1 Installation fertiger RPMs

Je nach Distribution gestaltet sich die Installation unterschiedlich, aber doch stets einfach. Sollten Sie auf einem bereits installierten System von Sendmail auf Postfix umstellen wollen, so sollten Sie den **sendmail**-Dämon zuvor beenden, z. B. durch **rcsendmail stop**. Andernfalls könnte Postfix zwar installiert werden, sich der **sendmail**-Dämon aber noch geladen im Speicher befinden, auch wenn seine Programmdateien schon deinstalliert wurden. Postfix kann dann nicht richtig starten, weil **sendmail** den SMTP-Port **25** besetzt hält. Das Ergebnis ist ein wunderschönes kleines Chaos, und Einsteiger werden selten das Problem erkennen.

3.1.2 Postfix finden

Einzelne Pfade können je nach Distribution unterschiedlich sein. Grundsätzlich findet sich ein installiertes Postfix an folgenden Stellen im System:

/etc/postfix/
> die Konfigurationsdateien; die interessanteste ist **main.cf**.

/etc/init.d/postfix
> rc-Startdatei für Postfix

/usr/sbin/postfix
> Postfix Master-Programm

/usr/lib/postfix/
> Module und Unterprogramme von Postfix

/usr/share/doc/packages/postfix/
> Dokumentation und interessante Beispielkonfigurationen; werfen Sie einmal einen Blick hinein!

/var/spool/postfix/
> Mailqueue-Ordner von Postfix; ggf. findet sich dort auch eine **chroot**-Umgebung, doch dazu später mehr in Kapitel 15.9.

/etc/sysconfig/postfix, /etc/sysconfig/mail
> In diesen beiden Dateien finden sich viele Einstellungen zur automatischen Konfiguration eines SUSE-Linux-Systems. Es lohnt sich, einen kurzen Blick hineinzuwerfen.
>
> Übrigens: Bis SUSE 7.3 hieß die Datei noch **/etc/rc.config.d/postfix**. Mit SUSE 8.0 wurden diese Dateien neu strukturiert und das Verzeichnis **/etc/sysconfig** eingeführt.
>
> Je nachdem, welche Version Sie einsetzen, müssen Sie also entweder an der einen oder an der anderen Stelle schauen. Prinzip und Inhalt sind in beiden Fällen aber fast gleich.

Je nach Distribution und Installation können an den verschiedensten Stellen weitere Steuerskripten zur automatischen Konfiguration oder andere distributionseigene Verwaltungsskripten auftauchen. Hier ist es hilfreich, mit der eigenen Distribution ausreichend vertraut zu sein.

3.2 Besonderheiten der Distibutionen

Im Laufe der Zeit haben die verschiedenen Distributionen eigene Methoden und Philosophien entwickelt, wie verschiedene Programme schon beim Booten des Rechners geladen und gestartet werden.

Augenblicklich zeichnet sich eine Vereinheitlichung ab, die Verfahren ändern sich deshalb von Zeit zu Zeit. Schauen Sie ggf. in die Dokumentation zu Ihrer Distribution, wie Sie den Postfix-Dämon beim Booten automatisch starten lassen können.

3.2.1 Eigenheiten von SUSE – Start von Postfix

SUSE Linux erledigt den Start durch in /etc/init.d abgelegte Skripten. Entsprechend finden wir dort auch eine Datei /etc/init.d/postfix, die von SUSE so vorbereitet ist, dass sie nicht weiter interessieren muss, solange Sie nicht ausgefallene Dinge zusätzlich integrieren wollen.

- SUSE ab 8.0

  Für einen automatischen Start von Postfix sollten Sie am besten über den YaST-Runlevel-Manager gehen und dort ganz einfach Postfix aktivieren.

- SUSE bis 7.3

  Es ist eine kleine Änderung in /etc/rc.config notwendig. Dort ist die Variable **START_POSTFIX** auf **yes** zu setzen. Nach jedem Neustart wird dann Postfix automatisch aktiviert.

  Öffnen Sie dazu die entsprechende Datei mit einem Editor Ihrer Wahl.

  ```
  linux:~ # joe /etc/rc.config
  [...]
  #
  # Start the postfix Mail-Server?
  #
  START_POSTFIX="yes"
  [...]
  ```

Im laufenden Betrieb kann Postfix jederzeit über die Befehle **rcpostfix stop** oder **rcpostfix start** gesteuert werden. Haben Sie eine Änderung an der Konfiguration vorgenommen, so reicht ein **rcpostfix reload** aus. Postfix beendet sich dann nicht, sondern liest nur seine Konfiguration neu ein. Wenn die Mailwarteschlange etwas größer ist, dauert ein kompletter Neustart einige Sekunden, ein bloßer Reload geht aber schnell und problemlos und ist deshalb die bessere Variante. Außerdem bleiben so Statusinformationen über die Zielhosts erhalten, die andernfalls von Postfix neu gesammelt werden müssten.

Nach einem Start von Postfix sollten Sie es in der Prozessliste wiederfinden:

```
linux:~ # ps axw | grep postfix
  706 ?       S       4:47 /usr/lib/postfix/master
12809 pts/5   R       0:00 grep postfix
linux:~ #
```

Alternativ können Sie auch nach „master" greppen; ich ziehe es immer vor, nach der Pfadangabe zu suchen, dann sieht man gleich, welche Module laufen. In älteren SUSE-Versionen reicht dazu übrigens auch ein einfaches **ps ax** aus. Das Default-Verhalten, ob der Pfad mit ausgegeben wird oder nicht, hat sich kürzlich geändert, so dass nun ein **ps axw** notwendig ist.

SuSEconfig

SUSE versucht alle wichtigen Programme direkt aus YaST heraus zu konfigurieren. Alle wichtigen Parameter des Systems werden dabei in **/etc/sysconfig/** gespeichert; für uns sind **/etc/sysconfig/mail** und **/etc/sysconfig/postfix** relevant.[1] Das Prinzip bleibt dasselbe: Andere Skripten werten die Variablen aus, oder mit diesen Einstellungen werden Systemdateien automatisch erzeugt, z. B. **/etc/resolv.conf**.

Wenn Sie also ein übliches SUSE Linux einsetzen und die automatische Konfiguration durch **SuSEconfig** nicht abgeschaltet haben (was wohl die Regel ist), so sollten Sie zunächst versuchen, eine Einstellung über die Datei **/etc/sysconfig** vorzunehmen. Andernfalls riskieren Sie, dass Ihre manuelle Einstellung durch das automatische Setup überschrieben wird. **SuSEconfig** erkennt manuelle Änderungen zwar in aller Regel und überschreibt diese dann nicht, aber sicher ist sicher...

Die dort getroffenen Einstellungen dienen **SuSEconfig** dazu, Postfix automatisch zu konfigurieren. Natürlich sind Einstellungen auf diese Weise nur begrenzt möglich. **SuSEconfig** kann nur Standard-Installationen abdecken, z. B. den üblichen Betrieb auf einem Client oder einem Dial-Up-Server in einem kleinen LAN.

Wenn Sie dieses Buch lesen, wollen Sie wahrscheinlich einen *richtigen* Mailserver aufsetzen – und da ist Handarbeit angesagt. **SuSEconfig** ist für Postfix zunächst abzuschalten, um es daran zu hindern, unsere Konfiguration zu überschreiben.

```
linux:~ # joe /etc/sysconfig/mail
## Path:        Network/Mail/General
## Description: Basic general MTA configuration
## Type:        yesno
## Default:     yes
#
# If you don't want to let SuSEconfig generate your
# configuration file, set this to no
#
MAIL_CREATE_CONFIG="yes"
```

---

[1] Bis SUSE 7.3: **/etc/rc.config** und **/etc/rc.config.d/postfix.rc.config** mit leicht anderen Variablennamen.

Ändern Sie diesen Eintrag:

```
## Path:        Network/Mail/General
## Description: Basic general MTA configuration
## Type:        yesno
## Default:     yes
#
# If you don't want to let SuSEconfig generate your
# configuration file, set this to no
#
MAIL_CREATE_CONFIG="no"
```

Bei SUSE Linux in Versionen vor 8.0 ist das die Variable **POSTFIX_CREATECF** in der Datei /etc/rc.config.d/postfix.rc.config.

SuSEconfig wird dann nur noch eine eventuell eingerichtete **chroot**-Umgebung aktuell halten (Kapitel 15.9). Nun lässt sich der Mailserver in aller Ruhe konfigurieren.

Weitere Besonderheiten bei SUSE

Leider passieren auch der Firma SUSE bei der Zusammenstellung ihrer Distribution ab und an Fehler, wenn es darum geht, die RPM-Pakete zusammenzubauen oder Wartungsskripten zu programmieren. Schauen Sie deshalb immer auch nach Updates der RPM-Pakete auf den SUSE-Servern.[2]

Oder – noch besser – benutzen Sie einfach das automatische Update über YOU (*YaST Online Update*). Übrigens können Sie auch die Security-Updates automatisch jede Nacht einspielen lassen. Das Skript **online_update** erledigt das im Text-Modus; tragen Sie einfach einen nächtlichen Cronjob dafür ein.

In einer älteren Version wurde vor einigen Jahren z. B. einmal die **chroot**-Umgebung nicht richtig gepflegt. Schauen Sie also stets regelmäßig auf den Webseiten oder über YOU nach, ob sich dort neuere Pakete für Ihre Version befinden. Für den Fall, dass Sie manuell ein Update-RPM installieren wollen, können Sie als **root** folgendermaßen vorgehen:

```
linux:~ # rpm -Uvh postfix.rpm
linux:~ #
```

In Version 7.3 erzeugt in der Datei /etc/postfix/main.cf ein Skript doppelte Einträge und trägt dort mehrmals den unsinnigen Wert YAST_ASK in die Variablen ein, was eigentlich durch Hostnamen etc. ersetzt werden sollte. Ggf. sollten Sie dort die Datei /etc/postfix/main.cf durchgehen und alle derartigen Einträge in den letzten 20 Zeilen löschen.

---

[2] http://www.suse.de/de/private/download/updates/index.html.

In Version 8.0 wurden im Zuge der Einführung von **/etc/sysconfig** auch zahlreiche Variable neu benannt und auch das Verhalten von **SuSEconfig** geändert. Für professionelle Administratoren ist die Konfiguration von Postfix durch **SuSEconfig** ohnehin nicht ausreichend; nützlich aber war die Möglichkeit, diesem Skript die Pflege der **chroot**-Umgebung zu überlassen.

In den Versionen > 8.0 stiftet das etwas Verwirrrung, da dazu *mehrere* Variable gesetzt werden müssen. **POSTFIX_CHROOT** *und* **POSTFIX_UPDATE_CHROOT_JAIL** müssen Sie beide auf **yes** setzen. Nur dann wird die Pflege durch **SuSEconfig** übernommen.

Solange **MAIL_CREATE_CONFIG** weiterhin auf **no** steht, müssen Sie keine Befürchtung haben, dass **SuSEconfig** die Datei **master.cf** anfasst. **SuSEconfig** übernimmt dann die **chroot**-Pflege, aber nichts weiter.

```
linux:~ # joe /etc/sysconfig/postfix
[...]
#
# Start postfix services chrooted, that are able to run chrooted?
# Note: if you want SuSEconfig to maintain the chroot jail, you
# also have to set POSTFIX_UPDATE_CHROOT_JAIL to yes
POSTFIX_CHROOT="yes"

#
# Set this to yes, if SuSEconfig should setup the chroot jail
# itself
#
POSTFIX_UPDATE_CHROOT_JAIL="yes"
```

Zudem sollten Sie nach einem Umstieg von Sendmail zu Postfix die Aliases-Dateien neu generieren lassen; geben Sie dazu einmal **newaliases** ein.

```
linux:~ # newaliases
linux:~ #
```

3.2.2 Besonderheiten bei Debian „woody" (stable)

Debian[3] benutzt standardmäßig APT (*Advanced Packet Tool*), um Pakete zu installieren. Die Quellen zu den Paketen werden in der Datei **/etc/apt/sources.list** angegeben.

Debian GNU/Linux existiert in drei verschiedenen Versionen, und zwar *stable* (derzeit mit Namen „woody"), *testing* (mit Namen „sarge", das „woody" demnächst als *stable* ablösen soll) und *unstable* (mit Namen „sid").

---

[3] Thomas Bechtold (thomasbechtold@jpberlin.de) danke ich für die wertvollen Hinweise zum Debian-System.

Normalerweise werden für ein sicheres und stabiles System nur Pakete aus dem Bereich *stable* installiert. Dies hat allerdings den Nachteil, dass Ihr System nicht auf dem neuesten Stand der Technik ist. Es werden also relativ alte Programmversionen benutzt. Der Vorteil: Diese Pakete sind seit langem getestet und können somit als stabil eingestuft werden.

Leider ist unter *stable* nur die relativ alte Versionsreihe 1.x von Postfix verfügbar. Postfix 2.x weist jedoch zahlreiche neue Funktionen auf und ist sehr stabil; auch die Beschreibungen in diesem Buch basieren auf Postfix 2.x.

Um nun Postfix auf den neusten Stand zu bringen, muss APT umkonfiguriert werden. Zunächst muss in die Datei /etc/apt/sources.list eine neue Quelle angegeben werden, damit Postfix aus dem Bereich *unstable* installiert werden kann.

```
linux:~ # joe /etc/apt/sources.list

deb http://security.debian.org/ stable/updates main contrib non-free

deb ftp://ftp.de.debian.org/debian/ stable main non-free contrib
deb-src ftp://ftp.de.debian.org/debian/ stable main non-free contrib
deb http://non-us.debian.org/debian-non-US stable/non-US main contrib no
n-free
deb-src http://non-us.debian.org/debian-non-US stable/non-US main contri
b non-free

#UNSTABLE
deb ftp://ftp.de.debian.org/debian/ unstable main non-free contrib
deb-src ftp://ftp.de.debian.org/debian/ unstable main non-free contrib
deb http://non-us.debian.org/debian-non-US unstable/non-US main contrib
non-free
deb-src http://non-us.debian.org/debian-non-US unstable/non-US main cont
rib non-free
```

Die ersten fünf Einträge sind als Quellangabe für die Sicherheitsupdates und die Pakete aus dem Bereich *stable* normalerweise bereits enthalten. Um nun auch Pakete aus dem Bereich *unstable* installieren zu können, müssen Sie die letzten vier Zeilen unter #UNSTABLE einfügen.

Bevor nun die neue Paketliste heruntergeladen wird, muss noch eine Konfigurationseinstellung für APT vorgenommen werden: Der Cache von APT ist standardmäßig zu klein eingestellt, um beide Paketlisten zu verbinden. Wechseln Sie also in das Verzeichnis /etc/apt/apt.conf.d/ und legen Sie dort eine neue Datei 00Cache an.

```
linux:~ # joe /etc/apt/apt.conf.d/00Cache
APT::Cache-Limit "141943904";
```

Der Eintrag APT::Cache-Limit "141943904"; ist in dieser Datei zu speichern, damit der Cache von APT die benötigte Größe aufweist.

Speichern Sie die Datei und laden Sie sich die neuen Paketlisten für *stable* und *unstable* herunter.

```
linux:~ # apt-get update
```

Nun sind die Paketlisten für *stable* und *unstable* verfügbar. Um nun Postfix in der neuesten Version zu installieren, reicht folgender Befehl:

```
linux:~ # apt-get install -t unstable postfix
```

Dabei ermittelt APT automatisch die Abhängigkeiten. Alle Pakete, die für die neueste Postfix-Version überholt sind, werden auf den neuesten Stand gebracht.

Es besteht allerdings noch das Problem, dass Debian nun beim nächsten Upgrade alle Pakete auf *unstable* setzen will. Um weiterhin *stable* als Default zu behalten, muss eine weitere Datei angelegt werden.

```
linux:~ # joe /etc/apt/preferences

Package: *
Pin: release a=stable
Pin-Priority: 700

Package: *
Pin: release a=testing
Pin-Priority: 650

Package: *
Pin: release a=unstable
Pin-Priority: 600
```

So wird festgelegt, dass *stable* die höchste Priorität besitzt. Nachdem diese Datei angelegt wurde, können Sie ohne Probleme Ihr Debian auf dem neuesten Stand halten: Es werden nur Pakete aus dem *stable*-Bereich benutzt. Ausgenommen ist hiervon natürlich Postfix, da dieses Paket bereits aus *unstable* installiert wurde und kein Downgrade stattfindet.

Das war's. Sie haben nun die neueste Version von Postfix auf einem stabilen Debian GNU/Linux installiert.

3.3 Postfix Schnellkonfiguration

Die Hauptkonfiguration erfolgt in der Datei **/etc/postfix/main.cf**. Laden Sie diese in einen beliebigen Editor und stöbern Sie ein wenig darin herum. In den Standard-versionen der Distributionen enthält sie meist nicht alle der über 330 möglichen

Parameter. Den größten Teil werden Sie wohl auch nie anfassen müssen, er enthält sinnvolle Standardwerte wie Timeouts o. ä. Für den Betrieb von Postfix sind ca. drei Dutzend Einstellungen tatsächlich interessant. Diese sind meist hinreichend dokumentiert und gut geeignet, um sich einen Überblick über Postfix zu verschaffen. In Anhang D finden Sie tatsächlich *alle* Parameter mit einer kurzen Erklärung.

3.3.1 Postfix-Variablen

Bevor wir auf einzelne Parameter genauer eingehen, sollte noch eine Besonderheit erläutert werden: Die Variablen in der Konfiguration. Vielleicht kennen Sie dieses Prinzip bereits von anderen Programmpaketen. In der Hauptkonfigurationsdatei **main.cf** werden stets bestimmte Variablen definiert, die Postfix dann bei Programmstart auswertet. Den Variablen wird dabei immer ein Wert zugewiesen, zum Beispiel:

```
myhostname = mail.postfixbuch.de
```

Wer sich schon etwas mit Programmierung beschäftigt hat, hat damit kein Problem. Einsteiger aber müssen sich an diesen Gedanken wohl gewöhnen. Die Variable **$myhostname** hat nun den Wert **mail.postfixbuch.de**. Das Schöne daran ist, dass wir auch innerhalb der Konfigurationsdatei selbst mit diesen Variablen arbeiten können. Wann immer in den nachfolgenden Zeilen dieser Datei von **$myhostname** die Rede ist, wird von Postfix der passende Wert eingesetzt.

```
myhostname = mail.postfixbuch.de
myorigin = $myhostname
smtpd_banner = $myhostname ESMTP
```

Eigentlich sollte aber jeder Linuxer damit vertraut sein – bei SUSE sind zum Beispiel alle zentralen Steuerdateien in **/etc/sysconfig/** nach diesem System aufgebaut; dort werden reihenweise Variablen gesetzt, die an anderer Stelle von Programmen und Skripten ausgewertet werden. Beachten Sie, dass bei der Zuweisung einer Variablen kein $ vorangestellt wird, wohl aber, wenn wir sie als Variable tatsächlich einsetzen.

Aber zurück zu Postfix: Durch Variablen bleibt die Konfiguration flexibel. Wenn sich Domain oder Hostname des Rechners einmal ändern oder die Konfigurationsdatei eines anderen Servers übernommen wird, so reicht es aus, einmal den Eintrag **$myhostname** zu ändern, auch wenn der Hostname an verschiedenen Stellen in der Datei **main.cf** verwendet wird. Neben unnötiger Arbeit lassen sich dadurch auch mögliche Fehler umgehen, denn die Erfahrung zeigt: An irgendeiner Stelle wird eine notwendige Änderung dann doch übersehen...

Schauen wir uns zunächst die Parameter an, die Sie bei einer Postfix-Konfiguration auf jeden Fall anpassen sollten. Suchen Sie diese Parameter gleich in der Datei **main.cf**.

3.3.2 Postfix anpassen

Bei einer ausgereiften Distribution kann man davon ausgehen, dass alle notwendigen Einstellungen bereits vorgenommen wurden, soweit das vorab möglich war. Konkret sind deshalb häufig nur Angaben wie Hostnamen, Domains oder IP-Nummern anzupassen.

Wenn Sie die nachfolgenden Parameter angepasst haben, sollte Postfix grundsätzlich funktionieren. Natürlich werden anschließend noch zahlreiche Feinheiten eingestellt. Bei einem solch komplexen System wie einem Mailserver ist es mit einem halben Dutzend Angaben nicht getan.

Arbeiten Sie hier bitte äußerst sorgfältig, denn durch diese Parameter entscheidet sich, unter welcher Mailadresse später E-Mails erzeugt werden, für welche Mailadressen Postfix Mails annimmt und vieles andere mehr.

myhostname = mail.postfixbuch.de

> der Hostname dieses Mailservers, also etwas wie **mail.postfixbuch.de** oder **smtp.postfixbuch.de**; angegeben werden muss ein voller Namen inklusive Domain. Die Variable **$myhostname** wird dann an anderer Stelle in der Konfigurationsdatei ausgewertet, sie hat zunächst einmal keine direkte Bedeutung für Postfix. Ist **$myhostname** nicht explizit gesetzt, übernimmt Postfix die Standard-Einstellung des Rechners aus **/etc/HOSTNAME**.

mydomain = postfixbuch.de

> kennzeichnet die Maildomain, für die dieser Mailserver zuständig ist; oft unterscheidet sich diese vom reinen Hostnamen des Rechners, da man für ausgehende E-Mails i. d. R. einen Absender wie **user@postfixbuch.de** statt **user@testrechner.postfixbuch.de** benutzen will. Wird eine lokale Mail ohne Angabe einer Domain erzeugt, so zieht Postfix in der Standardeinstellung **$mydomain** heran, um eine Absendeadresse zu bilden. **$mydomain** muss übrigens nicht eigens angegeben werden, Postfix übernimmt die Domain dann aus **$myhostname**.

mydestination = $myhostname, $mydomain, localhost, localhost.$mydomain

> Dieser Parameter regelt, für welche Domains sich Postfix zuständig fühlen soll, also für welche Domains E-Mails überhaupt angenommen werden. In der Regel entspricht das – wie im obigen Beispiel – der Domain und dem Hostnamen des Rechners sowie **localhost**.
>
> Achtung: Pflegen Sie weitere *virtuelle* Domains, z. B. für Kunden, so geben Sie diese hier *nicht* an! Diese werden über die **virtual**-table gepflegt, die weiter unten beschrieben ist. **$mydestination** entspricht nur dem *echten* Rechnernamen und der *echten* Domain des Servers.

Auch auf die folgenden Parameter sollte man aus Sicherheitsgründen gleich bei den ersten Experimenten mit Postfix einen Blick werfen und sie anpassen:

mynetworks = 192.168.0.0/24, 127.0.0.0/8

Die hier angegebenen IP-Nummern (ggf. mit Subnetzmaske, siehe Anhang C) werden von Postfix als zu unserem Netzbereich gehörig angesehen und gelten damit üblicherweise als besonders vertrauenswürdig. Diesen IP-Nummern wird gestattet, E-Mails auch nach außen, also an externe Mailadressen zu liefern. Ihr Server wird sie dann zustellen.

Dies ist eine wichtige Einschränkung, und doch kennen sie erschreckend wenige Postmaster. Dem Problem, das diesen Parameter notwendig macht, gehen wir in Kapitel 9 noch auf den Grund.

Dennoch: Um Missbrauch zu verhindern, setzen Sie *unbedingt* schon jetzt Ihre eigenen lokalen IP-Nummern ein. Wenn Ihr LAN an das Internet angebunden ist, können Sie nur so sicher sein, dass Ihr Postfix sicher und korrekt konfiguriert ist.

Achten Sie übrigens drauf: Wenn Sie Subnetze definieren, müssen Sie die Netzwerk*basisadresse*, und nicht eine beliebige IP des Subnetzes angeben! Falsch ist also 192.168.0.15/24 oder 192.168.1.230/26. Richtig wäre hingegen 192.168.0.0/24 oder 192.168.1.192/26.

Haben Sie Postfix auf einem einzelnen Rechner ohne lokales Netzwerk, d. h., wählt sich Ihr Rechner direkt ins Internet ein, so sollten Sie diesen Parameter auf 127.0.0.0/8 (localhost) setzen! Ist er an ein LAN angebunden, so tragen Sie hier zwei (oder mehr) durch Komma getrennte Netzbereiche ein.

mail_owner = postfix

Bekanntlich gehören unter Linux jede Datei und jeder laufende Prozess einem Benutzer. Dies gilt auch für Prozesse, die ein **ps axu** vermeintlich niemandem (nobody) zuschreibt, denn tatsächlich gehören diese einem Benutzer mit dem *Namen* nobody.

Auch die Postfix-Prozesse und die zwischengespeicherten Mails gehören jemandem. Aus Sicherheitsgründen bestimmt man hier einen eigenen Nutzer für Postfix und sollte dafür *nicht* Standard-Accounts wie **daemon** oder **nobody** verwenden. Andernfalls würde man Postfix gefährden, wenn ein Angreifer durch andere Programme nobody-Rechte erlangte, oder eben auch andere Prozesse gefährden, wenn ein Angreifer unser Postfix knackt und durch Postfix nobody-Rechte gewinnt. Ein Mailserver ist ein sehr exponiertes System – schotten Sie es so gut wie möglich ab!

In den bekannten Distributionen werden für Postfix bereits eine Nutzer- und eine oder zwei Gruppenkennungen vorbereitet sein – übernehmen Sie diese. Wenn Sie selbst Nutzer- und Gruppenkennung anlegen müssen, legen Sie eine Gruppe **postfix** und einen User **postfix** an, der dieser Gruppe angehört. Weisen Sie diesem Nutzer die Login-Shell **/bin/false** zu (kein Login möglich). Darüber hinaus sollten Sie in der **shadow**-Datei das Passwort dieses Nutzers löschen und – wichtig! – durch ein „*" ersetzen (verhindert ebenfalls den

Login, da das eingegebene Passwort stets ungültig ist). Desweiteren müssen Sie eine zweite Gruppe **postdrop** anlegen, der aber kein Nutzer angehört. Weitere Angaben und eine detaillierte Anleitung dazu in Kapitel 15.6.

Benutzen Sie für Postfix keinen Account, den auch eine andere Software Ihres Systems nutzt, geben Sie Postfix eine eigene, sichere Kennung!

inet_interfaces = all

Wenn Sie hier eine oder mehrere IP-Nummer(n) angeben, wird Postfix nur auf diesen IP-Nummern E-Mails empfangen. In aller Regel hat Ihr Server aber ohnehin nur eine IP-Nummer. Selbst wenn er mehrere haben sollte, wird es Ihnen meist egal sein, auf welchen IP-Nummern Sie die Mails annehmen – Sie können diesen Parameter in diesem Falle ignorieren und auskommentieren. Postfix empfängt dann zunächst auf allen Netzwerkinterfaces und allen IP-Nummern E-Mails auf Port **25**.

Haben Sie Ihr Linux aber als Dialup-Router oder als Bastion Host in einer Firewall-Umgebung eingesetzt, so könnte Ihnen doch daran gelegen sein, nur aus Ihrem lokalen LAN Mails anzunehmen, nicht aber auf dem Dialup-Interface aus der ganzen Welt. Näheres dazu in Kapitel 16.2.

Achtung: SUSE hat die Angewohnheit, hier per Default nur **localhost** einzutragen, also **127.0.0.0/8**. Das sorgt dafür, dass Ihr Postfix zwar läuft, aber nur lokal; aus dem Netz aber ist es nicht erreichbar. Achten Sie also darauf, ggf. **$inet_interfaces** anzupassen, wenn Ihr Postfix Verbindungen aus dem LAN annehmen soll.

smtpd_banner = $myhostname ESMTP $mail_name

legt den Begrüßungstext fest, den **smtpd** an den anderen Mailserver ausgibt; oft werden dabei auch die verwendete Software, das Betriebssystem und die Softwareversion genannt. Aus Sicherheitsgründen sollte man mit diesen Informationen nicht allzu freizügig sein. Es gibt auch keinen technischen Grund für diese Angaben. Die Default-Einstellungen von SUSE Linux gehen mir hier schon ein wenig zu weit. Die bloße Angabe des Hostnamens und des Protokolls (SMTP oder ESMTP) reicht aus – spielen Sie Angreifern („Blackhats") nicht in die Hände!

```
smtpd_banner = $myhostname ESMTP
```

3.3.3 Die Pfade

Wenn Sie eine Linux-Distribution verwenden, so sollten Sie davon ausgehen, dass die in der Konfigurationsdatei bereits eingetragenen Programmpfade korrekt sind und nicht angepasst werden müssen. Anders wird das sein, wenn Sie sich Postfix selbst aus den Originalquellen übersetzt haben, da die Pfade je nach System und

Distribution und damit je nach dahinter stehender Philosophie unterschiedlich sein können.

Nachfolgend eine kurze Beschreibung – die angegebenen Einträge entsprechen der üblichen Installation unter SUSE Linux:

queue_directory = /var/spool/postfix
> das Verzeichnis mit den Postfix-Queues, also den Warteschlangen

program_directory = /usr/lib/postfix
> der Pfad, an dem Postfix die eigenen Programme (postalias, postfix, postmap u.a.) sowie auch die einzelnen Module (smtpd, trivial-rewrite, local u.a.) erwartet. Module unterscheiden sich insofern von den Postfix-Programmen, als sie stets nur von Postfix selbst aufgerufen werden können und mit dem Postfix-Masterprogramm **master** über ein Postfix-internes Protokoll kommunizieren. Die Programme hingegen sind normale Tools, die sich auch von der Kommandozeile starten lassen.

command_directory = /usr/sbin
> überschreibt **program_directory** und legt ein (abweichendes) Verzeichnis für die Postfix-Programme fest

daemon_directory = /usr/lib/postfix
> Dieser Wert überschreibt **program_directory** und legt ein (abweichendes) Verzeichnis für die Postfix-Module fest.

De facto wird man also wahlweise (nur) den Parameter **program_directory** *oder* die beiden Parameter **command_directory** und **daemon_directory** einsetzen. Sind aber alle drei Parameter definiert, so spielt das auch keine Rolle: **program_directory** wird dann überschrieben und hat das Nachsehen.

3.4 Läuft Postfix?

Wenn Sie die hier genannten Einstellungen getroffen haben, sollte einem ersten Testlauf von Postfix nichts im Wege stehen.

Sofern Postfix noch nicht gestartet ist, sollten Sie mit **rcpostfix start** einen Start des Dämons auslösen bzw., wenn es bereits aktiv ist, mit **rcpostfix reload** ein erneutes Einlesen der Konfiguration anweisen, damit ihre Änderungen aktiv werden.

Ob Postfix grundsätzlich läuft, können Sie schnell überprüfen:

- Der Master-Prozess von Postfix taucht in der Prozessliste auf:

```
linux:~ # ps axw | grep postfix
 1272 ?        S      3:30 /usr/lib/postfix/master
```

```
 2918 pts/4    S       0:00 grep postfix
linux:~ #
```

- Port 25 wird als offen angezeigt:

```
linux:~ # lsof -i :25
COMMAND PID USER  FD   TYPE DEVICE SIZE NODE NAME
master  670 root  11u  IPv4  1752        TCP localhost:smtp (LISTEN)
linux:~ # nmap localhost
Starting nmap V. 2.54BETA22 ( www.insecure.org/nmap/ )
Interesting ports on localhost (127.0.0.1):
(The 1539 ports scanned but not shown below are in state: closed)
Port       State      Service
22/tcp     open       ssh
25/tcp     open       smtp
80/tcp     open       http
linux:~ #
```

- Bei einem telnet auf Port 25 sollte sich Postfix melden:

```
linux:~ # telnet localhost 25
Trying ::1...
telnet: connect to address ::1: Connection refused
Trying 127.0.0.1...
Connected to localhost.
Escape character is '^]'.
220 mail.postfixbuch.de ESMTP
QUIT
221 Bye
Connection closed by foreign host.
linux:~ #
```

- Wenn man mit einem Mailclient wie z. B. **mutt** eine Mail an einen lokalen Benutzer schreibt, sollte diese natürlich auch ankommen. Werfen Sie einen Blick in
  den Absender der Mail – ist dort die Domain oder der Hostname so gesetzt, wie
  Sie ihn haben möchten?

- Wenn die Mail nicht ankommt, werfen Sie einen Blick in **/var/log/mail** oder
  schauen Sie mit dem Programm **mailq** nach, ob sie noch in der Warteschlange liegt und warum.

```
linux:~ # mailq
-Queue ID- --Size-- ----Arrival Time---- -Sender/Recipient-------
7DF602375C     476 Sun Mar 10 13:13:21  peer@postfixbuch.de
     (Name service error for dummydomain.de: Host not found, try again)
                                         peer@dummydomain.de

linux:~ #
```

Wenn sich Postfix partout nicht korrekt starten lässt, finden Sie in Kapitel 12 detaillierte Anleitungen zur Problem- und Fehlersuche.

4

Das modulare Konzept
von Postfix

Bei Postfix von *einem* Programm zu sprechen, könnte man schon beinahe als falsch bezeichnen. Postfix selbst ist ein System aus verschiedenen Teilprogrammen, die jeweils sehr spezielle Aufgaben lösen.

4.1 Die Erfahrungen mit Sendmail

Für den Postfix-Autor Dr. Wietse Venema war diese Lösung die Konsequenz aus den Erfahrungen mit anderen Mailserver-Paketen, namentlich *Sendmail*, das für seine zahlreichen Sicherheitslücken berühmt-berüchtigt ist. Wietse Venema ist angetreten, um mit einem von Grund auf neukonzipierten Mailsystem einen sicheren, schnellen, erweiterbaren und leicht zu konfigurierenden Mailer zu schreiben.

Aus technischen Gründen sind für verschiedene Aktionen in einem Linux-System die Rechte des Superusers root notwendig, beispielsweise um überhaupt eingehende Verbindungen auf dem privilegierten Port 25 zulassen zu können. Andere Mailer laufen deshalb permanent mit root-Rechten – ein nicht zu vernachlässigendes Sicherheitsrisiko: Gelingt einem Angreifer die Manipulation des Mailservers, so steht ihm das betroffene System mit diesen root-Rechten offen.

4.2   Module müssen her!

Die erste Konsequenz war also die Aufsplittung der verschiedenen Programmkomponenten in einzelne Module. Das versetzt uns in die Lage, so viele Module wie nur möglich unter normalen, unprivilegierten Nutzerkennungen laufen zu lassen und nur dort root-Rechte einzusetzen, wo diese auch tatsächlich benötigt werden.

Große Teile von Postfix werden damit für potenzielle Angreifer uninteressant bis nutzlos, da sie diesen keinen direkten Zugang mit root-Rechten verschaffen können. Andere, privilegierte Programmteile werden nach Möglichkeit nur von Postfix selbst aufgerufen und stehen gar nicht direkt in Kontakt mit der Außenwelt – und sind damit für Angreifer schwer oder gar nicht erreichbar, da eine direkte Beeinflussung durch Kommandos nicht mehr möglich ist.

Darüber hinaus ist ein solches System in Sachen Performance einem „Riesenprogramm" überlegen.

Und, last, but not least: Ein modulares System ist offen für Erweiterungen, weitere Komponenten und Zusatzmodule anderer Programmierer.

4.3   Die Arbeitsabläufe in Postfix

Um den Gang einer E-Mail durch das System zu verstehen, muss man sich die zahlreichen *Queues* und Module von Postfix vor Augen führen. Am einfachsten lassen sie sich wohl als das beschreiben, was sie auch tatsächlich sind: Bestimmte Verzeichnisse im Dateisystem von Postfix, in denen E-Mails von bestimmten Programmen abgelegt und von anderen Modulen zur weiteren Bearbeitung ausgelesen werden können. Sie sind also Ablageplätze für E-Mails auf dem Weg durch das Postfix-System. Postfix hat gleich eine ganze Struktur solcher Queues.

Im laufenden Betrieb müssen Sie nicht unbedingt genau wissen, welches Modul in welcher Reihenfolge welche Aufgaben erledigt. Das Postfix-Masterprogramm kümmert sich darum und überwacht alle Programmabläufe. Man sollte es aber doch einmal gelesen und das Prinzp verstanden haben; für den Umgang mit dem System ist das an verschiedenen Stellen sehr hilfreich.

Schauen wir uns also an, wie eine E-Mail in unser System gelangt und welchen Weg sie durch Postfix nimmt. Dabei gibt es grundsätzlich zwei verbreitete Möglichkeiten:

1.   Ein externer Client liefert die Mail über TCP/IP per SMTP ein.

2.   Ein lokal eingeloggter Benutzer erzeugt eine Mail und liefert diese über ein lokales Programm in die Mailqueues ein.

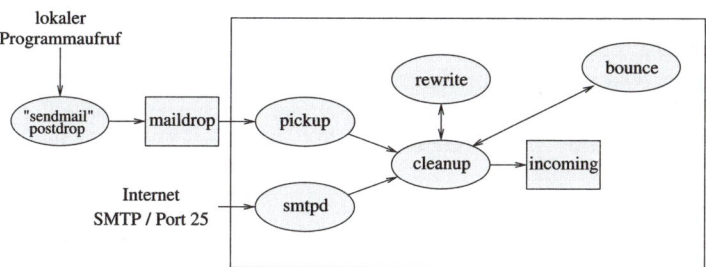

Abbildung 4.1:
So gelangen Mails in
Postfix: Rund die
Postfix-Module, eckig
die Postfix-Queues

4.3.1   Einlieferung durch SMTP

Mailserver stellen sich untereinander E-Mails über das Protokoll SMTP zu. Sie setzen dabei TCP/IP ein, um die Datenpakete durch das Internet zu transportieren. Auch wenn ein Mailclient eines Anwenders eine E-Mail absenden möchte, wendet er sich über TCP/IP und SMTP an den Mailserver des Providers, um die Mail abzusenden.

Auf unserem Server empfängt das Postfix-Modul **smtpd** alle über TCP/IP einkommenden Mails auf Port **25**. Das dürfte auch der Regelfall sein: Eine andere Software vertraut uns über eine TCP/IP-Verbindung eine E-Mail zur weiteren Bearbeitung an. Das kann ein anderer Mailserver, aber auch ein Mailclient eines Benutzers sein, im Verfahren besteht hier kein Unterschied.

smtpd läuft unter den Rechten eines ganz normalen Benutzers (meist mit dem Namen **postfix**), auch das ist etwas ungewöhnlich, denn **smtpd** müsste Verbindungen an Port **25** annehmen können, einem so genannten *privilegierten* Port. Alle Ports unterhalb **1024** sind privilegierte Ports; um sie öffnen zu können, benötigt man **root**-Rechte. Das macht diese Programme auch so interessant für Angreifer.

Bei Postfix aber kümmert sich das Postfix-Programm **master** um den Start der Module und auch um die Überwachung der einzelnen Ports. Es öffnet bei Programmstart mit seinen **root**-Rechten den Port **25**, gibt diesen dann aber sofort an **smtpd** weiter, das fortan mit normalen Nutzerkennungen diesen Port bedienen kann.

smtpd steht dabei als Programm in der vordersten Frontlinie – es hat Kontakt mit der Außenwelt, es empfängt Befehle und Kommandos im Rahmen des SMTP-Protokolls. Ein Angreifer könnte also gezielt versuchen, das Programm durch überlange Kommandos oder andere Tricks zu manipulieren. Doch durch eine Manipulation könnte er nun nicht mehr an **root**-Rechte auf dem Server gelangen, und damit wird **smtpd** zunächst einmal recht uninteressant für einen etwaigen Angreifer.

Dennoch versuchen wir die Aufgaben von **smtpd** und auch von allen anderen Modulen stets möglichst gering und den Programmcode möglichst klein, übersichtlich und fehlerfrei zu halten. Was ein Postfix-Modul nicht kann, kann auch keinen Fehler enthalten oder geknackt werden.

smtpd tut also fast nichts: Es nimmt Mails an und gibt sie flugs weiter an das Modul **cleanup** zur weiteren Bearbeitung. **cleanup** selbst steht also nicht mehr direkt in Kontakt mit der Außenwelt, es wird nur von **smtpd** aufgerufen. Einem Angreifer ist es damit zwar möglich, **cleanup** manipulierte Mails unterzuschieben, nicht aber, es durch manipulierte Kommandos gezielt zu beeinflussen. Eventuelle Programmfehler sind damit nur schwer auszunutzen. Ein erheblicher Sicherheitsgewinn!

4.3.2 Einlieferung durch lokalen Programmaufruf

Kurzer Szenenwechsel: Schauen wir uns an, was passiert, wenn ein Nutzer durch einen direkt auf dem Mailserver lokal laufenden Mailclient (wie z. B. **mutt**) eine E-Mail erzeugt oder wenn eine Software, wie z. B. der Webserver *Apache*, eine neue E-Mail generieren möchte. Da lange Zeit eigentlich nur der MTA Sendmail als Mailsoftware zur Verfügung stand, hat sich der Aufruf eines Programms **/usr/sbin/sendmail** an dieser Stelle als Quasi-Standard etabliert. Dem Programm **sendmail** wird dann in einer bestimmten Syntax die E-Mail übergeben.

Alternativ können auch lokal erzeugte Mails durch eine SMTP-Verbindung an **localhost** (IP: **127.0.0.1**) beim eigenen Host eingeliefert werden. Dafür muss die jeweilige Anwendersoftware aber das SMTP-Protokoll beherrschen – der simple Programmaufruf von **/usr/sbin/sendmail** ist daher einfacher und gebräuchlicher.

Um vorhandene Installationen nicht durch Austausch des *Mail Transport Agent* (Postfix, Sendmail, Qmail, SMail, Exim o. ä.) zu zerstören, bringen heute fast alle anderen Mailer ein Modul **sendmail** mit, das gegenüber dem Original **sendmail** möglichst die gleichen Aufrufparameter und Verhaltensweisen aufweist und damit 1:1 austauschbar ist. So kann jedes Programm **/usr/sbin/sendmail** starten, ohne sich Gedanken machen zu müssen, welcher MTA auf dem Server läuft.

Auch Postfix bringt ein solches Programm mit, so dass sich ein installiertes Sendmail-System auf Postfix umstellen lässt. Wenn im Folgenden also vom klein geschriebenen **sendmail** die Rede ist, so handelt es sich um das gleichnamige Postfix-Programm, nicht um das Sendmail-Programmpaket – das ist wichtig!

Nun entsteht aber folgendes Problem: Läuft **/usr/sbin/sendmail** nur unter der Nutzerkennung des Webservers oder des Nutzers, der es gerade gestartet hat, so müssten alle Nutzer Schreibrechte in die Mailqueue haben, sonst könnten sie dort keine Mails abspeichern.

Alternativ könnte man das Programm **sendmail** auch unter **root**-Rechten laufen lassen, so dass es in ein geschütztes Verzeichnis der Mailqueue abspeichern kann. Das würde wiederum Angreifern Tür und Tor öffnen, denn eine Manipulation an sendmail könnte bei Erfolg zu root-Rechten führen! Bei einigen MTAs wurde dieses Problem tatsächlich auf diese Weise „gelöst". Unter Sicherheitsaspekten ist das natürlich nicht eben empfehlenswert.

Postfix schaltet stattdessen ein weiteres Programm namens postdrop zwischen, das die Mail von sendmail annimmt und nun mit den Rechten der Gruppe postdrop in die Queue maildrop schreiben kann.

Durch den Einsatz von postdrop wird ein Sicherheitsproblem unmittelbar gelöst: Normale Benutzer müssen selbst keinen Dateizugriff auf die Queues haben. Sie können nur durch die indirekte Übergabe der Mail von sendmail an postdrop abspeichern. Gleichzeitig läuft unser sendmail-Modul unter der normalen Nutzerkennung des aufrufenden Benutzers und ist damit für Angreifer vergleichsweise uninteressant.

Auch die Queue maildrop ist jedoch nur eine kleine Zwischenstation, die ihrerseits von der Komponente pickup überwacht wird. pickup fischt die E-Mails regelmäßig aus maildrop heraus und übergibt sie der Komponente cleanup.

Und hier bei cleanup laufen endlich die Wege aller eingehenden E-Mails zusammen. Egal ob sie über Port 25 per SMTP oder über das Programm sendmail eingeliefert worden sind, alle Mails gehen von hier aus gemeinsame Wege.

4.3.3   cleanup schafft Ordnung im Header

cleanup sorgt für klare Verhältnisse und eine korrekte Syntax des Mailheaders, wie sie RFC 2822 vorschreibt (siehe Kapitel 2.2).

Fehlt z. B. der Nachricht noch immer eine individuelle Mail-Kennung, die so genannte *Message-ID*, so wird diese jetzt erzeugt und eingefügt. Desweiteren könnten Header-Felder fehlen - unserer E-Mail, die auf Seite 24 per telnet auf Port 25 erzeugt wurde, fehlen nahezu sämtliche Header-Felder, das Datum der Mail eingeschlossen. cleanup holt dies nach und fügt Fehlendes ein, sofern möglich.

Zudem übergibt cleanup die E-Mail kurzzeitig an trivial-rewrite, das die Aufgabe hat, „den Empfänger aufzuräumen". Empfängeradressen können verschiedenen Formaten folgen, insbesondere bei Einsatz des alten UUCP-Verfahrens. trivial-rewrite soll den Empfänger nach Möglichkeit aus allen Varianten in das einheitliche Format <user>@<host>.<domain> umschreiben.

Kommt cleanup schon jetzt zu dem Schluss, dass eine Mail unzustellbar ist, so lässt es bounce eine Fehlermail generieren. Ist aber cleanup zufrieden mit sich, der Mail und dem Rest der Welt, so wird die Mail in der Queue incoming gespeichert.

4.3.4 (n)qmgr regelt den Rest

Der Queue-Manager **qmgr** bzw. dessen überarbeitete Version **nqmgr** ist das eigentliche „Arbeitstier" im Postfix-System. Es erledigt das, was man gemeinhin von einem Mailserver erwartet: Es verwaltet die **incoming**-Queue und verschiebt einzelne Mails in die **active**-Queue, wenn sie zugestellt werden sollen. Die **incoming**-Queue fungiert auch als Warteschleife – nicht alle Mails gelangen sofort nach **active**, sondern nur eine gewisse Anzahl gleichzeitig, damit das Mailsystem nicht überlastet wird.

Abbildung 4.2:
So verlassen Mails
Postfix: Rund wieder
die Module, eckig die
Queues

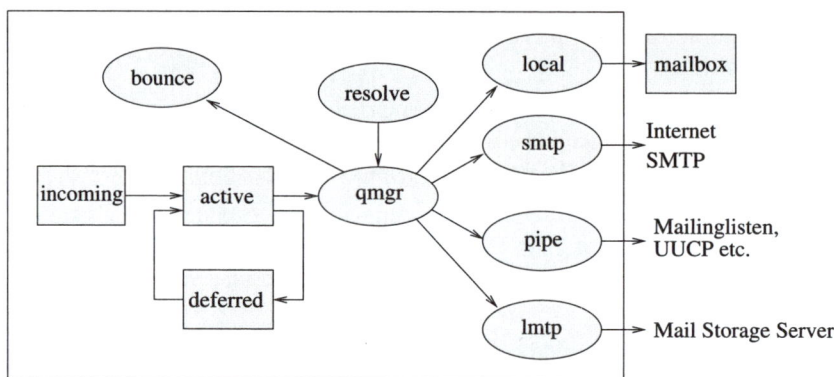

Kann eine Mail aus der **active**-Queue nicht zugestellt werden, so wird sie in die Queue **deferred** verlagert, die alle Mails mit mindestens einem erfolglosen Zustellversuch enthält. **qmgr** versucht sie dann nach bestimmten Zeitintervallen erneut zuzustellen.

Auch hier kann das Modul **trivial-rewrite** noch einmal zum Zuge kommen, z. B. falls eine gültige Empfängeradresse auf eine andere Mailadresse umgeschrieben werden soll (*Mailalias* oder *Weiterleitung*). Das Modul vergleicht hier die Mailadresse mit einigen entsprechenden Tabellen, z. B. der **virtual**- oder der **aliases**-table, die derartige Regeln enthalten können.

Gleichzeitig analysiert auch **qmgr** selbst den SMTP-Envelope der Mail, um den wahren Empfänger und insbesondere die Zustellungsart zu ermitteln. Es gleicht den Header mit einigen Tabellen ab, die besondere Transportmethoden festschreiben. **qmgr** legt damit endgültig fest, wie und wohin die jeweilige E-Mail zugestellt wird.

Ist eine Mail endgültig und dauerhaft unzustellbar, so leitet **qmgr** die Mail an das Modul **bounce** weiter, das eine Nachricht an den Absender erzeugt, diese mit einer passenden Fehlermeldung versieht und zurück in die **incoming**-Warteschleife speist.

nqmgr zeigt eine bessere Queue-Verwaltung als **qmgr**. In Zukunft soll es in Postfix auch der Standard werden. Bislang ist es in der Konfiguration zwar vorbereitet, aber noch nicht aktiviert. Sie sollten das nachholen, insbesondere wenn auf Ihrem System viele Mails zu verarbeiten sind. Dann müssen Sie in der Datei /etc/postfix/master.cf den Eintrag für **qmgr** aus- und den Eintrag für **nqmgr** ein-kommentieren.

```
linux:~ # joe /etc/postfix/master.cf
# ====================================================================
# service type  private unpriv  chroot  wakeup  maxproc command + args
#               (yes)   (yes)   (yes)   (never) (50)
# ====================================================================
#qmgr    unix  n       -       n       300     1       qmgr
qmgr     fifo  n       -       n       300     1       nqmgr
```

4.3.5 Die eigentliche Zustellung

Die endgültige bzw. erfolgreiche Auslieferung einer E-Mail wird schließlich je nach Transportweg von drei verschiedenen Modulen übernommen, die von **(n)qmgr** ent-sprechend gestartet werden:

smtp

> stellt die Mail an einen anderen Server per TCP/IP und SMTP zu

local

> speichert als MDA die Mails in ein lokales Postfach eines Benutzers; local kennt dabei die gebräuchlichen Formate, nach denen diese Postfächer auf-gebaut sind. Ggf. wird auch ein Programm wie z. B. **procmail** zwischenge-schaltet, das die Speicherung übernehmen kann.

pipe

> gibt die Nachrichten direkt an gestartete Programme weiter, z. B. an den Mailinglistenmanager *Majordomo* oder an *Mailman*, die Mails an einen be-stimmten Verteiler weitersenden

lmtp

> stellt die Mail an einen Mail Storage Server über LMTP zu

4.3.6 Der Chef des Ganzen

Gesteuert werden alle Postfix-Komponenten vom Postfix-Masterprogramm mit dem wenig überraschenden Namen **master**. Es überwacht alle Programmteile, startet in regelmäßigen Abständen die Module zur Überwachung der Queues und steuert gleichzeitig auch, wie viele Instanzen eines bestimmten Moduls maximal zeitgleich gestartet werden sollen. Dürfen maximal zehn **smtpd** zeitgleich laufen, so kann unser Server maximal zehn E-Mails gleichzeitig annehmen.

4.4 Der systematische Überblick

So weit der allgemeine Überblick, wie die Maschinerie Postfix funktioniert, welchen Weg E-Mails auf dem Weg durch Postfix nehmen und wo welche Module ineinandergreifen. Schauen wir uns noch einmal systematisch an, welche Module, Tabellen und Tools Postfix kennt und welche Aufgaben sie haben. Tabelle 4.1 listet die Module von Postfix zusammen mit ihren Aufgaben auf. Diese Module können Sie nicht direkt starten, das erledigt das Programm **master**.

<table>
<tr><td>Tabelle 4.1:</td><td>Modul</td><td>Funktion und Aufgabe</td></tr>
<tr><td>Die Postfix-Module</td><td>master</td><td>das Master-Control-Programm, sozusagen der „Kern" von Postfix, der die anderen Module koordiniert</td></tr>
<tr><td>und ihre Aufgaben</td><td>bounce</td><td>kümmert sich um unzustellbare Mails und „bounct" diese zurück an den Absender</td></tr>
<tr><td></td><td>cleanup</td><td>überprüft Mailheader eingehender E-Mails und erzeugt ggf. noch benötigte Felder</td></tr>
<tr><td></td><td>local</td><td>speichert E-Mails schließlich in den lokalen Postfächern</td></tr>
<tr><td></td><td>nqmgr</td><td>(der verbesserte Nachfolger von qmgr) verwaltet die Warteschlange und den endgültigen Mailversand</td></tr>
<tr><td></td><td>pickup</td><td>nimmt eingegangene E-Mails aus der Queue maildrop auf und gibt sie an cleanup weiter</td></tr>
<tr><td></td><td>pipe</td><td>leitet E-Mails an externe Programme weiter, z. B. zum Einbau eines Anti-Viren-Checks</td></tr>
<tr><td></td><td>postdrop</td><td>nimmt sendmail lokal erzeugte Mails ab und speichert sie in der Queue maildrop</td></tr>
<tr><td></td><td>qmgr</td><td>verwaltet die Warteschlange und den Mailversand; wird durch nqmgr ersetzt</td></tr>
<tr><td></td><td>showq</td><td>listet die Warteschlange der E-Mails nebst deren Status</td></tr>
<tr><td></td><td>smtp</td><td>verschickt E-Mails per SMTP an andere Hosts</td></tr>
<tr><td></td><td>smtpd</td><td>empfängt E-Mails per SMTP von anderen Hosts (d = Dämon!)</td></tr>
<tr><td></td><td>trivial-rewrite</td><td>führt einfache Umschreibungen oder Veränderungen von Header-Feldern durch, z. B. bei der Empfänger- oder Absender-Mailadresse</td></tr>
</table>

Es folgt Tabelle 4.2 mit verschiedenen Tools und Hilfsprogrammen, die uns bei der täglichen Arbeit mit Postfix unterstützen. Diese Tools lassen sich direkt in der Konsole starten. Schauen Sie sich in einer ruhigen Minute einmal deren man-Pages an.

Tool	Funktion und Aufgabe
postfix	startet oder stoppt das Postfix-System
postalias	erzeugt die aliases-table für Postfix aus /etc/aliases, das Pendant zu postmap
postcat	zeigt den Inhalt der Queues an
postconf	listet alle Variablen aus der Postfix-Konfiguration auf, kann aber auch gleichzeitig Einstellungen in der main.cf verändern! So kann man bequem aus Skripten heraus die Postfix-Konfiguration anpassen.
postdrop	nimmt E-Mails auf der Kommandozeile an und speist sie in die Queues ein
postkick	sendet an einzelne Postfix-Module Steuerbefehle
postlock	kann für Postfix den Zugriff auf einzelne Mailboxen sperren (*File Locking*), kann in Skripten eingesetzt werden
postlog	erzeugt eine Logmeldung für syslogd
postmap	wandelt alle Tables von Postfix vom Text-Format in das hash-Format (.db) um – neben mailq das wohl wichtigste Tool; in Kapitel 5.3 wird es ausführlicher vorgestellt.
postqueue	listet die Mailqueue oder startet die Auslieferung daraus (flush); wird von mailq aufgerufen.
postsuper	verwaltet die Postfix-Queue
mailq	listet den Inhalt der Mailqueues auf und zeigt den aktuellen Versandstatus oder Versandprobleme; ersetzt mailq von Sendmail
newaliases	ersetzt das Sendmail-Programm newaliases und ist im Prinzip postalias nur unter einem anderen Namen
sendmail	Sendmail-kompatibles Interface für lokal erzeugte Mails; es verhält sich exakt so, wie sich auch das Original verhalten würde, übergibt die E-Mails dann aber sofort an postdrop.

Tabelle 4.2:
Die Postfix-Tools

Zu guter Letzt noch eine Mini-Tabelle 4.3 mit den Konfigurationsdateien, die im Verzeichnis /etc/postfix liegen. Ein Teil davon sind so genannte *Tables*, die wir in Kapitel 5 ausführlich beleuchten werden.

Datei	Inhalt und Aufgabe
main.cf	Hauptkonfigurationsdatei; legt alle grundlegenden, unveränderlichen Parameter von Postfix fest
master.cf	Steuerdatei für **master**; definiert u. a., welches Modul wie oft gestartet werden darf und ob es in einer **chroot**-Umgebung läuft
access	selektive Zugriffsrechte zum Einliefern von E-Mails, basierend auf Absender, Empfänger oder Hostnamen
aliases	weist lokalen Mails neuen Empfänger zu
canonical	weist auch nicht-lokalen Mails neue Adressen zu
relocated	bounct unzustellbare Adressen unter Angabe der neuen Mailadresse des verzogenen Accounts
transport	regelt abweichende Transportmethoden für einzelne Domains, z. B. UUCP statt SMTP
virtual	lokale und nicht-lokale Weiterleitungen (sozusagen eine erweiterte **aliases**-table).

Tabelle 4.3:
Die Postfix-
Konfigurationsdateien

5

Tägliche Arbeit:
Lookup Tables und Postfix-Tools

5.1 Von Tabellen und Datentypen

Mit den bisherigen Einstellungen wurde Postfix lediglich grundsätzlich angestoßen. Die weitere Arbeit an Postfix, um aus *einem* Mailserver nun *unseren* Mailserver zu machen, besteht im Einrichten von Postfächern, Weiterleitungen, Umleitungen, Zugriffskontrollen etc. Diese werden aber nicht über die main.cf, sondern über separate Dateien definiert, die *Lookup Tables* heißen. In der Konfigurationsdatei main.cf tragen wir lediglich ein, welche Lookup Tables Postfix an welcher Stelle benutzen soll, um bestimmte Abfragen und Prüfungen vorzunehmen, und wie Postfix jeweils an den Inhalt der Lookup Table herankommt, also von welcher Datenquelle (Datei, MySQL, LDAP usw.) es die Tabelle auslesen soll.

Die Aufteilung auf verschiedene Tables sorgt zum einen für Flexibilität bei der Einbindung verschiedener Datenquellen, zum anderen für Übersichtlichkeit und Geschwindigkeit. Ist Postfix erst einmal eingerichtet, sind in der Datei **main.cf** fast nie Änderungen für den laufenden Betrieb vorzunehmen. Wartungsarbeiten, Pflege der Daten und neue Adressen oder Weiterleitungen finden dann immer über Änderungen in den Lookup Tables statt.

Will man die Handhabung dieser Lookup Tables verstehen, muss man sich zwei Dinge klar machen:

1.   Es gibt verschiedene *Typen* dieser Tables, die

2.   aus verschiedenen *Datenquellen* stammen können.

Postfix kennt in seiner Grundeinstellung sechs Grundtypen dieser Lookup Tables, die bestimmte Aufgaben regeln – und alle werden von verschiedenen Postfix-Modulen genutzt: Tabelle 5.1 gibt einen Überblick über die möglichen Tables, Abbildung 5.1 verdeutlicht, an welcher Stelle die Lookup Tables Auswirkungen auf das System haben und einsetzbar sind.

Tabelle 5.1:
Postfix Lookup Tables

Lookup Table	Postfix-Modul	Inhalt der Tabelle
access	smtpd	definiert selektive Zugriffsrechte zum Einliefern von E-Mails, basierend auf Absender, Empfänger oder Hostnamen
aliases	local	weist lokalen Mails neuen Empfänger zu
canonical	cleanup	tauscht generell Mailadressen aus, bei Absender und Empfängeradressen
relocated	qmgr	bounct unzustellbare Adressen unter Angabe der neuen Mailadresse des verzogenen Accounts
transport	trivial-rewrite	regelt abweichende Transportmethoden für einzelne Domains
virtual	cleanup	weist lokalen und externen Mailadressen neue Empfängeradressen zu (sozusagen eine erweiterte **aliases**-table)

Postfix ist dabei ein wahres Multitalent: Es kennt viele Möglichkeiten und Datenquellen, um die jeweiligen Tables abzufragen. Auf welchem Wege es an die Informationen gelangt, ist ihm relativ egal – es ist Sache des Administrators, zu entscheiden, welche Lösung in seiner Umgebung sinnvoll ist. Jede Tabelle kann in jedem möglichen Datenformat vorliegen; Postfix kann z. B. eine Datei direkt auslesen oder auch MySQL, NIS- oder LDAP-Server kontaktieren.

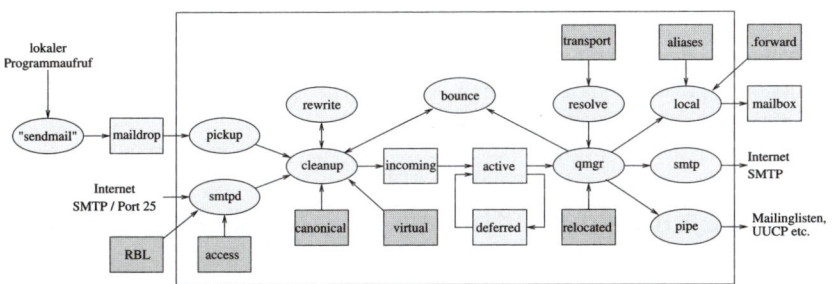

Abbildung 5.1:
*Die Einflüsse der
Lookup Tables*

Tabelle 5.2 zeigt die gebräuchlichsten Datenquellen, die Postfix unterstützt. Postfix kann zwar mit noch vielen weiteren Datenquellen umgehen, deren Unterstützung wird aber nicht immer mit einkompiliert.

Quelle	Art
btree	DB-Datenbank im **btree**-Format (einfache Datei, btree-Index)
cidr	**access**-Tabelle mit IP-Netzbereichen im Format **192.168.1.1/24** (neu, erst ab Version 2.0.16!)
dbm	DBM-Datenbank
hash	DB-Datenbank im **hash**-Format (Default, einfache Datei, hash-Index)
ldap	LDAP-Server (*Lightweight Directory Access Protocol*)
mysql	MySQL-Datenbank
nis	Table von einem NIS-Server (*Network Information System*)
pcre	Textdatei mit PCRE-Ausdrücken (*Perl Compatible Regular Expressions*
regexp	Textdatei mit RegExp-Ausdrücken (*Regular Expressions*)

Tabelle 5.2:
*Die wichtigsten
Datenquellen*

Wenn in der Postfix-Konfigurationsdatei **main.cf** auf eine solche Tabelle verwiesen wird, müssen stets die Datenquelle und der Dateipfad im Format **typ:dateipfad** angegeben werden:

```
virtual_maps = hash:/etc/postfix/virtual
```

Postfix kann dabei auch mehrere Lookup Tables nacheinander befragen, die natürlich gleichen, aber auch verschiedenen Datentyps sein können:

```
virtual_maps = hash:/etc/postfix/virtual,
               mysql:/etc/postfix/virtual-mysql
```

Wir schauen uns die Vor- und Nachteile der verschiedenen Datenquellen in Kapitel 5.3 noch an; zunächst klären wir aber noch, welche Lookup Tables es im einzelnen gibt und wo man sie einsetzen kann.

5.2 Die einzelnen Tabellen im Überblick

Für die nachfolgenden Beispiele werde ich immer auf den Datentyp **hash** verweisen, den einfachsten und gebräuchlichsten. **hash**-Dateien werden immer aus reinen ASCII-Textdateien durch ein Postfix-Zusatzprogramm namens **postmap** konvertiert und unter der Dateiendung .db abgelegt:

```
linux:/etc/postfix # dir virtual*
-rw-r--r--   1 root     root       30k Nov  4 21:40 virtual
linux:/etc/postfix # postmap virtual
linux:/etc/postfix # dir virtual*
-rw-r--r--   1 root     root       30k Nov  4 21:40 virtual
-rw-r--r--   1 root     root       84k Nov  8 12:40 virtual.db
linux:/etc/postfix #
```

Wir editieren stets die reine ASCII-Datei (also hier **virtual**), um nach dem Abspeichern **postmap virtual** aufzurufen, damit die Änderungen in **virtual.db** übernommen werden. Nochmals der Hinweis: In den Konfigurationsdateien wird die Dateiendung *nicht* genannt (siehe das Listing oben), andernfalls findet Postfix die Table nicht!

Übrigens übernimmt Postfix Änderungen in den Tabellen nach wenigen Sekunden. Sie *können* ein **postfix reload** eingeben, um das zu beschleunigen, *müssen* aber nicht. In der Praxis wird man auf ein **postfix reload** eigentlich immer verzichten können – ich selbst nutze es fast nie.

Wie schnell Postfix die Änderung übernimmt, hängt davon ab, wie viel Betrieb auf dem Mailserver herrscht. Ein normaler Produktiv-Mailserver im Netz wird keine Sekunde brauchen, um die Änderung zu übernehmen, da er sehr aktiv ist. Bis Sie **postfix reload** eingetippt hätten, hat Ihr Postfix i. d. R. die neuen Daten bereits aufgenommen.

Ein Bastel-Server im LAN ohne jeden Mailverkehr kann aber ggf. auch schon einmal 10 oder 15 Sekunden alte Informationen vorrätig halten, wenn außer Ihrer Testmail nichts passiert und unser Postfix vor sich hindöst. Es kann verwirrend sein, wenn man die neue Tabelle speichert, konvertiert, sofort die Testmail hinterherschickt und feststellt, dass z. B. die E-Mail-Umleitung partout nicht funktioniert – in Wirklichkeit kam unsere Testmail nur einige Sekunden zu früh. Nur in Fällen wie diesen kann ein **postfix reload** sinnvoll sein, um die Wartezeit abzukürzen und klare Verhältnisse und definierte Zustände zu schaffen.

Keine Regel ohne Ausnahme: PCRE- und RegExp-Tabellen erfordern einen vollständigen Neustart von Postfix (**rcpostfix restart**), da sie nicht im laufenden Betrieb abgefragt, sondern einmalig geladen und permanent im Speicher vorrätig gehalten werden. Alle anderen Tabellen aber werden für jede einzelne Anfrage neu ausgewertet. Sie sollten einen überflüssigen Neustart von Postfix daher ausdrücklich vermeiden, schließlich ist der Server dann wenige Sekunden nicht erreichbar und muss seine Mail-Queue, den Cache usw. neu aufbauen.

Default-Datenquelle bei Postfix ist **hash**, schneller ist aber **btree**, was auf allen Standard-Linux-Installationen kein Problem ist. Die Dateien heißen in jedem Fall gleich (Endung: **.db**), und auch die Sache mit **postmap** funktioniert ganz genauso, nur die Indexstruktur in der konvertierten Datei ist eine andere, schnellere. Ich setze daher grundsätzlich **btree** ein. Da aber Postfix und alle Distributionen stets auf **hash** eingestellt sind und auch die jeweiligen Dokumentationen davon ausgehen, liste ich im Buch alle Beispiele stets mit **hash** auf.

Sie müssen sich darüber jetzt aber noch nicht den Kopf zerbrechen. **btree** ist performanter, aber auf einem normalen Linux-System und Mailserver spielt das eigentlich keine Rolle. Wenn Sie sich also unsicher sind, lassen Sie alles so wie es ist, herumexperimentieren können Sie später immer noch (siehe Kapitel 11.5).

Natürlich kann jede dieser Tabellen auch in einem ganz anderen Format vorliegen. Auf die Unterschiede zwischen den Datentypen und ihre Vor- und Nachteile wird später eingegangen. Reine ASCII-Dateien unterstützt Postfix für normale Tabellen gar nicht – stattdessen wird stets das **hash**- oder das **btree**-Format eingesetzt.

Schauen wir uns zunächst einmal an, was die einzelnen Tabellen regeln, welche Auswirkungen und Steuerungsmöglichkeiten sie haben.

5.2.1 aliases-table: Wer bin ich?

Die **aliases**-table definiert *Mailaliase*. Damit lassen sich *lokale* (!) Adressen umschreiben und Mails in andere Postfächer umleiten. Wer schon ein wenig in seinem Linux-System gestöbert hat, wird festgestellt haben, dass die **aliases**-table merkwürdigerweise nicht unter **/etc/postfix/** zu finden ist, obwohl sich dort normalerweise alle Postfix-Konfigurationsdateien befinden. Stattdessen liegt sie direkt im /etc-Verzeichnis: **/etc/aliases**.

Diese Ausnahme hat historische Gründe: Genaugenommen ist die Datei **aliases** auch keine Erfindung von Postfix, sondern basiert auf den Gepflogenheiten alter Mailsysteme. Die Datei ist quasi Standard auf jedem Unix/Linux-System und wird von jedem ernst zu nehmenden MTA unterstützt. Selbstverständlich kann Postfix auch die **aliases**-table auswerten. Über die modernere, Postfix-eigene **virtual**-table stehen aber mehr Möglichkeiten zur Verfügung. Da jedoch viele Programme die

Existenz und die Syntax von /etc/aliases voraussetzen, sollten beide Tabellen parallel laufen.

Postfix übergeben wir in der **main.cf** durch den Parameter **alias_maps** Datentyp und Pfad zu der **aliases**-table. Liegt diese (wie fast immer) im **hash**-Format vor, so lautet der Eintrag:

```
alias_maps = hash:/etc/aliases
```

Es sei noch einmal ausdrücklich darauf hingewiesen: Die eigentliche Datenbank-Datei heißt **aliases.db**!

Die ASCII-Version /etc/aliases hat einen einfachen Aufbau:

```
username:     adresse1, adresse2, adresse3
```

Auf jedem System sollten sich bereits einige voreingestellte Aliase finden.

```
linux:~ # less /etc/aliases
  wwwrun:       webmaster@suse.de
  daemon:       root
  lp:           root
  root:         tux
  postmaster:   tux, geeko
  # "abuse" is often used to fight against spam email
  abuse:        postmaster
```

Das Beispiel zeigt, dass auch Verweise auf externe Mailadressen möglich sind. Zudem wird die **aliases**-table rekursiv geprüft, d. h., es lassen sich mehrere Accounts auf **root** weiterleiten, um diesen erneut ein passendes Postfach zuzuweisen.

Achtung, beliebte Fehlerquelle für Einsteiger: Die **aliases**-Tabelle wird vom Postfix-Modul **local** ausgewertet (und nur von diesem!), also erst an der Stelle, an der Postfix die Mail eigentlich lokal abspeichern möchte (siehe nochmals Abbildung 5.1). Die **aliases**-table greift aber nicht, wenn Postfix die Mail per SMTP, LMTP oder über andere Transportmethoden weiterverschickt. In diesem Falle bemühen Sie besser die **virtual**-table.

Relevant ist das – wie oben zu sehen – vor allem, um viele technisch bedingte Systemaccounts der verschiedenen Nutzeraccounts zu bündeln, oder zum Beispiel bei der Einrichtung einer Mailinglistensoftware. Auch lassen sich damit so genannte *Role Accounts*, wie z. B. **postmaster** oder **abuse** an die realen Mailadressen der Administratoren weiterleiten („Role" hier in der Bedeutung „Aufgabe/Betreuer"). Aus Sicherheitsgründen ist es zum Beispiel fatal, das **root**-Postfach tatsächlich als Nutzer **root** abzufragen, denn dann würde das **root**-Kennwort ungeschützt über das Netz gehen.

Beachten Sie bitte: Das Format der **aliases**-table ist etwas anders als das der anderen Tabellen, die im Folgenden noch vorgestellt werden, denn sie ist „historisch vorbelastet" und keine Postfix-Erfindung. In der **aliases**-table muss stets der oben zu sehende Doppelpunkt „:" als Feldtrenner gesetzt werden. In allen anderen Tables können bzw. müssen wir darauf verzichten.

Aus diesem Grund wird die **aliases**-Datei auch nicht durch das schon erwähnte Programm **postmap** in das **hash**-Format umgewandelt, da dieses sich am Doppelpunkt stören würde. Stattdessen steht uns das Programm **postalias** zur Verfügung, das darüber hinaus jedoch identisch zu **postmap** arbeitet. Wer von Sendmail umsteigt, kann auch weiterhin das Kommando **newaliases** eingeben, das ist identisch.

```
linux:/etc # dir aliases*
-rw-r--r-- 1 root root 1951 Nov 8 22:10 aliases
linux:/etc # postalias aliases
linux:/etc # dir aliases*
-rw-r--r-- 1 root root 1951 Nov 8 22:10 aliases
-rw-r--r-- 1 root root 12288 Nov 8 22:12 aliases.db
linux:/etc #
```

Vergessen Sie also nicht, nach einer Änderung stets auch **postalias** aufzurufen!

5.2.2 virtual-table: Mehrere Nutzer in mehreren Domains

Es ist noch gar nicht lange her, dass eine **.de**-Domain bei DENIC rund DM 280,- kostete – pro Jahr, vesteht sich. Und damals war es sinnvoll und auch üblich, dass lediglich Provider oder große Firmen mit eigenem Netzwerk über eine eigene Domain verfügten, nicht aber „normale" Benutzer. Heute ist das anders: Statt der Adresse geeko@<provider>.de scheint heute ein geeko@geeko.de schon fast zwingend zu sein, auch wenn der gute Geeko wohl kaum über einen eigenen echten Mailserver verfügen dürfte. De facto wird in der Praxis mit solchen Adressen nichts anderes gemacht als dass sie der Provider in lokale Postfächer umleitet: Alle Mails an info@geeko.de werden in das Postfach geeko@<provider>.de umgeleitet. Die eigene Domain hat also hier eher kosmetischen Charakter als eine wirklich technische Funktion. Ein Vorteil dieses Verfahrens ist, dass ein Providerwechsel damit komfortabler wird: Der Kunde nimmt die Domain mit und nach außen ändert sich die Mailadresse nicht.

Solche Domains heißen bei Postfix *virtuelle* Domains, denn sie entsprechen nicht dem Hostname unseres Mailservers oder der Maildomain unseres Netzes. Stattdessen werden sie lediglich aufgesetzt: Postfix nimmt Mails an diese Domain an, wandelt sie anschließend aber flugs in eine andere Adresse um.

Hier kommt die Lookup Table **virtual** zum Einsatz, die quasi eine Erweiterung der **aliases**-Tabelle ist. Während die **aliases**-Tabelle noch Sendmail-Standard ist und von jedem besseren MTA unterstützt wird, ist die **virtual**-Tabelle Postfix-spezifisch und entsprechend vielseitiger.

Das alte Postfix bis Dezember 2002

Voraussetzung ist natürlich, dass Postfix angewiesen wird, die **virtual**-Tabelle zu benutzen:

```
virtual_maps = hash:/etc/postfix/virtual
```

Oder im Falle einer über MySQL verwalteten **virtual**-table:

```
virtual_maps = mysql:/etc/postfix/virtual.mysql
```

Noch einmal zum Unterschied zwischen **aliases** und **virtual**: In der **aliases**-Tabelle können wir nur die lokale Adresse **info** (alias info@postfixbuch.de) oder **verkauf** (alias verkauf@postfixbuch.de) umschreiben. Die Angabe einer Domain ist nicht möglich:

```
info:          tux@postfixbuch.de
verkauf:       verkauf@suse.de
```

Die **virtual**-table enthält auch die Unterscheidung nach der Empfängerdomain, d. h., wir können damit beliebige Mailadressen umschreiben und auch nach Domains differenzieren:

```
info@postfixbuch.de        tux@postfixbuch.de
info@geeko.de              geeko@provider.de
verkauf@postfixbuch.de     verkauf@suse.de
```

Beachten Sie bitte den oben schon angesprochenen Syntax-Unterschied: In der Datei **aliases** ist aus historischen Gründen ein „:" notwendig, in allen anderen Postfix-Tables werden die Felder nur durch Leerzeichen oder Tabs getrennt!

Eine Umschreibung in der **virtual**-Tabelle würde sogar auch ausgehende E-Mails an andere Provider betreffen, die wir so umleiten können. Sie schreibt Empfänger-Mailadressen generell im SMTP-Envelope (nicht den Header!) um, wann immer Postfix auf sie stößt.

Tabelle 5.3 zeigt die verschiedenen Kriterien der **virtual**-table.

	Kriterium	**Zutreffend auf**
Tabelle 5.3:	user@domain.de	genau diese Mailadresse
Kriterien der	@domain.de	alle Mailadressen dieser Domain (*catch-all*) – sofern die-
virtual-*table*		se nicht durch **user@domain.de** bereits erfasst wurden

Fortsetzung:

Kriterium	Zutreffend auf
user	diesen Username bei allen Domains in $myorginin, $my-destination oder IP-Nummern aus $inet_interfaces; Achtung: Das gilt *nicht* für alle Domains aus der **virtual**-table!
domain.de	definiert Domain als virtuelle Domain, für die Postfix zuständig ist und Mails annimmt – mehr aber auch nicht, regelt also keine Weiterleitung

Damit steht uns nun die Möglichkeit offen, virtuelle Domains aufzusetzen, die wir in andere Postfächer umschreiben. Zunächst aber muss Postfix mitgeteilt werden, dass es für eine bestimmte Domain zuständig ist, d. h., dass Postfix Mails an diese Domain überhaupt annehmen soll, da es andernfalls Mails von außen an diese Domain abblocken würde, selbst wenn Umleitungen definiert wären.

Lokale Mails würden hingegen an diese (scheinbar) externe Mailadresse zugestellt und von Postfix bei dieser Gelegenheit durch die **virtual**-table auf die neuen Adressen umgeschrieben.

Die Kennzeichnung einer Domain als virtuelle Domain geschieht dadurch, dass in der **virtual**-Tabelle eine Zeile eingefügt wird, die die Domain (ohne „@"!) sowie einen beliebigen Parameter (der nicht weiter ausgewertet wird) enthält. In den Beispielen wird stets **anything** genannt, ebensogut können Sie aber auch jedes andere Wort eintragen. Es dient lediglich dazu, die Struktur dieser Tabelle zu erhalten.

```
geeko.de              anything
suedpol.de            blablabla
```

Anschließend können wir je nach Wunsch Weiterleitungen einrichten:

```
geeko.de              anything
chef@geeko.de         geeko@postfixbuch.de
info@geeko.de         tux@suedpol.de, geeko@postfixbuch.de
webmaster@geeko.de    agentur-xy@provider.de
@geeko.de             geeko@postfixbuch.de
```

Es wurde also Folgendes festgelegt:

geeko.de   anything
   Postfix soll Mails an diese Domain annehmen

chef@geeko.de   geeko@postfixbuch.de
   Alle Mails an **chef** werden an eine beliebige Mailadresse weitergeschickt; diese Adresse kann auch eine externe Adresse bei einem anderen Provider sein, sozusagen als Nachsendeauftrag.

@geeko.de   geeko@postfixbuch.de

Alle anderen Mails werden an einen lokalen Account auf diesem Mailserver weitergeleitet und gespeichert. Eine solche Regelung nennt man *catch-all*; sie erfasst alle übrigen Mailadressen, für die bislang noch keine Umleitung definiert wurde, so dass es keine Rolle spielt, an *welche* Mailadresse man nun genau schreibt. Geeko kann diesen Sammelaccount dann z. B. per POP3 abfragen. Es wäre natürlich auch möglich gewesen, die *catch-all*-Regel auf eine externe Mailadresse zeigen zu lassen.

Beachten Sie aber bitte: Nach einer Änderung in der **virtual**-table muss diese mittels **postmap** in das **hash**-Format konvertiert werden.

Das neue Postfix ab Januar 2003

Es kam der Wunsch auf, die **virtual**-Maps in zwei Dateien aufsplitten zu können: Eine Datei mit den Domain-Definitionen („domain.de anything"), die zweite Datei mit den Weiterleitungen. Durch die Trennung lassen sich virtuelle Domains ggf. leichter automatisiert verwalten.

Daher wurden in der Datei **main.cf** zwei neue Parameter eingeführt:

virtual_alias_maps
für die Liste der Weiterleitungen und

virtual_alias_domains
für die Liste der virtuellen Domains.

Die Syntax in den beiden **virtual**-Tabellen bleibt dabei gleich, d. h., auch dann müssen wir noch immer **domain.de anything** schreiben!

Das Schöne ist: Sie können diese neuen Parameter benutzen, müssen aber nicht! Postfix verhält sich abwärtskompatibel, d. h., wenn Sie eine vorhandene, alte Konfiguration weiter benutzen oder die virtuellen Domains lieber wie auf den vorhergehenden Seiten beschrieben im alten Stil verwalten, kommt Postfix damit klar.

Die Default-Werte von Postfix sind nämlich folgendermaßen gesetzt:

```
# Liste der Weiterleitungen:
virtual_alias_maps = $virtual_maps

# Liste der Domains (domain.de   anything):
virtual_alias_domains = $virtual_alias_maps
```

Das bedeutet: Die beiden neuen Parameter zeigen automatisch auf die bisher benutzte **virtual_maps** und werten damit auch die alte, gemischte Variante aus. Sie müssen also nichts verändern.

Nur wenn Sie die Datei aufsplitten wollen, können sie die beiden Teile der **virtual**-Definition auch getrennt ansprechen.

Im Buch werde ich der Einfachheit halber bei der alten Version bleiben; wenn Sie die Datei splitten, denken Sie bitte an den entsprechenden Stellen daran.

5.2.3 canonical-table: Ich versteck' mich

Die **canonical**-table ist auf den ersten Blick sehr leicht mit den **virtual**- oder **aliases**-Tabellen zu verwechseln: Sie ist in der Lage, Mailadressen durch andere Mailadressen zu ersetzen, und wäre damit eigentlich auch geeignet, Mailweiterleitungen zu definieren. Doch sie geht weit darüber hinaus.

Im Gegensatz zu den anderen beiden Lösungen kann sie nicht nur Empfänger, sondern zusätzlich auch Absendeadressen austauschen und ersetzen. Aus dem Absender **hg12kj@postfixbuch.de** wird **lektor@postfixbuch.de**. So lassen sich „unschöne" Nutzernamen, die vielleicht technisch bedingt sind, *nach außen* hin maskieren und hinter „vernünftigen" Mailadressen verstecken.

Und: Anders als bei **virtual**- und **aliases**- werden bei der **canonical**-table die Mailadressen nicht nur im SMTP-Envelope, sondern auch im Mailheader ausgetauscht! Das ist einer der wenigen Fälle, in denen der MTA Postfix in Mailheader eingreift. Oben wurde es im Zusammenhang mit der **virtual**-table noch eigens erwähnt: Der **Header-To:** bleibt erhalten, der Empfänger kann sehen, an welche Adresse die Mail ursprünglich ging.

Das ist hier nicht mehr der Fall. **canonical** konvertiert die Mailadressen völlig *transparent*, d. h., die Mail kommt so an, als sei sie ursprünglich an diese Adresse gerichtet gewesen bzw. als sei sie direkt von diesem Account gekommen.

Hauptanwendungszweck sind deshalb nicht Mailweiterleitungen. Diese sollten Sie stets weiterhin über die **virtual**-table regeln. Aber das Verstecken und Umwandeln bestimmter Mailadressen kann manchmal sinnvoll sein, und die Möglichkeit dazu bietet die **canonical**-table.

Die möglichen Muster in dieser Tabelle entsprechen denen der **virtual**-table:

```
linux:~ # less /etc/postfix/canonical

# Wandelt pauschal diese (auch externe) Mailadresse
hg12kj@postfixbuch.de        lektor@postfixbuch.de
hx6e72@student.uni-suse.de   tux@postfixbuch.de

# Wandelt diesen lokalen (!) Nutzeraccount, d.h. die Maildomain muß in
# $myorigin, $mydestination oder $inet_interfaces genannt sein, sonst
# wird sie als externe und damit als nicht zu konvertierende Adresse
# angesehen.
root                         autor@postfixbuch.de
```

```
# Wandelt pauschal alle Adressen mit dieser Domain.
@testsrv.postfixbuch.de        @postfixbuch.de
@lektor.postfixbuch.de         lektor@postfixbuch.de
linux:~ #
```

Es gibt drei Möglichkeiten, die **canonical**-table einzusetzen, und zwar in Abhängigkeit von den Einträgen in **/etc/postfix/main.cf**:

canonical_maps = hash:/etc/postfix/canonical

> Postfix wendet diese Tabelle auf Absender- *und* Empfängeradressen im SMTP-Envelope und im Mailheader an.

sender_canonical_maps = hash:/etc/postfix/canonical

> Es werden nur die *Absender*adressen im SMTP-Envelope und im Mailheader gewandelt.

recipient_canonical_maps = hash:/etc/postfix/canonical

> Es werden nur die *Empfänger*adressen im SMTP-Envelope und im Mailheader gewandelt.

Tipp: Sie können auch mehrere **canonical**-tables pflegen, z. B. wenn Sie für Absender- und Empfängeradressen unterschiedliche Wandlungen durchführen wollen:

```
sender_canonical_maps = hash:/etc/postfix/canonical-sender
recipient_canonical_maps = hash:/etc/postfix/canonical-recipient
```

Natürlich kann die **canonical**-Tabelle auch in anderen Datentypen eingebunden werden: MySQL, NIS usw. Über *Regular Expressions* lassen sich sehr bequem Muster aufstellen, um systematisch Adressen eines bestimmten Typs wandeln zu lassen. Mehr zu den Datentypen weiter unten im nächsten Abschnitt.

5.2.4 transport-table: Abweichende Zustellung

Postfix kennt verschiedene Transport-Methoden, um E-Mails zuzustellen. Üblicherweise spielen vor allem SMTP und manchmal auch UUCP oder LMTP eine Rolle.

Über den Parameter **default_transport** können Sie Postfix eine Standard-Transportmethode zuweisen, die immer dann zum Einsatz kommt, wenn keine besonderen Angaben vorliegen. Typischerweise ist dies SMTP – von SMTP geht Postfix auch aus, wenn es hier gar keine Einstellung findet.

Wenn ein Server aber ein UUCP-Gateway ist, muss man den Domains, die auf dem UUCP-Wege weitergeleitet werden sollen, eine andere Transportmethode zuweisen.

Bisweilen kann es sinnvoll sein, bei SMTP-Servern am Transportweg „zu drehen", selbst wenn SMTP der Default-Wert ist. Wir können dann einen anderen als den in den MX-Einträgen definierten Mailserver festsetzen. An diesen Server werden dann alle E-Mails an eine bestimmte Domain ausgeliefert. Wissen wir z. B. von einem „geheimen", nicht in den MX-Einträgen stehenden Mailserver eines großen Providers, könnten wir dessen E-Mails auf den versteckten Server ausliefern lassen, indem wir einfach einen Transportweg als Ausnahme definieren. Das kann zum Beispiel dann sehr nervenschonend sein, wenn die offiziellen MX-Hosts wegen Überlastung ständig Probleme machen und die Annahme von Mails ablehnen oder zu einem anderen inoffiziellen MX-Host eine schnellere Netzanbindung besteht.

Normalerweise sollte man sich aber hüten, den Transportweg zu manipulieren, denn am besten ist es natürlich, den Angaben des DNS zu vertrauen, dazu sind diese ja da.

Um die **transport**-table zu benutzen, müssen wir diese in der **main.cf** aktivieren:

```
transport_maps = hash:/etc/postfix/transport
```

Das Format der **transport**-table ist wie gewohnt einfach, doch beachten Sie folgende Besonderheit: Postfix macht bei bloßer Angabe des Servernamens einen MX-Lookup, d. h., es stellt die Mail an den Mailserver zu, der im DNS als MX *für diesen Hostnamen genannt ist*. Möchten Sie direkt an diesen Host zustellen (also die DNS-Abfrage nach dem A-Record und nicht nach dem MX-Record stellen, siehe B), so müssen Sie den Hostnamen in eckigen Klammern angeben!

```
linux:~ # less /etc/postfix/transport
#
# maildomain.de           transporttyp:naechsterserver
#

# Schickt die Mails per UUCP weiter an den host uucpgate
uucptest1.de     uucp:uucpgate
uucptest2.de     uucp:uucpgate

# Da der Eintrag mit einem Punkt beginnt: Alle Mails an Subdomains
# von suse.de gehen an den MX-Server von mail.suse.de
# (keine eckigen Klammern!)
.suse.de         smtp:mail.suse.de

# Mails an diese Domain werden direkt auf mail2.postfixbuch.de
# eingeliefert (eckige Klammern!), allerdings nicht auf dem
# Port 25, sondern auf Port 10025.
test.postfixbuch.de    smtp:[mail2.postfixbuch.de]:10025

# Diese Domain reichen wir per lmtp weiter:
kundendomain.de  lmtp:

# Ja, auch das ist möglich:
# Alle Mails dieses Users (!) werden woanders abgeliefert
tux@postfixbuch.de     smtp:[intern.postfixbuch.de]
```

```
# Und man kann den Postfix-Error-Mailer als Transportweg
# einsetzen, der erzeugt dann ein Bounce mit Erklärung:
aol.de          error:Tippfehler, die korrekte Domain ist aol.com!
```

Welche Transporttypen es gibt, ist hier allerdings nicht geregelt, diese Angaben finden sich in **/etc/postfix/master.cf**. Dort ist jedem Transporttyp ein Postfix-Modul (ggf. mit Aufrufparametern) zugeordnet, das sich dann um den Versand zu kümmern hat. Auch die Postfix-interne Weitergabe der E-Mails durch die verschiedenen Warteschlangen ist auf diesem Wege geregelt.

Da es auch möglich ist, dort externe Programme einzubinden, also z. B. das Programm **procmail** oder ein spezielles Programm namens **cyrus** vom Cyrus-POP3-Server, können wir beliebig eigene Transportwege definieren. Postfix übergibt die Mail dann stets an das für diesen Transportweg zuständige Programm und überlässt es diesem, sich darum zu kümmern, dass die Mail schließlich ihr Ziel erreicht.

Bei Bedarf könnten Sie sich auch selbst einen MDA programmieren und diesen hier einbinden.

```
linux:~ # less /etc/postfix/master.cf
# ========================================================================
# service type private unpriv chroot wakeup  maxproc command + args
#              (yes)   (yes)  (yes)  (never) (50)
# ========================================================================
smtp      inet n     -      n      -       -       smtpd
localhost:10025 inet n -    n      -       -       smtpd -o content_filter

[...]

lmtp      unix -     -      y      -       -       lmtp
virtual   unix -     n      n      -       -       virtual
cyrus     unix -     n      n      -       -       pipe
 flags=R user=cyrus argv=/cyrus/bin/deliver -e -m $extension $user
uucp      unix -     n      n      -       -       pipe
 flags=F user=uucp argv=uux -r -n -z -a$sender - $nexthop!rmail ($recipient)
```

5.2.5 relocated-table: Empfänger verzogen

Eine Mail an einen ihm unbekannten Account würde Postfix mit einer SMTP-Fehlermeldung **550** oder einer Bounce-Mail quittieren:

```
This is the Postfix on SuSE Linux 7.3 (i386) program at host
mail.postfixbuch.de.

I'm sorry to have to inform you that the message returned
below could not be delivered to one or more destinations.
```

```
For further assistance, please send mail to <postmaster>

If you do so, please include this problem report. You can
delete your own text from the message returned below.

                The Postfix on SuSE Linux 7.3 (i386) program

<tux@postfixbuch.de>: unknown user: "tux"
```

Der Absender wird lediglich informiert, dass die Mail nicht zustellbar ist und Postfix die Annahme verweigert. Sinnvoller wäre es jedoch, bei lediglich veränderten Mailadressen oder „verzogenen" Accounts die neue Mailadresse anzugeben, um den Absender der E-Mail darüber zu informieren:

```
This is the Postfix on SuSE Linux 7.3 (i386) program at host
mail.postfixbuch.de.

I'm sorry to have to inform you that the message returned
below could not be delivered to one or more destinations.

For further assistance, please send mail to <postmaster>

If you do so, please include this problem report. You can
delete your own text from the message returned below.

                The Postfix on SuSE Linux 7.3 (i386) program

<tux@postfixbuch.de>: user has moved to tux@suedpol.de
```

Zu diesem Zweck pflegt man die **relocated**-table. Zum einen ist Postfix anzuweisen, die **relocated**-table zu nutzen, und gleichzeitig zu definieren, welchen Datentyps diese Tabelle ist:

```
relocated_maps = hash:/etc/postfix/relocated
```

Die Datei **relocated** hat eine wie gewohnt einfache Syntax:

```
# alte Adresse          neue Adresse
tux@postfixbuch.de      tux@suedpol.de
```

Genau wie bei der **virtual**-table können dabei auch nur Usernamen oder nur Domains angegeben werden, Postfix wendet dieses Muster dann auf alle passenden Adressen an:

```
tux@postfixbuch.de      tux@suedpol.de
@friseur-mueller.de     friseur-mueller@provider.de
```

Der Einsatz der **relocated**-table ist in der Praxis leider recht selten. Natürlich ist es aufwändig, verzogene Mailadressen einzutragen. Doch wem erfolgreiche Kommunikation am Herzen liegt, der sollte sich die wenigen Sekunden nehmen.

5.2.6 access-table: Wer darf, wer darf nicht?

Die Tabelle **access** ist recht wichtig und ermöglicht es, einzelne Adressen, Nutzer oder Hosts für bestimmte Aktionen freizugeben oder zu blocken. Das Modul **smtpd** nutzt z. B. eine oder mehrere **access**-tables, um zu entscheiden, ob in einer SMTP-Sitzung eine Mail eingeliefert werden darf oder nicht.

Die **access**-table trifft dabei immer Ja-, Nein- oder Weiß-nicht-Aussagen: **OK**, **RE-JECT** oder **DUNNO** ("I don't know, somebody else has to decide!").

Alle anderen Lookup Tables wurden bislang nur einmal in der Postfix-Konfiguration benutzt, um Postfix anzuweisen, von einer entsprechenden Funktion Gebrauch zu machen. Dies ändert sich aber bei der **access**-table, denn das Modul **smtpd** bietet während des Empfangs einer E-Mail verschiedene Stellen an, an denen eine Überprüfung durch eine **access**-table vorgenommen werden kann, anhand derer dann entschieden wird, ob diese Mail überhaupt weiter eingeliefert werden darf.

In der Gruppe der **smtpd_**-Restrictions können wir unter anderem auch auf die **access**-table verweisen:

smtpd_client_restrictions
smtpd_helo_restrictions
smtpd_sender_restrictions
smtpd_recipient_restrictions

Die **access**-Tabelle prüft dabei nur, ob das angefragte Kriterium (ein Username oder ein Host) in der Tabelle enthalten ist, und erteilt eine entsprechende Erlaubnis (**OK**) oder eben ein Verbot (**REJECT**). Damit lassen sich zum Beispiel gezielt einzelne Absender oder Hosts blocken, deren E-Mails gar nicht mehr angenommen werden sollen. Tabelle 5.4 zeigt die möglichen Muster, Tabelle 5.5 die möglichen Aktionen.

Tabelle 5.4:
Die access-*Kriterien*

access-**Kriterien**	**Zutreffend auf**
user@domain.de	eine bestimmte Mailadresse
user@	alle Adressen beliebiger Domains mit diesem Nutzernamen
domain.de	alle Adressen dieser Domain und (einstellbar!) auch Subdomains
.domain.de	alle Subdomains (!) dieser Domain, nicht aber **domain.de** selbst
host.domain.de	dieser spezielle Host
xxx.xxx.xxx.xxx	diese spezielle IP-Adresse (Netzmasken können nicht angegeben werden!)
xxx.xxx.	alle so beginnenden IP-Nummern (hier: Class-B-Netz)

Aktion	Auswirkung
OK	erlaubt die Anfrage
REJECT	lehnt die Anfrage ab
nnn TEXT	lehnt die Anfrage ab, gibt dabei SMTP-Fehlercode nnn und den Text TEXT aus (siehe Seite 35)
DUNNO	beendet die access-Prüfung, lehnt die Anfrage *nicht* ab, liefert aber auch kein ausdrückliches OK; weitere Prüfungen können folgen.

Tabelle 5.5:
Die access-Aktionen

Um zum Beispiel bestimmte Absender zu blocken, können wir **smtpd** anweisen, über so genannte *Restrictions* eine Absenderüberprüfung vorzunehmen.

Diese Definition von Restrictions sind das Schwierigste, was Postfix zu bieten hat. Zugleich ist dies auch das Herzstück unserer Konfiguration, denn darüber entscheiden wir, welche Mails angenommen werden, und welche nicht. Die Restrictions werden in Kapitel 9.6 auf Seite 176 ausführlich besprochen; dort klären wir, welche Möglichkeiten es gibt, in welcher Reihenfolge Eintragungen vorzunehmen sind und warum auch die Überprüfung des Absenders in den **recipient**-Restrictions geschieht.

Hier geht es zunächst einmal nur um den Aufbau der **access**-tables, die in den Restrictions aufgerufen werden können. Dazu tragen wir die Prüfung der **access**-table in den Parameter **smtpd_recipient_restrictions** ein.

```
smtpd_recipient_restrictions =
    [... andere Checks ...]
    check_sender_access hash:/etc/postfix/sender-access
    check_client_access hash:/etc/postfix/client-access
    [... andere Checks ...]
```

Und in **/etc/postfix/sender-access** können wir angeben:

```
# Mails von/an diese Adresse werden IMMER erlaubt
postmaster@postfixbuch.de      OK

# Bekannter Virus-Absender wird geblockt
sexyfun@hahaha.net             REJECT

# Bestimmer Absender bekommt in dieser Prüfung weder OK
# noch ein REJECT
abuse@spammerdomain.shit       DUNNO

# Bekannter Spammer wird kommentiert geblockt
@spammerdomain.shit            550 We're fighting against Spam!
```

Beziehungsweise in **/etc/postfix/client-access**:

```
# Bekannte IP-Nummer eines Spam-Hosts wird geblockt
10.120.62.161              REJECT
```

An dieser Stelle kann ich Ihnen auch die Bedeutung von **DUNNO** erklären: Würde der Eintrag fehlen und Postfix für **abuse@spammerdomain.shit** keinen Treffer liefern, so würde Postfix eine erneute Abfrage nach **spammerdomain.shit** machen und über deren Eintrag ein **REJECT** bekommen. Nun möchten wir *vielleicht* Mails von **abuse@spammerdomain.shit** annehmen, wissen es aber noch nicht genau, da wir das von weiteren, späteren Prüfungen abhängig machen wollen.

Ein **REJECT** würde die Mail blocken, ein **OK** hingegen die Mail sicher annehmen, was uns ja auch nicht lieb ist. Hier hilft uns **DUNNO**: Es beendet die Prüfung *dieser einen* access-table, so dass nach dem Eintrag von **@spammerdomain.shit** nicht mehr gefragt wird. Andererseits sorgt **DUNNO** dafür, dass andere in den Restrictions definierte Prüfungen noch abgearbeitet werden (was bei einem **OK** nicht mehr der Fall wäre) und wir somit die Chance bekommen, die Anahme der Mail von anderen Tests abhängig zu machen. Mehr dazu dann in Kapitel 9.6 ab Seite 176.

Kommen wir noch zu einem anderen Punkt: In der Datei **main.cf** regelt der Parameter **parent_domain_matches_subdomain**, in welchen Tables die Angabe von **domain.de** auch alle Subdomains miterfassen soll. Per Default ist das für alle relevanten Tabellen der Fall, auch für die **access**-table, so dass es *nicht* notwendig ist, **domain.de** und **.domain.de** parallel zu definieren. Es kann aber Situationen geben, wo Sie dieses Verhalten vielleicht ändern wollen.

```
linux:~ # postconf parent_domain_matches_subdomains
parent_domain_matches_subdomains = debug_peer_list,fast_flush_domains,my
networks,permit_mx_backup_networks,qmqpd_authorized_clients,relay_domain
s,smtpd_access_maps
```

Und eine wichtige Anmerkung zur Angabe von IP-Nummern und Netzbereichen, wenn Sie ein **check_client_access** aufrufen wollen: Sie können in der normalen **access**-table keine Netzwerkmasken angeben. Der nachfolgende Eintrag funktioniert *nicht*, da Postfix lediglich nach einem Text-Pattern sucht, und nicht den IP-Bereich interpretiert:

```
# Falsch, geht nicht:
10.120.62.0/24    REJECT
```

Es bleibt Ihnen nur der Weg über einen Textvergleich, z. B. über folgende Einträge, wobei es dann natürlich schwierig ist, nach Subnetzen zu unterteilen:

```
# Passt auf 192.168.1.*, also 192.168.1.0/24
10.120.62.    REJECT
```

Seit September 2003 kennt Postfix die neue Map-Type **cidr**, die genau diese Lücke schließt. Eine **cidr**-Tabelle sieht genauso wie eine **access**-table aus, interpretiert aber Netzwerkmasken. Zur Drucklegung des Buches ist **cidr** noch nicht in aktuellen Releases enthalten (und damit auch nicht in SUSE Linux 9.0), aber in Kürze wird **cidr** natürlich auch dort berücksichtigt. Wenn dieser Map-Type beim Aufruf von **postconf -m** gelistet wird, können Sie auch folgenden Eintrag machen:

```
smtpd_recipient_restrictions =
    [... andere Checks ...]
    check_client_access cidr:/etc/postfix/client-access.cidr
    [... andere Checks ...]
```

und dann in der Datei **client-access.cidr** Einträge (ggf. auch Subnetze) wie

```
10.120.62.0/27    REJECT
10.120.0.0/16     REJECT
```

In Kapitel 9.6 werden genaue Anwendungsmöglichkeiten und weitere Parameter der **smtpd_XXX_restrictions** beleuchtet, denn hier steht ein sehr mächtiges Werkzeug zur Verfügung, um Server und Postfächer zu schützen.

5.3 Die Datenquellen im Überblick

Wir haben nun zwar einen Überblick, welche Tabellen Postfix zu welchen Zwecken auswerten kann. Aber wie Postfix auf diese Tabellen nun genau zugreift, blieb bislang offen. Jede der oben genannten Tabellen kann in einem beliebigen Format vorliegen: Die Einträge können in einer MySQL- oder NIS-Datenbank gespeichert sein, Postfix liest sie aus einer **hash**-Datei aus oder wertet eine normale Textdatei auf der Suche nach RegExp oder PCRE-Mustern aus.

Das Ergebnis ist aber immer das gleiche: Postfix findet das Muster (*Pattern*) der Tabelle und liest aus dem zweiten Wert des Eintrages die notwendigen Konsequenzen aus.

Die Unterstützung für die verschiedenen Datentypen muss in Postfix einkompiliert sein. Je nach Distribution können das unterschiedliche sein, doch lässt sich leicht überprüfen, welche Datentypen ein gegebenes Postfix unterstützt:

```
linux:~ # postconf -m
static
sdbm
pcre
nis
regexp
environ
```

```
proxy
ldap
btree
unix
hash
linux:~ #
```

Benötigen Sie einen Datentyp, der hier nicht aufgeführt ist, müssen Sie Postfix selbst kompilieren; Sie finden dazu eine Anleitung in Anhang A.1.

5.3.1 DBM – Hash

Vielleicht haben Sie sich gewundert, warum Postfix offenbar keine Tabellen im reinen Textformat (ASCII) unterstützt. Obwohl gerade unter Linux Konfigurationsdateien im Klartext üblich sind, fehlte diese Option in den bisherigen Übersichten.

Auf einem großen Mailsystem können diese Tabellen schnell sehr umfangreich werden und viele hundert oder tausend Einträge enthalten. Die Verwaltung solcher Tabellen und das Finden eines Eintrags nehmen dann schon einige Zeit in Anspruch. Nun, sicher nicht viel, aber bei einigen Millionen E-Mails summiert sich der Zeitaufwand durchaus.

Mit reinen ASCII-Tabellen ist die nötige Performance in der Praxis nicht zu halten. Es bedarf einer gewissen Struktur, einer Indizierung der Tabellen (*hash*), kurz: einer Mini-Datenbank ohne besondere Extras. Diese Fähigkeiten stellt z. B. das DB(M)-Format zur Verfügung, das unter Linux weit verbreitet ist.

Für normale Mailserver ist das **hash**-Format der Tabellen daher erste Wahl. Da Postfix auf Performance ausgelegt ist, wurde auf die Auswertung reiner ASCII-Dateien für normale Tabellen verzichtet. DB(M)-Datenbanken erfordern zwar einen Handgriff mehr in der Einrichtung, aber dieser zahlt sich rasch aus.

Das Format der Textdatei

Ausgangsbasis ist zunächst eine reine Textdatei, die anschließend durch ein kleines Zusatzprogramm in das **hash**-Format umgewandelt wird. Als Administrator können Sie also den Datenbestand weiterhin mit einem normalen Texteditor wie z. B. **vi**, **emacs**, **joe** oder – für Einsteiger empfehlenswert – **pico** pflegen.

Die Dateien haben folgendes Format:

```
pattern          value
```

Oder auf Deutsch:

```
Muster           Wert
```

... tatsächlich also stets zwei Felder pro Zeile. Ob diese durch Leerzeichen oder Tabulatoren getrennt werden, spielt keine Rolle. Tipp: Verwenden Sie aus Gründen der Übersichtlichkeit die (Tab)-Taste.

Betrachten wir die **virtual**-table als Beispiel: Über die **virtual**-table können einzelne Mailadressen an andere Mailadressen umgeleitet werden. Das *Muster* wäre also die *alte* Mailadresse, der *Wert* die *neue* Adresse, an die die Mail dann tatsächlich geschickt werden soll:

```
root@postfixbuch.de          postmaster@postfixbuch.de
beratung@postfixbuch.de      tux@postfixbuch.de,
                             geeko@postfixbuch.de
# Hier haben wir einen beliebigen Kommentar... :-)
verkauf@postfixbuch.de       verkauf@opensourcepress.de
```

Alle Mails an root@postfixbuch.de gehen an den **postmaster**, alle Mails an beratung@postfixbuch.de gehen sowohl an **tux** als auch an **geeko**. Bestellungen schicken wir gleich weiter zu Open Source Press und damit an eine externe Mailadresse.

Wir ändern stets die ASCII-Variante der Datei, die sich damit auch problemlos durch ein Skript automatisiert erzeugen lässt. Das Zusatzprogramm **postmap** konvertiert diese Datei dann stets in das passende Format, meist **hash**. Erst auf diese Datei greift Postfix dann im laufenden Betrieb zu.

Manchmal werden Einträge in diesen Dateien sehr lang, insbesondere wenn eine Mailadresse gleich an ein Dutzend weitere Accounts weitergeleitet werden soll. Postfix ist es einerlei, wenn die Zeilen rechts über den Bildschirmrand hinausgehen, allerdings darf eine Zeile maximal 1024 Zeichen lang sein.

Beginnt eine Zeile mit einem Leerzeichen, so wertet Postfix diese Zeile als Fortsetzung der vorangegangenen, und nicht als neuen Eintrag. Damit lassen sich überlange Zeilen umbrechen. Vergessen Sie aber bitte nicht, die Einträge durch Kommata zu trennen.

Das Programm postmap

postmap ist stets Bestandteil des Postfix-Pakets; es erzeugt rasch aus einer ASCII-Datei die **hash**-Variante mit der Dateiendung **.db**:

```
linux:/etc/postfix # dir virtual*
-rw-r--r--    1 root     root      30k Nov  4 21:40 virtual
linux:/etc/postfix # postmap virtual
linux:/etc/postfix # dir virtual*
-rw-r--r--    1 root     root      30k Nov  4 21:40 virtual
-rw-r--r--    1 root     root      84k Nov  8 12:40 virtual.db
linux:/etc/postfix #
```

Für die ASCII-Variante interessiert sich Postfix nicht weiter. Das heißt aber, dass sich die Pflege der Lookup Tables stets in zwei Schritten vollzieht:

1.   Änderung in der Textdatei vornehmen

2.   von **postmap** die neue **hash**-Datei erzeugen lassen

Wird der Aufruf von **postmap** vergessen, können Änderungen nicht wirksam werden!

Und: **postmap** konvertiert die gesamte Textdatei, d. h., in der Textversion wird stets der gesamte Datenbestand gepflegt, von dem **postmap** dann ein Abbild macht. Alte Einträge, die beibehalten werden sollen, bleiben in der ASCII-Version eingetragen!

5.3.2   RegExp – das unbekannte Wesen

Regular Expressions (RegExp) – für viele Einsteiger ein unbekanntes und auf den ersten Blick undurchschaubares „Ding" ... Nützlich sind sie allemal und in den Grundzügen auch einfach zu erlernen. Ein Blick darauf lohnt sich also, denn sie machen es möglich, bestimmte Postfix-Aktionen an flexible, aber genau bestimmbare Kriterien zu binden.

Üblicherweise werden RegExp nur für Body- und Header-Checks eingesetzt (Kapitel 14.1, Seite 299). Prinzipiell ist es aber auch möglich, z. B. eine **access**-table über RegExp abzubilden und bestimmte Muster mit einem **REJECT** zu belegen. Wir müssten dafür Postfix lediglich anweisen, die **access**-table als RegExp-Datei auzuslesen:

```
smtpd_recipient_restrictions =
    [... andere Checks ...]
    check_sender_access regexp:/etc/postfix/access
    [... andere Checks ...]
```

Wer Regular Expressions bereits beherrscht, kann diesen Teil getrost überspringen. Aber nicht nur Einsteiger, sondern auch gestandene Admins werden für diese kleine Einführung möglicherweise ganz dankbar sein. Wir werden hier nur einen kleinen Auszug dieses mächtigen Werkzeugs behandeln können, der für das Schreiben üblicher Muster für Mailfilter notwendig ist. Möchten Sie sich generell in Regular Expressions einarbeiten, so sei das Buch von J. Friedl empfohlen[1] oder ein RegExp-Handbuch im Netz[2].

Greifen wir auch hier dem weiteren Kapitel vor und nehmen ein Beispiel zur Filterung von E-Mails. Versender von Massen-Werbe-E-Mails (Spam), die ein Mindestmaß an Anstand haben bzw. versuchen, gesetzliche Bestimmungen einzuhalten,

---

[1]   J. E. F. Friedl, „Reguläre Ausdrücke", O'Reilly [2]2003, ISBN 3897213494.
[2]   http://www.cert.dfn.de/eng/logsurf/regex.dvi.gz.

kennzeichnen Werbemails bisweilen im Betreff mit **ADV:** („Advertisement"). Um die Annahme dieser E-Mails zu verweigern, können wir die **header_check**-Funktion von Postfix nutzen.

Folgender regulärer Ausdruck bietet sich an:

```
/^Subject: ADV:.*/        REJECT
```

Ein regulärer Ausdruck steht dabei zwischen zwei Schrägstrichen (*Slash*), die als Begrenzer fungieren. Dieser Ausdruck trifft zu, wenn die Mail im Header eine Textzeile enthält, die:

- das Wort **Subject:** am *Anfang* der Zeile hat (dafür steht das Zeichen „^")

- einen Betreff hat, der mit **ADV:** beginnt und davor ein Leerzeichen hat

- und weitere beliebige Zeichen (Ausdruck „.*"); genau genommen könnte dies auch entfallen, da das Muster ohnehin auf alle Zeilen passt, die so *beginnen*.

Einige Zeichen haben dabei eine Sonderfunktion:

.

    Der Punkt steht für *ein* beliebiges Zeichen (auch Leerzeichen).

^

    Das „Dach" (*caret*) kennzeichnet den Anfang der Zeile, d. h., der Ausdruck muss am Zeilenanfang stehen.

$

    Das Dollar-Zeichen kennzeichnet das Ende der Zeile, d. h., der davor stehende Ausdruck muss die Zeile abschließen.

\

    Der Backslash hebt die Bedeutung eines Sonderzeichens auf. Soll z. B. ein Punkt im Suchausdruck auch wirklich als Punkt, und nicht als beliebiges Leerzeichen interpretiert werden, so müssen Sie „\." schreiben (siehe unten, „Spam-Regel 3").

Um bestimmte Wiederholungen oder Konstellationen zu kennzeichnen, stehen weitere Sonderzeichen zur Verfügung (Abbildung 5.2):

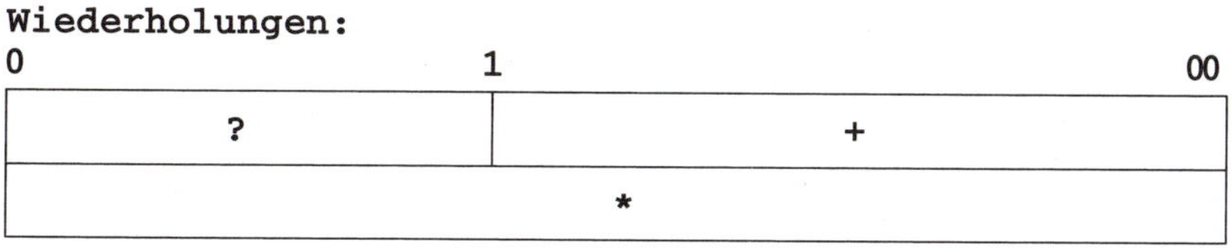

Wiederholungen:

0	1	00
?	+	
*		

Abbildung 5.2: Keinmal, einmal oder beliebig oft: Wiederholungen mit RegExp

?

Das Fragezeichen steht für eine oder auch *keine* Wiederholung eines vorherigen Ausdrucks oder Zeichens. Der Ausdruck „?" steht also für ein beliebiges Zeichen, das keinmal oder einmal vorkommt.

+

Das Plus-Zeichen steht – anders als das Fragezeichen – für genau eine oder *mehrere* Wiederholungen des vorherigen Ausdrucks oder Zeichens.

*

Das Sternchen steht für kein bis beliebig viele Wiederholungen des vorherigen Ausdrucks oder Zeichens. Der Joker schlechthin ist also „*", ein beliebiges Zeichen, das gar nicht vorkommt oder beliebig oft wiederholt wird.

Nach dem letzten Schrägstrich können Optionen folgen, z. B. wird durch ein „i" angezeigt, dass Groß- und Kleinschreibung beachtet (!) werden soll, während sie per Default und ohne Angabe des „i" *keine* Rolle spielt!

```
/GROSS oDeR klein iSt HieR  N I C H T  EGaL/i      REJECT
/^SuBJecT: aDv: .*/         REJECT
```

Und mittels einer Gruppierung in Klammern und der Pipe als Trenner können wir eine flexible Aufzählung mehrerer Varianten umschreiben:

```
(der|die|das) Nutella
```

Zum besseren Verständnis hier einige gängige Beispiele für reguläre Ausdrücke in der Header- und Bodyfilterung:

```
/^Subject: ILOVEYOU/                        REJECT Spam-Regel 1
/^Subject: (Re: )*BubbleBoy is back!/       REJECT Spam-Regel 2
/^Subject: AS SEEN ON T\.V/                 REJECT Spam-Regel 3
/^(To|From):.*friend@(public.com|localhost.net)/   REJECT Spam-Regel 4
/^Received:.*(cyber\-bomber|CLOAKED)/       REJECT Spam-Regel 5
```

In Kapitel 14.1 werden wir uns noch detaillierter ansehen, was man mit ein paar cleveren Regular Expressions alles erreichen kann.

5.3.3 Perl Compatible Regular Expressions (PCRE)

Wenig „besser" als RegExp sind *Perl Compatible Regular Expressions* (PCRE). Nicht immer ist PCRE-Unterstützung direkt in Postfix einkompiliert – überprüfen Sie das ggf. mit dem Befehl **postconf -m**. Fehlt dort PCRE und wollen Sie es wirklich einsetzen, müssen Sie Postfix selbst aus den Quellen übersetzen. Folgen Sie dazu der Anleitung in Kapitel A.1.

PCRE werden genauso in Postfix eingebunden wie RegExp. Geben Sie als Typ einfach nur **pcre** an:[3]

```
header_checks = pcre:/etc/postfix/header_check
```

5.3.4 Network Information Service (NIS)

Network Information Service (NIS) hieß früher einmal *Yellow Pages* (YP). Es ist ein System, um in einem lokalen Netzwerk zentrale Dateien mehrerer Hosts gemeinsam zu benutzen und zu verwalten. In erster Linie dient das dem Aufbau einer zentralen Benutzerverwaltung über mehrere Linux-Hosts. Dateien wie /etc/passwd, /etc/shadow, aber auch /etc/hosts, /etc/resolv.conf und andere werden durch einen zentralen Server vorgehalten.

NIS ermöglicht es aber auch, beliebige weitere Dateien in den Datenbestand des NIS-Servers aufzunehmen – zum Beispiel die verschiedenen Lookup Tables von Postfix. So können wir auf allen Mailservern mit identischen Dateien **relocated**, **virtual**, **canonical** arbeiten, wenn sie über NIS zentral bereitgestellt werden.

Zur Abfrage eines NIS-Servers müssen wir Postfix lediglich den Namen der Datei angeben, die auf dem NIS-Server die Informationen vorhält:

```
virtual_maps = nis:virtual-zentral
```

NIS stellt nur Daten unter diesem Namen zur Verfügung, ein Dateipfad ist nicht notwendig. Auf dem NIS-Server ist zentral eingerichtet, welche Daten unter diesem NIS-Namen bereitgestellt werden.

Allerdings muss dabei NIS nicht nur auf dem Server, sondern auch auf dem Client eingerichtet, also ein NIS-Server und eine NIS-Domain eingestellt sein u. Ä. Ziehen Sie dazu die Dokumentation Ihrer Distribution zu Rate!

5.3.5 MySQL

MySQL ist eine freie Implementierung einer SQL-Datenbank, die sich allgemein zunehmender Beliebtheit erfreut. Sie ist kostenlos, bei allen Distributionen enthalten, ausreichend schnell und im Bereich des World Wide Web zusammen mit der Sprache PHP beliebt, um dynamische Webseiten zu realisieren.

Unter Umständen kann auch eine MySQL-Datenbank im Zusammenspiel mit einem Postfix-System sinnvoll sein:

---

[3] Informationen zu PCRE: README_FILES/PCRE_README in den Postfix-Quellen oder man 5 pcre_table.

Zu viele Einträge

Wenn der manuelle Pflegeaufwand der Lookup Tables durch einen Texteditor zu groß wird, kann man den Datenbestand in einer MySQL-Datenbank pflegen (eventuell läuft über diese Datenbank ohnehin schon die allgemeine Benutzer- oder Kundenverwaltung).

Webinterface mit PHP

Will man den Nutzern ein Web-Interface zur Verfügung stellen, um eigene Weiterleitungen einzurichten, so bietet sich eine Kombination PHP/MySQL an (siehe Kapitel 19).

Mehrere Mailserver

Arbeitet man mit einem System aus mehreren Mailservern, können diese bequem auf eine gemeinsame Datenbasis zurückgreifen, indem man einen zentralen MySQL-Server stellt.

Eventuell ist eine MySQL-Unterstützung in Ihrer Postfix-Version nicht standardmäßig mit einkompiliert. Überprüfen Sie die unterstützten Datentypen mit dem Befehl **postconf -m**. Falls in Ihrer Distribution keine MySQL-Unterstützung eingebaut ist, müssen Sie Postfix selbst neu kompilieren (vgl. Kapitel A.1).

Die Arbeit mit einer MySQL-Datenbasis ist durch ein Abfrage-Antwort-Prinzip bestimmt. Postfix sendet über TCP/IP eine Abfrage an den MySQL-Server, der auf demselben oder einem entfernten Rechner läuft. Am Prinzip der Lookup Tables ändert das nichts – nur der Weg, wie Postfix die Einträge erhält, ist eben ein anderer. Es gibt weiterhin ein bestimmtes *Muster*, und wenn dieses zutrifft, liest Postfix den zugehörigen *Wert* für diesen Eintrag aus.

Damit Postfix auf MySQL-Datenbanken zugreifen kann, sind einige MySQL-Parameter wie Server, Nutzername, Kennwörter oder Tabellenname notwendig. Diese würden den Rahmen sprengen und für Unübersichtlichkeit sorgen, wenn wir sie in der Datei **main.cf** jeweils benennen würden. Darum verweisen wir in der **main.cf** auf eine separate Datei, die die MySQL-Zugangsdaten zu dieser Lookup Table enthält.

```
virtual_maps = mysql:/etc/postfix/virtual.mysql
aliases_maps = mysql:/etc/postfix/aliases.mysql
```

Die Dateiendung **.mysql** ist dabei beliebig und kann auch wegfallen – ich finde es so aber übersichtlicher. Die Datei **virtual.mysql** ist dann nach folgendem Schema aufgebaut – auch hier gilt, dass Datenbank- und Tabellenname natürlich auch anders lauten können:

```
# Server, auf dem die MySQL-Datenbank läuft:
hosts=localhost
# Der MySQL-Nutzername:
```

```
user=postfixserver
# Das MySQL-Kennwort dieses Accounts:
password=supergeheim
# Die Datenbank:
dbname=mailbase
# Die MySQL-Tabelle in dieser Datenbank:
table=weiterleitungen
# Das Feld, das das Muster (alte Mailadresse) enthält:
where_field=forward_from
# Das Feld, das den Wert (neue Mailadresse) enthält:
select_field=forward_to
```

Wenn Sie nun eine MySQL-Tabelle anlegen, auf die der MySQL-Nutzer **postfixserver** auch Zugriff hat, können Sie Ihre Weiterleitungen bequem vorhalten und von Postfix abfragen lassen. Die hierzu passende MySQL-Tabelle unter *phpMyAdmin* sehen Sie in Abbildung 5.3.

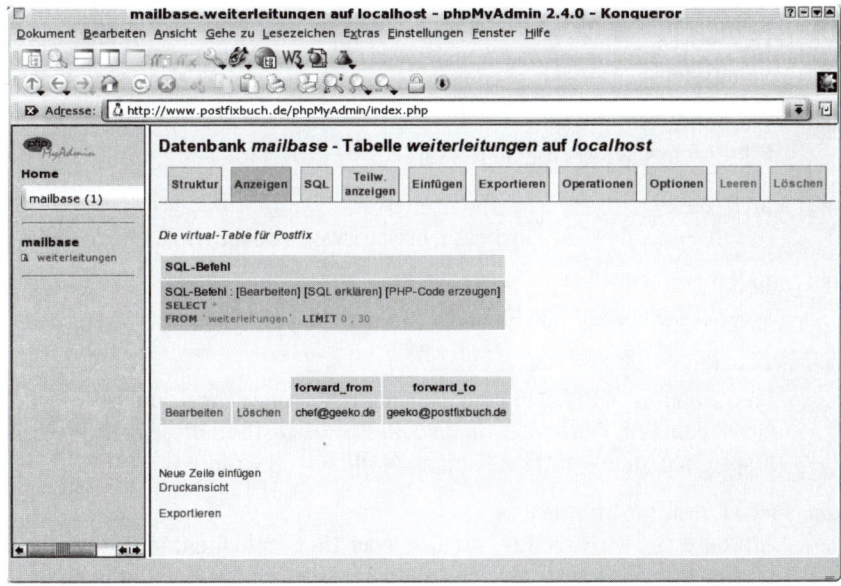

Abbildung 5.3:
Mit PHP-Skripten
lässt sich die
Mail-Weiterleitung
bequem und zentral
unter MySQL
verwalten

Zur generellen Einrichtung und Funktionsweise eines MySQL-Servers kann hier leider nur auf die entsprechende Literatur, READMEs und Dokumentationen verwiesen werden, aber MySQL-Server sind ja keine Seltenheit mehr und laufen bei den Distributionen out-of-the-box. Für größere und vor allem gesichertere Installationen ist das MySQL-Handbuch eine Anlaufstelle.[4]

---

[4] http://www.mysql.de/documentation/. Weitere Informationen zu MySQL unter Postfix in der Datei README_FILES/MYSQL_README in den Postfix-Quellen.

5.3.6   Lightweight Directory Access Protocol (LDAP)

In großen Netzwerken gewinnen Directory-Dienste immer mehr an Bedeutung, wenn es darum geht, zentral große Mengen an Objekten/Benutzern zu verwalten, und natürlich kann auch Postfix auf LDAP-Informationen zugreifen.

Standardmäßig ist LDAP-Support bei Postfix nicht einkompiliert. Sie können dies über den nun schon bekannten Befehl **postconf -m** prüfen. Fehlt der LDAP-Support, müssen Sie Postfix selbst kompilieren (vgl. Anhang A.1).

Auch hier sind mehrere Parameter notwendig, um auf einen LDAP-Server zuzugreifen. Ab September 2003 hat sich eine Änderung ergeben, die wahrscheinlich ab Postfix 2.0.17 im offiziellen Postfix enthalten sein wird.

Das alte Postfix bis September 2002 (2.0.16/SUSE 9.0)

Folgende Einstellungen sind möglich – aber nicht alle sind notwendig:

tag_server_host
> Name oder IP des LDAP-Servers

tag_server_port
> TCP-Port des Servers (Default: **389**)

tag_search_base
> zu verwendende LDAP-Suchbasis, beispielsweise **dc=postfixbuch,dc=de**

tag_timeout
> Timeout bei der Anfrage (Default: 10 Sekunden)

tag_query_filter
> LDAP-Filter nach **RFC 2254**, mit dem das LDAP-Verzeichnis durchsucht wird; %s ist dabei ein Platzhalter für die Adresse, die Postfix auflösen möchte, z. B. **ldapsource_query_filter = (&(mail=%s)(paid_up=true))**

tag_special_result_attribute
> Attribute der Verzeichnisse, die DNs oder URLs enthalten; in diesen Fällen wird rekursiv eine erneute Suche mit diesen Werten durchgeführt. Beispiel: **ldapsource_special_result_attribute = member**

tag_bind
> bestimmt, ob für den Zugriff von Postfix auf den LDAP-Server eine Authentifizierung notwendig ist; in diesem Fall benötigen Sie noch die beiden nächsten Parameter.

tag_bind_dn
> Anmeldename am LDAP-Server:
> **tag_bind_dn = uid=postfix, dc=your, dc=com**

tag_bind_pw
>   Das Passwort für den LDAP-Server:
>   tag_bind_pw = postfixpassword

Anders als bei MySQL sind die Parameter im alten Postfix nicht in seperate Dateien ausgelagert, sondern wir verweisen direkt auf Einstellungen in der **main.cf**.
Dazu nehmen wir zunächst den Datentyp **ldap**, der einen so genannten *Tag* definiert, um dann an anderer Stelle innerhalb der **main.cf** die Einstellungen für LDAP
festzulegen. Der Tag dient der Differenzierung und wird den jeweiligen Konfigura-
tionsoptionen vorangestellt, damit wir mehrere LDAP-Server abfragen können. Er
kann beliebig gewählt werden, solange Sie nachvollziehen können, welchen Namen
Sie für welchen Server vergeben haben.

Ein Beispiel macht das klarer:

```
virtual_maps = hash:/etc/postfix/virtual, ldap:ldapvirtual
ldapvirtual_server_host = ldap.postfixbuch.de
ldapvirtual_search_base = dc=postfixbuch,dc=de
ldapvirtual_result_attribute = status

alias_maps = hash:/etc/postfix/alias, ldap:aliasldap
aliasldap_server_host = ldap.postfixbuch.de
aliasldap_search_base = dc=postfixbuch,dc=de
aliasldap_result_attribute = status
```

Weitere Informationen und Beispiele für LDAP-Konfigurationen finden Sie in der
Datei **/usr/share/doc/packages/postfix/LDAP_README**.

Noch ein Hinweis: Wenn Sie für Ihren LDAP-Server eine Authentifzierung benötigen, sollten Sie diese über eine verschlüsselte Verbindung (SSL/TLS) absichern. Falls
Ihr LDAP-Server das nicht unterstützt, könnten Sie die Verbindung auch über einen
stunnel laufen lassen (Kapitel 18.3.2, Seite 408).

Das neue Postfix ab September 2003 (2.0.17)

Im neuen Postfix kann man die LDAP-Einstellungen genau wie bei MySQL in eine
eigene Datei auslagern. Sie verweisen dann nach folgendem Beispiel darauf:

```
virtual_maps = ldap:/etc/postfix/virtual.ldap
aliases_maps = ldap:/etc/postfix/aliases.ldap
```

Innerhalb dieser Datei definieren Sie dann die oben genannten Parameter, allerdings diesmal ohne den Tag.

server_host
>   Name oder IP des LDAP-Servers

server_port
> TCP-Port des Servers (Default: **389**)

search_base
> zu verwendende LDAP-Suchbasis, beispielsweise **dc=postfixbuch,dc=de**

timeout
> Timeout bei der Anfrage (Default: 10 Sekunden)

query_filter
> LDAP-Filter nach **RFC 2254**, mit dem das LDAP-Verzeichnis durchsucht wird. **%s** ist dabei ein Platzhalter für die Adresse, die Postfix auflösen möchte, z. B. ldapsource_query_filter = (&(mail=%s)(paid_up=true))

special_result_attribute
> Attribute der Verzeichnisse, die DNs oder URLs enthalten; in diesen Fällen wird rekursiv eine erneute Suche mit diesen Werten durchgeführt. Beispiel: ldapsource_special_result_attribute = member

bind
> bestimmt, ob für den Zugriff von Postfix zum LDAP-Server eine Authentifizierung notwendig ist; in diesem Fall benötigen Sie noch die beiden nächsten Parameter.

bind_dn
> Anmeldename am LDAP-Server:
> bind_dn = uid=postfix, dc=your, dc=com

bind_pw
> Das Passwort für den LDAP-Server:
> bind_pw = postfixpassword

Aus Kompatibilitätsgründen ist es aber weiter möglich, auch nach der alten Methode und den Einträgen direkt in der **main.cf** darauf zuzugreifen.

Darüber hinaus erlaubt Postfix nun auch die Definition einer LDAP-URL im Eintrag **server_host**, die alle wichtigen Angaben bereits enthält und über die wir auch SSL/TLS-verschlüsseltes LDAP einstellen können (sofern der LDAP-Server das unterstützt!). Wenn Ihr LDAP-Server kein SSL/TLS versteht, haben Sie die Möglichkeit, das Ganze über **stunnel** abzusichern (Kapitel 18.3.2, Seite 408).

```
server_host = ldap://ldap.postfixbuch.de
```

oder auch

```
server_host = ldaps://ldap.postfixbuch.de:636
```

Informationen dazu in /usr/share/doc/packages/postfix/LDAP_README.

5.3.7 proxy: Der Lookup-Table-Proxy

Seit Version 2.0.1 (Januar 2003) kennt Postfix die besondere Datenquelle **proxy:**. Idee ist, dass der spezielle Dienst **proxy** zentrale Lookup Tables offen hält und andere Module die Anfragen an **proxy** stellen und von ihm auflösen lassen statt selbst auf die Table zuzugreifen.

Zum einen spart das Filehandles oder MySQL-Verbindungen, denn dann müssen nicht zwei Dutzend smtpd-Prozesse einzeln auf die entsprechenden Dateien zugreifen, sondern nur ein zentraler Proxy-Dienst.

Zum anderen hilft es uns, das **chroot**-Problem zu umgehen, denn „chrootete" Module können ggf. aus ihrer Umgebung heraus nicht mehr auf wichtige Lookup Tables zugreifen. Über den Proxy-Dienst ist das hingegen möglich, da sich dieser außerhalb der chroot-Umgebung befindet (siehe Kapitel 15.9, Seite 344).

Wann immer Sie im Stile von **typ:pfad** auf eine Lookup Table zugreifen, können Sie stattdessen auch **proxy:typ:pfad** angeben, natürlich geht das nicht nur bei den üblichen Datenbankformaten wie **hash:** oder **btree:**, sondern auch bei **mysql:**, **ldap:** usw.

```
linux:~ # joe main.cf
virtual_map = proxy:hash:/etc/postfix/virtual,
              proxy:mysql:/etc/postfix/forward.mysql
transport_map = proxy:hash:/etc/postfix/transport
```

5.3.8 Weitere Datenquellen

Wie Sie an der Ausgabe von **postconf -m** erkennen, kann Postfix noch mit weitaus mehr Datenquellen umgehen als hier beschrieben sind. Ich möchte die anderen Typen an dieser Stelle aber nicht weiter erklären, da diese im Alltag eigentlich nicht relevant sind und hier für mehr Verwirrung als Nutzen sorgen würden.

Wenn Sie sich für einen der anderen Datentypen interessieren, können Sie die README-Dateien von Postfix zu Rate ziehen.[5]

5.4 Header- und Body-Checks: Wir filtern die Mail

Über Dateien mit RegExp oder PCRE (siehe Seite 100) können Sie alle Mails mit einem bestimmten Eintrag im Mailheader oder einer bestimmten Text-Passage im Mailtext mit einem **REJECT** oder anderen Aktionen belegen und damit blocken lassen. Tabelle 5.6 zeigt alle möglichen Aktionen.

---

[5] Gewöhnlich unter **/usr/share/doc/packages/postfix** zu finden; von Interesse ist dort zum einen die Datei **HISTORY**, zum anderen die diversen Dokumente unter **README_FILES**.

	Aktion	Auswirkung
Tabelle 5.6: Die Filter-Aktionen (teilweise erst ab Postfix 2.x!)	REJECT	nimmt die Mail nicht an und loggt den REJECT
	REJECT TEXT	nimmt die Mail nicht an und loggt TEXT als Grund an den Einlieferer und in die Logfiles
	OK	akzeptiert die Header- oder Bodyzeile; ist im Grunde überflüssig, weil sie per Default ohnehin akzeptiert wird.
	IGNORE	entfernt die jeweilige Headerzeile, nimmt die Mail ansonsten an
	WARN	nimmt die Mail an, loggt aber eine Warnung
	WARN TEXT	nimmt die Mail an, loggt aber TEXT als Warnung
	HOLD	nimmt die Mail an, platziert sie aber in der HOLD-Queue, stellt sie also vorerst nicht zu
	HOLD TEXT	… und loggt entsprechend TEXT
	DISCARD	tut so, als ob die Mail anstandslos angenommen werde, schmeißt sie dann aber einfach weg; dabei genügt es bereits, dass *einer* von mehreren Empfängern auf eine DISCARD-Regel passt! In diesem Fall verwirft Postfix die gesamte Mail und stellt sie auch an die übrigen Empfänger nicht zu!
	DISCARD TEXT	… und loggt entsprechend TEXT

Um diese Filter anzuwenden, verweisen wir in der **main.cf** auf die Dateien mit den Filterausdrücken; da diese nun aber als RegExp- oder PCRE-Liste vorliegen, ändert sich für Postfix auch die Datenquelle:

```
body_checks = regexp:/etc/postfix/body_checks
header_checks = regexp:/etc/postfix/header_checks
```

oder eben auch

```
body_checks = pcre:/etc/postfix/body_checks
header_checks = pcre:/etc/postfix/header_checks
```

Im Mai 2002 kamen übrigens auch zwei weitere Filtermöglichkeiten hinzu:

mime_header_checks
> wendet die Suchmuster nur auf MIME-Header an, z. B. um gezielt bestimmte Dateitypen oder Dateinamen zu blocken

nested_header_checks
> wendet die Suchmuster nur auf Mailheader *angehängter* E-Mails an, also wenn eine E-Mail eine/mehrere weitere E-Mails enthält.

In Kapitel 14.1 (Seite 299) zeige ich Ihnen, wie die zugehörigen Filter-Muster aussehen und wie Sie eigene schreiben, um Spam und Virenmails abzufangen oder Spammern eine Falle zu stellen.

5.5 Postfix-Tools: postmap, postconf und postsuper

Postfix bringt noch einige kleine Programme mit, die uns bei der täglichen Administrationsarbeit helfen. Beginnen wir mit dem Tool, das wir eben bei den Datenquellen schon kennen gelernt haben: **postmap**.

5.5.1 postmap – Herrscher über alle Lookup Tables

postmap erledigt das „Lookup Table Management", d. h., wir können damit Lookup Tables in die Datenformate **hash**, **btree** oder **dbm** formatieren, wie in Kapitel 5.3 gezeigt.

Folgende Anwendungsmöglichkeiten und Aufrufparameter sind gegeben, hier am Beispiel der **virtual**-table:

postmap /etc/postfix/virtual
> der übliche Aufruf, wenn wir eine Tabelle im Textformat (z. B. **virtual**) in das Binärformat konvertieren (also **virtual.db**). **postmap** liest die Textvariante vollständig ein und ersetzt eine möglicherweise vorhandene Binärdatei komplett. Die Vorgabe in **default_database_type** benutzt Postfix dabei als Default-Datentyp.

postmap btree:/etc/postfix/virtual
> ignoriert den Default-Wert und konvertiert in das angegebene Format

postmap -i /etc/postfix/virtual
> *Incremental mode*, d. h., der Inhalt der hier angebenen Datei wird ausnahmsweise zur bestehenden Binärdatei hinzugefügt statt diese komplett zu ersetzen.

postmap -r /etc/postfix/virtual
> verhindert Klagen über doppelte Map-Einträge; der zweite Eintrag überschreibt den ersten.

postmap -w /etc/postfix/virtual
> verhindert Klagen über doppelte Map-Einträge; der zweite Eintrag wird ignoriert, der erste wird übernommen.

postmap -v /etc/postfix/virtual
> *Verbose mode*, loggt ausführlicher; ein **-vv** erhöht die Anzahl der ausgegeben Details.

postmap -c /etc/postfix2 /etc/postfix/virtual

> liest aus dem angebenen Directory die Datei **main.cf**; das kann notwendig sein, wenn man komplexe Systeme mit mehreren parallel auf einem Host installierten Postfix-Instanzen aufbaut.

Nützlich ist machmal auch die Fähigkeit von **postmap**, für uns Lookup Tables abzufragen, die aufgrund des Binärformates schlecht einzusehen sind:

postmap -q KEY /etc/postfix/virtual

> sucht nach **KEY** und gibt das Ergebnis aus; wäre in der **virtual**-table eine Weiterleitung von pinguin@postfixbuch.de auf tux@postfixbuch.de definiert, so sähe das Ergebnis folgendermaßen aus:

```
linux:~ # postmap -q pinguin@postfixbuch.de /etc/postfix/virtual
tux@postfixbuch.de
linux:~ #
```

> Wenn Sie **pop-before-smtp** einsetzen (Kapitel 9.12.1), können Sie gezielt prüfen, ob eine bestimmte IP-Nummer freigeschaltet ist:

```
linux:~ # postmap -q 192.168.122.15 /etc/postfix/pop-before-smtp
ok
linux:~ #
```

postmap -d KEY /etc/postfix/virtual:

> sucht nach **KEY** und löscht den ersten zutreffenden Eintrag aus der Map

Der Vollständigkeit halber: **postmap** hat noch einige weitere, weniger wichtige Aufrufparameter. Sie können sie ggf. über **man postmap** nachlesen.

5.5.2   postconf – Herrscher über alle Parameter

Die Nützlichkeit von **postconf** wird allgemein unterschätzt, dabei bringt es einige hilfreiche Funktionen mit, die uns bei der Konfiguration und vor allem bei der Fehlersuche ganz entscheidend helfen können. Für eine vollständige Liste schauen Sie sich **man postconf** kurz an; hier soll es nur um die Parameter gehen, die man üblicherweise braucht:

postconf -n

> Listet alle Einstellungen der **main.cf** auf, die *nicht* den Default-Werten entsprechen – und nur die interessieren uns in der Regel. Verbunden mit einem **grep** können Sie so gezielt einige Parameter extrahieren.

> **postconf -n** ist deshalb so ungeheuer wichtig, weil es uns genau zeigt, welche Einstellungen Postfix tatsächlich hat. Oft genug macht man in der

main.cf Fehler, definiert eine Variable doppelt oder schreibt sie falsch. Anschließend kann man wahlweise stundenlang den Fehler suchen oder durch ein einfaches Lesen der Ausgabe von **postconf -n** stutzig werden, weil die eigenen Einstellungen dort gar nicht auftauchen.

Bevor Sie also verzweifelt suchen und testen, warum Postfix anders will als Sie, sollten Sie zunächst prüfen, ob Sie und Postfix überhaupt die gleichen Ansichten in Bezug auf die Konfiguration haben...

Sollten Sie übrigens in der Postfix- oder Postfixbuch-Mailingliste um Hilfe anfragen, so geben Sie bitte *immer* die Ausgabe von **postconf -n** an und zitieren Sie nicht bloß Ihre **main.cf** (und schon gar nicht auszugsweise), da entscheidende Fehler so unter Umständen gar nicht entdeckt werden können!

postconf -d
Dieser Aufruf gibt die Default-Werte von Postfix aus, ignoriert also die Einstellungen der **main.cf**.

postconf myhostname
zeigt Ihnen den Inhalt dieser Variablen an

postconf -e "myhostname = testmail.postfixbuch.de"
setzt die Variable auf den angegebenen Wert und verändert damit **main.cf**; die Anführungszeichen sind wichtig, da **postconf** andernfalls etwaige Leerzeichen nicht erkennen könnte. Damit Postfix die neue Einstellung übernimmt, muss übrigens noch ein **rcpostfix reload** ausgeführt werden.

5.5.3 postsuper – Herrscher über die Mail-Queue

Mit **postsuper** können Sie Manipulationen an der Mail-Queue vornehmen, also vor allem einzelne Mails herauslöschen oder die Mail-Queue neu einlesen. Neben den hier beschriebenen Parametern hat **postsuper** noch einige nicht weiter wichtige Optionen, die Sie vollständig über **man postsuper** erfahren können.

Natürlich kennt auch **postsuper** die Parameter **-v** für ausführliches Loggen und **-c** zur Angabe eines anderen Config-Verzeichnisses.

Hier die relevanten Anwendungsmöglichkeiten, die Sie einmal brauchen könnten:

postsuper -d <queue> <id>
löscht die über <id> bestimmte Mail aus der Queue mit Namen <queue>; möchten Sie alle Mails in der Warteschlange löschen lassen, erreichen Sie das über **postsuper -d ALL** (wobei ALL in Großbuchstaben geschrieben sein muss).

postsuper -h <queue> <id>

> parkt die über <id> bestimmte Mail in die **hold**-Mail-Queue, so dass keine weiteren Zustellversuche unternommen werden.

postsuper -H <queue> <id>

> gibt die über <id> geparkte Mail wieder frei und stellt sie in die **deferred**-Mail-Queue, damit sie zugestellt wird; möchten Sie alle gehaltenen Nachrichten wieder freigeben, so erreichen Sie das über **postsuper -H ALL**.

postsuper -p

> sucht nach übrig gebliebenen temporären Dateien und löscht diese

postsuper -s

> führt einen Check und eine eventuell notwendige Reparatur der Queue-Struktur durch; da Postfix in seinem Queue-File auf die Inode-Nummer der Datei Bezug nimmt, müssen Sie **postsuper -s** nach dem Zurückspielen eines Backups starten.

Und nun die wichtigste Anwendungsmöglichkeit zum Schluss:

postsuper -r <queue> <id>

> liest die Mail <id> neu in die Mail-Queue ein, d. h., sie wird so behandelt, als ob sie gerade frisch eingeliefert wurde; das bedeutet vor allem, dass nochmals in der **virtual**- oder **transport**-table nach einer etwaigen Weiterleitung geschaut und eine neue DNS-Abfrage nach dem **MX** dieser Domain vorgenommen wird. Eine etwaige zwischenzeitliche Änderung der IP-Nummer eines Mailservers[6] oder des MX-Records wird Postfix andernfalls nicht „mitkriegen", sondern permanent versuchen, die Mail an den einmal ermittelten Mailserver zuzustellen. Möchten Sie sämtliche Mails erneut in die Queue einlesen, so erreichen Sie das über **postsuper -r ALL**.

---

[6] Z. B. beim Einsatz von dynamischen IP-Nummern, siehe Kapitel 7.1.6, Seite 141.

6 Kapitel

Tricks und Nützliches

6.1 Das Domain Name System für Mailserver

Mensch und Maschine sind bekanntlich grundverschieden und haben ein elementares Verständigungsproblem: Während Computer reine Zahlenfresser sind, haben die meisten Menschen schon Schwierigkeiten, sich mehr als zehn Telefonnummern zu merken.

Um dieses Verständigungsproblem im Internet zu beseitigen, wurde das *Domain Name System* (DNS) eingerichtet. Das DNS regelt u. a. die Umwandlung von Domänen-Namen wie **www.postfix.org** in IP-Adressen (**131.211.80.18**) und umgekehrt. So ermittelt der Browser aufgrund einer Eingabe wie **http://www.postfix.org** im Browser per DNS-Abfrage die IP-Nummer des Webservers.

Doch DNS kann noch mehr: Unter anderem wird es benötigt, um festzulegen, an welchen Mailserver die E-Mails einer bestimmten Domain zugestellt werden müssen. Nehmen wir das Netz eines Projekts mit der Domain **postfixbuch.de**. Dieses Netz umfasst mehrere Server. Ein Rechner, beispielsweise mit dem Namen **www,** dient als Webserver (http://www.postfixbuch.de), ein anderer Rechner (Name: ns) arbeitet als Nameserver (ns.postfixbuch.de). Unseren Mailserver nennen wir mail, also mail.postfixbuch.de. Üblicherweise arbeiten wir also mit dreigliedrigen Namen: hostname.domain.de.

Was geschieht nun mit E-Mails? Adressen wie user@mail.postfixbuch.de sind eher unüblich; vielmehr wird direkt an user@postfixbuch.de adressiert. Zudem kann eine Firma oder ein Internet Service Provider für die gleiche Maildomain namens postfixbuch.de mehrere Mailserver betreiben, wie wir gleich noch sehen werden.

Der Mailserver wird aber in aller Regel nicht die IP-Nummer haben, die im DNS der reinen Domain zugeordnet ist: postfixbuch.de wird wohl auf die gleiche IP-Nummer verweisen wie www.postfixbuch.de – auf den Webserver, nicht aber auf den Mailserver. Aus diesem Grund ist der Mailverkehr also etwas anders organisiert als nur durch die bloße Zuordnung einer IP-Nummer zu dem Hostnamen mail.postfixbuch.de oder postfixbuch.de.

Im Folgenden gehen wir davon aus, dass auf Ihrem Mailserver oder – weit besser und sicherer – auf einem separaten eigenen Rechner ein Nameserver läuft. Wenn Sie noch einen eigenen Nameserver installieren möchten, finden Sie in Anhang B eine detaillierte Installationsanleitung zu bind.

Noch ein Sicherheitstipp: Der bekannteste Nameserver für Linux ist bind, der mittlerweile in der Version 9 verfügbar ist. Diese Version bringt erhebliche Verbesserungen in der Performance mit und hat einige große Sicherheitslücken der Vorgängerversion geschlossen. Durch Verschlüsselungsmechanismen ist das DNS besser vor Angriffen und Manipulation geschützt. In allen aktuellen Distributionen sollte bind9 mittlerweile per Default installiert werden. Prüfen Sie aber sicherheitshalber, welche Version bei Ihnen installiert wird.[1]

In vielen Fällen kann auch der Provider für die Pflege des DNS einer bereits existierenden Domain zuständig sein, also immer dann, wenn Sie nicht direkt selbst eine Domain bei DENIC registriert, sondern die Leistung eines anderen Providers in Anspruch genommen haben. In diesen Fällen bitten Sie diesen einfach, die nachfolgend genannten Einträge für Sie vorzunehmen.

6.1.1 Die Zonen-Einträge für einen Mailserver

Auf einem installierten und funktionierenden Nameserver schauen wir uns die Definition der Domain postfixbuch.de an. In /etc/named.conf findet sich die Definition der Domain postfixbuch.de, für die dieser Nameserver als *Master* bzw. als *Primary DNS* zuständig sein soll:

```
linux:/etc # joe named.conf
zone "postfixbuch.de" {
```

[1] Nähere Informationen finden Sie unter http://www.isc.org/products/BIND/bind-security.html.

```
         type master;
         file "postfixbuch.de.hosts";
         allow-update { none; };
         allow-query { any; };
         allow-transfer { ns.provider.com; 192.168.217.1; };
};
```

Weiter: Die eigentlichen Dateien mit der Zonen-Definition sind im Verzeichnis **/var/lib/named/** (auf älteren Systemen: **/var/named!**) gespeichert – hier in der Datei **postfixbuch.de.hosts.**

Ist diese Domain eingerichtet, so finden wir in dieser Zonen-Datei bereits Einträge (*Records*):

```
linux:~ # less /var/lib/named/postfixbuch.de.hosts
$TTL 86400       ; 1 day
@        IN SOA  ns.postfixbuch.de. root.postfixbuch.de. (
                    2004020701 ; serial
                    40000       ; refresh (11 hours 6 minutes 40 se
                    7200        ; retry (2 hours)
                    604800      ; expire (1 week)
                    86400       ; minimum (1 day)
                    )
                 IN    NS      ns.jpberlin.de.
                 IN    NS      ns4.tmag.de.

@                IN    A       213.203.238.18
www              IN    A       213.203.238.18
mail             IN    A       213.203.238.5
```

Wenn Ihnen das jetzt zu schnell ging und Sie mit dem DNS und der Einrichtung eines Nameservers doch noch nicht so vertraut sind, so sei nochmals auf den Anhang B verwiesen; dort ist das alles ausführlich erklärt.

Für alle anderen nur eine kurze Wiederholung: Im obigen Beispiel findet sich der SOA-Eintrag (*Start of Authority*), eine Festlegung zur Seriennummer, den Expire- und Haltezeiten der Domain sowie der Mailadresse des administrativen Ansprechpartners (**root@postfixbuch.de**). Zudem sind die zwei zuständigen Nameserver vermerkt (**ns.jpberlin.de.de** und **ns4.tmag.de**). Für den schon erwähnten Webserver finden wir die Zuordnung einer IP-Nummer (A-Record): **www.postfixbuch.de** entspricht **213.203.238.18**.

Um nun die Mailserver für E-Mails an die Domain **postfixbuch.de** zu definieren, bedienen wir uns des *MX-Record – MX* steht für *Mail-eXchange*. Und Sie haben richtig gelesen: *die* Mailserver. Es ist nämlich durchaus möglich, mehrere Mailserver für eine Domain zu definieren, und das ist auch durchaus sinnvoll, wie noch zu zeigen sein wird.

In unserem Beispiel würde das folgendermaßen aussehen:

```
www                 IN A       213.203.238.18
mail                IN A       213.203.238.5
postfixbuch.de.     IN MX 10   mail.postfixbuch.de.
postfixbuch.de.     IN MX 20   mail.provider.de.
```

Im Gegensatz zu A-, CNAME- oder NS-Records verfügt ein MX-Record über zusätzliche Parameter: Die *Priorität* – hier 10 und 20. Je *niedriger* der Wert der Priorität, desto *wichtiger* ist der Mailserver! Und noch eine Anmerkung: Vergessen Sie nicht, die ausgeschriebenen Rechnernamen mit einem Punkt abzuschließen!

Die Mailserver führen also eine DNS-Abfrage durch, um herauszubekommen, wie die MX-Einträge für postfixbuch.de lauten, und erhalten als Antwort mail.postfixbuch.de (Priorität 10) und mail.provider.de (Priorität 20). Das bedeutet: Andere Mailserver versuchen eine E-Mail an lektor@postfixbuch.de zuerst an den Rechner mail.postfixbuch.de zuzustellen, und nur, wenn das nicht klappt, wird auf mail.provider.de ausgewichen.

In einem zweiten Schritt stellen sie dann eine DNS-Abfrage nach dem A-Record, um herauszufinden, welche IP-Nummer mail.postfixbuch.de wohl hat – andernfalls ist es ihnen ja nicht möglich, diesen Rechner zu kontaktieren. Mit dem Namen allein ist im TCP/IP-Netz ja bekanntermaßen wenig anzufangen. Man sollte also nicht vergessen, dass die bei den MX-Einträgen genannten Mailserver in eine IP-Nummer auflösbar sein müssen, also genau wie der Webserver auch über einen eigenen A-Record verfügen.

Erst wenn der Mailserver mit der höchsten Priorität (= dem niedrigsten Wert, hier: 10 – mail.postfixbuch.de) nicht erreichbar ist oder wegen Überlastung die Annahme der E-Mail verweigert, wird der Mailserver versuchen, die E-Mail an den nächsten Mailserver zuzustellen – mail.provider.de mit der Priorität 20.

Wenn wir einen eigenen Mailserver in Betrieb nehmen wollen, müssen wir uns also um obige MX-Einträge in der Zonen-Datei unserer Domain bemühen.

6.1.2 Beachtenswertes bei der DNS-Konfiguration

Beachten Sie bitte folgende Hinweise:

- Benutzen Sie mehrere Mailserver, so ist der Abstand zwischen den Prioritäten der Mailserver bedeutungslos. Ein Mailserver wird nicht dadurch wichtiger, dass er einen großen Abstand zum Prioritätswert der anderen Mailserver hat. Entscheidend ist nur, dass sich eine Hierarchie in den Prioritätswerten ergibt. Die Reihenfolge der Nennung in der Zonen-Datei ist irrelevant – Priorität 20 kann vor Priorität 10 definiert werden.

- Dennoch empfiehlt es sich, die Nameserver nicht direkt aufsteigend mit 1, 2, 3 durchzunummerieren. Etabliert haben sich 10er-Schritte. Grund ist, dass sich später leichter andere Mailserver einfügen lassen, zum Beispiel mit Priorität 15.

- Sollen zwei Mailserver gleichberechtigt angefragt werden, so können sie die gleiche Priorität haben, es wird dann nach dem Zufallsprinzip einer der Mailserver ausgewählt (*Round Robin*) – ein gutes Mittel zur Lastverteilung.

- Ein MX-Eintrag sollte nicht auf einen *Canonical Hostname* (CNAME), sondern direkt auf einen durch einen A-Record definierten Rechnernamen zeigen. Da fast jede E-Mail eine DNS-Abfrage erzeugt und CNAMEs noch ein weiteres Mal aufgelöst werden müssten, sollte man diesen unnötigen DNS-Traffic vermeiden. Je nach Einstellung erzeugt **bind** sogar entsprechende Fehler- oder Warnmeldungen, wenn ein MX-Record auf einen CNAME verweist.

- Setzen Sie das *Reverse Lookup*, also einen PTR-Record! Einige strenge Mailserver prüfen, ob der vom Client angegebene Name mit dem Namen übereinstimmt, den man bei der Auflösung der IP-Nummer erhält. Divergieren diese Angaben, kann die Annahme der E-Mail verweigert werden. Für das Reverse Lookup ist i. d. R. der Provider zuständig, dem das IP-Netz gehört. Das muss nicht der Nameserver sein, auf dem die Zonen-Datei der Domain liegt. Sind Sie sich nicht sicher, kontaktieren Sie Ihren Provider.

Wenn Sie den Nameserver selbst pflegen, so vergessen Sie nicht: Nach einer Änderung muss die Seriennummer der Zonen-Datei im SOA-Record hochgesetzt werden, und bei **bind** muss ein Reload zum Einlesen der neuen Konfiguration ausgelöst werden, z. B. durch **rcnamed reload**.

6.2 Mehrere Mailserver für eine Domain?

Wie an den Prioritäten zu sehen, ist es möglich, mehrere Mailserver für eine Domain zu definieren. Werden E-Mails im obigen Beispiel bei **mail.provider.de** mit der MX-Priorität **20** eingeliefert, so muss dieser Mailserver entscheiden, wie er mit den E-Mails weiter verfährt – das endgültige Ziel der E-Mail wird er wohl kaum sein, da die Postfächer der Nutzer zentral auf dem Hauptmailserver **mail.postfixbuch.de** mit der Priorität **10** lagern werden.

Möglich sind folgende Szenarien:

6.2.1 Backup per SMTP-Verbindung

mail.provider.de wird anhand der MX-Einträge feststellen, dass er nur ein Backup-Mailserver ist und es einen Mailserver mit höherer Priorität (mit *niedrigerem* MX-Wert) gibt. Er wird die E-Mail zwar annehmen, sie aber sobald wie möglich per SMTP an den Mailserver **mail.postfixbuch.de** ausliefern. Er fungiert also nur als einfaches *Relay*, als Zwischenspeicher.

Hat eine Domain nur einen einzigen Mailserver, würden andere Server E-Mails an diese Domain bei einem Ausfall natürlich nicht sofort verwerfen oder als unzustellbar zurücksenden (*bounce*). Stattdessen würden sie versuchen, die E-Mail über einen gewissen Zeitraum von vielleicht drei bis fünf Tagen selbst wiederholt zuzustellen. Wie lange andere Mailserver versuchen, diese E-Mail zuzustellen, ist Einstellungssache des dortigen Administrators. Unter drei Tagen sollte dieser Wert aber nicht liegen – weit darüber eigentlich auch nicht. In unserer **main.cf** können wir definieren:

```
maximal_queue_lifetime = 3d
```

Warum aber einen Backup-Mailserver aufbauen, der die E-Mails ebenfalls nur per SMTP zustellen würde?

Es ergeben sich folgende Vorteile:

- Bei einem längeren Ausfall liegen E-Mails an die Domain immerhin schon im eigenen Bereich bzw. Zugriffsbereich des Administrators. Bei längeren Ausfällen kann leichter eine Umleitung oder eine andere Notlösung realisiert werden, damit die E-Mails in die Postfächer der Nutzer gelangen, schließlich muss nur auf dem Backup-Mailserver eine Sonderregelung eingerichtet werden.

- Ein Standleitungsausfall könnte zum Beispiel im Abstand von einigen Stunden regelmäßig durch eine gezielte Wählverbindung zwischen den beiden Mailservern überbrückt werden, durch die alle angesammelten E-Mails übertragen werden.

- Die Haltezeit der E-Mails kann selbst bestimmt und kontrolliert werden. Ist ein Ende des Defekts am Hauptmailserver absehbar, wäre es schade, wenn unnötig Mails gebounct werden, nur weil andere Mailserver die „Geduld" verlieren.

- Lehnt der Hauptmailserver zu Stoßzeiten die Annahme von Mails kurzzeitig wegen Überlastung ab, so kann es unter Umständen einige Stunden dauern, bis andere Mailserver routinemäßig eine erneute Zustellung versuchen. Innerhalb des eigenen Netzes könnte man verkürzte Wartezeiten zwischen den Zustellversuchen definieren, um möglichst schnell nach Ende der Überlastung die E-Mails zustellen zu können. Alternativ kann man auch jederzeit über den Aufruf von **postfix flush** eine sofortige Abarbeitung der Mailqueue auslösen.

Der Nachteil:

- Ohne weitere Konfiguration würde diese Backup-Lösung keinen Ausfall einer einzelnen Standleitung auffangen, da der Backup-Mailserver den Hauptmailserver ebensowenig erreichen kann wie alle anderen Systeme.

6.2.2 Backup per UUCP

Gerade wenn man eine Backup-Verbindung über eine ISDN-Wählleitung einrichten möchte, bietet sich der Einsatz von UUCP an. Es überträgt die Mails in einer komprimierten Datei und ist dadurch erheblich schneller als eine über die Telefonleitung aufgebaute TCP/IP-Verbindung.

Der Backup-Mailserver **mail.provider.de** würde dann in seiner Konfiguration eine von den **MX**-Einträgen des DNS abweichende Einstellung haben, wie er mit den E-Mails an **postfixbuch.de** verfährt, er stellt sie dann per UUCP zu. Der Rest der Welt bekommt davon nichts mit: Mails werden anhand der **MX**-Einträge an einen der beiden Mailserver zugestellt. Ist aber gerade der Hauptmailserver gestört, hat der Backup-Mailserver die Möglichkeit, auf diesem alternativen Wege die E-Mails noch zuzustellen.

Die Vorteile:

- UUCP über TCP/IP benutzt nicht den TCP/IP-Port **25**, um die E-Mails einzuliefern, sondern regelt die Übertragung über Port **540** selbst. Sollte nur dieser Port auf dem Mailserver oder der Firewall gestört sein, so funktioniert die Mailzustellung auch weiterhin. Darüber hinaus ist ein Einspielen der E-Mails per UUCP auch dann noch möglich, wenn das Postfix-Modul *smtpd* funktionsunfähig ist, das Mailsystem an sich aber noch funktioniert.

- UUCP ist prädestiniert für eine Wählverbindung, bei der die Mails en bloc in einer (komprimierten) Datei übertragen werden. Ein Ausfall einer Standleitung könnte sich recht kostengünstig durch einen regelmäßigen UUCP-Anruf (*Poll*) über eine ISDN-Leitung überbrücken lassen. Die Mailzustellung würde dabei weiterhin funktionieren, es würde nur zu gewissen Verzögerungen kommen, je nachdem, wie oft die Anrufe stattfinden.

Die Nachteile:

- UUCP ist schwieriger zu konfigurieren, viele Administratoren wissen über UUCP mittlerweile wenig bis gar nichts mehr.

- Eine UUCP-Wählverbindung kostet Geld.

- Auf dem Backup-Mailserver könnten immer wieder einmal Mails eingeliefert werden, die auch an den Hauptmailserver ausgeliefert werden müssen, so dass unter Umständen auch im eigentlich störungsfreien Regelbetrieb Telefonkosten anfallen würden. Keine Kosten würde hier natürlich eine UUCP-Verbindung über TCP/IP verursachen.

6.2.3 Spiegelung des Dateisystems

Möglich wäre auch das Konstrukt, dass der Backup-Mailserver auf das Dateisystem des Hauptmailservers in der Weise Zugriff hat, dass er die E-Mails selbst in die Postfächer der Nutzer einsortieren kann. Möglich wäre das zum Beispiel durch einen Export der *Maildir*-Verzeichnisse der Postfächer an den Backup-Mailserver per NFS oder Ähnliches.

Hochleistungs-Mailserver, die für Hunderttausende von Mailadressen zuständig sind, werden im Regelfall so aufgebaut sein, dass die Postfächer auf keinem der Mailserver liegen, sondern von weiteren Hosts gepflegt werden. Die nach außen sichtbaren Mailserver kümmern sich aus Lastgründen nur um die Annahme und Weiterleitung der E-Mails an einen speziellen Datenbankserver, z. B. durch LMTP.

Der Vorteil:

- Fällt das SMTP-Mailsystem eines Servers komplett aus, können Mails dennoch sofort einsortiert und zugestellt werden. Da alle Mailserver parallel auf dem im Netzwerk freigegebenen Dateisystem mit den Mail-Postfächern arbeiten, fangen andere Server den Ausfall auf.

Die Nachteile:

- Der Export der Postfächer-Verzeichnisse ins Netz stellt natürlich ein Sicherheitsrisiko dar. Die Verwendung von NFS und damit auch RPC ist heikel und auf jeden Fall besonders abzusichern.

- Diese Lösung würde ebenfalls versagen, wenn das Netzwerk oder der NFS-exportierende Host gestört ist. Generell ist NFS nicht als sehr ausfallsicher anzusehen.

- NFS kann recht einfach File-Locking-Probleme mit sich bringen.

- Diese Lösung ist störanfällig; im Falle schlechter Konfiguration könnte eine Störung sogar zu einem Mailverlust führen, wenn ein NFS-Ausfall nicht abgefangen wird, der Backup-Mailserver also mit seinen Schreibversuchen auf die Postfach-Dateien der Nutzer scheitert.

6.2.4 Tipps aus der Praxis

Fassen wir die Erkenntnisse dieses Kapitels also zusammen und erweitern sie um einige Erfahrungswerte:

- In der Praxis hat sich ein einfacher Backup-Mailserver, der die Mails ebenfalls nur per SMTP zustellen würde, als völlig ausreichend erwiesen.

- Ein Vorschlag: Man könnte zwischen Backup-Mailserver und Hauptmailserver rechtzeitig eine UUCP-Verbindung konfigurieren und ausprobieren, diese dann aber zunächst einmal deaktivieren. Werden Mails beim Backup-Mailserver eingeliefert, so fungiert er, wie oben geschildert, nur als normales Relay und stellt die E-Mails ganz normal per SMTP an den Hauptmailserver zu. Im Krisenfall kann man dann mit wenigen Handgriffen die UUCP-Notfallleitung über ISDN in Betrieb nehmen und ist für alle Fälle gewappnet.

- Optimal wäre es natürlich, wenn der Backup-Mailserver in einem völlig anderen Netzwerksegment stehen würde. Denn was nützt es, wenn bei einem Leitungsausfall plötzlich *keiner* der beiden Mailserver mehr zu erreichen ist?!

- Ein solcher Backup-Mailserver kann auch durchaus ein „normaler" Mailserver sein, der für andere Domains zuständig ist. Üblich ist, dass ein Internet Service Provider (ISP) seine Mailserver z. B. als Backup-Mailserver für seine eigenen Standleitungskunden zur Verfügung stellt. Alternativ kann man auch mit befreundeten Firmen, ISPs oder privaten Bekannten ein gegenseitiges Backup vereinbaren: Jeder Mailserver ist als zweiter **MX** des jeweils anderen Servers eingerichtet.

- Vorsicht übrigens: Wenn Sie selbst eine harte Anti-Spam-Politik fahren, sollten Sie aufpassen, welche Regeln Ihr Backup-Mailserver einsetzt. Ist dieser nicht so strikt wie Ihr Hauptmailserver, könnten Spammer über Ihren Backup-Mailserver Spam an Sie einliefern (Kapitel 9).

6.3 Logmeldungen und syslogd

Um zu erfahren, wie es einem Postfix-System geht, sollte man auch regelmäßig einen Blick in die Log-Dateien des Systems werfen. Unter Linux existiert zum Protokollieren von Programmmeldungen der Dämon **syslogd**. Er speichert unter verschiedenen Dateinamen unter **/var/log** Wichtiges und Unwichtiges. Die Programme selbst schreiben meist gar nicht in diese Logdateien, sondern überlassen diese Arbeit dem **syslogd**. Interessant ist hier eigentlich nur noch die Einstellung, wohin der **syslogd** die Meldungen von Postfix ausgibt. Dazu lohnt sich ein Blick in die Datei **/etc/syslog.conf**.

Folgendermaßen könnte eine sinnvolle **syslogd**-Konfiguration aussehen. Das nachfolgende Listing ist auf die hier relevanten Einstellungen gekürzt:

```
linux:~ # less /etc/syslog.conf
# /etc/syslog.conf - Configuration file for syslogd(8)
# For info about the format of this file, see "man syslog.conf".
#

#
```

```
# print most on tty10 and on the xconsole pipe
#
kern.warn;*.err;authpriv.none      /dev/tty10
kern.warn;*.err;authpriv.none      |/dev/xconsole
*.emerg                            *


#
# Warnings in one file
#
*.crit                             /var/log/warn


#
# all email-messages in one file
#
mail.*                             -/var/log/mail


#
# save the rest in one file
#
*.*;mail.none;news.none            -/var/log/messages
```

Zum Verständnis: Zum einen gibt es verschiedene fest vorgegebene Ausgabekanäle (*facility*), über die die Programme ihre Meldungen an **syslogd** geben. Postfix bedient sich hier ganz korrekterweise des Kanals **mail**.

Zum anderen unterscheidet **syslogd** verschiedene Prioritätsstufen (*level*) der Meldungen. Die Priorität trennen wir dabei mit einem „.“ vom Ausgabekanal, beispielsweise **mail.warn**. Je nach Priorität kann man die Meldungen damit sortieren und unterschiedlich behandeln lassen – oder auch Meldungen mit niedrigeren Prioritäten gar nicht erfassen, um die Logfiles von unwichtigen Dingen frei zu halten.

Die Prioritäten in abnehmender Ausführlichkeit:

	Level	Bedeutung
Tabelle 6.1: Prioritätsstufen bei syslogd-Meldungen	debug	sehr detaillierte Meldungen einzelner Programmschritte zur Fehleranalyse einer Software
	info	normale Meldungen zur Information
	notice	ungewöhnliche Meldungen zur Information
	warning	nicht kritische Warnungen aller Art
	err	Fehlermeldungen aller Art
	crit	kritische Fehler, die ernste Konsequenzen haben können
	alert	kritische Fehler, die der sofortigen Aufmerksamkeit des Admins bedürfen
	emerg	SOS! Mayday! Wenn fast alles zu spät ist …
	none	keine echte Kategorie; dient nur dazu, etwas *nicht* zu loggen

In der Konfiguration können wir auch mit Wildcards arbeiten, wie Sie in der Beispieldatei sehen können. mail.* erfasst *alle* Meldungen des Mailsystems, *.crit erfasst die crit-Meldungen aller Kanäle.

Da Meldungen einer wichtigeren Kategorie natürlich immer auch von den niedrigeren Kategorien erfasst werden, würde *.crit auch alert- und emerg-Meldungen loggen.

Obiges Konfigurationsbeispiel regelt also Folgendes:

- Postfix-Meldungen mit Priorität err oder höher werden fortlaufend auf der Konsole tty10 ausgegeben.

- Postfix-Meldungen mit Priorität crit oder höher finden ihren Platz in /var/log/ warn

- Alle Postfix-Meldungen (bis hin zur Zustellung jeder einzelnen E-Mail) werden in /var/log/mail protokolliert; ebenfalls Meldungen, die bereits auf /dev/tty10 oder in anderen Dateien ausgegeben werden.

- In /var/log/messages landen keinerlei Postfix-Meldungen, egal welcher Priorität.

Insbesondere die Freihaltung von /var/log/messages ist eine sehr sinnvolle Einstellung für das Mailsystem. Wenn dort jede einzelne E-Mail protokolliert würde, so könnte der Administrator kaum noch wichtige Meldungen wiederfinden. Zudem wächst das mail-Logfile je nach Maildurchsatz rapide an und wird sehr schnell sehr groß. In diesem Fall kann man es aber auch regelmäßig gepackt sichern lassen, um Platz zu sparen.

Zu beachten ist, dass nach einer Änderung an der Datei syslogd.conf der syslogd-Prozess die neue Konfiguration laden muss: rcsyslogd reload. Außerdem reagiert syslogd für Anfänger etwas ungewohnt, wenn man eine Logdatei im laufenden Betrieb löscht. syslogd scheint die Logdatei nicht neu anlegen zu wollen.

Des Rätsels Lösung ist aber recht einfach: Sinn und Zweck von syslogd ist es u. a., die Logdateien permanent geöffnet halten zu können, da kein anderer Prozess direkt darauf zugreifen muss. Wird eine Logdatei gelöscht, so hält sie syslogd weiter offen, und die Datei verschwindet zwar aus der Ansicht des Dateisystems, bleibt aber noch im Verborgenen so lange existent, bis sie von syslogd geschlossen wird. Und das ist erst bei einem Stopp oder Restart von syslogd der Fall.

Deshalb hat syslogd keine Veranlassung, eine Logdatei neu anzulegen – es selbst kann noch stundenlang in die eigentlich gelöschte Datei weiterprotokollieren. Erst ein rcsyslogd restart schafft Abhilfe.

Aus diesem Grunde können Manipulationen, Sicherungen oder Archivierungen an den Logdateien nur während eines kurzen Stopps des syslogd erledigt werden.

Bei SUSE Linux kümmert sich übrigens das Skript **/etc/cron.daily/logrotate** um eine regelmäßige Sicherung und Komprimierung der Logdateien, und dieses Skript kümmert sich auch um einen entsprechenden kurzen Stopp und Neustart.[2]

6.4   inetd (standalone)

Vielleicht haben Sie sich schon einmal bei anderer Gelegenheit mit dem **inetd** beschäftigt und einen Blick in die Konfigurationsdatei **/etc/inetd.conf** geworfen.

Aufgabe von **inetd** als *Superdemon* ist es, verschiedene Ports zu überwachen und im Falle einer TCP/IP-Verbindungsanfrage aus dem Netz diese anzunehmen, aber die TCP/IP-Verbindung dann an die eigentlich für diesen Port zuständige Software durchzureichen.

Das ist vor allem bei eher seltenen Diensten sinnvoll, wo es auch nicht auf jede Millisekunde Reaktionszeit ankommt, also zum Beispiel **telnetd**. Wenn nur gelegentlich Logins per Telnet erfolgen, ist es überflüssig, **telnetd** permanent geladen im Speicher zu halten, das kostet nur unnötig Rechenzeit und Speicher. Es soll also nur dann nachgeladen werden, wenn es benötigt wird, und nach dem Logout des Benutzers wieder vollständig aus dem Speicher entfernt werden. **inetd** überwacht den Port für **telnet** und viele andere Dienste.

Bei oft und reaktionsschnell benötigten Diensten ist der Einsatz von **inetd** hingegen wenig sinnvoll, z. B. für den Betrieb eines normalen Webservers oder auch eines normalen Mailservers eines ISP. Wenn ständig Verbindungen aufgebaut und Daten angefordert werden, soll der Dämon natürlich permanent aktiv im Speicher bleiben, um schnell reagieren zu können und um Festplattenaktivitäten gering zu halten.

Werfen Sie einmal einen Blick in die Datei **/etc/inetd.conf**, wenn sie Ihnen nicht vertraut ist:

```
linux:~ # less /etc/inetd.conf
# See "man 8 inetd" for more information.
#
# If you make changes to this file, either reboot your machine or send the
# inetd a HUP signal with "/etc/init.d/inetd reload" or by hand:
# Do a "ps x" as root and look up the pid of inetd. Then do a
# "kill -HUP <pid of inetd>".
# The inetd will re-read this file whenever it gets that signal.
#
# <service_name> <sock_type> <proto> <flags> <user> <server_path> <args>
#
# smtp    stream   tcp    nowait   root    /usr/sbin/sendmail    sendmail -bs
#
# Pop et al
#
```

[2]   Weitere Informationen finden Sie in den Manual Pages zu **syslogd** und **syslog.conf**.

```
# pop2    stream  tcp     nowait  root    /usr/sbin/tcpd  in.pop2d
# pop3    stream  tcp     nowait  root    /usr/sbin/tcpd  /usr/sbin/popper -s
#
# Imapd - Interactive Mail Access Protocol server
# Attention:  This service is very insecure
# imap  stream  tcp     nowait  root    /usr/sbin/tcpd  imapd
#
[...]
```

Theoretisch wäre es möglich, auch den SMTP-Port **25** nicht von Postfix, sondern von **inetd** überwachen zu lassen. Davon möchte ich Ihnen aber definitiv abraten. Sie werden über den Tag verteilt immer wieder einzelne E-Mails bekommen, der Einsatz von **inetd** nützt da nichts, sondern schadet nur der Performance.

Eher könnte man überlegen, einen **pop3d**- oder **imapd**-Server über **inetd** nachladen zu lassen. Diese Connects werden auf einem privaten System nur sehr selten stattfinden – immer nur dann, wenn Sie Ihr Postfach abfragen. Das wird deutlich seltener der Fall sein als dass Mails per SMTP eingeliefert werden. Alle ursprünglich einzeln eingelieferten Mails werden beim Abruf gesammelt übertragen.

Sobald Sie aber einen echten, normal frequentierten Mailserver betreiben, sollten Sie natürlich auch **pop3d** und **imapd** permanent gestartet im Speicher halten. Schließlich sind diese Dienste ja auch primäre Aufgabe dieses Servers.

inetd überwacht nur die Ports, die in **/etc/inetd.conf** entsprechend eingetragen und nicht durch eine Raute (#) auskommentiert sind. Insofern ist es kein Problem, einige Ports über **inetd**, andere Ports direkt von einem *standalone* gestarteten Dämon überwachen zu lassen. Sie müssen sich nur bei jedem einzelnen Protokoll für ein klares Entweder/Oder entscheiden. Denn entweder der Dämon hält den Port geöffnet oder **inetd**.

Also: Ich möchte Ihnen wenigstens für den Anfang vorschlagen, hier keine Experimente zu machen und Postfix als selbstständig gestarteten Dämon laufen zu lassen. Kontrollieren Sie kurz, ob die Zeile **smtp** in der Datei **/etc/inetd.conf** deaktiviert ist. In Abschnitt 3.2 wurde erläutert, wie ein „Standalone-Postfix" gestartet wird.

Wollen Sie Postfix aber partout über den **inetd** starten, so können Sie die Syntax aus obigem Beispiel übernehmen. Das dort aufgerufene Programm **sendmail** wurde durch eine gleichnamige Postfix-Variante ersetzt, um *Sendmail* möglichst problemlos ersetzen zu können. Auch die Aufrufparameter sind gleich. Kommentieren Sie dann einfach die **smtp**-Zeile aus der **inetd.conf** aus.

Sicherer wäre es allerdings, gleich den **xinetd** einzusetzen, eine Weiterentwicklung des **inetd** mit vielen Vorteilen.

Parallel dazu müssten Sie den Postfix-Dämon anweisen, Port **25** nicht mehr zu überwachen, Sie können dies in **/etc/postfix/master.cf** auskommentieren. Aber: Dieses Vorgehen ist nur anzuraten, wenn Sie wirklich wissen, was Sie tun.

Teil III

Postfix in der Praxis

Unterschiede je nach Einsatzkonzept

Es wird Zeit, dass wir uns spezielle Einsatzzwecke von Postfix anschauen. In Abhängigkeit von der geplanten Internetanbindung oder Ausrichtung des Mailservers gibt es Besonderheiten zu beachten oder auch Tricks anzuwenden. In diesem Kapitel wollen wir drei verschiedene Einsatzarten in ihrer speziellen Konfiguration betrachten.

7.1 Betrieb als privater Home-Mailserver

Die große Beliebtheit von DSL und das Aufkommen von ISDN- oder DSL-Flatrates haben Linux einen großen Boom beschert. Der Einsatz von Linux als DSL- oder ISDN-Router in einem kleinen Netzwerk zu Hause oder für kleine Büros ist eine Selbstverständlichkeit.

Das brachte es mit sich, dass TCP/IP-Netzwerke ohne Kenntnis der Grundlagen aufgebaut wurden. Als größtes Problem stellt sich dabei in der Regel die Tatsache, dass der Einwahl-Router vom Zugangsprovider nur eine dynamische IP-Nummer zugewiesen bekommt, die anderen Hosts im lokalen Netzwerk aber nur mit einer lokalen 192.168er IP-Nummer versorgt werden können.

Diese 192.168er IP-Nummern sind weltweit reserviert für den Aufbau lokaler Netze. Jeder kann sie frei benutzen – nur werden sie nicht im Internet geroutet und können nur im Rahmen der eigenen vier Wände eingesetzt werden. Ein Host kann mit seiner 192.168er IP-Nummer nicht direkt mit einem öffentlichen Server im Internet kommunzieren, da dieser gar nicht in der Lage wäre, TCP/IP-Pakete an den ursprünglichen Host zurückzusenden (vgl. Abbildung 7.1).

Abbildung 7.1:
Lokale IPs können
nicht zurückgeroutet
werden!

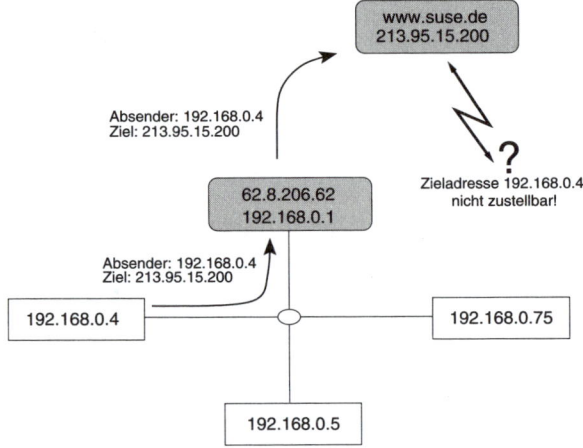

Wird in einem LAN nur eine echte routbare IP-Nummer zugewiesen, bestehen zwei Möglichkeiten, den Mailverkehr für das lokale Netzwerk zu organisieren:

7.1.1 NAT (Masquerading)

Auf dem Linux-Router kann man *Network Address Translation (NAT)* und *Masquerading* einrichten. Dies ist eine speziell vom Linux-Kernel sehr gut unterstützte Fähigkeit, die lokalen 192.168er IP-Nummern auf eine echte routbare IP-Nummer umzusetzen.

Der Einwahl-Router verfügt ja immerhin über eine (eigene) routbare echte IP-Nummer. Er kann nun jede nach außen gehende Anfrage eines lokalen Hosts mit seiner eigenen IP-Nummer versehen. Eine Rückantwort würde noch nicht bei unserem lokalen Host, aber immerhin bei unserem Linux-Router ankommen. Über eine aktuell mitgeführte Umsetzungstabelle kann der Linux-Router aber zurückkommende Datenpakete dem ursprünglichen Sender, also dem lokalen Host, zuordnen und setzt zu diesem Zweck die Empfängeradresse entsprechend auf die lokale **192.168**er IP-Nummer um (Abbildung 7.2).

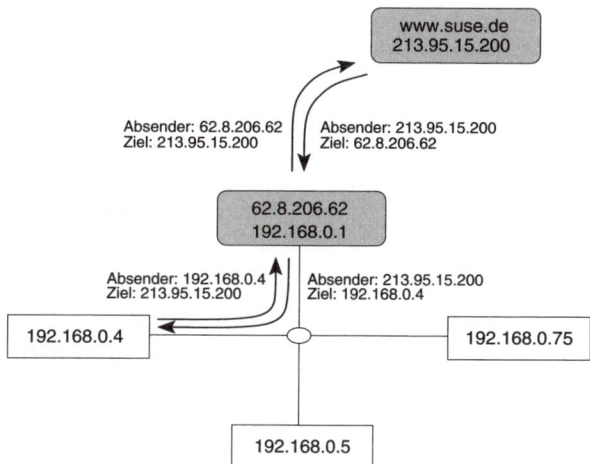

Abbildung 7.2:
Lokale IPs können
maskiert werden

Ein sauber eingerichtetes Masquerading sorgt dafür, dass die Umsetzung der IP-Nummern nahezu vollständig transparent und ohne Probleme abläuft. Der Client kann, obwohl er über keine echte IP-Nummer verfügt, beliebig mit externen Hosts kommunizieren, und deshalb sind auch (fast) alle üblichen Internet-Dienste normal nutzbar: HTTP, SMTP, POP3, IMAP, Telnet, SSH …

Ungeeignet ist dieses Verfahren allerdings, um Verbindungen aus dem Internet *anzunehmen*. Ein Mail- oder Webserver lässt sich damit nicht mit einer lokalen IP-Nummer versehen, denn der Linux-Router könnte ein einkommendes Datenpaket mangels bereits bestehender TCP-Verbindung keinem bestimmten lokalen Host zuordnen.

Masquerading eignet sich also nur, um Clients an das Internet anzuschließen, nicht aber für einen Betrieb von Servern. Auch wenn man für bestimmte Dienste andere mögliche Lösungen wie Proxies etc. nutzt, sollte man auf einem Dialup-Router praktischerweise dennoch ein sauberes Masquerading einrichten, um z. B. auch Dienste wie SSH nutzen zu können.[1]

Noch ein Hinweis: Nicht alle Protokolle lassen sich direkt per Masquerading umsetzen, gerade „streamende" Protokolle und FTP (!) haben da Schwierigkeiten, da sie u. U. erfordern, dass der Server eine Verbindung zum Client aufbauen kann. Spezi-

---

[1] Die Masquerading-HOWTOs geben genauere Auskünfte: **http://www.e-infomax.com/ipmasq/ howto-trans/de/DE-ipmasq-HOWTO-1_84.html** (Version 18.4, deutsch, aber nicht sehr aktuell: Stand Oktober 2000); **http://www.e-infomax.com/ipmasq/** (Version 2.x, englisch, fortlaufend gepflegt).

elle Module können auch diese Protokolle umsetzen, doch müssen diese installiert und aktiviert werden. Beachten Sie dazu die Ausführungen in den Dokumentationen![2]

7.1.2 Proxies

Unter der Bezeichnung *Proxy* (engl. „Stellvertreter") werden in der Regel *Web Caching Proxies* verstanden, doch gibt es auch Proxies für andere Protokolle. Mit Proxy bezeichnet man auch allgemein eine Software, die Anfragen eines Clients, mit ihrer eigenen IP-Adresse versehen, nochmals an den ursprünglich angefragten Server stellt und dessen Antwort dann an den Client durchreicht.

Anders als bei NAT/Masquerading findet die Umsetzung hier nicht im Bereich des Kernel auf TCP/IP-Ebene statt, sondern durch eine separate Software im so genannten *Userspace*. Die Proxy-Software versteht das jeweilige Protokoll (HTTP, FTP, SMTP etc.) und agiert wie ein Server, nimmt also die ursprüngliche Anfrage des Clients an. Im Gegensatz zum eigentlichen Server hält sie jedoch keine eigenen Daten vor, sondern stellt Anfragen lediglich erneut unter eigenem Namen an den Server, um dessen Antwort dann an den Client durchzureichen.

Proxies sind damit die ideale Stelle für den Einsatz von Filtern und auch als Schutz gegen Angriffe, denn man kann manipulierende, überlange, versteckte oder unzulässige Befehle ausfiltern und zwischen Client und Server eine weitere Software als Schutz zwischenschalten.

Gleichzeitig wird auf diese Weise das Problem lokaler IP-Nummern umgangen, wenn die Proxy-Software direkt auf dem Rechner läuft, der sich ins Internet einwählt. Denn da jede Anfrage von dessen Proxy-Software erneut mit dessen echter IP-Nummer gestellt wird, löst sich kurzerhand das Problem nicht routbarer **192.168**er IP-Nummern.

Große Nachteile einer reinen Proxy-Lösung sind aber:

- Für jeden Dienst muss eine eigene Proxy-Software eingesetzt werden, da diese ja exakt auf das jeweilige Protokoll zugeschnitten sein muss.

- Bestimmte Dienste lassen sich nicht über einen Proxy abwickeln (Streaming Video/Audio, IRC/Chat o. Ä.)

- Eingehende Anfragen können nicht lokalen Clients zugeordnet werden, der Betrieb von Servern hinter Proxies ist nur durch Sonderlösungen möglich. Wer sich für solch ausgefallene Konstellationen interessiert, sei abermals auf das oben genannte „Firewall-Buch" verwiesen.

---

[2] Profis finden in Wolfgang Barths „Firewall-Buch" von SUSE Press eine hervorragende Lektüre zu diesem Thema.

Als Vorteil einer cachenden Proxy-Lösung muss aber klar genannt werden:

- Der Proxy-Server kann Daten auch lokal abspeichern (*cachen*), bevor er sie an den Client weitergibt. Stellt ein (anderer) Client aus dem lokalen Netzwerk eine identische Anfrage, so kann der Proxy die Daten bereits aus dem lokalen Cache ausliefern. Das beschleunigt die Antwort und entlastet die Datenleitung ins Internet. In aller Regel wird dies also für HTTP oder FTP eingesetzt, bei **smtp** oder **pop3/imap** ist ein cachender Proxy aber kaum möglich und sinnvoll – denn was sollte er cachen?

7.1.3 Server

Möglich ist es natürlich, auf dem Dialout-Rechner einen eigenen (Mail-)Server zu betreiben, der dann normal ins Internet senden kann, da der Dialout-Rechner nach der Einwahl über eine echte IP verfügt, die der Provider zugewiesen hat. Ein eigener Mailserver bietet einige Vorteile:

- Es muss keine permanente Verbindung zum Internet bestehen. Mails können jederzeit geschrieben werden, sie werden vom lokalen Mailserver zwischengespeichert. Regelmäßig kann dann eine kurze Internet-Einwahl stattfinden, in der die E-Mails versendet und geholt werden.

- Bei mehreren Clients kommt es oft billiger, wenn sich der Server nicht immer dann einwählen muss, wenn ein Nutzer sein Postfach abfragt, sondern er bei einer regelmäßigen Einwahl den gesamten aufgelaufenen Mailverkehr gesammelt erledigt.

- Ein lokaler Server ermöglicht z. B. den Betrieb von Mailinglisten oder Viren-Filtern.

- Lokaler Mailverkehr kann bequem ohne Internetverbindung abgewickelt werden, z. B. in mittelgroßen Büros.

- Ein eigener Server ermöglicht eine bessere Kontrolle über die erfolgreiche Zustellung der E-Mails. Allerdings verlangt er auch die entsprechende Verantwortung zur Pflege und Überwachung.

Also: Im günstigsten Fall richten Sie *alles* ein, denn jede hier aufgezeigte Lösung ist für sich genommen wie auch in Kombination mit anderen sinnvoll. Ein Web-Caching-Proxy (z. B. *Squid*) entlastet auch Ihre Anbindung. Eine NAT/Masquerading-Lösung ist recht schnell aufgesetzt und sorgt dafür, dass Sie mit jedem Client auch stets normal am Internet teilnehmen können. Aber erst der lokal betriebene Mailserver mit Postfix eröffnet alle Möglichkeiten.

Schauen wir uns also die konkrete Umsetzung an.

7.1.4   Ausgehende E-Mails: Postfix

Eines steht fest: Für den Versand unserer ausgehenden E-Mails benötigen wir SMTP, und damit kommt natürlich Postfix zum Einsatz. Auf den Clients im lokalen Netzwerk ist lediglich der Dialout-Rechner mit dem installierten Postfix als zu benutzender SMTP-Server einzutragen.

Würde Postfix nun aber sofort jede einzelne E-Mail ins Internet zustellen wollen, käme es unablässig zu Internet-Einwahlen – das ist ebenso kostspielig wie überflüssig.

Stattdessen wollen wir Postfix so konfigurieren, dass es automatisch alle gesammelten Mails im Hintergrund verschickt, wenn wir online sind. Ggf. lässt sich eine Einwahl in bestimmten Zeitintervallen auslösen, damit die E-Mails nicht zu lange liegen bleiben.

Lokale E-Mails, deren Ziel-Postfach hingegen direkt auf dem Server liegt, soll Postfix natürlich sofort zustellen – Hauspost muss ja nicht warten.

Die nachfolgende Lösung geht davon aus, dass Ihre lokalen Postfächer direkt auf dem Server liegen. Sollte Ihr Postfix hausintern mit anderen SMTP-Servern kommunizieren, ist eine etwas aufwändigere Lösung notwendig.

Für unseren Mailserver gibt es zwei Zustände, in denen er sich befinden kann:

1.   Der Server ist/geht offline

Sofern unser Server nicht permanent im Internet eingewählt ist, müssen wir Postfix anweisen, ausgehende E-Mails bis zur nächsten Internetverbindung zu sammeln. Die nachfolgenden Einstellungen sind Grundeinstellungen und werden später immer dann gesetzt, wenn eine Internetverbindung abgebaut wird.

Sie können die nachfolgenden beiden Parameter per Hand in **main.cf** eintragen oder sich durch das Programm **postconf** die Parameter bequem in **main.cf** eintragen lassen. **postconf** editiert dabei die **main.cf** direkt und speichert sie geändert ab:

```
linux:~ # postconf -e "disable_dns_lookups = yes"
linux:~ # postconf -e "defer_transports = smtp"
linux:~ # rcpostfix reload
linux:~ #
```

So weisen wir Postfix an, alle per SMTP zu transportierenden Mails nicht sofort zuzustellen, sondern nur in der Mailqueue zu halten, ohne Auslieferungsversuche vorzunehmen. Alle lokalen Mails werden natürlich weiterhin sofort in die Mailordner einsortiert, diese werden ja nicht per SMTP zugestellt.

Ebenfalls wichtig: Alle DNS-Abfragen von Postfix werden unterbunden. Andernfalls könnte es passieren, dass Postfix versucht, einen MX-Record abzufragen und dadurch eine Dial-on-Demand-Verbindung auslöst. Genau das soll ja nicht geschehen!

Wenn Sie – z. B. dank DSL-Flatrate – ohnehin permanent im Internet sind oder sich beliebig oft einwählen können, spielt dies keine Rolle, und der Server soll sich, wann immer es notwendig ist, selbst einwählen. In diesem Fall können Sie Ihrem Postfix natürlich freien Lauf lassen.

Wenn Sie aber eine automatische PPP-Einwahl zu einem kostenpflichtigen Anbieter konfiguriert haben (z. B. per Modem oder ISDN), Ihr Server also sofort eine gebührenpflichtige PPP-Einwahl vornehmen soll, wenn Sie externe IP-Adressen ansprechen, wollen Sie eben das wahrscheinlich nicht. Meist können E-Mails auch ein wenig warten, bis der nächste reguläre Anruf stattfindet. In diesem Fall verhindern wir durch diese Konfiguration sowohl den Versuch der Zustellung der E-Mail als auch etwaige DNS-Requests.

2. Der Server hat sich eingewählt

Für den Fall, dass sich unser Server gerade ins Internet eingewählt hat, soll er E-Mails sofort zustellen und nicht in der Queue halten. Erst wenn die Dialup-Verbindung wieder beendet ist, soll Postfix E-Mails „hamstern".

Über den Aufruf

```
linux:~ # postconf -e "disable_dns_lookups = no"
linux:~ # postconf -e "defer_transports = "
linux:~ # postfix reload
linux:~ # postfix flush
linux:~ #
```

wird Postfix so konfiguriert, dass es alle E-Mails wieder sofort zustellt und seine Mailqueue abarbeitet. **postconf -e** verändert dabei wieder direkt die **main.cf**.

Passen wir mit einigen wenigen Handgriffen unser Postfix an:

- In **$mynetworks** müssen wir – sofern noch nicht geschehen – das lokale Netzwerk eintragen, um den Versand von E-Mails zu erlauben, i. d. R. also **127.0.0.0/8** und **192.168.0.0/16** oder **192.168.0.0/24**.

- Die Umkonfiguration von Postfix tragen wir direkt in das Skript **/etc/ppp/ip-up** bzw. **/etc/ppp/ip-down** ein. Diese Skripte werden stets bei einem erfolgten PPP-Verbindungsaufbau bzw. -Verbindungsabbau aufgerufen, egal ob Sie diesen per Hand oder über einen Dial-on-Demand-Service über **ippp** (ISDN) oder **pppoe** (ADSL) aktiviert haben.

Vielleicht existiert in dieser Datei bereits ein Eintrag, der für Sendmail gedacht ist. Fast alle vorbereiteten Lösungen gehen von einem installierten **sendmail** aus, das über den Befehl **sendmail -q** zum Abarbeiten der Queue gebracht wird. Da Postfix einen **sendmail**-Ersatz mitbringt, der fast alle **sendmail**-Parameter eins zu eins umsetzt, könnten wir statt **postfix flush** auch weiterhin **sendmail -q** schreiben. Postfix weiß das richtig zu interpretieren und wird seine Queue durchgehen.

In den neueren SUSE-Versionen existiert auch eine Datei **/etc/ppp/poll.tcpip**, die ebenfalls einen Aufruf von **sendmail -q** enthält. Sie können den Aufruf dort auskommentieren, anderseits schadet es aber auch nicht weiter, wenn der Aufruf doppelt stattfindet und Postfix zweimal seine Queue durchgeht.

Passen Sie die Datei **/etc/ppp/ip-up** wie folgt an – Vorsicht: In diesem Skript befindet sich ein Abschnitt für Verbindungen über **ppp***, also DSL- oder Modem-Verbindungen, und ein Abschnitt für Verbindungen über **ippp***, also ISDN-Verbindungen! Passen Sie auf, dass Sie die nachfolgenden Änderungen am besten in *beiden* Abschnitten einbauen, damit sich Ihr Host bei Modem- und ISDN-Einwahl identisch verhält.

Aus dem (doppelt vorhandenen) Abschnitt

```
linux:~ # joe /etc/ppp/ip-up
[...]
  # maybe you want to start mail services:
  # set follow variables in
  # /etc/rc.config.d/sendmail.rc.config
  #     SENDMAIL_TYPE="yes"
  #     SENDMAIL_SMARTHOST="<ISP-mailserver>"
  #     SENDMAIL_ARGS="-bd -om"
  #     SENDMAIL_EXPENSIVE="yes"
  #     SENDMAIL_NOCANONIFY="yes"
  #/usr/bin/fetchmail -a -v >>/var/log/fetchmail 2>&1 &
  #/usr/sbin/sendmail -q &
[...]
```

machen Sie einfach beide Male:

```
[...]
  # maybe you want to start mail services:
  # set follow variables in
  # /etc/rc.config.d/sendmail.rc.config
  #     SENDMAIL_TYPE="yes"
  #     SENDMAIL_SMARTHOST="<ISP-mailserver>"
  #     SENDMAIL_ARGS="-bd -om"
  #     SENDMAIL_EXPENSIVE="yes"
  #     SENDMAIL_NOCANONIFY="yes"
  #/usr/bin/fetchmail -a -v >>/var/log/fetchmail 2>&1 &
  #/usr/sbin/sendmail -q &
  # Ab sofort wieder DNS-Abfragen zulassen:
```

```
/usr/sbin/postconf -e "disable_dns_lookups = no"
# Sofortige Auslieferung einstellen:
/usr/sbin/postconf -e "defer_transports = "
# Config neu einlesen lassen:
/usr/sbin/postfix reload
# Mailqueue abarbeiten lassen:
/usr/sbin/postfix flush
[...]
```

Wenn Sie eine andere Lösung als **ip-up** nutzen, müssen Sie den Aufruf natürlich ggf. an anderer Stelle in Ihrem Dialup-Skript hinzufügen. Achten Sie bitte auch darauf, den vollständigen Pfad anzugeben, da die Programme sonst ggf. nicht gefunden werden.

- Nun müssen Sie sich nur noch um das Ende der Verbindung kümmern: Sobald die Verbindung abgebaut wird, soll Postfix nicht mehr sofort aussenden. Dazu gibt es die Datei **/etc/ppp/ip-down**, in der Sie das eintragen könnten. Doch die Dateien **ip-up** und **ip-down** sind identisch, sie sind nur verlinkt, und anhand des Aufrufnamens erkennt das Skript, welche Sektion abgearbeitet werden soll.

Aus diesem Grunde können Sie die Datei gleich geöffnet lassen, weiter unten in die Sektion **ip-down** gehen und dort die Einträge vornehmen. Vorsicht: Auch hier ist alles doppelt vorhanden, einmal für Modem und DSL (**ppp***) und einmal für ISDN (**ippp***):

```
[...]
 ip-down)
   #
   # Ab sofort wieder DNS-Abfragen verhindern:
   /usr/sbin/postconf -e "disable_dns_lookups = yes"
   # SMTP-Versand einstellen:
   /usr/sbin/postconf -e "defer_transports = smtp"
   # Config neu einlesen lassen:
   /usr/sbin/postfix reload

   #
   # This code restores the original resolv.conf saved when
   # ip-up was called by the pppd which uses the 'usepeerdns'
   # option and
[...]
```

Übrigens: Sollte einmal die PPP-Verbindung nicht ordnungsgemäß abgebaut werden (z. B. wegen eines Rechner-Resets oder Stromausfalls), wird Postfix natürlich auch nicht in den „Offline-Modus" geschaltet. Das ist aber nicht weiter schlimm: Das Ärgste, was passiert, ist, dass Postfix nach dem Neustart des Rechners die erste auflaufende Mail sofort zustellt und ggf. damit eine Dial-on-Demand-Verbindung auslöst. Das passiert aber nur einmal, denn mit erfolgreichem Abbau der Dial-on-Demand-Verbindung wird Postfix ja wieder in den Offline-Modus geschaltet, und alles funktioniert wieder wie gewohnt.

7.1.5 SMTP-Relayhost für Postfix

Für einen reinen Dialup-Server kann die Wahl eines *Relayhost* (auch *Smarthost* genannt) sehr sinnvoll sein. Darunter versteht man einen Mailserver des Providers, dem Postfix sämtliche E-Mails zur weiteren Zustellung anvertrauen kann. Postfix verzichtet darauf, seine E-Mails direkt an den zuständigen MX-Host zu senden, sondern nutzt einen weiteren Mailserver als Relay. Das setzt natürlich voraus, dass wir auf diesem Mailserver auch „relayen" dürfen, es sich also z. B. um den SMTP-Server unseres Einwahlproviders oder eines Partners handelt, und nicht um einen beliebigen Mailserver des Internet.

Dies hat einige Vorteile:

- Da DNS-Abfragen wegfallen und die direkte kurze Verbindung zum ISP ohnehin die schnellstmögliche Bandbreite hat, erfolgt die Auslieferung so rasch wie möglich – das spart Onlinekosten.

- Geht eine Mail an mehrere Empfänger, so muss sich der Smarthost um die mehrfache Zustellung kümmern, wir selbst stellen ihm die E-Mail nur ein einziges Mal zu. Aber da der Relayhost permanent online ist, stört ihn das ja nicht weiter.

- Ist der zuständige MX-Host einer Mail nicht erreichbar, wird die Mail auf dem Smarthost zwischengespeichert. Dieser versucht auch dann noch weiterhin zuzustellen, wenn wir schon lange wieder unsere Onlineverbindung gekappt haben.

Letztlich verhält sich unser Postfix also wie ein ganz normaler Mailclient. Auch diese stellen üblicherweise ausgehende Mails nicht direkt an die MX-Hosts zu, sondern übergeben sie dem eingestellten SMTP-Server des Providers, einem Relayhost also. Sofern die *direkte* Zustellung durch den *eigenen* Server keine Priorität hat, ist die Wahl eines Relayhost mehr als sinnvoll. Tragen Sie dazu Folgendes in /etc/postfix/main.cf ein:

```
relayhost=[mailserver.des.providers.de]
```

Geben Sie dabei auch, wie im Beispiel, die eckigen Klammern an. Andernfalls macht Postfix eine DNS-Abfrage nach dem MX des hier genannten Rechners und kommt unter Umständen zu einem ganz anderen Rechner. Durch die eckigen Klammern wird Postfix aber angewiesen, die E-Mails direkt an den hier genannten Rechner zuzustellen, also an den A-Record und nicht an den MX-Record der DNS-Daten.

Mails, für die das lokale Postfix unmittelbar selbst zuständig ist, werden natürlich lokal bearbeitet und nicht zum Relayhost geschickt.

7.1.6 Empfang von Mails mittels dyndns.org

Der Versand ausgehender Nachrichten ist damit geklärt und nicht weiter spektakulär. Doch wie gelangen nun die eingehenden E-Mails in unser System? Bei Mailservern, die permanent im Internet erreichbar sind, ist dies unproblematisch: Andere Server liefern per SMTP Mails ein, nachdem sie über eine DNS-Abfrage des MX die IP-Adresse des Mailservers ermittelt haben.

Bei einem Einwahlserver, der nur über eine Dialup-Leitung von Zeit zu Zeit mit dem Internet verbunden ist, ergeben sich jedoch (mindestens) zwei grundsätzliche Probleme:

1. Der Server ist oft über Stunden nicht erreichbar.

2. Seine IP-Nummer wechselt immer wieder.

Schlechte Voraussetzungen für den Empfang von Mails per SMTP. Doch auch andere Mailserver kommen damit zurecht, wenn unser Postfix vorübergehend nicht erreichbar ist, denn sie werden etliche Stunden oder Tage lang versuchen, die Mails zuzustellen.

Auch das Problem wechselnder IP-Nummern kann man umgehen, wenn man einen Dienst wie **dyndns.org** o. Ä. in Anspruch nimmt:

- Besorgen Sie sich bei einem Dienst wie **http://www.dyndns.org** eine (kostenlose) Subdomain (z. B. **postfixbuch.dyndns.org**) und installieren Sie auf Ihrem Dialup-Server einen der angebotenen Demons, die stets ihre aktuelle IP-Nummer bei **dyndns.org** registrieren.

  Wird Ihnen nach einer Einwahl eine neue IP-Nummer zugewiesen, wird Ihr Eintrag bei **dyndns.org** sofort aktualisiert, und wenige Sekunden später schon zeigt Ihre Domain **postfixbuch.dyndns.org** auf Ihre neue IP-Nummer.

- Setzen Sie bei Ihrer *normalen* Maildomain einen **MX-Eintrag**, der auf die **dyndns. org**-Domain zeigt. Achten Sie auf die abschließenden Punkte bei den Domainnamen:

```
postfixbuch.de.    MX  10  postfixbuch.dyndns.org.
```

Damit ist zwar die Voraussetzung geschaffen, Mails von außen auch bei wechselnder IP-Nummer zu empfangen, doch hat diese Lösung einige gravierende Nachteile:

- Je länger eine Mail bereits nicht zustellbar ist, umso länger warten die Mailer in der Regel mit erneuten Zustellversuchen. So verhält sich auch Postfix. Wenn Sie also einige Stunden lang offline waren, kann es unter Umständen etliche Stunden dauern, bis ein anderer Mailer einen erneuten Zustellversuch an Sie unternimmt. Sie bekommen E-Mails also erst mit vielen Stunden Verspätung oder sind zu diesem Zeitpunkt vielleicht schon längst wieder offline ...

- Es könnte Mailer geben, die bei sich wiederholenden Zustellversuchen keine erneute DNS-Abfrage durchführen. Scheiterte der erste Zustellversuch, weil Sie offline waren, könnte der andere Mailserver noch tagelang versuchen, Ihren Server unter einer alten IP-Nummer zu erreichen, auch wenn Ihre aktuelle IP-Nummer schon längst per DynDNS abfragbar wäre. Im dümmsten Fall gelangt Ihre Mail sogar in falsche Hände, weil unter Ihrer ehemaligen IP ein anderer Mailserver zu erreichen ist.

Zwar weiß ich nicht, wie sich die gut drei Dutzend Mailer auf allen Betriebssystemplattformen hier verhalten, aber zumindest Postfix nimmt keine neue DNS-Abfrage vor, wenn die Mail erst einmal in den ausgehenden Warteschlangen gespeichert ist.

Also: Ideal ist diese Lösung keineswegs, aber man kann mit ihr für den Hausgebrauch recht gut experimentieren, vor allem wenn man fast permanent im Internet eingewählt ist und nur mit dem Problem der wechselnden IP-Nummern nach Leitungsunterbrechungen zu kämpfen hat. Wirklich raten kann ich dazu allerdings nicht, nur die Möglichkeit aufzeigen.

7.1.7 Wichtige Aspekte bei Port-Forwarding

Viele Bastel-Mailserver im privaten Bereich haben nur lokale 192.168er IP-Nummern und stehen hinter einem Linux- oder Hardware-Router. Wie schon oben geklärt, müssen wir Masquerading/NAT einsetzen, um mit der Außenwelt zu kommunizieren. Das klappt für den Mailversand wunderbar, schafft beim Mailempfang aber Probleme, da der Mailserver mit seiner nicht gerouteten IP nicht aus dem Internet erreichbar ist, *dyndns* hin oder her.

Es gibt die Möglichkeit, mittels *Port-Forwading* dieses Problem zu umgehen. Dabei wird in den MX-Records der Router als Mailserver eingesetzt, der seinerseits zwar Port 25 öffnet, aber alle Anfragen an den lokalen Mailserver weiterleitet.

Das ist aber etwas grundsätzlich anderes als NAT, wo lediglich IP-Nummern in den Datenpaketen entsprechend ausgetauscht werden. Hier aber gibt es eine „echte" neue Verbindung zwischen Router und Mailserver, in der auch der Mailserver tatsächlich mit der IP des Routers spricht (und nicht mit Umweg über NAT doch mit der IP des externen Servers). Bild 7.3 zeigt den Ablauf.

Das schnell verkannte Problem: Postfix geht davon aus, mit der IP 192.168.0.1 zu sprechen, nicht mit der externen IP. Damit kommt der Connect plötzlich von einem Rechner, der i. d. R. in $mynetworks steht und daher voll relayen darf. Lassen Sie sich das auf der Zunge zergehen: Sie sind schlagartig ein Open Relay, und Sie können sicher sein, dass es nur eine Frage der Zeit ist, bis ein Spammer Ihren Mailserver füllt und für den Versand seiner Botschaften nutzt.

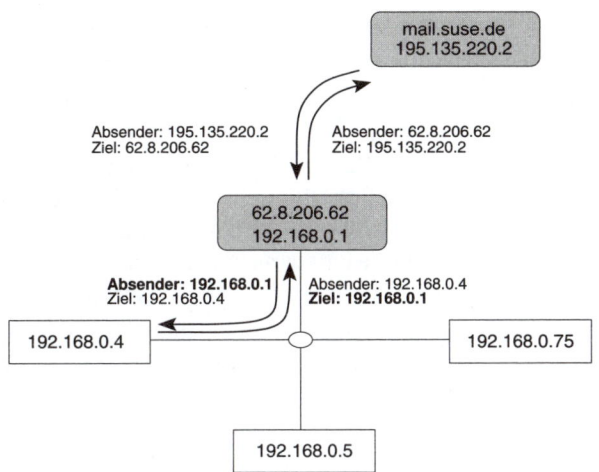

Abbildung 7.3:
Postfix redet mit dem
Router, nicht mit dem
anderen Mailserver

Postfix kennt deshalb seit Oktober 2002 den Parameter **proxy_interfaces**, in dem Sie in der Datei **main.cf** die IP-Nummer(n) Ihrer Router eintragen können:

```
proxy_interfaces = 192.168.0.1
```

Das hat dann zwei Auswirkungen:

- Verbindungen von dieser IP gelten *nicht* mehr zu **$mynetworks**, auch wenn sie eigentlich in dem Netzbereich liegen würden,

- Soll Postfix ein Backup-Relay für eine andere Domain sein, macht Postfix einen MX-Lookup, um zu prüfen, ob seine IP-Nummer für die Zieldomain als **MX**-Record mitgenannt ist (Kapitel 9.6.1, Seite 184). Hier würde Postfix aus den DNS-Daten nicht seine, sondern nur die IP des Routers erkennen und die Mail abblocken. Wird **proxy_interfaces** definiert, akzeptiert Postfix die Mail als Backup-Relay auch dann, wenn es die IP des Routers in den MX-Records einer Domain findet.

Sie sehen aber hoffentlich die Gefahr möglicher Fehlkonfigurationen. Ich halte definitiv nichts von solchen Spielchen. Auch wenn es möglich ist, das so sicher und sauber zu betreiben, ist die Gefahr groß, dass Laien und Einsteiger hier Unsinn konfigurieren und neue Open Relays schaffen.

7.1.8 ETRN – Ruf mich zurück!

Wer sich jedoch nur sporadisch einwählt, wird sich schon wegen der Zustellverzögerungen nach einer anderen Lösung als dyndns.org umschauen müssen.

Eine weitere Möglichkeit wäre die Zuhilfenahme eines weiteren Mailservers, der fest mit dem Internet verbunden ist und als Backup-Mailserver mit höherem MX-Wert in den DNS-Daten eingetragen ist. Dieser könnte die E-Mails dann in den Offlinezeiten annehmen und ggf. per Kommando (**postfix flush** bzw. **ETRN**) aus seiner Queue an unseren Dialup-Server ausliefern. Aber auch dieses Vorgehen überzeugt nicht, denn es erfordert individuelle Bastelarbeit und vor allem einen zweiten, fest angebundenen Mailserver, mit dem man solche Dinge treiben kann/darf.

Das Problem ist, diesem Backup-Mailserver mitzuteilen, dass unser Dialup-Server gerade im Internet eingewählt und zur Annahme von E-Mails bereit ist. Die SMTP-Erweiterung ESMTP sieht einen Befehl **ETRN** vor, mit dem man einen anderen Mailserver anweisen kann, alle Mails an eine bestimmte Domain auszuliefern. Das erfordert jedoch einen präparierten Mailserver, statische IPs und ist verhältnismäßig aufwändig. Für den hier vorgestellten Zweck ist **ETRN** daher nicht geeignet.

7.1.9 Eingehende E-Mails: fetchmail

Der praktisch einzig gangbare Weg ist es, E-Mails außerhalb unseres eigenen Servers in normalen POP3/IMAP-Postfächern sammeln zu lassen. Diese können wir über POP3/IMAP abfragen und die so erhaltenen E-Mails wiederum in lokale Postfächer auf unserem Server einsortieren. Notwendig ist dazu ein „Sammeldienst", der verschiedene Postfächer „leert" und in einem einzigen lokalen Postfach bündelt. Vergleichbares bieten übrigens auch die großen Free-E-Mail-Dienste an.

Zudem ermöglicht es uns diese Lösung, auch bereits existierende Postfächer an anderer Stelle bequem weiter zu nutzen, indem wir die dort gelandeten E-Mails auf unseren heimischen Mailserver verlagern und dort zum Abruf bereitstellen.

Diese Aufgabe erledigt das Programm **fetchmail** souverän.[3]

fetchmail spricht und kennt fast alle Protokolle und Befehle, mit denen man E-Mails von einem Mailserver abholen kann: POP3, IMAP, ETRN, APOP, KPOP und andere mehr. Um die gesammelten E-Mails in lokale Postfächer zustellen zu lassen, greift **fetchmail** auf einen lokal installierten Mailserver zurück, an den es die Mails per SMTP auf Port **25** einliefert. **fetchmail** selbst ist dabei für jede Betriebsart ausgelegt: Es lässt sich als Dämon starten, der im Hintergrund läuft und regelmäßig die Postfächer checkt, oder auch als normales Programm, das über die Kommandozeile einmalig nach erfolgter Einwahl aufgerufen wird – oder das über einen Eintrag in der CRON-Tabelle regelmäßig gestartet wird.

---

[3] Infos und Quellen: http://www.catb.org/~esr/fetchmail.

Außerdem ist **fetchmail** multiuserfähig: Es kann beliebig viele Postfächer abfragen und die dadurch gewonnenen E-Mails auch an verschiedene lokale Adressen zustellen. Es kann also nicht nur zentral von einem Administrator konfiguriert werden, sondern jeder normale Benutzer kann es über eine individuelle Konfigurationsdatei ˜/.fetchmailrc in seinem Home-Verzeichnis konfigurieren und über seine **crontab** starten. Damit können alle Benutzer eines Linux-Systems auf eigene Faust einen E-Mail-Sammelservice einrichten, solange der Administrator **fetchmail** auf dem System installiert hat.

Da **fetchmail** alle gesammelten E-Mails an Postfix übergibt, stehen auch alle gewohnten Möglichkeiten zur Verfügung, die der Betrieb eines eigenen Mailservers ermöglicht: Ein Anti-Viren-Check lässt sich ebenso einbauen (Kapitel 17.3) wie die Möglichkeiten, lokal installierte Mailinglisten zu betreiben oder durch **virtual**-tables Adressmanipulationen oder E-Mail-Weiterleitungen zu realisieren. Allerdings fällt mit **fetchmail** die Möglichkeit des Spam-Schutzes durch RBLs weg (Kapitel 9.7).

fetchmail starten lassen

Auf einem Server, der fast permanent im Internet eingewählt ist oder der gar über eine feste Anbindung mit fest geroutetem Subnetz verfügt, sollte man **fetchmail** wohl permanent als Dämon im Hintergrund laufen lassen.

Auf einem System, das nur über eine (kostenpflichtige) Dial-on-Demand-Leitung verbunden ist, stellt sich das gleiche Problem wie beim Versand der gespeicherten Mails durch Postfix: Sollte **fetchmail** als Dämon im Hintergrund laufen, würde es ständig eine teure Internet-Einwahl provozieren, weil es regelmäßig versucht, externe Mailserver zu kontaktieren.

In diesen Fällen ist es daher sinnvoller, **fetchmail** genau wie Postfix so einzubinden, dass es immer dann gestartet wird, wenn sich der Dialup-Server ohnehin schon im Internet befindet, zum Beispiel, weil ein surfender Nutzer ein Dial-on-Demand ausgelöst hat.

Nach jeder Einwahl kümmert sich der Server damit um Versand und Empfang von Mails – so weit, so gut. Nur: Was geschieht, wenn wir über einen Zeitraum von mehreren Stunden eingewählt bleiben? Wir würden E-Mails in dieser Zeit weder versenden noch empfangen, da diese Aktionen nur im Skript **ip-up** definiert sind und nur einmalig zu Beginn der Verbindung ausgeführt werden!

Sinnvoller ist deshalb folgendes Vorgehen:

- Nach erfolgter Einwahl wird **fetchmail** über das Skript **ip-up** als Dämon (!) gestartet, der regelmäßig Mails checkt.

- Über das Skript **ip-down** wird der **fetchmail**-Dämon beim Verbindungsabbau wieder dauerhaft beendet, damit **fetchmail** nicht durch weitere Anfragen neue Verbindungen provoziert.

Zur Praxis: **fetchmail** wird ebenso wie Postfix in das Skript **/etc/ppp/ip-up** eingetragen. Wenn Sie SUSE Linux nutzen, werden Sie wieder einen bereits vorbereiteten Eintrag finden; denken Sie wieder daran, sowohl im Abschnitt **ppp*** als auch in **ippp*** nachzusehen:

```
[...]
    # maybe you want to start mail services:
    # set follow variables in /etc/rc.config.d/sendmail.rc.config
    #     SENDMAIL_TYPE="yes"
    #     SENDMAIL_SMARTHOST="<ISP-mailserver>"
    #     SENDMAIL_ARGS="-bd -om"
    #     SENDMAIL_EXPENSIVE="yes"
    #     SENDMAIL_NOCANONIFY="yes"
    #/usr/bin/fetchmail -a -v >>/var/log/fetchmail 2>&1 &
    #
    # Ab sofort wieder DNS-Abfragen zulassen:
    /usr/sbin/postconf -e "disable_dns_lookups = no"
    # Sofortige Auslieferung einstellen:
    /usr/sbin/postconf -e "defer_transports = "
    # Config neu einlesen lassen:
    /usr/sbin/postfix reload
    # Mailqueue abarbeiten lassen:
    /usr/sbin/postfix flush
[...]
```

Allerdings stellt uns der hier vorbereitete **fetchmail**-Aufruf noch nicht zufrieden, denn wir kamen doch gerade zu dem Schluss, dass ein Start als Dämon sinnvoller sei. Löschen Sie daher das Kommentarzeichen (die Raute) und verändern Sie den Aufruf wie folgt:

```
[...]
    # Fetchmail als Dämon, alle 600 Sekunden Mails checken
    /usr/bin/fetchmail -a -d 600 >>/var/log/fetchmail 2>&1 &
    #
    # Ab sofort wieder DNS-Abfragen zulassen:
    /usr/sbin/postconf -e "disable_dns_lookups = no"
    # Sofortige Auslieferung einstellen:
    /usr/sbin/postconf -e "defer_transports = "
    # Config neu einlesen lassen:
    /usr/sbin/postfix reload
    # Mailqueue abarbeiten lassen:
    /usr/sbin/postfix flush
[...]
```

Doch Vorsicht: Üblicherweise lässt man seine PPP-Verbindung nach einer gewissen Zeit der Inaktivität automatisch wieder beenden. Setzen Sie deshalb die Zeit bei **fetchmail** nicht zu kurz, da sonst der Dialup-Server nie die Gelegenheit bekommt, die Leitung abzubauen, weil **fetchmail** ständig „dazwischenfunkt". Setzen Sie die **fetchmail**-Zeit deutlich höher als die maximal erlaubte Inaktivität auf der Leitung.

Und: Wenn Ihr Provider *SMTP-after-POP* (oder auch *POP-before-SMTP*) erfordert, sollten Sie auch darauf achten, wie im Beispiel zunächst den **fetchmail**-Aufruf vorzunehmen! Gegebenenfalls müssen Sie noch ein **sleep 2s** ergänzen, falls Ihr Server zu schnell ist und der SMTP-Versand von Ihrem Provider noch nicht freigeschaltet ist.

Falls Sie Body- oder Header-Checks in Ihrem lokalen Postfix einsetzen, können Sie über den Parameter **-Z** SMTP-Codes definieren, die **fetchmail** als Spam-Block erkennen soll. Die E-Mails werden dann nicht lokal zugestellt (denn Postfix hat sie ja abgelehnt), von **fetchmail** aber trotzdem vom POP3-/IMAP-Server gelöscht. Für die Postfix-Checks wäre das der SMTP-Code 554, so dass der Aufruf dann wie folgt lauten müsste:

```
[...]
    # Fetchmail als Dämon, alle 600 Sekunden Mails checken
    # SMTP-Code 554 ist Spam-Block wegen Filter etc.
    /usr/bin/fetchmail -a -d 600 -Z 554 >>/var/log/fetchmail 2>&1 &
[...]
```

Nun müssen wir uns noch darum kümmern, dass der Dämon beim Verbindungsabbau vollständig „gekillt" wird. Die entsprechenden Anweisungen zum Beenden von **fetchmail** finden sich ebenfalls in dieser Datei, und zwar im Abschnitt **ip-down**. Tragen Sie dort also ein:

```
ip-down)
  #
  # Ab sofort wieder DNS-Abfragen verhindern:
  /usr/sbin/postconf -e "disable_dns_lookups = yes"
  # SMTP-Versand einstellen:
  /usr/sbin/postconf -e "defer_transports = smtp"
  # Config neu einlesen lassen:
  /usr/sbin/postfix reload

  #
  # Fetchmail-Dämon dauerhaft beenden (-q = Quit)
  /usr/bin/fetchmail -q >>/var/log/fetchmail 2>&1

  #
  # This code restores the original resolv.conf saved when ip-up
  # was called by the pppd which uses the 'usepeerdns' option and
```

fetchmail konfigurieren

Die grundsätzliche Konfiguration ist nicht weiter schwierig. Neuere SUSE-Versionen bieten eine bequeme Konfiguration für ein systemweites **fetchmail** über YaST, aber leicht sind auch eigene Konfigurationen per Hand erzeugt, wenn sich Nutzer ein eigenes **fetchmail** bauen wollen.

Ein typischer Eintrag in ˜/.fetchmailrc ist:

```
poll 'pop.provider.de' protocol 'POP3'
 user 'pop3username' password 'pop3passwd' is 'username' here
```

fetchmail benötigt nur einige wenige benutzerspezifische Angaben:

- Name des Mailservers (**pop.provider.de**)

- Protokoll (**pop3**)

- Loginname und Kennwort auf diesem Server (**pop3username** und **pop3passwd**)

- lokaler Benutzer (**username**)

- Sofern die abgerufenen E-Mails auf dem Server verbleiben sollen, können Sie hinten noch das Schlüsselwort **keep** anfügen (**...is 'username' here keep**). Allerdings müssen Sie dann aufpassen, dass das Serverpostfach nicht überläuft. Gleichzeitig sollten Sie oben beim Aufruf von **fetchmail** den Parameter -a streichen, da andernfalls stets *alle* E-Mails abgerufen werden – auch die gehaltenen alten E-Mails.

Jeder Benutzer kann seine eigene Konfiguration in seinem Home-Verzeichnis unter ˜/.fetchmailrc ablegen. Das Problem dabei: Seine Konfiguration wird bei dem oben eingestellten Aufruf über das Skript /etc/ppp/ip-up nicht berücksichtigt; ein Eintrag in der **crontab** des Benutzers würde wiederum eine ständige Internet-Einwahl des Servers provozieren.

Meist ist es sinnvoller, wenn der Administrator für mehrere/alle Benutzer zentral Mails abholt, indem er entsprechende Einträge für alle Benutzer vornimmt. Dies bedeutet allerdings einen gewissen Aufwand, und die Benutzer müssen dem Administrator ihre Maildaten und Kennwörter anvertrauen.

Vorsicht: Die Konfigurationsdateien enthalten die Mail-Kennwörter der User im Klartext! Hüten Sie sich davor, dass diese Datei für andere Benutzer als **root** lesbar ist! Gleiches gilt für die Datei .fetchmailrc in Home-Verzeichnissen der Benutzer, die ausschließlich für die jeweiligen Eigentümer lesbar sein sollte.

Früher wurde empfohlen, die systemweite Datei als /etc/fetchmailrc abzulegen, doch war sie dort aufgrund der Default-Dateirechte zu leicht versehentlich für alle User des Systems lesbar – und damit auch alle Mail-Zugangsdaten!

Heute wird allseits empfohlen, die systemweite Datei deshalb im Home-Verzeichnis von **root** abzulegen, denn da ist sie vor neugierigen Blicken geschützt. Aber sicher ist sicher, wir müssen sie bestmöglich vor neugierigen Blicken schützen. Wenn Sie /root/.fetchmailrc per Hand angelegt und Ihre Einstellungen eingetragen haben, sollten Sie auf jeden Fall noch die Dateirechte anpassen:

```
linux:/etc # dir /root/.fetchmailrc
-rw-r--r--    1 root        root        12436 Jan 13 18:04 .fetchmailrc
linux:/etc # chmod 600 /root/.fetchmailrc
linux:/etc # dir /root/.fetchmailrc
-rw-------    1 root        root        12436 Jan 13 18:04 .fetchmailrc
```

fetchmail kann allerdings noch viel mehr. Verschaffen Sie sich über die Manual Page einen Überblick (**man fetchmail**) oder schauen Sie in **/usr/share/doc/packages/fetchmail**. Sie finden dort weitere Dokumentationen und im Verzeichnis **contrib** auch viele fertige Skripte und Lösungen – zu guter Letzt bietet auch die bereits genannte Webseite zahlreiche Hinweise: http://www.catb.org/~esr/fetchmail.

7.2 Einsatz im Firmen-LAN

Wenn Sie in einem LAN Postfix als zentralen Mailserver einsetzen, der es nur mit Client-Software im LAN zu tun hat, stellt sich kein weiteres Problem. Postfix agiert dann wie immer als Mailserver nach außen, die lokalen Mailclients liefern bei ihm per SMTP fertige E-Mails ein oder holen sie per POP3 ab. Alle Benutzer können dann bequem unter der Firmendomain E-Mails schreiben, z. B. **tux@postfixbuch.de**.

Etwas anders sieht es aus, wenn Sie auch in Ihrem lokalen Netzwerk weitere Mailserver einsetzen, zum Beispiel weil Sie zahlreiche Linux-Clients installiert haben, auf denen typischerweise auch ein Mailserver mitläuft. Dann entsteht das Problem, dass ausgehenden E-Mails stets eine Mailadresse, zusammengesetzt aus Benutzernamen, Hostnamen und Domain des Clients, angehängt wird, beispielsweise **tux@testsrv-2.postfixbuch.de** oder **geeko@clnt6-22.postfixbuch.de**. Das ist unschön und problematisch, denn etwaige Antworten würden ebenfalls wieder an diese Mailadresse gehen – und wären damit unter Umständen unzustellbar.

Postfix kann mit diesem Dilemma umgehen, denn der Unterschied zwischen Hostname und Domain ist ihm natürlich klar. Es bietet daher die Möglichkeit an, alle Hosts einer Domain zu *maskieren*, d. h. in allen ausgehenden E-Mails den Hostnamen aus der Mailadresse zu entfernen.

Aus **markus@lektor.postfixbuch.de** wird **markus@postfixbuch.de**, sobald es durch unseren Mailserver geht, den wir bei den Clients nach Möglichkeit als Relayhost (s. o.) eingetragen haben.

Dennoch kann es auch sinnvoll sein, in einigen Fällen den Hostnamen doch nicht zu maskieren – häufig wird das in Zusammenhang mit dem **root**-Account relevant. Dieser wird ja hoffentlich ohnehin nicht für den normalen Mailverkehr benutzt. Gerade bei Status-, Log- oder anderen System-Mails wird es ganz praktisch sein, direkt den Hostnamen in der Mailadresse zu haben – einen **root**-Account gibt es schließlich auf jedem Linux-Host.

Tragen Sie also in **/etc/postfix/main.cf** ein:

```
masquerade_domains=postfixbuch.de
masquerade_exceptions=root
```

Alternativ können Sie aber auch schon Postfix auf den Clients anweisen, Mailadressen nur mit der Maildomain, und nicht mit dem Hostnamen zu versehen. Postfix nutzt dafür die Variable **$myorigin**, um die E-Mail-Adresse zu erzeugen, sofern die Client-Software nicht selbst eine Adresse vorgibt. Häufig ist dort **$myhostname** eingetragen, hier wollen wir es aber gezielt auf **$mydomain** setzen.

Dazu können Sie auf den Clients in **/etc/postfix/main.cf** eintragen:

```
myhostname=testsrv1.postfixbuch.de
# mydomain wird aus myhostname übernommen, kann ggf. fehlen!
# mydomain=postfixbuch.de

myorigin=$mydomain
```

Dessen ungeachtet, könnten Sie die Clients aber dennoch so einrichten, dass sie auch direkt an diesen Host adressierte E-Mails annehmen und lokal zustellen. Sie könnten dies vielleicht für internen Mailverkehr zur Systemadministration nutzen wollen, denn andernfalls könnten Sie nie direkt an einen speziellen Host mailen und müssten stets über den zentralen Mailserver gehen.

Wir können Postfix in diesem Fall anweisen, E-Mails auch unter seinem Hostnamen anzunehmen:

```
myhostname=testsrv1.postfixbuch.de
# mydomain wird aus myhostname übernommen, kann ggf. fehlen!
# mydomain=postfixbuch.de

myorigin=$mydomain

mydestination=$myhostname, localhost.$mydomain
relayhost=[mail.postfixbuch.de]
```

In dem hier beschriebenen Szenario aber soll sämtliche an die Maildomain adressierte Post weiterhin zentral vom Mailserver gepflegt werden. Aus diesem Grund enthält die Zeile **mydestination** *nicht* den Eintrag **$mydomain**. Andernfalls könnte eine lokal versendete E-Mail an tux@postfixbuch.de als unzustellbar gebounct werden, weil nur auf dem Mailserver mail.postfixbuch.de das Postfach **tux** vorhanden ist, nicht aber auf testsrv1.postfixbuch.de.

Stattdessen tragen wir auf allen Clients stets noch unseren zentralen Mailserver als Relayhost ein, damit kein Client auf die Idee kommt, E-Mails selbst in das Internet zuzustellen, denn dann käme es zu einem heillosen Durcheinander. Vielmehr sollen alle Mails über einen zentralen Mailserver gehen, der dann (hoffentlich) gut gepflegt ist, einen Virenschutz hat, ggf. Adress-Umschreibungen vornimmt und hoffentlich auch als einziger Mailserver in unserer Firewall freigeschaltet ist...

7.3   Einsatz als High-Traffic-Server

Wenn höchstmögliche Performance eines der Hauptkriterien für Ihren Mailserver ist, sind Sie mit Postfix grundsätzlich schon sehr gut beraten. Es sind kaum spezielle Konfigurationstricks notwendig, um Postfix auf Touren zu bringen. Aber einige allgemeine Aspekte sind bei einem hohen Maildurchsatz natürlich besonders zu beachten, daher geht Kapitel 11 ausführlich auf das Tuning eines Mailservers ein.

Worauf an dieser Stelle aber schon hingewiesen werden soll, sind die voreingestellten Task-Beschränkungen von Postfix in **/etc/postfix/master.cf**. Wir werden diese in Kapitel 11.4.1 ausführlich unter dem Aspekt beleuchten, die Tasks zu *limitieren*, um den Server vor Überlastung durch einen Denial-Of-Service-Angriff zu schützen, denn für normale Server sind diese Werte zu hoch. Wenn Sie aber wirklich über erstklassige Hardware und eine schnelle Internet-Anbindung mit gehöriger Bandbreite verfügen, so müssen Sie die dort genannten Werte natürlich anpassen.

Beachten Sie aber, dass Postfix in der Grundeinstellung jeweils 100 eingehende und 100 ausgehende Verbindungen erlaubt (früher: jeweils 50). In der Spalte **maxproc** bedeutet also ein Eintrag „-" nicht „unlimitiert", sondern 100! Wenn Ihnen das zu wenig ist, müssen Sie die Parameter in **/etc/postfix/master.cf** ändern und ausdrücklich höhere Werte eintragen:

```
#
# ========================================================================
# service type   private unpriv  chroot  wakeup  maxproc command + args
#                (yes)   (yes)   (yes)   (never) (50)
# ========================================================================
smtp      inet   n       -       n       -       100     smtpd
[...]
smtp      unix   -       -       y       -       100     smtp
[...]
vscan     unix   -       n       n       -       25      pipe
     user=vscan argv=/usr/sbin/amavis $sender $recipient
```

Eine der wichtigsten Performance-Fragen dürfte für Sie dann das Problem der DNS-Abfragen sein. Wenn Sie Maildomains überprüfen, Hostnamen protokollieren oder RBL-Listen (zum Spam-Schutz, Kapitel 9.7) verwenden, sorgt jede einzelne E-Mail für einen ganzen Schwall von DNS-Abfragen. Diese verursachen nicht viel Traffic, sie kosten aber vor allem Reaktionszeit, und das verringert den effektiven Maildurchsatz Ihres Servers.

Wenn Sie wirklich Einfluss auf den Durchsatz nehmen müssen, so sollten Sie hier ansetzen und so viele DNS-Abfragen wie möglich einsparen. Und selbstverständlich sollten Sie einen cachenden DNS-Server innerhalb Ihres eigenen LANs, ggf. auch direkt auf dem Mailserver haben.

Zu guter Letzt möchte ich Sie auf eine Webseite hinweisen, die sich generell mit den Problemen von High-Traffic-Servern beschäftigt. *C10K* ist das Stichwort: 10.000

Clients simultan an einem Server. Auf dieser Seite werden Systemstrategien besprochen, wie Server die I/O-Performance bringen und optimiert werden können: http://www.kegel.com/c10k.html

8

POP3/IMAP und Postfix

In den bisherigen Kapiteln haben wir uns hauptsächlich mit SMTP beschäftigt, also dem Protokoll zur Zustellung von E-Mails. Nur kurz erwähnt wurde, dass SMTP nicht geeignet ist, um E-Mails aus einem Postfach abzuholen. Dazu dienen die beiden Protokolle POP3 und IMAP, die wir uns im Folgenden anschauen wollen.

8.1 POP3

Das *Post Office Protocol Version 3* (POP3, Port 110) war lange das Standardverfahren zum Abholen von Mails aus Postfächern. Es ist vergleichsweise simpel: Nach erfolgtem Login kann der Client sowohl eine Inhaltsübersicht als auch einzelne oder alle Mails zur Übertragung anfordern. Sofern der Client es wünscht, werden übertragene Mails anschließend auf dem Server gelöscht, andernfalls bleiben sie dort erhalten.

Die Vorteile:

- POP3 ist ein verhältnismäßig einfaches Protokoll mit wenigen Befehlen – das erspart aufwändige Konfiguration und hält die Serverbelastung in Grenzen.

- Mails werden auf dem Rechner des Benutzers abgespeichert – das entlastet die Festplatten des Servers.

- Mails können vom Benutzer gesammelt, übertragen und dann offline gelesen und bearbeitet werden – das spart Übertragungszeit und damit in der Regel bares Geld.

- Fast jeder Mailclient kann POP3.

Die Nachteile:

- Unerwünschte Mails werden i. d. R. mitübertragen, bevor sie gelöscht werden können. Kaum ein Client unterstützt eine Auswahl der herunterzuladenden Mails.

- Bei Benutzung ein und desselben Postfachs durch mehrere Clients oder Benutzer werden die E-Mails unsystematisch über mehrere Rechner hinweg verteilt, je nachdem, auf welchen Rechner nun welche E-Mails heruntergeladen wurden.

Ein Tipp: Ob eine E-Mail nach der Übertragung auf dem Server verbleibt, ist Einstellungssache des *Mailclients*, nicht des Servers. Normalerweise kann man alte E-Mails nach erfolgreicher Übertragung auf dem Server löschen. Anders aber, wenn der Nutzer von zwei verschiedenen Rechnern aus ein Postfach pflegen möchte: Er würde dann auf jedem Rechner nur einen Teil der E-Mails vorfinden.

In diesen Fällen kann man die E-Mails auf dem Server belassen. Der zweite Client wird die E-Mails des Servers auch dann noch als neu erkennen und übertragen, wenn diese zuvor bereits an den Mailclient auf einem anderen Rechner ausgeliefert worden sind. Die Erkennung, ob eine Mail neu oder alt ist, kann ein guter Client dann durchführen, wenn er in einer kleinen Datenbank die Message-IDs bereits übertragener E-Mails speichert. Der Client wird diese E-Mails kein zweites Mal anfordern, auch wenn diese noch auf dem Server belassen werden.

In der Praxis macht das allerdings ab und zu Probleme, wenn die Clients das nicht unterstützen. Probieren Sie ggf. aus, ob bereits übertragene E-Mails bei jedem Abruf erneut übertragen werden. Ein Wechsel des Mailclients müsste das Problem dann lösen.

Manchmal können auch POP3-Server lokal protokollieren, welche E-Mails bereits ausgeliefert wurden, und diese einem Client dann nicht mehr als neu anbieten. Alles in allem hängt diese Vorgehensweise dann vom Zusammenspiel der eingesetzten Programme ab.

Auf jeden Fall aber kann immer von zwei verschiedenen Rechnern das gleiche Postfach abgefragt werden, wenn man in Kauf nimmt, dass ggf. auf jeden Rechner stets *alle* Mails übertragen werden. Ärgerlicher ist es aber, dass verschickte Nachrichten nur auf dem Rechner im Postausgangsfach gespeichert werden, auf dem die Nachricht geschrieben wurde.

8.2 IMAP

Das *Internet Mail Access Protocol Version 4* (IMAP, Port 143) geht einen anderen Weg als POP3. Statt in einer lokalen Maildatenbank auf dem Client, in der alle übertragenen E-Mails gespeichert werden, verbleiben Nachrichten grundsätzlich auf dem Server. Sie können dort als gelesen oder gelöscht markiert werden, es können weitere Ordner angelegt und Nachrichten zwischen den Ordnern verschoben und übertragen werden. Nur wenn der Nutzer einzelne E-Mails lesen oder beantworten möchte, werden diese zur Anzeige übertragen. Die Daten selbst verbleiben aber stets auf dem Server gespeichert. Ein IMAP-Client dient quasi nur der Fernsteuerung des Mailpostfachs.

Zudem hat IMAP auch Funktionen vorgesehen, um Nachrichten auf dem Server durchsuchen oder nach bestimmten Kriterien wie Datum, Größe, Absender u. Ä. selektieren zu können, doch müssen diese Fähigkeiten auch vom Mailclient unterstützt werden.

Die Vorteile:

- Unerwünschte E-Mails können direkt auf dem Server gelöscht oder ignoriert werden, sie müssen nicht erst zum Client übertragen werden.

- Egal, von wo aus der Benutzer auf sein Postfach zugreift, auch wenn er verschiedene Rechner und Mailclients nutzt: Er hat immer überall die gleiche Datenbasis, da diese ja auf dem zentralen Server verbleibt.

- Möglich sind Mailordner, auf die mehrere Nutzer gleichzeitig Zugriff haben, z. B. um eine Mailadresse von mehreren Nutzern gleichzeitig bearbeiten zu lassen (*Shared Folders*).

- Geschriebene Nachrichten des Nutzers können auf den Server hochgeladen und dort in einem Postausgangsfach archiviert werden. So hat der Nutzer von jedem Host aus Zugriff auf seine bereits geschriebenen Mails.

- Es können auch lediglich Teile einer E-Mail angefordert werden, zum Beispiel Zeilen 1 bis 25.

Die Nachteile:

- IMAP erfordert mehr Speicherplatz auf dem Server als POP3, da sämtliche Nachrichten dauerhaft auf dem Server gehalten werden müssen.

- Der Nutzer muss zur Bearbeitung seiner E-Mails online sein – anders als bei POP3. Gute Mailclients können jedoch auch bei IMAP E-Mails übertragen und auf dem Mailclient lokal zur Offline-Bearbeitung abspeichern.

- Bei großen Postfächern und langsamerer Anbindung dauert schon die Übertragung des Inhaltsverzeichnisses eine gewisse Zeit.

- Nicht alle Mailclients „können" IMAP.

Sofern auf dem Mailserver POP3- und IMAP-Software gleichzeitig installiert sind, kann der Nutzer frei wählen, nach welchem Verfahren er auf sein Postfach zugreifen möchte. Beide Protokolle sind ja nur unterschiedliche Methoden, auf ein und dasselbe Postfach zuzugreifen, sie erfordern auf dem Server aber keine getrennte Datenbasis.

8.3 Sicherheitshinweise

POP3 und IMAP haben unter Sicherheitsaspekten gehörige Nachteile:

- Die Kennwörter werden im Klartext im Netz übertragen, sind aber oft identisch mit den Login-Kennwörtern der User.

- Die Mails werden im Klartext übertragen und können so beliebig leicht ausspioniert und „gesnifft" werden.

Mails sicher abzurufen und gleichzeitig sein Postfach vor unbefugtem Zugriff zu schützen ist somit nicht unproblematisch. Es sollte sicherheitsbewussten Administratoren also sehr daran gelegen sein, dass Mailkennwörter grundsätzlich nicht mit anderen Login-Kennwörtern für Shell-Zugänge o. Ä. identisch sind. Wenn Nutzer auf einem Server sowohl POP3 als auch Shell-Zugang haben sollten, so sind einfach zwei Accounts dafür einzurichten. Deaktivieren Sie als Administrator bei allen Mail-Accounts den Login-Zugriff, z. B. durch Setzen eines nicht existenten Home-Verzeichnisses und der Login-Shell /bin/false.

Oder Sie entscheiden sich gezielt für eines der hier genannten Pakete mit völlig eigenständiger Benutzerdatenbank.

Auf jeden Fall sollte man dennoch immer nach Möglichkeit auch den Austausch unverschlüsselter Kennwörter unterbinden oder minimieren, damit sich Dritte nicht in das Postfach einloggen können. Auch das kann ja schon heikel genug sein. Dafür bieten sich Erweiterungen wie POP3s/IMAPs (Kapitel 18.3.2) oder APOP an.

8.3.1   Authenticated Post Office Protocol (APOP)

APOP ist eine Erweiterung zu POP3, bei der das Kennwort nur unlesbar codiert („gehasht") übertragen wird. Ein APOP-fähiger Server liefert zu Beginn des Loginprozesses eine Kennung, die aus einem (hier fettgedruckten) Zeitstempel und seinem Hostnamen zusammengesetzt ist, ähnlich wie die Message-IDs der Mails.

```
user@linux:~> telnet localhost 110
Trying 127.0.0.1...
Connected to localhost.
Escape character is '^]'.
+OK ready  <13226.1017708644@mail.postfixbuch.de>
APOP tux c4c9334bac560ecc979e580001b3e22fb
+OK maildrop has 42 messages 43231 octets
[...]
```

Der Mailclient berechnet nun aus dem ihm bekannten Kennwort und diesem Zeitstempel ein verschlüsseltes Kennwort, das er zum Server überträgt – hier der Zahlencode hinter **APOP tux**. Der Server kann es mit einer eigenen parallel laufenden Berechnung vergleichen, und bei identischen Ergebnissen wird der Login erlaubt. *Verschlüsselt* ist dabei etwas ungenau ausgedrückt, denn das ursprüngliche Kennwort lässt sich nicht mehr rekonstruieren – genauer nennen wir es deshalb ein „gehashtes" Kennwort. Aber genau die Unumkehrbarkeit ist ja eben Sinn und Zweck der Aktion.

Zur Authentifizierung sind gehashte Kennwörter sehr beliebt. Ein Spion im Netzwerk würde zwar Zeitstempel und das gehashte Kennwort ausspionieren können, doch nützt ihm dieses Ergebnis nichts. Denn selbst wenn er sich nur Millisekunden später am Server anmeldet, würde der Server zur Begrüßung bereits einen anderen Zeitstempel ausgeben, das ausspionierte gehashte Kennwort ist damit bereits unbrauchbar. Dem Spion ist das echte Kennwort aber weiterhin nicht bekannt, denn das wird zu keinem Zeitpunkt im Netz übertragen. Gleichzeitig kann er es auch nicht mehr zurückberechnen, denn das ist bei gehashten Kennwörtern mathematisch nicht mehr möglich.

In einer normalen Systemumgebung wird dem POP3-Server jedoch das Passwort eines Nutzers nie im Klartext, sondern ebenfalls nur in einer verschlüsselten/gehashten Version in den Dateien /etc/passwd oder – besser – in /etc/shadow vorliegen. Damit der Server parallel zum Client das APOP-Kennwort mit seinem Zeitstempel berechnen kann, benötigt er eine separate Kennwort-Datenbank für APOP-Kennwörter, die dort *im Klartext* gespeichert werden.

Das erfordert etwas administrativen Aufwand, da diese Datenbank separat gepflegt werden muss. Es hat aber den zusätzlichen Sicherheitsgewinn, dass Login-Kennwort und APOP-Kennwort des Benutzers verschieden sind. Gleichzeitig *sollten* sie aber auch verschieden sein. Nimmt der Nutzer für beide Kennwörter dasselbe Passwort, könnte ein Angreifer das aus einer geknackten APOP-Datenbank gewonnene, unverschlüsselte Kennwort nehmen, um das gleich lautende Login-Kennwort des Benutzers zu erhalten. Und schon wird der eigentliche Sicherheitsgewinn zu einem schlimmen Bumerang.

8.3.2 Kerberos Post Office Protocol (KPOP)

Auch KPOP ist eine sehr sinnvolle Erweiterung, die bislang noch wenig Verbreitung gefunden hat. Bei der POP3-Authentifikation über *Kerberos V* geht das Kennwort ebenfalls nie im Klartext über das Netz. Allerdings muss auf Ihren Servern grundsätzlich das Kerberos-System installiert sein. Es gibt eine freie Kerberos-Implementation des *Massachusetts Institute of Technology* (MIT).[1]

8.3.3 Tunnelung über SSL/TLS: POP3s und IMAPs

Komfortabler und weiter unterstützt ist der Einsatz von POP3 und IMAP über SSL, also POP3s und IMAPs. Der klare Vorteil hierbei ist, dass keine separate Datenbankpflege notwendig ist und zusätzlich auch der gesamte Mailaustausch verschlüsselt abläuft. Ein Lauscher im Netzwerk kann also weder Kennwort noch Inhalt der Mails ausspionieren.

Mittels geeigneter Zusatzprogramme, einem so genannten SSL-Wrapper, können so gut wie alle Protokolle über SSL transportiert ("getunnelt") werden. Damit lässt sich so gut wie jedem POP3/IMAP-Server auch POP3s und IMAPs beibringen, da diese SSL selbst gar nicht explizit unterstützen müssen.

Die zugrunde liegende Technik und die notwendige Konfiguration werden in Kapitel 18.3 ausführlich beschrieben.

8.4 Die unterschiedlichen Systeme

Postfix selbst „kann" nur SMTP, als POP3- oder IMAP-Server können wir es nicht einsetzen. In dem Moment, wo eine Mail auf dem Server gespeichert ist, hat Postfix seine Schuldigkeit getan. Wie sie aus einem Postfach herauskommt, ist nicht mehr die Sache von Postfix. Dafür gibt es zahlreiche verschiedene POP3/IMAP-Server, alle mit ihren Vor- und Nachteilen. Die wichtigsten seien hier kurz vorgestellt.

In der Grundkonfiguration sind alle diese Systeme recht einfach und ohne weiteren Aufwand zu benutzen, denn das Funktionsprinzip ist überschaubar: Ein Benutzer loggt sich ein, erhält Zugriff auf sein Postfach, kann einzelne Mails übertragen

---

[1] http://www.crypto-publish.org/mit-kerberos5
Infos: http://web.mit.edu/kerberos/www

und/oder löschen und loggt sich wieder aus. Insgesamt wenig Raum für Variationen: Wie läuft die Authentifizierung ab? Wo liegen die Postfächer?

Erst wenn man ausgefallene Features wie *Bulletin Boards* (Rundbriefe) der einzelnen Dämonen nutzen will, muss man sich etwas genauer mit den jeweiligen Möglichkeiten beschäftigen. Hier hilft jeweils recht schnell und übersichtlich die mitgelieferte Dokumentation der Programmpakete weiter.

Will man hingegen die Funktionen eines IMAP-Servers ausreizen, so ist dies eine durchaus anspruchsvolle Aufgabe, die parallel neben Postfix steht.[2]

Schauen wir uns die verbreitetsten Server in einem kurzen Überblick an.

8.4.1 Qualcomm: qpopper

Sofern Sie einen einfachen, anspruchslosen POP3-Server wünschen, sind Sie mit *qpopper* gut bedient. Dieses Programm ist bei vielen Distributionen als Standard-POP3-Dämon dabei und kommt aus dem Hause Qualcomm, dem Hersteller der einst weit verbreiteten Mailsoftware *Eudora*. Es ist recht einfach zu konfigurieren und erfüllt zufriedenstellend seinen Zweck.[3]

Gleichzeitig beherrscht *qpopper* bereits weitergehende Fähigkeiten wie APOP (verschlüsselter Login) und *Bulletin Boards* für Rundmails.

Sofern Sie nicht beabsichtigen, *qpopper* als Standalone-Dämon zu betreiben, dürfen Sie nicht vergessen, ihn in der Datei **/etc/inetd.conf** freizuschalten und den **inetd** neu zu laden. Bei Einsatz einer Distribution sind das in der Regel die einzigen Konfigurationsarbeiten, die für den Einsatz des POP3-Dämons notwendig sind.

```
linux:~ # joe /etc/inetd.conf
[...]
# Pop et al
#
# pop2  stream  tcp    nowait  root   /usr/sbin/tcpd  in.pop2d
pop3   stream  tcp   nowait  root   /usr/sbin/tcpd  /usr/sbin/popper -s
#
```

Sie können leicht testen, ob Ihr POP3-Server antwortet:

```
linux:~ # telnet localhost 110
Trying 127.0.0.1...
Connected to localhost.
```

---

[2] Dazu ein Buchtipp: Dianna und Kevin Mullet, „Mailmanagement mit IMAP", O'Reilly 2001 (englischsprachige Ausgabe: „Managing IMAP"). Dieses Buch widmet sich vor allem dem Cyrus- und dem UW-IMAP-Server. Für Herbst 2004 ist ein Buch von mir zum Thema Cyrus-IMAP und Courier-IMAP geplant, das ebenfalls bei Open Source Press erscheinen wird.

[3] Quellen: ftp://www.qualcomm.com/eudora/servers/unix/popper
Infos: http://www.eudora.com/qpopper

```
Escape character is '^]'.
+OK ready   <20796.1017088075@mail.postfixbuch.de>
quit
+OK Pop server at mail.postfixbuch.de signing off.
Connection closed by foreign host.
linux:~ #
```

Über den Befehl **man popper** erhalten Sie eine verständliche Übersicht über weitere Aufrufparameter, die Sie ggf. ebenfalls in die **/etc/inetd.conf** eintragen müssten. Bereits von SUSE vorgegeben ist der Parameter **-s**, also das Loggen über **syslogd**.

qpopper unterstützt übrigens auch APOP: Mit dem Programm **popauth** können Sie die passende Datenbank von **qpopper** pflegen:

popauth -init
> legt die Datenbank **/etc/pop.auth** zum ersten Mal an oder (Vorsicht!) löscht eine bestehende Datenbank

popauth -user <username>
> setzt für diesen Nutzer das Kennwort

man popauth
> liefert weitere Hilfen zur Syntax

8.4.2   Courier-IMAP

In Kapitel 19 werde ich Ihnen als Projekt einen datenbankgestützten Free-Mailserver vorstellen; dort kommt Courier-IMAP wegen seiner guten Zusammenarbeit mit MySQL zum Einsatz. Sollten Sie Derartiges vorhaben, so sollten Sie sich zunächst diese Software ansehen; sie wird dort auch beschrieben.

8.4.3   Cyrus POP3/IMAP

Der Cyrus IMAP- und POP3-Server ist nichts für Anfänger. Wer an Cyrus-IMAP allzu sorglos und unerfahren herangeht, darf sich anschließend nicht beschweren, wenn es nicht funktioniert.

Er ist dafür konzipiert, auf Servern zu laufen, die keine normalen Benutzerlogins erlauben. Er verwaltet Postfächer der Nutzer in einer separaten Datenbank, so dass diese keinen eingerichteten Account haben müssen. Eine MySQL-Datenbank unterstützt Cyrus dabei aber leider nicht, wohl aber *Disc-Quotas* (Volumenkontrollen) für Postfächer und *Access Control Lists* (ACL, Zugriffskontrollen).[4]

---

[4]   Quellen: ftp://ftp.andrew.cmu.edu/pub/cyrus-mail/
Infos: http://asg.web.cmu.edu/cyrus/

Gleichzeitig werden sämtliche Mails in einer Cyrus-eigenen Ordnerstruktur gespeichert, auf die durch mehrere Server gleichzeitig zugegriffen werden kann. Damit ist der Cyrus-Server sehr skalierbar und vor allem für den Einsatz für Postfächer im großen Stil konzipiert, zum Beispiel im Rahmen eines ISP oder für einen Free-E-Mail-Service.

Ich will Ihnen im Folgenden einen groben Überblick und ersten Einstieg in Cyrus-IMAP bieten, damit Sie sich leichter in das Thema und die speziellen Features einarbeiten können.

Installieren Sie unter SUSE die Pakete **cyrus-imapd** und **cyrus-sasl2**. Cyrus-IMAP loggt beim Syslogd per Default nach **local6** und **auth**, zur besseren Überwachung können Sie folgende Zeilen in **/etc/syslog.conf** hinzufügen:

```
linux:~ # joe /etc/syslog.conf
[...]
local6.debug                    -/var/log/imapd.log
auth.debug                      -/var/log/auth.log
linux:~ # rcsyslog restart
```

Wenn alles läuft, können Sie statt **debug** später **notice** oder **warn** einsetzen.

Cyrus bietet verschiedene Möglichkeiten der Authentifizierung. Zum einen kann die Authentifizierung über **passwd/shadow** erfolgen, man kann aber auch eine eigene sasl-Datenbank nutzen, um die Mail-Accounts vom System abzukoppeln. Standardmäßig ist Cyrus eingestellt, **saslauthd** zu fragen, der wiederum per Default an PAM abgibt, worüber schlussendlich **/etc/passwd** und **/etc/shadow** ausgelesen werden. Allerdings kommt man auch in diesem Fall nicht um ein manuelles explizites Anlegen der Postfächer durch **cyradmin** herum (s. u.).

Um die Mail-Accounts völlig vom System zu trennen, kann man eine zweite Datenbank **/etc/sasldb2** anlegen, in der dann die Namen und Passwörter gespeichert werden. Spätestens wenn Sie den **saslauthd** nutzen, um SMTP-Auth über **rimap** prüfen zu lassen, können Sie Cyrus nicht mehr den **saslauthd** nutzen lassen, um über PAM die **passwd/shadow** prüfen zu lassen, und die **sasldb2** gewinnt ganz plötzlich ihren Sinn, bevor die Lage eskaliert...

Dazu muss in der **/etc/imapd.conf** der Parameter **sasl_pwcheck_method** auf den Wert **auxprop** gesetzt werden.

```
linux:~ # joe /etc/imapd.conf
[...]
dracinterval: 0
drachost: localhost
sasl_pwcheck_method: auxprop
lmtp_overquota_perm_failure: no
[...]
```

Legen Sie in der **sasldb** einen Nutzer **cyrus** an und vergeben Sie die richtigen Zugriffsrechte: [5]

```
linux:~ # saslpasswd2 cyrus
Password: supergeheim
Again (for verification): supergeheim
linux:~ # chown cyrus:mail /etc/sasldb
linux:~ #
```

Zur Verwaltung der Accounts helfen uns die beiden Programme **saslpasswd2**, das Einträge oder Updates vornimmt, und **sasldblistusers2** für Abfragen aus der Datenbank.

saslpasswd2 kennt dabei nur einige wenige Aufrufparameter:

```
linux:~ # saslpasswd2
saslpasswd2: usage: saslpasswd2 [-p] [-c] [-d] [-a appname]
[-f sasldb] [-u DOM] userid
       -p    pipe mode -- no prompt, password read on stdin
       -c    create -- ask mechs to create the account
       -d    disable -- ask mechs to disable/delete the account
       -n    no userPassword -- don't set plaintext userPassword property
                               (only set mechanism-specific secrets)
       -f sasldb      use given file as sasldb
       -a appname     use appname as application name
       -u DOM  use DOM for user domain
linux:~ #
```

Übrigens: Über den Parameter **-p** können Sie **saslpasswd** anweisen, das Passwort nicht durch einen Prompt abzufragen, sondern von **STDIN** zu erfassen. Das ist sinnvoll, wenn Sie später die Datenbank aus einem Skript heraus regelmäßig erzeugen lassen wollen:

```
linux:~ # echo geheim | saslpasswd2 -p -c tux
linux:~ #
```

Solange **saslpasswd2** keine Fehlermeldung von sich gibt, hat alles geklappt.

[5] Anmerkung für Cyrus-Profis: Es wäre auch möglich, hier über den **saslauthd** zu gehen und diesen mit root-Rechten die **sasldb** auslesen zu lassen. Das wäre zugegebenermaßen die etwas elegantere Methode. Ich verzichte hier aus zwei Gründen darauf: Wir sparen uns den Start des **saslauthd**, der in älteren Distributionen teilweise fehlt, und wir realisieren später noch SMTP-Auth über den **saslauthd** mit **rimap**-Authentifizierung (Kapitel 9.12.3, Seite 212). Das würde sich hier mit **auxprop** beißen. Eine andere Möglichkeit wäre natürlich auch, später SMTP-Auth zwar über den **saslauthd** zu realisieren, diesen aber auch für SMTP-Auth direkt auf die **sasldb** zureifen zu lassen und sich damit **rimap** zu sparen, wenn man wegen Cyrus ohnehin eine separate Passwort-Datenbank pflegen muss. Allerdings mag der **saslauthd** teilweise per Default nicht auf die **sasldb** zugreifen. Sie sehen, das Ganze heißt völlig zu Recht „*simple* authentication and security layer". Übrigens: Wenn Sie diese Fußnote jetzt rein gar nicht verstanden haben, dann nicht traurig sein! Freuen Sie sich lieber, denn dann war sie für Sie auch nicht wichtig…

Um Cyrus in Postfix einzubinden, gibt es zum einen das von Cyrus mitgebrachte Programm **deliver**, das das Postfix-eigene Programm **local** ersetzen soll. **deliver** übernimmt dann das Abspeichern der E-Mails. In aller Regel wird sich auch ein passender Eintrag in **/etc/postfix/master.cf** finden.

Andererseits kann Cyrus auch problemlos LMTP, und ich halte es für erheblich einfacher und flexibler, die Übergabe der E-Mails von Postfix an Cyrus gleich per LMTP zu regeln. Dafür können beide einen gemeinsamen *Socket* nutzen. Ein Socket ist eine spezielle Datei ähnlich einer TCP/IP-Verbindung. Auch wenn die Default-Einstellung von Cyrus anders lautet: Setzen Sie den Pfad zum Socket auf das Postfix-Verzeichnis, um Problemen mit Dateizugriffsrechten vorzubeugen.

Tragen Sie dazu in **/etc/cyrus.conf** ein:

```
linux:~ # joe /etc/cyrus.conf
[...]
lmtpunix    cmd="lmtpd" listen="/var/spool/postfix/public/lmtp" prefork=1
[...]
```

Bei Postfix setzen wir das Pendant und starten dann Postfix und Cyrus neu.

```
linux:~ # joe /etc/postfix/main.cf
[...]
mailbox_transport = lmtp:unix:public/lmtp
[...]
linux:~ # rccyrus restart
[...]
linux:~ # rcpostfix restart
[...]
linux:~ #
```

Auch ein erster Benutzer ist schnell angelegt und ein Passwort gesetzt (cm = *create mailbox*!):

```
linux:~ # cyradm --auth login localhost --user cyrus
IMAP Password: supergeheim

localhost>cm user.geeko
localhost>exit

linux:~ # saslpasswd2 geeko
Password: geheim
Again (for verification): geheim
linux:~ # sasldblistusers2
geeko@postfixbuch: userPassword
linux:~ #
```

Damit wäre ein Anfang gemacht, von dem aus Sie weiter experimentieren können. Aber Cyrus-IMAP ist ein komplexes Thema, so dass ich hier unmöglich eine ausführliche Darstellung leisten kann. Roland Huber hat eine sehr schöne Anleitung geschrieben, die auch eine gute Einführung in Cyrus-IMAP darstellt.[6]

8.4.4   University of Washington: UW-IMAP

Nicht immer in den Distributionen enthalten ist **UW-IMAP**, ein an der Universität Washington entstandenes Projekt. Entgegen seinem Namen enthält es nicht nur einen IMAP, sondern auch einen POP3-Server und ist damit in der Lage, **qpopper** vollständig zu ersetzen. Es bietet sich immer dann an, wenn man einen IMAP-Server braucht und **qpopper** allein nicht mehr weiterhilft. Sofern Sie einmal mit **qpopper** eingestiegen sind und dieser problemlos läuft, können Sie auch **qpopper** und **uw-imapd** ohne weiteres parallel einsetzen. Erwähnen sollte man allerdings, dass **uw-imap** unter Sicherheitsaspekten nicht unbedingt den besten Ruf genießt, um es einmal vorsichtig zu formulieren. Ich persönlich setze nicht auf diese Software.[7]

Zur Installation: Entpacken Sie den Sourcecode an passender Stelle und richten Sie sich nach den Hinweisen in der Datei **README**. Mit einem **make slx** starten Sie den Kompilierungsvorgang für ein übliches Linux-System.

Auch hier müssen Sie noch einen entsprechenden Eintrag in **/etc/inetd.conf** vornehmen, natürlich für POP3 und IMAP gleichermaßen:

```
linux:~ # joe /etc/inetd.conf
[...]
# Pop et al
#
# pop2  stream  tcp     nowait  root    /usr/sbin/tcpd  in.pop2d
pop3  stream  tcp     nowait  root    /usr/sbin/tcpd  /usr/sbin/ipop2d
imap  stream  tcp     nowait  root    /usr/sbin/tcpd  /usr/sbin/imapd
#
```

---

[6] http://www.linux-tin.org/tin.german/setupguide/server/suse/html/mailserver.htm
[7] Quellen: ftp://ftp.cac.washington.edu/imap/imap.tar.Z
Infos: http://www.washington.edu/imap/

Werbe-Mails –
Spam und UCE

Spam

Dosenfleisch aus Amerika (*Spiced Ham*); bekannt wurde es durch einen Sketch von Monty Python, in dessen Verlauf jedes Wort durch das Wort „Spam" ersetzt wird, das, permanent wiederholt, schließlich jede Kommunikation erstickt.[1] Nicht anders zerstören Werbe-E-Mails die sinnvolle Kommunikation im Internet.

Eine andere Erklärung für Spam lautet *SPread Around Message*.

UCE (*Unsolicited Commercial E-Mail*)

unerwünschte kommerzielle Werbe-E-Mail

---

[1] Audio: http://www.detritus.org/sounds/real/spam-skit.ram.

9.1 Die Geschichte des Spam

Das Medium E-Mail ist schnell, bequem und leider auch billig. Leider!? Das mag nun etwas deplaziert wirken und ist auch mit einem gewissen rhetorischen Grinsen zu lesen. Dennoch: Die Tatsache, dass ein paar (oder einige Tausend, oder einige Millionen) E-Mails heute fast nichts kosten, bringt unangenehme Erscheinungen hervor.

Es war im Jahr 1994, als Sanford „Spamford" Wallace die Werbe-E-Mail „erfand". Seitdem hat sich „Spamford" mit seiner Firma *Cyber Promotion* viele Feinde gemacht.[2] Es war nur eine Frage der Zeit, bis eine ausreichende Zahl von Anwendern dieses Medium nutzen, die Kosten weit genug sinken – und bis der erste Geschäftstüchtige die Gunst der Stunde nutzen würde: Ohne große Kosten waren unzählige Verbraucher mit Werbebotschaften zu erreichen. Doch der Erfolg war nicht von Dauer, wie ein Artikel aus dem „Spiegel" zeigt (Abbildung 9.1). [3]

Doch hat Wallace den Bann gebrochen: Jahr für Jahr stieg die Zahl unerwünschter Werbebotschaften in E-Mail-Postfächern kontinuierlich an – das weiß auch der Autor dieses Buches aus leidvoller Erfahrung. Die Werbeversender werden dabei immer dreister, trickreicher – und auch rücksichtsloser, wie im Sommer 2003 die massiven Denial-of-Service-Attacken gegen Anti-Spammer-Organisationen eindrucksvoll bewiesen. Hier wird regelrecht Krieg geführt.

Der Schaden für die Volkswirtschaft geht in die Milliarden. Jeder von uns bezahlt bares Geld dafür, dass Spammer sein Postfach zumüllen. Die EU-Kommission schätzt den Schaden allein für die europäische Wirtschaft auf rund 2,5 Milliarden Euro im Jahr 2002.[4] Die Kosten und Probleme von Privatpersonen sind da noch nicht einmal eingerechnet.

An E-Mail-Adressen zu kommen ist für Spammer kein großes Problem: Mit wenig Aufwand kann man Datenbanken mit langen Adresslisten kaufen, auf CDs per Post oder bequem per E-Mail. Teuer ist das auch nicht: 99$ für 150 Millionen Mailadressen ist ein durchaus üblicher Kurs. Mit im Preis inbegriffen: Eine Software, die den Versand der Mails übernimmt.

Werbe-E-Mails sind verhasst: Sie stören, verstopfen das Postfach, kosten Downloadzeit (und damit Geld) und müssen aussortiert werden. Keine Firma, die etwas auf sich hält, wird sich trauen, E-Mail-Werbung zu machen. Zumindest macht sie es kein zweites Mal ... Zurück bleiben Kettenbrieforganisationen, Sex-Anbieter und andere dubiose Quellen, die keinen guten Ruf zu verlieren haben.

Doch für diese ist Mailwerbung äußerst attraktiv: Ein herkömmliches Mailing an 100.000 Adressen kostet durch Adresseinkauf, Porto, Druck, Etikettierung und Ver-

---

[2] http://www.mtcc.com/~mike/wallace.html
[3] Natürlich ausgerechnet in Heft *42*! – Wie sollte die Frage nach dem Sinn des Lebens, des Universums und des ganzen Rests in diesem Zusammenhang besser beantwortet werden?!
[4] http://www.heise.de/newsticker/meldung/38577

sand schnell runde 50.000 Euro, nimmt man den herkömmlichen Postweg. Und – je nach Branche und Inhalt – ist eine Rücklaufquote (*Response Rate*) von 2 bis 5% durchaus als Erfolg zu werten. Aber ein teuer eingekaufter Erfolg: 5.000 Antworten für 50.000 Euro.

INTERNET

Der König des Spam

In der zweiten Hälfte der Neunziger war Sanford Wallace einer der meistgehassten Menschen im Internet. Wallace war ein Spammer, er verschickte unerwünschte Werbemails, bis zu 25 Millionen pro Tag, die elektronischen Briefkästen verstopften, Download-Zeiten verlängerten und die gegen die Benimmregeln des Internet verstießen. Zeitweise soll seine Firma Cyber Promotions für 80 Prozent der Spams im Netz verantwortlich gewesen sein. Seine Gegner nannten ihn „Spambo", zerrten ihn vor Gericht und wollten ihn aus dem Internet vertreiben. Anfangs lachte Wallace über die Attacken, sagte, er sei nicht im Netz, um die beliebteste Person der Welt zu werden, sondern um Geld zu machen. Doch er verlor Prozesse, wurde zu Schadensersatz in Millionenhöhe verurteilt, und schließlich gab er sich geschlagen und ver-

schwand für längere Zeit. Vor kurzem tauchte er wieder auf, allerdings in der realen Welt. Wallace ist jetzt Besitzer des „Plum Crazy"-Nachtclubs in New Hampshire. Hier legt er Platten auf, nennt sich „DJ Masterweb" und gibt sich geläutert. Mit Spam will er nichts mehr zu tun haben. Pete Wellborn, Anwalt aus Atlanta und Wallaces früherer Gegner, glaubt ihm: Wallace sei immer ein kühl kalkulierender Geschäftsmann gewesen, der sich aus dem Spam-Business zurückgezogen habe, nachdem Gerichte entschieden hatten, dass Spammen illegal sei.

Wallace

Abbildung 9.1:
Die Geschichte von
Sanford Wallace
Quelle: „Der Spiegel"
42/2003

Anders per Mail: 150 Millionen Adressen für runde 100 Dollar. Da spielt es auch schnell keine Rolle mehr, dass ein Großteil der Adressen veraltet ist und nicht mehr existiert, gar nicht zur Zielgruppe gehört oder schon aus geographischen Gründen ausscheidet. Und schnell wird auch klar, dass eine marginal niedrige Response Rate noch ein wirtschaftlicher Erfolg sein kann. Auch eine Rate im Promille-Bereich macht bei 150 Millionen Empfängern noch runde 150.000 Kundenreaktionen; mit 100$ kommt man hingegen auf dem Postweg nicht sehr weit…

Wer sich dieses Verhältnis klarmacht, wird schnell einsehen, warum dubiose Geschäftemacher hier eine Goldgrube sehen – und warum Spam auch in Zukunft nicht nachlassen wird.

Unerfahrenheit oder Naivität tun ihr übriges dazu: Inkompetente Geschäftsleute, frischgebackene Webshopbesitzer und andere Unglückliche, die sich von den Spammern überreden lassen, Werbung per E-Mail sei *doch* eine gute Idee. Nun – der geballte Zorn des Netzes belehrt sie bald eines besseren: Gehackte Webseiten, wütende Rückmails (die meist auch nicht an der Größe sparen...), Beschwerden beim Provider, Abmahnungen durch die Konkurrenz und – sofern vorhanden – ein ruinierter Ruf.

Kurz: Diese Rechnung mag auf dem Papier aufgehen; tatsächlich aber ist Mailwerbung in seriösen Branchen ein Fiasko.

Das A & O für Spammer ist daher: Nicht erwischen lassen, nicht identifiziert werden. Und das A & O für uns Postmaster: Schutz unserer User und Schutz unserer Server.

9.1.1   E-Mail-Adressen bekommen

Doch wie gelangen Spam-Versender an ihre Adressen?

Ausprobieren

Immer wieder ist in den Logfiles eines Mailservers zu beobachten, dass Spammer systematisch mögliche Mailadressen ausprobieren. Sie adressieren die Mails durch: Von a@ bis z@, von aa@ bis zz@, und irgendwann auch von aaaaaaaa@ bis zzzzzzzz@. Das mag zwar nicht sonderlich effektiv wirken, funktioniert aber. Auch wenn der Großteil der so automatisch generierten Adressen nicht funktioniert (wen stört's!?) – die echten Mailadressen werden zwangsläufig erwischt und beschickt.

Newsgruppen

Das Medium *NetNews* (nicht ganz korrekt oft auch *Usenet* genannt), also die schwarzen Bretter im Internet, setzt die Angabe der Mailadresse jedes aktiven Teilnehmers voraus. Es ist ein leichtes, aus einigen hunderttausend Beiträgen in den Foren schnell einige hunderttausend Mailadressen zu gewinnen, anschließend müssen nur noch Dubletten herausgefiltert werden.

World Wide Web

Aber auch Newsforen – leider ohnehin immer weniger verbreitet – sind heute nicht mehr notwendig. Mit wenigen Handgriffen lässt sich eine Software (*Robot*) programmieren, die allein durch die Weiten des Web surft und sämtliche Mailadressen aus Webseiten herausfiltert. Anhand des „@" sind diese schnell und eindeutig identifiziert. Links in den Webseiten werden von diesem Robot als solche erkannt – und die verlinkten Webseiten gleichfalls geladen und ausgewertet.

IRC/ICQ

Auch über diverse Chats im IRC oder ICQ lassen sich Mailadressen sammeln.

FTP-Login und Browser

Einige Spammer platzieren auf Webseiten Links zu unsichtbaren 1-Pixel-Bildern, die aber per Anonymous-FTP statt per HTTP geholt werden sollen. Einige Browser loggen sich auch bei Anonymous-FTP grundsätzlich mit der E-Mail-Adresse des Surfers als Kennwort ein.

Wer nicht fragt, bleibt dumm...

Ebenfalls immer wieder zu finden sind Webseiten, bei denen man sich angeblich aus den Adresslisten der Spammer austragen kann. Nun – ein Narr, wer dem Glauben schenkt. Spammer machen auf rücksichtslose Art und Weise Profit – und nehmen dabei auch in Kauf, dass wichtige Mailserver tagelang lahm gelegt werden, dass Firmen drei- oder vierstellige Schadenssummen nach einem Spam-Angriff erleiden, und verstopfen systematisch anderen Nutzern die Postfächer. Und noch kein Spammer hat sich jemals darum geschert, dass eigentlich *niemand* diese Mails haben will, geschweige denn, auf irgendeine Weise übers Ohr gehauen werden möchte. Rücksichtnahme ist also wirklich nicht zu erwarten.

Nun, vielleicht gibt es tatsächlich eine Liste, die einigermaßen seriös dieses Ziel verfolgt. Doch dürften sich nur die wenigsten Spammer dieser Liste angeschlossen haben bzw. sich nach ihr richten. Zudem erreichte ausgerechnet eine solche Liste im Herbst 2000 traurige Berühmtheit, nachdem herauskam, dass es aufgrund eines Softwarefehlers monatelang möglich gewesen war, ausgerechnet die Sperrliste mit den Mailadressen frei herunterzuladen.[5]

Einfache Experimente mit sonst nie benutzen Mailadressen beweisen: Der vermeintliche *Aus*trag aus den Spam-Verteilern kommt in aller Regel einem *Ein*trag in diese Listen gleich. Wie kann man bequemer an gültige Adressen kommen, als Benutzer auf der Webseite des Spammers gleich selbst darum zu bitten, ihre Angaben zu machen?

Eindeutig auch eine Spam-Mail die Werbung für Spam macht! Auf der einen Seite bewirbt der Spammer die Qualität seiner Adressen und weist auf die Remove-Adressen extra hin, schließlich sind diese garantiert aktuell, zustellbar und werden von Menschen gelesen... Remove-Adressen als besonderes Qualitätsmerkmal!

```
175 MILLION
EMAIL ADDRESSES
FOR ONLY $99

This CD contains 136 Million email addresses and a list of
39 Million REMOVES, people who are known to request removal
```

---

[5] Vgl. http://www.heise.de/newsticker/data/odi-12.11.01-000/

```
from emailers' lists. Very Important !!
[...]
```

Und wenige Zeilen später – im automatisch angehängten Abspann seiner eigenen Spam-Mail – wird der Remove-Mechanismus angeboten:

```
THIS MESSAGE INCLUDES A REMOVE MECHANISM:
Further transmissions by the sender may be stopped at no
cost by replying to this message with the word "'REMOVE"'
in the subject line. The remove process is AUTOMATED and
all remove requests will be honored. The operators can
only take orders and cannot assist in the remove process.
Please understand that any effort to disrupt, close or
block this REMOVE account  can only result in difficulties
for others wanting to be removed from our mailing list.
```

9.1.2 Schutz vor Adressenklau?

Aus einer Art hilfloser Notwehr heraus sind in den letzten Jahren einzelne Nutzer dazu übergegangen, ihre E-Mail-Adressen nicht mehr in maschinenlesbarer Form in Web und Newsgruppen anzugeben. Immer wieder sieht man unbrauchbar gemachte Mailadressen, z. B. in der Art NOSpam.tux@postfixbuch.de oder tux@removethis.postfixbuch.de – und der Kommunikationspartner möge die eingefügten Wörter doch bitte per Hand aus der Empfängeradresse löschen, um die „wahre" Mailadresse zu erhalten.

Manche halten das für eine gute Idee – doch auffallend viele erfahrene Anwender wenden sich entschieden gegen diese Verstümmelung der Mailadressen, und zwar aus folgenden Gründen:

- Spam und UCE sind in aller Regel ein Problem mangelhaft konfigurierter Mailserver, die von ihren Administratoren eigentlich „dicht gemacht" werden müssten. Maßnahmen auf Benutzerebene seien ein falscher Ansatz, ein „Herumdoktern" an den Symptomen.

- Kommunikation muss einfach sein und vor allem funktionieren. Immer wieder übersieht man derartige Verstümmelungen, die E-Mails landen im Nirwana oder kommen als unzustellbar an den Absender zurück.

- „Wer verstümmelte Mailadressen hat, will nicht, dass ich mit ihm kommuniziere." Auch diese – leicht überspitzte – Aussage ist immer wieder zu hören. So sehen es viele Benutzer nicht ein, dass ihnen zugemutet wird, per Hand die Mailadresse zu ändern, bevor sie eine Antwort senden können (oder warum sie eine gebouncte E-Mail noch einmal senden sollen, wenn sie die Verstümmelung übersehen haben).

Gegen Spam kann sich ein User auch anders als durch Adressverstümmelung schützen – zuvörderst durch die Auswahl eines gut konfigurierten Mailproviders und eines Admin, der sein Handwerk versteht; und darum geht es in diesem Kapitel. Viele Nutzer sehen also nicht ein, warum sie nun Mehrarbeit haben sollen, weil sich der „Adressverstümmler" nicht um einen professionellen Mailprovider kümmert. In Newsgruppen werden daher diese „kaputten" Mailadressen häufig sehr negativ aufgefasst und entsprechend kommentiert.

Zudem scheinen gerade Einträge wie **NOSpam** oder **REMOVETHIS** nur bedingt erfolgversprechend, da sich diese eindeutigen Füllwörter natürlich von Spammern routinemäßig löschen lassen, auch das Ersetzen des „@" durch ein „-at-" oder vergleichbare Spielereien schreckt Spammer nicht wirklich ab: Die Top-10-Superverstümmelungstricks, die immer wieder heiß empfohlen werden, sind ihnen natürlich auch bekannt und lassen sich automatisch zurückwandeln. Blöd sind die ja auch nicht.

- Falsche Adressverstümmelung verhindert keinen Schaden! Fügen Laien die Füllwörter im Bereich des Usernamens ein (also vor dem „@"), so verhindern sie unter Umständen nicht, dass die E-Mails dennoch bei ihrem Mailprovider landen (und der also entsprechend belastet wird). Das eigene Postfach mag frei bleiben (auch von gewünschten Antworten...), aber seinem Mailprovider tut man damit keinen Gefallen. Schlimmer noch: Unter Umständen belastet man ihn doppelt, wenn die Mailserver nun auch noch versuchen, die unzustellbare Mail zurückzusenden. Wenn überhaupt, sollte ein Füllwort *nach* dem „@" erscheinen – im Bereich der Domain. Der Spammer ist dann nicht mehr in der Lage, die E-Mail überhaupt abzusenden. Im Gegenzug muss man aber damit rechnen, dass die eigenen E-Mails mit diesem Absender auch nicht mehr verschickt werden können. Viele (gut konfigurierte) Mailserver verweigern die Annahme von E-Mails, die eine ungültige Domain als Absender tragen.

Alles in allem: Für den Laien mag diese Idee gut klingen, in der Praxis löst sie aber keineswegs das Problem. Im Gegenteil: Sie behindert die Kommunikation mehr als sie sie fördert. Aus diesem Grunde möchte ich von dieser Praxis eindeutig abraten. Die Lösung liegt in sauber konfigurierten Mailservern!

Es gab übrigens mehrfach amüsante Vorfälle im Netz, als sich Dritte bei Freemailern eben die verstümmelte Mailadresse sicherten, um verfeindete User zu ärgern. Sie konnten so Mails abfangen, die eigentlich an einen anderen gerichtet waren, allerdings vergessen wurde, das **NOSpam** aus der Empfängeradresse zu entfernen. Der Streit eskalierte, nachdem der Besitzer der **NOSpam**-Mailadresse vom ursprünglichen Benutzer verlangte, den Gebrauch der **NOSpam**-Adresse einzustellen. Einige FAQs führen das Thema weiter, es lohnt sich, sie zu lesen.[6]

---

[6] http://www.faqs.org/faqs/de-net-abuse/mail-faq/: Das generelle FAQ aus der Newsgruppe de.admin.net-abuse.mail, die auch auf das Problem der verfälschten Mailadressen eingeht. Darüber hinaus hat sie sehr viele aktuelle Links zur weiteren Vertiefung.

9.2 Die Rechtslage

Nach deutscher Rechtslage ist Spam/UCE unzulässig und wettbewerbswidrig. Schon früher stellte sich ein vergleichbares Problem bei der Frage von unverlangt zugesendeter Faxwerbung – und so war es nur eine Frage der Zeit, bis es einige Urteile höherer Instanzen gab, die gleiches auch für Mailwerbung feststellten.

Bekannt geworden ist das so genannte *Traunstein-Urteil*. Unter dem Stichwort „Traunstein" werden sie auch schnell in Suchmaschinen im Web fündig.[7]

Auch andere Gerichte haben mittlerweile Stellung bezogen:

> „Die unaufgeforderte Zusendung einer Werbemail an Privatleute verstößt gegen § 1 UWG und § 823 BGB."[8]

Ein kurzer Abriss über die rechtliche Lage bei Spam:

§1 UWG

Unverlangt zugesandte Mailwerbung verstößt gegen § 1 UWG, das Gesetz zum Schutz gegen unlauteren Wettbewerb. Da die Kosten der Werbung dem Empfänger der Werbung aufgebürdet werden (Vorhalten des Postfaches, Abruf der Mails), stellt Mailwerbung unlauteres Verhalten im Wettbewerb dar. Unlauterer Wettbewerb ist übrigens kostenpflichtig abmahnbar! – Leider nur durch die Konkurrenten des wettberwerbswidrig Handelnden, nicht aber durch den Verbraucher, der den Werbemüll bekommt.

§§823 I, 826 BGB

Der normale Verbraucher kann sich über § 823 I BGB wehren, da die Zusendung von Spam als „Eigentumsschädigung" bzw. bei Geschäftsleuten auch als „Eingriff in den eingerichteten und ausgeübten Gewerbebetrieb" zu werten ist. Zudem ist die Zusendung von Spam auch als vorsätzliche sittenwidrige Schädigung nach § 826 BGB zu bewerten.

Grundsätzlich sollte es damit auch dem Verbraucher – und nicht nur der Konkurrenz – möglich sein, gerichtlich gegen den Spammer vorzugehen, um auf Schadensersatz und Unterlassung zu klagen.

9.3 Der Schaden für den Postmaster

Sie fragen sich nun vielleicht, wo das eigentliche Problem überhaupt liegt. Zugegeben: Spam ist lästig, man muss ihn aus dem Postfach aussortieren, aber das ist

---

[7] Landgericht Traunstein, 2. HK O 3755/97, zu finden in der Fachzeitschrift NJW 1998, 1648.
[8] So das LG Berlin am 2.8.1998 (Az: 16 O 201/98).

ja alles noch überschaubar... Überschaubar!? – Mitnichten! Schnell kommen ein Dutzend Spam-Mails oder mehr pro Tag zusammen, und meist sparen diese auch nicht an Datenvolumen. Das Problem Spam liegt in der Summe: Der Zeitaufwand, der Ärger, die Übertragungs- und Onlinekosten, der belegte Platz im Postfach, der es vielleicht zur Verstopfung bringt.

Zum einen geht es uns als Postmaster also darum, wie wir unsere Benutzer vor Spam schützen können. Es läuft also auf die Frage hinaus: Wie blocken wir Spam möglichst effektiv ab, damit er die Postfächer der Benutzer gar nicht erst erreicht?

Zum anderen haben wir als Postmaster auch ein eigenes vitales Interesse daran: Spam kostet Bandbreite und Datenvolumen. Und Datenvolumen ist vielerorts noch extrem teuer – allein der Empfang von Spam macht sich bei volumenberechneten Leitungen ernsthaft finanziell bemerkbar. Leicht kommen auf das Jahr gerechnet vierstellige Schadenssummen zusammen.

Doch das eigentliche Problem ist folgendes: Spammer sind darauf angewiesen, andere Mailserver für den Versand der E-Mails missbrauchen zu können (*Mail Relay*). Zum einen können sie dadurch ihre wahre Identität verschleiern, da sie nicht mit ihrer IP-Nummer die Mails versenden und nicht weiter in Erscheinung treten. Zum anderen erzeugt der Versand von einigen Millionen E-Mails ein Datenvolumen, das ihre Anbindung nicht hergibt bzw. für das sie die Kosten nicht tragen wollen.

Spammer nutzen also schlecht konfigurierte Mailserver, die es ihnen erlauben, E-Mails einzuliefern, die von diesem Mailserver wiederum ins Netz an den eigentlichen Empfänger zugestellt werden (*Open Relay*). An diese Open Relays liefern sie ihre E-Mail *einmal* aus, versehen sie jeweils mit einigen hundert oder tausend Empfängern im Mailheader und der missbrauchte Mailserver übernimmt die einzelnen Zustellungen. Passiert so etwas einer kleinen Firma mehrfach, kann es durchaus existenzbedrohend werden, zumal der Mailserver vor lauter Spam nicht mehr zur Zustellung „echter" Mails kommt.

9.4 Eine Anekdote aus der Praxis

Doch auch durch fremde falsch konfigurierte Mailserver droht Gefahr. Hier eine wahre (!) Begebenheit als anschauliches Beispiel, die garantiert kein Einzelfall ist:

An einem schönen Samstag Morgen entdeckten wir bei einer Routinekontrolle der Postfächer und unserer Mail-Logfiles, dass ein Mailserver mit der Domain einer großen deutschen Hotelkette seit Mitte der Nacht ca. 180.000 E-Mails an Nutzeraccounts unserer Domain eingeliefert hatte. Ständig wurden weitere E-Mails eingeliefert, mehrere pro Sekunde. Bei all diesen handelte es sich um gebouncte E-Mails mit stets dem gleichen Inhalt. Ein Spammer hatte in der vergangenen Nacht den offenen Mailserver der Hotelkette reichlich bestückt – und als vermeintliche Absender seiner Werbebotschaften mehrere unserer User auserkoren.

In der Folge stellte der Mailserver der Hotelkette die Werbemails zu – und dank vieler unzustellbarer Mailadressen erzeugte er zahlreiche gebouncte E-Mails, die er an uns als den angeblichen Absender zurückschicken wollte, jede einzelne jeweils ca. 45 KB groß.

Es hat nicht lange gedauert, bis wir den Mailserver der Hotelkette auf unserem Mailserver und in der Firewall blockten, so dass uns zunächst einmal keine weiteren Mails erreichten. Für uns wäre das Problem damit beinahe erledigt – abgesehen von der Frage, wer die bis dahin aufgelaufenen 8 Gigabyte Datenvolumen à 55,- Euro zu tragen hat (ja, so teuer war das damals). Und der Schaden war nur deshalb so „gering" ausgefallen, weil wir – trotz Wochenende – rechtzeitig reagieren konnten.

Natürlich schrieben wir eine E-Mail an den Postmaster. Auch an den in den Domaindaten genannten technischen Ansprechpartner (TECH-C) schickten wir eine E-Mail und sprachen auf den Anrufbeantworter. Am Wochenende geschah nichts. Am Montag morgen öffneten wir probeweise die Firewall – und machten sie auch schnell wieder zu... Alleine in den wenigen Stunden in der Nacht zu Samstag erreichten uns bereits 180.000 unzustellbare Mails, man kann sich ausrechnen, wie viele Mails der Server bis Montag früh bereits *erfolgreich* zugestellt hatte...

Gegen Montag Mittag meldete sich die PR-Abteilung des Hotels. Wir hätten um Rückruf gebeten, weil wir wohl eine Frage zum Internetauftritt des Hotels hätten... Nein, hatten wir nicht, aber wenig später konnten wir dann doch noch dem TECH-C der Hotelkette berichten, wo das Problem lag.

Nach einem längeren Telefonat kam meinem Gesprächspartner noch reichlich spät eine geniale Idee: „Wir betreiben doch gar keinen Mailserver!", offenbarte er meinen überraschten Ohren. „Auf dem Server läuft nur Web!" Zudem sei eine Fehlkonfiguration des Servers ohnehin grundsätzlich ausgeschlossen, da der Server an einen externen Provider „outgesourct" sei, und der wisse doch, was er tue, schließlich sei er groß...

Meine Gegenfrage schien hingegen auf Unverständnis zu stoßen, denn ich erkundigte mich, ob zufällig Windows NT eingesetzt werde. Tatsächlich: Die Hotelkette wusste bis dato von dem SMTP-Programm ihres NT-Webservers nichts, das unbemerkt im Hintergrund installiert und aktiviert worden war. Natürlich wies dieser SMTP-Server in seiner Grundkonfiguration keinerlei Spam-Schutz auf und war ein Open Relay – groß wie ein Scheunentor. In der Folge war es nur eine Frage der Zeit, bis Spam eingeliefert wurde. Auch der Zeitpunkt kurz vor dem Wochenende war wohl nicht zufällig gewählt und hatte ja auch durchaus den gewünschten Erfolg.

Das heißt: Die eigenen Server waren tadellos konfiguriert und nahmen ordnungsgemäß Mail an, ebenso wie der Mailerdämon der Hotelkette korrekt Mails an unsere Accounts schickte – allein Menge und Inhalt erwiesen sich als Ärgernis.

Diese gebouncten Mails sind allerdings immer nur ein Teil des Problems. Das „dicke Ende" kommt stets erst in den folgenden Stunden und Tagen: Tausende empörte Benutzer machen aufgrund der (gefälschten) Absendeadresse einen Nutzer Ihres

Systems – und damit auch Sie als Postmaster – als Schuldigen aus und überhäufen Sie mit Klagen, Beschwerden und megabytegroßen E-Mails (*Mailbomben*). Und das Schlimmste: Diese Protestflut kann man kaum sinnvoll blocken, will man nicht seinen Mailserver abschalten. Für Spam-Mails, die den eigenen Mailserver nie passiert haben und für die man definitiv nicht verantwortlich war, muss man schließlich büßen.

Die Hotelkette selbst stellte sich übrigens kühl auf folgenden Standpunkt: „Wenn Sie am Internet teilnehmen, dann ist es Ihr normales Risiko, dass diese Kosten auf Sie zukommen." – Und damit war das Thema für sie erledigt. Aber ist dieses Verhalten nicht vergleichbar mit dem Fahren eines Autos ohne Bremsen, das einen anderen Verkehrsteilnehmer rammt, so dass dieser einen Totalschaden erleidet? Ist es dessen allgemeines Verkehrsrisiko, muss dieser seinen Schaden selbst tragen? Mir ist leider noch kein Fall bekannt, wo es gelungen wäre, einen derartigen Schadensersatz erfolgreich einzuklagen. In der Praxis dürfte das Risiko des technischen Unverständnisses der Richter und einer problematischen Beweisführung wohl zu groß sein, doch da sich Spam mittlerweile zu einer wahren Seuche entwickelt hat und Richter auch nur surfende Menschen sind, könnte sich das ändern.

Ich möchte Ihnen mit dieser Anekdote zum einen die finanziellen Dimensionen aufzeigen, die hinter Problemen dieser Art stecken. Zum anderen möchte ich deutlich machen, dass es eben *nicht* allein *Ihr* Problem ist, ob Ihr Mailserver richtig konfiguriert ist, denn andere hängen – im wahrsten Sinne des Wortes – „mit im Netz".

Darum meine eindringliche Bitte: Legen Sie Spammern das Handwerk und sichern Sie Ihren Mailserver! Das Spam-Problem wird nur dadurch zu lösen sein, dass einerseits die Rechtslage international vereinheitlicht und verschärft wird und andererseits Mailserver endlich richtig konfiguriert werden. Übrigens: Der Frust über das stetige Spam-Problem und die Inkompetenz vieler Postmaster selbst großer Firmen und Provider waren die Auslöser zu diesem Buch …

9.5 Wann ist ein Server ein Open Relay

Wie gezeigt, benötigen Spammer so genannte Open Relays, um ihre Mails zu verteilen. Sie gehen dabei so vor, dass sie als externer Absender an einen Server E-Mails einliefern, die dieser wiederum an externe Adressen zustellt.

Das ist aber nicht der Normalfall – und für uns im täglichen Betrieb eigentlich auch nicht notwendig. Eher geht es doch um

- eingehende E-Mails, die ein (beliebiger) Mailserver im Netz an einen lokalen Benutzer auf unseren Server zustellt, oder

- ausgehende E-Mails, die ein Benutzer unseres LAN einliefert, damit unser Mailserver sie nach außen zustellt.

Verhindern aber müssen wir, dass

- eine Mail eines *externen* Mailservers/Clients wieder an *externe* Adressen, also nicht-lokale Postfächer angenommen und über das Netz weitergeleitet wird, wir also nur als unkontrolliertes Relay, als Zwischenstation, fungieren.

Eigentlich ein sehr einfaches Prinzip, das auch einfach zu realisieren ist. In Kapitel 3.3.2 hatten wir in die Konfigurationsdatei */etc/postfix/main.cf* unsere lokalen IP-Nummern in die Variable **$mynetworks** eingetragen. Diese IP-Nummern dürfen Mail an Adressen einliefern, die außerhalb unseres Netzes liegen.

Versucht ein Mailserver mit einer IP-Nummer außerhalb von **$mynetworks** eine E-Mail bei uns einzuliefern, so kann das zulässig sein – wenn sie für einen lokalen Account bestimmt ist. Ist sie das aber nicht, so muss Postfix diese Mail blocken. Einzige Ausnahme: Wir haben über ein geeignetes Verfahren sichergestellt, dass die E-Mail zu einem (vertrauenswürdigen) Nutzer unseres Systems gehört, der uns als Relay auch von außerhalb benutzen darf. Zu solchen Zwecken bieten sich die passwortbasierenden Verfahren *SMTP-Auth* oder *SMTP-after-POP* an (siehe Kapitel 9.12.3).

Kein ausreichendes Kriterium ist, dass die von einem externen Host eingelieferte E-Mail eine Mailadresse unserer Domain als Absender trägt! Spammer erzeugen gezielt Absender mit dem Domainnamen des Mailservers, um ihm vorzugaukeln, es handele sich um einen lokalen Benutzer.

9.6 Schutz durch Restrictions

Die entscheidende Stelle, um Spam abzuwehren, ist der Einlieferungszeitpunkt auf unserem Mailserver. Es soll also darum gehen, die Annahme von vornherein abblocken zu können. Ob eine E-Mail angenommen werden darf, entscheidet sich aus dem Zusammenspiel von

- IP-Nummer des einliefernden Mailservers oder Clients

- Empfänger der E-Mail

- ggf. Mailadresse des Absenders der E-Mail (unsicher)

- ggf. Passwort-Authorisierung des Clients (sicherer)

- weiteren formalen Kriterien, z. B. fehlerhaften SMTP-Befehlen o. Ä.

Für die Annahme von E-Mails per TCP/IP ist bei Postfix das Modul **smtpd** zuständig. Noch einmal zu dem SMTP-Dialog beim Einliefern einer Mail:

```
Trying 127.0.0.1...  Connected to localhost.  Escape character is '^]'.
220 mail.postfixbuch.de ESMTP Postfix on SuSE Linux 7.3 (i386)
HELO mailserver.irgendwas.de
250 mail.postfixbuch.de
MAIL FROM: <user@irgendwas.de>
250 Ok
RCPT TO: <postmaster@mail.postfixbuch.de>
250 Ok
DATA
354 End data with <CR><LF>.<CR><LF>
Subject: Ein Betreff

Hallo Welt


.
250 Ok: queued as A6B701E890
221 Bye
```

Über die Parameter

smtpd_client_restrictions (prüft IP-Nummer oder Hostnamen)
smtpd_helo_restrictions (prüft nach HELO)
smtpd_sender_restrictions (prüft nach MAIL FROM:)
smtpd_recipient_restrictions (prüft nach RCPT TO:)

können wir nun genau die drei Eingaben des Clients verschiedenen Tests unterziehen – und dabei auch die IP-Nummer des Clients berücksichtigen; es lassen sich übrigens über die Parameter jeweils *mehrere* Tests durchführen. Der erste Test, der einen Treffer ergibt, „gewinnt". D. h.: Ergibt eine Überprüfung ein OK für diese Mail, so ist es unerheblich, ob ein anderer späterer Test ein REJECT ergeben würde. Oder anders: Führt eine frühere Überprüfung bei einem Parameter zu einem REJECT, wird die Mail abgelehnt, auch wenn sie eine spätere Prüfung mit einem OK „überleben" würde.

Die Postfix-Restrictions sind das Herz der Postfix-Konfiguration, denn sie regeln die alles entscheidenden Fragen: Ob Postfix eine Mail annimmt, von wem es sie annimmt, an wen es sie annimmt, für wen es „relayt". Hier entscheidet sich, ob Postfix genau das tut, was wir gerne hätten!

Gleichzeitig sind Restrictions am Anfang ein wenig knifflig, aber wenn das System einmal im Kopf ist, ist's einfach! Also konzentrieren Sie sich kurz und schauen Sie sich Abbildung 9.2 an.

Passend zu jedem Schritt im SMTP-Dialog bei der Einlieferung der E-Mail führt Postfix die jeweilige Restriction-Prüfung durch: Erst **client** nach dem IP-Connect des Clients, dann **helo** nach der Angabe von HELO, dann **sender** nach MAIL FROM: und zum Schluss **recipient** nach RCPT TO:.

Jede dieser vier Restrictions besteht aus einer Gruppe diverser Tests, die in der vorgegebenen Reihenfolge abgearbeitet werden. Natürlich können dabei nur die zu diesem Zeitpunkt bekannten Angaben abgefragt und geprüft werden: Nach dem SMTP-Kommando HELO oder MAIL FROM: wissen wir über den Empfänger natürlich noch gar nicht Bescheid.

Abbildung 9.2:
Ein REJECT *lehnt eine*
Mail endgültig ab, ein
OK *führt zur*
nächsten Prüfung

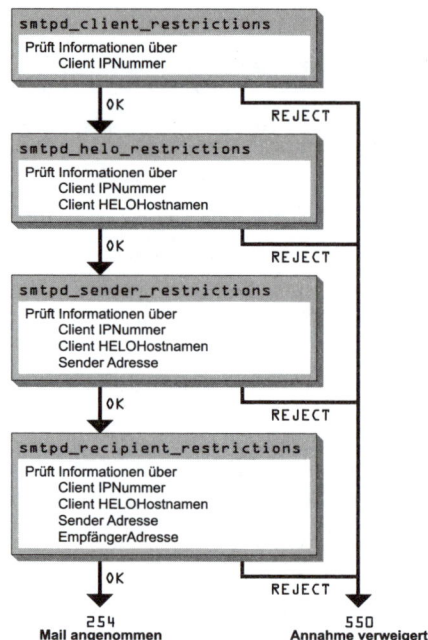

Es gelten folgende Regeln:

1. Führt innerhalb einer Restriction ein Test zu einem **REJECT**, bedeutet das, dass Postfix zunächst im SMTP-Dialog noch scheinbar fehlerfrei fortfährt, um den Client nicht zu verwirren, aber schließlich nach Angabe von **RCPT TO:** z. B. einen **550 ERROR** liefert und die Mail nicht annimmt.

    Jedoch hat der Client die Möglichkeit, durch weitere **RCPT TO:** andere E-Mail-Adressen anzugeben, die ja vielleicht akzeptiert werden; Postfix prüft die gesamte Restriction dann pro Empfänger neu – logisch, die Mail kann ja an mehrere Adressen gehen, von denen nur eine unzustellbar ist.[9]

---

[9] Der Vollständigkeit halber: Sie können über den Parameter smtpd_delay_reject = no dafür sorgen, dass Postfix im Falle eines REJECT sofort abbricht und keine weiteren Angaben des Clients abwartet. Ein REJECT bei der Angabe des Mail-Absenders würde dann dazu führen, dass dem Client nicht mehr erlaubt wird, den Empfänger überhaupt bekanntzugeben, sondern die Angabe von MAIL FROM: würde gleich mit einem Fehler quittiert. Für den Normalfall ist diese Einstellung aber wenig sinnvoll.

2. Führt ein Test innerhalb einer Restriction hingegen zu einem **OK**, so gilt die jeweilige Restriction als bestanden und weitere Tests innerhalb *dieser* Restriction werden nicht mehr durchgeführt.

    Postfix liefert dann im SMTP-Dialog ein **250 OK** und fährt fort. Die nächste Angabe des Clients führt zur nächsten Restriction mit ihren jeweiligen Prüfungen – und dann also wieder zu einem **REJECT**, **OK** oder einem **DUNNO**. Neues Spiel, neues Glück.

3. Führt eine einzelne Prüfung innerhalb der Restriction zu keiner **OK**- oder **REJECT**-Entscheidung, macht Postfix mit der nächsten Prüfung innerhalb *dieser* Restriction weiter, wie Abbildung 9.3 zeigt.

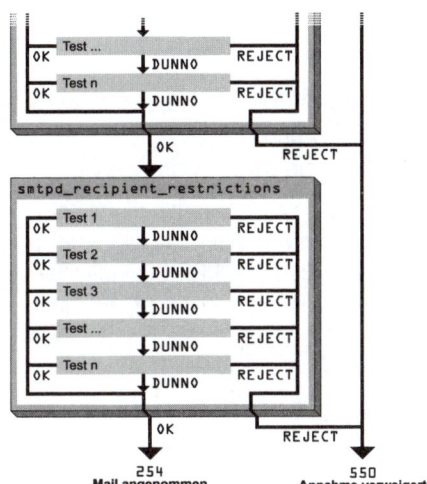

Abbildung 9.3: Innerhalb der Restriction bietet jeder Test Gelegenheit zur Entscheidung

Erst wenn der Client schließlich die **smtpd_recipient_restrictions** überlebt hat, darf er die Übertragung des Mailinhalts starten. Sofern die Body- und Header-Checks nun nicht an den eigentlichen Daten der E-Mail etwas auszusetzen haben, wird die Mail angenommen.

Wenn man genau nachdenkt, ergibt sich daraus allerdings eine bestimmte Konsequenz: Eigentlich sind die ersten drei Restrictions unerheblich, denn auch in den **smtpd_recipient_restrictions** kann man den Absender noch prüfen und mit einem **REJECT** belegen. Ein **OK** in den ersten Restrictions führt aber doch nur dazu, dass im Folgenden auch noch die anderen Restrictions abgearbeitet werden, und genau genommen müsste man den zu einem **OK** führenden Test dann auch in einer späteren Restriction nochmals prüfen lassen, damit er Wirkung zeigt.

Man sollte darum einfach *alles* in die **smtpd_recipient_restrictions** einbauen und für den Anfang die anderen Restrictions erst einmal leer lassen. Denn de facto entscheidet sich allein an dieser letzten Restriction, ob die Mail akzeptiert wird, oder nicht.[10]

Für den Anfang sollten Sie sich also einfach anhand dieses Kapitels die Prüfungsmöglichkeiten anschauen und in Ihre **smtpd_recipient_restrictions** die hier geschilderte Lösung als Basis für Ihre eigene Konfiguration übernehmen.

Schauen wir uns also an diesem ersten Beispiel an, welche Prüfungsmöglichkeiten es gibt und wie wir diese in eine sinnvolle Reihenfolge zu bringen haben:

```
smtpd_recipient_restrictions =
                check_sender_access hash:/etc/postfix/access,
                check_recipient_access hash:/etc/postfix/access,
                permit_mx_backup,
                permit_mynetworks,
                reject_unauth_destination
```

Nachdem der Client per **RCPT TO:** den Empfänger der Mail bekanntgegeben hat, muss Postfix Farbe bekennen und sich entscheiden. Dazu geht es diese Prüfungskette durch, bis es entweder ein **OK** oder ein **REJECT** gibt.

Die Reihenfolge spielt also eine alles entscheidende Rolle: Sobald eine Prüfung eine klare Aussage ergibt, werden die anderen Prüfungen nicht mehr durchgeführt. Nur wenn eine Prüfung weder **OK** noch **REJECT** ergibt, werden die weiteren Regeln durchgeprüft – oder zuletzt die Default-Einstellung genommen.

Im vorliegenden Fall wird also geprüft,

- ob die Mailadresse des *Absenders* in einer **access**-table mit **OK** oder **REJECT** belegt ist. Würde Postfix hier ein **OK** finden, so wäre die Prüfung beendet – der Benutzer dürfte Mails über uns relayen. Das ist aber gefährlich: Ein Spammer, der diesen Absender nutzt, hätte auf dem Server dann freie Fahrt. Sender-Access-Tables sind darum recht gefährlich!

- ob die Mailadresse des *Empfängers* mit einem **OK** oder **REJECT** belegt ist; ein **REJECT** vielleicht deshalb, weil sie nicht mehr benutzt wird und geblockt werden soll.

- ob die Mail an einen Empfänger geht, für dessen Domain Postfix als **MX**-Server im DNS eingetragen ist, also als Backup-Mailserver diese Mails auch annehmen muss.

- ob der absendende Host aus unserem IP-Bereich kommt, uns also als Mailrelay benutzen darf.

[10] Zugegeben: Es gibt in komplexen Konfigurationen ganz selten Situationen, in denen man bereits vorher Prüfungen vornehmen muss, um bestimmte Logiken zu realisieren. Aber das ist wirklich selten – auf einem üblichen Mailserver wird das kaum nötig sein. Wenn Sie das brauchen, werden Sie die Logik der Restrictions sicher verinnerlicht haben.

- Zuletzt lehnen wir alle Mails ab, die nicht an unsere eigenen Mailadressen gerichtet sind, für die wir also *Final Destination* sind, oder die für Domains bestimmt sind, für die wir relayen. Kurzum: Wir verhindern, dass wir ein Open Relay sind.

Es gibt übrigens einige Prüfungen, die etwas „erlauben, wenn", während andere etwas „verbieten, wenn nicht". Der Unterschied scheint marginal, ist es aber nicht: Der erste Fall liefert ein **OK**, wenn eine Bedingung erfüllt ist. Ist sie nicht erfüllt, wird aber *keine* Entscheidung getroffen, sondern in der Prüfung fortgefahren. Die zweite Variante liefert ein **REJECT**, wenn die Bedingung nicht erfüllt ist, d. h., in der Prüfung wird dann anders als im ersten Fall nicht mehr fortgefahren.

Ich möchte Ihnen an diesem Beispiel nochmals kurz die Bedeutung der richtigen Reihenfolge klarmachen: Es gibt nicht wirklich *die* Lösung, denn es kommt immer darauf an, was Sie machen wollen!

1. Im vorliegenden Beispiel könnte **check_sender_access** bestimmte Absender mit einem **OK** belegen. Die Mail wird dann angenommen; auf die Frage, ob der *Empfänger* gesperrt ist, kommt es nicht mehr an.[11]

2. Würden Sie erst den Empfänger und dann den Absender prüfen, würde auch ein freigeschalteter Absender nicht an geblockte Empfänger senden können, da der **check_recipient_access** ja bereits zu einem **REJECT** geführt hat!

3. Die Absender- und Empfängerprüfung findet hier für *alle* Mails statt, auch für die aus dem eigenen IP-Netz! Würden Sie Ihren eigenen IP-Clients erlauben wollen, auch gesperrte Absender- oder Empfangsadressen zu benutzen, so müsste **permit_mynetwork** an die erste Stelle der Prüfung gerückt werden. Die IP-Nummer des Clients würde dann bereits zu einem **OK** führen und nur bei einer externen IP-Nummer würden die weiteren Prüfungen noch abgefragt.

Es gibt eine Vielzahl von Prüfungen, wie im Folgenden zu sehen. Zugleich kann jede Prüfung an mehreren Stellen vorkommen, und Sie müssen genau überlegen, an welcher Stelle Sie welche Prüfung durchführen wollen. Sollten Sie später doch in eine Situation kommen, wo Sie mehrere Restrictions prüfen, kann es auch notwendig sein, eine Bedingung mehrfach zu prüfen.

Wenn Sie diese Einstellung vornehmen, lohnt es sich, ggf. kurz die notwendige Logik auf einem Blatt Papier aufzuschreiben und sich selbst wirklich klarzumachen.

Zunächst also ein Überblick, welche Prüfungen überhaupt möglich sind. Danach zeige ich Ihnen, welche dieser Prüfungen Sie wo einsetzen können. Am Ende des

---

[11] An dieser Stelle übrigens Vorsicht: Die Mail würde auch dann angenommen, wenn sie an einen externen Empfänger geht. Sämtliche Mails mit diesem (ggf. gefälschten) Absender dürften dann über uns relayen. Ein Traum für Spammer! Mail-Absender mit einem **OK** zu belegen ist grundsätzlich keine gute Idee, da der Absender ja beliebig gefälscht werden kann! Siehe Seite 176.

Kapitels bekommen Sie eine Musterlösung, die Sie an Ihre speziellen Bedürfnisse anpassen können und anhand derer Sie die Einsatzmöglichkeiten der Tests nochmals nachvollziehen können.

9.6.1 Alle Prüfungen auf einen Blick

permit
> liefert generell ein **OK** und beendet die Prüfung; als allerletzte Prüfung eingetragen, kann man so eine Default-Regel **OK** einstellen.

reject
> liefert generell **REJECT** und beendet die Prüfung; Default-Regel also **REJECT**.

warn_if_reject
> Würde die nachfolgende Prüfung ein **REJECT** liefern, so ändert dieser Parameter das Verhalten von Postfix. Statt mit einem **REJECT** aus der Prüfung auszusteigen, wird nur ein Log-Eintrag erzeugt und weiter in der Prüfung fortgefahren. Damit lassen sich Konfigurationsänderungen leicht testen, ohne den Verlust von Mails riskieren zu müssen. Ein Beispiel:

```
smtpd_helo_restrictions =
  warn_if_reject check_helo_access hash:/etc/postfix/helo-access
```

reject_unauth_pipelining
> Manche Spam-Software sendet SMTP-Kommandos, ohne die Return-Codes des Mailservers abzuwarten. Das soll Zeit sparen. Grundsätzlich ist ein solches Verhalten legitim, unter dem Namen *Command Pipelining* können sich Server darauf einigen, dass sie dies zulassen. Postfix bietet hier an, Clients zu blocken, die Command Pipelining durchführen, ohne sich vorher vergewissert zu haben, ob Postfix das erlaubt.

check_sender_access typ:mapname
check_recipient_access typ:mapname
check_client_access typ:mapname
check_helo_access typ:mapname
> prüfen, ob die Absender-, Empfänger-, Hostname- bzw. die HELO-Angabe in einer **access**-table (Kapitel 5.2.6) mit einem **OK** oder **REJECT** belegt ist. Im Normalfall erlaubt Postfix *jede* dieser Angaben. Über eine **access**-table lassen sich einzelne Adressen oder Hosts gezielt blocken.

check_{helo,sender,recipient}_mx_access
> prüfen, ob der MX-Record der Domain des Clientnamens bzw. der Absender-/Empfängerdomain in der **access**-table mit einem **REJECT** oder **DUNNO** belegt ist (ein **OK** ist aus Sicherheitsgründen nicht erlaubt). Dieser Parameter

wurde kurzfristig eingebaut, nachdem *Verisign* im August 2003 nicht existente Domains plötzlich auf seinen eigenen Webserver (mit Domainverkaufsstelle...) umlenkte. Dank dieser unverschämten Piraten-Aktion ist es z. B. nicht mehr möglich, zu prüfen, ob der Absender eine gültige, existente Domain hat, da ja *jede* Domain (auch nicht registrierte) plötzlich positive Ergebnisse liefert. Nun können wir in die **access**-Tabelle z. B. die IP **64.94.110.11** von Verisign aufnehmen und damit in Wirklichkeit nicht existente Domains erkennen und blocken. Dieser Parameter existiert erst ab Postfixversionen größer 2.0.16 (September 2003) und damit noch nicht in SUSE 9.0.

check_{helo,sender,recipient}_ns_access

prüfen, ob der Nameserver der Domain des Clientnamens bzw. der Absender-/Empfängerdomain in der **access**-table mit einem **REJECT** oder **DUNNO** belegt ist; auch hier ist der Anlass natürlich Verisign, und auch dieser Parameter ist erst seit September 2003 verfügbar.

reject_unknown_sender_domain

reject_unknown_recipient_domain

reject_unknown_hostname

blocken die Mail, wenn die Empfänger- bzw. Absenderadresse im DNS weder über einen A- noch über einen MX-Record verfügt, d. h., wenn an die angegebene Mailadresse keine E-Mail zugestellt werden kann; das macht sie verdächtig.

Man sollte meinen, dass Spammer selbst kaum noch solche Mails erzeugen, deren (gefälschter) Absender auf eine derart unbenutzbare Domain zeigt. Manche tun es aber noch, und diese lassen sich auf diese Weise bequem blocken. Allerdings blocken wir damit normale Mailserver und Mailadressen, die ganz offensichtlich nicht korrekt konfiguriert sind, aus welchen Gründen auch immer. Teilweise erzeugen auch Viren und Würmer korrupte Adressen, wenn sie sich weiterversenden. Alles in allem eine Option, die man aktivieren sollte.

reject_unknown_client

liefert ein **REJECT**, wenn für den Client im DNS kein **PTR**, also kein Name zur IP-Nummer gesetzt ist.

reject_non_fqdn_sender

reject_non_fqdn_recipient

reject_non_fqdn_hostname

blockt die Mail, wenn die Adresse kein *Fully Qualified Domain Name* (FQDN) ist; das ist dann der Fall, wenn sie nur aus einem Hostnamen, nicht aber aus einem Hostnamen und einer Domain besteht. Eine solche Adresse wird zwar i. d. R. auch nicht über einen A- oder einen MX-Record verfügen, da es sich ja eben nicht um eine normal auflösbare Domain handelt, doch ist es sinnvoll, beide Prüfungen vorzunehmen: Gibt der einliefernde Host eine Adresse mit einem in der eigenen Domain vorhandenen Hostnamen an (z. B. www), so besteht die Gefahr, dass das lokale DNS diesen blanken Hostnamen durch Anhängen der eigenen Domain auflöst – und so plötzlich zu einem gültigen A- oder MX-Record kommt.

reject_invalid_hostname
liefert ein REJECT, wenn nach dem HELO/EHLO-Kommando ein Hostname in einer ungültigen Syntax angegeben wird (Umlaute, Leerzeichen, Sonderzeichen)

permit_naked_ip_address
liefert ein REJECT, wenn nach dem HELO/EHLO-Kommando nur eine nackte IP-Nummer angegeben wurde und diese nicht, wie vorgeschrieben, in Klammern ([ ]) gesetzt ist. Sollte man eher nicht aktivieren, einige Mailclients erzeugen derart defekte HELO-Kommandos. Der Parameter ist obsolet und wird wegfallen. Er sollte nicht mehr benutzt werden!

reject_maps_rbl <domain>
liefert ein REJECT, wenn der Hostname in der dahinter genannten *Realtime Blacklisted Host* (RBL) gelistet ist (siehe Kapitel 9.7)

permit_mynetworks
Mail wird akzeptiert, wenn der einliefernde Client innerhalb des eigenen IP-Netzes liegt, das über die Variable $mynetworks definiert ist. Dieser Parameter ist sehr wichtig, ihm kommt eine entscheidende Rolle zu: Im Normalfall nehmen wir ja nur Mails an, für die wir

- das Ziel sind ($mydestination),
- ein MX-Relay sind (permit_mx_backup),
- ein definiertes Relay sind ($relay_domains).

Über permit_mynetworks aber nehmen wir von den freigeschalteten IP-Nummern Mails auch dann an, wenn der Empfänger außerhalb unseres eigenen Netzes liegt. Üblicherweise wollen wir das eigentlich *nicht*, denn andernfalls wären wir ein Open Relay. Für unser lokales Netz aber stellt ja gerade dieser Server den zuständigen Mailserver für ausgehende E-Mails dar, bei dem die Clients einliefern sollen. Hosts aus dem lokalen Netz muss es eben gerade doch erlaubt sein, Mails an externe Mailadressen einzuliefern. Und diese Ausnahmeregelung wird über permit_mynetworks erlaubt.

permit_mx_backup
Die Mail wird akzeptiert, wenn ein MX-Record der Empfängerdomain auf unseren Mailserver zeigt. Unser Postfix muss dabei nicht unbedingt der eigentliche Zielrechner (*Destination Host*) sein, er kann auch lediglich als

Backup Relay fungieren und die Aufgabe haben, die Mails an den eigentlichen Ziel-Mailserver zuzustellen. Im Normalfall würde Postfix diese Aufgabe aber verweigern, wenn der Ziel-Mailserver außerhalb unserers IP-Netzes liegt und Postfix damit ein Open Relay wäre. Wenn Sie Port-Forwarding auf einem Router einsetzen, beachten Sie bitte Kapitel 7.1.7 auf Seite 142.

permit_auth_destination
    liefert ein **OK**, wenn

- die Zieladresse in **$relay_domains** vorkommt oder
- Postfix *Final Destination* für diese Domain ist, also die Domain in **$my-destination**, **$inet_interfaces** oder **$virtual_maps** vorkommt.

reject_unauth_destination
    liefert ein **REJECT**, solange nicht

- die Zieladresse in **$relay_domains** vorkommt oder
- Postfix *Final Destination* für diese Domain ist, also die Domain in **$my-destination**, **$inet_interfaces** oder **$virtual_maps** vorkommt.

Trifft beides nicht zu, liefert die Prüfung **REJECT**, d. h., die Prüfung wird beendet und die Mail abgelehnt. Bei **permit_auth_destination** würde hingegen weiter geprüft werden, ob noch ein anderer Punkt ein **OK** liefert!

check_relay_domains
    ist obsolet, d. h., der Parameter wird ab Postfix 2.x nicht mehr unterstützt und sollte nicht mehr benutzt werden! Er ist überflüssig geworden, weil **permit_auth_destination** und **reject_unauth_destination** die Prüfung besser erledigen. Sollten Sie diesen Parameter in alten Anleitungen und README-Dateien noch vorfinden, ersetzen Sie ihn bitte durch eine der beiden anderen Möglichkeiten.

Darüber hinaus gibt es noch einige Prüfungen, die nicht speziell in eine bestimmte Restriction, sondern ganz üblich in die Datei **main.cf** eingebaut werden. Postfix prüft diese dann generell bei der Annahme von Mails:

smtpd_helo_required = yes
    wenn **yes**, muss der Client ein **HELO/EHLO** zu Beginn der SMTP-Sitzung senden; einige Spam-Software übergeht dies.

permit_mx_backup_networks = 168.100.0.0/16
    Postfix wird über **permit_mx_backup** angewiesen, Mails zu relayen, wenn nur ein MX-Record auf diesen Server zeigt. **permit_mx_backup_networks** schränkt das soweit wieder ein, dass der höchste MX-Host aus dem hier genannten Netzbereich kommen muss, damit Postfix die Mails annimmt und

relayt. Damit wird verhindert, dass Postfix für beliebige (fremde) Domains als Backup-Mailserver missbraucht werden kann.

Jede dieser Prüfungen kann an den verschiedensten Stellen eingesetzt werden. Wir können den Absender auch bei den **smtpd_recipient_restrictions** prüfen und damit festlegen, dass für einen bestimmten Absender *jede* Empfängeradresse zulässig ist – wie im obigen Beispiel zu sehen. All diese Prüfungen sind also an genau den Stellen einsetzbar, wo sie sinnvoll sind und Postfix auch die entsprechenden Informationen besitzt. Die Empfängeradresse kann natürlich kein Prüfungskriterium in den **smtpd_sender_restrictions** sein, denn diese Information liegt ja dann noch nicht vor. Umgekehrt geht das natürlich schon.

Kommen wir also zu den einzelnen Restrictions und einer Zusammenfassung dessen, was Sie wo prüfen lassen können:

9.6.2 smtpd_client_restrictions

Schon vor dem **HELO/EHLO** des Clients besitzt Postfix einige Informationen, die es prüfen kann. Nicht viele – aber immerhin.

```
reject_unauth_pipelining
permit
reject
warn_if_reject
check_client_access typ:mapname
reject_unknown_client
reject_maps_rbl
permit_mynetworks
```

9.6.3 smtpd_helo_restrictions

Sobald der Client nach **HELO/EHLO** kundgetan hat, wer zu sein er denn vorgibt, kann Postfix einen kritischen Blick auf folgende Kriterien werfen:

```
reject_unauth_pipelining
permit
reject
warn_if_reject
check_client_access typ:mapname
check_helo_access typ:mapname
reject_unknown_hostname
reject_unknown_client
reject_non_fqdn_hostname
reject_invalid_hostname
```

permit_naked_ip_adress
reject_maps_rbl
permit_mynetworks

9.6.4 smtpd_sender_restrictions

Sobald der Client durch **MAIL FROM:** den Absender bekannt gegeben hat, kann Postfix die folgenden Prüfungen durchlaufen:

reject_unauth_pipelining
permit
reject
warn_if_reject
check_sender_access typ:mapname
check_client_access typ:mapname
check_helo_access typ:mapname
reject_unknown_sender_domain
reject_unknown_hostname
reject_unknown_client
reject_non_fqdn_sender
reject_non_fqdn_hostname
reject_invalid_hostname
permit_naked_ip_adress
reject_maps_rbl
permit_mynetworks

9.6.5 smtpd_recipient_restrictions

Und selbstverständlich wird auch der Empfänger genauestens begutachtet. In der Praxis werden sich hier die meisten Prüfungen finden. Erst jetzt sind alle wichtigen Parameter beisammen, erst jetzt lässt sich beurteilen, ob wir genau diese E-Mail annehmen möchten oder nicht.

reject_unauth_pipelining
permit
reject
warn_if_reject
check_sender_access typ:mapname
check_recipient_access typ:mapname
check_client_access typ:mapname
check_helo_access typ:mapname
reject_unknown_sender_domain
reject_unknown_recipient_domain

```
reject_unknown_hostname
reject_unknown_client
reject_non_fqdn_sender
reject_non_fqdn_recipient
reject_non_fqdn_hostname
reject_invalid_hostname
permit_naked_ip_adress
reject_maps_rbl
permit_mynetworks
permit_mx_backup
permit_auth_destination
reject_unauth_destination
```

9.7 Realtime Blackhole Lists

Um gezielt und automatisiert bekannte Hosts der Spammer blocken zu können, wurde das Prinzip der *Realtime Blackhole Lists* (RBL) erfunden. Verschiedene Spam-Schutz-Initiativen unterhalten derartige RBLs, teils kostenfrei, teils kostenpflichtig.

Die Idee ist ebenso einfach wie genial und entstammt dem üblichen Verfahren, wie im DNS IP-Nummern zu Hostnamen umgewandelt werden (*Reverse Lookup*). Um zur IP-Nummer 213.95.15.200 den Hostnamen zu ermitteln, führt das DNS eine Abfrage nach 200.15.95.213.in-addr.arpa durch. Diese spezielle Domain in-addr.arpa ist für diese Abfragen reserviert. Im Prinzip wird die IP-Nummer lediglich umgedreht und wie eine Domain abgefragt.

RBLs funktionieren nun folgendermaßen: Der RBL-Betreiber unterhält eine speziell reservierte Domain, zum Beispiel sbl.spamhaus.org. Gesperrte Hosts (*Blacklisted Hosts*) werden nun mit ihrer IP-Nummer rückwärts unter dieser Domain eingetragen.

Führt die Abfrage nach 200.15.95.213.sbl.spamhaus.org zu einem host unknown, ist die IP-Nummer nicht gelistet und damit wahrscheinlich sauber und frei. Führt sie hingegen zu einem Treffer, d. h., existiert diese Domain, so steht diese IP-Nummer auf der Blacklist und wird geblockt. Die eigentliche IP-Nummer des Clients wird derart umgewandelt als *Hostname* abgefragt, d. h., das DNS-System liefert eine beliebige IP-Nummer, typischerweise etwas wie 127.0.0.1. Anhand der genau zurückgelieferten IP-Nummer treffen einige RBL-Entscheider weitere Aussagen, z. B. ob die jeweils gelistete IP ein Dauer-Kandidat ist (dann z. B. 127.0.0.2) oder recht frisch dabei ist (dann z. B. 127.0.0.3).

Mittlerweile gibt es zwei auf diesem Prinzip beruhende sich ergänzende Blackhole-Systeme, die beide von Postfix unterstützt werden: DNSBL (auch RBL genannt) und RHSBL.

DNSBL / RBL

Über DNSBL (*DNS Blocklists*), die auch schlicht RBL (*Realtime Blocklist/Blackhole List*) genannt werden, können die IP-Nummern bekannt offener Mailserver geblacklistet und gesperrt werden. Sie blocken damit generell diese Open Relays, denn diese sind es ja, die bei Ihnen die Spam-Mails einliefern.

Eine sehr bekannte und etablierte RBL war lange Zeit das *Mail Abuse Protection System* (MAPS). Leider stellte MAPS im Sommer 2001 den kostenlosen Service ein und erlaubt die Abfrage der Sperrlisten nur noch zahlenden Kunden.

In vielen älteren Beispielen und auch in der Postfix-Dokumentation finden Sie Hinweise auf die RBL-Domains blackholes.mail-abuse.org oder relays.mail-abuse.org. Diese Angaben sind (wenigstens für die kostenlose Nutzung) veraltet und funktionieren nicht mehr.

Ein unangenehmeres Ende fand der hervorragende Dienst relays.osirusoft.com, der über lange Zeit einer der wichtigsten RBL-Dienste war und entsprechend auch an vielen, vielen Stellen als Beispiel und Empfehlung in Dokumentationen zu finden ist. Doch osirusoft.com stellte seinen Betrieb im August 2003 völlig überraschend und ohne weitere Ankündigung ein und existiert seitdem nicht mehr. Vorausgegangen war eine tagelange massive Denial-of-Service-Attacke gegen osirusoft.com, die den Dienst schließlich in die Knie zwang und zum Aufgeben brachte. Über die Hintergründe der Attacke kann wohl nur spekuliert werden, am hartnäckigsten (und glaubwürdigsten) hält sich der Verdacht, große Spammer könnten sich zu diesem Schritt zusammengeschlossen haben, denn während dieser Zeit waren auch andere Blacklists starken Angriffen ausgesetzt und mussten aufgeben. Schließlich sind Dienste wie osirusoft.com für Spammer der Feind Nummer 1, und die Aufgabe von osirusoft.com dürfte sicherlich dafür gesorgt haben, dass im Spammer-Lager der eine oder andere Sektkorken knallte.[12]

Der Abgang von osirusoft.com zeigt aber zugleich auch das durchaus zu bedenkende Problem, das der Einsatz von RBLs mit sich bringt. Denn statt einfach die RBL-Liste abzuschalten, konfigurierte der Betreiber ohne weitere Warnung die RBL-Liste so um, dass Sie *jede* Anfrage mit einem Erfolg quittierte. Mailserver, die zu diesem Zeitpunkt noch osirusoft.com nutzten (und das waren viele!), blockten also von einer Sekunde auf die andere *jede* E-Mail.

Das Verhalten des bisherigen Betreibers ist natürlich zweifelsfrei indiskutabel und grenzt an Wahnsinn, aber es zeigt eben auch deutlich die Gefahr: Denn immerhin vertrauen Sie anderen die Entscheidung an, welche E-Mails Sie annehmen und welche nicht. Sie sollten sich also gut überlegen, welchen RBL-Anbietern sie ein derart hohes Vertrauen entgegen bringen, dass sie ihre E-Mail-Kommunikation nicht plötzlich lahmlegen und sabotieren.

---

[12] http://www.heise.de/newsticker/data/uma-27.08.03-000/
http://www.heise.de/newsticker/data/hob-24.09.03-000/

Es gibt noch andere freie Dienste, die genutzt werden können, wobei sich die Liste relativ rasch ändert. Auf der Webseite **http://rbls.org** finden Sie eine umfangreiche Auflistung möglicher RBL-Zonen. Eine kleine Beispiel-Abfrage zeigt jedoch auch deutlich, dass zwei Drittel dieser RBLs offline sind und nicht antworten. Ich halte auch einen Großteil der dort genannten RBL-Zonen für nicht vertrauenswürdig und dauerhaft und möchte Ihnen empfehlen, sich lieber an die in diesem Kapitel genannten RBL-Betreiber zu halten (Stand: Februar 2004).

Sehen Sie diese Auflistung aber bitte nur als erste Anlaufstellen. Die Aufgabe, sich über diese Anbieter zu informieren und selbst zu entscheiden, ob sie vertrauenswürdig genug sind, kann Ihnen niemand abnehmen. Darüber hinaus zeigt sich ja auch nur zu deutlich am Beispiel von **osirusoft.com**, wie schnell ein weltweit geliebter Musteranbieter über Nacht die große Netzsabotage ausübt.

Jim Seymour pflegt ein wirklich hervorragendes Howto, das auch regelmäßig aktualisiert wird. Es ist eine sehr empfehlenswerte Quelle für aktuell sinnvolle RBL-Zonen und enthält gleichzeitig auch diverse Empfehlungen, welche RBL-Listen man nach Seymours Ansicht nicht wählen sollte. Darüber hinaus enthält das Dokument eine Vielzahl sinnvoller Konfigurationsideen und Konzepte, um Spam zu blocken, für die mir hier im Buch der Platz fehlt bzw. die aufgrund ihrer Aktualität nicht den Weg in dieses Kapitel finden können.[13]

Informieren Sie sich auf den zu den RBL-Listen gehörigen Webseiten und entscheiden Sie anhand der dort genannten Sperr-Policy, ob Sie diese Listen nutzen wollen. Manche Initiativen sperren sehr schnell und offensiv, andere sehr vorsichtig und restriktiv. Sie finden dort auch zahlreiche weitere Links.[14]

Sofern eine Software diese RBLs unterstützt – und Postfix kann das natürlich – ist

- sie anzuweisen, die RBL-Prüfung vorzunehmen, und

- ihr anzugeben, unter welcher Domain sie die Überprüfung vornehmen soll.

Eine entsprechende Konfiguration für **relays.ordb.org** würde lauten:

```
smtpd_client_restrictions = [...]
        reject_rbl_client relays.ordb.org,
        [...]
```

Mehrere RBL-Checks können Sie dadurch erreichen, dass Sie diese Prüfung mehrfach aufrufen; hier gleich eine sinnvolle Liste möglicher RBL-Domains:

[13] http://jimsun.linxnet.com/misc/postfix-anti-UCE.txt
[14] http://www.ordb.org
http://dsbl.org
http://opm.blitzed.org
http://www.spamhaus.com

```
smtpd_client_restrictions = [...]
        reject_rbl_client relays.ordb.org,
        reject_rbl_client cbl.abuseat.org,
        reject_rbl_client list.dsbl.org,
        reject_rbl_client opm.blitzed.org,
        reject_rbl_client sbl.spamhaus.org,
        [...]
```

Sofern **smtpd_client_restriction** weitere Beschränkungen enthalten soll (s. o.), ist **reject_maps_rbl** natürlich nur ein Parameter unter mehreren. Achten Sie dann aber auf die Reihenfolge der Einträge (siehe Kapitel 9.12.5).

Man unterscheidet übrigens verschiedene Arten von Sperrlisten:

RBL (*Realtime Blocklist / Blackhole List*)
  Hosts oder IP-Nummern bekannter Spammer oder sehr spamfreundlicher Provider; Netzbereiche oder Provider, von denen ausschließlich Spam kommt und nichts anderes, nennt man auch *AYGIS* („All-You-Get-Is-Spam"). Man verliert also nichts, wenn man AYGIS-Hosts sperrt.

RSS (*Relay Spam Stopper*)
  eine Liste der Open Relays normaler Provider; in aller Regel sind das also fehlkonfigurierte Mailserver nachlässiger Postmaster, die nicht wissen, was sie tun. Dementsprechend ändern sich diese Einträge des öfteren – wenn der zuständige Postmaster seinen Server gesichert hat, wird er nach einer Überprüfung aus den RSS genommen.

DUL (*Dialup User List*)
  enthält die Dialups der Provider, d. h. die IP-Nummern, die von den Providern als dynamische IP-Nummern an Kunden beim Dialin vergeben werden (sofern bekannt). Die Idee dahinter ist, dass üblicherweise Dialups selbst keine Mails versenden, sondern diese beim Mailserver ihres Providers einzuliefern haben. Zudem lässt sich Missbrauch durch die Dialups schwer nachvollziehen, denn es steht im Nachhinein zwar fest, *dass* ein Kunde dieses Providers Spam verschickt hat, aber *wer* es war, ist schwer zu klären, da die IP-Nummern ja ständig neu vergeben werden.

  Der Einsatz von DULs ist aber sehr umstritten. Ein flammender Artikel *gegen* DULs stammt von Jonathan de Boyne Pollard.[15]

Ein Hinweis, der nur für Nutzer von Postfix 1.x gilt: Im alten Postfix 1 war die Syntax der RBL-Prüfung noch eine deutlich andere. Den Parameter **reject_rbl_client** gab es damals noch nicht. Setzen Sie in den Restrictions stattdessen nur *einmal* **reject_maps_rbl** und listen Sie in **maps_rbl_domains**, durch Komma getrennt, alle RBL-Domains auf:

[15] http://homepages-tesco.net/~JdeBoynePollard/FGA/maps-dul-is-wrong.html

```
smtpd_client_restrictions = [...],
                            reject_maps_rbl,
                            [...]
maps_rbl_domains =          relays.ordb.org,
                            sbl.spamhaus.org
```

Aber noch einmal: Dies gilt nur für Postfix in den Versionen 1.x!

RHSBL

Right-Hand Side Blocklists (RHSBL) basiert genau wie DNSBL auf dem Prinzip der DNS-Abfrage, nur werden damit nicht IP-Nummern, sondern Hostnamen oder Domains geblockt (*right-hand side* = rechts vom @-Zeichen)! Sie können damit bequem bekannte Spammer-Hostnamen, sowie bekannte Spammer-Absenderdomains (!) blocken, unabhängig auf welchem Weg die Spam-Mail auf ihren Mailserver gelangt.

Insofern ergänzen sich RBL und RHSBL perfekt:

- RBL blockt anhand der IP-Nummer Spammer und offene Mailserver Dritter

- RHSBL blockt anhand von Hostnamen und Maildomains bekannte Spammer

Den RHSBL-Dienst können Sie nutzen, um Hostnamen, Absender- oder Empfängerdomains überprüfen zu lassen.[16] Ergänzen Sie die obige Abfrage um weitere Einträge im Stile von:

```
smtpd_client_restrictions =
        [...]
        reject_rbl_client opm.blitzed.org,
        reject_rbl_client sbl.spamhaus.org,
        reject_rhsbl_client blackhole.securitysage.com

smtpd_sender_restrictions =
        [...]
        reject_rhsbl_sender blackhole.securitysage.com,
        [...]
```

Achten Sie darauf, dass Sie über **reject_rhsbl** eben nur RHSBLs und über **reject_rbl** eben nur RBL-Listen abfragen können – und verwechseln Sie das nicht, wenn Sie die Einträge vornehmen! Es gibt übrigens auch ein **reject_rhsbl_recipient**, doch ist das im Normalfall selten sinnvoll.

Nicht unumstritten ist der recht bekannte Dienst **dsn.rfc-ignorant.org**, der Domains auflistet, die nach Ansicht der Betreiber einschlägige RFCs verletzten. Auch

---

[16] Auf http://www.securitysage.com/guides/postfix_uce_rhsbl.html finden Sie dazu eine gute Erläuterung.

wenn ich sonst ein Freund eindeutiger und harter Haltung bin, halte ich es nicht für sinnvoll, hier in dieser Weise durchzugreifen, da mehr „normale" Mailserver als „böse Spammer" getroffen werden.

9.7.1 Vorteile

RHSBLs/RBLs sind recht effektiv. Bekannte IP-Adressen und Domains der Spammer werden zentral gepflegt und sind automatisch auf dem eigenen Mailserver geblockt. Zugleich werden Postmaster gezwungen, ihre Mailserver richtig zu konfigurieren, andernfalls landen sie in den RBLs und andere Server verweigern die Annahme ihrer E-Mails. Üblicherweise wissen viele Postmaster davon nichts – bis sie zum ersten Mal in den RBLs stehen und sich damit beschäftigen *müssen*. Doch dann hat die RBL ihr Ziel erreicht: Die Mailserver werden erst dann wieder aus den RBLs genommen, wenn sie bei einem Test auf ein Open Relay standhaft bleiben und nicht versagen, also wenn der Postmaster seinen Server richtig konfiguriert und abgesichert hat.

Neben dem erzieherischen Wert hat dies auch den Effekt, dass man auch den eigenen Server schützt: Spam kommt in fast allen Fällen von solchen Open Relays, die wenigsten Spammer besitzen eigene Mailserver. Blocken wir also über RBLs diese Open Relays, können wir uns zu einem großen Teil vor Spam schützen.

9.7.2 Nachteile

Doch auch die heiß diskutierten Nachteile sollen hier genannt werden: Sie müssen damit rechnen, dass auch einmal die eine oder andere normale Mail von einer Sperre erfasst wird, wenn sie von einem Blacklisted Host verschickt werden soll. Es *wird* also sicher einmal die eine oder andere Beschwerde oder Anfrage geben. Allerdings ist dies das Verschulden des Postmasters des gelisteten Servers. Der Dank für verhinderten Spam dürfte die wirklich einzelnen Anfragen wegen geblockter Mails allerdings deutlich überwiegen.

Allerdings besteht die schon erwähnte Gefahr, dass die Technik der RBL missbraucht werden kann, um Hosts zu Unrecht zu sperren. Die Gründe können vielfältig sein: Ein Hacker, der die Mailserver eines großen Konzerns zu Unrecht blacklisted, wirtschaftliche Interessen, durch die die Konkurrenz sabotiert wird, aber auch politische Gründe, um unliebsame Firmen oder Organisationen zu behindern.

Wenn man sich die Diskussion über Provider-Zensur in den letzten Jahren anschaut, muss man zu dem Schluss kommen, dass derartige Befürchtungen nicht ganz aus der Luft gegriffen sind. Auch in Deutschland nicht. Zudem herrscht ohnehin ein erbitterter Streit über die Seriosität der einzelnen Anti-Spam-Gruppen und über deren Blacklist-Politik. Welchem RBL-Betreiber man also sein Vertrauen schenkt, muss jeder mit sich selbst ausmachen.

Ein weiterer kleiner Nachteil ist der entstehende DNS-Traffic und die benötigte Reaktionszeit. Für jede eingelieferte E-Mail muss eine zusätzliche DNS-Abfrage durchgeführt werden, was Datenvolumen und Reaktionszeit kostet. Das mag im Einzelfall nicht erheblich sein, in der Summe aber kommt natürlich einiges zusammen. Allerdings sollte das ein Bruchteil des Datenvolumens sein, das durch verhinderten Spam eingespart wird.

9.7.3 Probleme bei Backup-Mailservern

In diesem Zusammenhang können Backup-Mailserver ein ernstes Problem sein, falls diese nicht nach identischen und genauso harten Regeln blocken wie der Hauptmailserver. Denn dann können auch RBL-gelistete Spammer Mails an Ihre Nutzer auf dem vielleicht nicht so stark abgeschotteten Backup-MX abladen. Wenn Ihr zweiter Mailserver dann die Mails an den Hauptserver weiterleitet, greifen RBL-Abfragen aber nicht mehr, da in diesen Fällen die IP ihres Backup-MX, und nicht mehr die des ursprünglichen Einlieferers überprüft wird.

Auch Spammer haben das natürlich kapiert und versuchen gezielt ihre Müllmails beim Backup-Mailserver einer Domain loszuwerden; anscheinend haben sie oft genug Erfolg damit.

Wenn Sie selbst für den Backup-Mailserver zuständig sind, sollten Sie darauf achten, ihn identisch mit dem Hauptserver abzusichern. Wenn Sie den Backup-Mailserver nicht selbst betreiben, sondern z. B. Ihr Provider, so können Sie nur um starken Schutz und den Einsatz von RBLs bitten. Doch wenn Sie damit keinen Erfolg haben, wird sicherlich nur zu bald auf diesem Wege Spam zu Ihnen gelangen.

9.7.4 Tipps aus der Praxis

Wenn Sie sich entscheiden, eine RBL einzusetzen, so habe ich noch einige Tipps aus der Praxis für Sie:

Slave DNS-Server
> Einige Anbieter bieten gegen Gebühr an, dass man seinen lokalen DNS-Server als Slave-Nameservers für die Domain der RBL betreiben kann. Ein Slave-Nameserver zieht automatisiert die komplette Zonen-Datei der Domain, hat also alle Einträge lokal in einer Datei gespeichert. Für High-Traffic-Mailserver ist dies interessant, da die zahlreichen DNS-Abfragen zur RBL dann vom lokalen DNS beantwortet werden können und keinen externen Datenverkehr verursachen. Dieses Modell dürfte aber nur für wirklich große, professionelle Mailserver finanziell interessant sein und nur ab einer größeren Menge umgesetzter E-Mails tatsächlich Datenvolumen einsparen, da ja täglich eine komplette Kopie der Zonen-Datei übertragen werden muss.

Lokalen DNS nutzen!

Um den DNS-Traffic etwas zu verringern, sollten Sie auf einen Nameserver innerhalb ihres LAN zurückgreifen. Auch wenn dieser selbst keinerlei Zonen-Dateien hat (*Caching-Only Namseserver*) und unbekannte Anfragen extern auflösen muss, verfügt er doch über einen Cache und „lernt" aufgelöste Adressen. Läuft der lokale Nameserver eine Weile, wird er im Laufe der Zeit vermehrt Anfragen aus seinem Cache beantworten können und damit Traffic und Reaktionszeit einsparen. Insbesonders wenn Sie über eine schmalbandige Dialup-Leitung mit Ihrem Provider verbunden sind, kann es sinnvoll sein, nicht erst den Nameserver des Providers auf der anderen Seite Ihrer dünnen Anbindung zu benutzen. Alternativ können Sie sich auch den *Name Service Cache Demon* (nscd) anschauen, der in vielen Distributionen mittlerweile enthalten ist und gerade einen Caching-Only Nameserver ersetzen soll.

Vorsicht bei DULs!

Wenn sie eine RBL verwenden, die Dialups listet, so passen Sie auf, dass Sie nicht plötzlich Ihre eigenen Dialups aussperren, falls sie selbst dort gelistet werden! In einem solchen Fall sollte man *erst* seine Dialups erlauben und *dann* eine RBL-Prüfung vornehmen:

```
smtpd_recipient_restrictions =
        [...]
        permit_mynetworks,
        reject_rbl_client relays.ordb.org,
        [...]
```

Geprüft wird *zuerst*, ob es sich um eine IP-Nummer ihres Pools handelt. Selbst wenn Ihre Dialup-IPs in den DULs gelistet sind, nimmt Ihr Server die Mail an: Denn zu diesem Punkt kommt die Prüfung dann gar nicht mehr!

Eigene RBL/RHSBL aufsetzen

Wenn Sie eigene Domains oder IP-Nummern sperren wollen, so können Sie recht einfach eine eigene RBL/RHSBL-Zone aufsetzen. Wie das geht, ist in Kapitel 14.5 erklärt.

9.8 SpamAssassin – der erfolgreiche Killer

Als äußerst erfolgreiches Mittel im Kampf gegen Spam hat sich das Programm *SpamAssassin* herauskristallisiert. Es gibt verschiedene Möglichkeiten SpamAssassin zu implementieren, aber die für mich eindeutig beste Lösung ist die Kombination mit dem Mail-Viren-Scanner **amavisd-new**.

Den Einsatz von SpamAssassin zeige ich Ihnen deshalb im Anti-Viren-Kapitel 17.3.3 ab Seite 380, denn zusammen mit **amavisd-new** ist die Installation ein Kinderspiel.

9.9   Anti-Spam-Initiativen

Spam ist ein wichtiges Thema – natürlich dauerte es nicht lange, bis sich entsprechende Initiativen und Projekte gründeten, um den Spammern das Leben schwer zu machen.

9.9.1   abuse.net

Das *Network Abuse Clearinghouse* war eine der ersten Initiativen zum Schutz gegen einen Missbrauch des Internet. Kaum verwunderlich also, dass sie sich die „netteste" Domain sichern konnten: http://www.abuse.net

Unterhalten wird eine Datenbank mit verantwortlichen Administratoren für IP-Bereiche und Domains, so dass Beschwerden sicher ans Ziel kommen sollen.

Interessanter hier noch das Schwesterprojekt: http://spam.abuse.net. Dort werden vor allem viele Informationen, sehr viele sortierte Links und eine gute FAQ geboten. Alles in allem eine sehr gute erste Anlaufstelle, von der aus man rasch weiterkommt.

Nicht vergessen möchte ich, Sie nochmals auf den von **abuse.net** per Telnet oder Web-Formular bereitgestellten Relay-Test hinzuweisen. Diese Prüfung ist ein Muss!

Für das Web-Interface benötigen Sie eine (kostenlose) Registrierung, um anschließend eigene Hosts testen lassen zu können: http://www.abuse.net/relay.html

Bequem geht es, wenn Sie vom zu testenden Mailserver aus eine Telnet-Verbindung auf **relay-test.mail-abuse.org** aufbauen. Der angesprochene Rechner beginnt dann sofort mit dem Test und stellt das Ergebnis in der Telnet-Sitzung dar:

```
linux:~ # telnet relay-test.mail-abuse.org
Trying 168.61.4.13...
Connected to 168.61.4.13.
Escape character is '^]'.
Connecting ...
<<< 220 mail.postfixbuch.de ESMTP Postfix
>>> HELO cygnus.mail-abuse.org
<<< 250 mail.postfixbuch.de
:Relay test: #Quote test
>>> mail from: <spamtest@mail.postfixbuch.de>
<<< 250 Ok
>>> rcpt to: <"nobody@mail-abuse.org">
<<< 554 <nobody@mail-abuse.org>: Recipient address rejected: Relay acces
s deni<<< 554 <nobody@mail-abuse.org>: Recipient address rejected: Relay
 access denied
>>> rset
<<< 250 Ok
:Relay test: #Test 1
>>> mail from: <nobody@mail-abuse.org>
<<< 250 Ok
```

```
>>> rcpt to: <nobody@mail-abuse.org>
<<< 554 <nobody@mail-abuse.org>: Recipient address rejected: Relay acces
s deni<<< 554 <nobody@mail-abuse.org>: Recipient address rejected: Relay
 access denied
>>> rset
<<< 250 Ok
:Relay test: #Test 2
>>> mail from: <spamtest@maps1.pa.vix.com>
<<< 250 Ok
>>> rcpt to: <nobody@mail-abuse.org>
<<< 554 <nobody@mail-abuse.org>: Recipient address rejected: Relay acces
s deni<<< 554 <nobody@mail-abuse.org>: Recipient address rejected: Relay
 access denied
>>> rset
<<< 250 Ok
:Relay test: #test 3
>>> mail from: <spamtest@localhost>
<<< 250 Ok

[...]
```

9.9.2   cauce.org

Die *Coalition Against Unsolicited Commercial Email* (CAUCE) ist mittlerweile mit zahlreichen Vertretungen weltweit aktiv: http://www.euro.cauce.org

CAUCE hat es sich zum Ziel gesetzt, politisch gegen UCE vorzugehen und dieser durch eine verschärfte Gesetzeslage den Garaus zu machen. Zur Diskussion *Opt-in oder Opt-Out* bei Mailinglisten (siehe Kapitel 10.7.6) hat CAUCE klar Stellung bezogen und politischen Druck gemacht. CAUCE selbst ist nicht kommerziell und basiert auf ehrenamtlicher Arbeit langjähriger Netzbenutzer – und freut sich auch über Ihre Hilfe!

9.9.3   spamcop.net

Mit *Spamcop* haben wir einen recht umstrittenen Vertreter der Anti-Spam-Fraktion. Nach freier Anmeldung können Benutzer per E-Mail oder über ein Webinterface Mailheader von UCE zur Analyse einreichen – die auch gleich online präsentiert wird: http://www.spamcop.net

Spamcop versucht dabei, den Header von gefälschten Einträgen zu befreien, die Laien selbst vielleicht nicht erkennen würden. Damit versuchen die Macher von Spamcop zu verhindern, dass die Beschwerden der Benutzer völlig Unschuldige treffen, die zwar als gefälschter Absender genannt sind, mit dem Versand des Spam aber wirklich nichts zu tun haben.

Gleichzeitig interpretiert Spamcop den Rest des Headers und versucht die wahren

Verantwortlichen zu ermitteln, z. B. den Postmaster des Open Relays oder den Administrator des IP-Netzwerkes, von dem aus der Spam verschickt wurde. Der User kann gleich online eine Beschwerde an die ermittelten Ansprechpartner aufgeben.

Manche Postmaster finden Spamcop selbst sehr nützlich, andere wiederum sind durch viele Fehlalarme verärgert und lesen Spamcop-Mails schon kaum noch. Spam von einem Computeralgorithmus interpretieren zu lassen ist aufgrund der auf vielfältige Art und Weise gefälschten Header sehr schwierig – Fehlinterpretationen kommen vor.

Zudem ist Spamcop natürlich nicht in der Lage, die E-Mail inhaltlich zu interpretieren, ob es sich auch tatsächlich um UCE handelt. Ich selbst bekomme immer wieder Spamcop-Beschwerden, weil es Benutzern nicht gelingt, sich aus Mailinglisten auszutragen – und sich irgendwann mit diesen Mailinglistenmails bei Spamcop beschweren. Mit UCE hat das natürlich nichts zu tun. Andererseits kann man diesen Benutzern dann natürlich helfen, auch wenn sie eigentlich selbst das notwendige technische Verständnis aufbringen sollten, um Mailinglisten bedienen zu können.

9.9.4   samspade.org

Das Projekt *Sam Spade* ist eine gute Ergänzung zu Spamcop und hat es sich zur Aufgabe gemacht, Mailheader zu analysieren und gut getarnte Spammer ausfindig zu machen. Dazu finden sich auch zahlreiche Tools und Hilfsmittel auf der Seite: http://www.samspade.org

9.10   Gefälschte Mailheader: Spammer identifizieren

Den Absendern von Mailwerbung ist natürlich daran gelegen, möglichst unerkannt zu bleiben. Sie versuchen sich gezielt hinter gefälschten Einträgen zu verstecken, um nicht identifiziert zu werden. Ein kompetenter Postmaster sollte versuchen, ihnen auf die Schliche zu kommen und die Absender zu enttarnen.

Denn auch Mailheader lassen sich nicht beliebig fälschen: Glücklicherweise protokolliert fast jeder MTA in den **Received:**-Zeilen auch die IP-Nummer des Hosts, von dem er die jeweilige E-Mail bekommen hat. Das kann der Spammer nicht verhindern, denn diese **Received:**-Zeilen werden ja von nachfolgenden Servern eingefügt, auf die der Spammer keinen Einfluss mehr hat.

Er kann zwar im SMTP-Dialog mit dem **HELO**-Kommando einen falschen Hostnamen angeben, doch die mitprotokollierte IP-Nummer verrät ihn.

Aus diesem Grund ist es weit verbreitet, gefälschte **Received:**-Header zu erzeugen und eine neu erzeugte E-Mail, bereits mit einigen **Received:**-Zeilen versehen, auf dem Server einzuliefern. In der Folge enthält der **Received**-Block am Anfang des Mailheaders etliche falsche Einträge – und der unterste Eintrag, der üblicherweise den Erzeuger der E-Mail identifiziert, wird ins Nichts oder auf einen unbeteiligten Dritten zeigen.

Den wahren Absender einer Spam-Mail wird man also meist irgendwo inmitten der **Received:**-Zeilen finden. Auch wenn sich der Spammer im Chaos tarnt – er kann nicht verhindern, dass ab einer gewissen Stelle echte **Received:**-Zeilen von nachfolgenden Servern eingefügt werden, und die erste echte Zeile wird ihn verraten, denn dort ist seine IP-Nummer als einliefernder Host protokolliert.

Schauen Sie sich einfach einmal den folgenden Header an[17] und suchen Sie heraus, welche IP-Nummer den Müll verschickt hat.

```
Received: from iria.inwave.com (root@iria.inwave.com
        [206.101.238.8]) by stinky.trash.net (8.8.7/8.8.7) with
        ESMTP id BAA04957 for <sam@trash.net>; Fri, 3 Oct 1997
        01:37:24 +0200 (MET DST)
Received: from mail.inwave.com
        (206.los-angeles-05.ca.dial-access.att.net [12.64.36.206])
        by iria.inwave.com (8.7.6/8.7.3) with SMTP id SAA06839;
        Thu, 2 Oct 1997 18:04:41 -0500
Received: from mail.omni.net (alt1.omni.net177.4.2717)
        by omni.net (8.8.5/8.6.5) with SMTP id GAA07122
        for <everyone@your.net>; Thu, 02 Oct 1997 15:27:59
        -0600 (EST)
From: ffn@omni.net
Date: Thu, 02 Oct 97 15:27:59 EST
To: everyone@your.net
Subject: We Will Loan You $59,000 And You NEVER Have To Repay Us
Message-ID: <3336528719035@omni.net>
Reply-To: ffn@omni.net
Comments: Authenticated sender is <ffn@omni.net>
Content-Type: text
```

Fangen Sie bei der obersten **Received:**-Zeile an, denn das ist die zuletzt eingefügte Zeile, und sie stammt deshalb von dem Mailserver, auf dem das Postfach liegt. Man sollte ihm also vertrauen können (denn anders kann die Mail ja nicht ins Postfach gelangen). Starten Sie eine Rückverfolgung, welcher Rechner eine Mail von wem bekommen hat.

Wenn Sie manipulierte **Received:**-Zeilen entdecken wollen, so müssen sie auf Lücken in der Kette achten. Denn zwischen der gefälschten und der ersten echten **Received:**-Zeile werden die Angaben auseinanderklaffen.

Wenn A die E-Mail von B bekommen hat, so muss sich darunter eine Zeile befinden, dass Rechner B die E-Mail von C bekommen hat. Ist dort jedoch vermerkt, dass ein Rechner X die Mail von Y bekommen hat, so ist dieser Eintrag mit hoher Wahrscheinlichkeit gefälscht – denn dann müsste B die Mail ja von X bekommen haben.

[17] Ausführlich analysiert auf http://www.trash.net/sam/spam/anleitung.html. Dank an Simon Ramseier für dieses anschauliche Beispiel!

Auch die zeitliche Differenz gibt Anhaltspunkte, denn die gefälschten **Received:**-Zeilen tragen oft auch ein falsches Datum. Wenn ein Mailserver von einem Spammer als Relay missbraucht wird, so steht dieser Mailserver typischerweise unter Volllast. Es ist also kein Wunder, wenn eine Mail einige Stunden auf einem solchen Server liegt, bevor er sie zustellen kann.

Also – der erste Eintrag stimmt noch:

```
Received: from iria.inwave.com (root@iria.inwave.com
        [206.101.238.8]) by stinky.trash.net (8.8.7/8.8.7) with
        ESMTP id BAA04957 for <sam@trash.net>; Fri, 3 Oct 1997
        01:37:24 +0200 (MET DST)
```

Ab dem zweiten Eintrag muss man misstrauisch sein:

```
Received: from mail.inwave.com
        (206.los-angeles-05.ca.dial-access.att.net [12.64.36.206])
        by iria.inwave.com (8.7.6/8.7.3) with SMTP id SAA06839;
        Thu, 2 Oct 1997 18:04:41 -0500
```

Achten Sie auch auf falsche Rechnernamen, die nicht mit dem Reverse Lookup der IP-Nummer übereinstimmen. Wie oben schon angedeutet, hat sich der einliefernde Mailserver durch das **HELO/EHLO**-Kommando mit seinem Namen vorzustellen. Gerne benutzen Spammer hier aber einen völlig falschen Namen. Manche MTAs protokollieren diese Anomalie sogar ausdrücklich, andere weisen auf die falsche Angabe nicht explizit hin, sondern vermerken den richtigen Namen einfach nur in Klammern dahinter – so wie hier.

Hier hat der Spammer im **HELO**-Kommando behauptet, **mail.inwave.com** zu sein. Diese Angabe stammt direkt aus dem SMTP-Dialog. In Klammern dahinter ist aber vermerkt: Diese Mail stammt von **12.64.36.206** und dessen Reverse Lookup ist **206.los-angeles-05.ca.dial-access.att.net**, und nicht etwa **mail.inwave.com**!

Der Spammer will uns glauben machen, dass die IP-Nummer **12.64.36.206** unschuldig sei und wir sie nicht weiter beachten, da er (auf den ersten Blick) nur ein unschuldiger Mailserver irgendwo in der Mitte war. Schließlich soll uns die dritte **Received:**-Zeile glauben lassen, dass **mail.inwave.com** die Mail von **mail.omni.net** bekommen hat. – Wir sollen uns also bei **omni.net** beschweren:

```
Received: from mail.omni.net (alt1.omni.net177.4.2717)
        by omni.net (8.8.5/8.6.5) with SMTP id GAA07122
        for <everyone@your.net>; Thu, 02 Oct 1997
        15:27:59 -0600 (EST)
```

Sieht man aber genau hin, offenbart sich die dritte Zeile durch Syntaxfehler als „Fake". Spammen will eben auch gelernt sein... Zum einen ist **177.4.2717** keine gültige IP, das sollte wohl **177.4.27.17** heißen (schon ärgerlich, wenn man IP-Nummern per Hand erzeugen muss!). Zum anderen ist **alt1.omni.net** direkt an die

IP-Nummer herangeschrieben, und diese ist auch nicht – wie es korrekt wäre – in eckigen Klammern angegeben.

Zu guter Letzt: Die Zeitzone **-600 (EST)** kann nicht möglich sein! Je nachdem ob Sommer- oder Winterzeit ist, hat EST eine Abweichung von vier oder fünf, nie aber sechs Stunden! Das Spam-Programm *Stealth Mailer* erzeugt diesen Eintrag aber typischerweise... Eigentlich ein sehr passendes Filterkriterium.

Eine typische Spammer-Zeile also. Schauen wir uns also noch einmal den zweiten Eintrag genauer an: Dass Name und IP-Nummer auseinanderfallen, hatten wir ja schon gesehen. Der Name im Reverse Lookup deutet darauf hin, dass es eine IP-Nummer von **att.net** ist, dem Namen nach eine dynamisch vergebene Dialup-IP. Doch ob das stimmt? Sie könnte auch jemand anderem gehören, der als Reverse Lookup einfach diesen Namen vergeben hat.

Eine **whois**-Abfrage schafft Klarheit. Wem gehört diese IP-Nummer denn wirklich?

Gerade wenn Sie die Lücke in den **Received:**-Zeilen gefunden haben, sollten Sie sich noch den Luxus gönnen, die dort gefundene IP-Nummer zu überprüfen. Sie können dafür die üblichen DNS-Tools wie **dig** und **nslookup** benutzen.[18] Über einen Blick in eine **whois**-Datenbank können Sie feststellen, wem diese IP-Nummer gehört und wo Sie sich beschweren können:

```
linux:~ # whois 12.64.36.206
AT&T ITS (NET-ATT)
   200 Laurel Avenue South
   Middletown, NJ 07748
   US

   Netname: ATT
   Netblock: 12.0.0.0 - 12.255.255.255
   Maintainer: ATTW

   Coordinator:
      Kostick, Deirdre  (DK71-ARIN)  help@IP.ATT.NET
      (888)613-6330

Domain System inverse mapping provided by:

DBRU.BR.NS.ELS-GMS.ATT.NET    199.191.128.106
DMTU.MT.NS.ELS-GMS.ATT.NET    12.127.16.70
CBRU.BR.NS.ELS-GMS.ATT.NET    199.191.128.105
CMTU.MT.NS.ELS-GMS.ATT.NET    12.127.16.69

Record last updated on 06-Nov-2000.
Database last updated on  27-Mar-2002 19:58:14 EDT.

The ARIN Registration Services Host contains ONLY Internet
```

---

[18] Wenn Ihnen **dig**, **nslookup** und **whois** nichts sagen, sollten Sie sich in Anhang B über das *Domain Name System* informieren!

```
Network Information: Networks, ASN's, and related POC's.
Please use the whois server at rs.internic.net for DOMAIN related
Information and whois.nic.mil for NIPRNET Information.
```

Wir sehen: Der IP-Nummernblock gehört tatsächlich zu ATT. Die Angaben scheinen also zu stimmen, ein Dialup-Account in Los Angeles war der Übeltäter. Richtiger Ansprechpartner für Beschwerden ist also **abuse@att.net**, wahlweise auch **postmaster@att.net** oder **help@ip.att.net**.

Auch der Rest des Headers ist komplett gefälscht. Alles deutet auf **omni.net** hin – aber das alles ist blanker Unfug:

```
Received: from iria.inwave.com (root@iria.inwave.com
    [206.101.238.8]) by stinky.trash.net (8.8.7/8.8.7) with
    ESMTP id BAA04957 for <sam@trash.net>; Fri, 3 Oct 1997
    01:37:24 +0200 (MET DST)
Received: from mail.inwave.com
    (206.los-angeles-05.ca.dial-access.att.net [12.64.36.206])
    by iria.inwave.com (8.7.6/8.7.3) with SMTP id SAA06839;
    Thu, 2 Oct 1997 18:04:41 -0500
Received: from mail.omni.net (alt1.omni.net177.4.2717)
    by omni.net (8.8.5/8.6.5) with SMTP id GAA07122
    for <everyone@your.net>; Thu, 02 Oct 1997 15:27:59
    -0600 (EST)
From: ffn@omni.net
Date: Thu, 02 Oct 97 15:27:59 EST
To: everyone@your.net
Subject: We Will Loan You $59,000 And You NEVER Have To Repay Us
Message-ID: <3336528719035@omni.net>
Reply-To: ffn@omni.net
Comments: Authenticated sender is <ffn@omni.net>
Content-Type: text
```

In Deutschland ist oft auch die Zeile **X-Sender:** aufschlussreich. Idee ist, dass ein MTA hier nochmals protokollieren kann, von welchem Nutzer diese E-Mail erzeugt worden ist – und sich dabei nicht auf den vom Nutzer übergebenen Namen verlässt, sondern diesen anhand eigener Datenbanken und IP-Nummern identifizieren konnte. Aber natürlich kann **X-Sender:** auch gefälscht sein.

Es gibt eine sehr interessante FAQ, die die Analyse von Mailheadern näher beschreibt. Sie wird regelmäßig in der Newsgruppe **de.admin.net-abuse.mail** gepostet und ist auch im Web zu finden.[19]

[19] http://www.th-h.de/faq/headrfaq.html

9.11 Teergruben

Eine pfiffige Idee, um Spammern das Leben schwer zu machen, sind so genannte „Teergruben". Die dahinter stehende Idee mag zunächst merkwürdig klingen, aber sie funktioniert: Speziell präparierte Mailserver sollen Massenmailer möglichst lange mit dem Einliefern der Mail beschäftigen. Das erreichen sie dadurch, dass sie eine Spezialität von SMTP ausnutzen. Eine SMTP-Antwortzeile besteht aus einem Return-Code und einem nachfolgenden erklärenden Text.

Geht eine Antwort eines SMTP-Servers über mehrere Zeilen (z. B. die Hilfe), so wird nach dem Return-Code ein „-" eingefügt. Der Client wartet dann noch auf die nachfolgenden Zeilen und wertet diese aus, bis schließlich eine normale Zeile den Abschluss verkündet:

```
help
214-This is Sendmail version 8.8.5
214-Topics:
214-    HELO    EHLO    MAIL    RCPT    DATA
214-    RSET    NOOP    QUIT    HELP    VRFY
214-    EXPN    VERB    ETRN    DSN
214-For more info use "HELP <topic>".
214-To report bugs in the implementation send email to
214-    sendmail-bugs@sendmail.org.
214-For local information send email to Postmaster at your site.
214 End of HELP info
```

Nach erfolgreicher Einlieferung der E-Mail gibt unser Client üblicherweise

```
250 Ok: queued as 8C53E23728
```

als Antwort zurück. Was aber, wenn diese Zeile mit einem „-" versehen wird und der Client für eine gewisse Zeit jede Minute eine weitere solche Zeile ausspuckt? Nun – ein ordentlicher MTA wird online bleiben und auf die wirklich letzte Zeile der Serverantwort warten.

```
250-You are teergrubed, please wait.
250-You are teergrubed, please wait.
250-You are teergrubed, please wait.
250-You are teergrubed, please wait.
250 Ok: queued as 8C53E23728
```

Die Auswirkungen für einen „teergrubenden" Mailserver (man sagt wirklich so) sind nicht sonderlich schlimm: Einige Ports werden belegt, aber es kostet kaum Performance oder Datentraffic. Eingehende Mails werden etwas verzögert weiterbearbeitet. Zudem lässt sich über Listen von IP-Netzen das „teergrubing" auch auf „verdächtige" IP-Nummern beschränken.

Die Auswirkungen für einen Spammer sind in der Masse verheerend: Je mehr Mailserver teergruben, desto ineffektiver wird sein Mailversand. Und auf den schnellen Versand Tausender von Nachrichten ist ein Spammer nun einmal angewiesen. Seine Server bleiben online gefangen. Da nur eine beschränkte Anzahl paralleler E-Mail-Zustellungen möglich ist, blocken wir die Ports des Spammers, und dieser kann entsprechend weniger Mails zustellen.

Teergrubing basiert also auf einer gemeinsamen Abwehr des Netzes gegen die Spammer. Tausende einzelner teergrubender Mailserver blocken dezentral die Spammer, die die ganze Last auf wenigen Servern gesammelt zu tragen haben.

Leider gibt es bislang keinen direkten Patch für Postfix. Lutz Donnerhacke stellt auf http://www.iks-jena.de/mitarb/lutz/usenet/teergrube.html aber einen neutralen Wrapper **antispam** vor, der mit allen MTAs zusammenarbeiten kann. Gleichzeitig finden sich dort weitere Dokumentation und eine umfangreiche Auseinandersetzung mit der Frage, ob und warum Teergruben sinnvoll sind und funktionieren.

Dort findet sich übrigens auch ein Link zu einem amüsanten Perl-Skript namens **dead.end.pl**, das man auf Hosts installieren kann, die *keine* Mailserver sind. Es öffnet dort den Port 25 – und nimmt fleißig Anfragen an. Zum einen „teergrubt" es einliefernde Mailserver, zum anderen verwirft es alle eingelieferten Mails. Damit erwischen wir Spammer, die systematisch IP-Nummern nach „relayenden" Mailservern durchsuchen – und locken sie in eine Falle. Da kein MX-Eintrag im DNS auf diesen Server zeigt, können eingelieferte E-Mails nur von systematisch suchenden Spammern kommen. Die Spammer werden blockiert, die UCE-Mails werden zugleich verworfen und unschädlich gemacht.

Alle Postmaster mit gehöriger Wut auf Spammer (so wie ich!), sind herzlich eingeladen, an einer gemeinsamen Gegenwehr des Netzes teilzunehmen!

9.12 Sicher Mails relayen

Wie wir bislang gesehen haben, dürfen Mailserver nicht von beliebigen externen IP-Nummern Mails annehmen und diese wieder zurück ins Internet zustellen. Früher war das auch nie das Problem, denn die Benutzer wählten sich in der Regel bei dem Provider ein, bei dem sie auch Postfächer hatten und dessen SMTP-Server sie für den Versand nutzen konnten – „all inclusive" sozusagen: Zugang und Service aus einer Hand.

Mit der Entwicklung der reinen Dialup-Provider, die über das offene Call-by-Call angewählt werden, hat sich diese Situation verändert. Viele dieser Call-by-Call-Provider stellen sonst kaum noch weitere Dienstleistungen zur Verfügung, um Kosten zu sparen.

An ihre Stelle traten diverse Mailprovider, die sich allein auf Postfächer spezialisiert haben, insbesonders die Free-E-Mail-Anbieter.

Folge: Zugang und Postfach fallen auseinander. Normalerweise ist das auch kein Problem, kann der Benutzer doch auch dann den SMTP-Server des Call-by-Call-Providers nutzen, wenn sein Postfach bei einem anderen Anbieter, einem Firmen-Mailserver o. Ä. liegt.

Der Absender einer E-Mail kann seine Mailadresse in seinem Mail-Client beliebig eingeben. Nichts spricht dagegen, seine E-Mails beim Mailserver eines beliebigen Anbieters einzuliefern und dabei die persönlich liebste Mailadresse zu benutzen.

Leider unterhalten einige Call-by-Call-Anbieter *gar keinen* SMTP-Server mehr, da sie der Kosten, der Arbeit und des Spam-Problems überdrüssig geworden sind. Andere Anbieter verhindern gezielt E-Mails, die eine Absendeadresse mit beliebiger Domain beinhalten – um die Nutzer an die anbietereigene Maildomain zu binden.

Damit wurde uns die Aufgabe aufgebürdet, unseren Benutzern das Einliefern von E-Mails auf unseren Servern zu ermöglichen, obwohl diese von beliebigen externen IP-Nummern kommen. Also eigentlich genau das, was wir aufgrund des Spam-Problems *nicht* wollen.

Andererseits: Wenn wir sichergehen, dass es tatsächlich unsere Benutzer sind, denen wir vertrauen und die wir auch eindeutig identifizieren können, spricht nichts gegen Annahme und weiteren Versand ihrer E-Mails. Schlägt jemand wirklich einmal über die Stränge, können wir ihn identifizieren.

In der Praxis gibt es zwei technische Möglichkeiten, diese Identifizierung zu bewerkstelligen: SMTP-after-POP3 und SMTP-Auth. Schauen wir uns beides an.

9.12.1 SMTP-after-POP

Leider wurde versäumt, das SMTP-Verfahren grundsätzlich mit einer Kennwort-Authentifizierung zu verbinden. Auch wenn diese mittlerweile durch die Erweiterung SMTP-Auth verfügbar ist, hatte sich das Verfahren SMTP-after-POP (oder auch POP-before-SMTP) durchgesetzt, da es weniger Umstände macht und eine Fehlerquelle vermeidet – die zusätzliche Eingabe des Kennwortes durch den Benutzer.

SMTP-after-POP basiert auf folgender Idee: Wenn ein Benutzer über das kennwortgeschützte POP3-Verfahren sein Mailpostfach abfragt, haben wir ihn eindeutig als unseren Kunden identifiziert. Für ein gewisses Zeitfenster (z. B. 15 Minuten) können wir nun ausgehende relayende E-Mails von dieser IP-Nummer akzeptieren und darauf vertrauen, dass es einer unserer berechtigten Nutzer ist.

Die Chance, dass sich in den letzten Minuten unter dieser IP-Nummer ein anderer, fremder User eingewählt hat und nun zufällig auch unseren SMTP-Server unberechtigt als Relay nutzen möchte, ist ausreichend gering. Achja: Und auch wenn das Verfahren etwas anderes nahelegt – mit IMAP geht es natürlich genauso!

Das macht es aber erforderlich, dass ein Nutzer vor dem Versand seiner E-Mails sein Postfach binnen der letzten Viertelstunde abgefragt haben muss. Die meisten Mailclients unterstützen diese Reihenfolge mittlerweile auch, doch muss man dieses Verhalten manchmal in der Konfiguration aktivieren. Aber durch einige kurze Erklärungen ist den meisten Benutzern dieser kleine Konfigurationsgriff leicht verständlich zu machen.

Für den Provider selbst bedeutet diese Lösung aber einen etwas größeren Konfigurationsaufwand. Für den Abruf der Postfächer per POP3 (oder auch IMAP) ist Postfix nicht zuständig. Also müssen wir ein Bindeglied zwischen dem POP3-Dämon und Postfix schaffen.

Wie sich Postfix bei der Prüfung der Empfängeradresse verhält, stellen wir unter **smtpd_recipient_restrictions** ein. Üblicherweise sind dort durch **permit_mynetworks** oder **permit_auth_destination** unsere lokalen IP-Nummern freigeschaltet. Gleichzeitig können wir über den Parameter **check_client_access** auch auf eine **access**-table verweisen, die pauschal freigeschaltete IP-Nummern oder Hostnamen enthält.

Was uns fehlt ist also ein Bindeglied zwischen dem POP3/IMAP-Dämon und dieser **access**-table von Postfix. Das Perl-Skript **pop-before-smtp** von Bennett Todd nimmt uns diese Arbeit ab. Es läuft als Dämon im Hintergrund und überwacht die POP3/IMAP-Logdateien. Entdeckt es einen erfolgreichen POP3/IMAP-Login, extrahiert es die jeweilige IP-Nummer und trägt diese zusammen mit einem Zeitstempel in die Postfix-Datenbank ein. Postfix akzeptiert dann für die voreingestellte Zeit diese IP-Nummer als Client für relayende Mails.

Zuerst sollten Sie allerdings sicherstellen, dass die benötigten Perl-Bibliotheken auf Ihrem System installiert sind:

- Time::HiRes (SUSE: Paket **perl-Time-modules**)

- Net::Netmask (SUSE: Paket **perl-Net-Netmask**)

- Date::Parse (SUSE: Paket **perl-TimeDate**)

- File::Tail (SUSE: Paket **perl-File-Tail**)

Älteren SUSE-Versionen oder anderen Distributionen liegen teilweise nicht alle Perl-Module als fertiges RPM-Paket bei. Sie können sie leicht vom CPAN-Server herunterladen und installieren lassen. Geben Sie dazu das Kommando **perl -MCPAN -e shell** ein. Beim erstmaligen Start müssen Sie einige Fragen zur Konfiguration beantworten. Danach können Sie mit **install <modulname>** leicht automatisch Module installieren lassen, hier z. B. durch **install File::Tail**

Leider ist auch bei SUSE 9.0 **pop-before-smtp** noch nicht als Paket mit dabei (vielleicht ändert sich das ja noch?), aber im Netz finden sich RedHat-RPM-Pakete, die sich auch unter SUSE problemlos installieren lassen.

Laden Sie das RedHat-RPM herunter und installieren Sie es als **root** direkt mit **rpm -i pop-before-smtp***. Zum Zeitpunt der Drucklegung des Buches gab es nur die

1.33 als RPM (die mit SUSE 9.0 problemlos funktionierte), aber bereits die 1.34 als Source-Paket. Schauen Sie also nach, welche Versionen es hier aktuell zum Download gibt.[20]

Wenn Sie das Skript als RPM installiert haben, können Sie die nachfolgenden Schritte überspringen und direkt beim Editieren von **/etc/pop-before-smtp-conf.pl** weitermachen.

Nur wer das Programm direkt aus den Sources installiert, muss die Dateien per Hand an die richtigen Stellen kopieren:

```
linux:/usr/local/src # wget \
> http://cesnet.dl.sourceforge.net/sourceforge/popbsmtp/\
> pop-before-smtp-1.34.tar.gz
[...]
linux:/usr/local/src # tar -xvzf pop-before-smtp-1.34.tar.gz
[...]
linux:/usr/local/src # cd pop-before-smtp-1.34
linux:/usr/local/src/pop-before-smtp-1.34 # cp pop-before-smtp-conf.pl \
> /etc
linux:/usr/local/src/pop-before-smtp-1.34 # cp pop-before-smtp /usr/sbin
linux:/usr/local/src/pop-before-smtp-1.34 #
```

Und damit es auch wirklich vollständig ist, richten wir **pop-before-smtp** noch so ein, dass es beim nächsten Booten gleich gestartet wird. Netterweise liefert der Autor ein passendes Start-Skript mit. Achtung: Überprüfen Sie bitte die nachfolgenden Schritte, sie können in Ihrer Distribution ggf. etwas anders ausfallen!

```
linux:/usr/local/src/pop-before-smtp-1.34 # cp pop-before-smtp.init \
> /etc/init.d/pop-before-smtp
linux:/usr/local/src/pop-before-smtp-1.34 # cd /etc/init.d
linux:/etc/init.d # ln -s ../pop-before-smtp rc2.d/S11pop-before-smtp
linux:/etc/init.d # ln -s ../pop-before-smtp rc2.d/K11pop-before-smtp
linux:/etc/init.d # ln -s ../pop-before-smtp rc3.d/S11pop-before-smtp
linux:/etc/init.d # ln -s ../pop-before-smtp rc3.d/K11pop-before-smtp
linux:/etc/init.d # ln -s ../../etc/init.d/pop-before-smtp \
> /usr/sbin/rcpop-before-smtp
```

Ob RPM oder aus den Sources heraus – jetzt ist **pop-before-smtp** installiert, und wir müssen nur noch das Erkennungsmuster für die IP-Nummern der Clients an das Log-Format unseres POP3-/IMAP-Servers anpassen.

Für die meisten Programme werden Sie vorbereitete Einträge finden, die Sie nur noch einbinden müssen. Sollten Sie den MySQL-basierten Free-E-Mail-Server von Kapitel 19 nachbauen wollen, so müssen Sie die Einträge für Courier-IMAP aktivieren.

[20] http://popbsmtp.sourceforge.net/

```
linux:~ # joe /etc/pop-before-smtp-conf.pl

[...]

######################### START OF PATTERNS #########################

 Chris D.Halverson's pattern for Qpopper 3.0b29 on Solaris 2.6
# $pat = '^(... ... .. ..:..:.. \d4) \[\d+\] ' .
#    ' Stats:\s+\w+ \d \d \d \d [\w\.]+ (\d+\.\d+\.\d+\.\d+)';

# For Cyrus (including a tweak for IP addrs that don't resolve):
# $pat = '^(... .. ..:..:..) \S+ (?:pop3d|imapd)\[\d+\]: ' .
#    'login: \S*\[(\d+\.\d+\.\d+\.\d+)\] \S+ \S+';

# For Courier-POP3 and Courier-IMAP:
# $pat = '^(... .. ..:..:..) \S+
# (?:courier)?(?:pop3|imap)(?:login|d|d-ssl): ' .
#    'LOGIN, user=\S+, ip=\[[:f]*(\d+\.\d+\.\d+\.\d+)\]';
```

Wird der Dämon jetzt gestartet, sollte er problemlos laden, im Hintergrund verbleiben und die passende Datenbank anlegen:

```
linux:/etc/init.d # rcpop-before-smtp start
linux:/etc/init.d # ps ax | grep pop-before-smtp
  522 ?     S  3:17 /usr/bin/perl -wT /usr/sbin/pop-before-smtp --debug
 9367 pts/1 S  0:00 grep pop-before
linux:/etc/init.d # dir /etc/postfix/pop*
-rw-r--r-- 1 root root 12288 Mar 22 11:18 /etc/postfix/pop-before-smtp.db
linux:/etc/init.d #
```

Wenn der Dämon im **debug**-Modus ist, protokolliert er jede erkannte IP-Nummer nach **/var/log/pop-before-smtp**. IP-Nummern, die Postfix in **mynetworks** erfasst hat, werden nicht in die Datenbank übernommen, sondern lediglich als erkannt protokolliert. Ein Eintrag würde nur beim Vermerk **written ok** erzeugt. Fehlt dieser, hat **pop-before-smtp** erkannt, dass diese IP-Nummer bereits erfasst und derzeit noch freigeschaltet ist. **purging** bedeutet, dass das Zeitfenster für diese IP-Nummer geschlossen und sie aus der Datenbank gelöscht worden ist.

```
linux:/etc/init.d # tail /var/log/pop-before-smtp
[...]
read ts=Mar 22 11:03:29 ip=62.8.206.156
read ts=Mar 22 11:17:58 ip=217.235.18.66
        accepted --- not in mynetworks
        written ok
read ts=Mar 22 11:17:59 ip=217.235.18.66
purging ts=Fri Mar 22 10:21:50 2002 ip=217.224.233.74
linux:/etc/init.d #
```

Sollte **pop-before-smtp** partout keine IP-Nummern erkennen wollen, sollten Sie den regulären Ausdruck in Ihrem Skript überprüfen und anpassen. Mit Hilfe von **postmap -q** können Sie Einträge in der Lookup Table abragen (Kapitel 5.3, Seite 97).

pop-before-smtp kümmert sich nun fortlaufend um die Ein- und Austräge der IP-Nummern in der Lookup Table. Nun müssen wir nur noch Postfix beibringen, diese auszuwerten, wenn es um die Frage geht, ob jemand „relayen" darf:

```
linux:/etc/init.d # joe /etc/postfix/main.cf
[...]
smtpd_recipient_restrictions=permit_mynetworks,
    check_client_access hash:/etc/postfix/pop-before-smtp,
    check_relay_domains
    [... weitere Restriktionen ...]

linux:/etc/init.d # rcpostfix reload
linux:/etc/init.d #
```

So, das wäre es dann. Eine Bitte noch zum Abschluss: Überprüfen Sie Ihre Installation! Vor allem müssen Sie kontrollieren, ob Ihr Postfix auch weiterhin E-Mails von unberechtigten Hosts *ablehnt*. Es wäre sehr ärgerlich, wenn Sie einen Fehler gemacht haben und in Kürze eine Ladung Spam-Mails auf Ihre Kosten verteilen.

9.12.2 Dynamic Relay Authentication Control (DRAC)

DRAC ist ein eigener Dämon, der eine saubere POP-before-SMTP-Implementation darstellen soll. Grundsätzlich macht er das gleiche wie das im vorherigen Kapitel vorgestellte Perl-Skript **pop-before-smtp**: Sobald sich ein User per POP3 oder IMAP erfolgreich eingeloggt hat, wird seine IP über eine Postfix-Table freigeschaltet.

Einziger Unterschied: Der DRAC-Dämon wertet nicht mühsam und fehleranfällig die Logfiles des POP3-Servers aus, um sie nach IP-Nummern zu durchforsten, sondern der benutzte POP3-/IMAP-Server wird in seinem Quellcode gepatcht und um DRAC-Funktionalität erweitert. Durch die Patches wird ein kleiner Programmcode eingefügt, so dass die Server-Software selbst nach einem erfolgreichen Login den DRAC-Dämon aufruft und ihm die freizuschaltende IP übermittelt. Der DRAC-Dämon hat sie dann nur noch in die Postfix-Table zu übertragen und nach Ablauf der Freischaltungsfrist wieder zu löschen.

Das bedeutet aber: Während das Perl-Skript **pop-before-smtp** einigermaßen universell mit jedem beliebigen POP3-/IMAP-Server zusammenarbeitet, solange dieser nur die IPs des Clients mitloggt, kann der DRAC-Dämon nur mit speziell präparierter POP3-/IMAP-Software eingesetzt werden. Eine Kombination aus beiden ist natürlich nicht sinnvoll.

Prüfen Sie, ob der DRAC bei Ihrer Distribution übersetzt vorhanden ist, bei SUSE ist das z. B. ab Version 8.1 der Fall. Notfalls müssen Sie sich die DRAC-Sourcen holen und den Server selbst übersetzen und installieren.[21]

Bevor man nun aber per Hand patcht, sollte man prüfen, ob der jeweilige POP3-/IMAP-Server der eingesetzten Distribution nicht bereits entsprechend als RPM vorliegt.

9.12.3 SMTP-Auth mit Cyrus-SASL2

Eine etwas sauberere Lösung ist die Erweiterung SMTP-Auth (*SMTP-Authentication*). Damit wurde dem SMTP-Protkoll die Übergabe eines Nutzernamens nebst Kennwort hinzugefügt, so dass sich ein Client gegenüber dem Mailserver identifizieren kann.[22]

Dabei kann das Kennwort wahlweise auch verschlüsselt übertragen werden, so dass es ein Netzwerksniffer nicht ausspähen kann.

Mittlerweile unterstützen fast alle Mailclients auch dieses Verfahren. Zwar müssen unsere Nutzer SMTP-Auth eigens einstellen und wir müssen uns Gedanken darüber machen, auf welchem Wege wir die Nutzernamen/Kennwörter authentifizieren – ist das aber geschehen, stellt SMTP-Auth die vernünftigste und sauberste Lösung dar. Und Sie werden auch gleich sehen: Mit der hier vorgestellten Lösung ist sie für uns als Postmaster auch unkompliziert und wartungsfrei!

Zur Implementation von **SMTP-Auth** benötigen wir **cyrus-sasl2**. Ältere Postfix-Versionen arbeiten mit der Version 1 zusammen, die Postfix 2.x-Reihe zieht **cyrus-sasl2** vor. Wenn Sie auf etwas älteren Servern arbeiten, verwechseln Sie diese beiden Versionen nicht, da sie parallel installiert sein könnten. Die Programme heißen teilweise identisch, bei der neueren Version enden Sie immer auf „2", beispielsweise **saslpasswd2** statt **saslpasswd**.

Cyrus-SASL ist eine generelle Bibliothek zur Authentifizierung, auf die sich Postfix hier verlässt. Dabei steht SASL eigentlich für *Simple Authentication and Security Layer*; in der Praxis bereitet SASL aber leider immer wieder Komplikationen und ist teilweise alles andere als „simple", vor allem wenn Programme gegen verschiedene SASL-Versionen gelinkt sind – denken Sie daran also ggf. bei der Fehlersuche.

Postfix hat die für Cyrus-SASL notwendige Schnittstelle direkt im Programmcode integriert. Es gilt also nur, Cyrus-SASL richtig zu konfigurieren, und Postfix kann diese Software dann ohne große Konfigurationsarbeiten nutzen.

---

[21] ftp://ftp.cc.umanitoba.ca/src/drac.tar.Z. Eine ausführliche Dokumenation finden Sie auf ftp://ftp.cc.umanitoba.ca/drac/. Für die gängigen POP3-/IMAP-Server sind Patches vorhanden: http://mail.cc.umanitoba.ca/drac/pop.html.

[22] Quellen: ftp://ftp.andrew.cmu.edu/pub/cyrus-mail/
Infos: http://www.thecabal.org/~devin/postfix/smtp-auth.txt; dort unter Punkt 3) auch eine ausführliche Anleitung zum Übersetzen.

Cyrus-SASL kennt verschiedene Möglichkeiten, die vorgelegten Nutzername-Kennwort-Kombinationen zu überprüfen. Ab der neuen Version Cyrus-SASL2 gibt es zum Glück auch **saslauthd**, einen im Hintergrund gestarteten Dämon, der eine Vielzahl möglicher Authentifzierungsmöglichkeiten kennt. **man saslauthd** listet in der Sektion *Authentication mechanism* alle Möglichkeiten auf.

Hier die wichtigsten und für uns relevanten Mechanismen, die der **saslauthd** unterstützt:

sasldb

Cyrus-SASL legt eine eigene Datenbank **/etc/sasldb2** (bzw. **/etc/sasldb**) an, in der Nutzernamen und Kennwörter eingetragen werden. Gepflegt wird diese Datenbank durch das Programm **saslpasswd2** (bzw. **saslpasswd**). Wichtig: **sasldb** wird – aus nicht nachvollziehbaren Gründen – vom **saslauthd** per Default absichtlich nicht unterstützt. Um diese Authentifizierungsmöglichkeit zu nutzen, müsste **saslauthd** neu übersetzt werden. Besser ist es, bei den entsprechenden Programmen (Cyrus-IMAP, Postfix) nicht **saslauthd**, sondern direkt **auxprop** anzugeben (was wiederum für einen Zugriff auf die **sasldb** steht… – also alles recht „simple". Beachten Sie jedoch, dass die Software Leserechte auf **/etc/sasldb** bekommen muss.

shadow

Cyrus-SASL greift auf **/etc/passwd** und **/etc/shadow** zu, benötigt dafür allerdings Leserechte auf diese sehr heiklen Dateien, was normalerweise aus guten Gründen allein root vorbehalten ist.

rimap

Der **saslauthd** nimmt die per SMTP-Auth übergebenen Nutzerdaten und führt einen IMAP-Login auf einem (auch entfernten) Mailserver durch. Ist der Login korrekt, sind die Nutzerdaten zulässig. So können wir elegant und ohne Probleme User mit ihren ganz normalen POP3-/IMAP-Logindaten auch bei SMTP-Auth authentifizieren, darum stelle ich Ihnen **rimap** gleich noch im Detail vor.

ldap

Zur Verifizierung wird ein LDAP-Server herangezogen.[23]

pam

Die Prüfung wird an PAM weitergegeben.

Diese Prüfungen regelt alle **saslauthd**, das als Dämon im Hintergrund läuft und dem über Aufrufparameter die Authentifizierungsoptionen angegeben werden können.

Wenn ihre aktuelle Distribution den **saslauthd** mitbringt, sollten Sie in **/etc/init.d** ein passendes Startskript dafür finden.

---

[23] Siehe das Readme **LDAP_SASLAUTHD**, bei SUSE unter **/usr/share/doc/packages/cyrus-sasl**.

Bei SUSE ist das Programm ab Version 8.1 dabei; in **/etc/sysconfig/saslauthd** finden Sie eine Config-Datei, in der Sie die nachfolgend beschriebenen **saslauthd**-Aufrufparameter eintragen können. SUSE kümmert sich dann selbst darum, dass **saslauthd** die Parameter beim Systemstart übergeben werden.

Aus all diesen SASL-Authentifizierungsmethoden ist **rimap** für uns am wichtigsten und sinnvollsten:

Gegen einen Mailserver authentifizieren: rimap

Die **sasldb2**-Lösung ist praktikabel und hat vor allem die von der Linux-Umgebung getrennte Benutzerverwaltung für sich. Aber sie ist wartungs- und pflegeintensiv und damit fehleranfällig.

Äußerst bequem ist es jedoch, mit dem erst seit kurzem verfügbaren Modul **rimap** zu authentifizieren. Die Logik ist einfach: Ist mit den angegebenen Benutzerdaten ein POP3/IMAP-Login auf einem voreingestellten Mailserver möglich, darf dieser Nutzer auch über uns per SMTP Mails versenden. Wir haben damit also die bequeme Kombination von SMTP und POP3/IMAP-Nutzerkennungen und können Postfix so an eine – wie auch immer geartete – Nutzerdatenbank des eigentlichen Mailservers anschließen.

Das ist soweit eigentlich unsere Traumlösung, sieht man von zwei Nachteilen ab:

1. Performance
   In High-Performance-Umgebungen wird der extra POP3/IMAP-Login ggf. ins Gewicht fallen, da wir ständig unseren Mailserver mit Logins konfrontieren und die Zahl der diversen Abfragen natürlich kaskadiert. In normalen Umgebungen gilt hier aber: Überhaupt kein Problem.

2. Verschlüsselung
   Man müsste sich zumindest Gedanken darüber machen, dass der POP3/IMAP-Login ggf. unverschlüsselt über das lokale Netz geht. Das ist dann egal, wenn man SMTP und POP3/IMAP-Logins ohnehin unverschlüsselt zulässt, wäre aber natürlich eine Überlegung wert, wenn man Wert darauf legt, dass sich die Nutzer aus dem Internet nur über SSL/TLS-Verschlüsselung (Kapitel 18.3, Seite 402) einloggen können.
   Aber auch hier ist dieses Problem wohl zu vernachlässigen, wenn diese Logins nur über das lokale abgesicherte LAN gehen bzw. ohnehin SMTP und POP3/IMAP-Server identisch sind und die Logins darum gar nicht über das LAN gehen. Wem das zu unsicher ist, könnte einen SSL-Tunnel zwischen SMTP und POP3/IMAP-Server einsetzen, dessen Beschreibung hier allerdings den Rahmen sprengen würde.

Kurzum: In fast allen Situationen problemlos und sauber implementierbar. Einmal installiert, ist das eine Lösung, die keine Skripten und keinen Wartungsaufwand mehr erfordert. Installieren und vergessen.

Wir müssen dazu den saslauthd nur mit dem Aufrufparameter **-a rimap -O <mail-server.domain.de>** starten:

```
linux:~ # saslauthd -a rimap -O mail.postfixbuch.de
```

Das Ganze natürlich bei Systemstart, also über das passende Startskript; bei SUSE einfach Folgendes (ohne -a!):

```
linux:~ # joe /etc/sysconfig/saslauthd
## Path:        System/Security/SASL
## Type:        list(getpwent,kerberos5,pam,rimap,shadow,ldap)
## Default:     pam
#
# Authentication mechanism to use by saslauthd.
# See man 8 saslauthd for available mechanisms.
#
SASLAUTHD_AUTHMECH="rimap -O mail.postfixbuch.de"
```

Vergessen Sie auch hier nicht, über den Runlevel-Manager den saslauthd auch gleich beim Systemstart laden zu lassen.

Hinweis: Sollten Sie Cyrus-IMAP einsetzen und – anders als im Buch beschrieben – die Authentifizierung über saslauthd realisiert haben, müssen Sie daran denken, dass Sie nun den saslauthd hier nicht mehr über rimap nutzen können, da Sie ja andernfalls eine Endlosschleife erzeugen!

Separate Passwortdatei: sasldb

Cyrus-SASL kann eine eigene Datenbank mit Nutzernamen/Kennwörtern pflegen, die unter /etc/sasldb2 abgelegt wird. Durch diese sasldb ist Cyrus-SASL überhaupt erst bekannt geworden, denn dies hat auch den Vorteil, dass z. B. die **SMTP-Auth**-Kennwörter nicht mit Loginkennwörtern oder real existierenden Accounts übereinstimmen müssen, sondern wir eine parallele Datenbank außerhalb der wirklichen Linux-Systemumgebung führen können.

Allerdings ist die sasldb für unsere Zwecke nicht sehr sinnvoll, da die Überprüfung über rimap flexibler und vor allem wesentlich einfacher ist. Da Sie den POP3-/IMAP-Server ja auch bequem an eine LDAP- oder MySQL-Basis anbinden können, können Sie auf dem Wege ja auch problemlos mit den Usernamen und Passwörtern operieren, die nichts mit /etc/passwd und /etc/shadow zu tun haben.

Ich möchte darum nochmal ausdrücklich betonen, dass ich Ihnen vom Einsatz der sasldb für SMTP-Auth ausdrücklich *abrate*, da sie in der Praxis wiederholt gravierende Probleme nach sich zieht, wenn sie von mehreren Programmen (Postfix und einem POP3-/IMAP-Server) parallel abgefragt wird.

Wenn Sie allerdings Cyrus-IMAP einsetzen (dann, und nur dann!) könnten Sie eine **sasldb** anlegen lassen, die Cyrus-IMAP aber direkt abfragt – ohne Umweg über **saslauthd**. In Kapitel 8.4.3 auf Seite 160 finden Sie ja die Anleitung dazu.

Aber auch in diesem Falle sollten Sie weiterhin **rimap** für einen IMAP-Login beim Cyrus-IMAP nutzen und erst diesen dann die **sasldb** prüfen lassen; andernfalls sind versteckte Probleme vorprogrammiert …

9.12.4 SMTP-Auth in Postfix aktivieren

Nun ist nur noch Postfix auf Cyrus-SASL einzustellen, aber auch das ist nicht weiter schwierig: In der Datei **sample-auth.cf**, die oft in **/etc/postfix** oder **/usr/share/doc/ packages/postfix/samples** liegt, finden Sie die notwendigen Parameter nebst Erklärungen. Binden Sie diese Beispieldatei in Ihre **main.cf** ein und passen Sie die Werte an.

Postfix kann **SMTP-Auth** für den Empfang von Mails einsetzen, dazu dienen alle **smtpd_sasl**-Parameter. Wir können **SMTP-Auth** aber auch benutzen, damit sich Postfix gegenüber anderen Mailservern authentifizieren kann, falls diese auf **SMTP-Auth** bestehen sollten. Das regeln alle **smtp_sasl**-Parameter. Achten Sie bei der Gelegenheit bitte noch einmal auf den Unterschied zwischen **smtp** (Client, Versand) und **smtpd** (Dämon, Empfang)!

SMTP-Auth für den Empfang von Mails

Auf eine vollständige Liste der Kommentarzeilen sei hier verzichtet – nur eine Zusammenfassung der eingestellten Werte, um **SMTP-Auth** sinnvoll zu aktivieren:

```
smtpd_sasl_auth_enable = yes
smtpd_sasl_security_options = noanonymous, noplaintext
smtpd_tls_auth_only = no
smtpd_sasl_local_domain = postfixbuch
broken_sasl_auth_clients = yes
```

Die Bedeutung im Einzelnen:

smtpd_sasl_auth_enable = yes
> aktiviert **SMTP-Auth** oder schaltet es komplett ab

smtpd_sasl_security_options = noanonymous, noplaintext
> Anonymous-Logins sollten verhindert werden (sonst hätten wir uns all das sparen können). **noplaintext** verhindert die Authentifizierungsmethoden, bei

denen das Passwort unverschlüsselt übertragen wird, also **PLAIN** und **LOGIN**. Unter Sicherheitsaspekten sehr sinnvoll; damit zwingen wir unsere Benutzer, eine sichere Einstellung in ihrem Client einzutragen.

Die Methoden **PLAIN** und **LOGIN** könnten wir aber zulassen, wenn der Login über eine SSL/TLS-gesicherte Verbindung stattfindet. Dann ist ja die gesamte Verbindung verschlüsselt – auch der Austausch der Klartextkennwörter.

smtpd_tls_auth_only = no

Der Austausch der Kennwörter ist natürlich eine heikle und schützenswerte Angelegenheit. Postfix ermöglicht Ihnen, SMTP-Auth nur dann zuzulassen, wenn der Mailclient über SSL/TLS verbunden ist, also bereits die komplette Verbindung verschlüsselt wird. In einem solchen Falle wären auch Klartextpasswörter ausreichend sicher geschützt. Soll SMTP-Auth im unverschlüsselten Modus gar nicht funktionieren, so müssten Sie diesen Parameter auf **yes** setzen. Details zu SSL/TLS finden Sie in Kapitel 18.3.3 auf Seite 411.

Sollten Sie aus Sicherheitsgründen diese Lösung wählen, müssen Sie auch daran denken, konsequenterweise POP3 und IMAP ausschließlich als POP3s und IMAPs anzubieten. Für normale Mailserver mit normalen Sicherheitsstufen halte ich SMTP-Auth über normale Verbindungen mit MD5-gesicherten Passwortübertragungen o. Ä. aber für vertretbar. Dass das Passwort nicht im Klartext übermittelt wird, hatten wir ja durch **noplaintext** ausgeschlossen.

smtpd_sasl_local_domain = postfixbuch

muss den Wert enthalten, der in der **sasldb** als **realm** genannt ist; grundsätzlich ist dies gedacht, um Benutzer verschiedener (virtueller) Domains authentifizieren zu können, dies wird aber derzeit von Postfix und vielen Clients nicht unterstützt.

broken_sasl_auth_clients = yes

Einige ältere Clients, z. B. *Microsoft Outlook Express 4.x*, erwarten eine Angabe im Format **AUTH=LOGIN...** des Mailservers, üblich ist aber eine Angabe in der Art **AUTH LOGIN...**. Wenn dieser Wert auf **yes** gesetzt wird, gibt Postfix den **AUTH**-Banner gleich doppelt aus – in jeder Schreibweise einmal.

Bislang haben wir allerdings lediglich definiert, wie sich ein Nutzer einloggen kann. Wir haben Postfix noch nicht angewiesen, wie es mit der Erkenntnis umzugehen hat, dass wir es mit einem authentifizierten Benutzer zu tun haben.

Wenn wir Benutzer authentifizieren, tun wir das ja in der Regel gerade deshalb, weil wir ihnen erlauben wollen, Mails über uns zu relayen. Unauthorisierten Benutzern soll das zum Schutz gegen Spam ja gerade verboten sein, andernfalls wären wir ja ein Offenes Relay. Das heißt noch lange nicht, dass wir nur authentifizierte Benutzer akzeptieren, denn dann könnten wir kaum noch E-Mails an unsere Nutzer empfangen. Lediglich das Relayen darf nur authentifizierten Benutzern erlaubt werden!

Damit Postfix nun diese E-Mails „relayt", muss die Erlaubnis bei der Prüfung der Empfängeradresse erteilt werden. Denn an dieser Stelle muss Postfix entscheiden, ob eine Mail an eine externe Mailadresse zulässig ist.

Fügen Sie dem Parameter **smtpd_recipient_restrictions** an möglichst früher Stelle in der Liste der Prüfungen noch **permit_sasl_authenticated** hinzu:

```
smtpd_recipient_restrictions =
        check_sender_access hash:/etc/postfix/access,
        check_recipient_access hash:/etc/postfix/access,
        permit_sasl_authenticated,
        permit_mynetworks,
        permit_maps_rbl,
        permit_mx_backup,
        check_relay_domains
```

Nach einem **rcpostfix restart** sollten sich Clients über **SMTP-Auth** einloggen und Mails relayen können. Postfix loggt entsprechend in **/var/log/mail**:

```
    Dec 13 12:07:37 brainy postfix/smtpd[27959]: 9C11A13245D:
client=pD9E0EC04.dip.t-dialin.net[217.224.236.4],
sasl_method=LOGIN, sasl_username=tux
```

SMTP-Auth für den Versand von Mails

Sie können SMTP-Auth auch benutzen, um sich bei anderen Mailservern anzumelden. Postfix nutzt dafür eine Tabelle im Format:

```
andererhost.domain        username:passwort
```

Am besten nennen Sie diese Datei **/etc/postfix/sasl_passwd**. Denken Sie daran, nach einer Änderung an dieser Datei auch **postmap sasl_passwd** aufzurufen.

Mit wenigen Anweisungen bringen wir Postfix dann dazu, diese Zugangsdaten zu nutzen:

```
smtp_sasl_auth_enable = yes
smtp_sasl_password_maps = hash:/etc/postfix/sasl_passwd
```

Normalerweise verwendet Postfix dafür keine Login-Methode, die die Passwörter im Klartext übermittelt. Sollte der gegnerische Mailserver aber nur einen Klartext-Login ermöglichen, so müssen Sie noch folgende Zeile ergänzen:

```
smtp_sasl_security_options =
```

9.12.5 Vorsicht bei Einsatz einer DUL!

Achtung beim Einsatz einer DUL-Blacklist (*Dialup User List*, siehe oben)! Sie müssen dann auf die Reihenfolge der Prüfungen achten.

Der erste Treffer entscheidet bekanntlich: Steht zuerst die DUL-Prüfung, so würden Ihre Nutzer abgelehnt werden, wenn Sie aus einem DUL-Bereich kommen. Zur Frage, ob sie einen authentifizierten Login haben, kommt Postfix dann nicht mehr.

Richtiger ist es deshalb, zuerst **permit_sasl_authenticated** zu prüfen – wie im obigen Beispiel. In diesem Fall werden authentifizierte User zugelassen, auch wenn sie aus einem DUL-Bereich kommen. Dann dürfen Sie **reject_rbl_client** allerdings nicht in **smtpd_client_restrictions** prüfen – denn an dieser Stelle hat ein SMTP-Auth des Benutzers ja noch gar nicht stattgefunden. Stattdessen dürfen Sie **reject_maps_rbl** erst in **smtpd_sender_restrictions** oder **smtpd_rescipient_restrictions** zur Sprache bringen – *nachdem* in dieser Regel bereits **permit_sasl_auth** und **permit_mynetworks** geprüft wurden.

Prüfen Sie **reject_rbl_client** andererseits aber auch *vor* **permit_mx_backup** oder **permit_auth_destination**. Beide liefern ein **OK** und würden die Mail erlauben, wenn der jeweilige MX-Eintrag auf den Server zeigt – und das ist ja bei jeder Domain der Fall, für die wir zuständig sind. An Sie adressierter Spam würde dann stets zugelassen werden, weil es auf die Prüfung der MAPS-RBL gar nicht mehr ankommt. Richtig ist es deshalb, *zuerst* nach einem etwaigen **REJECT** der RBL-Prüfung zu schauen.

Sie sehen: Über die Reihenfolge muss man sich einmal in aller Ruhe Gedanken machen!

9.13 Eine Musterlösung

Zum Abschluss sei als Zusammenfassung noch ein Musterbeispiel einer möglichen Konfiguration eines sicheren, nicht relayenden Mailservers vorgestellt, der sowohl **SMTP-Auth** unterstützt als auch MAPS-RBL prüft. Beachten Sie dabei bitte die Reihenfolge und machen Sie sich die Prüfungslogik klar!

```
# -Lässt authentifizierte User rein (SMTP-Auth / SMTP-after-POP)
# -Prüft gesperrte Empfänger
# -Erlaubt unseren IPs, uns als Relay zu nutzen, auch wenn unsere
#  IPs in einer DUL-RBL stehen!
# -Blockt nach RBL (sofern unsere User aus einem fremden
#  DUL-Bereich kommen, können Sie dank SMTP-Auth und
#  SMTP-after-POP einliefern!)
# -Erlaubt Mails über uns als Mailrelay nach DNS-MX-Daten
# -Prüft zu relayende Domains
#
smtpd_recipient_restrictions =
```

```
# -Blockt Mail von unbekannten Absenderdomains
      reject_unknown_sender_domain,
# -Blockt Sender ohne FQDN
      reject_non_fqdn_sender,
# -Erlaubt unseren IPs, uns als Relay zu nutzen
      permit_mynetworks,
# -Sofern unsere User aus einem fremden DUL-Bereich kommen, können
#  sie dank SMTP-Auth und SMTP-after-POP einliefern!
      check_client_access hash:/etc/postfix/pop-before-smtp,
      permit_sasl_authenticated,
# -Erlaubt Mails über uns als Mailrelay nach DNS-MX-Daten
      permit_mx_backup,
# -Liefert REJECT, wenn Empfänger nicht über uns läuft
      reject_unauth_destination,

# -- Ab hier kann es nur noch Mail sein, die direkt an uns geht! --
# -- Mail-Relaying ist ab hier bereits ausgeschlossen! --

# Es stellt sich also nur noch die Frage:
# Wollen wir die Mail vielleicht doch noch blocken?

# -Prüft gesperrte Sender
      check_sender_access hash:/etc/postfix/sender_access,
# -Prüft gesperrte Empfänger
      check_recipient_access hash:/etc/postfix/recipient_access,
# -Blockt nach RBL
      reject_rbl_client relays.ordb.org,
      reject_rbl_client cbl.abuseat.org,
      reject_rbl_client list.dsbl.org,
      reject_rbl_client opm.blitzed.org,
      reject_rbl_client sbl.spamhaus.org,
      reject_rhsbl_client blackhole.securitysage.com,
      reject_rhsbl_sender blackhole.securitysage.com,
# Default: Erlaubt. Was bis hierhin überlebt hat, darf durch,
# denn potenzielle Relay-Mails sind durch reject_unauth_destination
# bereits abgeblockt worden.
      permit
```

9.14   Tipps aus der Praxis

Das Problem des Relayens von E-Mails mag in der Praxis für Sie möglicherwei-se nervraubend sein, da das dahinterstehende Spam-Problem normalen Benutzern oft nur schwer zu vermitteln ist. Aber es ist ein wichtiges Problem, um das Sie sich kümmern müssen. Im Endeffekt sind das Problem die Zugangs-Provider. Manche stellen Ihren Nutzern gar keinen SMTP-Server mehr zur Verfügung, denn SMTP-Server verursachen Kosten und wollen gepflegt werden. Oder es handelt sich um Call-by-Call-Provider, die gar keine direkte Kundenbindung mehr haben, nicht ge-nau wissen, wer sich bei ihnen einwählt, und die einen Missbrauch ihrer SMTP-

Server nur schwer ahnden könnten – und darum gleich ganz auf den SMTP-Service verzichten.

Das ist etwas unfair, denn sie ersparen sich dadurch Arbeitszeit und Kosten und können so die Preise immer weiter drücken. Doch die Arbeit erledigt sich nicht von allein – andere Provider, die verantwortungsbewusst handeln und ihren Kunden Service bieten wollen, haben diese Last mitzutragen. Als Belohnung dafür, dass die Billig-Konkurrenz Preise immer weiter an die Dumping-Grenze drückt und einen ruinösen Preiskampf einleitet, entstehen qualitätsbewussten Providern zusätzliche Kosten und Mehrarbeit.

Doch nun zu den Tipps:

- Kommen Sie nicht auf die Idee, Ihren Mailserver komplett freizuschalten! – Das sollte dieses Kapitel wirklich klargemacht haben. Es wurden mehrere Möglichkeiten aufgezeigt, wie Mails relayt und ein Server dennoch sicher betrieben werden kann. Es gibt keinen Grund, ein Offenes Relay zu betreiben. Keinen!

- Auch die pauschale Freischaltung von Mailadressen, die Ihre Domain als Absender tragen, ist alles andere als empfehlenswert. Spammer liefern oft gezielt E-Mails mit der Absenderdomain des benutzten Mailservers ein – ein klarer Hinweis darauf, dass dieses Vorgehen wohl noch oft genug Erfolg hat, dass also zu viele Mailserver derart falsch und unsicher konfiguriert sind und sich täuschen lassen. Auf der anderen Seite haben Sie als Postmaster das Problem, den Benutzern klarzumachen, dass es sich beim Absender des Spam mitnichten um User Ihres Systems handelt.

- Wenn alle Stricke reißen, zum Beispiel weil einige alte Mailclients weder SMTP-after-POP3 noch SMTP-Auth unterstützen, so schalten Sie *einzelne* Mailadressen Ihrer Nutzer über eine **access**-table frei:

```
smtpd_recipient_restrictions =
    check_sender_access hash:/etc/postfix/access
```

Beachten Sie: Dieser Parameter muss in den **smtpd_*recipient*-restrictions** gesetzt werden. Erst dann haben wir ja die (externe) Zieladresse der E-Mail, die aufgrund der positiven Freigabe durch die **access**-table doch akzeptiert wird. Eine Freischaltung in den **sender_restrictions** würde nichts nützen – Postfix würde das Relayen der Mails (hoffentlich) ablehnen.

Zwar würden Spammer nun Mails einliefern können, sofern diese mit diesem Absender versehen sind. Die Chance ist aber noch ausreichend gering, zumindest solange Sie nur einzelne Mailadressen, und nicht pauschal alle Mailadressen Ihres Systems freischalten. Trotzdem bleibt das eine potenzielle Gefahr und ist nur als Notlösung einzusetzen.

- *Prüfen* Sie Ihren Mailserver, und zwar nicht nur gedanklich! Der einfachste Test ist, sich von einem externen Rechner per Telnet mit dem Mailserver auf Port 25 zu verbinden und den schon mehrfach in diesem Buch zitierten SMTP-Dialog durchzugehen. Nimmt der Mailserver E-Mail an eine externe Mailadresse an? Dann haben Sie etwas falsch gemacht.

- Sehr lohnend ist der schon erwähnte Relay-Test von *abuse.net*: Über das Formular http://www.abuse.net/relay.html oder per telnet relay-test.mail-abuse.org kann man seinen eigenen Mailserver testen lassen – und zwar auf rund 20 verschiedene Methoden und Tricks, die auch Spammern bekannt sind. Solange Ihr Mailserver auch nur bei einem dieser Tests versagt, dürfen Sie ihn nicht ans Netz lassen! Mit den hier vorgestellten Konfigurationen sollte das kein ernstes Problem sein, testen sollten Sie es aber dennoch.

- Vergessen Sie auch keinesfalls Ihren Web- oder Proxy-Server. Es werden immer wieder E-Mail-Formulare in Webseiten ausgenutzt, wenn man über sie an beliebige Empfänger Mails versenden kann. Es ist ein leichtes für Spammer, durch ein kurzes Skript automatisiert zahlreiche E-Mails über ein solches Formular zu versenden. E-Mail-Formulare müssen immer eine Absicherung haben, dass nur an bestimmte voreingestellte Empfänger adressiert werden kann. Tödlich ist es, den Empfänger zwar fest vorzugeben, aber im HTML-Code im Formular versteckt zurück an den Server zu übermitteln, da an dieser Stelle die Mailadresse leicht ausgetauscht werden kann, wenn der Server die Adresse nicht nochmals überprüft.

- Auch der Web-Proxy-Server (z. B. *Squid*) ist nicht ohne Probleme, denn die Proxy-Methode **CONNECT** erlaubt es dem Client, sich per TCP an beliebige andere Hosts per TCP-Connect weiterverbinden zu lassen. Spammer versuchen gezielt sich auf diesem Wege an lokale Mailserver des jeweiligen LAN verbinden zu lassen. Da der so missbrauchte Proxy-Server i. d. R. in **$mynetworks** aufgeführt ist, erlaubt es der Mailserver dem Proxy Mails nach draußen zu relayen.

Sollten Sie in Ihren Mail-Logs merkwürdige Einträge vorfinden, die auf Ihren Webserver (oder ggf. **localhost**, wenn beide Dienste zusammen laufen) hindeuten, müssen Sie an diese Möglichkeiten denken und die Logfiles von Squid und Apache nach entsprechenden Einträgen durchsuchen.

Für alle Spam-Feinde nun noch einige Links und Buchtipps zur Vertiefung:

- Auch wenn ich mich wiederhole, weise ich nochmal auf die hervorragende Anleitung von Jim Seymour hin:
http://jimsun.linxnet.com/misc/postfix-anti-UCE.txt

- Manche Leute sammeln sogar Spam:
http://www.annexia.org/spam/

- Andere dichten und texten sich ihre Wut heraus:
http://www.netspace.org/~dmacks/internet-songbook/.spam/

- Abschließend sei zugestanden: Auch Spam hat seine positiven Seiten. Das Projekt **http://www.spammimic.com** verschlüsselt einen Text *in Spam*. Mittels Steganographie wird der Text in einer Spam-Mail verpackt – und sieht damit derart harmlos oder unsinnig aus, dass niemand auf die Idee kommen würde, in einer solchen Mail etwas decodieren zu wollen. Harmlosigkeit ist die beste Tarnung …

- A. Schwartz, S. Garfinkel: „Stopping Spam", O'Reilly 1998, ISBN 156592388X.

- Geoff Mulligan: „Removing the Spam : Email Processing and Filtering", Addison-Wesley 1999, ISBN 0201379570.

Für professionelle Administratoren von Firmennetzen noch ein wichtiger Hinweis: Beachten Sie die wirklich nicht unproblematischen rechtlichen Rahmenbedingungen beim Einsatz von Spam-Filtern! Nähere Details in Kapitel 13 ab Seite 285.

10

Mailinglisten mit Mailman

Auf Webseiten sind sie mittlerweile gang und gäbe: Newsletter. Bei internationalen Firmen, dem Angelverein oder anderen Gruppen und Organisationen – es gehört beinahe schon zum guten Ton, dass man sich auf Webseiten für den Bezug eines Newsletters einschreiben kann, wenn man regelmäßig Informationen per E-Mail bekommen will.

Die Beliebtheit ist aus Sicht der Anbieter nur allzu verständlich: Newsletter sind schnell, extrem billig, ermöglichen einen direkten und häufigen Kontakt mit dem Kunden. Zudem suggerieren sie dem Empfänger eine wohlwollende Aufmerksamkeit, wenn er die angeforderten Informationen direkt in seinem Mail-Postfach vorfindet. Um den Sinn oder Unsinn dieser Gattung soll es jedoch hier nicht gehen; Tatsache ist: Es gibt sie, und sie erfreut sich zunehmender Beliebtheit.

10.1 Die Geschichte

Was heute PR-tauglich *Newsletter* genannt wird, basiert im Endeffekt auf dem guten alten Prinzip der Mailinglisten. Vor vielen, vielen Jahren wurde die erste Mailinglisten-Software geschrieben, und natürlich wurde seitdem viel daran verfeinert – am grundlegenden Prinzip hat sich aber nichts geändert.

10.1.1 Usenet-Foren

Als das bunte World Wide Web noch nicht so populär war, war der Dienst *Netnews* (alias *Newsgruppen, Foren, Bretter* oder – nicht ganz korrekt – *Usenet*) das Medium im Internet, wenn es darum ging, mit Gleichgesinnten, Experten oder anderen Interessierten zu einem bestimmten Thema zu kommunizieren. Es gab zahlreiche Newsgruppen, die alle jeweils einem bestimmten Thema verpflichtet waren; spezielle Newsserver sorgten für eine nationale oder internationale Verbreitung der dort veröffentlichten Artikel, so dass beispielsweise ein in Deutschland veröffentlichter Artikel wenige Stunden später weltweit zu lesen war.

Schlecht realisierbar waren damals aber geschlossene Benutzergruppen, zum Beispiel zur Vernetzung eines Vorstands, eines Vereins oder einer Arbeitsgruppe. Auch gab es für einige Themen nicht genügend Interessierte, so dass die Einrichtung einer eigenen Newsgruppe nicht lohnte.

10.1.2 Mailinglisten

„Mailinglisten" hieß die Lösung: Sie ersetzen in diesen Fällen die Newsgruppen durch einen E-Mail-Verteiler, der weitgehend automatisch arbeitet und auf Wunsch auch die notwendige Geschlossenheit und Privatsphäre sicherstellt:

- Die Mailinglisten-Software wird auf einem Mailserver installiert. Jede einzelne Mailingliste bekommt eine eigene E-Mail-Adresse auf diesem Server.

- Wird eine E-Mail an diese Adresse geschickt, so wird sie von der Mailinglisten-Software an sämtliche E-Mail-Adressen weiterverteilt, die sich für diese Liste eingetragen haben.

- Je nach Einstellung der Mailingliste wird dabei ein **Reply-To** für diese E-Mails erzeugt, das wiederum auf die E-Mail-Adresse der Mailingliste zeigt. Antwortet ein Listenteilnehmer also auf diese E-Mail, so wird sie wieder an die Listenadresse und damit an alle Teilnehmer geschickt. Auf diese Weise lässt sich leicht ein „Diskussionsforum" schaffen, da jeder Teilnehmer stets alle Mitteilungen und Antworten dieser Liste erhält.

- Wird auf das Setzen eines **Reply-To** verzichtet, so würde eine Antwort an den eigentlichen Absender der verteilten E-Mail gehen, nicht aber an die gesamte Mailingliste. Das entspricht dann mehr einem einfachen Newsletter: ein Absender, viele Empfänger, keine Rückantworten an den Verteiler. Reine Informationsverteilung statt Diskussionsforum.

- Möglich sind auch *moderierte Mailinglisten*. E-Mails an die Mailingliste werden dabei erst nach Freigabe durch den Moderator der Mailingliste verteilt. Das dient i. d. R. dem Schutz der Mailingliste vor Querulanten, die über die Liste die E-Mail-Postfächer verstopfen und die Teilnehmer verärgern (und aus der Liste vertreiben!). Eine Moderation kann aber auch genutzt werden, um Kunden oder die Konkurrenz vom Newsletterverteiler einer Firma fern zu halten. Antworten an die Mailingliste zur Diskussion bleiben aber grundsätzlich möglich und sind erwünscht.

Mit der Ausbreitung des WWW und insbesondere des Internet auch in nicht technisch versierten Kreisen ist das Usenet leider zunehmend in Vergessenheit geraten. Gerade die heute aktiven Call-by-Call-Internet Provider verkaufen beinahe ausschließlich Web und E-Mail-Accounts, erwähnen aber die vielen anderen Nutzungsmöglichkeiten des Internet oft gar nicht mehr. „Newsgruppen" werden heute fälschlicherweise oft mit „Webforen" gleichgesetzt, die auf einzelnen Webseiten integriert sind, aber nach einem ganz anderen Prinzip funktionieren.

Das Medium „E-Mail" ist aber in aller Munde, weit bekannt und beliebt – und auch wenn die meisten Benutzer keine Vorstellung davon haben, wie ein Mailinglistenserver zu bedienen ist (und es meist leider auch nicht wissen wollen), sind Postmaster doch in der Lage, Mailinglisten anzubieten, indem sie ihren Benutzern über leicht verständliche Webformulare entgegenkommen.

Wer also eine Diskussionsumgebung mit Gleichgesinnten realisieren möchte und Webforen für unpraktisch und teuer hält, echte Newsgruppen aber (leider) nicht kennt oder für nicht ausreichend verbreitet hält, der sollte sich mit dem Thema „Mailinglisten" näher befassen.

10.2 Lokale Verteilerlisten durch Mailclients

Immer wieder zu beobachten ist der Einsatz von reinen Verteilerlisten in der lokalen Mailsoftware des Benutzers (z. B. bei *The Bat, Outlook, KMail* etc.). Das ermöglicht dem Absender zwar, eine E-Mail einmal zu schreiben und sie an eine Vielzahl von Empfängern zustellen zu lassen, hat aber gegenüber einer echten Mailingliste auf einem dafür installierten Server gravierende Nachteile:

- Wirklich große Mailverteiler haben schnell vier- oder fünfstellige Mitgliederzahlen, und so mancher Mailclient scheitert bei dieser Menge.

- Der Mailinglistenserver ist permanent im Netz, Antworten an die Liste werden sofort verteilt. Ist eine Mailingliste auf einem lokalen Mailclient installiert, würde die Verteilung nur stattfinden, wenn eben dieser Benutzer sich ins Internet einwählt, seine Mailsoftware startet und seine Mails bearbeitet. Ist der Benutzer aber verreist, krank, hat einen defekten Computer oder ist aus anderen Gründen nicht im Netz, würde die Mailingliste prompt stillstehen.

- Auch wenn es möglich ist, eine E-Mail einmal zu verschicken und dabei mehrere Empfänger im Nachrichtenkopf anzugeben, würde der Versand über diesen lokalen Verteiler beim Mailclient unnötig Onlinekosten verursachen und Übertragungszeit kosten, da sämtliche E-Mails unnötigerweise zweimal über die Wählleitung zum Mailclient transportiert werden – hin und wieder zurück.

- Gut konfigurierte Mailserver verweigern die Annahme einer E-Mail, die an zu viele Empfänger gleichzeitig gesendet wird (siehe Kapitel 9 – Spam und UCE). Wird die Mailingliste zu groß, müsste man die E-Mails einzeln zustellen und würde ewig für den Versand brauchen. Ein Mailinglistenserver hat diese Probleme nicht, zudem ist er i. d. R. durch eine direkte Standleitung im Internet eingebunden und verfügt über einen entsprechend hohen Datendurchsatz.

- In lokale Mailverteiler könnten sich andere Nutzer nicht automatisch ein- oder austragen.

Ergebnis: Ein lokaler Mailverteiler ist nur bei kleinen Listen sinnvoll, solange diese auch nur in eine Richtung, also als reiner Newsletter funktionieren sollen. Sobald aber viele Empfänger vorgesehen sind oder Rückantworten erlaubt werden sollen, stoßen lokale Mailverteiler schnell an ihre Grenzen und sind daher nicht zu empfehlen.

10.3 Die Lösung: Mailman

Die früher bekannteste Mailinglisten-Software war *Majordomo*, das heute noch auf vielen älteren Servern installiert ist („Never change a running system!").

Im Zuge einer Neuinstallation sollte man jedoch gleich auf zeitgemäßere Programme umsteigen. Majordomo kann zwar schon sehr viel, doch sind neuere Mailinglistenmanager besser an die in den letzten Jahren hinzugekommenen Probleme angepasst: Mailadressen, die sich die Benutzer wild weiterleiten, um zuletzt selber nicht mehr zu wissen, mit welcher Adresse sie nun im Verteiler sind; Spammer, die auf der ewigen Suche nach neuen Mailadressen sind; oder gebouncte E-Mails wegen überfüllter Postfächer oder unzustellbarer Mailadressen. Und nicht zuletzt die Notwendigkeit eines Web-Interface für ein bequemes Ein- und Austragen.

Deshalb ist hier das Programm *Mailman* zu empfehlen, das im Gegensatz zu Majordomo auch permanent weiterentwickelt wird und gleich mit einem fertigen Web-

Interface daherkommt. Mailman hat in letzter Zeit sehr schnell an großer Beliebtheit gewonnen und mit Erscheinen der Version 2.0 auch den Weg in viele Distributionen gefunden.

Derzeit aktuell ist aber die Versionsreihe 2.1.x, die im Januar 2003 begonnen wurde und nochmal ganz erhebliche Verbesserungen gegenüber 2.0.x aufweist. Die Reihe 2.1.x hat erheblich mehr Features, ist komplett „lokalisiert" (also in vielen Sprachen erhältlich) und performanter. Daher sollten Sie Mailman *auf jeden Fall* nur noch in der Version 2.1.x einsetzen; von einem Einsatz der Reihe 2.0.x sollten Sie auch dann komplett absehen, wenn Sie in Ihrer Distribution nur diese etwas älteren Pakete haben. Mailman ist zur Not auch schnell und einfach selbst übersetzt und drüberinstalliert.

10.3.1 Installation und Konfiguration

Eine gute Distribution wird heute ein fertig installiertes Mailman-Paket enthalten, das per Knopfdruck zu installieren ist.[1] Achten Sie darauf, dass Sie die Version 2.1.x (oder aktueller) haben. Sie finden Mailman anschließend unter **/usr/lib/mailman** und unter **/var/lib/mailman**.

Aufgrund der ständigen zahlreichen Verbesserungen kann es unter Umständen Sinn machen, Mailman direkt aus dem Internet herunterzuladen und selbst zu installieren. Tagesaktuelle Änderungen erhalten Sie auch als CVS-Auszug, doch ist vom Einsatz der Entwicklerversionen abzuraten. In den nicht offiziell freigegebenen Versionen gab's immer wieder mal Fehler, die Datenbanken blockierten oder Mailinglisten zerschossen. Sie sollten sich also auf die veröffentlichten Releases beschränken.

Für eine eigene Installation aus den Sourcen gehen Sie folgendermaßen vor:

1. Installieren Sie auch dann noch Mailman normal von der CD/DVD. Damit stellen Sie sicher, dass Mailman optimal in Ihre Distribution eingepasst ist. Bei SUSE Linux werden hier z. B. die passenden **cron**-Skripte gleich mitinstalliert, ein Start-Skript angelegt, und **SuSEconfig** kann Mailman über **/etc/sysconfig/mailman** anpassen.

2. Installieren Sie dann Mailman aus den Sourcen und „bügeln" Sie damit über die RPM-Installation Ihrer Distribution. Das ist nicht unbedingt schön und sauber, verkürzt die Installationsprozedur aber ungemein, da User-ID, Mailman-Config, **crontab**- und Startskript bereits existieren. Wollen Sie sauber nur direkt aus den Quellen installieren, ziehen Sie die Doku in den Mailman-Sourcen zu Rate.

---

[1] Quelle: ftp://ftp.gnu.org/gnu/mailman/
Infos: http://www.gnu.org/software/mailman/

Achten Sie in jedem Fall auf die korrekten Pfade. Die können je nach Distribution natürlich unterschiedlich sein. Hier sind die Einstellungen für SUSE aufgezeigt.

```
linux:/usr/local/src # wget ftp://ftp.gnu.org/gnu/mailman/\
> mailman-2.1.3.tgz
[...]
linux:/usr/local/src # tar -xvzf mailman-2.1.3.tgz
linux:/usr/local/src # cd mailman-2.1.3
linux:/usr/local/src/mailman-2.1.3 # ./configure \
> --prefix=/usr/lib/mailman --sysconfdir=/etc \
> --localstatedir=/var/run --libexecdir=/usr/lib/mailman \
> --mandir=/usr/share/man --with-groupname=mailman \
> --with-username=mailman \
> --with-var-prefix=/var/lib/mailman --with-cgi-gid=65534 \
> --with-mail-gid=mailman
[...]
linux:/usr/local/src/mailman-2.1.3 # make install
[...]
linux:/usr/local/src/mailman-2.1.3 #
```

Noch ein Hinweis: Der Wrapper von Mailman achtet darauf, dass er mit den richtigen User-IDs aufgerufen wird. Sollten später Probleme auftreten und im Log Hinweise auf eine falsche User-ID stehen, so passen Sie ggf. **--with-cgi-id** (Web-Interface) und **--with-mail-gid** (Mail) an!

10.3.2 Das Mailman Web-Interface

Die Bedienung von Mailman findet später wahlweise über E-Mail-Kommandos oder über ein ausgereiftes Web-Interface statt. Eben dieses müssen wir noch einrichten und dazu einige Änderungen an unserem Webserver vornehmen, der sich auf demselben Host befinden muss. Wir gehen davon aus, dass Sie *Apache* nutzen, andernfalls werfen Sie bitte einen Blick in die Dokumentation.

Mailman bringt ein Interface in Form von cgi-Programmen mit, die in dem Verzeichnis **/usr/lib/mailman/cgi-bin** abgelegt sind. Nun ist noch dafür zu sorgen, dass, sobald die URL **http://www.postfixbuch.de/mailman** aufgerufen wird, diese Skripten ausgeführt werden.

Bei neueren SUSE-Versionen können Sie das automatisch von *SUSEconfig* machen lassen, indem Sie in **/etc/sysconfig/apache** die Variable **MAILMAN_APACHE=yes** setzen. Oder Sie fügen manuell an passender Stelle in **/etc/httpd/httpd.conf** folgenden Eintrag hinzu:

```
linux:~ # joe /etc/httpd/httpd.conf
[...]

# Verweise für Mailman:
```

```
ScriptAlias   /mailman/    /usr/lib/mailman/cgi-bin/
Alias /pipermail/ /var/lib/mailman/archives/public/
```

```
[...]
```

Achten Sie auf die korrekte Schreibweise – vor allem müssen die Pfade jeweils durch einen Slash „/" abgeschlossen werden! Die zugehörigen Webseiten liegen in **/usr/lib/mailman/templates**. Sie müssen dort aber nichts verändern, solange Sie nicht eine Übersetzung o. Ä. integrieren oder das Layout anpassen wollen.

Zuletzt können wir noch flugs einige Bilder an die passende Stelle kopieren und Apache die neue Konfiguration einlesen lassen:[2]

```
linux:~ # mv /usr/lib/mailman/icons/* /srv/www/icons
linux:~ # rcapache reload
```

Testen Sie http://mail.postfixbuch.de/mailman/admin mit einem beliebigen Web-Browser, ob alles funktioniert – natürlich unter *Ihrer* Domain oder IP-Nummer, nicht auf meinem Server... ;-)

10.3.3 Mailman anpassen

Auf jeden Fall zu ändern und anzupassen sind Dinge wie Hostname des SMTP-Servers, die Maildomain der Mailinglisten, die Mailadresse des Administrators etc. Sie finden die Standardwerte in der Datei **/usr/lib/mailman/Mailman/Defaults.py**. Doch passen Sie diese Datei bitte *nicht* an! Im Falle eines Updates werden Ihnen andernfalls sämtliche Einstellungen zerstört. Werte, die Sie ändern möchten, übernehmen Sie einfach in die Datei **mm_cfg.py**. Sie überschreiben damit die Default-Angaben und müssen die Änderungen nicht nach jedem Update neu vornehmen.

Wenn Sie Mailman direkt von der SUSE-CD installiert haben, so könnten Sie die Grundeinstellungen über **/etc/sysconfig/mailman** vornehmen und danach einmal **SUSEconfig** starten lassen. Für detailliertere Einstellungen müssen Sie später aber sowieso Hand anlegen.

Es empfiehlt sich dringend, die Listen stets über eine eigene Subdomain (etwas wie **listen.postfixbuch.de**) laufen zu lassen und nicht über die Hauptdomain (hier z. B. **postfixbuch.de**), da ansonsten Mailinglistenserver und Hauptmailserver identisch sein müssen (sonst bounct der Hauptmailserver die Mails als unzustellbar!). Selbst wenn Sie jetzt noch alles auf einem Server fahren, ist diese Trennung zu empfehlen: Ansonsten werden Sie viel Arbeit haben, sollten Sie die Server mal aufsplitten wollen, denn dann müssen Sie für jede einzelne Liste ein halbes Dutzend Weiterleitungen anlegen.

---

[2] Auf alten Systemen: **/usr/local/httpd/icons**

Die nachfolgenden Werte sollten Sie mindestens übernehmen, tragen Sie sie in mm_cfg.py ein:

```
linux:~ # vi /usr/lib/mailman/Mailman/mm_cfg.py
[...]

###############################################
# Here's where we get the distributed defaults.
# Hier werden die Standardwerte geladen.

from Defaults import *

##################################################
# Put YOUR site-specific settings below this line.
# Und hier werden sie ggf. an abweichende Einstellungen angepasst.

MTA = 'Postfix'
DEFAULT_EMAIL_HOST   = 'listen.postfixbuch.de'
DEFAULT_URL_HOST     = 'listen.postfixbuch.de'

DELIVERY_MODULE = 'SMTPDirect'

# SMTP host and port, when DELIVERY_MODULE is 'SMTPDirect'
SMTPHOST = 'localhost'
SMTPPORT = 25
# Wenn Sie den Virencheck AMaViS nutzen, speisen Sie gleich nach
# Port 10025 ein, denn die zu verteilenden Mails sind ja bereits
# gecheckt:
#
# SMTPPORT = 10025
```

Vergessen Sie nicht, auch die nötigen DNS-Einträge (A- und MX-Records) entsprechend zu setzen.

Falls Sie Mailinglisten unter weiteren anderen Domains laufen lassen möchten, können Sie dies später noch individuell im Web-Interface einstellen (siehe dazu Kapitel 10.7.7, Seite 246).

Nun müssen wir noch Mailman schützen und ein Master-Passwort festlegen. Später werden viele einzelne Listenbesitzer auf Mailman zugreifen, jeder einzelne hat gewisse Administratorrechte für seine eigene Mailingliste. Aber mit dem zentralen Master-Passwort haben Sie Zugriff auf alle Bereiche, wo nach einem Kennwort gefragt wird. Es ist Ihr Generalschlüssel, wählen Sie es also vorsichtig und mit Bedacht.

```
linux:/usr/lib/mailman/bin # ./mmsitepass  supergeheimkennwort
Password changed.
linux:/usr/lib/mailman/bin #
```

Außerdem legen wir gleich noch ein spezielles Kennwort fest, mit dem später per Web-Interface automatisch neue Mailinglisten generiert werden können:

```
linux:/usr/lib/mailman/bin # ./mmsitepass -c neuelistenkennwort
```

```
Password changed.
linux:/usr/lib/mailman/bin #
```

10.3.4 Notwendige Einträge in der crontab

Wenn Sie Mailman normal über ein Paket Ihrer Distribution installiert haben, sollten natürlich auch schon die nachfolgenden Einträge in der **cron**-Tabelle erledigt worden sein – schauen Sie aber trotzdem einfach mal nach, vielleicht möchten Sie irgendwann die Uhrzeiten anpassen. Wer Mailman selbst installiert hat, muss nachfolgende Einstellungen natürlich auch selbst vornehmen.

Es gibt einige wenige Wartungsaufgaben, die Mailman von Zeit zu Zeit erledigen muss, z. B. den monatlichen Aussand einer Passworterinnerungs-Mail, eine tägliche Übersichtsmail an Administratoren und Moderatoren über aufgelaufene Aufgaben und Anfragen oder das Komprimieren des Mailinglistenarchivs.

In **/usr/lib/mailman/cron** finden Sie dazu eine vorbereitete **cron**-Tabelle mit dem Namen **crontab.in**, die Sie nur noch installieren müssen:

```
linux:/usr/lib/mailman/cron # cp crontab.in /etc/cron.d/mailman
```

Bei den neueren SUSE-Versionen wird übrigens bei jedem Start von Mailman automatisch diese Datei kopiert. Damit Ihre Änderungen nicht überschrieben werden, müssen Sie direkt **/usr/lib/mailman/cron/crontab** editieren und danach **rcmailman restart** ausführen. Haben Sie Mailman auf eigene Faust installiert, gilt das natürlich nicht.

Das Gaten der News können Sie weglassen, wenn Sie diese Funktion nicht benutzen, ebenso das Packen des Mailinglistenarchivs, falls Sie davon keinen Gebrauch machen. Die anderen CRON-Jobs sollten aber bleiben.

10.3.5 Wichtig: Die Liste mailman anlegen

Mailman benötigt als Erstes eine Liste mit dem Namen **mailman**. Sie wird später benutzt, um eine Absender-Mailadresse für diverse Aufgaben zu haben und um Sie als Ober-Listenadministrator erreichbar zu machen.

Legen Sie darum in der Kommandozeile eine solche Liste an und geben Sie als Admin-Mailadresse eine gültige Mailadresse an:

```
linux:~ # /usr/lib/mailman/bin/newlist mailman
Enter the email of the person running the list: postmaster@postfixbuch.de
Initial mailman password: supergeheim
Hit enter to notify mailman owner...
linux:~ #
```

Diese Liste ist wichtig, überspringen Sie diesen Schritt also nicht.

10.3.6   Mailman in Postfix einbinden

Der MTA Sendmail führte vor geraumer Zeit die Datei /etc/aliases ein. Diese Alias-Datei ist mittlerweile als Standard unter Unix/Linux anzusehen, alle mir bekannten MTAs unterstützen diese Datei – Postfix selbstverständlich auch; dies wurde ja schon in Kapitel 5.2.1 besprochen.

Auch Mailman arbeitet mit einer aliases-table. Damit es keine Konflikte und Probleme mit einer bestehenden /etc/aliases gibt, legt Mailman sein Exemplar unter /var/lib/mailman/data/aliases an. Wir weisen Postfix also einfach an, *beide* aliases-tables auszuwerten, bei SUSE ist das ggf. schon vorbereitet:

```
linux:~ # joe /etc/postfix/main.cf
alias_database = hash:/etc/aliases, hash:/var/lib/mailman/data/aliases
```

Programme wie Majordomo und Mailman machen sich nun zunutze, dass es über die Angabe einer Pipe „|" auch möglich ist, eine Software starten zu lassen, der dann die E-Mail übergeben wird:

```
test-admin:    "|/usr/lib/mailman/mail/mailman admin test"
```

Wird eine E-Mail an den Nutzer **test-admin@postfixbuch.de** gesendet, startet der MTA zunächst das Programm **/usr/lib/mailman/mail/mailman**, das seinerseits das eigentliche Modul **admin** nachlädt, welches wiederum die Mail an den Listenbesitzer weiterleitet.

Das hier gestartete Programm **mailman** ist ein so genannter *Wrapper*, ein kleines Programm, das aus Sicherheitsgründen zwischengeschaltet wird. Es hat keine eigene Aufgabe, sondern ist nur dazu da, das eigentliche Programm **mailman** nachzuladen. Allerdings führt **wrapper** stets einige Sicherheitsüberprüfungen durch – zum Beispiel sorgt es dafür, dass das nachgeladene Programm unter einer bestimmten Nutzerkennung gestartet wird (die keinen Schaden anrichten kann), oder **wrapper** hat eine fest einprogrammierte Liste, welche Programme überhaupt nachladbar sind.

Damit schützen wir das System vor Angreifern, die den Pipe-Mechanismus zu etwaigen Attacken ausnutzen könnten. Das Prinzip eines Wrappers findet sich auch an anderer Stelle: Auch der weit verbreitete Web-Server Apache bringt einen solchen Wrapper (**cgi-wrap**) mit, um cgi-Skripte gefahrlos(er) starten zu können.

Legen Sie doch einfach einmal eine neue Mailingliste an. Sie können dazu obige Kommandozeile nutzen oder auch komfortabler das Web-Interface unter der Adresse **http:// www.postfixbuch.de/mailman/create**, siehe Abbildung 10.1.

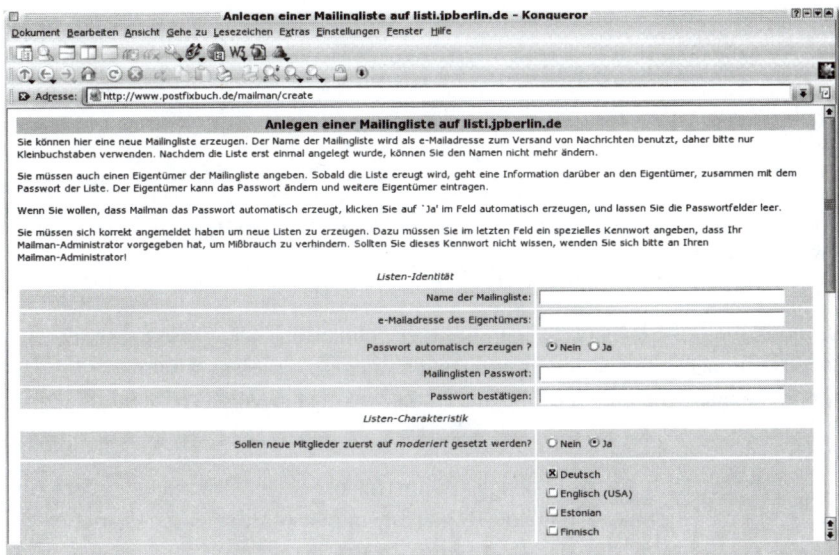

Abbildung 10.1:
Bequem und einfach
sind neue Listen
anzulegen

Tragen Sie den gewünschten Namen der Mailingliste ein, geben Sie die Mailadresse des Listenadmins an, wählen Sie ggf. noch eine andere Sprache, und vergessen Sie nicht, ganz unten, im allerletzten Feld, noch das Anlegekennwort anzugeben, das zuvor wie oben beschrieben (s. Seite 230) eingestellt wurde.

Wenn alles geklappt hat, ist wenige Sekunden später Ihre Liste einsatzbereit. Mailman hat Ihnen dann unter **/var/lib/mailman/lists** einen eigenen Ordner mit passender Datenbank angelegt und außerdem in der **aliases**-table für Postfix bereits die passenden Einträge vorgenommen.

Werfen Sie einen Blick in **/var/lib/mailman/data/aliases**, und Sie finden dort (hoffentlich) die zahlreichen nötigen Alias-Definitionen automatisch eingerichtet – und Mailman hat sogar gleich noch **postalias** aufgerufen, so dass die **aliases**-table gleich für Postfix konvertiert ist!

```
linux:~ # less /var/lib/mailman/data/aliases
# STANZA START: postfixbuch-users
# CREATED: Mon May 12 23:21:03 2003
postfixbuch-users:              "|/usr/lib/mailman/mail/mailman post post
fixbuch-users"
postfixbuch-users-admin:        "|/usr/lib/mailman/mail/mailman admin pos
tfixbuch-users"
postfixbuch-users-bounces:      "|/usr/lib/mailman/mail/mailman bounces p
ostfixbuch-users"
postfixbuch-users-confirm:      "|/usr/lib/mailman/mail/mailman confirm p
ostfixbuch-users"
```

```
postfixbuch-users-join:          "|/usr/lib/mailman/mail/mailman join post
fixbuch-users"
postfixbuch-users-leave:         "|/usr/lib/mailman/mail/mailman leave pos
tfixbuch-users"
postfixbuch-users-owner:         "|/usr/lib/mailman/mail/mailman owner pos
tfixbuch-users"
postfixbuch-users-request:       "|/usr/lib/mailman/mail/mailman request p
ostfixbuch-users"
postfixbuch-users-subscribe:     "|/usr/lib/mailman/mail/mailman subscribe
 postfixbuch-users"
postfixbuch-users-unsubscribe:   "|/usr/lib/mailman/mail/mailman unsubscri
be postfixbuch-users"
# STANZA END: postfixbuch-users
```

Wann immer eine E-Mail an einen der hier definierten Mail-Aliase gesendet wird, wird sie zunächst an den *mailman*-Wrapper „gepipet". Dieser startet dann das passende Mailman-Modul. Zum Verständnis die wichtigsten Alias-Weiterleitungen:

post

verteilt Mail an die Mailingliste; postfix-users@postfixbuch.de steht also für die eigentliche Mailingliste, wie Sie im obigen Beispiel sehen können.

owner, admin

sucht aus der Datenbank die Adresse des Mailinglistenbesitzers heraus und leitet ihm die Mail weiter; einen Listenbesitzer kann man also immer unter **listenname-owner** oder **listenname-admin** erreichen. Das ist wichtig für unzustellbare Mails oder verzweifelte Benutzer, die sich nicht mehr zu helfen wissen.

request, subscribe, unsubscribe, join, leave

durchsucht die E-Mail nach Kommandos; die E-Mail wird also nicht in einem lokalen Postfach gespeichert, sondern „live" von der Software bearbeitet und ausgewertet. Mailman lässt sich damit sowohl über das Web-Interface als auch vollständig per E-Mail steuern: Ein- und Austragungen oder Konfigurationsänderungen sind über bestimmte Stichwörter in den E-Mails möglich.

bounces

Mailman setzt die Adresse **listenname-bounces** als **Sender:** der Mailingliste (zur Unterscheidung **Sender:** und **From:** – Seite 44!). Dadurch gehen unzustellbare Mails automatisch an diese besondere Adresse an Mailman zurück, damit dieser die Bounce-Meldungen auswerten und dauerhaft unzustellbare Mailadressen automatisch aus den Listen austragen kann.

confirm

Um Ein- und Austragungen und andere Aktionen eines Benutzers rückbestätigen zu lassen, versendet Mailman entsprechende Bestätigungsanfragen per Mail. Die Rückantworten gehen wiederum an diese Adresse und werden von Mailman ausgewertet.

10.4   Das Web-Interface

Sehr passabel gemacht und auch für normale Benutzer durchaus verständlich gehalten ist das Web-Interface von Mailman.

Für uns interessant:

http://www.postfixbuch.de/mailman/admin – der Login zur Konfiguration jeder einzelnen Mailingliste.

http://www.postfixbuch.de/mailman/listinfo – eine Info-Seite für jede Mailingliste inklusive der Möglichkeit, sich in diese Liste bequem einzutragen. Das Aussehen und die Angaben dieser Info-Seite kann jeder Listenbesitzer individuell festlegen.

Man kann übrigens auch direkt auf die jeweilige Mailingliste verweisen, wenn man ihren Namen an die URL hängt:

http://www.postfixbuch.de/mailman/admin/postfix-users
http://www.postfixbuch.de/mailman/listinfo/postfix-users

So kann man bequem von einer Webseite aus direkt auf seine Info-Adresse zur Mailingliste verlinken. Rufen Sie das Admin-Interface zu Ihrer neu angelegten Mailingliste auf. Nach Eingabe des Admin-Kennwortes sollte die Hauptseite der Konfiguration erscheinen (Abbildung 10.2).

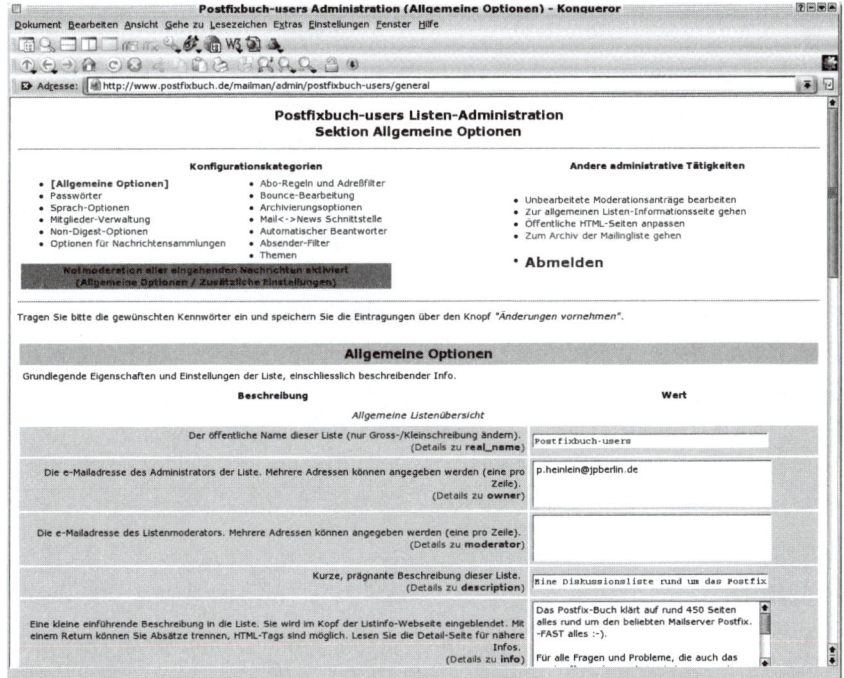

Abbildung 10.2:
Mailinglisten-
Konfiguration per
Web-Interface

Auf den ersten Blick ist das Interface etwas verwirrend und unübersichtlich, aber wenn Sie einige Male durch alle Menüpunkte durchgeschaut haben, werden Sie sich in Zukunft zurechtfinden.

Für normale Nutzer wird später die bevorzugte Sprache abgespeichert, für jede Liste können Sie schon beim Anlegen die Standardsprache angeben – in dieser Sprache werden dem Admin dann später auch die Admin-Webseiten präsentiert. Ob der Admin auch gleichzeitig eingetragener Nutzer der Mailingliste ist und dort ggf. für seinen Account eine ganz andere Sprache eingestellt hat, spielt keine Rolle. Das ist kein Fehler, denn Mailman erkennt den Admin allein an der Tatsache, dass jemand das gültige Admin-Kennwort eingegeben hat; einen Zusammenhang zu Ihrer Listenmitgliedschaft, bei der Sie vielleicht eine Sprache fix eingestellt haben, kann Mailman nicht herstellen.

Sie können die Default-Sprache von Mailman auf „Deutsch" setzen, dann erscheint auch die allgemeine Listenübersicht etc. nicht mehr in Englisch. Fügen Sie dazu in **/usr/lib/mailman/Mailman/mm_cfg.py** folgenden Eintrag hinzu:

```
linux:~ # joe /usr/lib/mailman/Mailman/mm_cfg.py
[...]
# The default language for this server.  Whenever we can't figure out
# the list context or user context, we'll fall back to using this
# language.  See LC_DESCRIPTIONS below for legal values.
DEFAULT_SERVER_LANGUAGE = 'de'
```

Es ist zu empfehlen, sich zunächst einmal in den Admin-Webseiten einer Mailingliste einen groben Überblick zu verschaffen. Für die wichtigsten üblichen Aufgaben sind am Ende des Kapitels Hinweise auf die jeweilige Konfiguration aufgeführt.

In der täglichen Arbeit spielen später eigentlich nur folgende Einstellungsseiten eine Rolle:

Allgemeine Optionen
> Die Hauptseite der Mailman-Konfiguration. Hier sind die wichtigsten Parameter aus den verschiedenen Rubriken zusammengefasst.

Mitglieder-Verwaltung
> Hier finden Sie jeden Nutzer, seine Abo-Einstellungen und seine Sprache; vor allem können Sie hier auch bequem auf einen Schlag eine Vielzahl neuer Nutzer eintragen.

Abo-Regeln und Adressfilter
> Ebenfalls sehr wichtig, diese Punkte sollten Sie sich genauer ansehen. Hier wird unter *Abo-Regeln* festgelegt, wer die Liste abonnieren darf und ob eine Abo-Anfrage durch den Admin bestätigt werden muss. Unter *Absender-Filter* können Sie die Entscheidung treffen, wer alles an die Liste senden

kann; bei *Empfänger-Filter* und *Spam-Filter* legen Sie fest, unter welchen Aspekten Mailman einzelne E-Mails aufhalten und der Moderation vorlegen soll.

10.5 Steuerbefehle per E-Mail

Neben dem komfortablen Web-Interface wissen Profis auch die Möglichkeit zu schätzen, Mailman durch einige Kommandos per E-Mail zu steuern. Nicht alle Konfigurationseinstellungen lassen sich per E-Mail vornehmen, um das Web-Interface werden Sie nie herumkommen. Aber die tägliche Arbeit, wie z. B. das Ein- und Austragen von Usern, können Sie auch per E-Mail erledigen – Geschmackssache!

Wenn Sie eine Mail an **listenname-request** senden, durchsucht Mailman die E-Mail nach Befehlen im Nachrichtentext (*Body*). Befehle im Betreff der Nachricht werden *nicht* analysiert. Das hat den Vorteil, dass man in einer E-Mail gleich mehrere Kommandos an Mailman absetzen kann: Jede Zeile der E-Mail kann einen neuen Befehl enthalten.

Versuchen Sie es einfach: Wenn Sie sich bereits eine Liste angelegt haben und eine E-Mail an **listenname-request** mit dem Wort „help" im Nachrichtentext senden, sollte Mailman nach einigen Sekunden mit einem Hilfetext antworten.

Haben Sie keine Antwort bekommen? In diesem Fall versuchen Sie, den Fehler zu finden: Gehen Sie die Einstellungen nochmals durch. Was verzeichnet Postfix dazu in **/var/log/mail**? Stimmen die Angaben in **Mailman/mm_cfg.py**? Allgemeine Hinweise zur Fehlersuche erhalten Sie in Kapitel 12.

Wenn alles klappt, zeigt Ihnen Mailman, welche Befehle möglich sind. Anders als bei Majordomo werden die Mailman-Kommandos stets an **listenname-request** gesendet, so dass die explizite Angabe des Namens der Mailingliste entfallen kann. Die Angabe einer Mailadresse durch **address=geeko@postfixbuch.de** ist stets optional. Ist keine besondere Adresse angegeben, nimmt Mailman den Absender der E-Mail.

subscribe [password] [digest-option] [address=<address>]
> trägt die angegebene Mailadresse in die Liste ein; das Passwort wird später genutzt, um den Eintrag vor Manipulation zu schützen.
>
> Wird zusätzlich **digest** angegeben, erhält der Nutzer nicht jede E-Mail einzeln, sondern alle gebündelt in einer täglichen Zusammenfassung. Soll eine andere Adresse statt der Absenderadresse eingetragen werden, so kann über **address=** eine abweichende Adresse angegeben werden (Achtung: Im Englischen schreibt sich „address" mit zwei „d" ...). Zum Beispiel dann, wenn aus einer Mailingliste eine Adresse ein- oder ausgetragen werden soll, die nur als Weiterleitung an andere Accounts fungiert, nicht aber selbst zum Absenden von Mails genutzt wird.

Diese Angaben sind aber optional; die bloße Angabe von **subscribe** reicht also aus.

unsubscribe <password> [address=<address>]
trägt die Mailadresse wieder aus, sofern das Kennwort stimmt; auch hier ist die Mailadresse wieder optional, falls eine andere Adresse als die Absenderadresse der E-Mail ausgetragen werden soll.

help
schickt einen ausführlichen Hilfetext.

lists
listet alle verfügbaren Mailinglisten dieses Servers auf.

who
listet die Mitglieder einer Mailingliste auf (sofern erlaubt).

password <oldpassword> <newpassword> [address=<address>]
ändert das Kennwort.

-- bzw. end
nachfolgende Zeilen der E-Mail werden nicht mehr als Befehl interpretiert (z. B. eine automatisch angehängte Signatur).

set <option> <on|off> <password>
schaltet für diesen User einzelne Optionen in dieser Liste ein oder aus; diese Optionen gelten nicht pauschal für die ganze Liste, sondern für jeden Nutzer einzeln. Wenn der Account mit dem Passwort geschützt ist, muss das natürlich angegeben werden. Folgende Optionen sind möglich – vergleichen Sie es mit den Optionen auf den Webseiten des Admin-Interfaces im Mitgliederbereich:

ack
Wenn **ack** aktiviert ist, erhält der Absender eine Bestätigung, sobald seine Mail über die Liste verteilt worden ist.

digest
Wenn aktiviert, erhält der Eingetragene die Mails en bloc in einem Archiv.

plain
Der Eingetragene bekommt seine Archive in Plaintext ASCII und nicht als MIME-Mail (natürlich nur, wenn er überhaupt Digests bestellt hat!).

nomail
lässt den Nutzer mit seinen Optionen zwar eingetragen, doch werden ihm keine Mails zugeschickt (z. B. für eine Urlaubspause).

norcv

> wenn aktiviert, erhält der Absender seine eigene Mail nicht noch einmal selbst, wenn sie über die Liste verteilt ist.

hide

> sperrt die Anzeige der eigenen Mailadresse, wenn andere sich mit **who** die Listenmitglieder anzeigen lassen.

options

> zeigt die aktuell eingestellten Optionen dieses Nutzers an.

10.6 Digests und Archive

Lebhafte Diskussionen in den Mailinglisten können auch schnell zur Qual werden. Schnell kommen pro Liste täglich zahlreiche Mails zusammen, die in den Postfächern eines jeden einzelnen Nutzers landen. Ist er in mehreren Mailinglisten gleichzeitig aktiv, so hat er jeden Tag eine stattliche Fülle an Mails zu verarbeiten.

Der Einsatz von Betreffzeilen, die den Listennamen enthalten, hilft, den Überblick zu bewahren. Auch Filter im Mailclient des Nutzers werden gerne genutzt, um die einkommende Mailflut auf verschiedene Mailordner zu verteilen.

Aber auch Tagesarchive (*Digests*) sind eine sehr sinnvolle Lösung: Statt jede Mail der Liste einzeln zugestellt zu bekommen, bekommt der Teilnehmer regelmäßig die E-Mails in einem einzigen Archiv. Mailman sammelt diese so lange, bis das Archiv eine gewisse Größe erreicht hat (Default: 30 Kbyte), bzw. sendet diese zumindest einmal am Tag los.

Viele Nutzer lassen sich gerne auf diese Weise über das Geschehen auf der Liste auf dem Laufenden halten. Der Nachteil ist, dass sich auf diese Sammelmails nicht so einfach und differenziert antworten lässt. Sie sind also eher für jene geeignet, die mehr lesen als selber aktiv beitragen.

Überlassen wir es jedoch dem Benutzer: Beim Eintrag in die Mailingliste über das Web-Interface bzw. über **set digest on** in einer Kommando-E-Mail an **listenname-request** kann jeder Teilnehmer für sich entscheiden, wie er es gerne hätte.

Ebenfalls sehr praktisch sind öffentliche (durchsuchbare!) Archive der Mailinglisten im Web. So kann jeder die Themen der letzten Monate recherchieren, so landen wertvolle Beiträge und Diskussionen nicht in den privaten Postfächern, womit sie endgültig dem öffentlichen Zugang entzogen wären.

Mailman unterstützt auch von Hause aus Mailarchive. Dafür hatten wir ja oben schon den Alias für **/pipermail/** eingetragen. Über das Web-Interface unter der Adresse http:// www.postfixbuch.de/pipermail/ können Sie bequem auf die Archive zugreifen, wenn Sie oben in der **httpd.conf** den Alias gesetzt hatten. Wenn Ihr Server nun noch Suchmaschinen wie **htdig** auf Ihrem Webserver installiert haben sollte, verfügen Sie im Handumdrehen über ein Archiv Ihrer Mailinglisten mit Volltextsuche!

10.7 Verhaltensregeln und spezielle Konfigurationen

Mailman einzurichten und zum Laufen zu bringen ist eine Sache, die man mit Hilfe der READMEs und ein wenig Bastelei bewerkstelligen kann. Mailinglisten aber *sinnvoll* zu konfigurieren und gegen alle Widrigkeiten des Alltags abzusichern, damit es einen reibungslosen Betrieb gibt, ist eine Sache für sich, die vornehmlich Übung erfordert.

Im Folgenden möchte ich Ihnen daher wieder einige Erfahrungen aus der Praxis weitergeben.

10.7.1 who: Schutz der Mailadressen

Mit dem Kommando who (oder per Web-Interface) kann man die Mitglieder einer Mailingliste abfragen. Es ist sehr bedenklich, wenn dieses Kommando jedem offen steht.

Zum einen geht es beliebige Dritte nichts an, wer in welchen Mailinglisten steht – die Teilnehmer haben auch ein Recht darauf, dass diese persönliche Information nicht unnötig offen verbreitet wird. Zum anderen könnten sich Spammer und ggf. auch Ihre Konkurrenz sehr für Ihre Sammlung von Mailadressen interessieren.

Sie sollten also darauf achten, dass das Kommando who nicht für jedermann offen ist. Maximal für die Mitglieder der Mailingliste sollte es nutzbar sein, denn, wenn überhaupt, haben diese ein Recht zu wissen, an wen die Informationen gehen, die sie posten. Entscheiden Sie sich vielleicht je nach Typ der Liste: Newsletterverteiler sollten ganz geschlossen sein, bei Diskussionslisten könnte who den Listenmitgliedern offen stehen.

10.7.2 Attachments filtern

Attachments haben im Mailverkehr von jeher einen zweifelhaften Ruf. Um gezielt Dateien zu verschicken, sind sie sicherlich sinnvoll und sehr nützlich. Leider gibt es immer wieder einzelne Benutzer, die als Editor in ihrer Mailsoftware *Outlook* das Programm *MS Word* eingestellt haben. Outlook verschickt dann die E-Mail in Form eines Word-Dokuments als Attachment...

Gerade bei Mailinglisten sind solche Attachments aber lästig. Zum einen sind sie oftmals unnötig groß (und bei einigen hundert oder tausend Empfängern vervielfacht sich das Problem ja entsprechend), zum anderen können Nicht-Microsoft-Benutzer diese Mails nur schwer lesen (und wollen das meist auch nicht).

Über den Parameter **max_message_size** können wir die Länge der E-Mail in KByte angeben. Überschreitet eine Nachricht die zulässige Länge, so geht sie an den Listenadministrator zur Freigabe (*approve*).

So kann der Mailinglistenbesitzer das Problem minimieren und verdächtige E-Mails „von Hand" prüfen. Aber: Das erfordert auch die tägliche Verantwortung, gebouncte E-Mails zu prüfen und fälschlicherweise geblockte E-Mails unverzüglich freizugeben und verteilen zu lassen.

10.7.3 Mailinglisten moderieren / Notmoderation

Je größer eine Mailingliste und je heißer ein Thema, desto eher ist es nötig, einen Moderator einzusetzen, der die einzelnen Diskussionsbeiträge prüft und manuell freigeben muss. Ansonsten kann es Ihnen schnell passieren, dass die Wellen hoch schlagen und die Teilnehmer mit wütenden Tiraden übereinander herfallen.

Moderationen sind bei Mailman etwas kompliziert gelöst, was aber den großen Vorteil hat, dass man flexibel für jeden Nutzer einzeln einstellen kann, ob er moderiert werden soll oder nicht. Es ist also auch ein Leichtes, bestimmte Absender von der Moderation auszunehmen.

Sie müssen dabei an zwei Stellen in die Konfiguration eingreifen:

1. Unter der Web-URI **/mailman/admin/<listenname>/privacy/sender** (*Abo-Regeln und Adressfilter – Absender-Filter*) können Sie einstellen, dass neu aufgenommene Mitglieder per default (un)moderiert sein sollen.

2. Als Zweites sollten Sie sich um die bereits eingetragenen Nutzer kümmern. Unter **/mailman/admin/<listenname>/members** (*Mitglieder-Verwaltung*) können Sie ganz unten bei sämtlichen Nutzern das Moderations-Bit setzen bzw. wegnehmen lassen. Anschließend können Sie für einzelne Nutzer dann individuell abweichende Freischaltungen oder Moderationen eintragen.

Sollten Sie einmal technische Probleme haben und nur vorübergehend eine Mailingliste einfrieren müssen (z. B. wegen einer Mailschleife) oder sollte auf der Liste ein akuter „Flame-War" ausgebrochen sein, den Sie so schnell wie möglich stoppen müssen, so können Sie auch die so genannte *Notmoderation* aktivieren (Erste Seite Mitte/*Allgemeine Optionen*).

Ist die Notmoderation aktiv, werden auf der Liste grundsätzlich keinerlei Nachrichten mehr verteilt. Dabei werden nicht die detaillierten Moderations-Bits der Nutzer verändert: Sobald Sie die Notmoderation abgeschaltet haben, haben Sie sofort wieder die alten Moderationseinstellungen vollständig zurück. Wie Sie am dicken Block in Abbildung 10.2 (Seite 235) sehen können, wird eine aktivierte Notmoderation unübersehbar eingeblendet.

Alles in allem kann es eine ganze Reihe von Gründen geben, warum Mailman zu dem Schluss kommen kann, eine Nachricht sei zur Moderation vorzulegen:

- Der Nutzer ist auf moderiert geschaltet oder die ganze Liste wird moderiert.

- Notmoderation ist aktiv.

- Mailman meint Kommandos in der Mail zu entdecken, die nicht an die Liste gehen sollen (s. u. „Administrativa").

- Die Mail überschreitet die vorgegebene Maximalgröße.

- Die Mail überschreitet die eingestellte maximal zulässige Anzahl gleichzeitiger Empfänger (Verdacht auf unqualifizierte Massenrundsendung).

- Im Mailheader ist nicht explizit die Mailingliste als Empfänger genannt (Verdacht auf Spam).

- Eine Filterregel auf Header und/oder den Inhalt der Mail traf zu.

Abbildung 10.3: E-Mails auf dem Prüfstand: Die Moderation bei Mailman

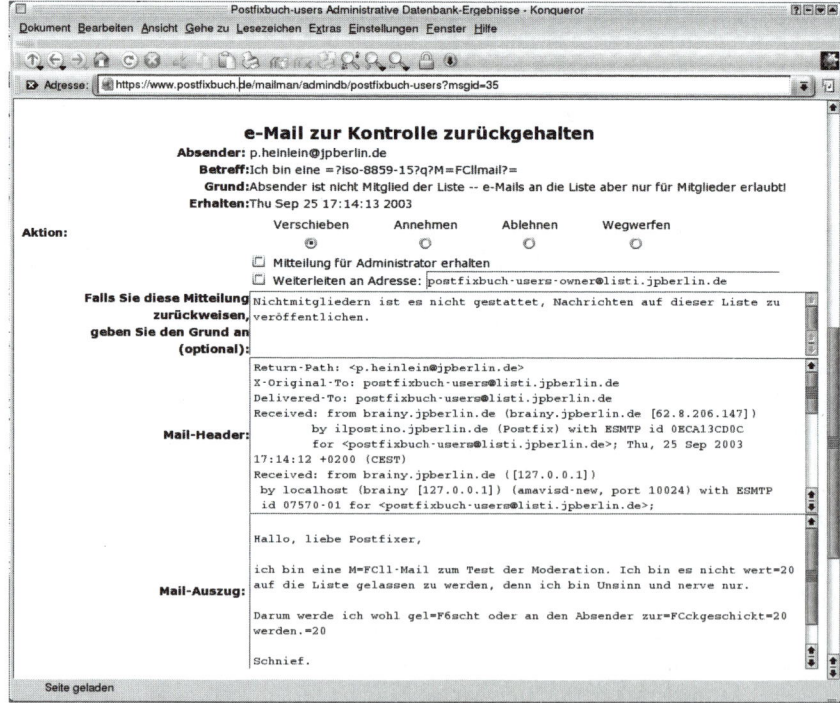

In allen diesen Fällen speichert Mailman diese Mail in **/var/lib/mailman/data** zwischen; je nach Einstellung werden darüber der Absender und/oder der Listenmoderator benachrichtigt. Wird der Listenmoderator nicht sofort bei jeder einzelnen Moderationsanfrage informiert, so wird zumindest einmal täglich eine Zusammenfassung aller anstehenden Anfragen an ihn ausgesendet (s. o. der entsprechende CRON-Eintrag).

Listenadministrator und – falls vorhanden – der Listenmoderator können dann per Web-Interface einzelne Mails freigeben, zurückweisen (Bounce-Meldung an den Absender), Verwerfen (Löschen ohne Information des Absenders) oder Aufheben (also nichts tun und weiter in der Moderationsqueue lassen). Wenn Sie die Mail an den Absender zurücksenden, können Sie den vorgegebenen Erklärungstext abändern oder ergänzen (siehe Abbildung 10.3).

10.7.4 Administrativa – Ein-/Austragung

Gänzlich nervig und überflüssig ist es, wenn unbedarfte Nutzer eine Bitte um Austrag aus der Liste an die Liste selbst senden – was heißt, dass sie an alle Mitglieder verteilt wird. Katastrophal wird es, wenn sich weitere User angesprochen fühlen, brav auf den Reply-Button klicken und sich per Mail an die Liste beschweren, warum man das denn *ihnen* mailen würde, Sie hätten damit doch nichts zu tun.

Alsbald wird ein Streit entflammen, in dem sich drei Dutzend Leute darüber austauschen, warum sie Austragswünsche anderer kriegen und was sie damit zu tun hätten – und niemand stört sich daran, dass er selbst mit seinen Antworten wieder neu an die Liste und damit an alle Teilnehmer sendet: ein klarer Fall für die schnellstmögliche Notmoderation (s.o.).

Mailman kommt Ihnen ein wenig entgegen: Über die oben vorgenommenen Einträge in der CRON-Tabelle werden die User ja monatlich über Austragsmöglichkeiten und ihre Passwörter informiert. Sie können entsprechende Hinweise aber auch gleich in den Abspann einer jeden E-Mail mitaufnehmen lassen. In der Standardinstallation ist das so auch vorgesehen – nur sollten Sie den Hinweis ggf. noch ins Deutsche übersetzen ...

Darüber hinaus ist standardmäßig die Einstellung *Administrativa* aktiviert, so dass Mailman Mails nach Stichwörtern wie **unsubscribe** o. Ä. durchsucht und verdächtige Mails lieber dem Admin zur Moderation vorsetzt.

10.7.5 Confirmation Request / Approval

Je nach Konfiguration der Mailingliste ist es entweder beliebig erlaubt, andere Mailadressen ein-/auszutragen, oder Mailman vergewissert sich durch eine E-Mail an die angegebene Adresse, ob der Inhaber dieses Accounts auch tatsächlich eingetragen werden möchte.

Diese Bestätigungsmail (*Confirmation Request*) enthält einen Return-Code. Wird dieser an Mailman zurückgeschickt, wird die Eintragung aktiv. Damit wird verhindert, dass Störenfriede fremde Adressen in Mailinglisten setzen können.

```
Abonnementsbestätigung für die Mailing-Liste Postfix-users

Wir haben einen Auftrag von autor@postfixbuch.de zur Aufnahme
Ihrer EMail-Adresse "tux@suedpol.de" in die Mailing-Liste
postfix-users@mail.postfixbuch.de erhalten.

Um sicherzustellen, dass Sie diese Mailing-Liste tatsaechlich
abonnieren wollen, antworten Sie bitte einfach auf diese EMail, wobei
Sie bitte darauf achten, dass das "Subject:" bzw. "Betreff:" intakt
bleibt.

Eine weitere Möglichkeit ist, die folgende Zeile -- und NUR die
folgende Zeile! -- in einer EMail an
postfix-users-request@mail.postfixbuch.de zu schicken:

    confirm 648982

Normalerweise reicht eine einfache Antwort auf diese EMail voellig
aus, da das Generieren einer Antwort das "Subject:" bzw. "Betreff:"
intakt laesst (das zusaetzliche "Re:" im "Subject:" bzw. "Betreff:"
ist kein Problem).
[...]
```

Diese Bestätigungsmails sind eine wirklich nützliche und nervenschonende Erfindung. Dabei ist es weniger der Schutz vor willkürlichen Eintragungen als vor der Unachtsamkeit (dem Unvermögen?) zahlloser Benutzer, die sich mit ungültigen oder verstümmelten Mailadressen in die Listen eintragen.

Ebenfalls interessant ist die Möglichkeit, jeden einzelnen Aufnahmewunsch in die Liste vom Mailinglistenbesitzer bestätigen („*approven*") zu lassen. Insbesondere bei nicht-öffentlichen Listen besteht ja ein gewisses Interesse, dass sich nicht unbemerkt Teilnehmer in die Liste eintragen, die dort nichts zu suchen haben.

10.7.6 Opt-In/Opt-Out

Newsletter können auch schnell zur Qual werden, v. a. wenn man den einmal bestellten Newsletter nicht wieder abbestellen kann oder wenn Firmen potenzielle Interessenten ungefragt in ihre E-Mail-Verteiler eintragen.

Im Sommer 2001 lief in der Europäischen Kommission die Diskussion über die Legalisierung eines *Opt-In*- oder *Opt-Out*-Verfahrens. Interessenvertreter der Wirtschaft forcierten massiv die wettbewerbsrechtliche Legalisierung eines Opt-Out-Verfahrens. Nach ihrem Willen sollte gelten: Mailadressen potenzieller Kunden können ungefragt in Mailverteiler übernommen werden, die Kunden dürften sich ja dann selbst aus diesen Listen wieder austragen (Opt-Out)...

Verbraucherschützer und Benutzer vertraten natürlich die genau gegensätzliche Auffassung: Kunden müssten sich schon selbst in diese Listen eintragen (Opt-In), schließlich sei es den Nutzern des Internet kaum zuzumuten, sich täglich aus irgendwelchen Verteilerlisten austragen zu müssen, in die sie ungefragt hineingerutscht sind. Schnell sei sonst das E-Mail-Postfach unbrauchbar und verstopft vor lauter Newsletter-Werbung. Zudem würde auch das Austragen aus den Newslettern nicht immer einfach gemacht, Onlinezeit verbrauchen und vor allem auch Onlinekosten verursachen, die der Nutzer zu tragen hätte.

Einem massiven Protest vieler europäischer Nutzer scheint es zu verdanken, dass sich die Opt-Out-Regelung der Wirtschaft nicht durchsetzen konnte. Diese hatte stets argumentiert, die Nutzer würden mit der Teilnahme am Internet gerade auch am Wirtschaftsleben teilnehmen *wollen*. Sie seien deshalb mit der ungefragten Eintragung in Newsletter geradezu einverstanden...

Später änderte die Europäische Kommission ihre Vorlage allerdings noch einmal.[3] Stand bislang E-Mail-UCE als direkt verboten in der Richtline, wurde das kurzerhand auf SMS-UCE umgemünzt. Die Entscheidung, ob in Sachen E-Mail eine Opt-Out- oder eine Opt-In-Regelung zu treffen ist, hat die Europäische Kommission damit den einzelnen Ländern überlassen, und damit ist das Spiel wieder offen. Dass gerade das Internet an Grenzen nicht Halt macht und Spam und UCE ein weltweites Problem sind, scheint die Europäische Kommission entweder nicht begriffen oder mutwillig ignoriert zu haben.

Aber zurück zu Ihren Interessen: Auch wenn diese Newsletter bisweilen von recht zweifelhafter Qualität sind, können sie doch eine durchaus sinnvolle Aufgabe erfüllen und erfreuen sich bei Firmen oder Vereinen einer steigenden Beliebtheit, denn sie stellen eine bequeme Art des regelmäßigen Kunden- oder Interessentenkontaktes dar. Insofern ist gegen den Betrieb eines Newsletters nichts zu sagen. Aber eine Goldene Regel sollte klar geworden sein: Die Nutzer müssen sich in Ihren Newsletter freiwillig eintragen. Die ungefragte Aufnahme von Mailadressen in den Verteiler ist tabu.

Hinzu kommt: Derartige Opt-Out-Lösungen sind wettbewerbsrechtlich unzulässig und können von der Konkurrenz kostenpflichtig abgemahnt werden. Die Benutzer selbst könnten Sie als Postmaster mit Anfragen nach dem Bundesdatenschutzgesetz (BDSG) bombardieren, deren Nichtbeantwortung empfindliche Geldbußen nach sich ziehen kann.

---

[3] Siehe http://www.heise.de/newsticker/data/ad-19.04.02-000/

10.7.7 Mehrere Domains mit einem Mailman

Grundsätzlich ist Mailman auch in der Lage, mit virtuellen Domains klarzukommen. Dazu finden Sie auf der ersten Konfigurationsseite unten den Eintrag *bevorzugter Hostname* (host_name). Mailman wird dann diesen Namen in dreifacher Hinsicht auswerten und nutzen:

1. Wenn Mailman angewiesen ist, zu prüfen, ob der Listenname auch im Mailheader-To als Empfänger aufgeführt worden ist, zieht er den eingestellten Hostnamen heran.

2. Wann immer Mailman eine E-Mail-Adresse erzeugen muss, nutzt er diesen Hostnamen. Das bedeutet aber auch, dass er Mails an liste-owner@listenhostname.de erzeugt oder die E-Mails als liste-bounces@listehostname.de sendet. Sie müssen also dafür Sorge tragen, dass diese E-Mail-Adressen funktionieren und wiederum auf Mailman zeigen!

   Vor allem gilt hier ebenso wie bei der Wahl der Hauptdomain (s. o. 10.3.3) die Überlegung, ob man nicht eine eigene Subdomain für die Mailinglisten nutzt (listen.postfixbuch.de).

3. Über das Web-Interface wird Mailman die Liste nur dann in die allgemeine Übersichtsseite mit aufnehmen, wenn der URL-Hostname gleich dem Listen-Hostnamen ist. Unter http://listen.domain1.de/mailman/listinfo werden damit andere Mailinglisten angezeigt als unter http://listen.domain2.de. Sie können dieses Verhalten in der Mailman-Config mm_cfg.py über die Variable VIRTUAL_HOST_OVERVIEW aktivieren bzw. abschalten.

Um mehrere Domains anzulegen, ist folgende Vorgehensweise geeignet:

1. Richten Sie jede weitere Domain so ein, dass die **MX**-Records auf den Mailinglistenserver zeigen.

2. Tragen Sie in Ihre **virtual**-Tabelle ein:

```
zweite.mailinglisten.domain        anything
@zweite.mailinglisten.domain       @normale.mailinglisten.domain
```

3. Tragen Sie bei den gewünschten Listen diese Domain als Hostnamen ein.

4. Gehen Sie auf *Abo-Regeln und Adressfilter – Empfänger-Filter* und setzen Sie dort listenname@normale.mailinglisten.domain als *acceptable_alias*.

Alternativ können Sie an Stelle von Schritt 3 und 4 auch die zusätzliche Domain bei Postfix mit in **mydestination** aufnehmen. Für meinen Geschmack empfinde ich das aber als etwas unsauber und vor allem bei mehreren Domains unübersichtlich.

In beiden Fällen mappt Postfix zwar jede Domain auf die Hauptdomain, aber da Postfix beim Versenden dieser E-Mails stets wieder den eingestellten Hostnamen nutzt, fällt das nicht auf. Identische Mailinglistennamen unter mehreren Domains können sie derzeit bei Mailman sowieso nicht benutzen.

10.7.8 Eine Mailingliste aller Listenadmins

Vielleicht möchten Sie eine Mailingliste anlegen, die automatisch sämtliche Administratoren der Mailinglisten beinhaltet. Das ist sinnvoll, um Änderungen am System bekannt zu geben und zuverlässig alle Administratoren zu erreichen. Da die Administratoren in dieser Liste dann zwangsweise Mitglied sind, sollten Sie diese allerdings strikt moderieren oder grundsätzlich nur von Ihnen selbst beschicken lassen.

Sie können ja zusätzlich eine weitere Diskussionsliste anlegen, in der die Mitgliedschaft freiwillig ist und wo nach Herzenslust gemailt werden darf – übrigens spart es Ihnen Support-Arbeit, wenn sich die Administratoren auf der Diskussionsliste gegenseitig Fragen beantworten…

Wie bekommen Sie nun die Mailingliste mit allen Administratoren? Nichts leichter als das: Über das Programm list_owners erzeugen Sie eine Liste sämtlicher Administratoren, und sync_members ist in der Lage, die Mitglieder einer Mailingliste mit einer Liste von Mailadressen abzugleichen – je nach Parameter werden dabei nur alle nicht eingetragenen Adressen übernommen oder aber auch Mailadressen aus der Liste ausgetragen, die in der Vergleichsliste der Mailadressen nicht mehr zu finden sind.

Legen Sie eine neue Mailingliste an, z. B. **listenbesitzer**. Der folgende Aufruf sorgt dann dafür, dass **listenbesitzer** stets alle Administratoren der Listen enthält:

```
linux:~ # /usr/lib/mailman/binw/list_owners -m | \
> /usr/lib/mailman/bin/sync_members -f - -g=yes -w=yes -a=yes \
> listenbesitzer
```

listowners -m bewirkt übrigens, dass auch die Moderatoren mit ausgegeben werden, was eigentlich recht sinnvoll ist.

Bei sync_members bedeuten die Parameter im Einzelnen:

-f -

Mailman liest die Vergleichsliste nicht aus einer Datei, sondern vom Standard-Input (STDIN – hier aus der Pipe von list_owners).

-g=yes

Ausgetragene Mailadressen kriegen noch eine letzte Abschiedsmail.

-w=yes

> Neuzugänge kriegen die Willkommensmail, für die Sie im Admin-Interface den Text hinterlegen können. Vielleicht möchten Sie dort kurz die „Zwangsmitgliedschaft" erklären.

-a=yes

> Der Mailman-Owner (also Sie) wird über Ein- und Austragungen informiert. Diese Option sollten Sie ggf. auf **no** setzen, wenn Sie die Änderungsmitteilungen nerven.

listenbesitzer

> Zu guter Letzt geben Sie natürlich noch den Namen der Mailingliste an.

Starten Sie ggf. **list_owners -?** und vor allem **sync_members -?**, um die Hilfe zu diesen beiden Programmen zu bekommen.

Wenn alles stimmt und funktioniert, tragen Sie diesen Aufruf doch einfach als nächtlichen Start in die CRON-Tabelle mit ein, und schon müssen Sie sich um nichts mehr kümmern.

10.8   Mailman in deutscher Sprache

Wie Sie im Verlauf des Kapitels erfahren haben, ist Mailman 2.1.x komplett „lokalisiert" und selbst in chinesischen Versionen erhältlich. Die deutschen Sprachdateien werden derzeit von mir gepflegt, insofern bin ich für Hinweise, Verbesserungsvorschläge oder Fehlerkorrekturen sehr dankbar. Ich habe mich vor allem bemüht, die deutschen Texte „DAU-tauglicher" zu machen, so dass sie gelegentlich erklärender und ausführlicher sind als das Original.[4]

In /usr/lib/mailman/messages/de/LC_MESSAGES/mailman.po finden Sie die deutschen Sprachtexte, wo sie theoretisch von Ihnen angepasst werden könnten. Nach Änderungen an dieser Datei müssen Sie das Programm **msgfmt** nutzen, um aus **mailman.po** die übersetzte Variante **mailman.mo** zu kompilieren, denn nur diese wird von Mailman ausgewertet. Im Verzeichnis **templates** liegen einige E-Mails und Elemente von Webseiten, die Mailman nutzt.

Ich würde mich allerdings mehr freuen, wenn Sie Verbesserungen einfach mir zukommen lassen würden, dann kann ich sie zentral in den Mailman-Sourcecode einchecken, und alle haben etwas davon.

Sie können sich von den Mailman-Webseiten bei Sourceforge auch aktuellere Sprachdateien herunterladen und diese in Ihr System einspielen, müssen dann aber ebenfalls das Programm **msgfmt** nutzen, um die Sprachdatei zu konvertieren.

---

[4]   Reiner Selbstschutz: Unser Support-Aufwand hat dadurch deutlich abgenommen.

Ich erhalte immer wieder Anfragen, wie man Mailman 2.0.x in deutscher Sprache betreiben kann. Auf meinen Webseiten **http://www.postfixbuch.de** liegt ein uralter, nicht mehr gepflegter Satz von Templates dafür bereit. Darüber hinaus ist die 2.0.x-Version aber nicht lokalisiert und nicht vollständig in deutscher Sprache erhältlich. Angesichts der deutlich besseren Version 2.1.x – die hier ja vorgestellt wurde – möchte ich aber ohnehin jedem vom Betrieb (und erst Recht einer Neuinstallation) einer 2.0.x abraten.

Postfix tunen –
Performance-Überlegungen

11.1 Hardware-Ausstattung

Das Feld „Performance und Hardware" ist ein derart weites, dass wir im Rahmen eines Postfix-Buchs nicht allzu viele Worte darüber verlieren können. Dennoch möchte ich Ihnen kurz einige Hinweise zur Wahl der richtigen Hardware geben, denn nackte CPU-Leistung ist mitnichten das entscheidende Kriterium für die Performance eines TCP/IP-Servers.

Für die Arbeit eines „gewöhnlichen Mailservers" reicht ein überraschend bescheidenes System meist aus. Eines meiner treuesten Arbeitstiere: Ein kleiner Pentium 133 mit gerade einmal 32 MB RAM schaufelte bei uns über 10 Millionen Mails im Jahr durch das Netz. Sie können leicht überschlagen, dass das, was heute als „normaler Computer" – auch gebraucht – zu Niedrigstpreisen angeboten wird, für einen üblichen Mailserver vollkommen ausreicht.

Anders sieht es aus, wenn Sie bei einem ISP einen High-Traffic-Mailserver aufzusetzen haben oder wegen eines Virenchecks über alle E-Mails wirklich Performance benötigen. An dieser Stelle musste das erwähnte Arbeitstier dann doch sein Gnadenbrot bekommen.

CPU

ist längst nicht so entscheidend, wie viele glauben; was Sie in stärkere CPUs investieren müssten, steht in keinem Verhältnis zu dem, was Sie an Performance gewinnen, sobald Sie nur einen Teil dieses Geldes in andere Komponenten anlegen.

Die schnellste CPU nützt nichts, wenn der Server permanent auf den Datentransfer von und zur Festplatte warten muss. Das Problem großer Server ist die I/O-Last (Input/Output).

Festplatte

Hier ist mit etwas Geld sehr viel zu gewinnen, denn der Datendurchsatz auf den Festplatten ist maßgeblich. Ein gutes SCSI-System oder auch sehr gute, schnelle IDE-Platten optimieren mehr als alle anderen Faktoren zusammen.

Für gewöhnlich reicht eine übliche IDE-Platte aus, suchen Sie sich bei einer Neuanschaffung aber gleich eine mit höheren Umdrehungszahlen (7.200 oder 10.000/Minute) und größerem Cache in der Festplattenhardware. Die Wahl eines SCSI-Systems ist heute nicht mehr unbedingt notwendig: Moderne IDE-Festplatten erreichen vergleichbare Datentransferraten, die CPU-Belastung einer IDE-Festplatte mag ein Argument sein, hält sich aber angesichts heutiger CPU-Rechenleistungen sehr in Grenzen.

Außerdem könnten Sie über den Aufbau eines RAID-Systems Level 0 oder 5 nachdenken. Dabei wird ein Dateisystem über mehrere Platten parallel aufgebaut, was erhebliche Geschwindigkeitszuwächse bringt.[1]

Netzwerkkarte

Gerade wenn Sie ein angeschlossenes Haus-LAN versorgen müssen, sind gute Netzwerkkarten natürlich Pflicht. 100 MBit sind nicht gleich 100 MBit. Gute Karten haben einen messbar höheren Durchsatz. Fachzeitschriften wie z. B. die *c't* veröffentlichen dazu regelmäßig Messungen.

Hängen Ihre Server hingegen nur an einer kleinen Standleitung mit 2 MBit o. Ä., ist eine gute Netzwerkkarte sicher nicht schädlich, andererseits auch nicht sonderlich wichtig. Jede durchschnittliche 100 MBit-Karte wird mit der Last einer 2 MBit-Leitung problemlos fertig.

RAM

Auch die Art des RAM entscheidet über die Performance, schließlich hat es maßgeblichen Einfluss auf die Zeit der Speicheroperationen. Oder anders:

[1] Vgl. dazu: http://linas.org/linux/raid.html.

Bevor Sie Geld für eine schnellere CPU investieren, sollten Sie zunächst in schnelles RAM investieren und diesen Performancegewinn auch tatsächlich ausfahren können.

Achten Sie aber auf ein Zusammenspiel zwischen CPU-Bustakt und RAM: Ein PC133-SDRAM nützt Ihnen nichts, wenn Sie wegen einer 700 CPU nur 7 x 100 MHz Bustakt fahren können – und Ihr RAM deshalb „untertakten" müssen, auch wenn es mehr kann. Nicht alle Boards können RAM schneller als den Bustakt betreiben.

Die Auswirkungen dürften allerdings für den Betrieb eines Mailservers marginal bis irrelevant sein, entscheidender ist da noch die Menge des freien Speichers, der als Festplattencache genutzt werden kann, wie wir gleich noch klären werden.

Überschätzen Sie jedoch den Faktor „Hardware" nicht; es geht hier nicht um einen „Number Cruncher" oder die Berechnung von π, sondern um Empfang und Versand von E-Mails. Und diese wollen in aller Regel nur geladen und gespeichert werden, und da liegt der Schlüssel folglich bei der Festplattenperformance.

11.2   Linux-Optimierung

Auch das Linux-System lässt sich unterschiedlich einstellen, um die Performance eines Servers zu beeinflussen. Normalerweise ist Linux in Sachen Ressourcen sehr genügsam, denn viele Dinge sind bereits sehr gut eingestellt.

Asynchrone Festplattenzugriffe

Für gewöhnlich betreibt ein Linux-System Festplatten bereits asynchron, d. h., Schreibzugriffe müssen nicht sofort physikalisch umgesetzt werden, sondern können auch zunächst einmal nur im Puffer (Cache) der Festplatte oder auch im Festplattencache von Linux gespeichert werden.

Ein solcher asynchroner Festplattenzugriff beschleunigt Schreiboperationen ganz erheblich, birgt aber das Risiko in sich, dass im Falle eines Absturzes oder Stromausfalls die Daten noch nicht physikalisch auf der Festplatte gesichert worden sind und damit verloren gehen.

Insofern ist hier die klare Wahl der Prioritäten entscheidend: Entweder eine deutlich geringere Performance mit einer deutlich höheren Sicherheit, oder eine deutlich höhere Performance mit dem entsprechenden Risiko. Eine unterbrechungsfreie Stromversorgung (USV) für den Server kann dieses Risiko natürlich deutlich verringern.

Postfix selbst erzwingt bei seinen Queues stets synchrone Schreibzugriffe. Das wurde von vielen Admins als „Bug" missverstanden, doch ist es volle

Absicht, um die Integrität der Daten zu gewährleisten und auch bei einem Server-Absturz einen Mailverlust nach Möglichkeit auszuschließen. E-Mails werden von Postfix stets sofort physikalisch geschrieben, ganz egal, ob die jeweilige Partition für ansynchronen Schreibzugriff gemountet ist oder nicht. Darum müssen Sie sich also keine Gedanken machen. Entscheiden müssen Sie nur, wie Sie es für den Rest Ihres Dateisystems handhaben wollen.

Gewöhnlich ist ein asynchroner Zugriff sehr sinnvoll und akzeptabel, nicht umsonst ist er Standardeinstellung. Wenn Sie aber rundum auf Nummer Sicher gehen müssen, sollten Sie dies deaktivieren. Sie können das über die mount-Optionen **-o sync** oder **-o async** beinflussen. Oder Sie tragen direkt in die Datei **/etc/fstab** die Option **sync/async** ein. Sie können das Verhalten dabei für jede Partition einzeln einstellen und sich bei mehreren Partitionen also genau überlegen, wo synchroner und wo asynchroner Festplattenzugriff erfolgen soll. Wenn als Parameter **default** angegeben wird, schließt das zunächst einmal asynchronen Zugriff ein, sofern keine weitere abweichende Angabe erfolgt.

```
linux:~ # joe /etc/fstab
/dev/hda3       /var/spool      ext2    defaults,sync 1 2
```

Festplattencache – RAM

Linux gibt sich spendabel: Jeder Speicher, den Linux aktuell nicht zur Ausführung von Programmen benötigt, wird dem Festplattencache des Linux-Kernels zugeschlagen. Aus diesem Grunde müssen Sie sich nicht wundern, wenn der freie Speicher im laufenden Betrieb immer auf einige wenige Megabyte zusammenschrumpft. Egal, wie viel RAM Sie in den Server stecken, es scheint nie zu reichen – irgendwann haben Sie aber einen Festplattencache von mehreren Hundert Megabyte. Aber das macht nichts. Sobald Linux wieder mehr freien Speicher benötigt, wird es den Festplattencache entsprechend verkleinern.

Einen kleinen Postfix-Mailserver können Sie mit nur 32 Megabyte bestücken, wenn er nicht allzu viele zeitgleich ein-/ausgehende Mails verkraften muss. Aber gönnen Sie ihm doch noch einen weiteren RAM-Riegel, falls Sie einen übrig haben. Mit Blick auf die Festplattenperformance zahlt sich das aus.

Asynchrone Logfiles

Sie werden nur zu gut wissen, wie viele Megabyte Daten ein laufender Linux-Server in **/var/log** produzieren kann. Fast alles geht dabei durch den **syslogd**.

Diesen können wir anweisen, Logmeldungen im Speicher zu sammeln und nur von Zeit zu Zeit en bloc in die Logdateien zu übertragen – also asynchrone Logfiles.

Zum Verständnis: Dies ist etwas anderes als ein asynchroner Schreibzugriff auf die Festplatte! **syslogd** greift dann von vornherein viel seltener auf die

Dateien zu, eine ganze Reihe an Verwaltungsoperationen im Dateisystem entfällt damit. Andernfalls müsste für jede einzelne Logmeldung die Datei geöffnet und geschlossen werden.

Der Nachteil ist natürlich auch hier, dass im Falle eines Absturzes nicht geschriebene Logmeldungen verloren gehen können, unter Umständen genau jene, die Ihnen Hinweise auf den Absturz hätten geben können.

Sollte ein bestimmter Server unzuverlässig sein, so könnten Sie vorübergehend die asynchronen Logfiles ausschalten, um den Fehler sicherer analysieren zu können. Im laufenden Betrieb sind asynchrone Logfiles aber sehr sinnvoll, vor allem für das Mail-Logfile mit seinen zahlreichen Meldungen. Zudem können Sie diese Option für jede einzelne Logdatei individuell einstellen.

Wenn Sie in /etc/syslogd.conf dem Pfad der Logdatei ein „-" voranstellen, aktivieren Sie einen asynchronen Logzugriff, fehlt das „-", werden die Daten umgehend geschrieben.

```
linux:~ # joe /etc/syslog.conf
#
# all email-messages in one file
#
mail.*                        -/var/log/mail
```

Kernel-Optimierung

Mit dem Standard-Kernel der Distributionen fährt ein normaler Anwender i. d. R. sehr gut. Er enthält üblicherweise alle relevanten Fähigkeiten als Module übersetzt bereit.

Das bedeutet aber auch, dass dieser Kernel viele Fähigkeiten besitzt, die ein Mailserver nie benötigt (Unterstützung für TV-Karten, Macintosh-Partitionen, Packet-Radio, ISDN oder Firewire, ggf. auch SCSI-Unterstützung).

Ein optimierter Kernel, der nur das fest einkompiliert hat, was stets benötigt wird (*monolithischer Kernel*), ist stets kleiner und schneller als ein großer, durchweg modularisierter Kernel, der viele überflüssige Dinge bereithält. Zudem ist ein monolithischer Kernel etwas besser gegen Angriffe geschützt als ein modularisierter. Für den Hausgebrauch ist ein selbst übersetzter Kernel allerdings nicht notwendig – auf einem speziellen Profi-Mailserver sollte man sich den Luxus durchaus gönnen, doch dann sollte man konsequenterweise auch die Software gezielt auf die Prozessorarchitektur hin neu übersetzen lassen.

Festplattenoptimierung

Um nun noch ein letztes Quentchen Performance zu gewinnen (das uns noch nicht einmal Geld kostet), werfen wir einen Blick auf das Dateisystem.

Bei der Auswahl des Dateisystems bieten sich unter Linux ja diverse Möglichkeiten, ich möchte Ihnen jedoch weiterhin zu den klassischen **ext2** oder dem aktuellen **ext3** raten, auch wenn das nicht die performantesten Dateisysteme sind.

Neuere Dateisysteme (*Journaling Filesystems*) wie **reiserfs** oder **jfs** sind noch nicht genügend ausgereift und nicht als sicher zu betrachten, und auch wenn SUSE einem **reiserfs** geradezu aufzwingt und jede **ext2**-Partition hartnäckig immer wieder auf **reiserfs** umformatieren will, habe ich persönlich mit **reiserfs** reihenweise schlechte Erfahrungen gemacht und bin froh, dass es wieder von allen Rechnern verbannt ist. Die Performance von **reiserfs** ist wirklich sehr gut und oft deutlich besser als **ext2/ext3**, aber für mich ist es nicht zuverlässig genug – und mit dem Dateisystem ist nicht zu spaßen.

ext3 ist eine Überlegung wert, da es unmittelbar auf **ext2** aufsetzt und dazu kompatibel ist. Ein **Howto** von Ralf Hildebrandt geht auf Postfix und **ext3**-Tuning ein.[2] Ein derartiges Dateisystem-Tuning sollte allerdings nur in Extremfällen notwendig sein, üblicherweise laufen die Postfix-Server halt einfach so.

Wenn Sie **/var** auf einer separaten Partition haben, könnten Sie diese mit der Option **noatime** mounten, was nochmals einen deutlichen Geschwindigkeitsgewinn bringt. Lesen Sie dazu die **man mount**.

Beinahe überflüssig ist es zu erwähnen, dass Alternativen wie **vfat** oder **ntfs** unter Linux zwar ebenfalls funktionieren, aber nicht als sonderlich clevere Wahl auf einem reinen Linux-Server anzusehen sind ...

Wichtig sind ebenfalls Überlegungen zur Partitionierung. Dazu muss man zwei Dinge wissen:

1. Aufgrund der höheren Geschwindigkeit werden Daten in äußeren Sektoren schneller gelesen. Diese Eigenheit trifft aber nur noch auf ältere Platten zu, moderne Platten gleichen das aus.

2. Viel Zeit geht durch die Beschleunigung, Positionierung und das Abbremsen der Leseköpfe verloren, die die einzelnen Sektoren ansteuern müssen und dann nach Erreichen der Position ggf. fast bis zu einer vollständigen Plattenumdrehung warten müssen, bis der passende Sektor „vorbeikommt".

Das bringt uns zu folgender Lösung: Daten, die traditionell zusammen oder unmittelbar nacheinander gelesen oder geschrieben werden, sollten durch verschiedene Leseköpfe bearbeitet werden. Durch die getrennte Ansteuerung werden unnötige Reaktionszeiten und Lesekopfbewegungen vermieden.

Unter anderem – aber nicht nur – aus diesem Grund kennt das Unix-Dateisystem eine Trennung zwischen **/usr** und **/var**, was zudem auch noch Sicherheitsvorteile mit sich bringt (Kapitel 15.4.1). Auf einem Mailserver könnten

[2] http://www.stahl.bau.tu-bs.de/~hildeb/postfix/postfix_ext3.shtml

Sie auch sehr sinnvoll **/var/spool** und **/var/log** trennen, da Postfix typischerweise in beiden Ordnern nahezu parallel arbeiten muss. Tatsächlich sinnvoll wird das, wenn Sie über zwei oder mehrere Festplatten verfügen und diese Partitionen auf verschiedenen Platten anlegen können.

Wenn Sie Reserven im Festplattenplatz haben und Ihre Festplatte partitionieren wollen, können Sie **/usr**, **/var**, **/var/log** und **/var/spool** auf verschiedenen Partionen unterbringen.[3] Als Einsteiger mit kleineren Festplatten sollten Sie allerdings zunächst einmal etwas Erfahrung mit Linux sammeln, damit Sie die benötigten Größen in der Praxis abschätzen können. Nichts ist ärgerlicher, als sich hier zu verschätzen und plötzlich volle Partitionen zu haben, obwohl auf anderen Partitionen noch Reserven wären.

11.3 Last-Überwachung

Bevor wir Postfix tunen können, müssen wir es zunächst beobachten. Dazu stehen vor allem zwei Programme zur Verfügung:

ps

> listet laufende Prozesse einmalig auf, üblicherweise als **ps axu** aufgerufen.

top

> listet laufende Prozesse fortwährend aktualisiert auf und sortiert diese dabei: (Shift)+(P) nach CPU-Verbrauch, (Shift)+(M) nach Speicherverbrauch.

Ich persönlich bevorzuge **top**, denn es ermöglicht eine fortlaufende Beobachtung und Analyse des Servers. Es entlarvt die RAM-Verbraucher ebenso wie jene, die den Server belasten, und bietet permanent wichtige Informationen über freien Speicher, Swap-Belastung und Festplattencache.

Achten Sie bei **top** rechts oben auf die CPU-Auslastung (*Load*). Sie werden dort drei Werte finden: die letzte Minute, die letzten fünf und die letzten fünfzehn Minuten im Durchschnitt.

Je höher die *Load*, desto ausgelasteter ist der Server. Es gibt keine definierten Grenzen und absolute Werte für die Load eines Servers, denn dieser Wert spiegelt den Durchschnitt der auf die CPU wartenden Prozesse wider. Je nach Rechenpower und CPU-Architektur muss der „normale" Load-Wert also völlig unterschiedlich festgelegt werden. Eine Last von mehr als 1.00 als Mittelwert über fünf oder zehn Minuten zeugt auf „normalen Standardrechnern" doch von deutlicher Auslastung und führt meist zu spürbaren Verzögerungen. Im Idealfall pendelt es zwischen 0.00 und 0.50. Wenn die Load im Minutendurchschnitt ab und an größere Schwankungen

---

[3] Wenn Sie diesen Aufwand betreiben, müssten Sie sich konsequenterweise doch den eben beschriebenen Link zum ext3-Tuning ansehen.

und Spitzen zeigt, ist das noch nicht schlimm – beobachten Sie eher den Gesamt-wert über fünf bis fünfzehn Minuten.

Verfolgen Sie auch die Werte der Speicherauslastung. Swappt der Server? Befinden sich zeitweise einige MB Daten auf der Swap-Partition, ist das kein Problem, bei wirklich nicht benötigten Daten sogar durchaus nützlich, denn dann gewinnen wir freien Speicher für den Festplattencache. Überhaupt beobachten Sie bitte rechts den Wert cached – je mehr Festplattencache hier zur Verfügung steht, desto besser. Wie bereits erwähnt: Linux nutzt dafür jeden freien Speicher. Mehr RAM wirkt sich hier also automatisch aus.

Wundern Sie sich aber nicht, wenn der benutzte Cache erst im Laufe der Zeit anwächst. Schließlich enthält er nur Daten, die schon einmal gelesen/geschrieben wurden. Nach einem Systemstart liegt der Wert also stets bei Null, egal wie viel freier RAM zur Verfügung steht.

11.4 Last managen

Es gibt Dienste im Internet, die auf möglichst hohe Performance und kurze Reakti-onszeit angewiesen sind: Web- und Proxy-Server, Shells – kurz: alle Dienste, die aus vielen kleinen Zugriffen eines interaktiv mit dem Server kommunizierenden Nutzers bestehen.

Das ist bei einem SMTP-Server meist etwas anderes: Ist er etwas träge, oder bildet sich wegen einer kurzen Spitze zu bestimmten Uhrzeiten eine kleine Warteschlange mit einigen Minuten Verzögerung, ist das sicherlich nicht erstrebenswert, aber auch nicht weiter schlimm.

Das gilt umso mehr, wenn der Mailserver nie direkt in Kontakt mit Nutzern steht, wie z. B. ein Mailserver, bei dem zwar andere Mailserver einliefern, der aber nicht von unseren Nutzern zum Versand von E-Mails genutzt wird.

Aber man muss den Server auch schützen: Im Falle einer Überlastung werden ande-re Server kaum Rücksicht nehmen und uns immer und immer wieder kontaktieren und versuchen Mails einzuliefern.

11.4.1 Task-Beschränkungen

Glücklicherweise bringt Postfix ein eigenes Taskmanagement mit, d. h., das Post-fix-Masterprogramm steuert die Anzahl der gleichzeitig geladenen Postfix-Module. Vielleicht ist es Ihnen schon in der Datei **master.cf** aufgefallen:

```
#
# ==========================================================================
# service type  private unpriv  chroot  wakeup   maxproc command + args
#               (yes)   (yes)   (yes)   (never)  (100)
# ==========================================================================
smtp      inet  n       -       n       -        10      smtpd
10025     inet  n       -       y       -        -       smtpd
     -o content_filter
#smtps    inet  n       -       y       -        -       smtpd
     -o smtpd_tls_wrapp
#submission inet n      -       y       -        -       smtpd
     -o smtpd_enforce_
pickup    unix  n       n       y       60       1       pickup
cleanup   unix  -       -       y       -        0       cleanup
#qmgr     unix  n       -       y       300      1       qmgr
qmgr      fifo  n       -       n       300      1       nqmgr
tlsmgr    fifo  -       -       n       300      1       tlsmgr
rewrite   unix  -       -       y       -        -       trivial-rewrite
bounce    unix  -       -       y       -        0       bounce
defer     unix  -       -       y       -        0       bounce
flush     unix  -       -       n       1000?    0       flush
smtp      unix  -       -       y       -        10      smtp
showq     unix  n       -       y       -        -       showq
error     unix  -       -       y       -        -       error
smtp-amavis unix -      -       n       -        2       smtp
     -o smtp_data_done_timeout=1800
     -o disable_dns_lookups=yes
vscan     unix  -       n       n       -        2       pipe
      user=vscan argv=/usr/sbin/amavis $sender $recipient
```

Hier sollten Sie tatsächlich einige Experimente wagen. Schätzen Sie ab, wie viele ein- und ausgehende Mails Sie parallel zulassen möchten, dementsprechend viele smtpd- oder smtp-Prozesse können Sie zulassen. Bedenken Sie dabei die Kapazität Ihrer Internet-Anbindung und auch das zur Verfügung stehende RAM, denn jeder einzelne smtp/smtpd-Prozess benötigt natürlich Speicher.

Eine Limitierung spielt eine sehr wichtige Rolle! Sollten Sie einen längeren Netzausfall gehabt haben, werden in kurzer Zeit sehr viele Mails auf den Server einprasseln und ihn ggf. in die Knie zwingen, wenn er versuchen sollte, alle Mails gleichzeitig anzunehmen.

Überlegen Sie also *vorher*, was der Server und vor allem auch Ihre TCP/IP-Anbindung vertragen kann. Es ist kaum ratsam, vier Dutzend Mails gleichzeitig zu empfangen, wenn die TCP/IP-Anbindung keinen ausreichenden Datendurchsatz hergibt und sich der Empfang der Mails entsprechend verlangsamt. Sorgen Sie eher dafür, dass Sie einkommende Mails schnell und zügig empfangen und der smtpd-Prozess schnell wieder beendet und der Speicher freigegeben wird.

Darüber hinaus kann ein äußerst langsamer Empfang dazu führen, dass einer der beteiligten MTAs die Geduld verliert und die Verbindung wegen eines scheinbaren

Fehlers abbricht, um kurz darauf erneut zu versuchen, die Mail einzuliefern. Sie schaffen also zusätzlichen Traffic und damit zusätzliche Belastung, wenn jede Mail erst nach mehreren Anläufen erfolgreich eingeliefert werden kann.

Wenn Sie bei etwas schwächeren Rechnern das Anti-Viren-Programm **amavisd-new** einsetzen, sollten Sie auch den Transport **smtp-amavis** limitieren. Setzen Sie jedoch nicht **amavisd-new**, sondern ein „normales" amavis ein, so limitieren Sie an dieser Stelle „vscan"! In diesem Buch wird aber immer **amavisd-new** besprochen und empfohlen.

Virenkiller sind rechenzeit- und festplattenintensiv, denn sie müssen Attachments decodieren, rekursiv auspacken und nach Viren prüfen. Lassen Sie nicht zu viele Mails gleichzeitig durch den Virenkiller laufen, sorgen Sie eher dafür, dass die zu prüfenden Mails schnell und zügig bearbeitet werden können. Sie können problemlos mehr einkommende **smtpd**-Prozesse als ausgehende **smtp-amavis**-Aufrufe zulassen – Postfix speichert die Mails in einer Queue zwischen, es geht also nichts verloren. So lässt sich eine kurzzeitige Spitze problemlos annehmen und auffangen, Hauptsache, der Mailserver ist noch in der Lage, die Mailwarteschlange grundsätzlich abzuarbeiten. Nur dauerhaft dürfen eben nicht mehr Mails hereinkommen, als der Virencheck verkraftet.

Wenn Sie Ihre Prozesse nicht limitieren, geraten Sie unter Umständen in einen Teufelskreis: Wenn die Serverbelastung immer weiter anwächst, **smtpd**, **smtp** und **smtp-amavis/vscan**-Aufrufe nicht abgeschlossen werden, für neue Mails aber immer wieder neue Tasks gestartet werden, wird irgendwann der freie Speicher ausgehen. Der Server beginnt zu swappen, kommt wegen stark belasteter Festplatte erst recht nicht mehr mit seinen Aufgaben nach, muss weitere Prozesse starten, swappt noch mehr ... Irgendwann ist das System *out-of-memory* und das Chaos perfekt. Dabei wäre es so einfach zu verhindern gewesen!

Für die meisten Module ist eine Limitierung nicht sinnvoll oder nicht möglich. Gerade die auf 0 oder 1 gesetzten Module müssen Sie meist auch so belassen. Anpassen sollten Sie aber:

smtp (Versand),
smtpd (Empfang) und ggf. auch
smtp-amavis/vscan, wenn *AMaViS* benutzt wird.

In den Postfix-Quellen finden Sie die beiden Hilfsprogramme **smtp-sink** und **smtp-source**, die Ihnen helfen, den Mailserver zu testen. Sie können dabei im großen Stil durch Testmails Last erzeugen und Ihren Server zu fluten versuchen. Simulieren Sie damit den erwarteten üblichen Mail-Ansturm und testen Sie auch Spitzen, indem Sie einige Tausend Mails zugleich auf Ihren Server loslassen.

Durch den Aufruf

```
linux:~ # smtp-source -c -l 5000 -m 1000 -s 100 -t \
> postmaster@postfixbuch.de -f tux@postfixbuch.de \
> mail.postfixbuch.de:25
```

erzeugt **smtp-source**

- 1.000 Mails mit

- je 5.000 Zeichen Länge,

- versucht dabei, 100 Mails parallel zuzustellen (!),

- zählt dabei mit (-c = count),

- nutzt den angegebenen Absender (-f = from) und

- den angegebenen Empfänger (-t = to) und

- stellt diese per SMTP auf **mail.postfixbuch.de** Port 25 zu.

Hier lässt sich gut beobachten, ob sich der Server unter Last „hochschaukelt" und wie er reagiert, wenn viele Mails parallel eingeliefert werden. Im Idealfall haben Sie die Anzahl der **smtpd**-Prozesse limitiert und Ihr Postfix wird nicht mehr Mails als den eingestellten Wert gleichzeitig annehmen, egal wie viele Mails **smtpd-source** auch einliefern möchte.

Das Pendant ist **smtp-sink**, das E-Mails auf einem Port annimmt und verwirft. Es dient als SMTP-Gegenstelle für unseren Postfix-Server, wenn wir dessen Versandmöglichkeiten testen wollen.

Speisen Sie zuerst mit **smtp-source** eine entsprechende Masse von E-Mails auf Ihrem Postfix-Server ein, die dieser an einen anderen Host zustellen soll, auf dem aber noch kein Port 25 geöffnet ist. Wir füllen damit die Warteschlange. Starten Sie dann auf dem anderen Host **smtp-sink**, achten Sie darauf, dass auf diesem Host natürlich noch kein MTA den Port 25 besetzt haben darf:

```
linux:~ # smtp-sink  -c :25 200
```

Sie starten damit

- **smtp-sink** auf Port 25,

- lassen es mitzählen (-c = count) und

- erlauben 200 zeitgleich eingehende Verbindungen.

Sorgen Sie nun auf Ihrem Mailserver dafür, dass Postfix versucht, alle aufgestauten E-Mails auf einen Schlag loszuwerden: **postfix flush**.

Achtung: Wenn Sie auf einem echten Mailserver **smtp-sink** auf Port 25 starten, und in dieser Zeit werden Mails eingeliefert, so werden diese von **smtp-sink** ins Nichts entsorgt!

Auch wenn Sie nicht glauben, dass Ihnen so viel Last in der Praxis tatsächlich einmal droht – wir müssen auch ausschließen, dass ein Angreifer durch einen solchen *Denial-of-Service*-Angriff unseren Server lahmlegen kann. Es macht nichts, wenn sich eine Warteschlange bildet, die Ihr Postfix geduldig abarbeitet. Es darf nur nicht passieren, dass der Server unter der Last ins Schleudern bzw. Swappen gerät. Beobachten Sie das RAM und die Auslastung des Servers, während er die Warteschlange abträgt, und entscheiden Sie, ob Sie die Anzahl der Tasks erhöhen können oder senken müssen. Und noch einmal zur Erinnerung: Denken Sie auch an den Datendurchsatz Ihrer Internet-Anbindung nach außen. Auf einer 2-MBit-Leitung 100 E-Mails parallel empfangen zu wollen, ist wenig sinnvoll, denn da bleibt pro E-Mail weniger Bandbreite übrig, als eine einzelne Modemverbindung liefern würde.

11.4.2 Timeouts setzen

Postfix verhindert von Haus aus einige Probleme, die andere MTAs noch mit sich bringen. So können einzelne unzustellbare Mails verschiedene MTAs blockieren, wenn diese wiederholt versuchen, diese Mails zuzustellen und sich in dieser Zeit nicht um den übrigen Versand kümmern.

Postfix löst das Problem: Zum einen liefert es gezielt Mails parallel aus, so dass eine unzustellbare Mail nicht die komplette Queue blockiert. Zum anderen bremst es wiederholt unzustellbare Mails gezielt aus: Je länger eine Mail schon unzustellbar ist, desto mehr Zeit lässt Postfix verstreichen, bevor ein erneuter Zustellversuch unternommen wird. Problematische Mails werden nach einem erfolglosen Zustellversuch in die Queue **deferred** (verschoben) und zwischengeparkt. Erst nach Ablauf der Wartezeit werden sie wieder in die **active**-Queue verschoben, aus der sich der **smtp** für die aktuell laufenden Versandaufträge bedient.

Zu guter Letzt sorgt Postfix mit dem Queue-Manager **nqmgr** immer dafür, dass die Mailqueue **active** nicht zu viele Problem-Mails aus der **deferred**-Queue enthält. Über eine Quote ist festgelegt, dass immer auch „frische" Nachrichten aus der **incoming**-Queue in den Versand gelangen. So ist dafür gesorgt, dass auch bei vielen unzustellbaren Mails Postfix noch genügend Zeit und Kapazität findet, neue Mails zu verschicken.

Sie als Postmaster haben aber auch einige Steuerungsmöglichkeiten, indem Sie festlegen, wie oft Postfix Zustellversuche unternimmt und wie lange Postfix maximal versucht, eine Mail zuzustellen, bevor es aufgibt.

```
linux:~ # joe /etc/postfix/main.cf
[...]
maximal_queue_lifetime = 3d
[...]
```

Der Standardwert in Postfix ist fünf Tage. So lange versucht Postfix üblicherweise eine Mail zuzustellen, bevor sie gebounct wird. Ich persönlich finde das zu lange, denn zum einen blockieren auch erfolglose Zustellversuche unsere Ressourcen, zum anderen haben auch unsere Nutzer ein Interesse daran, nicht erst nach einer knappen Woche zu erfahren, dass eine Mail den Empfänger nicht erreicht hat.

Setzen Sie diese Haltezeit andererseits nicht zu kurz, sonst bouncen Sie Mails vorzeitig, nur weil ein anderer Mailserver vorübergehend offline ist, was ja immer wieder einmal passieren kann. Eine Zeit von drei Tagen hat sich nach meiner Erfahrung bewährt.

Zudem können Sie beeinflussen, wie viel Geduld Postfix haben soll, d. h. wie viele Sekunden es ohne Antwort der Gegenstelle ausharrt, bevor es eine Verbindung als fehlerhaft beendet. Der Standardwert von 300 Sekunden ist ganz sinnvoll. Sollten Sie aber überdurchschnittlich viele Timeout-Fehlermeldungen in **/var/log/mail** finden und vermuten, dass die Verbindungen nur langsam, nicht aber zusammengebrochen waren, so sollten Sie hier experimentieren.

```
linux:~ # joe /etc/postfix/main.cf
[...]
smtpd_timeout = 300
[...]
```

11.5   Das Datenbankformat btree

Wie wir in Kapitel 5 gesehen haben, erwartet Postfix seine Lookup Tables grundsätzlich in einem Datenbankformat, damit es schneller Abfragen durchführen kann. Als Standard dient auf den meisten modernen Linux-Maschinen das so genannte DB-Format. Es wurde in diesem Buch bislang stets mit dem **hash**-Format gleichgesetzt.

Nun kennt man aber für DB-Datenbanken zwei verschiedene Formate: **hash** und **btree**. Standard ist meist **hash**, in den Postfix-Dokumentationen, auf Webseiten und an vielen anderen Stellen wird auch stets vom **hash**-Format gesprochen.

Aber **btree** ist schneller als **hash** – und hat in der Anwendung keine Nachteile. Für normale Mailserver wird der Performancegewinn nicht unbedingt spürbar sein, Sie werden mit der Performance der Lookup Tables ohnehin kein Problem haben. Für hart arbeitende Mailserver hingegen summieren sich die Zeitersparnisse natürlich.

Es ist also sinnvoll, Datenbanken grundsätzlich auf **btree** umzustellen. Die bisherigen Beispiele verwendeten nur deshalb **hash**-Datenbanken, um nicht unnötig Verwirrung zu stiften.

Stellen Sie ihre Lookup Tables doch auf **btree** um, wenn Sie möchten. Prüfen Sie zuerst, ob Ihr Postfix **btree** unterstützt:

```
linux:~ # postconf -m
static
pcre
```

```
nis
regexp
environ
mysql
ldap
btree
unix
hash
linux:~ #
```

Wenn Sie das Datenbankformat umstellen, müssen Sie natürlich alle Lookup Tables im Format **btree** ansprechen. Aus dem Eintrag

```
virtual_maps = hash:/etc/postfix/virtual
```

wird dann

```
virtual_maps = btree:/etc/postfix/virtual
```

Und an allen anderen Stellen in der Datei **main.cf** natürlich ebenfalls. Ein Suchen/ Ersetzen des Texteditors nach dem Wort „hash" sollte das rasch erledigen.

Stoppen Sie also Ihr Postfix und ändern Sie bei allen Lookup Tables den Datentyp von **hash** auf **btree**. Ändern Sie gleichzeitig auch noch den Default-Datenbanktyp auf **btree**, damit **postconf** in Zukunft das richtige Format erzeugt. Fügen Sie den folgenden Eintrag in der Datei **main.cf** hinzu, bzw. ändern Sie ihn ab. Danach sollten Sie **postmap** einmal über jede Lookup Table laufen lassen und Postfix neu starten.

```
linux:/etc/postfix # rcpostfix stop
linux:/etc/postfix # joe main.cf
[...]
default_database_type = btree

linux:/etc/postfix # postalias /etc/aliases
linux:/etc/postfix # postmap transport
linux:/etc/postfix # postmap virtual
linux:/etc/postfix # postmap access
linux:/etc/postfix # postmap reloacated
linux:/etc/postfix # postmap canonical
linux:/etc/postfix # rcpostfix start
linux:/etc/postfix #
```

Haben Sie auch keine Lookup Table vergessen, z. B. eine, für die Sie sich selbst einen Namen ausgedacht haben?

Fehleranalyse

Ein Server ist schnell aufgesetzt, und es ist schön, wenn alles läuft... Doch oft verbringt man mehr Zeit mit der Analyse eines kleinen Fehlers als mit der gesamten Installation. Und irgendwann streckt man ratlos die Hufe von sich und weiß nicht mehr ein noch aus, wo denn das Problem liegen könnte.

Das nachfolgende Kapitel soll Ihnen die notwendigen Gedankengänge aufzeigen, damit Sie auch in scheinbar ausweglosen Situationen nicht verzagen. Vor allem aber möchte ich Ihnen zeigen, wie Sie den Fehler systematisch einkreisen und analysieren. Verschiedene Tools helfen dabei, Geschehnisse im Netzwerk zu analysieren, die andernfalls kaum zu sehen oder nachzuvollziehen wären.

Zum anderen möchte ich aus Erfahrung bekannte, häufige Fehler bei Server und Clients benennen. Auch wenn diese vielleicht nicht direkt mit Ihrem Problem identisch sind, so wird die Beschreibung hoffentlich doch für den nötigen Gedankenblitz sorgen.

12.1 Vorgehensweise und Hilfsmittel

Das „Notfallpaket" für Programm- und Netzwerkanalyse besteht meist aus folgenden Programmen (statt des Hostnamens kann als Parameter natürlich immer auch direkt die IP-Nummer angegeben werden):

ping <host>
(Linux und Windows) Das klassische **ping**, zu dem eigentlich nicht mehr viel zu sagen ist. Testen Sie damit, ob ein Server über das Netzwerk überhaupt zu erreichen ist oder ob Routingfehler vorliegen.

mtr <host> oder **traceroute <host>** (Linux), **tracert <host>** (Windows)
Dieses Programm zeigt den Weg, den die Datenpakete durch das Netz nehmen. Hilfreich ist es insbesondere dann, wenn ein **ping** ohne Antwort bleibt und wir nun feststellen wollen, ob die Datenpakete erst beim Server verloren gehen oder schon zuvor in den Weiten des Internet.

ifconfig (Linux), **ipconfig** (Windows)
listet die Netzwerkinterfaces auf und zeigt die dort eingestellten IP-Nummern und Subnetzmasken an; ist Ihre IP-Nummer überhaupt bei einer Ausgabe von **ifconfig** zu sehen? Wenn nein, haben Sie wahrscheinlich Ihre Netzwerkkarte nicht richtig installiert.

nmap <host> (Linux)
ist eigentlich ein Port-Scanner, d. h., er versucht herauszufinden, welche Ports auf einem Server offen sind; uns hilft er auch bei der Fehlersuche: Mit einem Blick können wir feststellen, ob die Ports unseres Servers überhaupt geöffnet wurden, andernfalls müssen wir uns über Fehler in der Verbindung nicht wundern.

Setzen Sie Portscans nie gegen fremde Rechner ein – sie könnten vom dortigen Administrator als Angriff gewertet werden (Seite 338)!

nslookup -query=MX <domain> oder besser **dig <domain> MX** (Linux)
Beide Programme dienen der Analyse von DNS-Servern oder DNS-Einträgen. Insbesondere lohnt es sich, einen Blick darauf zu werfen, ob die **MX**-Einträge für unsere Maildomain überhaupt auf unseren Server zeigen oder ob der beim Client eingestellte SMTP-Server überhaupt unter diesem Namen erreichbar ist. DNS und seine Tools sind ausführlich in Anhang B erklärt.

strace -f -o <logdatei> <programm> (Linux)
die hohe Schule des Debuggens einer Software; **strace** protokolliert die Systemaufrufe einer Software und loggt sie in einer Datei. So lässt sich Schritt für Schritt die Ausführung des Maschinencodes eines Programms nachvollziehen.

Den Aufruf **strace -f -o /tmp/strace.log <programmname>** nutzen Sie, um die Ausführung des Programms zu protokollieren. Erschrecken Sie nicht, wenn Sie die Datei **strace.log** sehen – diese ist wirklich Hardcore... Dennoch: Wenn Sie sie überfliegen, werden Sie sehen, dass in groben Zügen nachzuvollziehen ist, was da alles passiert ist. Interessant ist oft, welche Dateien zu öffnen versucht wurden, und insbesondere, warum dies vielleicht nicht gelungen ist!

Mittels **strace** können Sie zum Beispiel herausfinden, welche Bibliothek einem Programm fehlt oder ob Zugriffe auf Dateien und Ordner an mangelnden Rechten gescheitert sind. Schauen Sie dabei systematisch durch, welche Dateien geöffnet wurden oder werden sollten. Lassen Sie sich aber nicht verwirren: Oft suchen Programme an mehreren Stellen nach einer Bibliothek; es reicht aus, wenn sie einmal gefunden wird. Lediglich wenn alle Versuche fehlschlagen, gibt es ein Problem. Prüfen Sie, ob das Programm noch Aus-/Eingaben auf dem Bildschirm produzierte, die zeitlich in der Nähe des mutmaßlichen Fehlers lagen. Sie können diesen Text dann als Anhaltspunkt im **strace**-Logfile suchen lassen.

Dieses kleine Listing zeigt, dass der IMAP-Server wegen falscher Dateirechte Dateien nicht anlegen konnte. Dies ist natürlich nur ein Auszug aus einem sehr langen **strace**-Protokoll. – Suchen Sie nach solchen „verdächtigen Stellen"!

```
28285 stat64("./tmp/1006712488.28285_imapuid_0.hurricane",
0xbfffb0dc) = -1 ENOE28285 open(".Trash/courierimapuiddb",
O_RDONLY) = -1 ENOENT (No such file or dir28285
open("./tmp/1006712488.28285_imapuid_0.hurricane"),
O_WRONLY|O_CREAT|O_TRUN28285 write(2, "Failed to create
cache file: ./t"..., 72) = 72 28285 write(2,
"Error: No such file or directory"..., 33) = 33 28285
unlink("./tmp/1006712488.28285_imapuid_0.hurricane") = -1 ENOENT
(No such 28285 unlink(".Trash/courierimapuiddb") = -1 ENOENT
(No such file or directory) 28285 open(".Trash/cur",
O_RDONLY|O_NONBLOCK|O_LARGEFILE|O_DIRECTORY) = 3
```

12.2 Fehlersuche als Admin auf dem Server

Das A & O einer vernünftigen Fehlersuche ist ein *systematisches* Vorgehen. Natürlich bietet sich bei entsprechender Erfahrung auch eine gezielte Suche nach einigen möglichen Fehlerquellen an. Anfängern sei jedoch dringend empfohlen, nicht lange blind zu raten und herumzustochern, sondern den Fehler zielstrebig einzukreisen. Wenn Sie nicht wirklich eine gute Idee haben, sollten Sie stets streng systematisch vorgehen, und zwar von Anfang an, von A bis Z – do stupide Ihnen das auch vorkommen mag.

Ich habe bei Schulungen die Erfahrung gemacht, dass sich oft genug auch erfahrene Administratoren weigern, banale Fragen zu klären, weil sie „überzeugt" sind, dass es an dieser oder jener Stelle *eigentlich* keinen Fehler geben *kann*. Allerdings ist *eigentlich* eben nur *eigentlich*... Nur weil ein Dämon einmal *gestartet* wurde, heißt das noch lange nicht, dass er *noch läuft*! (Übrigens ein beliebter „Trick" von bind.)

Gehen Sie also insbesondere als Anfänger ohne Routine die folgende Checkliste durch, auch wenn Sie *glauben*, es sei doch sicher alles in Ordnung. Und selbst wenn Sie Profi-Admin sind oder sich für einen solchen halten: Kein Fehler ist zu banal, als dass nicht auch *Sie* ihn gemacht haben könnten. Misstrauen Sie sich selbst!

12.2.1 Fehler bei der Annahme/Abholung von Mails

E-Mails werden nicht zugestellt? Auf TCP/IP-Ebene scheint kein Connect möglich? Ein Client meldet nur „Server-Fehler", schweigt sich aber über nähere Gründe aus? Dann sei Ihnen diese Checkliste ans Herz gelegt:

1. *Läuft Ihr Server?*
   Antworten Sie nicht sofort mit „Ja". Schauen Sie nach! Nutzen Sie **ps axw** und suchen Sie den Prozess in der Prozessliste. Oder schauen Sie mit dem Befehl **lsof -i :25** auf dem Server nach. Auch wenn die SUSE-Startskripten beim Programmstart ein „OK" gemeldet haben, heißt das noch nicht, dass sich die Software wegen eines Konfigurationsfehlers o. Ä. später nicht doch wieder beendet haben kann.

2. *Stimmt das IP-Routing?*
   Prüfen Sie vom Client aus, ob der Host auf IP-Ebene überhaupt erreichbar ist. Pingen sie ihn an oder nutzen Sie einen anderen installierten Dienst (z. B. SSH), um zu prüfen, ob ein Connect grundsätzlich möglich ist. Auf dem Server selbst sollten Sie ggf. mit **ifconfig** checken, welche IP-Nummern mit welcher Subnetzmaske auf der Netzwerkkarte liegen. Haben Sie überhaupt das IP-Routing richtig aufgesetzt und hat der Server ein funktionierendes Default-Gateway? **route** gibt Ihnen darüber Auskunft.

3. *Ist der Port offen?*
   Nutzen Sie **nmap <host>** und schauen Sie nach – schauen Sie dabei sowohl auf **localhost** als auch auf Ihrer Netz-IP nach! Versuchen Sie diesen Portscan auch von einem anderen Rechner, um zu testen, ob ggf. eine Firewall o. Ä. im Weg steht.

   Läuft der Server, ist der Port aber zu, so könnte

   - Ihre Netzwerkkarte nicht/falsch konfiguriert sein, so dass beispielsweise nur **localhost** erreichbar ist. Sie können dann zwar *lokal* Ihren Server nutzen, denn er läuft und funktioniert. Aus dem Netz aber wird er nicht ansprechbar sein;

- die Port-Angabe in den Config-Dateien falsch sein (eher unwahrscheinlich);

- die Angabe der IP-Nummer in der Config-Datei fehlen oder falsch sein. Meist muss man *keine* Nummer explizit angeben, die Software nimmt dann jede IP-Nummer, die dem Server gehört.

- in $inet_interfaces vielleicht nur localhost eingetragen sein. SUSE liefert Postfix in den Default-Einstellungen so aus, dass nur auf localhost der Port 25 geöffnet wird. Ihr Postfix startet dann zwar sauber und ein nmap localhost sieht prima aus, aber Postfix ist aus dem Netz nicht erreichbar. Schauen Sie nach, was in $inet_interfaces steht!

4. *Ist ein telnet auf den Port möglich?*
   Versuchen Sie sich mit der Software auf dem Port zu verbinden, z. B. durch **telnet <host> 25** mit dem Mailserver auf Port 25 (SMTP). Erhalten Sie dort eine Reaktion der gewünschten Software? Oder vielleicht eine andere Software, die parallel installiert ist? Erhalten Sie dort eine Fehlermeldung oder ist alles in Ordnung? Haben Sie vielleicht (ungewollt und unbemerkt) eine *Personal Firewall* installiert, die alle eingehenden Connects abblockt?

5. *Können Mails eingeliefert werden?*
   Gehen Sie den SMTP-Dialog durch und liefern Sie per Hand eine Mail ein. Variieren Sie dabei die möglichen Absende-/Empfangsadressen:

- von einer lokalen Adresse an eine lokale Adresse

- von einer lokalen Adresse an eine externe Adresse; dies sollte nur gehen, wenn Sie aus dem lokalen IP-Netz kommen, nicht aber, wenn Sie von einer externen IP außerhalb $mynetwork kommen (siehe Kapitel 9).

- von einer externen IP-Adresse an eine lokale Mail-Adresse

- von einer externen Adresse an eine externe Adresse. Auch hier sollte bei einer externen IP die Annahme der Mail verweigert werden.

Prüflogin SMTP

Hier ein Beispiel für einen Login auf einen SMTP-Server, der wegen defekter **virtual-table** nicht entscheiden kann, ob er die E-Mail annehmen darf:

```
user@linux:~> telnet localhost 25
Trying 127.0.0.1...
Connected to localhost.
Escape character is '^]'.
220 mail.postfixbuch.de ESMTP Postfix on SuSE Linux 9.0 (i386)
```

```
HELO mailserver.irgendwas.de
250 mail.postfixbuch.de
MAIL FROM: <user@irgendwas.de>
250 Ok
RCPT TO: <postmaster@postfixbuch.de>
451 <postmaster@postfixbuch.de>: Temporary lookup failure
Connection closed by foreign host.
user@linux:~>
```

Diese Meldung wurde nur bei direktem Login auf Port **25** sichtbar. Die meisten Mailclients unterschlagen solche Informationen und melden nur wenig aussagekräftig „Verbindung getrennt" o. Ä. (siehe Abbildung 12.1). Für uns wäre es aber hilfreich gewesen zu sehen, dass die Angabe der *Empfänger*-Adresse den Fehler provozierte, denn dann wissen wir, wo wir zu suchen haben bzw. wo nicht.

Abbildung 12.1: Obwohl der Server klar gesagt hat, wo das Problem liegt, verschweigt Outlook den SMTP-Error und meldet nur lapidar „einen Fehler"

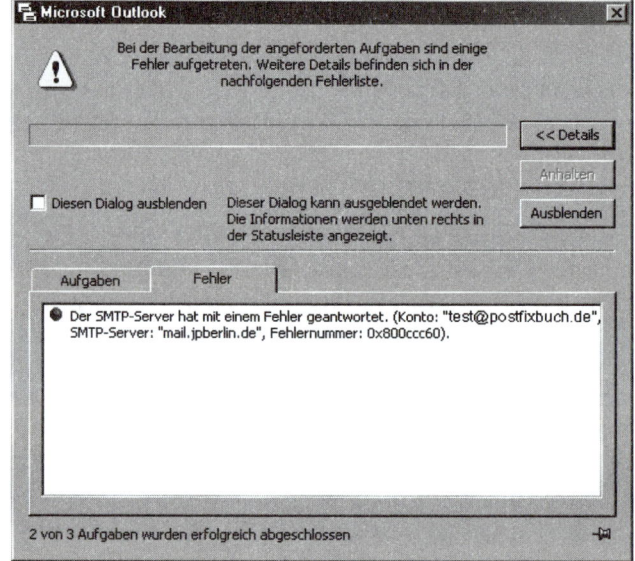

Prüflogin IMAP

Suchen Sie Fehler auf dem IMAP-Server, versuchen Sie sich einzuloggen und den Inhalt anzeigen zu lassen. Hier im Beispiel kann der **imapd** wegen eines Fehlers in den Dateizugriffsrechten die Mail Nr. 1 nicht lesen und übertragen (siehe Zeilen zu a4!)

```
user@linux:~> telnet localhost 143
Trying 127.0.0.1...
```

```
Connected to localhost.
Escape character is '^]'.
* OK Courier-IMAP ready. Copyright 1998-2001 Double Precision,
Inc.  See COPYING for distribution information.
a1 login tux supergeheim
a1 OK LOGIN Ok.
a2 list "" *
* LIST (\HasNoChildren) "." "INBOX.Trash"
* LIST (\Marked \HasChildren) "." "INBOX"
a2 OK LIST completed
a3 select inbox
* FLAGS (\Draft \Answered \Flagged
\Deleted \Seen \Recent)
* OK [PERMANENTFLAGS (\Draft \Answered
\Flagged \Deleted \Seen)] Limited
* 4 EXISTS
* 3 RECENT
* OK [UIDVALIDITY 1006712890] Ok
a3 OK [READ-WRITE] Ok
a4 fetch 1 body
* NO Cannot open message 1
a4 OK FETCH completed.
a5 LOGOUT
* BYE Courier-IMAP server shutting down
a5 OK LOGOUT completed
Connection closed by foreign host.
user@linux:~>
```

Prüflogin POP3

Hier das gleiche bei einem POP3-Server, Nachricht Nr. 1 ist wegen falscher Dateirechte für den Dämon nicht lesbar:

```
user@linux:~> telnet localhost 110
Connected to localhost.
Escape character is '^]'.
+OK Hello there.
USER tux
+OK Password required.
PASS supergehiem
-ERR Login failed.
PASS supergeheim
+OK logged in.
LIST
+OK POP3 clients that break here, they violate STD53.
1 0
2 552
3 555
4 546
.
```

```
RETR 1
-ERR Can't open the message file - it's gone!
QUIT
+OK Bye-bye.
Connection closed by foreign host.
user@linux:~>
```

Stutzig sollten Sie werden, wenn die Verbindung ohne weitere Fehlermeldung durch den Server beendet wird. Die nachfolgende Sitzung scheiterte *nicht* an einem falschen Passwort, das wäre mit einer Fehlermeldung abgefangen worden (s. o.), damit sich der Client korrekt in einem neuen Versuch einloggen kann. Das Problem hier war ein Datenbankfehler, der schon die Passwortüberprüfung verhinderte und den Dämon zum Absturz brachte.

```
user@linux:~> telnet localhost 110
Connected to localhost.
Escape character is '^]'.
+OK Hello there.
USER tux
+OK Password required.
PASS supergeheim
Connection closed by foreign host.
user@linux:~>
```

Sie sehen: Eine gewisse Kenntnis der verwendeten Protokolle hilft weiter, viel Fachwissen muss allerdings gar nicht sein. Durch eine solche Analyse aber können wir genauer nachvollziehen, was möglich ist und was nicht. Oft gibt die Client-Software nur sehr unzureichende oder gar nichtssagende Fehlermeldungen an den Benutzer weiter, obwohl die Server teilweise recht deutlich sagen, wo ihr Problem liegt. Aus diesem Grunde ist es immer hilfreich selbst nachzusehen.

12.2.2 Fehler bei der Bearbeitung und Zustellung von Mails

Läuft Postfix, ist die Welt zunächst einmal in Ordnung. Doch auch hier ergeben sich im Arbeitsalltag Probleme, die dafür sorgen können, dass Postfix Mails nicht mehr verarbeiten oder zustellen kann oder dass andere Server an Sie keine Mails mehr ausliefern können.

Grund sind meist kleine Änderungen – mit großen Auswirkungen auch an anderer Stelle. Nachfolgend eine Liste „beliebter" Fehler.

Dateizugriffe scheitern: chroot-Umgebung

Immer wenn Dateizugriffe unter merkwürdigen Umständen scheitern, sollten Sie an die **chroot**-Umgebung denken (siehe Kapitel 15.9). Werden Dateien nicht gefunden, obwohl Sie die Datei als Admin in einer Shell problemlos laden können: Wenn das entsprechende Postfix-Modul „chrooted" läuft, sind alle Pfade in die **chroot**-Umgebung verbogen!

Das gilt übrigens auch dann, wenn Sie MySQL einsetzen und mit dem MySQL-Server über **/var/lib/mysql/mysql.sock** kommunizieren wollen, denn für das chrootete Postfix-Modul ist **mysql.sock** dann etwas ganz anderes als für den Rest des Systems. In diesem Falle sollten Sie lieber über TCP/IP mit dem MySQL-Server kommunizieren, oder Sie müssen auf **chroot** verzichten!

Neuere Postfix-Versionen lösen dieses Problem übrigens ganz einfach über die vorgeschaltete Map-Type **proxy:**, die den Zugriff auch aus einer **chroot**-Umgebung heraus erlaubt (siehe Kapitel 5.3.7, Seite 109).

Falsche MX-Records

Immer wieder „beliebt" sind fehlerhafte DNS-Einträge. Denken Sie insbesondere daran, dass vollständige Hostnamen durch einen „." abgeschlossen werden müssen, andernfalls wird die Domain noch einmal angehängt. In der Konsequenz kann der Mailserver dann nicht gefunden werden.

Falsch wäre:

```
postfixbuch.de        MX     62.8.206.147
```

oder auch

```
postfixbuch.de        MX     mail.postfixbuch.de
mail.postfixbuch.de   A      62.8.206.147
```

Richtig muss der Eintrag lauten:

```
postfixbuch.de.        MX     mail.postfixbuch.de.
mail.postfixbuch.de.   A      62.8.206.147
```

MX-Einträge müssen übrigens auf einen Namen zeigen! Aber: Der Name des MX-Hosts selbst muss natürlich auch auflösbar sein, d. h. seinerseits über einen gültigen A-Record verfügen. Ausführliches dazu in Anhang B.

Sehr wichtig: MX-Records dürfen nicht direkt auf eine IP-Nummer zeigen.

Und: Die Verwendung von **CNAME** sollte partout vermieden werden. Früher war der Einsatz von **CNAME** in den **MX**-Records explizit untersagt, RFC 2821 erlaubt das neuerdings. In der Folge verhält sich Postfix (und wahrscheinlich auch andere Mailer) „falsch", wenn Sie Mailadressen mit einer **CNAME**-Domain auflösen und in die andere Domain umwandeln, weil Sie das alte Verbot auf diese Weise umgehen und die Mailadresse korrigieren wollen.

Postfix verhält sich in Versionen nach Dezember 2002 „korrekt" und wandelt die Mailadressen nicht mehr um, ältere Versionen hingegen nicht, denn ggf. lehnt dann der angesprochene Mailserver die derart umgewandelte Empfängeradresse ab, weil er sich für eine solche Domain nicht zuständig fühlt. Dabei ist es auch unerheblich, ob Sie ein aktuelles Postfix haben oder nicht. Wenn Sie CNAME-Einträge nutzen, haben Sie ja das Problem, dass *andere* (alte) Mailserver die E-Mails an Sie derart verfälschen.

Kurz und knapp: Egal was RFC 2821 sagt, solange noch alte Software im Umlauf ist, verursacht CNAME nur Ärger und hat hier nichts zu suchen.

Falscher DNS: chroot-Umgebung

Ebenfalls sehr effektvoll ist es, keinen funktionstüchtigen DNS für den Mailserver zu haben. Das kann zum einen beim Einsatz in einer chroot-Umgebung vorkommen, wenn /var/spool/postfix/etc/resolv.conf andere Informationen enthält als die echte /etc/resolv.conf. Vergessen Sie also bei einer Änderung Ihres Nameservers nicht das Update der chroot-Umgebung. Andernfalls können Sie manuell in der Shell sämtliche Domains und MX-Einträge auflösen – Postfix aber merkwürdigerweise nicht.

Doch auch ohne chroot-Umgebung kann Ihnen der DNS abhanden gekommen sein. Prüfen Sie also gezielt: Sind die in /etc/resolv.conf angegebenen Nameserver erreichbar? Vielleicht haben sich IP-Nummern oder Zugriffsbeschränkungen geändert? Ist Port 53 vielleicht in einer Firewall geblockt?

Haben Sie vielleicht in /etc/hosts einzelnen Hosts eine vom DNS abweichende IP-Nummer zugewiesen? Und wie sieht es in Ihrer chroot-Umgebung aus? Bei SUSE sorgt der Aufruf von SuSEconfig --module postfix für einen Abgleich Ihrer chroot-Umgebung, sofern Sie das in /etc/sysconfig/postfix aktiviert haben (Kapitel 15.9).

Zugriff verboten: Access-Listen

Wenn Sie bei einem Host keine Mails einliefern können, prüfen Sie, ob Server oder Client vielleicht durch eine Zugriffsbeschränkung gesperrt sind. Stehen Sie in einer Sperrliste? Waren Sie vielleicht ein Open Relay und stehen deshalb noch in einer RBL als Blacklisted Host (Kapitel 9)? Vielleicht hat sich Ihre IP-Nummer geändert und die neue IP ist noch nicht in access-tables oder Firewalls freigeschaltet? Ist der Hostname Ihres Mailservers noch der gleiche wie vorher?

Mail loops back to myself: virtual-Eintrag vergessen

Schnell zu erklären ist die Fehlermeldung **Mail loops back to myself**: Postfix bounct dann die betroffene E-Mail. Grund: Postfix stellt fest, dass es in den MX-Einträgen

der Domain zwar als höchstrangiger (und damit final zuständiger) Mailserver genannt ist, es die Domain aber weder unter $relay_domains noch in der virtual-
table definiert findet, Postfix nach seiner Config also nicht zuständig ist.

Suchen Sie also, ob Sie

- einen Fehler in den MX-Einträgen haben und ein eigentlich höherrangiger Mailserver fehlt,

- in der virtual-table nicht nur Umleitungen, sondern auch den Eintrag domain.de
anything vorgenommen haben (Seite 85). Haben Sie danach auch postmap gestartet?

- für die Domain zwar der höchste MX sein sollen, aber vergessen haben, eine
Ausnahme in der transport-table zu setzen, falls Sie als Relay fungieren und die
Domain trotzdem an andere Systeme weiterleiten wollen.

Relay Access denied

Herzlichen Glückwunsch, Ihr Mailserver scheint zunächst einmal sicher zu sein!
Unter Umständen ist er aber vielleicht so sicher, dass er nicht mehr richtig funktioniert ...

Wenn ein Client außerhalb Ihres IP-Netzwerkes diese Meldung bekommt, so bedeutet das, dass Postfix die Annahme der Mail verweigert hat, weil der Empfänger
der E-Mail ebenfalls außerhalb Ihres Netzes wäre. Sie wären dann ein Open Relay,
was nicht sein darf. Lesen Sie dazu Kapitel 9.

Wenn allerdings eine Mail an eine Domain geblockt worden ist, für die Ihr Postfix
eigentlich zuständig ist, so weiß Ihr Postfix nichts davon, dass es zuständig sein soll.
Lesen Sie dazu die vorhergehende Fehlermeldung Mail loops back to myself.

You are an Open Relay

Peinlich! Wenn Sie diese Fehlermeldung von anderen Mailservern bekommen, sollten Sie schleunigst Kapitel 9 lesen.

Bad command startup – throttling

Erhalten Sie diese Meldung, haben Sie Tippfehler in Ihren Postfix-Konfigurationsdateien, so dass Postfix und seine Module nicht starten können. Das können einzelne Buchstaben oder auch defekte Verweise auf Lookup Tables sein. Achten Sie
auch darauf, ob Ihre Zeilenumbrüche richtig sind: Brechen Sie überlange Zeilen um,
müssen diese in der nächsten Zeile mit (mindestens) einem Leerzeichen beginnen,
damit sie als Fortsetzung interpretiert werden.

status=deferred (temporary failure)

Wenn Sie diese Meldung lesen, kann Postfix aus irgendeinem Grunde die Mail nicht zu Ende verarbeiten und erfolgreich zustellen. Auf der Postfixbuch-Mailingliste wurde des öfteren nach dieser Fehlermeldung gefragt, fast immer lag es an einem nicht funktionierenden AMaViS! Ursache kann sein, dass AMaViS auf dem falschen Port lauscht oder Sie vergessen haben, den amavisd zu starten (siehe Kapitel 17.3).

Auch andere Fehler sind möglich, und natürlich kann es sein, dass diese Meldung nichts mit AMaViS zu tun hat; dann müssen Sie überlegen, welchen Schritt Postfix als nächsten bei der Bearbeitung der Mail ausführen müsste und warum es nicht fortfahren kann.

12.2.3   Weitere Fehler

Bei allen anderen merkwürdigen Vorkommnissen sollte helfen:

- Lesen Sie die Logfiles. Das hilft. Wirklich. Ganz ehrlich.

- Haben Sie vielleicht den Aufruf von **postmap <table>** vergessen, nachdem Sie die Dateien der Tables verändert haben? Haben Sie ein **rcpostfix reload** ausgeführt, wenn Sie die Dateien **main.cf**, **master.cf**, **pcre**- oder **regexp**-Tabellen verändert haben?

- Sind in Ihrer **main.cf** vielleicht Variablen doppelt belegt? Haben Sie vielleicht im oberen Teil der Datei eine Variable gesetzt und übersehen, dass **SuSEconfig** ganz am Ende der **main.cf** vielleicht selbst noch Konfigurationen vorgenommen hat? Der Aufruf von **postconf** liefert Ihnen die Variablen so, wie sie Postfix eingelesen hat und womit Postfix arbeitet. Kennt Postfix andere Werte als Sie glauben eingestellt zu haben, so sind oft doppelte Einträge daran schuld! *Glauben* Sie nicht, Sie hätten alles richtig konfiguriert! *Prüfen* Sie es!

- Haben Sie Postfix selbst übersetzt und vielleicht eine Fähigkeit von Postfix nicht mit eingebunden, z. B. die Unterstützung für MySQL-Datenbanken? **postconf** und **postconf -m** geben Auskunft.

- Fehlt Ihnen vielleicht eine wichtige Programmbibliothek? Haben Sie ein Update gemacht?

- Stimmen Dateizugriffsrechte nicht?

- Nutzen Sie die oben vorgestellten Tools **nslookup/dig**, **tcpdump**, **nmap**. Versuchen Sie zu erahnen, was Postfix im Netz macht und probiert.

- Haben Sie eine Fehlermeldung, mit der sie partout nichts anfangen können? Füttern Sie eine Suchmaschine im Web damit. Höchstwahrscheinlich wurde das Problem schon einmal irgendwo diskutiert.

- Lesen Sie auf den Support-Webseiten Ihrer Distribution oder von Postfix nach, vielleicht ist es ein größerer Fehler, der dort schon erwähnt ist.

- Wenn's partout nicht klappt, wenden Sie sich an die Postfix-Mailinglisten, z. B. postfixbuch-users@listi.jpberlin.de.[1] Vergessen Sie dann aber nicht aussagekräftige Logfiles und die Ausgabe von postconf -n.

12.3 (Fern-)Fehlersuche beim Kunden

„Das geht nicht. Warum?" Nutzer lieben Fehlermeldungen, vor allem kurze. Kein Mensch würde in einer Werkstatt anrufen und lediglich sagen: „Mein Auto fährt nicht. Was ist los?" Als Postmaster erwarten Ihre Benutzer allerdings oft hellseherische Fähigkeiten von Ihnen. Setzen Sie also nicht darauf, dass man Ihnen bei der Suche hilft oder dass man Ihnen die Fehlermeldung durchgibt („Es ging halt irgendwie nicht, da stand irgendwas").

12.3.1 Den Fehler einkreisen: Seien Sie Pessimist

Seien Sie Pessimist, gehen Sie vom dümmstmöglichen Fehler aus. Ich selbst habe schon einmal zwei Stunden lang Telefonhilfe geleistet, um dann feststellen zu müssen, dass das serielle Kabel am Modem *doch* leicht schief aufgesteckt war. Eine entsprechende Nachfrage war zwar rund zwei Stunden vorher gestellt und mehrmals hartnäckig wiederholt, vom Benutzer aber stets ebenso hartnäckig ausgeschlossen worden.

Ich bin strikt dagegen, Benutzern grundsätzlich zu misstrauen und sie für inkompetent zu erklären; viele verstehen eine Menge von der Materie und sind eigentlich sehr wohl in der Lage, eine Fehlerquelle zumindest einzukreisen oder auszuschließen. Oft allerdings verlassen sie sich zu sehr auf ein „ich glaube…" als ein „ich habe geprüft" – gleiches gilt übrigens bisweilen auch für Administratoren…

12.3.2 Die beliebtesten Fehler

Kommen wir also zu den berühmten „beliebtesten Fehlern":

Falscher Server-/Username

Überprüfen Sie mit dem Benutzer die eingestellten Servernamen. Sind diese überhaupt richtig? Seien Sie hartnäckig: Sind sie auch richtig geschrieben? Haben sie ein Leerzeichen, einen Punkt oder gar ein Komma eingebaut?

---

[1] http://listi.jpberlin.de

Werfen Sie parallel einen Blick in die Logfiles auf dem Mailserver. Ist ein Login des Kunden überhaupt vermerkt? Hat er Groß- und Kleinschreibung beachtet? Lassen Sie sich ggf. vom User zuvor dessen IP-Nummer geben, wenn er sich irgendwo bei einem anderen Provider eingewählt hat: **ifconfig** (Linux) oder **ipconfig** (Windows).

Relay Access denied

Darf der Benutzer auf diesem Server überhaupt Mails einliefern? Oder hat der Client eine externe IP-Nummer, die in **$mynetworks** nicht freigeschaltet ist?

Falsches Protokoll

Ist auf dem Client das Protokoll korrekt gewählt, also POP3 oder IMAP? Ist vielleicht aus Versehen SMTPS (verschlüsseltes SMTP) aktiviert, obwohl Ihr Server das nicht unterstützt? Stimmt die Art und Weise der Kennwort-Authentifizierung (APOP, CRAM-MD5, PLAIN etc.)?

mailto: in der Adresse?

Mancher Benutzer setzt den HTML-Tag **mailto:** mit in die Adresszeile. Die Folge ist, dass Nachrichten an die Adresse mailto:tux@postfixbuch.de nicht zustellbar sind ... Falsch geschriebene Webseiten können ebenfalls zu diesem Fehler führen, wenn der defekte Link von der Software einfach übernommen wird. Trauen Sie nicht dem Argument, die Mailadresse einer verschwundenen Mail *könne* gar nicht falsch sein, da ja nur *Reply* gedrückt worden sei.

Kein DNS, lokale IP ohne NAT/Masquerading

Selbstgebaute DSL-LANs erfreuen sich großer Beliebtheit, sind aber meist ohne ausreichendes Fachwissen aufgesetzt. Oft werden lokale IP-Nummern aus dem Bereich 192.168.0.0/16 benutzt, ohne dass diese vom Dialup-Router auf die vom Provider zugewiesene echte IP-Nummer umgesetzt werden (durch *Network Address Translation* oder *Masquerading*). Da manchmal ein auf dem Dialup-Router installierter Proxy-Server für Web und FTP installiert ist, werden diese beiden Dienste vielleicht problemlos funktionieren, da ein Masquerading dafür dann nicht nötig ist.

Haken Sie also nach, auch wenn Ihnen am Telefon geschworen wird, im lokalen LAN *könne* doch gar kein Fehler sein, denn Surfen gehe doch auch ...

Oft wird auch vergessen, einen DNS-Service für das LAN bereitzustellen. Masquerading hin oder her, der Client kann die Mailadresse nicht auflösen und zustellen. Oder ein Client, der sich selbst direkt einwählt, hat kein funktionierendes DNS, weil der Client aufgrund seiner Einstellungen einen im lokalen LAN befindlichen (aber nicht funktionierenden) DNS sucht, statt den bei der PPP-Verbindung übermittelten DNS des Providers zu nehmen. Immer wenn sich der Rechner des Nutzers selbst ins Netz einwählt, parallel dazu aber noch eine Netzwerkkarte installiert hat, sollten bei Ihnen die Alarmglocken schrillen.

Wurde vielleicht eine lokale Firewall installiert, die Dienste verbietet? Wurde der DNS auch erlaubt?

Fehlerhafte Empfängeradressen

Leider handhaben einige Mailclients die Trennung der verschiedenen Mailadressen innerhalb einer Liste von Empfängern unterschiedlich. Manchmal reicht ein Komma, manchmal ein Semikolon, manchmal sind Komma oder Semikolon und ein zusätzliches Leerzeichen erforderlich.

Es ist Mode einiger Mailclients, mit Kurznamen aus dem Adressbuch zu arbeiten. Diese werden bis zuletzt benutzt und auch im Sendefenster der E-Mail angegeben und erst bei Einlieferung auf den SMTP-Server durch die richtige Mailadresse ersetzt. Manche Benutzer sind es deshalb gewöhnt, eine E-Mail an den Empfänger **Geeko** schreiben zu können – und versuchen das auch auf anderen Computern, die diesen Alias nicht gespeichert haben. Oder sie benutzen Kurznamen, die im Adressbuch nicht mehr enthalten sind. Oder sie vertippen sich schlichtweg. Manchmal wird auch das „@" vergessen und ein Benutzer tippt **tux.postfixbuch.de** – die Mailserver betrachten die Mail dann als lokale Adresse und versuchen die Mail an den Nutzer **tux.postfixbuch.de@provider.de** zuzustellen.

Das Ergebnis ist immer das gleiche: Sie haben eine nichtexistente Adresse oder ein unbeteiligter Dritter freut sich über Post, wenn er die passende Mailadresse besitzt. In letzterem Falle wird Ihnen der Nutzer zu Recht versichern, es habe beim Absenden keine Probleme gegeben und die Mail sei auch nicht als unzustellbar zurückgekommen. „Logischerweise" sei deshalb *Ihr* Mailserver verantwortlich für das Verschwinden der E-Mail.

Immer wieder amüsant sind Leerzeichen, Umlaute oder andere Sonderzeichen in Mailadressen. Software stammt meist nicht aus Deutschland, viele Programme fangen deutsche Sonderzeichen bei der Eingabe der Mailadresse nicht ab, obwohl sie ganz klar unzulässig sind – ein klares Versäumnis der Softwarehersteller.

Ist die Adresse **jürgen. haußmann@postfixbuch.de** gleich aus drei Gründen nicht zustellbar, darf man sich nicht wundern. Manche Clients erzeugen in einem solchen Fall sogar zwei Mails: **jürgen.@localhost** und **haußmann@postfixbuch.de**, wobei man mit etwas Glück wieder einmal einen unbeteiligten Dritten erreicht.

Achtung: Viele Nutzer schreiben ihre *eigene* Mailadresse konsequent falsch! Das Ergebnis: Erst die Antworten auf diese E-Mails verschwinden, obwohl der Antwortende doch nur auf *Reply* gedrückt hat...

Übrigens sind im Header einer E-Mail nur 7-Bit-Zeichen und damit keine Umlaute erlaubt. Der Realname einer Person wird ebenfalls im Header transportiert, die Angabe des Realname „Jürgen Haußmann" ist also *nicht* erlaubt. Auch das müssten Mailclients eigentlich schon bei der Eingabe der Konfiguration abfangen.

Im günstigsten Fall führt die Angabe von Sonderzeichen im Header dazu, dass sie mimekodiert werden, was andernorts sehr kryptisch und unleserlich aussehen kann. Im schlechtesten Fall verwerfen einige alte Mailserver solche E-Mails gar komplett! Ich erinnere mich an einen alten MTA, der zu diesen „entsorgten" Mails noch nicht einmal einen Kommentar im Logfile hinterließ.

Kennwort falsch

Es ist eine banale Frage, beinahe muss man sich entschuldigen, sie zu stellen. Aber nur beinahe, denn in vielen Fällen ist sie doch des Rätsels Lösung: „Stimmt das Kennwort überhaupt?" Natürlich ist die spontane Antwort ein überzeugtes „JA!" Aber: Entschiedenes Nachfragen kann auch hier manchmal helfen.

Manche Benutzer versuchen es ein halbes Dutzend mal, geben das Kennwort samt Tippfehler dabei aber nicht erneut ein, sondern drücken einfach nur auf „Wiederholung".[2] Fragen Sie nach, ob Groß- und Kleinschreibung unterschieden wurden. Wurde vielleicht das Passwort geändert, als gerade „Caps Lock" aktiviert war?

Festplatte voll

Wunderschöner Trick, auf den Sie bei einer telefonischen Fernhilfe nur durch einen genialen Gedankenblitz kommen werden:[3] Ist überhaupt noch Platz auf der Festplatte des Clients frei? Andernfalls kann es zu merkwürdigen Verhaltensweisen der Software kommen, und Sie suchen, bis Sie schwarz werden.

Ich hatte schon mehrere Fälle, dass Nutzer klagten, alte Mails würden bei jedem Abruf neu ausgeliefert bzw. die Übertragung der Mails würde einfrieren. Ursache war oft genug schlichtweg eine randvolle Festplatte beim Nutzer, so dass dessen Mailsoftware keine Mails mehr speichern bzw. die softwareeigene Datenbank nicht mehr pflegen konnte.

12.4   Postfix Debug-Modus

Manchmal kann es auch nützlich sein, Postfix zu debuggen. Das bedeutet, dass Postfix weit mehr Informationen und Logdaten von sich gibt als im normalen Be-

---

[2]   In solchen Fällen spricht man auch von „PEBKAC": „Problem Exists Between Keyboard And Chair" oder auch „Fehlercode 99".
[3]   Oder durch ein gutes Postfix-Buch…

trieb. Im Idealfall informiert ein Programm im Debug-Modus über jede Kleinigkeit, über jeden einzelnen Schritt seiner Programmtätigkeit. Er ist also sehr sinnvoll bei einer einzelnen konkreten Fehlersuche. Stürzt ein Programm an einer bestimmten Stelle unvermittelt ab, lässt sich sehen, was es kurz vorher noch gemacht oder auch nur versucht hat.

Ein echter Debug-Modus bedeutet, dass auf Systemebene jeder einzelne Aufruf des Programmcodes von einem speziellen Programm (*Debugger*) überwacht und protokolliert wird. Ggf. wird auch das Programm Schritt für Schritt ausgeführt und jede einzelne Aktion muss separat bestätigt werden. Dies ist für Profis und Programmierer unabdingbar, für den Laien aber wenig sinnvoll und das Ergebnis eher kryptisch. Für „normale" **syslogd**-Menschen werde ich deshalb gleich noch eine einfache Lösung vorstellen, Postfix dazu zu bewegen, mehr in **/var/log/mail** zu schreiben; aber hier vorab kurz der Hinweis für die Gurus:

Da die eigentliche Arbeit bei Postfix von den Modulen erledigt wird, lässt sich das Hauptprogramm **postfix** nicht eigens starten. Wir können aber einzelne Module über den Parameter **-D** in den Debug-Modus versetzen. Dazu müssen Sie den Modulaufruf in **master.cf** verändern und danach natürlich ein **rcpostfix reload** auslösen:

```
linux:/etc/postfix # joe master.cf
# ==========================================================================
# service type  private unpriv  chroot  wakeup   maxproc command + args
#               (yes)   (yes)   (yes)   (never)  (50)
# ==========================================================================
smtp    inet n     -        n       -        -        smtpd -D
[...]
qmgr    fifo n     -        n       300      1        nqmgr -D
```

In **main.cf** können Sie den Debugger Ihrer Wahl einsetzen, er wird dann von **master** parallel zum Modul gestartet.

```
linux:/etc/postfix # joe main.cf
# The debugger_command specifies the external command that is executed
# when a Postfix daemon program is run with the -D option.
#
# Use "command .. & sleep 5" so that the debugger can attach before
# the process marches on. If you use an X-based debugger, be sure to
# set up your XAUTHORITY environment variable before starting Postfix.
#
debugger_command =
        PATH=/usr/bin:/usr/X11R6/bin
        xxgdb $daemon_directory/$process_name $process_id & sleep 5
```

Aber ob Guru oder Normalsterblicher: Ein echter Debug-Modus wird auf einem Arbeitssystem in der Regel kaum sinnvoll sein. Postfix-Autor Wietse Venema ging auch davon aus, dass man einen Mailserver im laufenden Betrieb, also ggf. auch unter Volllast noch kontrolliert und vernünftig debuggen können muss.

Unter diesem Gesichtspunkt ist es kaum empfehlenswert, generell jede Kleinigkeit zu loggen, wenn Postfix gerade geschäftig E-Mails verschiebt.

Die dabei anfallenden Logdaten wären auf einem laufenden Mailserver enorm, in der Menge kaum noch lesbar und würden ggf. auch durch die Log-Last den Mailserver in die Knie zwingen.

Stattdessen kann man Postfix einzelne IP-Nummern oder Subnetze mitteilen, bei denen es den Debug-Modus aktivieren soll, d. h. nur bei bestimmten Clients oder wenn an bestimmte Server ausgeliefert wird, falls es mit diesen immer Probleme gibt.

Das ermöglicht es uns auch, im laufenden Betrieb damit zu arbeiten, z. B. indem wir von einem entsprechend eingetragenen Client in unserem LAN aus auf Postfix per SMTP zugreifen und eine E-Mail einliefern, während Postfix nebenbei einige hunderttausend andere Mails ganz normal zustellt.

Tragen Sie also bei Bedarf einen Rechner Ihres Netzes ein, von dem aus sie testen wollen. Sofern dieser im Alltag nicht weiter als Mailclient genutzt wird, können Sie diese IP-Nummer auch weiterhin eingestellt lassen. Allerdings sollten Sie vorsichtig sein: In den Beispieldateien wird häufig **localhost** alias **127.0.0.1** genannt. Das geht aber dann schief, wenn Sie den Anti-Viren-Filter *AMaViS* einsetzen, wie er auch in diesem Buch beschrieben wird. AMaViS liefert die geprüften E-Mails per TCP/IP auf **localhost** zurück an Postfix – und für jede einzelne E-Mail würde Postfix ausführlich jede Information loggen ...

Alternativ können Sie übrigens auch einzelne Hostnamen, aber auch Pfade zu Dateien oder Tables angeben, bei einem Zugriff darauf wird dann genauer protokolliert.

```
linux:/etc/postfix # joe main.cf
# DEBUGGING CONTROL
#
# The debug_peer_level parameter specifies the increment in verbose
# logging level when an SMTP client or server host name or address
# matches a pattern in the debug_peer_list parameter.
#
debug_peer_level = 2

# The debug_peer_list parameter specifies an optional list of domain
# or network patterns, /file/name patterns or type:name tables. When
# an SMTP client or server host name or address matches a pattern,
# increase the verbose logging level by the amount specified in the
# debug_peer_level parameter.
#
# debug_peer_list = 127.0.0.1
# debug_peer_list = some.domain
```

Kurze Erklärung und Beispiele:

debug_peer_level = 2

    legt fest, um wie viele Stufen ausührlicher als normal Postfix protokollieren soll; 2 sollte in der Regel vernünftig sein.

debug_peer_list = 192.168.1.128/26

    loggt Verbindungen zu Hosts mit IP-Nummern dieses Subnetzes ausführlich

debug_peer_list = hash:/etc/postfix/canonical

    loggt bei allen Zugriffen auf diese hash-table ausführlich

In diesen Logmeldungen entlarven wir einen Client der kein HELO meldet (was noch toleriert wird), dann aber die MAIL FROM:-Adresse nicht gemäß RFC!2821 in spitzen Klammern angibt. Er begeht einen Syntax-Fehler, wie viele Spammer – manchmal aber auch schlechte Software. Nach außen hin mag vielleicht unverständlich erscheinen, warum eine bestimmte Mailsoftware eines unserer User keine Mails einliefern kann. Nun kennen wir den Grund:

```
linux:~ # tail /var/log/mail
Apr 24 22:52:26 moritz postfix/smtpd[4112]: > testclient.postfix
buch.de[192.168.1.177]: 220 moritz.jpberlin.de ESMTP Postfix on
SuSE Linux 7.3 (i386)
Apr 24 22:52:26 moritz postfix/smtpd[4112]: connect from testcli
ent.postfixbuch.de[192.168.1.177]
Apr 24 22:52:26 moritz postfix/smtpd[4112]: watchdog_pat: 0x808c
6e0
Apr 24 22:52:33 moritz postfix/smtpd[4112]: < testclient.postfix
buch.de[192.168.1.177]: MAIL FROM test@postfixbuch.de
Apr 24 22:52:33 moritz postfix/smtpd[4112]: > testclient.postfix
buch.de[192.168.1.177]: 501 Syntax: MAIL FROM: <address>
Apr 24 22:52:38 moritz postfix/smtpd[4112]: watchdog_pat: 0x808c
6e0
Apr 24 22:54:25 moritz postfix/smtpd[4112]: < testclient.postfix
buch.de[192.168.1.177]: quit
Apr 24 22:54:25 moritz postfix/smtpd[4112]: > testclient.postfix
buch.de[192.168.1.177]: 221 Bye
Apr 24 22:54:25 moritz postfix/smtpd[4112]: disconnect from
testclient.postfixbuch.de[192.168.1.177]
linux:~ #
```

13

Rechtliche Aspekte

Haben Sie sich schon einmal Gedanken über die Rechtslage beim Betrieb eines Mailservers gemacht? Das sollten Sie! Generell sind Internet Service Provider (ISP) und auch alle anderen Betreiber von Datennetzen (Firmen-LAN!) in einer schwierigen Lage. Auf der einen Seite gibt es nur zu gut nachvollziehbare Vorschriften aus dem Bereich des Datenschutzes, die uns aber schon beim Anlegen eines normalen Logfiles Schwierigkeiten machen können. Auf der anderen Seite werden ISPs heute umfassende Kontroll- und Überwachungsmaßnahmen vorgeschrieben, die bei Missachtung empfindliche Konsequenzen nach sich ziehen können.

Die Rechtslage für Datennetzbetreiber und ISPs im Allgemeinen kann hier wegen Komplexität und ständiger Änderungen nicht umfassend dargestellt werden – hier muss auf umfangreiche Spezialliteratur und im Einzelfall auf den kompetenten Rat eines Juristen verwiesen werden. Ich werde Ihnen aber die wichtigsten Probleme aufzeigen, die der Betrieb eines Mailservers mit sich bringt – und die unter Umständen schon dann relevant werden, wenn es sich um kleine Firmennetzwerke oder sogar nur um einen simplen Dialup-Router in einer Studenten-WG handelt.

Bevor wir uns ins juristische Getümmel stürzen, möchte ich zunächst aber noch Kai Bodensiek für seine Mitarbeit und fachliche Beratung ein großes Dankeschön aussprechen. Sein kompetenter Rat war für dieses Kapitel mehr als hilfreich!

Der Gesetzgeber tut sich bis heute sehr schwer, den Ablauf der elektronischen Kommunikation zu erfassen und klar zu regeln. Vielen Urteilsbegründungen ist anzumerken, dass es den Richtern nicht gelungen ist, im Rahmen eines Prozesses die zugrunde liegende Technik ausreichend zu verstehen und zu würdigen. Machen Sie also nicht mich dafür verantwortlich, wenn einige Punkte unlogisch und inkonsequent scheinen – sie *sind* es.

Je nach Ausgestaltung des Einzelfalles kann ein und derselbe Sachverhalt unterschiedlichen Gesetzen unterliegen – mit zum Teil völlig widersprüchlichen bzw. gegensätzlichen Aussagen und juristischen Auswirkungen. Eine kompetente anwaltliche Beratung ist deshalb auf jeden Fall empfehlenswert und durch dieses Kapitel nicht zu ersetzen.

Bevor wir uns aber um die wichtigsten Punkte kümmern, die ein Postmaster wissen sollte, zunächst ein Überblick über die Gesetze, mit denen wir es zu tun haben:

Bundesdatenschutzgesetz (BDSG)

>Das BDSG regelt allgemein die Verarbeitung personenbezogener Daten sowohl durch Bundesbehörden als auch durch Private. *Personenbezogen* sind Daten im Sinne des §3 BDSG dann, wenn sie Einzelangaben über persönliche oder sachliche Verhältnisse einer natürlichen Person darstellen. Für einen ISP könnten das also Adressen, Rufnummern oder Bankverbindungen des Kunden sein. Der bloße Name eines Accounts allein fällt jedoch nicht darunter, denn er ermöglicht keine individuelle Bestimmung der betroffenen Person. Relevant ist das BDSG für uns also bei Rechnungen, Accountdaten, Nutzungsdaten oder der Datenübermittlung zur Abrechnung an eine Drittfirma (Call-by-Call-Provider bei Inkasso durch die Telekom!).

Telekommunikationsgesetz (TKG)

>Das TKG überwacht den Austausch von Informationen. Es gilt nach §3 TKG für alle Anbieter von Telekommunikationsdienstleistungen *für die Öffentlichkeit*, also für einen ISP, nicht aber für Betreiber eines Firmen-LANs.

>Unter Umständen unterliegt der ISP einer Anmeldepflicht bei der *Regulierungsbehörde für Telekommunikation und Post* (RegTP), wenn er Telekommunikationsdienstleistungen für die Öffentlichkeit anbietet, §4 TKG. Die RegTP überwacht dann zusammen mit dem Bundesdatenschutzbeauftragten die Einhaltung der Datenschutzvorschriften, deren Missachtung übrigens eine teure Ordnungswidrigkeit darstellen kann!

Telekommunikationsdatenschutzverordnung (TDSV)

>Sofern für einen Betreiber das TKG anwendbar ist, hat er auch die TDSV zu

beachten. Sie regelt spezielle Fragen, abweichend vom Bundesdatenschutzgesetz, BDSG. Sofern das TDSV bestimmte Fragen nicht regelt, ist auf das BDSG zurückzugreifen.

Informations- und Kommunikationsdienstegesetz (IuKDG)

Das IuKDG steht zusammenfassend über einer Reihe von Untergesetzen. Im IuKDG selbst ist nichts weiter geregelt, es sind aber darin enthalten:

Teledienstegesetz (TDG)

Das TDG findet Anwendung für alle elektronischen Informations- und Kommunikationsdienste, die für eine *individuelle* Nutzung kombinierbarer Daten wie Zeichen, Bilder oder Töne bestimmt sind und denen eine Übermittlung mittels Telekommunikation zugrunde liegt, §2 TDG. (Diese wunderschöne Definition konnte ich Ihnen nicht vorenthalten.) In §2 Absatz II ist übrigens die Nutzung des Internet explizit aufgezählt.

Für einen Internet Service Provider oder einen Postmaster stellen sich damit sehr schwirige Fragen. Denn das TDG steht in einem Ausschließlichkeitsverhältnis zum bereits oben genannten TKG. Wenn es sich um eine Telekommunikationsdienstleistung im Sinne des TKG handelt, geht das TKG vor, andernfalls ist das TDG anwendbar – gleichzeitig können sie nicht gelten.

Dummerweise lässt sich das im Alltag eigentlich kaum sauber trennen: Das TKG ist bei Nutzung *öffentlicher* Netze anwendbar, das TDG bei *individueller* Nutzung. Da das Internet aber typischerweise eine individuelle Nutzung öffentlicher Netze beinhaltet, sind wir eigentlich fast so schlau wie vorher (und die Juristen auch).

Welches Gesetz gilt, ist also je nach konkretem Einzelfall zu prüfen: Für einen Mailserver kann (individuelle Kommunikation) das anders sein als für einen Webserver (Dienstleistung für die Öffentlichkeit). Für den Betrieb von Mailinglisten kann es anders sein als für den Betrieb von Postfächern.

Eine verwirrende Situation, die es einem Laien eigentlich kaum ermöglicht, sich Rechtssicherheit zu verschaffen. Wenn Sie ernsthafte juristische Beratung benötigen, sollten Sie sich unbedingt einen darauf spezialisierten Anwalt suchen.

Teledienstdatenschutzgesetz (TDDSG)

Sofern das TDG Anwendung findet, ist auch das TDDSG zu beachten. Auch dieses regelt dann spezielle Abweichungen vom Bundesdatenschutzgesetz. Insofern haben wir immer ein Gesetzespärchen: TKG/TDSV und TDG/TDDSG.

Signaturgesetz (SigG) und *Signaturverordnung* (SigV)

Das Signaturgesetz regelt die Beweiskraft der digitalen Signatur. Diese ist nur dann gleich einer handschriftlichen Unterschrift, wenn sie von einer registrierten digitalen Signaturstelle kommt, die in Deutschland bislang aber noch sehr selten sind. Eine PGP-Signatur fällt übrigens mangels Signaturstelle nicht darunter.

Mediendienstestaatsvertrag (MDStV)

Der MDStV regelt die allgemeine öffentliche Kommunikation an einen unbestimmten Empfängerkreis, also Dinge wie Rundfunk und Fernsehen. Diese unterscheidet sich von der geforderten *individuellen* Nutzung, die beim TDG gegeben sein muss: Der MDStV ist genau dann anwendbar, wenn die Kommunikation für eine breite, nicht genau bestimmbare Masse bereitgestellt wird.

Unter Umständen könnte man auch darüber streiten, ob Webserver darunter fallen können, z. B. wenn diese Audio- oder Videostreams enthalten. Vielleicht sogar die Stream-Daten eines aktuell laufenden Fernsehprogramms, das als TV-Ausstrahlung ja dem MDStV unterliegen würde.

Jedoch liegt – von Juristen oft verkannt – Webservern noch immer eine ganz andere Technik zugrunde, denn die Datenübertragung findet anders als bei der TV-Ausstrahlung noch immer gegenüber einem klar definierten Empfängerkreis statt. Denn auch hier muss jeder Client weiter eine individuelle Verbindung zum Webserver unterhalten, so dass man davon ausgehen muss, dass auch diese Übertragungen weiter dem TDG unterliegen, selbst wenn es sich um ein live gestreamtes TV- oder Radioprogramm handelt.

Weitere allgemeine Gesetze

Weitere relevante Gesetze sind selbstverständlich das *Bürgerliche Gesetzbuch* (BGB) allgemein für Verträge, das *Strafgesetzbuch* und die *Strafprozessordnung* (StGB und StPO) mit ihren Regelungen für staatliche Ermittlungen und Durchsuchungsbefehle. Wichtig sind im betrieblichen Einsatz aber auch das *Betriebsverfassungsgesetz* und andere arbeitsrechtliche Vorschriften, da das Firmen-LAN immer auch den Arbeitnehmer an seinem Arbeitsplatz beeinflussen kann und der Betriebsrat deshalb häufig ein Wörtchen mitzureden hat.

Nun aber widmen wir uns einigen speziellen Problemen des Alltags, mit denen der Postmaster konfrontiert werden kann.

13.1 Auskunftsverpflichtungen gegenüber Staatsorganen

Rechtsstreitigkeiten, die in irgendeiner Form mit dem Internet zu tun haben, werden immer öfter unter Einbeziehung des eigentlich unbeteiligten Providers ausgetragen. Wenn der Inhaber einer E-Mail-Adresse nicht ermittelbar ist, bleibt der Provider oft die erste und letzte Hoffnung, um einer Person habhaft zu werden.

Sie werden sich also bisweilen mit Anfragen nach Herausgabe von Adressen Ihrer Benutzer konfrontiert sehen. Mitunter werden sich auch Private mit Adressanfragen an Sie wenden, wenn diese sich in Newsgruppen, Foren oder auch im „normalen Leben" wieder herzhaft gegenseitig beleidigt oder übers Ohr gehauen haben. Oder Sie finden in Ihrer Post eine offizielle Anfrage oder bekommen gar Besuch von der Polizei, die sich für Details eines Accounts interessiert.

Es lohnt sich also vorab zu fragen: Wie hat man sich zu verhalten? Zu welchen Auskünften oder Maßnahmen ist man verpflichtet? Was dürfen Sie als ISP, was dürfen Sie gerade nicht?

Grundsätzlich gilt: Private Daten Ihrer Nutzer dürfen nicht an Dritte herausgegeben werden, schon gar nicht an Private. „Grundsätzlich" heißt – eben nicht immer.

Im Detail also:

Streitigkeiten wegen Webseiten, die Sie hosten

Wenn gegen eine Störung (Verleumdung, Beleidigung, Namens- oder Markenrechtsverletzung) durch eine Webseite vorgegangen werden soll, dann trifft Sie als Provider i. d. R. eine Pflicht zur Herausgabe der Daten *auch an Private*, sofern sich der Gestörte diese Daten nicht anderweitig besorgen kann. Da Sie als Provider die Daten auf Ihrem Webserver *vorrätig halten* – so die Logik der Juristen –, sind Sie nach dem hier anwendbaren §5 TDG verpflichtet mitzuhelfen, eine etwaige Rechtsstörung zu beseitigen.

Das kann bei eindeutigen Rechtsverletzungen bis hin zu einer Sperre der bei Ihnen gehosteten Webseite oder Domain gehen.

Anderweitige Identifizierungswünsche

In allen anderen Streitigkeiten halten Sie i. d. R. keine Daten zur öffentlichen Nutzung vor. Die in einem Postfach zum POP3-Abruf vorgehaltenen Daten gelten nicht als zur *öffentlichen*, sondern als zur *individuellen* Nutzung vorgehaltene Daten. Der ISP gilt damit aber auch nicht mehr als *Störer*.

Als *Nicht-Störer* ist der ISP aber auch nicht mehr zur Abhilfe verpflichtet und hat dann vorrangig die Daten seiner Nutzer zu schützen. Eine Herausgabe der Daten an private Dritte ist in diesen Fällen also untersagt!

Wenn von Ihnen also in allen anderen Fällen Auskünfte zur Identität gefordert werden, dürfen Sie die Daten Ihres Benutzers gerade *nicht* herausgeben. Geben Sie diese Daten doch heraus, hat der Benutzer unter Umständen einen Anspruch auf Schadensersatz gegen Sie, und Sie können wegen einer Verletzung einschlägiger Datenschutzvorschriften zu empfindlichen Bußgeldern verdonnert werden.

Zusammengefasst: Wenn einer Ihrer Benutzer verklagt werden soll, weil er angeblich in einem Zweite-Hand-Verkauf betrogen hat, so dürfen Sie seine

Daten nicht herausgeben. Wenn er bei Ihnen eine Webseite hat, in der er einen Dritten verleumdet oder zu Straftaten aufruft, müssen Sie diese Daten herausrücken, sofern das „nötig" ist, um diese „Störung" zu beseitigen, und – da Sie dann Kenntnis haben – u. U. sogar die Webseite sperren, wenn die Lage eindeutig ist.

„Nötig" ist die Herausgabe aber dann nicht, wenn ein anderer Weg denkbar ist, um an die Daten zu kommen, zum Beispiel eine Anfrage an das Einwohnermeldeamt o. Ä. In diesen Fällen wird man den Anfragenden auf diese Möglichkeit als *milderes Mittel* verweisen müssen, und eine Herausgabe der Daten ist nicht zulässig.

Im konkreten Einzelfall wird aber fachlicher juristischer Rat vonnöten sein, um das ausreichend sicher beurteilen zu können! Zögern Sie nicht, eine Rechtsberatung einzuholen.

Staatliche Anfragen

Nicht nur Private, auch der lange Arm des Gesetzes kann bei Ihnen an die Tür klopfen und um Einlass und Auskunft bitten.

- Anders als bei der Auskunft ggü. Privaten sieht es natürlich aus, wenn ein richterlicher Durchsuchungsbefehl vorliegt. Dann müssen Sie – nur soweit dieser Durchsuchungsbefehl geht! – helfen. Aber: Fragen Sie die Beamten vor Ihrer Tür nach dem Durchsuchungsbefehl und lassen Sie ihn sich zeigen. Die Polizei allein darf ohne Durchsuchungsbefehl die Daten nicht bei Ihnen anfragen, schicken Sie sie dann wieder getrost nach Hause!

- Dem Durchsuchungsbefehl gleich gestellt ist ein passender Gerichtsbeschluss, den Ihnen ein Gerichtsvollzieher vorlegen kann und der Sie zur Herausgabe der Daten verpflichtet.

- Unter Umständen wäre auch eine Auskunftsverpflichtung möglich, wenn jemand einen für „sofort vollziehbar" erklärten Verwaltungsakt vorweisen kann. In diesem Falle wären Sie sogar einem beliebigen Behördenvertreter auskunftspflichtig.

Um es noch einmal klar zu sagen: Polizei allein genügt nicht. Ohne richterlichen Durchsuchungsbefehl „läuft da nix". Dieses Prinzip sollten Sie ja auch aus einschlägigen Krimis kennen.

Im Falle einer Hausdurchsuchung sollten Sie vor allem Ruhe bewahren und den Beamten ggf. erklären, was Sie überhaupt tun. Zögern Sie keinesfalls, Ihren Anwalt anzurufen und hinzuziehen. Halten Sie dessen Nummer stets griffbereit. Sie haben das Recht, dass Ihr Anwalt bei einer Durchsuchung anwesend ist, das kann Ihnen nicht verwehrt werden.

Können Sie partout eine Durchsuchung Ihrer Räume oder gar eine Beschlagnahme Ihrer Technik nicht vermeiden, so bemühen Sie sich um Schadensbegrenzung. EDV-Wissen dürfte mittlerweile so weit verbreitet sein, dass man jedem Polizisten klar machen können sollte, dass zur Beweissicherung nicht der komplette Server mitgenommen werden muss – denn den sehen Sie so schnell nicht wieder!

Weisen Sie darauf hin, dass es unverhältnismäßig und datenschutzrechtlich äußerst bedenklich wäre, sämtliche Daten *aller* Benutzer zu „beschlagnahmen", und bieten Sie an, einen Auszug zu erstellen. Bieten Sie zur Not eine 1:1-Kopie der Daten von der Festplatte an. Wenn es wirklich hart auf hart kommt, geben Sie nur die Festplatte heraus, aber behalten Sie wenigstens den (teuren) Server, immerhin geht es hier um Ihre Existenzgrundlage und Handlungsfähigkeit.

Und noch einmal: Ziehen Sie schon zur Durchsuchung einen Anwalt hinzu. Glauben Sie nicht, Sie könnten in absehbarer Zeit Ihre Sachen wieder aus der Asservatenkammer der Polizei holen...

13.2 Strafbarkeit von Mailfiltern auf Servern

Es mag absurd klingen und an der Realität vorbeigehen, aber wenn Sie Filter zum Schutz vor Spam auf Mailservern von Firmen oder Providern einsetzen, stehen Sie mit einem Bein im Knast. Zugegeben: Wenn man die Rechtslage analysiert, ist ein Admin heutzutage quasi mit der Installation des Brtriebssystems latent kriminell – man kann sich also fragen, ob es auf ein Bein oder weniger überhaupt noch ankommt...

§206 Strafgesetzbuch (StGB) lautet wie folgt – achten Sie vor allem auf Absatz 2 Nummer 2:

§206 Verletzung des Post- oder Fernmeldegeheimnisses

(1)   *Wer unbefugt einer anderen Person eine Mitteilung über Tatsachen macht, die dem Post- oder Fernmeldegeheimnis unterliegen und die ihm als Inhaber oder Beschäftigtem eines Unternehmens bekanntgeworden sind, das geschäftsmäßig Post- oder Telekommunikationsdienste erbringt, wird mit Freiheitsstrafe bis zu fünf Jahren oder mit Geldstrafe bestraft.*

(2)   *Ebenso wird bestraft, wer als Inhaber oder Beschäftigter eines in Absatz 1 bezeichneten Unternehmens unbefugt*

    1.   *eine Sendung, die einem solchen Unternehmen zur Übermittlung anvertraut worden und verschlossen ist, öffnet oder sich von ihrem Inhalt ohne Öffnung des Verschlusses unter Anwendung technischer Mittel Kenntnis verschafft,*

    2.   *eine einem solchen Unternehmen zur Übermittlung anvertraute Sendung unterdrückt oder*

    3.   *eine der in Absatz 1 oder in Nummer 1 oder 2 bezeichneten Handlungen gestattet oder fördert.*

(3)   Die Absätze 1 und 2 gelten auch für Personen, die

1. *Aufgaben der Aufsicht über ein in Absatz 1 bezeichnetes Unternehmen wahrnehmen,*

2. *von einem solchen Unternehmen oder mit dessen Ermächtigung mit dem Erbringen von Post- oder Telekommunikationsdiensten betraut sind oder*

3. *mit der Herstellung einer dem Betrieb eines solchen Unternehmens dienenden Anlage oder mit Arbeiten daran betraut sind.*

(4)   Wer unbefugt einer anderen Person eine Mitteilung über Tatsachen macht, die ihm als außerhalb des Post- oder Telekommunikationsbereichs tätigem Amtsträger auf Grund eines befugten oder unbefugten Eingriffs in das Post- oder Fernmeldegeheimnis bekanntgeworden sind, wird mit Freiheitsstrafe bis zu zwei Jahren oder mit Geldstrafe bestraft.

(5)   Dem Postgeheimnis unterliegen die näheren Umstände des Postverkehrs bestimmter Personen sowie der Inhalt von Postsendungen. Dem Fernmeldegeheimnis unterliegen der Inhalt der Telekommunikation und ihre näheren Umstände, insbesondere die Tatsache, ob jemand an einem Telekommunikationsvorgang beteiligt ist oder war. Das Fernmeldegeheimnis erstreckt sich auch auf die näheren Umstände erfolgloser Verbindungsversuche.

Werden Spam-Mails (auch *wirklicher* Spam!) „ungenehmigt" gelöscht, ist der Tatbestand hier erfüllt: Konkret ist hier also beim Einsatz von *SpamAssassin* und Co. daran zu denken.

Es gibt Stimmen, die schon die aufgrund von RBL-Checks abgelehnten E-Mails als strafbar „unterdrückte" E-Mails ansehen, da mit Abwicklung des SMTP-Dialoges ja bereits ein Teil der E-Mail (Absender und Empfänger) dem anderen Provider „anvertraut" worden sind. Ich halte das hingegen für Unfug, da die „Übergabe" der E-Mail und das „Anvertrauen" ja gerade scheiterten und der Absender darüber durch die Bounce-Meldung ja auch Kenntnis erlangt. Doch gibt es in diesen juristischen Gefilden derzeit schlichtweg kein Richtig oder Falsch, sondern eine Vielzahl einander widersprechender Ansichten und Urteile, die oft genug auch in einer fragwürdigen technischen Kompetenz der Anwälte und Richter begründet ist.

Relevant ist der §206 StGB hier für Provider, aber auch für Unternehmen, die Mitarbeitern die (ggf. auch unentgeltliche) *private* Nutzung erlauben. Bezüglich der geschäftlichen Nutzung kann sich das Unternehmen frei entscheiden, ob es seinen Mailverkehr löschen will oder nicht, hier greift der §206 StGB nicht.

Strittig ist unter Juristen, ob eine E-Mail einem Telefonat gleich steht, dann wäre ein Spam-Filter, der (auch automatisiert) „Kenntnis" von der E-Mail nimmt, einem unerlaubten und strafbaren „Mithören" gleichzusetzen. Sieht man aber eine E-Mail wie einen Brief an, wäre ein „Mitlesen" über einen Content-Filter hingegen erlaubt. – Juristen sind sich bis heute nicht ganz einig, aber die „Brief-Auffassung" scheint sich mittlerweile durchgesetzt zu haben. Ich sage ausdrücklich „scheint", denn im Einzelfall kann das je nach Gericht und Richter natürlich auch anders gesehen werden.

Wenn Sie sich als Admin absichern wollen, so bleibt Ihnen nur der Weg, sich vom Empfänger der E-Mail, also Ihren Kunden oder den Mitarbeitern der Firma, das ausdrückliche Einverständnis zur Filterung geben zu lassen. Das kann durch individuelle Vereinbarungen oder durch AGBs, bei großen Firmen aber auch durch den Betriebsrat geschehen. Eine solche Zustimmung des Empfängers zu Ihren Filtermaßnahmen stellt dann ein „tatbestandsausschließendes Einverständnis" dar, denn die „Unterdrückung" der E-Mail geschieht dann ja nicht mehr „unbefugt", sondern nach ausdrücklicher Zustimmung.

13.3 Nutzungsabsprachen, Mail-Filter und Betriebsrat

Internet am Arbeitsplatz gehört mittlerweile in vielen Firmen zur normalen betrieblichen Infrastruktur, ebenso wie Telefon oder Telefax. Doch die Internetversorgung verursacht der Firma auch reelle Kosten, und privat surfende Mitarbeiter glänzen vielleicht nicht gerade durch Produktivität in ihrer bezahlten Arbeitszeit.

Es ist deshalb für den Arbeitgeber durchaus zulässig, die private Nutzung des Internet am Arbeitsplatz zu untersagen – ebenso wie auch die private Nutzung des Telefons verboten werden kann. Dabei muss aber der Grundsatz der Arbeitnehmergleichbehandlung berücksichtigt werden. Das heißt, man darf nicht willkürlich einigen Mitarbeitern etwas erlauben, anderen nicht.

Viele Firmen erlauben aber auch die private Nutzung des Internet am Arbeitsplatz in einem gewissen Maße. Einige wollen dabei aber das Nutzungsverhalten ihrer Mitarbeiter kontrollieren, um Dauersurfer aufzuspüren. Eine zu starke private Nutzung kann nach erfolgter Verwarnung übrigens zur Kündigung führen, wenn der Arbeitgeber das zulässige erlaubte Maß ausreichend konkretisiert hat.

Doch eine Überwachung des Nutzungsverhaltens der Mitarbeiter ist eine zweischneidige Sache, stellt sie doch zwangsläufig auch einen Eingriff in die Privatsphäre der Benutzer dar. Datenspionage am Arbeitsplatz ist deshalb nicht ohne weiteres möglich oder erlaubt. Genauer: Sie ist sogar nur sehr restriktiv zu handhaben.

- Ist in kleineren Betrieben kein Betriebsrat eingerichtet, ist die Nutzung des Internet am Arbeitsplatz grundsätzlich Teil der individuellen Vereinbarung zwischen Arbeitgeber und -nehmer. Sofern diese bei Abschluss des Arbeitsvertrages nicht besonders geregelt wurde, ist es Auslegungssache, was beide Seiten wohl vereinbaren wollten, ob also Überwachung erlaubt sein sollte. Der Zugriff auf personenbezogene Daten bedarf allerdings stets der schriftlichen Zustimmung des einzelnen Arbeitnehmers – oder aber des Betriebsrates.

- Sofern ein Betriebsrat vorhanden ist, hat er in fast allen Fällen ein Mitbestimmungsrecht, §87 Betriebsverfassungsgesetz. Sofern er zustimmt, sind auch einschneidende Maßnahmen bis hin zur individuellen Kontrolle jeder ein- oder ausgehenden E-Mail möglich.

Eine Betriebsratsvereinbarung ersetzt dabei eine individuelle schriftliche Zustimmung des einzelnen Arbeitnehmers. So wurde es zumindest bislang in der Praxis gehandhabt. Ob sich das in Zukunft durch die Neufassung des BDSG ändert, ist noch nicht absehbar. Eine ausdrückliche Ergänzung der individuellen Arbeitsverträge ist jedoch sehr empfehlenswert, um Rechtssicherheit zu bekommen. Schlimmstenfalls könnten sonst jedem Arbeitnehmer Schadensersatzanspruch und Sonderkündigungsrecht gegen den spähenden Arbeitgeber zustehen.

- Unter Umständen aber muss man einer Firma auch Schutzmaßnahmen ihres Internetzugangs zugestehen, die diese nicht mit dem Betriebsrat vereinbaren muss. Werden rein technische Beschränkungen getroffen, wie z. B. die Konfiguration der Firewall, ist dies u. U. kein *individueller* Eingriff in die Privatsphäre der Mitarbeiter. Der Schutz des LANs gegen Angreifer oder Wirtschaftsspionage muss hürdefrei erlaubt sein.

Aber schon die Benutzung einer *Realtime Blacklist* auf Ihrem Mailserver (RBL, Kapitel 9.7) oder der Einsatz von Headerfiltern gegen Viren oder Sex-Werbemails ist eine zweischneidige Angelegenheit. Sofern es sich um rein technische Kriterien oder Schutzmaßahmen handelt, hätte der Betriebsrat *eigentlich* nichts mitzureden. Leicht können diese Maßnahmen aber auch in eine inhaltliche Kontrolle ausarten und einzelne Mitarbeiter treffen.

Um genau das kontrollieren zu können, muss man dem Betriebsrat stets ein grundsätzliches Überwachungs- und Mitbestimmungsrecht einräumen – auch bezüglich der allgemeinen Frage, nach welchen rein technischen Kriterien Mails gefiltert werden.

Und: Denken Sie nochmals an den eben besprochenen §206 StGB und die Problematik der „unberechtigt unterdrückten" E-Mails sowie die Notwendigkeit der Zustimmung der Empfänger.

Im Zweifel müssen Sie deshalb auch die Policy der von Ihnen benutzten RBL absegnen lassen, um zu klären, dass sie entweder rein objektiv begründeten Kriterien folgt oder dass der Betriebsrat mit dieser Policy trotzdem einverstanden ist. Sofern eine Schutzmaßnahme unstrittig eine rein technisch nachvollziehbare Schutzmaßnahme darstellt, die keine Persönlichkeitsrechte berühren kann, *muss* der Betriebsrat zustimmen.

Bevor Juristen sich nun streiten, ob der Betriebsrat auch ein tatbestandsausschließendes Einverständnis im Sinne des §206 StGB erteilen kann, würde ich Ihnen empfehlen, mit *jedem* Mitarbeiter eine individuelle Vereinbarung zu treffen. Bereiten Sie ein Formblatt vor, das Sie sich (z. B. bei Einrichtung des Accounts) zwingend unterschreiben lassen und das Ihnen hier bestmöglich den Rücken freihält.

13.4 Haltezeiten und Inhalt der Logfiles

Auch müssen Sie aufpassen, wie lange Sie in Ihren Logfiles personenbezogene Daten speichern und welchen Inhalt diese haben. Grundsätzlich dürfen Sie diese nur erheben, soweit diese auch tatsächlich zum Betrieb Ihres Netzes/Servers oder zur Abrechnung notwendig sind. Notwendig können diese Daten natürlich zur allgemeinen Serverüberwachung oder zur nachträglichen Fehleranalyse sein.

Das heißt:

- Rechnen Sie nach Übertragungszeit, Mailanzahl oder Onlinezeit ab, dürfen Sie diese Daten zur Rechnungslegung erfassen. Dabei müssen Sie diese Daten frühestmöglich löschen, sobald sie nicht mehr zur Abrechnung erforderlich sind, §6 TDDSG. Das ist zum Beispiel dann der Fall, wenn der Kunde die Rechnung bezahlt und damit anerkannt hat. Was jetzt der *frühstmögliche* Termin ist, ist im Einzelfall zu entscheiden. Spätestens aber sind diese Daten 80 Tage nach Erstellung des Einzelnachweises zu löschen. Nur wenn bis dahin noch immer nicht bezahlt worden ist, dürfen sie weiter gesichert werden – als Beweismittel für einen möglichen Prozess.

  Möglich ist es aber, mit dem Kunden eine längere Speicherungszeit zu vereinbaren.

- Rechnen Sie pauschal ab, dürfen Sie diese detaillierten personenbezogenen Daten nur im notwendigen Rahmen des normalen Betriebs erheben und müssen sie ebenfalls *frühstmöglich* löschen, z. B. wenn nicht mehr damit zu rechnen ist, dass diese detaillierten Logdaten noch zu einer eigenen Fehleranalyse benötigt werden. Eine feste Zeitspanne dafür gibt es nicht – das entscheidet sich am konkreten Einzelfall. Eine Woche dürfte wohl gerade noch als zulässig anzusehen sein, eher kürzer. Eine längere Speicherzeit ist nur erlaubt bei einer nachvollziehbaren Begründung, die die derart lange Speicherung der Daten als wirklich notwendig erscheinen lässt.

Wollen Sie Daten weit länger halten, so müssen Sie diese ggf. anonymisieren, d. h. in Mail-Logfiles Absender und Empfänger unkenntlich machen.

13.5 Datenschutzbeauftragter

Einen Datenschutzbeauftragten benötigt, wer mehr als 20 Mitarbeiter beschäftigt und automatisiert unter der Verwendung von Dateien Daten verarbeitet, §4f BDSG.

Wie selbst der Berliner Datenschutzbeauftragte Prof. Dr. Hansjürgen Garstka zugeben musste, ist das schon bei Benutzung einer normalen Textverarbeitung zum

Schreiben eines Briefes der Fall ... Insofern bräuchte theoretisch so gut wie jeder einen Datenschutzbeauftragten, der einen Computer sein Eigen nennt und ihn auch entsprechend benutzt.

Bei weniger als 20 Mitarbeitern gibt es Ausnahmen: Bei fünf bis 20 Mitarbeitern ist der Datenschutzbeauftragte dann nötig, wenn sich mindestens fünf Mitarbeiter mit der Verarbeitung personenbezogener Daten befassen. Bei weniger als fünf Mitarbeitern allerdings ebenso, wenn *besondere* personenbezogene Daten verarbeitet werden, also Informationen zu Geschlecht, Hautfarbe oder Religionszugehörigkeit (Achtung: Kirchensteuer!).

Natürlich gelten Datenschutzvorschriften uneingeschränkt immer. Nur ist eben in den nicht geringfügigen Fällen ein Verantwortlicher zur Überwachung der Einhaltung dieser Vorschriften zu bestimmen. Dieser ist direkt der Geschäftsleitung unterstellt und hat weitestgehende Befugnisse, sämtliche Datenverarbeitungen im Betrieb einzusehen und zu kontrollieren. Diesen Datenschutzbeauftragten haben Sie an den Landesdatenschutzbeauftragten Ihres Bundeslandes zu melden.

Nun mag es Ihnen übertrieben vorkommen, bei nur vier oder fünf Mitarbeitern in einem Architekturbüro einen Datenschutzbeauftragten abzustellen, nur weil diese normale Computer zum Schreiben von Briefen benutzen. Auch die Landesdatenschützer wären natürlich hoffnungslos überfordert, wenn jedes kleine Büro tatsächlich streng nach Vorschrift seinen Datenschützer melden und registrieren lassen würde.

Zur Not bestimmen Sie aber seufzend jemanden, ggf. melden Sie ihn auch – und damit ist dem Gesetzestext Genüge getan. Aber Vorsicht: Dieser Datenschutzbeauftragte ist damit auch für die Einhaltung der Datenschutzvorschriften verantwortlich, deren Missachtung eine Ordnungswidrigkeit darstellt!

13.6   AGB: Verfügbarkeitsgarantien, Schadensersatz

Wenn Sie als ISP oder Postmaster Verträge mit Kunden abschließen, sollten Sie sich natürlich Gedanken über passende *Allgemeine Geschäftsbedingungen* (AGB) machen. Insofern ist da zunächst einmal kein Unterschied zu jedem anderen Geschäft.

Der Betrieb eines Web- oder Mailservers bringt aber die Besonderheit mit sich, dass sich auch zeitlich beschränkte Ausfälle und Störungen mitunter sehr unangenehm auswirken. Kann ein geschäftlich genutztes Mailpostfach für einen halben Tag nicht abgerufen werden und platzt deswegen ein Vertrag, könnte Ihr Kunde auf die Idee kommen, einen Schadensersatz von Ihnen zu fordern. Stellen Sie sich nur vor, eine Druckerei kommt wegen Wartungsarbeiten des ISP an eine zugemailte Druckdatei nicht rechtzeitig heran, der Absender und Auftraggeber ist nicht mehr erreichbar, und der Drucktermin kann nicht mehr eingehalten werden. Und das alles nur, weil der Mailserver für einen halben Tag offline war.

Sie sollten also auch den stets üblichen Haftungsausschluss für *leichte* Fahrlässigkeit in Ihre Verträge oder AGB aufnehmen. Achtung: Vorsatz und *grobe* Fahrlässigkeit können nie ausgeschlossen werden. Diese Klauseln wären stets vollständig unwirksam, und u. U. würde damit auch der (eigentlich zulässige) Haftungsausschluss für leichte Fahrlässigkeit unwirksam!

Des Weiteren sollten Sie sich Gedanken über eine vertraglich vereinbarte Mindestverfügbarkeit Ihres Servers machen. Ausfälle wegen Wartungs- oder Installationsarbeiten werden sich nicht vermeiden lassen. Doch wie viel Ausfallzeit ist im Zweifel noch zulässig? Üblicherweise gibt man dies als garantierte Verfügbarkeit über einen gewissen Zeitraum an. Telefoncarrier garantieren für ihre Datenleitungen u. U. 99% Verfügbarkeit im Jahresmittel, was immerhin 3,5 Ausfalltagen im Jahr entspricht.

Tipp: Kalkulieren Sie, wie viel Ausfallzeit Sie in einem bestimmten Zeitraum (Quartal, Halbjahr oder Volljahr) regulär benötigen. Berücksichtigen Sie auch, wie viel Zeit Sie im Ernstfall für die Beschaffung von Ersatzteilen oder neuen Servern benötigen, z. B. wenn Ihre Server-Festplatte just am Samstag Abend ihr Leben aushaucht. Rechnen Sie diesen Wert als Verfügbarkeitsgarantie über einen passend langen Zeitraum um. Aber lassen Sie sich Luft: Immerhin soll Sie diese Klausel *schützen* und gerade nicht Ihr juristischer Strick sein, falls Sie tatsächlich einmal vom Pech verfolgt sind.

Und noch ein Tipp: Nehmen Sie eine Klausel auf, dass Sie voraussehbare Offlinezeiten rechtzeitig ankündigen werden, z. B. eine Woche im Voraus. Verpflichten Sie den Kunden dabei, eigene Vorsorgemaßnahmen für solche Fälle zu treffen. In diesen Fällen ist es dann auch eine Pflicht des Kunden, den Schaden zu mildern oder ggf. selbst Abhilfe zu planen.

13.7 AGB: Missbrauch und Sperre des Postfachs

Gerade als Mailprovider sollten Sie sich Gedanken darüber machen, eine AGB-Klausel zu finden, die einen „Missbrauch" des Mailaccounts beschreibt. Schleicht sich bei Ihnen ein extensiver Spammer als Kunde ein, der über Ihre Mailserver zehntausende fröhlicher Sex-Werbemails verschickt, müssen Sie rechtlich in der Lage sein, umgehend seinen Zugang zu sperren. Sie laufen sonst Gefahr, dass sich der Spammer auf eine vertraglich erlaubte unbeschränkte Nutzung des Postfachs berufen kann und Ihnen gar noch eine Schadensersatzforderung aufs Auge drücken möchte.

So sollten Sie Missbrauch wie u. a. Versand von Massen-E-Mails (Spam), Mailbombing, allgemein den Versand von Werbemails, um die ein Empfänger nicht gebeten hat, etc. untersagen und sich im Falle eines Missbrauchs die sofortige Sperrung des Postfachs vorbehalten.

Insbesondere sollten Sie vier Punkte klar als Missbrauch des Mailservice definieren:

- straf- oder ordnungsrechtlich relevante Handlungen

- deliktische Handlungen

- Wettbewerbs- und Urheberrechtsverletzungen

- sonstige sittenwidrige Handlungen

Orientieren Sie sich dabei einfach an den Klauseln der großen Free-Mail-Provider, die mit diesem Thema ja ebenfalls zu kämpfen haben.

13.8   Gesetzestexte und spezielle Literatur

Es könnte sich lohnen, einmal einen Blick in die genannten Texte zu werfen. Sie finden sie problemlos im Internet oder natürlich auch im Buchhandel.[1]

Um es noch einmal zu betonen: Gesetze auf dem Papier sind noch lange nicht die Rechtslage in der Praxis. Ein Laie wird allein kaum in der Lage sein, aus dem Gesetzestext die Rechtslage herauszulesen. Suchen Sie deshalb auf jeden Fall auch den Rat eines möglichst spezialisierten Anwalts.

Mittlerweile gibt es einige sehr ausführliche Bücher, die sich mit dem Multimediarecht auseinander setzen. Leider sind sie oftmals von Juristen für Juristen geschrieben. Als gutes Handbuch für den ISP kann ich Ihnen das von Tobias Strömer aus eigener Erfahrung empfehlen.[2]

In der Zeitschrift *c't* (Ausgabe 26/2003, Seite 185) finden Sie einen interessanten Artikel über die rechtliche Problematik des §206 StGB.

Wer als Postmaster in Firmen arbeitet, die eine private Nutzung des Internet zulassen, könnte sich den sehr guten, ca. drei Seiten langen Artikel aus der Zeitschrift *<kes>* besorgen.[3]

---

[1]   „TeleMediaRecht", Beck Texte dtv, 3. Auflage 2001, ISBN 3423055987.

[2]   Tobias H. Strömer: „Online-Recht. Rechtsfragen im Internet", 3. Aufl. Juni 2002, dpunkt-Verlag, ISBN: 3898641465.

[3]   Ausgabe 5/2003, Seite 14, http://www.secumedia.de (kostenpflichtig).

Howto . . .

Dieses Kapitel enthält ein bisschen „Dies und Das", nützliche Kleinigkeiten und Großartigkeiten, Probleme, und wie man sie löst – eben das, was man als Admin im Leben so braucht . . .

14.1 Filtern von E-Mails nach Inhalt

Die Waffe des Nutzers gegen Werbe-E-Mails (Spam und UCE, Kapitel 9) ist das Filtern nach bestimmten Zeilen im Header bzw. im Nachrichtentext. Gute Mailsoftware unterstützt die Nutzer und sorgt dafür, dass sie ungeliebte Mails nicht aus dem Postfach herunterladen müssen.

Postfix hingegen kann schon dann filtern, wenn ein anderer Server diese E-Mails bei uns per SMTP einliefern möchte. Über die Optionen

```
header_checks = regexp:/etc/postfix/header_checks
body_checks = regexp:/etc/postfix/body_checks
```

und seit Mai 2002 auch über

```
mime_header_checks = regexp:/etc/postfix/mime_checks
nested_header_checks = regexp:/etc/postfix/nested_header_checks
```

können wir auf Lookup Tables verweisen, die entsprechende Muster in regulären Ausdrücken enthalten. Für jedes dieser Muster können wir unter anderem über **OK** oder **REJECT** die Annahme der E-Mail freischalten – oder aber auch verweigern.

In Kapitel 5.4 (Seite 109) sind die Parameter und die möglichen Filter-Aktionen aufgelistet und erklärt.

Die Frage ist nun, wie wir diese Möglichkeiten zum Kampf gegen Spammer nutzen können. Am interessantesten dürfte es sein, den immer und immer wiederkehrenden gleichen Spam-Müll zu erfassen und zu verwerfen. Im Netz finden sich zum Teil sehr lange Listen mit Mustern für Header- und Body-Filter, die auch sehr gut funktionieren.

Sie können sich diese Listen bequem downloaden und mit wenigen Handgriffen installieren. Sie finden sie zum einen unter **http://www.hispalinux.es/~data/postfix/**. Sie finden aber auch auf den Postfix-Buch-Webseiten zusammengestellte Filterlisten dieser und anderer Quellen. Schauen Sie einmal vorbei, die Listen im Download-Bereich sind eine gute Grundlage und werden so von mir auf meinen Servern eingesetzt.[1]

Wenn Sie sich die Liste genauer anschauen, zeigt sich die notwendige Syntax recht schnell; in Kapitel 5.3.2 (Seite 100) gab es ja auch eine kleine Einführung in Regular Expressions.

Einige Spammer sind dazu übergegangen, den Betreff der Nachricht in Base64 zu codieren, so dass unsere Filterregeln nicht mehr greifen, der Mailclient des Nutzers aber wieder den richtigen Text anzeigt.

Die Spammer generieren dazu einen Betreff wie =?ISO-8859-1?b?VmlhZ3Jh=? – der Aufbau ist einfach:

=?ISO-8859-1?b?
> es folgt ein Text in Base64-Koderierung

VmlhZ3Jh
> das Wort „Viagra"

=?
> Ende Base64-Kodierung

Wir können die entsprechenden Schlüsselwörter Base64-codiert in die **header_checks** aufnehmen:

[1] http://www.postfixbuch.de

```
# "Viagra"
^Subject:.*VmlhZ3Jh.*/  REJECT

# "Enlarge your Penis"
/^Subject:.*RW5sYXJnZSB5b3VyIFBlbmlz.*/  REJECT

# "Internet Special"
/^Subject:.*SW50ZXJuZXQgU3BlY2lhbA==.*/  REJECT

# "Order Online"
/^Subject:.*T3JkZXIgT25saW51.*/ REJECT
```

Da viel Spam auch als Base64-HTML hereinkommt, könnte man diese Schlüsselwörter auch gleich noch in die **body_checks** eintragen.

Sehr interessant ist übrigens die Idee, über Webseiten versteckt eine ansonsten nie
benutzte E-Mail-Adresse publik zu machen und sie in die Mailadressenlisten der
Spammer einzuspeisen. Wir können sie dann über diese Filter mit einem **DISCARD**
belegen, d. h., Postfix verwirft dann die komplette E-Mail an *alle* Empfänger; liefert
ein Spammer eine Mail gleich an mehrere Adressen Ihrer Nutzer ein und ist die
reservierte Fake-Adresse dabei, schnappt die Spammer-Falle zu!

14.2 Benutzerspezifische Einstellungen – Postfix Restriction Classes

Mit Einführung der *Restriction Classes* in Postfix wurde ein mächtiges Werkzeug
zur Verfügung gestellt, mit dem sich mit ein wenig Logik ungeahnte Einstellungen
vornehmen lassen. Die Restriction Classes sind (wie so oft) auf den Originalseiten
schlecht dokumentiert; ein großes Lob gebührt hier wieder Ralf Hildebrandt, der
sich dieses Missstands angenommen hat und die Ergebnisse veröffentlicht.[2]

Das grundlegende Problem war die Tatsache, dass man einen MTA wie Postfix nur
global konfigurieren konnte. Entweder Postfix hat sich entsprechend verhalten und
Mails an bestimmte Adressen relayt, oder eben nicht. Entweder wurden Mails nach
bestimmten Filterkriterien oder RBLs geblockt, oder eben nicht.

Mit den Restriction Classes können wir nun bestimmte Beschränkungen zusammenfassen, die ein bestimmtes Verhalten erzeugen. Diese gelten aber nicht global,
sondern über eine weitere Table können wir auf eine durchzuführende Restriction
Class verweisen, falls das Pattern auf die **access**-table zutrifft. Die in dieser Restriction Class zusammengefassten Prüfungen kommen also nicht immer zum Einsatz,
sondern nur dann, wenn wir es wollen.

Schauen Sie sich folgende kleine Beispiel an!

---

[2] http://www.stahl.bau.tu-bs.de/~hildeb/postfix/ Schauen Sie dort auch nach weiteren Erklärungen, Beispielen und Weiterentwicklungen!

14.2.1 Individuelle access-tables

Nehmen wir an, einzelne User wollen bestimmte Mailadressen bereits von Ihrem Server blocken lassen. Das ist über eine **access**-table natürlich technisch möglich. Aber normalerweise können Sie dieser Bitte kaum nachkommen, denn diese Sperre würde global für alle Ihre Benutzer gelten und wäre damit kaum zu verantworten. Mit den Restriction Classes geht das allerdings.

Zunächst erzeugen Sie für diesen Benutzer eine ganz normale **access**-table. Dort legen Sie seinen Wünschen entsprechende Einträge ab:

```
linux:/etc/postfix # mkdir userfilter
linux:/etc/postfix # cd userfilter
linux:/etc/postfix/userfilter # joe postfixbuch.de_geeko-sender-access
gates@microsoft.com            REJECT

linux:/etc/postfix/userfilter # postmap \
>   postfixbuch.de_geeko-sender-access
linux:/etc/postfix/userfilter #
```

Definieren Sie nun in **main.cf** die Existenz von Restriction Classes:

```
smtpd_restriction_classes =
            postfixbuch.de_geeko-restrictions,
            postfixbuch.de_tux-restrictions
```

Jetzt müssen Sie nur noch den Inhalt dieser Restriction Class festlegen. In unserem Fall den Verweis auf ein **check_sender_access** (der Eintrag muss in eine Zeile):

```
postfixbuch.de_geeko-restrictions =  check_sender_access
  hash:/etc/postfix/userfilter/postfixbuch.de_geeko-sender-access
```

Ich hoffe, Sie können soweit folgen – die Auflösung kommt sogleich! Wir können Postfix jetzt anweisen, in bestimmten Fällen diese Restriction Class auszuführen. Dazu benutzen wir eine normale **access**-table, die üblicherweise aber nur **OK** oder **REJECT** enthält.

Nun allerdings können wir stattdessen auch eine anzuwendende Restriction Class angeben, die Postfix abarbeitet, wenn das Muster der **access**-table zutrifft.

```
linux:/etc/postfix/userfilter # cd ..
linux:/etc/postfix # joe recipient-access

[...]
sexyfun@hahaha.net         REJECT
@ksjel.ru                  550 We're fighting against Spam!

geeko@postfixbuch.de       postfixbuch.de_geeko-restrictions

linux:/etc/postfix #
```

Wenn Postfix nun eine E-Mail an **geeko** bekommt, stößt es in der **access**-table auf den Verweis auf die anzuwendende Restriction Class. Aus der **main.cf** weiß es, dass wir unter dieser Klasse die Prüfung einer bestimmten **sender-access**-table verstehen. Diese Prüfung führt Postfix dann durch – allerdings nur bei diesem einen Empfänger, für andere User nicht. Damit haben wir unser Ziel erreicht, wir können jedem User eigene Filterkriterien auf dem Server deponieren.

14.2.2 Unterschiedliche Spam-Politik

Sie können unter einer Restriction Class auch mehrere Prüfungen zusammenfassen. Möchten Sie Ihren Usern anbieten, einen Spam-Schutz nur optional zu haben, so gehen Sie folgendermaßen vor.

1. Definieren Sie **spamschutz-restrictions** als Restriction Class:

```
linux:/etc/postfix # joe main.cf
[...]

smtpd_restriction_classes =
            postfixbuch.de_geeko-restrictions,
            postfixbuch.de_tux-restrictions
            spamschutz-restrictions

linux:/etc/postfix/userfilter #
```

2. Legen Sie fest, welche Prüfungen unter dieser Klasse zusammengefasst werden:

```
linux:/etc/postfix # joe main.cf
[...]

spamschutz-restrictions = <was immer Sie wollen>
```

3. Legen Sie in der **recipient-access**-table bei den „harten" Usern den Verweis auf die Restriction Class an:

```
linux:/etc/postfix/userfilter # cd ..
linux:/etc/postfix # joe recipient-access
[...]

sexyfun@hahaha.net          REJECT
@ksjel.ru                   550 We're fighting against Spam!
geeko@postfixbuch.de        postfixbuch.de_geeko-restrictions

tux@postfixbuch.de          spamschutz-restrictions
lektor@postfixbuch.de       spamschutz-restrictions

linux:/etc/postfix #
```

4.   Gestalten Sie smtpd_recipient_restriction entsprechend weicher, so dass dort der RBL-Check u. Ä. fehlt.

Ich möchte Ihnen keineswegs empfehlen, den RBL-Check abzuschalten. Aber sollten Sie die Einstellung haben, einen RBL-Check nicht allen Usern zumuten zu können, bietet sich hier eine Gelegenheit, all denen Gutes zukommen zu lassen, die dies wünschen.

Sie sehen: Mit den Restriction Classes lassen sich zahlreiche raffinierte Konfigurationen verwirklichen.

14.3 Ständiges Backup der E-Mails

Den Parameter, den ich Ihnen jetzt vorstellen möchte, halte ich persönlich für etwas heikel. Dennoch ist er auch sehr nützlich, darum soll er nicht verschwiegen werden.

Über den Config-Eintrag

```
always_bcc = backuppostfach
```

können wir Postfix anweisen, von *jeder* E-Mail eine BCC (*Blind Carbon Copy*) an den Nutzer backuppostfach zu senden. Das ist insofern sehr kritisch, als es damit leicht möglich ist, den gesamten Mailverkehr dieses Servers mitzuschneiden.

Andererseits kann man sich damit aber leicht ein Backup-System zusammenprogrammieren. Wenn Sie alle Dateien unter /var/mail im mbox-Format speichern (Default von Postfix), haben Sie bereits alles bequem in einer Datei zusammengefasst.

Ein täglich gestartetes Skript hingezaubert, und dieses Mailarchiv wird täglich mit einem Datumsstempel versehen, gepackt und in einem passenden Ordner gesichert – und nach einer bestimmten Anzahl von Tagen auch wieder automatisch gelöscht. Beachten Sie die entsprechenden rechtlichen Bestimmungen (Kapitel 13)! Hier ein (einfacher) Vorschlag zum persönlichen Ausbau. Tragen Sie ein solches Skript in Ihre CRON-Tabelle ein und legen Sie /var/mailarchiv an:

```
linux:~ # joe /usr/local/sbin/mailbackup
#! /bin/bash

cd /var/mailarchiv

mv ../mail/backuppostfach archiv-'date +"%Y%m%d"'
bzip2 archiv-'date +"%Y%m%d"'

rm 'find /var/mailarchiv/* -atime 7'
```

Der find-Befehl sucht nach der *access time*. Ein Archiv wird also nicht schon dann gelöscht, wenn es sieben Tage alt ist. Ein lesender Zugriff auf dieses Archiv setzt eine neue *access time*, und erst sieben Tage nach dem letzten Zugriff würde es von find gefunden und gelöscht werden. Damit wird verhindert, dass ein Archiv gelöscht wird, für das wir uns erst kürzlich noch interessiert haben.

14.4 Urlaubs-/Abwesenheitsmeldungen

Nicht weit verbreitet, aber doch immer beliebter sind automatische Abwesenheits-benachrichtigungen geworden. Bekommt man in seiner Urlaubszeit eine E-Mail in sein Postfach, wird an den Absender dieser E-Mail eine automatische Benachrichtigung geschickt, um ihn neidisch zu machen, dass man gerade in der Südseesonne sitzt. Oder um ihm nur zu sagen, wann man wieder da ist.

Falls Sie sich ein Urlaubsskript selbst schreiben möchten, muss ich Sie noch einmal deutlich auf den Unterschied zwischen den Mailheadern **Sender:** und **From:** hinweisen. Solange Sie diesen nicht *wirklich* verinnerlicht haben, sollten Sie keinesfalls einen automatisch laufenden Mailroboter programmieren – und wenn es nur ein harmloses Urlaubsskript ist. Mailschleifen haben fatale Wirkung! Lesen Sie ggf. noch einmal in Kapitel 2.2.2 nach.

Aber am besten benutzen Sie ohnehin das fertige Programm *Vacation*. Das ist natürlich richtig programmiert und verfügt zusätzlich über einige Annehmlichkeiten wie eine kleine Datenbank, an wen schon eine Urlaubsbenachrichtigung geschickt wurde, so dass sie niemand doppelt bekommt. Zudem achtet Vacation auch darauf, keine Benachrichtigungen an Mailinglisten, an Spam-Versender o. Ä. zu senden. Alles in allem eine recht saubere Sache.[3]

Vacation ist schnell installiert und kann von Nutzern selbst eingerichtet und aktiviert werden.

Wenn nun ein beliebiger Benutzer das Programm vacation startet, kann er sich über einen Texteditor seinen persönlichen Abwesenheitstext zusammenschreiben – ein (englisches) Beispiel dient als Ausgangsbasis. Zu Beginn können weitere Mailheader eingefügt werden. **Subject:** muss aber der letzte Eintrag sein, der vom Mailbody durch eine Leerzeile getrennt ist.

Der Text wird dann im Home-Verzeichnis des Benutzers abgelegt, und zwar in der Datei ~/.vacation.msg

```
user@linux:~> cat .vacation.msg
Subject: away from my mail

I will not be reading my mail for a while.
```

---

[3] Infos: http://http://vacation.sourceforge.net/
     Quellen: http://prdownloads.sourceforge.net/vacation/vacation-1.2.6.1.tar.gz

```
Your mail concerning "$SUBJECT"
will be read when I'm back.

Geeko International
```

Hier wird auch eine Datenbank gepflegt, die die Adressen derjenigen enthält, die schon eine Benachrichtigung bekommen haben: ˜/.vacation.db.

Um die Urlaubsvertretung zu (de)aktivieren, muss man einen entsprechenden Eintrag in ˜/.forward vornehmen bzw. wieder auskommentieren:

```
user@linux:˜> cat .forward
\geeko, "| /usr/bin/vacation geeko"
```

14.5 Eigene RBL/RHSBL aufsetzen

Die Funktionsweise von RBL/RHSBL-Listen hatten wir bereits in Kapitel 9.7 geklärt. Leicht können Sie unterhalb Ihrer eigenen Domain eine eigene RBL/RHSBL-Zone aufsetzen, damit Sie eigene Sperreinträge bequem aufnehmen lassen können.

Legen Sie sich unterhalb Ihrer Domain eine eigene Subdomain an. Ein Blick in das folgende Beispiel zeigt schnell, wie die Zonendatei aufgebaut sein muss:

```
$ORIGIN .
$TTL 3600        ; 1 hour
@ IN SOA tester.postfixbuch.de. autor.postfixbuch.de. (
                             2004020501 ; serial
                             3600       ; refresh (1 hour)
                             1800       ; retry (30 minutes)
                             14400      ; expire (4 hours)
                             7200       ; minimum (2 hours)
                             )
rshbl                A       127.0.0.5
                     TXT     "Address blocked -- see http://www.postf
    ixbuch.de"

rbl                  A       127.0.0.4
                     TXT     "Host-IP blocked -- see http://www.postf
    ixbuch.de"

$ORIGIN rhsbl.postfixbuch.de.
prima.com.ar         CNAME   rhsbl
adultonline.net.au   CNAME   rhsbl
sleeping45.biz       CNAME   rhsbl

$ORIGIN rbl.postfixbuch.de.
50.20.209.10         CNAME   rbl
12.78.204.10         CNANE   rbl
```

14.6 Mail Extensions

Selten benutzt, aber im Komfort nicht zu verachten sind so genannte *Mail Address Extensions*. Mit diesen lässt sich zwischen Usernamen und dem @-Zeichen weiterer Text in die Mailadresse einfügen, nach dem man später bequem filtern kann, z. B. um Mailinglisten zu differenzieren. Postfix richtet sich dabei in der Mailzustellung erst einmal nach dem Usernamen, d. h., man kann eine bestehende Mailadresse bequem um beliebige weitere Schlüssel erweitern.

Ein Beispiel macht es deutlich: Der User **autor** hat auf dem Server natürlich ein Postfach mit dem Namen **autor@postfixbuch.de**. Abgetrennt durch ein Plus-Zeichen kann er nun weitere Schlüsselwörter in die Mailadresse einfügen, z. B.

autor+privat@postfixbuch.de
autor+beruf@postfixbuch.de
autor+mailingliste2@postfixbuch.de

Postfix stellt die Mail stets in das Postfach von **autor@postfixbuch.de** zu, doch lassen sich so z. B. Mailinglisten-Mails herausfiltern, ohne dass man eine eigene Mailadresse dafür anlegen muss, denn der **Header-To:** bleibt ja als Filterkriterium erhalten.

Die Extension wird dabei durch ein Sonderzeichen abgetrennt, das in normalen Usernamen natürlich nicht vorkommen darf. Üblicherweise wird das Plus-Zeichen verwendet. Sollten Sie die Mail Adress Extensions aktivieren wollen, müssen Sie in **main.cf** den Eintrag **recipient_delimiter** entsprechend setzen:

```
recipient_delimiter = +
```

Problemlos ist es übrigens möglich, die Extension bereits in die Abfrage von Tables mit aufzunehmen und das Ergebnis danach zu differenzieren. So könnte **autor@postfixbuch.de** in der **virtual**-table an unterschiedliche Mailaccounts weiterleiten – je nach Extension:

```
autor@postfixbuch.de              klaus@xyz.de
autor+beruf@postfixbuch.de        kmueller@firma.de
@postfixbuch.de                   postfix@xyz.de
```

Übrigens ist es auch möglich, diese Extensions über Adressumschreibungen in der **virtual**- oder **canonical**-table „hinüberzuretten". Die folgende Anweisung bringt Postfix dazu, eine etwaige Extension nach der Adressumwandlung auch in die neue Adresse wieder einzufügen. Allerdings nur, wenn die Extension selbst nicht explizit als Treffer passte! Tragen Sie in die Datei **main.cf** ein:

```
propagate_unmatched_extensions = canonical, virtual
```

Theoretisch lässt sich dieses Verhalten auf die **aliases**-, **forward**- und **include**-table ausweiten, doch sollte man da sehr vorsichtig sein und wissen bzw. testen, was man tut. Im Normalfall sollte dies kaum notwendig sein.

Da Postfix angewiesen wurde, die Extensions auch nach der Umschreibung in der **canonical**-table beizubehalten, würde Folgendes passieren:

- autor@postfixbuch.de wird zu klaus@xyz.de (ganz normal)

- autor+privat@postfixbuch.de wird zu klaus+privat@postfixbuch.de, denn die Extension war selbst kein expliziter Treffer

- autor+beruf@postfixbuch.de wird zu kmueller@firma.de (ohne Extension, da diese ja genau „passte"!)

14.7 Logfiles auswerten

Anhand einer schönen Auswertungsstatistik können Sie nicht nur Ihre Nutzer mit bunten Bildchen beeindrucken, sondern auch selbst Ihre Server und deren Qualität überwachen.

14.7.1 Einfache Auswertung selbst gemacht

Der Postfix-Buch-Leser Manuel Schmalzl stellte mir netterweise das folgende Kurz-Skript zur Verfügung – und nebenbei beweist er, dass man auch als Blinder prima Postfix administrieren kann.

Das Listing zeigt, wie man mit wenigen Befehlen schnell eine kleine Zusammen-fassung und Auswertung seiner Postfix-Logfiles erzeugen kann; es ist damit eine nette Ausgangsbasis für individuelle Anpassungen. Das Skript geht davon aus, dass es kurz vor Mitternacht läuft und dass das Log täglich von **logrotate** neu angelegt wird, so dass eine Tagesstatistik erzeugt wird.

```
linux:~ # joe cpmlogstat
#!/bin/sh

MLOGFILE=/var/log/mail
STOREDIR=/data/maillog

CURDATE='date "+%Y%m%d"'
STATFILE=$STOREDIR/$CURDATE".stat"

# erstelle taegliche Statistik
echo "taegliche Statistik" > $STATFILE
echo "===================" >> $STATFILE
```

```
echo "" >> $STATFILE

# eingegangene Nachrichten
TMPCOUNT='cat $PMLOGFILE | grep -c "relay=local"'
echo "eingegangene Nachrichten: "$TMPCOUNT  >> $STATFILE

# versuchtes 'relaying'
TMPCOUNT='cat $PMLOGFILE | grep -c "Relay access denied"'
echo "versuchtes 'relaying':    "$TMPCOUNT  >> $STATFILE

# identifizierter Spam (SpamAssasin)
TMPCOUNT='cat $PMLOGFILE | grep -c "identified spam"'
echo "identifizierter Spam:     "$TMPCOUNT  >> $STATFILE

# Versuche von 'blacklisted' Hosts
TMPCOUNT='cat $PMLOGFILE | grep -c "BLACKLISTED"'
echo "'blacklisted' Hosts:      "$TMPCOUNT  >> $STATFILE
```

14.7.2 pflogsum

pflogsum.pl (*Postfix Log Summary*) ist ein Perl-Skript, das einen ASCII-Report erzeugt, den Sie sich täglich zumailen lassen können. Auf der Homepage finden Sie zudem auch zahlreiche weitere Links zu Mailstatistiken.[4] Sehr empfehlenswert ist aber auch gleich die deutsche Version von Patrick Koetter.[5]

Für das Skript benötigen Sie außerdem das Perl-Modul **Date::Calc**; Sie finden es bei SUSE im Paket **perl-Date-Calc** oder können es per CPAN installieren.

Ab Postfix 2.x benötigen Sie von **pflogsum.pl** eine Version neuer als 1.0.8; dank Patricks Übersetzungsarbeit liegt auch eine aktuelle deutsche Version 1.1.0 vor.

Kopieren Sie das Skript nach **/usr/local/bin**, korrigieren Sie ggf. kurz die Datei- und Ausführungsrechte und rufen Sie es dann wie folgt auf:

```
linux:~ # cat /var/log/mail | ./pflogsumm.pl

Grand Totals
------------
messages

  16125   received
 252769   delivered
      0   forwarded
   1519   deferred  (28847  deferrals)
   4003   bounced
     83   rejected
```

---

[4] http://jimsun.linxnet.com/postfix_contrib.html
[5] http://postfix.state-of-mind.de/patrick.koetter/pflogsumm/

```
300276k  bytes received
  7213m  bytes delivered
    668  senders
     27  sending hosts/domains
  48230  recipients
   7400  recipient hosts/domains


Per-Day Traffic Summary
     date       received  delivered  deferred  bounced  rejected
     ------------------------------------------------------------
     Nov  2 2003    2337     41710      4868      656       7
     Nov  3 2003    3686     53013      5374      721       3
[...]

Host/Domain Summary: Message Delivery
   sent cnt   bytes    defers   avg dly max dly host/domain
   --------  -------   -------   ------- ------- -----------
     38260    1102m     241      49.3 s  38.7 m  gmx.de
     35360    1099m     225      50.8 s   4.5 h  web.de
     24869     904m       0      32.2 s   7.5 m  t-online.de
     11671   363982k     31      31.4 s  32.6 m  aol.com
     10289   324674k     24      24.6 s  29.1 m  gmx.net
      5862   199075k     63       1.9 m   1.0 h  hotmail.com
[...]
```

14.7.3   mailgraph

mailgraph generiert eindrucksvolle Statistiken im Web, die auch gefangene Viren und geblockte Spam-Mails berücksichtigen. Sie benötigen dafür folgende Software:

- die Skripten: http://people.ee.ethz.ch/~dws/software/mailgraph/

- das Paket rrdtool

- die Perl-Pakete Time::HiRes und File::Tail (SUSE: Paket perl-File-Tail)

Bitte lesen Sie das README von mailgraph und passen Sie in den Skripten die für Ihr System gültigen Pfade an:

```
linux:~ # joe mailgraph.cgi
[...]
y $rrd = '/var/log/mailgraph.rrd'; # path to where the RRD database is
y $rrd_virus = '/var/log/mailgraph_virus.rrd'; # path to where the Virus
RRD database is
y $tmp_dir = '/tmp/mailgraph'; # temporary directory where to store the
images
[...]
linux:~ # chown root:root mailgraph.*
```

```
linux:~ # chmod a+x mailgraph.*
linux:~ # cp mailgraph.cgi /srv/www/cgi-bin
linux:~ # cp mailgraph.pl /usr/local/bin
linux:~ # mkdir /tmp/mailgraph
linux:~ #
```

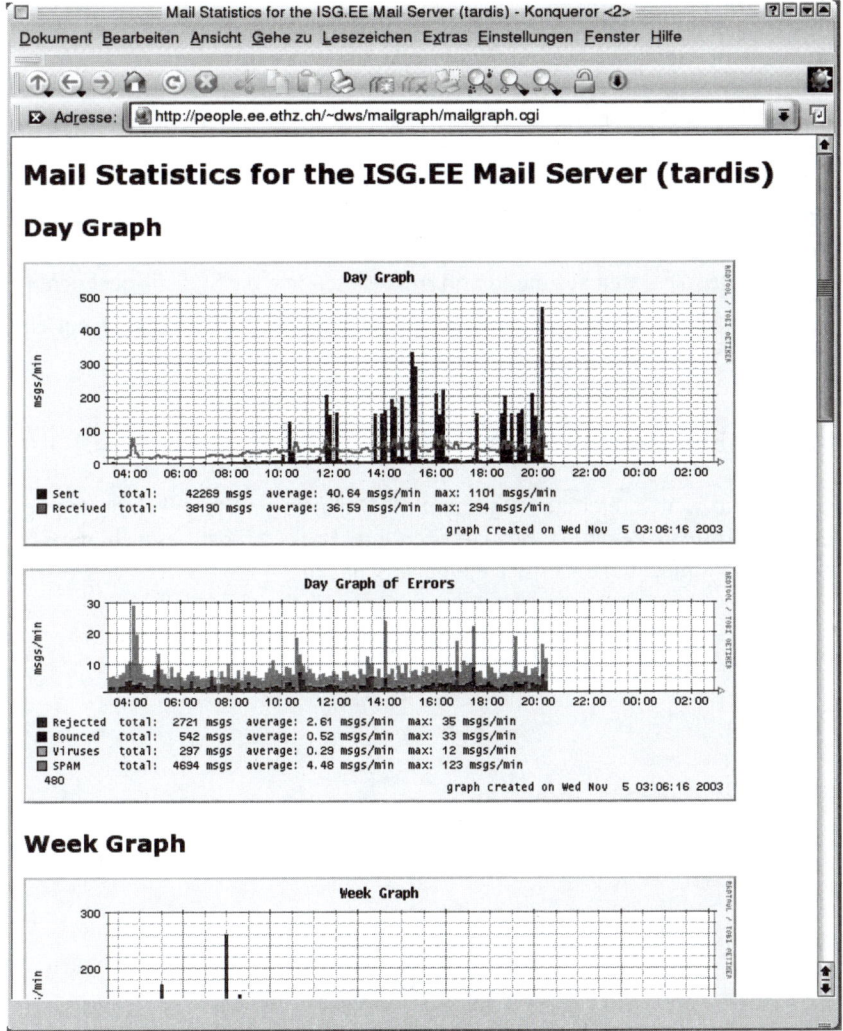

Abbildung 14.1:
Ein schöner bunter
Überblick: mailgraph

Da sich das Skript als Dämon dauerhaft in den Hintergrund packt, dürfen Sie mailgraph.pl *nicht* in die Cron-Tabelle eintragen! Stattdessen passen Sie das Skript mailgraph-init an, kopieren es nach /etc/init.d und erzeugen in den gewünschten Runlevels die passenden Symlinks.

Alternativ starten Sie **mailgraph.pl** wie folgt per Hand:

```
linux:~ # ./mailgraph.pl -d -l /var/log/mail
```

Wenn Sie **amavisd-new** einsetzen, verwenden Sie folgende Aufrufe, damit nicht die zurückgespielten E-Mails die Statistik verfälschen; sofern die Spam- und Virus-Logmeldungen über Syslog auch nach **/var/log/mail** geschrieben werden, werden sie von **mailgraph** in die Statistik aufgenommen.

```
linux:~ # ./mailgraph.pl -d -l /var/log/mail --ignore-localhost
```

mailgraph.pl überwacht nun fortlaufend das Postfix-Log und schreibt seine Daten nach **/var/log/mailgraph.rrd**. Das Skript **mailgraph.cgi** hingegen kopieren Sie in Ihr Verzeichnis **cgi-bin** auf dem Webserver und versehen es mit Ausführungsrechten. Es wird später die Daten aus **mailgraph.rrd** auslesen und die Statistik generieren.

Wenn alles klappt, sollten Sie unter http://localhost/cgi-bin/mailgraph.cgi eine Statistik wie in Abbildung 14.1 zu sehen bekommen.

14.7.4   Eine Statistik für MRTG

Auch für das weit verbreitete Programm MRTG gibt es ein Statistik-Tool, doch erfordert das offenbar einige „Umbauarbeiten" und Hacks. Ich habe es nicht getestet, aber vielleicht möchten Sie es sich einmal anschauen.[6]

---

[6]   http://taz.net.au/postfix/mrtg/

Teil IV

Sicherheit

15

Sicherheit und Überwachung

Vieles dreht sich in Deutschland um das Thema „Sicherheit": DIN-Normen, Arbeitsschutzbestimmungen, Lebensversicherungen, Schutzbeauftragte etc. pp. Doch um die Sicherheit elektronischer Kommunikation ist es schlecht bestellt: Server aller Art sind schlecht bis gar nicht gesichert, Administratoren lassen elementare Sicherheitsregeln unbeachtet, E-Mails laufen unverschlüsselt und Kennwörter sind auch heute noch allzu oft der Vorname der Liebsten.

Dabei ist Serversicherheit alles andere als unwichtig. Immer mehr private und geschäftliche Kommunikation läuft über das Internet. Folglich würde ein Ausfall dieser Kommunikationsstrukturen immer drastischere Konsequenzen haben. Verlorengegangene E-Mails können Firmen Aufträge kosten, gehackte Mailserver können private und wirtschaftliche Geheimnisse offenbaren, und selbst wenn es „nur" zerstörte und gelöschte Postfächer sind: Persönliche Kommunikation zwischen Menschen wird beeinträchtigt oder verhindert. Und nicht zuletzt: Auch Staatsorgane interessieren sich *sehr* für die Kommunikation im Internet. Im „realen Leben" würde niemand auf die Idee kommen, Kommunikation so schlecht zu sichern wie es im Internet oftmals der Fall ist. Oder würden Sie einer Post Ihre Briefe anvertrauen, die diese bei Tempo 150 im Cabrio offen auf der Rückbank durch einen Sturm transportiert? Nein!? Nun – viele Mailserver erinnern an dieses Bild – nach dem Motto: Es wird schon gut gehen!

Zum Schutz der Kommunikation per E-Mail gehören zwei: Der Administrator mit dem Server – diese Seite beleuchten wir in diesem Kapitel – und der Nutzer mit seinem Mailclient – dessen Möglichkeiten beleuchtet Kapitel 18.

15.1 Grundsätzliches

Serversicherheit kann man nie zu 100% garantieren; wer das tut, ist unseriös. Ein Loch wird es immer geben, nur finden muss man es. Ebenso ist keine Wohnung und kein Museum der Welt tatsächlich einbruchsicher; dennoch wird wohl niemand den Sinn und Zweck von Schlössern, soliden Türen, Alarmanlagen und Wachpersonal bestreiten können.

Es muss uns also darum gehen, unseren Server *bestmöglich* abzusichern. Dabei reicht oft schon ein sehr geringer Aufwand aus, um ein deutliches Plus an Sicherheit zu bekommen: Die größten Löcher sind am einfachsten zu stopfen. Grundlegende Sicherheitsaspekte zu berücksichtigen ist ein Muss und schützt uns schon in weiten Bereichen.

Sicherheit eines Servers heißt nicht unbedingt „Schutz gegen Angreifer". Sicherheit eines Servers heißt auch: Nach einem Blitzschlag einen Ersatzserver und vor allem ein vollständiges Backup zur Hand haben. Nicht immer muss jemand etwas „gegen Sie" haben, geschweige denn muss es sich um gewiefte Hacker handeln: Der Einbrecher, der einfach ihre Technik einpackt, um sie zu Geld zu machen, kann weitaus schlimmer sein, zumindest dann, wenn er Ihre Backup-Medien gleichfalls mitgenommen hat, weil sie im selben Raum lagerten.

15.2 Physikalische Sicherheit

Viele Bücher über Netzwerksicherheit sind mittlerweile auf dem Markt, auch für Linux. Einige besonders reißerische Titel, die bevorzugt im Internet über Bannerwerbung angeboten werden, sind ihr Geld nicht wert.

Doch auch viele fundierte und qualifizierte Werke sind mittlerweile erhältlich. Sie alle warnen meist vor dem bösen Hacker und Angreifer – diesem Aspekt werden wir uns auch noch widmen. Vorab aber zu einem anderen, vernachlässigten Aspekt: Physikalische Sicherheit. Vielleicht ist diese sogar der wichtigste, denn: Wie viele Daten haben Sie durch menschliche Angriffe, wie viele durch eigene und wie viele durch physikalische Fehler verloren?

15.2.1 Stromausfall und unterbrechungsfreie Stromversorgung

Stromausfälle gibt es immer wieder, sei es durch ihren Versorger oder durch einen Ausfall im eigenen Haus. Eine Sicherung kann und wird irgendwann herausfliegen, Kriechstrom *irgendwo* im Haus reicht aus; mag er sich auch in einem anderen Stromkreis befinden, kann ein herausspringender Fehlerstromschutzschalter („FI-Schalter") auch Ihre Arbeit lahmlegen. Und – das ist kein Witz – immer wieder einmal berichten mir Administratoren das viel beschworene Beispiel von der Dame der Reinigungskolonne: „Diese Steckdose gehört mir, ich will hier saugen!" – Weg war der Server... Und wenn Sie keine Raumpflegerin haben – lassen Sie es den Elektriker im Nachbarbüro sein, das Ergebnis ist dasselbe.

Dass Ihr Strom und damit Ihr Server für einige Minuten weg ist, ist nicht das eigentliche Problem. Beim Betrieb eines Mailservers kommt es zu Verzögerungen, Postfächer sind nicht abrufbar, verloren geht aber nichts. Andere Mailserver warten einfach mit der Zustellung und halten die Mails in ihrer Wartequeue, bis unser Server wieder online ist. Und im Gegensatz zu einem Web-Shop werden Ihre User auch wiederkommen.

Aber Sie können sich sicher vorstellen, wie Ihr Dateisystem und Ihre Festplatte darauf reagieren... Auch wenn Unix-Dateisysteme mittlerweile recht ausgereift und fehlertolerant sind: Datenverluste kommen vor. Seien Sie dankbar, wenn nur einzelne Dateien und nicht ganze Partitionen beschädigt sind.

Zudem passiert es immer wieder, dass **fsck** der Meinung ist, die Festplatte nicht ohne Beratung durch den Administrator reparieren zu können. Der Bootprozess nach dem Stromausfall bleibt hängen, Ihr Server startet im Single-User-Modus und wartet auf Ihre Eingabe. Und Sie liegen schlafend des Nachts im Bett, am Wochenende in der Sonne, sind im Urlaub, krank, nicht da... Und Ihr Server steht.

Eine „unterbrechungsfreie Stromversorgung" (USV) kostet heute nicht mehr die Welt. Es muss ja nicht unbedingt eine USV mit Notstrom-Dieselaggregat sein, solange sie nicht eine wirklich große Firma betreuen. Einfache USV für ca. einhundert Euro können Einzelrechner ohne Monitor bis zu 20 Minuten oder mehr am Laufen halten. Das reicht, um die Sicherung reinzudrehen, den FI-Schalter zurückzustellen, ja, auch ein komplettes Büro kann man in dieser Zeit staubsaugen...

Wenn Sie knapp bei Kasse sind, hängen Sie mehrere Geräte an eine USV. Auch wenn diese dann nur Saft für runde 5 Minuten hat – das ist eine ganze Menge! Zudem verfügen viele USV über eine serielle Schnittstelle und lassen sich durch einen Steuerrechner überwachen. Drohen der USV die Reserven auszugehen, lassen sich so gezielt alle Rechner rechtzeitig herunterfahren, und Sie riskieren keinen Datenverlust. Ist der Strom wieder da, fahren Ihre Server wieder hoch.

Übrigens: Vergessen Sie nicht die Tücken der neuen ATX-Netzteile und Boards! Stellen Sie im BIOS Ihres Servers ggf. ein, dass nach einem *Power Loss* dieser sich auch selbstständig wieder einschalten soll statt ausgeschaltet zu bleiben. Prüfen Sie das *vorher*! Bei alten AT-Geräten stellt sich dieses Problem zum Glück nicht, eingeschaltet ist da eingeschaltet – meistens. Ebenfalls effektvoll ist eine uralte, leere CMOS-Batterie, die den Rechner nach dem Neustart hängen lässt.

15.2.2 Blitzschlag und unsauberer Strom

Es hört sich für den physikalischen Laien vielleicht etwas merkwürdig an, aber Strom kann unsauber sein. Spannungsspitzen, Spannungsabfälle und Störungen durch andere Geräte können im günstigsten Fall zu mysteriösen Abstürzen Ihrer Rechner führen, im schlimmsten Fall auch zu erheblichen Hardwareschäden: Netzteile, Motherboards, Switches, Netzwerkkarten. Unterschätzen Sie das nicht. Ich kenne einige Fälle, wo LANs gleich zu Dutzenden mit neuen Netzwerkkarten ausgerüstet werden mussten, nachdem zuvor ein Blitz in der Umgebung einschlug. Auch in der Großstadt!

Überspannungsschutz für Ihre Steckdosen ist im Fachhandel für wirklich wenig Geld zu haben und schützt zumindest ein wenig. Ein solcher Zwischenstecker ist leicht zu installieren, nur haben muss man ihn. EDV-Steckdosenleisten haben bisweilen solche Überspannungsableiter eingebaut.

Ab der mittleren Preisklasse haben auch manche USV einen solchen Überspannungsschutz integriert, oft „säubern" sie auch Ihren Strom und filtern Störfrequenzen heraus.

Schwieriger und teurer wird es im Netzwerk: Bessere Switches und Hubs verfügen auch hier über Filter, denn auch über Ihre Netzwerkverkabelung kann sich das Unheil verbreiten. An dieser Stelle muss sich allerdings dann doch jeder selbst überlegen, ob es diesen Aufwand und Preis wert ist. Wenn der Aufpreis für diesen Schutz den Wert Ihres Netzes übersteigt, …

Ich persönlich empfehle Ihnen aber auf jeden Fall zumindest die handelsüblichen Blitzschutzstecker, viel besser aber einen guten Stromfilter der USV. In Sachen Kosten-Nutzen-Aufwand lohnt sich dies, und Ihre Hardware wird es Ihnen danken. Ich glaube, die Auswirkungen von „unsauberem Strom" auf die Stabilität der Computer wird allgemein unterschätzt. Große Rechenzentren betreiben nicht grundlos einen enormen Aufwand, um ihren Strom „sauber" zu bekommen.

15.3 Backup-Strategien

Dass man Backups hätte anlegen sollen, merkt man erst, wenn man sie braucht. Haben Sie welche? Von Ihren Servern? Von ihren privaten Daten? Und wenn ja: Von wann sind diese Backups? Und sind sie vollständig?

Auf welche Art und Weise Sie Ihr Backup fahren, müssen Sie selbst entscheiden. Das hängt auch entscheidend von dem Server und Ihrem Netz ab, das sie betreiben:

Diskette

Bevor Sie nichts machen, ziehen Sie wenigstens Ihr /etc-Verzeichnis mit Unterverzeichnissen auf eine Diskette, ggf. als tar-Archiv gepackt. Im /etc-Verzeichnis befindet sich fast die vollständige Konfiguration Ihres Servers. Im Falle einer Neuinstallation spielen Sie die Programme ein (die kommen ja bequem von CD) und spielen das gesicherte /etc-Verzeichnis über.

Sie können dieses Archiv natürlich auch auf einem anderen Rechner speichern, aber legen Sie es an! Vergessen Sie aber auch nicht, Ihre Paketauswahl auf Diskette (!) zu sichern.

Streamer

„früher" das wichtigste Backup-Medium überhaupt, weil es sagenhafte Kapazitäten von 80 MByte aufwies... Mittlerweile sind auch andere (DAT-) Streamer mit 2 Gigabyte oder mehr verfügbar, die wegen ihrer Größe im professionellen Bereich als Backupmedium herhalten müssen. Aber DAT-Streamer sind vergleichsweise teuer.

CD-/DVD-Brenner

Sie kosten heutzutage fast nichts mehr – und auch in Privat-PCs sind sie Standard geworden. Im unteren und mittleren Bereich sollte ein Backup auf CD deshalb die problemloseste und billigste Lösung sein, angesichts der aufkommenden DVD-Brenner sind auch weitaus größere Datenmengen kein Problem mehr.

Andere Server

Als Ergänzung bietet es sich auch an, einen separaten Backup-Server mit ausreichendem Festplattenplatz zu installieren. Auf diesen können Sie regelmäßig (täglich) Backup-Archive über das Netz aufspielen und sichern.

Entweder Sie benutzen eine professionelle Backup-Software (z. B. *Amanda*), oder Sie schreiben sich eigene Skripten, die die relevanten Verzeichnisse in ein Archiv zusammenpacken und auf andere Server kopieren oder auf CD brennen.

Ich selbst nutze dafür gerne **rsync**: Es gleicht über eine SSH-Verbindung die Daten zwischen Backup- und Hauptserver ab, und da nur geänderte Daten übertragen werden, hält sich die Netzwerklast in Grenzen. Ein möglicher **rsync**-Aufruf sieht z. B. folgendermaßen aus:

```
linux:~ # rsync -az -e ssh --delete --delete-excluded \
> --exclude /proc/ mailserver.postfixbuch.de:/ /DATA/mailserver
```

Wenn Sie dieses Skript täglich aufrufen lassen wollen, können Sie über die Benutzung von SSH-Schlüsseln über das Login-Problem hinwegkommen. Großes Problem aber dabei: Hat ein Angreifer Zugriff auf den Backup-Rechner, hat er darüber root-Zugriff auf alle anderen Hosts!

Auch der umgekehrte Weg – die Clients starten den **rsync**-Prozess und loggen sich per Schlüssel auf den Server ein – ist nicht optimal, denn ein erfolgreicher Angriff auf einen Host verschafft sofort Zugriff auf den Backup-Server, der seinseits sämtliche relevanten (Passwort-)Dateien direkt in seinem Filesystem hat.

Dritte Möglichkeit wäre der Einsatz von **rsyncd**. Damit können Sie das Authentifizierungsproblem umgehen und den Backup-Prozess von den Clients aus anstoßen, doch gehen dann die zu sichernden Daten unverschlüsselt ohne den Schutz durch SSH über das Netzwerk.

Als Alternative fällt mir da leider nur ein manuell ausgelöster Backup-Vorgang ein, bei dem der Administrator das Kennwort eingibt. Auch nicht so das Wahre…

Egal welche Lösung Sie sich bauen: Sichern Sie diesen Server stark ab! Schotten Sie ihn in der Firewall und auch auf dem Server selbst komplett ab. Was nützt Ihnen der Backup-Server, wenn er ebenso in die Hand von Angreifern gefallen ist wie Ihre Hauptserver?

Trennen Sie Ihren Backup-Rechner physikalisch vom Rest Ihres Netzes, sonst wird er vom Einbrecher auch mitgenommen, von der Feuerwehr bei einem Brand im Stockwerk über Ihnen auch unter Wasser gesetzt und bei einem Blitzschlag auch zerstört. Zur Not ziehen Sie wenigstens ein Netzwerkkabel in den Nachbarraum. Machen Sie dennoch zusätzlich „richtige Backups" (auf Band oder CD), die Sie außerhalb Ihrer Büroräume lagern.

Angesichts der heutigen Festplattenpreise könnte man einfach Wechselrahmen besorgen, wöchentlich die Datenplatte im Backup-Rechner austauschen und die getauschte Platte außer Haus lagern. So haben Sie nicht nur tagesaktuelle Backups, sondern darüber hinaus auch rotierende ältere Backups der letzten Woche(n).

Mein Lieblings-Backup-Rechner: Ein Pentium 133 mit 64 MB RAM und einer 2 GByte Linux- und 120 GByte Daten-Festplatten zum Wechseln – gut und güstig.

Welche Daten und wie sie diese sichern, müssen Sie selbst entscheiden. Minimum ist ein einmaliges Abbild Ihres fertig installierten, konfigurierten und funktionierenden Servers. Viele haben noch nicht einmal das! Der Idealfall ist ein tägliches Backup aller veränderlichen Daten wie Userlisten, Kennwörter, Postfächer etc.

Gute Backup-Software verwaltet Ihre Auswahl und macht einen festen Wechsel zwischen Vollbackups und *inkrementellen* Backups, also Teil-Backups mit den Änderungen seit dem letzten Vollbackup. Das spart Zeit und Platz.

Abschließend noch ein Buchtipp zum Thema Backup: „Datensicherung unter Linux" von Wolfgang Barth![1]

[1] Open Source Press 2004, ISBN 3937514007.

15.4 Linux sicher installieren

Wir werden hier nicht vollständig klären können, wie man Linux insgesamt sicher installiert, sondern müssen unser Augenmerk auf die Sicherheit unseres Postfix-Servers legen. Zu Linux-Sicherheit insgesamt wurden schon Bücher verfasst, die 800 Seiten und mehr umfassen. Ich werde Ihnen dazu am Ende des Kapitels entsprechende Literaturhinweise geben, von denen Sie mindestens einen beachten sollten.

Wenn Sie aber die nachfolgenden Ratschläge beherzigen, haben Sie wahrscheinlich schon weit mehr für Ihre Server getan als viel andere Administratoren.

Die Sicherheit unseres Servers beginnt mit einer auf Sicherheit bedachten Installation. Hier legen wir einem potenziellen Angreifer erste (möglichst unüberwindbare) Steine in den Weg. Machen Sie sich entsprechende Gedanken, bevor Sie mit der Installation beginnen.

15.4.1 Geschickte Partitionierung

Eine richtige Partitionierung ist der Sicherheit Anfang. Der Befehl **mount** baut aus verschiedenen Partitionen unser Dateisystem zusammen. Dabei können wir schon beim Mounten der Partition verschiedene Sicherheitsaspekte berücksichtigen. So enthalten Home-Verzeichnisse der Benutzer typischerweise keine Gerätedateien (**dev**). Auch Programme mit gesetztem **suid**-Bit können uns gefährlich werden, da sie bei der Ausführung nicht unter den Rechten des Ausführenden, sondern des Dateibesitzers gestartet werden! **mount** bietet an, ganze Partitionen für **suid**-Dateien, Devices oder ausführbare Dateien (*Executables*) zu sperren. Doch ist das nur partitionsweise möglich. Wenn Sie nur eine einzige große **root**-Partiton einsetzen, bleibt Ihnen diese Option verwehrt.

Denken Sie auch an das /tmp-Verzeichnis, immerhin ist es meist für sämtliche Benutzer (auch **nobody**) lesbar und beschreibbar. Ein *Denial-of-Service*-Angriff (DoS) auf Ihr System könnte darauf zielen, einfach die Festplatte Ihres Systems zu fluten. Sehr leicht gelingt dies noch über das /tmp-Verzeichnis, da hierfür noch nicht einmal besondere Rechte notwendig sind.

Packen Sie /tmp auf eine separate Partition mit ausreichender Größe. Im Falle eines DoS-Angriffes läuft Ihnen zwar unvermeidbar die /tmp-Partition voll, doch Ihr System läuft weiter und fängt sich wieder.

Nachfolgend eine /etc/fstab, die diese Punkte berücksichtigt. Sie müssen sich aber dennoch Ihr eigenes System daraufhin anschauen, ob diese Einstellungen so zu übernehmen sind. Vielleicht können Sie auch noch restriktiver vorgehen als in diesem Beispiel, das hängt vom Einzelfall ab.

```
linux:~ # joe /etc/fstab
/dev/hda1    /boot    ext2     ro               1 2
/dev/hda2    /        ext3     defaults         1 1
/dev/hdb1    /home    ext3     noexec,nodev,nosuid 1 2
/dev/hda3    /usr     ext3     ro               1 2
/dev/hda5    /var     ext3     nosuid           1 2
/dev/hda6    /tmp     ext2     noexec,nodev,nosuid 1 2
/dev/hda8    swap     swap     pri=42           0 0

/dev/cdrom /cdrom    auto     ro,noauto,noexec,nosuid,nodev 0 0
devpts       /dev/pts devpts  defaults         0 0
proc         /proc    proc    defaults         0 0
```

Die Einstellungen hier sind sehr strikt und auf einen TCP/IP-Mailserver ausgerichtet, der praktisch keine lokal darauf arbeitenden Benutzer besitzt. Andernfalls müssten Sie die Restriktionen etwas lockern, z. B. in /home doch Programme erlauben.

Unter Performance-Aspekten hatte ich bereits empfohlen /var/log und /var/spool auf zwei verschiedene Festplatten zu legen. Wenn Sie zwei Festplatten zur Verfügung haben, sollten Sie das natürlich nicht vergessen.

Ein anderer Ansatzpunkt für einen *Denial-of-Service*-Angriff ist Ihr Logverzeichnis. Auch hier können bewusst und automatisiert Logeinträge verursacht werden. Über massenhafte Logmeldungen einen Server flach zu legen ist je nach freiem Plattenplatz aufwändig, aber möglich. Überlegen Sie also, ob Sie /var/log auf eine separate Partition legen wollen.

Welche Partitionierung sinnvoll ist, kommt auf die Konfiguration des einzelnen Rechners an – im Detail könnte man das System auch immer weiter und weiter zerstückeln und partitionieren. Es gilt, ein vernünftiges Maß zwischen Aufwand auf der einen und einem Mehr an Sicherheit auf der anderen Seite zu finden.

Für den Normalfall sollte sich folgende Partitionierung anbieten; die Größen sind natürlich stark abhängig von der installierten Software und dem zur Verfügung stehenden Plattenplatz. Aber Festplatten mit weniger als vier Gigabyte dürften heute nur noch selten anzutreffen sein.

Tabelle 15.1:
Partitionierungs-
vorschlag

Verzeichnis	Größe
/boot	25 MByte
/	0,5 bis 1,5 GByte
/home	Nutzeranzahl × möglicher Platzbedarf
/usr	0,5 bis 1,5 GByte (nach oben offen)
/var	0,5 bis 1,5 GByte (nach oben offen)
/tmp	maximaler Temp-Bedarf, z. B. 250 MByte; wenn Sie CD-Images dort erstellen lassen wollen, natürlich entsprechend mehr

Tipp: Wenn Ihr Server über wirklich viel Plattenplatz verfügt, teilen Sie noch ein größeres Stück einer Partition zu, die sie aber zunächst einmal nicht weiter belegen. Es kann nie schaden, ggf. eine freie Partition zur Hand zu haben.

Und noch eine Anregung: Der *Logical Volume Manager* (LVM) ist mittlerweile ausgereift und stabil. Wenn Sie Ihre Festplatten mit dem LVM installieren, ist es später leicht möglich, die Größe vorhandener Partitionen zu verändern oder neue Festplatten zur Vergrößerung einer vorhandenen Partition hinzuzunehmen. SUSE unterstützt den LVM bereits bei der Installation aus YaST heraus.

15.4.2 Geschickte Paketauswahl

Angreifer nutzen immer wieder bekannt gewordene Sicherheitslücken in einem Programm aus, um root-Rechte auf einem Server zu bekommen (*Root Exploit*). Neben stets aktueller Software und der Beachtung der Security-Hinweise Ihrer Distribution müssen Sie sich folgende kleine Regel bewusst machen: Nur Software, die Sie nicht installiert haben, kann keine Sicherheitslücken enthalten. Überlegen Sie bei jedem einzelnen Paket, ob Sie es benötigen. Man installiert keinen FTP-Server, weil man ihn eventuell einmal braucht.

Falls Ihre Distribution voreingestellte Paketsammlungen anbietet, beginnen Sie mit einem Minimalpaket und fügen Sie das hinzu, was sie benötigen:

- Postfix, ggf. auch *AMaViS* oder *Antivir*

- einen POP3/IMAP-Server, wenn Sie ihn einsetzen

- ihren Lieblingstexteditor

- Tools wie **top**, **less**, **ping**, **traceroute**, **dig** etc.

- Netzwerksoftware nur soweit sie benötigt wird

- Security-Tools wie **snort**, **aide**, **scanlogd**

- OpenSSH – und deinstallieren Sie **telnet** und **rsh** (siehe unten)! Achten Sie aber stets täglich auf aktuellste Versionen, da es bei OpenSSH leider immer wieder zu ausnutzbaren Bugs mit frei verfügbaren root-Exploits kommt!

- andere Pakete nur, wenn Sie wirklich mit ihnen arbeiten

Falsch ist es, mit einer großen Auswahl zu beginnen und dann zu versuchen Teile zu deinstallieren, bei denen Sie Bedenken haben.

Bisweilen findet man auch eine Paketauswahl für Netzwerkserver – so auch bei SUSE. Seien Sie da sehr kritisch! SUSE Linux installiert in älteren Versionen auch bei dieser Serie eine komplette grafische Oberfläche und andere überflüssige Komponenten. Unter Sicherheitsaspekten ist das sehr bedenklich; auf eine grafische Oberfläche ist unbedingt zu verzichten, denn auf einem TCP/IP-Server bleibt man im Textmodus. In den neueren Versionen von SUSE Linux ist dies mittlerweile auch korrigiert.

Eine Minimalinstallation mag anfangs vielleicht ein wenig „anstrengend" sein, weil Sie doch das ein oder andere Paket nachinstallieren müssen. Doch beobachten Sie einmal die Webseiten Ihrer Distribution mit den Security-Fixes und Updates. Sie werden dort immer wieder Standard-Software finden, die auf einem normalen System einfach mitinstalliert wird, aber oft gar nicht benötigt wird. Sie müssten auch diese stets updaten und beobachten, wenn Sie bei Ihnen installiert wäre. Eine Minimalinstallation verringert somit mittelfristig den Arbeits- und Pflegeaufwand erheblich.

Es geht ja nicht darum, ob *Sie* eine Software dann auch tatsächlich benutzen. Es geht darum, dass ein Angreifer eine Sicherheitslücke in einer an sich harmlosen Software ausnutzen kann, die eben zufällig mitinistalliert ist. Und eben diesen Zufall müssen Sie minimieren oder ausschalten.

Auch zum Thema „Sicherheit" gibt es mittlerweile eine ganze Reihe hervorragender Publikationen, die ins Regal eines jeden Administrators gehören, der mit Linux-Servern und auch Workstations zu tun hat. Insbesondere das Buch von Tobias Klein möchte ich Ihnen empfehlen.[2]

15.5 Fernwartung: rlogin, telnet, SSH

Ob von zu Hause aus noch schnell einige Änderungen vorzunehmen sind oder ob der Administrator bequem von seinem Schreibtisch aus alle Rechner im Firmennetz kontrollieren und konfigurieren kann – Fernwartung erleichtert das Leben eines Systemverwalters ungemein.

Linux ist ideal dafür geeignet, da praktisch alle Einstellungen und Programme im Textmodus laufen. Ein Terminal-Login über ein Netzwerk ermöglicht ohne weitere Zwischenschritte Zugriff auf den gesamten Rechner, als säße man direkt davor.

Das ist nicht nur für den Administrator interessant, sondern öffnet auch Angreifern Tür und Tor. Grund genug also sich anzuschauen, welche Programme wir für einen Fernlogin einsetzen können, und welche nicht.

---

[2] Tobias Klein: „Linux Sicherheit. Security mit Open-Source-Software", dpunkt 2001, ISBN 3932588045; anonymous: „Der neue Linux Hacker's Guide. Sicherheit für Linux-Server und -Netze", Markt und Technik 2001, ISBN 3827260981; Scott Mann, Ellen Mittchell: „Linux System Security: The Administrator's Guide to Open Source Security Tools", Prentice Hall PTR 1999, ISBN 0130138070.

15.5.1   rlogin, rcp

rlogin (*Remote Login*) und rcp (*Remote File Copy*) waren früher sehr verbreitet, um sich auf einem entfernten Rechner mit einer Shell einzuloggen bzw. um Dateien über das Netz auf einen anderen Rechner zu kopieren.

Es gibt eine ganze Familie dieser r-Programme: **rlogin, rcp, rexec, rcmd, rsh** – doch basieren alle auf dem gleichen Prinzip der **rhosts**-Authentifizierung. Dabei wird ausschließlich die IP-Adresse der Gegenstelle zur Prüfung der Zugangsberechtigung benutzt, d. h., es werden so genannte *Trusted Hosts* definiert, die sich fortan ohne weitere Überprüfung und ohne Kennwort auf dem Server einloggen und betätigen können!

Das mag vor 20 Jahren ausreichend sicher gewesen sein, heute kann man über das „Sicherheitskonzept" der r-Familie nur den Kopf schütteln. Die Angriffsmöglichkeiten sind einfach und vielseitig und würden den Rahmen dieses Buches sprengen. Nur zwei große Probleme seien kurz angesprochen:

- Es ist verhältnismäßig leicht, die Liste der *Trusted Hosts* um weitere Namen oder IP-Nummern zu ergänzen. Auch völlig fremden externen Rechnern des Angreifers wäre dann ein Login erlaubt.

- Auch über das leicht mögliche Fälschen von Absendeadressen von IP-Paketen (*IP-Spoofing*) lassen sich Befehle an die r-Programme senden, die von diesen aufgrund der falschen Absender-IP-Nummer als vertrauenswürdig eingestuft und akzeptiert werden.

Kurzum: Über einen Einsatz von r-Programmen darf es keine Diskussion geben: Sie sind tabu! Leider kennen viele Administratoren heute die r-Familie schon gar nicht mehr und merken gar nicht, dass diese Programme häufig noch auf ihrem System installiert sind. Es ist daher auch unverständlich, warum einige Distributionen auch heute noch selbst in Grundkonfigurationen r-Programme enthalten. „Historische" Gründe dafür mag es geben, heute ist jedoch schon deren Existenz auf dem Rechner gefährlich. Sie sollten nur noch genutzt werden, wenn man wirklich genau weiß, was man tut. Und wer genau weiß, was er tut, wird in aller Regel die r-Familie nicht mehr installieren wollen …

SUSE installiert diese Programme nicht automatisch mit, hat passende Einträge aber für den **inetd** oder **xinetd** vorbereitet. Mein dringender Rat: Installieren Sie diese Programme auf keinen Fall und kontrollieren Sie, dass sie Ihnen nicht aus Versehen auf die Server gerutscht sind!

Auf jeden Fall sollten Sie die Ports der r-Familie aus Ihrer /etc/inetd.conf oder /etc/xinetd.conf auskommentieren und damit deaktivieren. Und bei dieser Gelegenheit werfen Sie am besten noch den gesamten Ballast wie **talk, finger** oder **time** über Bord. Es darf über den **inetd** kein Dienst gestartet werden, den Sie nicht auch *wirklich* benötigen. Im Zweifel benötigen Sie etwas nicht – und wenn doch, werden Sie es schon merken.

```
linux:~ # vi /etc/inetd.conf
[...]
# Shell, login, exec and talk are BSD protocols.
#  The option "-h" permits ''.rhosts'' files for the superuser. Please
#  look at man-page of rlogind and rshd to see more configuration
#  possibilities about .rhosts files.
# shell stream   tcp      nowait  root    /usr/sbin/tcpd  in.rshd -L
# shell stream   tcp      nowait  root    /usr/sbin/tcpd  in.rshd -aL
#
# If you want rlogind not to "keep-alives" (e.g. if it runs over a ISDN
# uplink), add "-n".  See 'man rlogind' for more details.
# login stream   tcp      nowait  root    /usr/sbin/tcpd  in.rlogind
# login stream   tcp      nowait  root    /usr/sbin/tcpd  in.rlogind -a
# exec  stream   tcp      nowait  root    /usr/sbin/tcpd  in.rexecd
# talk  dgram    udp      wait    root    /usr/sbin/tcpd  in.talkd
# ntalk dgram    udp      wait    root    /usr/sbin/tcpd  in.talkd
```

Sie benötigen diese Programme wirklich nicht und verlieren dadurch auch nichts – außer einem großen Sicherheitsloch.

15.5.2 Telnet, FTP

Telnet ist ein ebenfalls sehr altes, aber auch heute noch sehr verbreitetes Protokoll, um sich auf einem entfernten Rechner über das Netzwerk einzuloggen und dort auf einer Shell zu arbeiten. Im Gegensatz zu **rsh** und **rlogin** muss sich der Benutzer immer mit Nutzernamen und Kennwort einloggen – genau so, wie er es an einer normalen Konsole auch tun muss.

Aus Sicherheitsgründen jedoch sollten wir ebenfalls auf **telnet** verzichten:

- Die Übertragung bei **telnet** findet komplett unverschlüsselt statt. Lauscher im Netzwerk (*Sniffer*) können den gesamten Datenstrom protokollieren. Damit erlangen sie nicht nur vom Inhalt der Übertragung Kenntnis, sondern erhalten durch Abhören des Einloggens auch Nutzernamen und Passwort.

- Aktive **telnet**-Sitzungen können entführt werden (*Session Hijacking*). Damit ist es Angreifern möglich, eigene Kommandos an die Shell des Rechners zu senden, so als seien sie eingeloggt. Wird eine **telnet**-Sitzung einer **root**-Shell entführt, hat der Angreifer **root**-Rechte!

Da uns SSH mindestens ebenso komfortable Möglichkeiten wie **telnet** bietet, besteht für den Einsatz von **telnet** kein Anlass mehr. Dank fertiger Programme ist

Sniffing und *Session Hijacking* auch für „Script-Kiddies" kein Problem. Diese wissen zwar nicht unbedingt, was sie da tun und wollen, das ändert jedoch nichts daran, dass sie ein Problem darstellen.

Die meisten Distributionen verbieten in der Grundkonfiguration den Login von **root** über **telnet** und lassen nur normale, unprivilegierte Nutzeraccounts zu. Wenn Sie schon **telnet** nicht ganz deaktivieren und deinstallieren, so lassen Sie wenigstens diese kleine Sicherheitsmaßnahme aktiviert!

Auch wenn Sie glauben, das sei kein Problem, da Sie sich ohnehin nicht als **root** über **telnet** einloggen: Die Tatsache, *dass* es möglich ist, ist schon Problem genug. Der Benutzername **root** steht fest, das zugehörige Kennwort kann man durch systematisches Probieren (*Brute Force*) finden. Es ist nur eine Frage der Zeit, bis es gefunden wird, sofern nicht weitere Sicherheitsmaßnahmen aktiviert sind.

Da der **root**-Login deaktiviert ist, müsste ein Angreifer erst

1. an einen normalen Nutzernamen gelangen,

2. dann durch *Brute Force* das zugehörige Kennwort bekommen und

3. durch eine andere Methode **root**-Rechte erlangen. Das ist zwar durch andere Sicherheitslöcher oder über *Brute Force* mit dem Befehl **su** möglich, aber eine zusätzliche Hürde.

Gleiches gilt für das Protokoll FTP zur Datenübertragung: Auch hier findet der komplette Login-Vorgang im Klartext statt, ein Sniffen des Nutzernamens und Kennwortes ist möglich. Da FTP- und Shell-Kennwörter i. d. R. identisch sind, gelangt ein Angreifer durch das gesniffte FTP-Kennwort meist sogar an einen echten Login auf den Server.

Tipp: Manchmal kann es nötig sein, auf **telnet** zurückzugreifen, da SSH vielleicht auf fremden Rechnern (im Urlaub o. Ä.) nicht verfügbar ist und nicht installiert werden kann. In diesem Falle sollten Sie auf Einmal-Kennwörter (*One Time Passwords*, OTP) zurückgreifen, also das Pendant zu TANs beim Onlinebanking. Gesniffte OTPs sind wertlos, da sie mit Durchführung des Logins verfallen und kein zweites Mal benutzt werden können. Durch das System der *Pluggable Authentication Modules* (PAM) sind OTPs nicht sehr schwierig zu implementieren. OTPs sind am Beispiel der beiden Programme *S/Key*[3] und *OPIE*[4] in dem oben genannten Buch „Linux System Security" von Mitchell ausführlich beschrieben.

---

[3] Quellen: http://www.metalab.unc.edu/pub/Linux/system/security
[4] Quellen: http://www.inner.net/pub/opie
    Infos: http://www.inner.net/pub/opie

15.5.3   SSH, scp

Nachdem ich nun alles schlecht geredet habe, möchte ich Sie auf SSH (*Secure Shell*) einschwören. Um es etwas grob auszudrücken: SSH entspricht von der Funktionalität einem verschlüsselten **telnet** (für Profis genauer: **rsh**). Für alle Plattformen ist auch ein SSH-Client erhältlich. Unter Windows ist von Haus aus leider nur ein **telnet**-Client dabei, freie SSH-Implementierungen sind aber leicht installiert und kostenlos erhältlich. Weit verbreitet sind zwei freie SSH-Clients für Windows, von denen aber nur einer in Frage kommt:

TeraTerm und das TTSSH-Plugin
> *wäre* eigentlich ein guter Client, doch unterstützt TTSSH nur SSH Protokoll 1, nicht aber die Protokollversion 2, und damit ist es für uns aus Sicherheitsgründen ungeeignet.[5]

Putty
> ein sehr guter SSH-Client, der auch die Protokollversion 2 unterstützt und damit für uns einsetzbar ist; vom selben Autor stammt **pscp**, ein **scp**-Client für die DOS-Kommandozeile, der damit auch in Batchdateien und Skripten einsetzbar ist.[6]

WinSCP2
> ein komfortabler grafischer **scp**-Client für Windows, ähnlich einem normalen FTP-Programm.[7]

Mit SSH läuft die komplette Shell-Sitzung schon mit Beginn des Login-Vorganges verschlüsselt ab. Ein Angreifer könnte den Datenstrom zwar sniffen, aber das Passwort nicht mehr dekodieren. Eine Entführung der Sitzung ist anders als bei **telnet** ebenfalls nicht möglich, sofern Sie **SSH-Protocol 1** ausgeschlossen haben, denn dieses muss als nicht mehr ausreichend sicher gelten.

Darum: Deaktivieren Sie *auf jeden Fall* die Protokollversion 1 auf Ihrem Server! Ich zeige Ihnen gleich den passenden Eintrag in der Config-Datei. Gegen SSH Version 2 ist aber nichts einzuwenden, für Fernwartungszwecke das passende Programm!

Wenn Sie Ihre Server sicher machen wollen und auf Fernwartung nicht verzichten können, so

- deinstallieren Sie **telnet** und

- installieren Sie einen SSH-Server, z. B. **OpenSSH**.

[5] http://www.zip.com.au/~roca/ttssh.html
[6] http://www.chiark.greenend.org.uk/~sgtatham/putty/
[7] http://winscp.vse.cz/eng/

telnet und SSH sind zwar ohne weiteres parallel installierbar, da sie unterschiedliche Ports benutzen, aber Sie werden sehen, dass es keinen praktischen Grund gibt, weiterhin das unsichere **telnet** zu verwenden. Und was nicht installiert ist, kann keine Programmfehler und Löcher enthalten. Installieren Sie also **OpenSSH**.[8] Werfen Sie noch einen Blick in die Datei /etc/ssh/sshd_config:

- Ändern Sie zunächst unbedingt den Eintrag **Protocol 1,2** in **Protocol 2**.

- Möchten Sie (aus den oben aufgezeigten guten Gründen) den Login des Users root auch über **ssh** unterbinden, so setzen Sie **PermitRootLogin no**.

- Achten Sie darauf, dass **IgnoreRhost yes** gesetzt ist. Andernfalls richtet sich **sshd** aus Kompatibilitätsgründen nach den **rhosts**-Dateien der r-Familie und ist damit genauso angreifbar wie die r-Familie selbst!

```
linux:~ # joe /etc/ssh/sshd_config
Protocol 2
[...]
PermitRootLogin no
[...]
# Don't read ~/.rhosts and ~/.shosts files
IgnoreRhosts yes
```

Wenn Sie nicht immer ein Kennwort beim Login eingeben möchten, können Sie sich auf Ihrem Desktop-Host durch **ssh-keygen -t dsa** einen eigenen Schlüssel erzeugen; die Datei ~/.ssh/id_dsa.pub können Sie dann auf dem Server im Verzeichnis ~/.ssh/authorized_keys deponieren, deren Zugriffsrechte Sie auf **600** setzen sollten. Zu guter Letzt könnten Sie im SSH-Server die Passwort-Authentifizierung komplett abschalten – ohne den DSA-Schlüssel ist ein Remote-Login über SSH nicht mehr möglich.

Auch für FTP haben wir einen passenden Ersatz, falls Sie Daten im Netzwerk übertragen wollen: **scp** (*Secure Copy*), welches verglichen mit FTP sogar etwas komfortabler kommandozeilenorientiert abläuft und ebenfalls die gesamte Übertragung verschlüsselt. **scp** ist bei SUSE Linux im **OpenSSH**-Paket enthalten, für Windows-Plattformen habe ich Ihnen oben ein sehr gutes Programm bereits genannt.

scp wird dabei wie ein normales **cp** benutzt, nur dass wir entweder bei der Quelladresse oder der Zieladresse den jeweiligen Hostnamen mit angeben, durch einen Doppelpunkt getrennt. Wollen wir uns gleich unter einer anderen Nutzerkennung auf dem Server anmelden, können Sie den Usernamen durch ein „@" vor den Host setzen.

```
linux:~ # scp /root/mailman.rpm tux@www.postfixbuch.de:/tmp
tux@www.postfixbuch.de's password:
```

[8] Quellen: http://www.openssh.com/de/portable.html
Infos: http://www.openssh.com/de/index.html

```
mailman.rpm   100% |***************************| 679 KB   00:01
linux:~ #
```

15.6   root vermeiden

Wo immer möglich, müssen wir Software unter den geringstmöglichen und eigenen Nutzerrechten laufen lassen. Schafft es ein Angreifer, eine Software zu manipulieren, hätte er den Server im Griff, wenn sie unter **root**-Rechten laufen würde.

Nach Möglichkeit legen wir deshalb für alle wichtigeren Programmpakete und Dämonen eine eigene Nutzerkennung an. Für viele Pakete sind diese Kennungen seitens der Distributionen auch vorgesehen und bereits eingerichtet. Genügend Pakete werden aber weiterhin noch als Dämon mit **root**-Rechten gestartet (bei SUSE Linux z. B. *Snort*).

Arbeiten Sie in diesen Punkten nach und bringen Sie diese Pakete auf normale Nutzerrechte herunter. Richten Sie dabei die Nutzeraccounts nach dem folgenden Schema ein, hier am Beispiel eines Nutzers für Snort.

Geben Sie diesem Account die Login-Shell **/bin/false**, damit ist ein Login nicht möglich. Tragen Sie zusätzlich noch in **/etc/shadow** statt des gehashten Kennwortes ein „*****" ein, was ebenfalls einen Login verhindert. Geben Sie diesem Account zuletzt noch ein ungültiges Home-Verzeichnis und eine (noch nicht belegte) User-ID kleiner als 500.

```
linux:~ # useradd snort -s /bin/false
linux:~ # vi /etc/passwd
[...]
snort:x:71:100:::/bin/false
[...]
linux:~ # vi /etc/shadow
[...]
snort:*:11721:0:99999:7:::
[...]
```

Das Löschen des Home-Verzeichnisses ist dann sinnvoll, wenn wir einen Login von Usern ohne gültiges Home-Verzeichnis pauschal untersagen.

Tragen Sie dazu in **/etc/login.defs** ein:

```
linux:~ # vi /etc/login.defs
[...]
#
# Should login be allowed if we can't cd to the home directory?
# Default is yes.
#
DEFAULT_HOME            no
```

Das Anlegen von separaten Benutzern können Sie übrigens auch stets für andere Softwarepakete nutzen, die nicht zwingend auf **root**-Rechte angewiesen sind! Die wenigsten Pakete benötigen tatsächlich Superuserrechte, nur werden sie häufig einfach von **root** gestartet oder in dessen **crontab** eingetragen.

Jedoch müssen Sie stets noch den Aufruf der Software anpassen, so dass sie auch unter dieser eingerichteten Kennung gestartet wird. In aller Regel werden Sie in /etc/init.d/<programmname> ein passendes Start-/Stop-Skript finden.

Einige Programme können über Aufrufparameter Usernamen (*uname/uid*) und Gruppe (*gname/gid*) übergeben bekommen, unter der sie sich dann starten (bei **snort** z. B. -u <uid> -g <gid>), andernfalls können Sie das in diesen Start-/Stop-Skripten benutzte **startproc** anweisen, für den nachfolgenden Befehl einen anderen Benutzernamen zu verwenden. Schauen Sie in das zugehörige Skript und passen Sie den Aufruf folgendermaßen an:

```
startproc -u <uid> -g <gid> kommando
```

Denken Sie aber auch daran, die Besitzrechte an Konfigurationsdateien etc. entsprechend zu verändern.

15.7 Logfile-Analyse: logsurfer

Immer wieder wurde bislang der mahnende Zeigefinger gehoben, Logdateien nicht nur anlegen zu lassen, sondern diese auch zu lesen. Im Idealfall aber dürfen wir auch Logdateien nicht nur sporadisch anschauen, denn ein Einbrecher könnte seine eigenen Einträge wieder löschen und damit alle Spuren beseitigen. Im Idealfall werden wir über Verdächtiges sofort informiert – per Mail oder auf einem Pager. Und wir sichern wichtige Logmeldungen durch einen sofortigen Ausdruck oder durch eine Protokollierung auf einem separaten Logrechner.

Wer ein Freund der Regular Expressions ist, wird sich rasch für **logsurfer** erwärmen können. Wer mit regulären Ausdrücken noch nichts anfangen kann, hat nun einen guten Grund, sich damit vertraut zu machen (vgl. auch Kapitel 5.3.2).[9]

logsurfer liest Filterkriterien (*Patterns*) aus /etc/logsurfer.conf aus und durchsucht Logdateien nach diesen. Bei Treffern können wir uns Auszüge mailen, bestimmte Programme starten oder andere Aktionen ausführen lassen.

Installieren Sie **logsurfer** und bauen Sie sich Schritt für Schritt eine eigene Konfiguration zusammen. Beachten Sie unter Sicherheitsaspekten folgende Punkte:

- **logsurfer** arbeitet mit den Einträgen und dem Text, den es in der Logdatei findet. Ein Angreifer könnte Programmbefehle in die Logdatei bringen, die bei der

---

[9] Quellen: ftp://ftp.cert.dfn.de/pub/tools/audit/logsurfer/
Infos: http://www.cert.dfn.de/eng/logsurf/ und man logsurfer.conf

Übergabe an andere Programme zur Ausführung gelangen. So werden in Hochkommata eingeschlossene Bestandteile u. U. ausgeführt, wenn Sie an ein anderes Programm „gepipet" oder als Aufrufparameter benutzt werden (*Kommandozeilensubstitution*). Gelingt es einem Angreifer, einen Befehl in Hochkommata als Text loggen zu lassen, könnte dieses Kommando zur Ausführung kommen, wenn Sie die von **logsurfer** gefundenen Einträge durch dritte Programme weiterverarbeiten lassen.

Dies ist jedoch ein allgemeines Problem, wann immer Sie eine Eingabe weiterverarbeiten lassen, das Sie jetzt aber nicht vom Einsatz von **logsurfer** abhalten soll. Achten Sie nach Möglichkeit aber darauf, Programme einzusetzen, die den übergebenen Datenstrom direkt weiterverarbeiten und keine Kommandozeilensubstitution vornehmen.

- Lassen Sie **logsurfer** deshalb keinesfalls als **root** laufen, wovor es Sie ja auch warnt. Legen Sie ggf. einen separaten Benutzer an, der aber natürlich Leserechte auf die Logdatei haben muss (s. o.). Machen Sie aber deshalb trotzdem nicht Ihre Logdateien lesbar für alle (*World Readable*), denn dazu enthalten sie zu viele wichtige Informationen. Führen Sie lieber eine separate Gruppe **logusers** ein und verteilen Sie die Dateirechte entsprechend.

Leider lässt sich **logsurfer** nicht als Dämon im Hintergrund halten, so dass Sie ihn regelmäßig per Cron-Job aufrufen lassen müssen. Je nachdem wie oft dies geschieht, sollten Sie sich Gedanken machen, in das Suchmuster noch einen Bezug zum Datum o. Ä. zu integrieren, damit Sie nicht mit alten Meldungen belästigt werden, die Sie schon kennen. Das sorgt nur dafür, dass Sie Wichtiges überlesen.

15.8 Einbruchserkennungssysteme

Angriffe gegen einen Server wird ein schlechter Administrator erst dann merken, wenn alles zu spät ist. Oder er merkt es nie. Der Bösewicht, der über das Netzwerk kommt, ist unsichtbar – sofern wir nicht Vorsichtsmaßnahmen ergreifen.

Ernsthaft sicher können Sie sich nie sein: Dass sich ein Angreifer auf Ihrem System befindet, ist immer möglich. Aber wir können Überwachungsprogramme installieren, anhand derer wir Verdächtiges überprüfen, oder Systeme, die Alarm schlagen, wenn sie meinen, Einbruchsversuche oder Vorbereitungen dazu zu erkennen.

In der Fachsprache unterscheidet man folgende Einbruchserkennungssysteme:

Intrusion Detection System (IDS)
> Unter dem Oberbegriff werden alle Einbruchserkennungssysteme zusammengefasst. Zugleich versteht man darunter ein *Host* Intrusion Detection System, also ein System, das nur sich selbst, nicht aber das Netz überwacht, z. B. **aide**, **tripwire** oder **integrit**.

Network Intrusion Detection System (NIDS)

NIDS ist das Pendant zum hostbasierten IDS: Die Software überwacht den gesamten Datenverkehr und versucht Einbrüche im Netz zu erkennen, z. B. Snort.

Misuse Detection IDS (MD-IDS)

Die Überwachungssoftware scannt alle Datenpakete und sucht nach bereits vorhandenen Angriffsmustern, die sie in einer Datenbank gespeichert hat (Snort).

Anomaly Detection IDS (AD-IDS)

Die Software erlernt über einen längeren Zeitraum die normalen Datenbewegungen im jeweiligen Netzwerk, also wann welcher Rechner mit wem kommuniziert und wie viele Daten bewegt werden. Ändert sich das Verhalten des Netzes, kann das AD-IDS Alarm schlagen, ohne genau zu wissen, was eigentlich vor sich geht.

Nach diesem Verfahren arbeiten übrigens auch Kreditkartenunternehmen. Sie sperren Karten, wenn Ausgaben plötzlich nicht mehr in das bisherige Kauf-Schema des Karteninhabers fallen, und vermuten einen Diebstahl oder Missbrauch der Karte.

Nachfolgend möchte ich Ihnen die „Grundausrüstung" an Überwachungssoftware vorstellen. Diese sollte so selbstverständlich sein wie das Schloss an Ihrer Wohnungstür. Vor allem aber sollten Sie sich rechtzeitig um diese Programme kümmern: Einige basieren gerade darauf, dass sie sofort nach Abschluss einer sauberen Installation das System checken und sich den Zustand Ihres Servers merken, um ihn später mit dem Urzustand vergleichen zu können.

Schieben Sie das Thema also nicht auf die lange Bank. Wenn Sie Ihre Schutzschilde erst dann einschalten, wenn sich fremder Besuch bereits auf Ihrem Server eingenistet hat, ist es schon längst zu spät.

15.8.1 Dateisystemintegrität: aide/Tripwire

Nehmen wir an, Sie haben einen Angriff auf Ihr System festgestellt. Jemand hatte Zutritt zu Ihrem Server. Sie haben ihn entdeckt, das Sicherheitsloch gestopft. Vielleicht hatte er sich einen versteckten **root**-Account angelegt – auch den haben Sie gefunden, gelöscht und sind stolz darauf.

Aber war das alles? Haben Sie alles gefunden, was der Unbekannte auf Ihrem Server installiert hat? Vielleicht hatte er sich ein Hintertürchen installiert (*Backdoor*), mit dem er sich jederzeit wieder auf Ihren Server einloggen kann, ohne auf das ursprüngliche Sicherheitsloch angewiesen zu sein. Vielleicht haben Sie dieses Hintertürchen auch gefunden. Aber war das alles? Gibt es noch ein weiteres? Haben Sie vielleicht nur den Köder gefunden, den Sie finden *sollten*, damit Sie jetzt glauben, Ihr System sei wieder sauber?

Sie wissen es nicht. Sie können es gar nicht wissen. Wenn es hart auf hart kommt, kann Sie ein guter Angreifer blind machen: Er kann Software manipulieren, so dass bestimmte Dateinamen nicht mehr angezeigt werden, ein leicht verändertes ls reicht aus. Er kann Software patchen, so dass ein offener TCP-Port nicht mehr angezeigt wird, obwohl er existiert. Er kann Ihr **login**-Programm so umgeschrieben haben, dass er sich einloggen kann, ohne einen Eintrag in Ihrer Userliste zu haben. Wenn er einmal **root** war, kann er alles mögliche auf Ihrem System installiert und verändert und Ihr System so umgebaut haben, dass seine Veränderungen stets ausgeblendet werden. Mit fertigen Paketen wie dem *t0rn-rootkit* oder *adore* ist das kein Problem.

Wenn Sie einen Angreifer entdeckt haben, sind Sie quasi gezwungen, Ihren kompletten Server trotzdem neu aufzusetzen. Nur so können Sie wieder ruhig schlafen, nur so können Sie sicher gehen, dass Sie Ihren Server tatsächlich wieder sicher gemacht haben. De facto heißt das: Selbst ein harmloser Einbruch ist stets ein Totalschaden.

aide heißt Ihre Rettung, sofern Sie sich rechtzeitig genug darum gekümmert haben. *aide* steht etwas vollmundig für *Advanced Intrusion Detection System*. Der Vorgänger nannte sich übrigens *Tripwire* – falls Sie in älteren Readmes, Howtos oder anderen Unterlagen Verweise auf dieses Programm finden, können Sie stattdessen ganz einfach *aide* benutzen, sie sind in der Bedienung auch nahezu identisch.[10]

„Rechtzeitige Beschäftigung" aber heißt: Direkt nach erfolgter Installation Ihres Linux-Rechners. aide und Tripwire erfassen in einer Datenbank eine digitale Signatur aller wichtigen Dateien und Programme. Damit werden Änderungen an der Datei erkannt und Sie können im nachhinein feststellen, ob und welche Dateien gegenüber dem Original verändert worden sind. Sie verfügen dabei über ein ganzes System unterschiedlicher Möglichkeiten, diese digitalen Signaturen zu berechnen, es sollte also praktisch ausgeschlossen sein, dass ein Angreifer eine Datei so verändern kann, dass sie weiterhin auf die gespeicherte Signatur passt.

Nur wird aide sich den Zustand Ihres Systems merken, den es bei seinem ersten Start vorfindet. Das heißt: Sie müssen die aide-Datenbank unmittelbar nach der Installation initialisieren, denn nur dann können Sie einigermaßen sicher sein, dass Ihre Software noch im Originalzustand ist. (Woher haben Sie eigentlich Ihre Installations-CDs? . . .) Starten Sie aide erst, wenn Ihr Server schon eine Weile online im Netz gewesen ist, können Sie nicht wissen, ob Sie nicht bereits manipulierte Software in Ihre Datenbank eingelesen haben. Der Sinn von aide ist dann dahin.

---

[10] Quellen: ftp://ftp.cs.tut.fi/pub/src/gnu/
    Infos: http://www.cs.tut.fi/ rammer/aide.html

aide erwartet eine Konfiguration in **/etc/aide.conf**. Zumindest bei SUSE Linux werden Sie eine Musterdatei finden.[11] Passen Sie diese Datei gegebenenfalls an Ihren Server und Ihre Verzeichnisstruktur an.

Sie sollten von aide erfassen lassen:

- alle wichtigen Programme und unveränderlichen Dateien, allen voran natürlich **/usr/bin**, **/usr/sbin**, **/bin** und **/sbin**.

- alle elementaren Konfigurationsdateien, die nicht oder selten verändert werden, z. B. die der Firewall-Einstellungen, **/etc/inetd.conf** wie auch **/etc/hosts.equiv**. Auf einem reinen TCP/IP-Server vielleicht auch die Datei **/etc/passwd**, wenn Sie keine weiteren Benutzer anlegen.

Unsinnig ist es, von aide erfassen zu lassen:

- alle veränderlichen Dateien, z. B. Logfiles

- alle temporären Dateien in **/tmp** oder **spool**-Verzeichnissen

- Systemordner wie z. B. **/proc**

Üblicherweise lassen Sie deshalb die gesamte Festplatte, beginnend auf der **root**-Ebene, einlesen und schließen einige Verzeichnisse aus.

```
linux:~ # cat /etc/aide.conf
#
# Copyright (c) 2000, 2002 SuSE Linux AG, Germany.
#
# /etc/aide.conf
#

database=file:/var/lib/aide/aide.db
database_out=file:/var/lib/aide/aide.db.new
verbose=20
report_url=stdout
All=R+a+sha1+rmd160+tiger
Norm=s+n+b+md5+sha1+rmd160+tiger


#
# do not look at these
#

!/dev
!/tmp
!/proc
!/usr/src
```

[11]   Bei älteren Versionen ggf. in **/usr/share/doc/packages/aide**.

```
#
# and work on all the others
#

/ R
linux:~ #
```

Sie können dann aide anweisen, Ihre Datenbank aufzubauen. Nicht verzweifeln: Das kann eine ganze, ganze Weile dauern. Schließlich muss aide unzählige Dateien einlesen und Prüfsummen berechnen.

```
linux:~ # aide --init
linux:~ #
```

Die entstandene Datenbank müssen Sie sichern! Ihnen nützt die schönste aide-Datenbank nichts, wenn sie auf Ihrem Server liegen bleibt. Sonst kann der Angreifer seine Änderungen einfach mit in diese Datenbank aufnehmen lassen, und alle Arbeit war umsonst.

Sichern Sie diese Datenbank am besten auf einem *Read-Only*-Medium, wie z. B. einer CD-ROM. Zumindest aber sollten Sie diese Datenbank auf einem separaten Host vorhalten, ggf. verschlüsselt. Aber nur ein Read-Only-Medium wird wirklich sicherstellen, dass Sie im Notfall Ihre Systemintegrität zuverlässig überprüfen können.

Der Name der Datenbank nach dem ersten Init-Durchlauf entspricht in der Regel nicht dem, was später von aide erwartet wird – sie sehen das auch oben in der abgedruckten Config-Datei an den Parametern **database_out** und **database**. Das soll Ihnen zum einen ermöglichen, die Datenbank von einem Read-Only-Medium zu lesen und auf einem Read-Write-Medium anzulegen, zum anderen aber auch daran erinnern, dass Sie diese Datenbank sichern und verschieben müssen, wenn sie sicher funktionieren soll.

Bevor Sie den nachfolgenden Check mit aide machen können, müssen Sie die Datenbank zumindest umbenennen.

```
linux:~ # aide --check
AIDE found differences between database and filesystem!!
Start timestamp: 2003-08-28 22:36:17
Summary:
Total number of files=95184,added files=1,removed files=0,changed files=2

Added files:
added:/var/lib/aide/.ccz
Changed files:
changed:/usr/bin
changed:/usr/bin/zgrep
Detailed information about changes:

Directory: /usr/bin
```

```
Mtime      : 2003-08-04 14:15:54              , 2003-08-28 22:35:59
Ctime      : 2003-08-04 14:15:54              , 2003-08-28 22:35:59

File: /usr/bin/zgrep
  Size     : 1896                             , 1897
  Mtime    : 2003-03-14 01:16:30              , 2003-08-28 22:35:59
  Ctime    : 2003-05-17 06:49:15              , 2003-08-28 22:35:59
  MD5      : W0epsz8CZqimkJiRdicuMg==         , he/Zqc60v5ZeNSPs8c1KSA==

linux:~ #
```

Noch ein Tipp: Sie können aide auch automatisch über einen Aufruf per **cron** starten, damit Sie Ihr System dauerhaft im Hintergrund überwachen können. Das große Problem dabei: Ein kluger Angreifer wird das System natürlich so umstellen, dass Sie immer weiter täglich die gleiche E-Mail bekommen, es habe sich nichts geändert ...

15.8.2 Argus

Argus ist ein *Network Monitoring Tool*, also ein System, das in der Lage ist, auch über lange Zeiträume ein Netzwerk zu beobachten und die Charakteristiken der geflossenen Datenströme für eine spätere Analyse zu loggen.[12]

Argus selbst kann keine Einbrüche erkennen oder melden. Aber mit Hilfe von Argus können wir im Nachhinein noch feststellen, was vor etlichen Monaten in unserem Netzwerk passiert ist. Das hilft später herauszufinden, wann ein Angreifer eingedrungen ist und auf welchen Hosts in unserem Netz er überall aktiv war. Argus ermöglicht die nachträgliche Rekonstruktion des Datenverkehrs.

Darüber hinaus hilft Argus bei der Kontrolle, ob wir nur legalen Datenverkehr in unserem Netz haben, den unsere Firewall auch durchlassen soll. So können wir nach geraumer Zeit noch testen, ob irgendwo ein Leck in unserer Abschottung ist oder vielleicht die Firewall verändert, umgangen oder überlistet wurde.

Dazu installieren und starten wir Argus und lassen es fortlaufend im Hintergrund protokollieren.

Die Argus-Datenbank findet sich unter **/var/log/argus** und kann – je nach Datenverkehr – ziemlich groß werden. Im Normalfall interessiert sie uns zunächst einmal nicht weiter. Hauptsache, Argus zeichnet kontinuierlich auf. Sie können aber auch einen täglichen Check auf Verletzung Ihrer Sicherheitsrichtlinien laufen lassen. In **/usr/share/doc/packages/argus** finden Sie Beispielskripten.

---

[12] Quellen: ftp://ftp.qosient.com/pub/argus
      Infos: http://www.qosient.com/argus

15.8.3 scanlogd

Ein Portscan, also ein systematischer Test eines Servers nach offenen TCP- oder UDP-Ports, sollte wohl kaum ausreichen, um gleich einen Angriff zu wittern und einen Großalarm auszulösen. Im Usenet findet aber in schöner Regelmäßigkeit eine Diskussion darüber statt, ob ein Portscan eines Rechners als verboten und damit gleichsam als Kriegserklärung zu werten und ggf. mit aktiven Gegenmaßnahmen oder einer Beschwerde oder Anzeige beim Provider des Scannenden zu beantworten sei.[13]

Denn ein Portscan geht unter Umständen einem Angriff voraus und stellt meist ein erstes Herantasten an das Opfer dar: Welche Ports sind offen? Welches Betriebssystem hat der Server? Existiert eine Firewall? Welche Dienste sind aktiviert? Welche Software wurde eingesetzt, in welcher Version?

All das sind Dinge, die einen normalen Benutzer eigentlich nichts angehen und für die sich ein normaler Teilnehmer des Internet eigentlich nicht interessieren sollte. Doch gibt es immer wieder einmal neugierige große und kleine Spielkinder, die ihren frisch installierten Netzwerkscanner ausprobieren und ihren Lieblingswebserver scannen wollen, ohne Böses im Schilde zu führen.

Dennoch lohnt es sich auch, Portscans zu erfassen und zu überwachen. Häufen sie sich generell? Treten verstärkt Scans aus einem bestimmten IP-Bereich auf? Stehen diese vielleicht in Zusammenhang mit anderen Aktivitäten aus diesem IP-Bereich, die vielleicht auch nur merkwürdig und für sich gesehen harmlos, im Zusammenhang mit dem Scan aber doch merkwürdig zufällig sind? Kommen vielleicht Scans aus Ihrem eigenen Netz, die Sie gar nicht veranlasst haben?

scanlogd hilft uns dabei.[14] Einmal installiert und als Dämon im Hintergrund gestartet, versucht es trotz verschiedener möglicher Tarn-Techniken die Portscans auf dem jeweiligen Rechner zu erkennen, und protokolliert entdeckte Scans via **syslogd** in /var/log/messages:

```
linux:~ # grep scanlogd /var/log/messages
Mar 29 23:04:44 mail scanlogd: 192.168.100.34 to 192.168.100.170
ports 354, 15, 1369, 282, 1501, 931, 1404, ..., fSrpauxy, TOS 00,
TTL 64 @23:04:44
linux:~ #
```

Vergessen Sie aber nicht, die Einträge von **scanlogd** in /var/log/messages zu lesen und zu prüfen, z. B. durch das Programm **logsurfer**.

---

[13] Vgl. http://groups.google.de/groups?q=portscan+angriff&hl=de
[14] Quellen: http://www.openwall.com/scanlogd/
Infos: http://www.openwall.com/scanlogd/

15.8.4 Saint und Satan

Gut und Böse sind eng miteinander verwandt. Und so ist es auch nicht sehr verwunderlich, wenn einer der wichtigsten Security-Checker mit Namen *Saint* früher einmal *Satan* hieß und damals eher in Kreisen Verbreitung fand, denen es gerade nicht um das Schließen von Sicherheitslücken ging...

Saint gehört ebenfalls zu den Standardwerkzeugen, scheint aber derzeit etwas zu veralten und nicht mehr mit Nachdruck weiterentwickelt zu werden. Dennoch ist es nach wie vor ein Muss für jedes Netzwerk. Es prüft einzelne IP-Nummern oder komplette Subnetzbereiche auf Herz und Nieren und bringt dabei auch eine umfangreiche Datenbank mit potenziellen und tatsächlichen Sicherheitslücken mit. Es prüft zum einen die jeweils eingesetzte Software auf ihre Version und die dafür bekannten Lücken. Zum anderen ist es auch in der Lage, eventuell unsichere Fehlkonfigurationen an sich sicherer Software aufzuspüren und zu melden.

Die gefundenen Fehler werden entsprechend bewertet und, z.T. mit ausführlichen Hintergrundinformationen und Erklärungen versehen, gemeldet.

Solange Saint für Ihren Server noch rote oder gelbe Warnmeldungen ausgibt, sollten sie ihn nicht ans Netz lassen.

Im Gegensatz zu den übrigen hier vorgestellten Programmen läuft Saint nicht im Textmodus, sondern nur unter der grafischen Oberfläche. Starten Sie unter X/KDE/GNOME einfach Saint und lassen Sie sich überraschen – für die Darstellung der Ergebnisse bemüht Saint einfach einen Webclient, über den Sie das Programm dann auch bedienen können.

Doch Vorsicht: Die Grenzen zwischen Gut und Böse sind fließend. Einige Testmethoden reichen aus, um Server eines großen internationalen Softwarekonzerns zum Absturz zu bringen. Ein klassischer *Denial-of-Service*-Angriff also. Testen Sie nur ihre eigenen Server oder wenn Sie eine besondere Erlaubnis des jeweiligen Administrators haben.

15.8.5 Snort (NIDS)

Snort darf als *Network Intrusion Detection System* (NIDS) nicht in unserem LAN fehlen. Es hat die Aufgabe, möglichst den gesamten Netzwerkverkehr zu überwachen. Anhand so genannter *Rulesets*, einer Datenbank, die bekannte Angriffsmuster enthält, erkennt Snort, wenn Angreifer oder verdächtige Datenpakete in unserem Netzwerk unterwegs sind. Vorausgesetzt, die Rulesets werden aktuell gehalten. Snort selbst ist dabei flexibel – eigene Rulesets sind leicht möglich.[15]

---

[15] Quellen: http://www.snort.org/dl/
Infos: http://www.snort.org/. Und als Lektüreempfehlung ein Buch von Thomas Bechtold und dem Autor dieses Buches: „Snort, Acid & Co – Einbruchserkennung mit Linux", Open Source Press 2004, ISBN: 3-937514-03-1.

Für den Erfolg beim Einsatz von Snort ist dessen Positionierung im Netz entscheidend: Es kann nur Datenverkehr filtern, an den seine Netzwerkkarte auch gelangen kann. Insofern sollte man es nach Möglichkeit unmittelbar neben der Firewall positionieren, wo aller ein- und ausgehender Traffic vorbeikommt. Denken Sie aber auch daran, dass Switches Ihr Snort quasi blind machen, wenn es nur die Datenpakete durchgeleitet bekommt, die an die IP-Adresse des Snort-Hosts gerichtet sind. Gute Switches haben einen *Monitor Port*, an den *alle* Datenpakete geschickt werden, was Ihren Snort-Host zugleich natürlich auch wieder interessant für Angreifer macht.

Aber ausgerechnet den Rechner, der Ihnen laufende Angriffe protokollieren soll, werden Sie hoffentlich ohnehin gut geschützt und nach Möglichkeit besonders stark abgeschirmt haben. Wenn sich ein Angreifer auf dem NIDS einnisten kann, sind sie völlig ahnungslos und werden den Angriff kaum noch entdecken können.

Konkret heißt das: Dieser Rechner muss eine absolute Minimalinstallation sein und nur das Wichtigste vom Wichtigen enthalten. Sämtliche Netzwerkdienste müssen möglichst komplett deaktiviert werden – im Idealfall ist kein einziger Netzwerkdienst installiert. Insbesonders Login-Möglichkeiten wie **telnet** oder **ssh** haben darauf nichts zu suchen, **rsh** haben wir ja ohnehin schon abgehandelt.

Im idealen Idealfall besitzt Ihr Snort-Rechner zwei Netzwerkkarten. Eine hin zu einem internen abgesicherten Netz, über die er ggf. Warnmeldungen verschicken kann, ein anderes Netzwerkinterface *ohne IP-Nummer*, das im zu überwachenden Bereich hängt. Sie können auch ohne IP-Nummer über dieses Interface sniffen und überwachen, doch niemand kann auf diesem Interface Ihren Rechner kontaktieren (zumindest nicht mit IP-Paketen).

Wenn Sie Snort von Ihrer Distributions-CD installieren, sollten Sie sich gleich auch aktuelle Snort-Rulesets aus dem Netz holen.[16]

Entpacken Sie diese Rulesets nach **/etc/snort/rules** und passen Sie dort auch die Datei **/etc/snort/snort.conf** an Ihr Netz und Ihre IP-Nummern an.

Zudem sollten Sie Snort nicht unter **root**-Rechten laufen lassen, da diese (wie so häufig) eigentlich gar nicht benötigt werden. Legen Sie einen User Snort an, sofern der in Ihrer Distribution nicht schon eingerichtet ist. Beachten Sie dabei die auf Seite 330 genannten Sicherheitsmaßnahmen.

Snort selbst beschränkt sich darauf, seine Entdeckungen nach **/var/log/snort/** zu protokollieren. Wahlweise können Sie sich allerdings auch SMB-Messages an einen im LAN befindlichen Windows-Rechner senden lassen, die dort als Meldung eingeblendet werden.

Auf jeden Fall aber nützen Ihnen wie immer Ihre Logdateien nichts, wenn sie nicht von Ihnen gelesen werden. Das Programm **snort-stat** hilft Ihnen dabei, einen regelmäßigen übersichtlichen Report zu generieren.

---

[16] http://www.snort.org/

```
linux:~ # cat /var/log/messages | snort-stat
Subject: snort daily report

The log begins from: Jan 27 13:21:15
The log ends      at: Feb 1 13:31:10
Total events: 42
Signatures recorded: 1
Source IP recorded: 1
Destination IP recorded: 3
Anomaly recorded: 0

The number of attacks from same host to same
destination using same method
================================================================
   # of
 attacks  from               to              method
================================================================
    16     192.168.0.99       62.8.206.147     OPEN
    13     192.168.0.99       62.8.206.123     OPEN
    13     192.168.0.99       192.168.0.1      OPEN


Percentage and number of attacks from a host to a
destination
================================================================
        # of
  %    attacks   from              to
================================================================
38.10    16      192.168.0.99      62.8.206.147
30.95    13      192.168.0.99      62.8.206.123
30.95    13      192.168.0.99      192.168.0.1
[...]
```

Sie sehen an der **Subject**-Zeile, dass dieser Report ideal vermailt werden kann. Tragen Sie in **/etc/crontab** den täglichen Aufruf ein:

```
linux:~ # vi /etc/crontab
[...]
0 22 * * *    snort  cat /var/log/messages | snort-stat | /usr/sbin/se
ndmail admin@postfixbuch.de
```

15.8.6   Nessus

Nessus ist ein sehr professioneller und durchdachter Security-Scanner. Es wird ein zentraler Server gestartet, der Tests vornimmt; der User selbst startet auf seinem Rechner unter einer grafischen Oberfläche Nessus als Client. Der Server selbst hat dabei eine sehr flexible und leicht erweiterbare Datenbank möglicher Angriffe und Sicherheitslöcher parat, die von einem zentralen Administrator verwaltet werden kann. Über Plugins lassen sich leicht neue Tests integrieren. Ein Nessus-Client ist übrigens auch für Windows-Plattformen erhältlich.[17]

Nessus pflegt eine eigene User-Datenbank, in der der Nessus-Administrator Nutzeraccounts und Zugriffsrechte vergeben kann. Damit lässt sich gezielt festlegen, welcher Nutzer welche Rechner oder Netzbereiche testen darf.

Aktivieren Sie Nessus bei SUSE Linux über den YaST-Runlevel-Manager und legen Sie einen Benutzer **nessus** an:

```
linux:~ # nessus-adduser
Using /var/tmp as a temporary file holder

Add a new nessusd user
----------------------


Login : nessustester
Authentication method (cipher/plaintext) [cipher] : cipher
Is "nessustester" a local user on this machine [y|n]? y

Ok, treating user "nessustester" as a local user.

User rules
----------

nessusd has a rules system which allows you to restrict the hosts
that peer has the right to test. For instance, you may want
him to be able to scan his own host only.

Please see the nessus-adduser(8) man page for the rules syntax

Enter the rules for this user, and hit ctrl-D once you are done :
(the user can have an empty rules set)
accept 192.168.0.0/28
accept 192.168.3.0/24
default deny

Login            : nessustester
Auth. method     : cipher, local user connecting from 127.0.0.1

Rules            :
accept 192.168.0.0/28
accept 192.168.3.0/24
default deny


Is that ok ? (y/n) [y] y

Pass phrase:
```

---

[17] Quellen: http://www.nessus.org/download.html
Infos: http://www.nessus.org

```
Pass phrase:
user added.
linux:~ #
```

Starten Sie dann auf diesem Rechner oder einem anderen Client Nessus unter einer grafischen Oberfläche. Loggen Sie sich unter diesem Nutzer ein, wählen Sie die durchzuführenden Tests und Ihr Opfer (*Target*) aus.

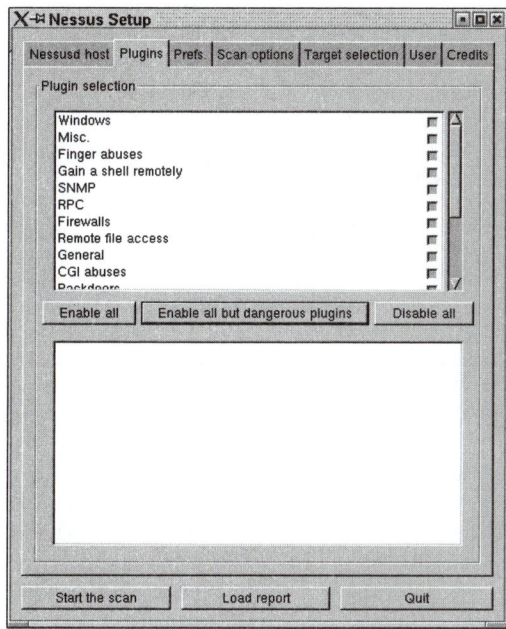

Abbildung 15.1:
Die Auswahl der Tests
bei Nessus

Aber Vorsicht: Einige der Tests sind nicht nur geeignet, um Sicherheitslücken zu finden, sondern auch, um den getesteten Rechner durch einen *Denial-of-Service* (DoS) lahmzulegen oder zum Absturz zu bringen. Wie ließe sich sonst testen, ob man ihn schachmatt setzen kann? Aus diesem Grund ist es sinnvoll, mit Nessus eher *andere* Rechner des LAN zu testen, und nicht etwa gerade den Rechner, auf dem Nessus läuft.

Übrigens bietet Nessus an, sich eine Kopie der Zonen-Datei von einem Nameserver zu laden um damit systematisch alle Hosts einer Domain durchzutesten. Auch aus diesem Grund sollte auf Nameservern kein pauschaler Zonentransfer erlaubt sein (Anhang B.2), denn so etwas wäre Freund und Feind gleichermaßen nützlich.

15.9   chroot – Ein Gefängnis für Postfix

Unter Umständen finden sich in **/var/spool/postfix** gar merkwürdige weitere Unterverzeichnisse:

```
linux:~ # ls -l
total 9
drwxr-xr-x   17 root      postfix    358 Aug 26 19:17 .
drwxr-xr-x   18 root      root       394 Aug 23 20:32 ..
drwx------    4 postfix   root        69 Aug 26 19:27 active
drwx------    2 postfix   root        35 Aug 26 19:17 bounce
drwx------    2 postfix   root        35 Aug 26 19:17 corrupt
drwx------    2 postfix   root        35 Aug 26 19:17 defer
drwx------    4 postfix   root        69 Aug 26 19:27 deferred
drwxr-xr-x    4 postfix   root       253 Aug 23 20:34 etc
drwx------    2 postfix   root        35 Aug 26 19:17 flush
drwx------    4 postfix   root        69 Aug 26 19:27 incoming
drwxr-xr-x    3 postfix   root       703 Aug 23 20:34 lib
drwx-wx--T    2 postfix   maildrop    35 Aug 26 19:27 maildrop
drwxr-xr-x    2 postfix   root       169 Aug 26 19:27 pid
drwx------    2 postfix   root       378 Aug 30 18:30 private
drwxr-xr-x    2 postfix   root        98 Aug 30 18:30 public
drwx------    2 postfix   root        35 Aug 26 19:17 saved
drwxr-xr-x    3 postfix   root        56 Aug 23 20:34 usr
linux:~ #
```

etc, lib, usr, var... – das erinnert doch ganz an die Dateistruktur im **root**-Verzeichnis. Genau richtig – das **root**-Verzeichnis ist hier nachgebildet. Und wer in das Verzeichnis **/var/spool/postfix/etc** einen Blick wagt, wird dort auch Kopien einiger (weniger!) Dateien aus dem Original **/etc** finden – z. B. die Dateien **resolv.conf** und **services**.

```
linux:~ # cd /var/spool/postfix/etc
linux:/var/spool/postfix/etc # ls -l
total 234
drwxr-xr-x    4 postfix   root          253 Aug 23 20:34 .
drwxr-xr-x   17 root      postfix       358 Aug 26 19:17 ..
-rw-r--r--    1 postfix   root          370 May 11 07:31 host.conf
-rw-r--r--    1 postfix   root          682 Aug 29 13:29 hosts
-rw-r--r--    1 postfix   root          837 May 11 16:44 localtime
-rw-r--r--    1 postfix   root         1342 Jun 20  2000 nsswitch.conf
drwxr-xr-x    2 postfix   root           60 Aug 23 20:34 openldap
drwxr-xr-x    2 postfix   root          512 Aug 23 20:34 pam.d
-rw-r--r--    1 postfix   root         2687 Aug 19 19:24 passwd
-rw-r--r--    1 postfix   root           71 Jul 23 23:03 resolv.conf
-rw-r--r--    1 postfix   root       210002 May 11 07:31 services
```

Was wir hier vor uns sehen, ist eine klassische **chroot**-Umgebung, die auch bei einigen anderen Softwarepaketen benutzt werden kann.

15.9.1 Was ist chroot genau?

Unter dem Begriff „chroot" oder einer denglischen Aussage wie „Postfix läuft chrooted" versteht man eine Systemfunktionalität von Linux, die das Herz eines jeden sicherheitsbewussten Administrators höher schlagen lässt. Diese Funktion ermöglicht es, Programme in einem Unterordner des Dateisystems zu starten, der ab dann für dieses laufende Programm (und nur für dieses!) das root-Verzeichnis des gesamten Dateisystems darstellt. Die darüber liegenden Verzeichnisse werden quasi vollständig ausgeblendet.

Ein Beispiel: Ein Zugriff von Postfix auf die Datei /etc/hosts zeigt ab sofort auf /var/spool/postfix/etc/hosts – doch merkt Postfix davon nichts. Für die „chrootete" Software stellt sich alles normal dar, nur dass eben auffallend wenige Dateien vorhanden sind. Vorhanden ist ziemlich genau nur das, was auch wirklich existieren muss. /etc/passwd z. B., um einige Nutzerkennungen den Usernamen zuordnen zu können, oder /etc/resolv.conf, um festzulegen, welche Nameserver für eine DNS-Abfrage genutzt werden sollen. Oder eben einige grundlegende Programmbibliotheken aus /var/lib. Noch einmal zum Verständnis: Wenn ein chrootetes Postfix die Datei /etc/resolv.conf lädt, so greift Linux ohne weitere Hinweise auf /var/spool/postfix/etc/resolv.conf zu – und lässt Postfix im Glauben, es hätte die Originaldatei /etc/resolv.conf geladen.

15.9.2 Was bringt chroot?

Doch welchen Vorteil bringt dieser Aufwand? Einen immensen Sicherheitsgewinn. Entscheidend ist nämlich, dass eine chrootete Software auf Dateien außerhalb ihres neuen Rootverzeichnisses nicht mehr zugreifen kann. Das Verzeichnis „/" ist nun /var/spool/postfix – eine höhere Ebene gibt es nicht mehr. Das Dateisystem wird sozusagen „verbogen" und die Software in diesem Dateisystem „gefangen", ohne aus der chroot-Umgebung ausbrechen zu können.

Findet ein Hacker eine Möglichkeit, Postfix derart auszunutzen, dass es externe Dateien (die Passwort-Datei?!) laden könnte, so wird ihm das nichts nützen: Im Verzeichnis /etc des gechrooteten Postfix (alias /var/spool/postfix/etc) findet sich nichts Interessantes und schon gar keine brauchbaren Passwörter. Und an das „echte" /etc ist kein Herankommen.

Eine chroot-Umgebung ist für den Betrieb eines sicheren Mailservers sehr nützlich! SUSE Linux und einige andere Distributionen liefern Postfix bereits derart vorbereitet mit einer chroot-Umgebung aus, so dass man damit selten Schwierigkeiten hat. Man muss sie nur noch aktivieren.

In der Standard-Installation ist die chroot-Umgebung vielleicht nicht aktiviert, da sie einige kleine Tücken aufweist. Sie ist aber eigentlich recht problemlos zu handhaben, sofern man einige Dinge weiß und beachtet.

Wenn Konfigurationsdateien in /etc verändert werden, müssen sie auch (sofern vorhanden und relevant) in /var/spool/postfix/etc verändert werden. Postfix wird noch Ewigkeiten den alten Nameserver befragen, wenn eine Kopie der neuen Datei /etc/resolv.conf nicht in die chroot-Umgebung von Postfix kopiert wird. Und das führt mitunter zu sehr merkwürdigem Verhalten und einer sehr schwierigen Fehlersuche. Unter SUSE Linux kümmert sich SuSEconfig um diesen Abgleich und sorgt für eine immer aktuelle chroot-Umgebung. Dieses Skript wird auch stets nach Veränderungen bei Beenden von YaST gestartet, Sie können es als root aber auch jederzeit per Hand aufrufen.

Übrigens läuft dieses Skript auch dann, wenn sie die automatische Konfiguration von Postfix durch YaST deaktiviert haben – in diesen Fällen prüft das Skript nur die chroot-Umgebung und hält sie aktuell, nimmt selbst aber keine Änderungen an den Konfigurationsdateien von Postfix vor.

In SUSE Linux ab Version 8.0 müssen Sie die Datei /etc/sysconfig/postfix editieren: Dort hatten wir ursprünglich deaktiviert, dass SuSEconfig automatisch die Konfigurationsdateien für Postfix erzeugen soll. Untenstehendes Beispiel weist SuSE-config an, Postfix nicht umzukonfigurieren, aber sich um die chroot-Umgebung zu kümmern:

```
linux:~ # joe /etc/sysconfig/postfix
#
# If you don't want to let SuSEconfig generate your
# configuration file, set this to no
#
MAIL_CREATE_CONFIG="no"

#
# Start postfix services chrooted, that are able to run chrooted?
# Note: if you want SuSEconfig to maintain the chroot jail, you
# also have to set POSTFIX_UPDATE_CHROOT_JAIL to yes
POSTFIX_CHROOT="yes"

#
# Set this to yes, if SuSEconfig should setup the chroot jail
# itself
#
POSTFIX_UPDATE_CHROOT_JAIL="yes"
```

In den Versionen bis 7.3 ist /etc/rc.config.de/postfix.rc.config Ihr Ziel. Setzen Sie dort POSTFIX_CHROOT=yes, so kümmert sich SuSEconfig um eine aktuelle chroot-Umgebung, fasst Ihre übrige Postfix-Konfiguration aber nicht an. Diesen Service sollten Sie unbedingt in Anspruch nehmen.

```
linux:~ # joe /etc/rc.config.d/postfix.rc.config
#
# If you don't want to let SuSEconfig generate your
```

```
# configuration file, set this to no
#
POSTFIX_CREATECF="no"

[...]

#
# Start postfix services chrooted, that are able to run chrooted?
#
POSTFIX_CHROOT="yes"
linux:~ # SuSEconfig --module postfix
[...]
linux:~ #
```

15.10 Bleiben Sie aktuell: Bugfixes und BugTraq

Was nützen die schönsten Hot- oder Bugfixes (andere nennen es „Servicepacks"), wenn der Administrator sie nicht beachtet und einspielt. Diese Erfahrung hat im Sommer 2001 auch ein großer internationaler Softwarekonzern machen müssen, als sein eigener Onlinedienst **hotmail.com** vom Nimda-Virus lahmgelegt wurde. Zwar hatte die Mutterfirma Microsoft schon Wochen zuvor ein sog. Servicepack veröffentlicht, doch selbst im eigenen Haus spielte man es offenbar nicht ein. Nimda konnte seinen größten Schaden zu einem Zeitpunkt anrichten, als der Fehler schon über Wochen bekannt und der Schutz schon lange erhältlich war.

Was nützen also erkannte Fehler, Patches und Updates, wenn sie nicht eingespielt werden!? Aktuelle Programmversionen sind Pflicht! Es geht dabei nicht um den Hype nach der neuesten Version mit den neuesten Funktionen, sondern um eine sichere Software, bei der alle bislang bekannten Löcher gestopft sind.

Sie müssen nicht immer die neueste Distribution verwenden; gefixte Programmpakete werden oft auch noch für ältere Distributionen veröffentlicht. Aber Sie müssen die Webseiten Ihrer Distribution beobachten und regelmäßig nach Sicherheitsbekanntmachungen und Updates schauen.[18]

In den neueren SUSE-Versionen klappt das *YaST Online Update* (*YOU*) sehr gut und problemlos. Es existiert auch ein Skript namens **online_update**, das automatisch und ohne Rückfragen die YOU-Updates vom Server zieht und installiert. Tragen Sie dieses in Ihre Cron-Tabelle ein, so dass es einmal in der Nacht gestartet wird!

Doch Vorsicht: Sie müssen die Security-Meldungen und Updates trotzdem überwachen. Einige Dienste erfordern nach einem Update einen Neustart (z. B. der SSH-Dämon), sonst bleibt der alte, anfällige Programmcode aktiv. Ein Kernel-Update erfordert sogar einen Neustart des Rechners! Diese Aufgaben kann und will YOU natürlich nicht übernehmen.

[18] Z. B. http://www.suse.de/de/private/download/updates/index.html

Es kostet vielleicht ein wenig Überwindung, auf einem Produktiv-Server automatisiert ohne Rückfrage neue Software-RPMs einspielen zu lassen. Das ist sicherlich nicht ganz unberechtigt, auch wenn dabei ja keine neuen Versionen, sondern nur gefixte, aber sonst identische Versionen auf die Rechner kommen. Ich selbst praktiziere diese unüberwachten Updates seit geraumer Zeit auf diversen Servern und hatte noch *nie* den Fall, dass etwas schief lief. Die Gefahr besteht natürlich, wenn sie auch gering ist. Andererseits muss man sich auch fragen, was passiert, wenn relevante Sicherheitsupdates übersehen oder erst ein paar Tage oder Wochen später eingespielt werden. Ist das nicht die viel größere Gefahr?

Viele Distributionen haben auch eigene Mailinglisten, auf denen über Sicherheitslücken und Updates informiert wird.[19] Tragen Sie sich bitte nicht nur in diese Liste ein – *lesen* Sie sie auch und spielen Sie die Updates möglichst schnell ein!

Ebenfalls sehr beobachtenswert ist die *BugTraq*-Liste. In diesem Archiv wird die Sicherheitsgeschichte von vielen, vielen Programmpaketen aller Betriebssysteme protokolliert. Beobachten Sie diese Webseite, beobachten Sie dort die Software, die Sie verwenden. Stöbern Sie einmal in den alten Meldungen und machen Sie sich diese Löcher klar.[20]

---

[19] Z. B. http://www.suse.de/de/private/support/online_help/mailinglists/index.html
[20] http://www.securityfocus.com/archive

16 Kapitel

Sichere Netztopologie

Sichere Server sind eine Sache, sichere Netze eine andere. Die richtige Konzeption der Netztopologie kann entscheidend sein. Ein Sicherheitsloch wird es immer geben. Ein *Root Exploit* wird immer wieder einmal bekannt werden, und schon haben Sie ungebetenen Besuch auf einem Ihrer Server.

Nur: Hält Ihr Netz das aus? Gefährdet ein geknackter Rechner zugleich Ihre übrigen Server? Oder können Sie mit diesem Problem umgehen? Kann ein Angreifer, wenn er sich erst einmal innerhalb Ihres Netzes befindet, im Sturmschritt auch den gesamten Rest erobern? Wie leicht machen Sie es ihm, aus einem recht unbedeutenden Hack zu den wirklich sensiblen Bereichen vorzudringen?

In diesem Kapitel wollen wir uns darum kümmern, wie Firewalls konzipiert werden, aber auch, wie sichere Netzstrukturen aufgebaut sind, so dass es einem Angreifer schwer bis unmöglich gemacht wird, seine Vorteile auszunutzen.

16.1   Firewalls

Kommen wir also zu dem sehr heiklen Thema „Firewalls". Wir wagen den Spagat, auf wenigen Seiten etwas zu erklären, was andernorts ganze Bücher füllt. Die nachfolgenden Seiten können Ihnen allenfalls einen Einblick in Sinn, Zweck und Konfigurationsweise von Firewalls geben. Wenn Sie ernsthaft einen professionellen, sicheren Mailserver betreiben wollen, so kommen Sie nicht umhin, sich zu diesem Thema separat zu informieren, denn dann geht es auch um die generelle Frage, wie Ihr gesamtes Netz geschützt ist.

Nach einem knappen Überblick, warum Firewalls immer notwendig sind, möchte ich eine Konfiguration für einen klassischen Mailserver vorschlagen und Ihnen dabei das Firewall-Wissen aufzeigen, das bei einem Mailserver gebraucht wird.

Sollten Sie eine individuelle Konfiguration benötigen oder zusätzlich eine externe, „richtige" Firewall mit Linux aufsetzen, die Ihr gesamtes Netz schützt (was ich Ihnen sehr empfehle!), so muss ich Sie auf weiterführende Dokumentationen verweisen.

Hervorragend geschrieben und auch für Anfänger und Fortgeschrittene gleichermaßen geeignet ist „Das Firewall-Buch" von Wolfgang Barth, das ich wärmstens empfehlen möchte und das auch sehr gut geeignet ist, um TCP/IP besser zu verstehen.[1]

Das hier Gezeigte sollte aber ausreichen, das Prinzip zu verstehen. Es würde mich jedoch freuen, wenn ich hier Ihr Bedürfnis nach einer raffinierteren Firewall wecken kann.

16.1.1   Wie Firewalls funktionieren

Firewalls gibt es in verschiedenen Ausprägungen. Die bekannteste und einfachste Art sind paketfilternde Firewalls, die IP-Pakete

- einfach durchrouten (**ACCEPT**),

- kommentarlos verwerfen (**DROP**),

- verwerfen, aber eine ICMP-Fehlermeldung darüber an den Absender schicken (**REJECT**).

Sie richten sich dabei nach bestimmten Kriterien der Pakete wie der

- IP-Nummer des Absenders (**--s**)

- IP-Nummer des Empfängers (**--d**)

---

[1] Wolfgang Barth: „Das Firewall-Buch", SUSE Press [2]2003, ISBN 3899900448.

- Port-Nummer des Absenders (**--sport**)

- Port-Nummer des Empfängers (**--dport**)

Üblich ist heute auch dynamische Paketfilterung mit weiteren Möglichkeiten:

- So lässt sich der Verbindungszustand prüfen, d. h. ob das Paket einen Verbindungsaufbau einleiten soll, zu einer bestehenden Verbindung gehört oder eine Verbindung beenden soll. Dazu werden die im Header von IP-Paketen vorhandenen Status-Flags **SYN**, **ACK**, **FIN**, **RST** und andere ausgewertet. Die Firewall kann damit unterscheiden, ob ein Paket eine Verbindung aufbaut (**NEW**) oder ob es zu einer bereits aufgebauten Verbindung gehört (**ESTABLISHED**, **RELATED**).

- Ein anderer Schutz ist die Überwachung der maximal zeitgleich erlaubten offenen Verbindungen von/zu einem Dienst, um einen *Denial-of-Service*-Angriff (DoS) zu verhindern.

Darüber hinaus gibt es auch so genannte *Application Firewalls*, die sich nicht nur nach Kriterien der TCP/IP-Ebene richten, sondern auch das in dieser Verbindung benutzte Protokoll verstehen (in unserem Falle SMTP) und in der Lage sind, auch aufgrund bestimmter Protokoll-Kriterien zu filtern. Das setzt aber voraus, dass die Firewall zu jedem Protokoll speziell programmiert und angepasst sein muss.

Wir beschäftigen uns nachfolgend mit reinen paketfilternden Firewalls. Diese sind noch relativ einfach aufzubauen und bringen schon einen sehr guten Schutz; die hier genannten Beispiele sind natürlich beliebig ausbaufähig. Wie so häufig gilt: Die ersten 95 % Schutz sind mit wenig Aufwand zu erreichen... Und: Die meisten erfolgreichen Angriffe sind nicht besonders raffiniert, sondern beruhen auf bekannten „08/15-Hacks".

16.1.2   Warum Firewalls notwendig sind

Es ist sehr sinnvoll, den Zugang auch zu vorhandenen und installierten Diensten durch eine Firewall zu kontrollieren und zu limitieren: Haben wir zum Beispiel für uns zu Wartungszwecken einen Telnet-Server (lieber nicht!) oder einen SSH-Server (so ist's besser) installiert, könnte ein Angreifer durch *Brute Force* Passwörter erraten und zu einem Login kommen. Das kann er dann nicht, wenn wir den Zugriff auf den Telnet/SSH-Port in der Firewall auf die IP-Nummern limitiert haben, von denen *wir* als Admin uns üblicherweise einloggen.

- Sitzen Sie selbst in einem Netz mit festen IP-Nummern, so geben Sie nur Ihren Host oder auch Ihr Subnetz frei.

- Auch wenn Sie sich selbst irgendwo per *Call-by-Call* einwählen und deshalb dynamisch variable IP-Nummern bekommen, können wir den Zugriff beschränken: In aller Regel stammen diese IPs aus immer demselben Pool oder Class-C-Netz des Providers. Wer sich beim immer gleichen Anbieter in der gleichen Stadt einwählt, wird in der Regel immer Nummern aus dem gleichen IP-Pool bekommen. Testen Sie das aus. Selbst wenn Sie den Kreis der zulässigen IP-Nummern recht groß halten (z. B. auch ganze Class-B-Netze): Wichtig ist, dass Sie rund vier Milliarden anderer IP-Nummern weiterhin aussperren. Um an Ihren Telnet/SSH-Server zu kommen, müsste der Angreifer ebenfalls aus Ihrem Einwahl- oder Netzbereich kommen.

- Benutzen Sie im LAN besondere Dienste (*Network File System* (NFS), Backup-Software *Amanda*, unter Umständen auch DNS), die eigene Ports öffnen und Dämonen starten, sollten Sie unbedingt auch dies an Ihrer Firewall blocken. Ein Angreifer, der die Ports Ihres NFS-Dienstes nicht erreichen kann, kann Ihren Server nicht auf diesem Wege knacken.

Gleiches gilt aber auch für andere Dienste, die keinen direkten Login ermöglichen. Immer wieder werden Sicherheitsprobleme in verschiedenen Softwarepaketen bekannt. Fehlerfreie Software ist eine Illusion.

Auch Dienste wie POP3/IMAP, SMTP oder ein HTTP-Server können durch so genannte *Root Exploits* missbraucht werden, also durch bekannte, veröffentlichte Angriffsmechanismen, die bestimmte Fehler in der Software ausnutzen. Um das Risiko zu minimieren, muss es uns immer darum gehen, mögliche Angreifer schon von vornherein von unserer Software auszusperren, ihnen also schon auf TCP/IP-Ebene keinen Kontakt zu dieser Software zu ermöglichen.

Das können wir dann nicht, wenn der jeweilige Dienst gerade weltweit erreichbar sein soll (POP3-Postfächer). Aber wir können und müssen es dann limitieren, wenn der Dienst nur einem bestimmten Kreis zugänglich ist (Intranet und/oder einige Filialen mit definierten IP-Netzen).

Halt! Wenn Sie jetzt weiterblättern wollen, weil Sie glauben, Sie hätten doch eh nur weltweit erreichbare Dienste – warten Sie einen Augenblick! Auch dann ist es sinnvoll, eine Firewall einzusetzen. Blocken Sie auch unbenutzte Ports, auf denen kein Server läuft.

Das mag sich jetzt überflüssig anhören, ist aber wichtig und sinnvoll. Einem Angreifer mag es u. U. darauf ankommen, eine Hintertür (*Backdoor*) auf Ihrem Server zu installieren, über die er stets wieder Zugriff auf Ihren Server erlangt. Das kann eine kennwortfreie Root-Shell sein, die auf irgendeinem abstrusen Port unbemerkt vor sich hinschlummert, das kann ein eigener Dämon sein, der, einmal installiert, seinen Herrn und Meister wieder hineinlässt.

Aber: Wenn wir eingehende Verbindungen blocken bis auf die Ports, die bereits von unserer Software und unseren Dämonen besetzt sind, so fällt es dem Angreifer schwer, ein freies Plätzchen (=Port) für seine Software zu finden. Um seine Hintertür von außen zu erreichen, bleibt ihm nur das, was unsere Firewall durchlässt. Und wenn wir nur besetzte und benutzte Ports durchlassen, müsste er einen unserer Dienste abschalten oder manipulieren, um sich dort einnisten zu können. Und das würde (hoffentlich) auffallen.

16.1.3   ipfwadm, ipchains, iptables

Bei Linux ist die Firewall-Funktionalität bereits tief im Kernel integriert, was ein klarer Vorteil gegenüber anderen Betriebssystemen und Lösungen ist, bei denen die Firewall erst nach dem Betriebssystem greift. Im 2.xer Kernel wurde die Paketfilterung deutlich weiterentwickelt. Zu größeren Kernel-Releases (*Major Release*) änderte sich das zugehörige Steuerprogramm. Das ist aber insofern kein Problem, als der Aufruf vergleichbar und teilweise auch abwärtskompatibel bleibt. Sie müssen nur darauf achten, je nach eingesetzter Kernel-Version das richtige Steuerprogramm zu installieren und zu benutzen:

Kernel 2.0.x: **ipfwadm**
Kernel 2.2.x: **ipchains**
Kernel 2.4.x: **iptables**

Im Folgenden gehe ich von Kernel **2.4.x** und **iptables** aus.

Eine Linux-Firewall unterscheidet drei so genannte *Chains*, also drei Stellen in der Verarbeitung, wo wir filtern können:

INPUT chain

> Das Paket kommt aus dem Netz und ist an unseren Rechner adressiert. Es wird vom Kernel verarbeitet und an den *Userspace* weitergegeben, also den Bereich, in dem unsere Server-Software läuft.

OUTPUT chain

> Das Paket wurde im Userspace von unserer Software erzeugt und soll den Rechner verlassen, unser Kernel schickt es über das Netzwerk-Interface ins Netz.

FORWARD chain

> Ein Paket kommt aus dem Netz und ist nicht für unseren Host bestimmt, es soll nur durchgeroutet werden. Es wird den Userspace nicht erreichen und von keiner lokalen Software bearbeitet werden, unser Kernel gibt es wieder auf einem Netzwerk-Interface zum Versand aus. Diese Fähigkeit des IP-Forwarding kann man übrigens im Kernel auch komplett deaktivieren (SUSE: Bei YaST in der Netzwerkkartenkonfiguration oder **IP_FORWARD=no** in /etc/sysconfig/sysctl).

16.1.4 Die Firewall Policy

Entscheidend für die Qualität unserer Firewall ist unsere Sicherheitspolitik.
Wir könnten

Variante A

> alles freigeschaltet lassen und nur gezielt einzelne Ports blocken, die wir sperren wollen,

oder

Variante B

> alles sperren (*Default Policy*: DROP), der Reihe nach die Ports öffnen, die wir benötigen, um Verbindungen aufzubauen, und dann pauschal nur noch die Pakete durchlassen, die zu einer bereits eingerichteten Verbindung gehören,

– was erheblich besser ist.

Dazu sollte man sich in einer ruhigen Minute sein LAN anschauen und überlegen: Was muss jeder einzelne Server können? Für einen klassischen Mailserver ergibt sich folgendes Profil:

- Alles ist verboten!

- Verbindungen aus aller Welt an unseren Mailserver Port **25** (SMTP) sind erlaubt (Mailempfang), ggf. auch **465** (SMTPs) oder **587** (submission).

- Verbindungen unseres Servers in alle Welt an Port **25** sind erlaubt (Mailversand).

- Abfragen nur aus dem LAN oder ggf. aus aller Welt an unseren Mailserver an die Ports POP3 (**110**) und IMAP (**143**) sind erlaubt. Sollten Sie verschlüsseltes POP3/IMAP einsetzen, so benötigen Sie (auch) die Ports POP3S (**995**) und IMAPS (**993**).

- Unser Mailserver muss DNS-Abfragen an den Nameserver unseres Netzes stellen können, um E-Mails zustellen zu können und Absenderüberprüfungen vorzunehmen. Läuft der DNS direkt auf unserem Mailserver, so müssen pauschal Abfragen von unserem Server in alle Welt auf den DNS-Port **53** erlaubt sein. Aber Achtung: DNS wird normalerweise nicht über TCP, sondern über das verbindungslose (und hier schnellere) UDP abgewickelt! Eine TCP-Verbindung wird nur als Fallback-Möglichkeit genommen, falls UDP nicht funktionieren sollte.

- Zu Wartungsarbeiten erlauben wir wenigen ausgewählten IP-Nummern den Zugang per SSH (Port **22**).

16.1.5 Die Charakteristiken der Dienste

Oben wurde festgestellt, dass wir für den Mailempfang unseren Port 25 (SMTP) auf unserem Server freischalten müssen. Doch ist das schon wieder unnötig großzügig, wenn man sich die Charakteristika der jeweiligen Protokolle anschaut.

Ports kleiner als 1024 gelten als *privilegierte* Ports, die unter Linux auch nur mit Superuserrechten geöffnet werden können (Kapitel 4.3.1). Das ist der Grund, warum viele Mailer mit root-Rechten gestartet werden und Postfix die Annahme von Mails in das Modul smtpd ausgelagert hat.

Erst Ports ab 1024 aufwärts sind normale, *unprivilegierte* Ports, die von jeder Nutzerkennung und Software geöffnet werden können.

Spricht ein Client (egal von welchem Betriebssystem) nun unseren SMTP-Server an, haben wir eine Verbindung vom Client mit einem Port größer/gleich 1024 an unseren Server Port 25. D. h., wir haben fast immer eine Verbindung von einem unprivilegierten zu einem privilegierten Port. Aber wir haben normalerweise keine Verbindung zwischen privilegierten Ports.

Ausnahmen machen da

SSH

> nutzt ausgehend oft unprivilegierte Ports über 1024, manchmal aber auch ausgehend (!) privilegierte Ports dicht unter Port 1024 (ca. 1000 bis 1024) bzw. bei Windows-Systemen zwischen Port 500 und 1024.

DNS

> Ist der einzige Dienst, der aus- und eingehende Anfragen auf identischen Ports, also *immer* Port 53 machte, falls zwei Nameserver miteinander redeten. Dann wurden Datenpakete von TCP- oder UDP-Port 53 an den TCP- oder UDP-Port 53 gesendet. Neuere Serverversionen und DNS-Clients hingegen (und unser heutiges Linux zählt dazu), nutzen für Abfragen ausgehend unprivilegierte TCP- oder UDP-Ports, also jenseits von Port 1024.

Sie sollten eine Zeit lang Ihren Netzwerkverkehr mittels eines geeigneten Analyse-Tools (z. B. tcpdump oder argus) analysieren, um Informationen über Besonderheiten Ihres Datenverkehrs zu sammeln.

16.1.6 Ein Beispielskript zum Anpassen

Das nachfolgende Listing zeigt Ihnen dieses Profil, umgesetzt in iptables-Aufrufe. Bitte beachten Sie, dass die hier benutzte dynamische Filterung nur unter iptables verfügbar ist und darum nur mit Kernel 2.4.x funktioniert.

Sie können dieses Beispiel übrigens wie alle anderen größeren Listings dieses Buches auf den Postfix-Buch-Webseiten herunterladen und Tipparbeit sparen.[2]

```
#
# Einfaches Firewall-Skript aus dem Postfix-Buch
# http:/www.postfixbuch.de - Version 2.0
#
# Zur Vereinfachung legen wir unsere Server-IP-Nummer in
# eine Variable. Die 192.168.0.100 ist hier natürlich nur
# ein Beispiel, setzen Sie die IP Ihres Servers ein.
ip_nr=192.168.0.100

# Erstmal aufräumen.
iptables -F

# Alle userdefinierten Chains löschen.
iptables -X

# Durch unsere default-Regel (P=policy) machen wir alles zu.
iptables -P INPUT DROP
iptables -P OUTPUT DROP
iptables -P FORWARD DROP


# Wir erlauben nun pauschal alle Verbindungen, die zu bereits
# aufgebauten Verbindungen gehören. WELCHE Verbindungen aufgebaut
# werden dürfen, regeln wir anschließend.
# Wir ziehen diesen Regelsatz vor, da wir Rechenpower sparen: Ein
# Großteil der Pakete wird durch diese Regel durchgelassen, und so
# können wir recht früh die Prüfung beenden.

iptables -A INPUT  -p TCP -m state --state ESTABLISHED,RELATED -j ACCEPT
iptables -A OUTPUT -p TCP -m state --state ESTABLISHED,RELATED -j ACCEPT

iptables -A INPUT  -p UDP -m state --state ESTABLISHED,RELATED -j ACCEPT
iptables -A OUTPUT -p UDP -m state --state ESTABLISHED,RELATED -j ACCEPT


#
# Benötigte Dienste müssen wir nun einzeln freischalten:
#

# Mailempfang SMTP weltweit
iptables -A INPUT  -p TCP -d $ip_nr --sport 1024: --dport 25 \
        -m state --state NEW -j ACCEPT


# Mailversand weltweit
iptables -A OUTPUT -p TCP -s $ip_nr --sport 25 --dport 1024: \
        -m state --state NEW -j ACCEPT
```

---

[2] http://www.postfixbuch.de

```
# POP3, POP3s, IMAP, IMAPs aus dem LAN erlauben
iptables -A INPUT  -p TCP -d $ip_nr -s 192.168.0.0/24 \
        --sport 1024: -m multiport --dport 110,143,993,995 \
        -m state --state NEW -j ACCEPT


# Anfragen an den DNS-Server unseres LANs (TCP und UDP) erlauben
# (angenommen, unser Mailserver nutzt ausgehend einen Port >1024)
iptables -A OUTPUT -p TCP -s $ip_nr -d 192.168.0.50/32 \
        --sport 1024: --dport 53 \
        -m state --state NEW -j ACCEPT

iptables -A OUTPUT -p UDP -s $ip_nr -d 192.168.0.50/32 \
        --sport 1024: --dport 53 \
        -m state --state NEW -j ACCEPT


## Alternativ, wenn wir DNS-Server sind:
## ein/ausgehende DNS-Anfragen weltweit erlauben
## (im Zweifel Sourceports 53 und >1024).
#iptables -A INPUT  -p TCP -d $ip_nr --sport 53 --dport 53 \
#          -m state --state NEW -j ACCEPT
#iptables -A INPUT  -p UDP -d $ip_nr --sport 53 --dport 53 \
#          -m state --state NEW -j ACCEPT
#iptables -A INPUT  -p TCP -d $ip_nr --sport 1024: --dport 53 \
#          -m state --state NEW -j ACCEPT
#iptables -A INPUT  -p UDP -d $ip_nr--sport 1024: --dport 53 \
#          -m state --state NEW -j ACCEPT


# Sofern SSH tatsächlich eingesetzt wird, schalten wir es
# noch für einige IP-Nummern/Netze frei:
# Unser LAN:
iptables -A INPUT  -p TCP -d $ip_nr -s 192.168.0.0/24 \
        --sport 1024: --dport 22 \
        -m state --state NEW -j ACCEPT


# Als Beispiel noch eine andere externe IP-Nummer:
# iptables -A INPUT  -p TCP -d $ip_nr -s 62.8.206.64/32 \
#          --sport 1024: --dport 22 \
#          -m state --state NEW -j ACCEPT
#
# Ggf. müssen Sie statt 1024: auch 1000:1023, bzw. für
# Windows-Clients auch 500:1023 einsetzen!
```

Die Syntax sollte leicht verständlich sein:

-A <chain>
> fügt eine Regel in eine der drei Chains ein (A für *append*)

-p TCP/UDP/ICMP
> die Regel gilt nur für dieses Protokoll; Achtung: DNS benutzt i. d. R. UDP, darum haben wir auch UDP-Port **53** freigeschaltet.

-d / -s / --dport / --sport
> definiert die Ziel-IP (**d** für *destination*), die Quell-IP (**s** für *source*), den Zielport (*dport*) und den Quellport (*sport*); wenn das Modul **multiport** vorgeschaltet wird, können mehrere durch Komma getrennte Ports angegeben werden.

-m state --state NEW
> lädt das Modul für dynamisches Firewalling und definiert den zulässigen Verbindungszustand, den das zu prüfenden Paket haben muss.

-j ACCEPT/DROP/REJECT
> Erfüllt ein Paket die obigen Bedingungen, wird die durch -j definierte Aktion ausgelöst. Es wird durchgelassen (**ACCEPT** oder **OK**), es wird kommentarlos verworfen (**DROP**), oder es wird geblockt und eine ICMP-Fehlermeldung an den Absender geschickt (**REJECT**).

Entscheidend ist übrigens die Reihenfolge der **iptables**-Aufrufe! Der erste Treffer gilt. Wird ein Paket von einer Regel mit einem **ACCEPT** bestätigt, spielt es keine Rolle mehr, ob eine spätere Regel das Paket noch verbieten würde. Lediglich die Default-Regel (**iptables -p**) wird per Definition immer zuletzt benutzt – für alle Pakete, die bislang noch von keiner Regel erfasst wurden.

Das Beispiellisting ist nur eine erste Einführung und ein Vorschlag, der angepasst werden kann/soll/muss. Am besten ist es, wenn schon auf einer vorgesetzten Firewall entsprechend gefiltert wird und dort natürlich auch IP-Spoofing und andere Finessen überprüft werden. Lesen Sie sich z. B. anhand des bereits empfohlenen Firewall-Buchs ein.

Auch wenn Sie eine externe Firewall haben, schützen Sie trotzdem zusätzlich Ihren Mailserver durch lokale Filterregeln nach diesem Skript! Ein Angreifer könnte einen anderen Server/Rechner in Ihrem Netz geknackt haben und hätte dann – von diesem Server ausgehend – plötzlich ungehinderten Zugang zu Ihrem Mailserver, da er sich ja bereits hinter der Firewall befindet.

16.2 Demilitarisierte Zonen und Bastion Hosts

Eine sichere Netzwerktopologie schützt nicht nur Ihren Server: Sie schützt auch Ihr übriges LAN. Wenn Sie als ISP praktisch nur Server haben, sind die folgenden Ausführungen für Sie vielleicht recht interessant, aber weniger relevant.

Wenn Sie z. B. für eine Firma ein LAN für die Vernetzung Ihrer Mitarbeiter unterhalten, sollten Sie diesen Teil beherzigen. Denn dann geht es beim Thema „Sichere Mailserver" nicht nur darum, ob Ihr Server sicher ist, sondern ob Ihr Server ein Sicherheitsrisiko für den Rest Ihres LAN ist. Ihr Server ist gleichermaßen gefährdet wie gefährlich!

Natürlich: Ihr Mailserver wird einige interessante Daten speichern, die für einen gezielt spionierenden Angreifer interessant sein könnten. Zumindest für jeweils kurze Zeit werden sich dort auch Mails finden, die sensible Informationen enthalten. Aber ein normaler Rechner eines normalen Mitarbeiters birgt aus Sicht der Betriebsspionage sicher noch viel heiklere Informationen: Angebote, Schriftwechsel, Kalkulationen...

Server stehen stets an sehr exponierter Stelle, und sie stehen verhältnismäßig ungeschützt da, wenn sie direkt aus dem Internet erreichbar sein sollen. Sie sind offen für Denial-of-Service-Angriffe, für Angriffe auf Protokollebene, z. B. durch bestimmte SMTP-Kommandos, die Fehlfunktionen auslösen, oder für *Buffer Overflows* oder *Brute Force*-Angriffe – oder, oder, oder! Sie müssen sich also auch vor Ihrem eigenen Mailserver schützen. Ein Angreifer könnte Ihren Mailserver erobern – aber ihm darf deswegen noch nicht der Rest Ihres LAN zu Füßen liegen.

Und: Sie selbst sind mit Ihrem LAN gleichzeitig auch das größte Sicherheitsrisiko für Ihren Server. Benutzer, die heikle Klartext-Kennwörter über das LAN schicken, Accounts, die leicht crackbare Kennwörter haben, z. B. weil sie im Duden stehen, Wartungszugänge oder Klartextverbindungen zu Ihren Servern, die ein Angreifer manipulieren oder abhören könnte.

Eine sichere Topologie Ihres Netzes ist entscheidend dafür, ob Ihr Netz einem gezielten Angriff standhält, oder anders: Eine Kette ist so stark wie ihr schwächstes Glied. Ihnen nützt die schönste Firewall nichts, wenn ein Angreifer durch Manipulation von MAC-Adressen und ARP-Caches einen Switch überlistet und dann im internen LAN Klartextpasswörter von POP3-Verbindungen ausspionieren kann, die fatalerweise identisch mit freigeschalteten Wartungslogins sind.

Sie können einem Angreifer in die Hände spielen, Sie können es ihm aber auch so schwer machen, dass es ihm kaum gelingt, in heikle Bereiche vorzudringen, selbst wenn er vielleicht den einen oder anderen Server erobert. Eine klare physikalische Trennung ist der erste Schritt.

16.3 Demilitarisierte Zonen (DMZ)

Dem Aufbau von DMZ liegt die Erkenntnis zugrunde, dass es einen sensiblen, privaten Bereich und einen gefährdeten, vom Internet aus zugänglichen Server-Bereich in einem LAN gibt. Diese beiden Bereiche gilt es zu trennen: Die exponierten Server müssen aus Ihrem privaten LAN herausgehalten werden.

Der Aufbau der DMZ lässt sich dabei in verschiedenen Stufen immer weiter verfeinern und immer aufwändiger gestalten. Das richtige Mittelmaß zwischen Kosten/Aufwand und Nutzen/Sicherheit müssen Sie für Ihr Netz selbst bestimmen.

Der Grundsatz einer DMZ bleibt aber immer derselbe: Wir setzen zwei Firewalls ein. Diese können physikalisch auf demselben Rechner liegen, wenn dieser drei Netzwerkkarten hat und zwei verschiedenen Firewall-Regeln folgt. Oder sie können zwei physikalisch getrennte Firewalls haben. Das macht etwas mehr Aufwand, ist aber wesentlich sicherer und einfacher gegen Fehler und Irrtümer abzusichern.

16.3.1 Single Homed Bastion Hosts

Fangen wir bei einer recht einfachen DMZ an, die uns aber schon einen erheblichen Sicherheitsgewinn bietet: einer DMZ mit *Single Homed Bastion Hosts* im Grenznetz. Abbildung 16.1 verdeutlicht diesen Aufbau.

Abbildung 16.1: Direkten, durchgehenden Datenverkehr verbieten die Firewalls

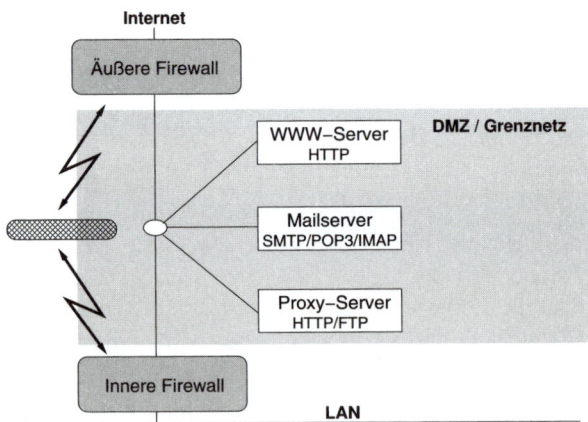

Zwischen zwei Firewalls liegt das so genannte Grenznetz mit den gefährdeten Servern. Die DMZ dient aber weniger dazu, die Server selbst zu schützen; sie soll vielmehr das LAN hinter dem Grenznetz vor Angriffen von außen zu schützen.

Die beiden Firewalls sind so eingerichtet, dass jeder direkte Datenverkehr vom Internet in das LAN verboten ist. Schon der Datenverkehr zwischen beiden Firewalls muss verhindert werden: Gelingt es einem Angreifer, auf Ihre äußere Firewall zu gelangen, muss die innere Firewall noch immer jedwedes TCP/IP-Paket der äußeren Firewall ablehnen, um nicht ebenfalls vom Angreifer erobert zu werden.

Erlaubt ist lediglich Datenverkehr

- vom Internet in das Grenznetz und

- vom LAN in das Grenznetz.

Strikt verboten ist:

- direkter Datenverkehr vom Internet ins LAN und zurück,

- jeglicher Datenverkehr von einer Firewall zur anderen.

Damit vermeiden wir einen direkten Kontakt unserer LAN-Rechner mit dem gefährlichen Internet – wir machen sie unerreichbar für einen direkten Angriff von außen. Wenn beide Firewalls auf TCP/IP-Ebene einen direkten Datenverkehr unterbinden, muss ein Angreifer über einen Bastion Host kommen und diesen als Zwischenstation nehmen. Er muss Mittel und Wege finden, das über die erste Firewall hinweg zu tun, und muss dann auch noch das Glück oder Geschick haben, ein erneutes Sicherheitsloch zu finden, das ihm den Zutritt von der DMZ ins LAN ermöglicht – ebenfalls unter Überwindung einer Firewall.

Betrachtet man das unter dem Gesichtspunkt der Wahrscheinlichkeitsrechnung, ist das keine bloße Verdoppelung der Sicherheit.

Ein möglicherweise erfolgreicher Angriff auf den Bastion Host gefährdet unser LAN zunächst einmal nur bedingt: Der Eindringling befindet sich noch immer außerhalb unseres LAN, ist noch immer durch eine Firewall von uns getrennt, kann noch immer nicht in unserem LAN sniffen und Daten abhören. Ein zweiter Angriff ist notwendig, und eine zweite Sicherheitslücke muss gefunden werden.

Das alles ist natürlich nur sinnvoll, wenn Sie mit sehr, sehr restriktiven Firewallregeln arbeiten. Aber das ist ohnehin das elementare Prinzip: Firewalls erfüllen nur dann ihren Zweck, wenn sie äußerst restriktive Regeln haben. Wer hier pfuscht, kann sich die Arbeit sparen.

Dank der Trennung in ein LAN und ein Grenznetz und der Aufsplittung auf zwei verschiedene Firewalls werden wir die beiden Firewallregeln sehr genau und exakt halten können: In einem üblichen Szenario werden Mitarbeiter einer Firma vielleicht im Web surfen (http, Port 80, oder ggf. über einen Proxy, Port 3128) und Mails lesen/senden dürfen (Port 110/143 und 25 bzw. die jeweiligen Secure-Ports). Genau diesen Datenverkehr erlauben wir noch in das Grenznetz, besser noch: Wir erlauben diese Verbindungen nicht pauschal, sondern nur zum jeweils passenden Mail- oder Web-/FTP-Proxy-Server.

16.3.2   Double Homed Bastion Hosts

Die nächste Stufe der Verschärfung sind *Double Homed Bastion Hosts*. Haben wir bislang noch darauf vertraut, dass unsere Firewalls den direkten Datenverkehr schon unterbinden werden, ziehen wir nun eine physikalisch unüberwindbare Sperre: Wir rüsten die Bastion Hosts im Grenznetz mit zwei Netzwerkkarten aus und trennen jede direkte physikalische Verbindung zwischen den beiden Firewalls, wie Abbildung 16.2 zeigt.

Abbildung 16.2:
Nun sind LAN und
Internet auch
physikalisch getrennt

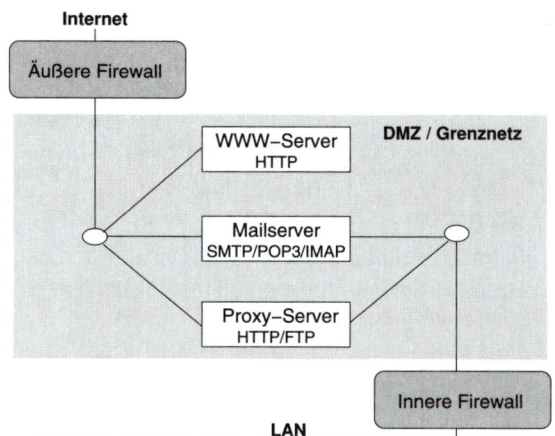

Daten laufen nun endgültig nur noch indirekt über Bastion Hosts. Diese sind im Kernel so konfiguriert, dass sie keinesfalls TCP/IP-Pakete durchrouten, z. B. bei SUSE Linux durch IP_FORWARD=no in /etc/sysconfig/sysctl.

Jede Kommunikation nach außen muss damit für jeden Dienst über den passenden Server oder zumindest über eine Proxy-Lösung realisiert werden. Die Proxy-Server der einzelnen Dienste nehmen die Anfragen entgegen und bauen die Verbindung jeweils selbst neu auf, routen aber keine IP-Pakete direkt durch.

16.4   Postfix in einer DMZ einsetzen

Wollen Sie Postfix in eine DMZ integrieren, müssen Sie sich überlegen, wie viel Aufwand Sie dafür treiben wollen. Eine übliche und „normal sichere" Lösung wäre es, den Mailserver im Grenznetz zu platzieren, ihn Mails von außen und innen annehmen zu lassen und den Abruf von POP3/IMAP (besser: POP3s und IMAPs) nur auf der IP-Nummer der inneren Netzwerkkarte zu erlauben.

Für normale Netzwerke ist es eine durchaus gangbare und sichere Lösung, einen einfachen Mailserver im DMZ einzusetzen. Man kann schon froh sein, wenn Firmen-

LANs überhaupt auf diesem Wege abgesichert werden, häufig zeigen sich noch viel gravierendere Schwachstellen.

Dennoch: Diese Lösung ist schön und erstrebenswert, aber es geht noch besser. Denn: Ihr Bastion Host ist weiterhin aus dem Internet angreifbar, er hängt wie ein normaler Server hinter einer Firewall. Gelingt es einem Angreifer, Ihren Mailserver zu erobern, hat er auch die dort liegenden Postfächer unter seiner Kontrolle. Er könnte E-Mails lesen – und er könnte Mailverkehr und POP3-Kennwörter abhören und auswerten.

Stattdessen können wir im DMZ einen Mailserver aufsetzen, der lediglich als Relay fungiert und alle E-Mails an den eigentlichen Mailserver weiterreicht – der sich nun aber im LAN befindet (Abbildung 16.3). Wir erhalten uns dadurch weiterhin die Vorteile einer DMZ, müssen unsere Postfächer aber nicht auf dem exponierten Bastion Host vorrätig halten. Auch unsere Kennwörter werden gar nicht erst in das Grenznetz transportiert, wo sie von einem geknackten Bastion Host aus gesnifft werden könnten.

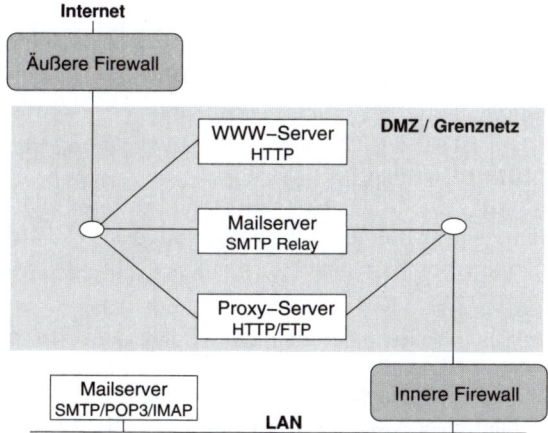

Abbildung 16.3:
Der Bastion Host als
Relay

Und wir zwingen unseren Angreifer erneut, eine andere Sicherheitslücke zu finden, wenn wir auf den beiden Mailservern unterschiedliche Konfigurationen, Kennwörter oder gar Softwarepakete einsetzen. Wenn aber zwischen diesen beiden Mailservern in der internen Firewall ausschließlich SMTP-Verbindungen über Port 25 erlaubt wird, ist das sehr, sehr schwierig.

Für die Konfiguration mit Postfix sind nur einige wenige Punkte zu beachten.

16.4.1 Das SMTP-Relay

Auf dem Mailserver **mail.postfixbuch.de** im Grenznetz sollten Sie in der Datei **/etc/postfix/main.cf** einstellen:

- **$mynetworks** sollte nur die IP-Nummer des inneren Mailservers enthalten. Schließlich soll auch nur dieser Mails an externe Adressen relayen dürfen!

- Den *Bastion Host* nennen wir in den DNS-Daten als obersten MX-Host. Durch die Namensgebung müssen wir nicht gleich verraten, dass es sich nur um ein Relay handelt. Wir können ihn getrost weiter **mail.postfixbuch.de** nennen.

```
postfixbuch.de.        MX 10 mail.postfixbuch.de.
```

- Die zu relayende Domain tragen wir in **$relay_domain** ein, damit Postfix Mails an diese Domain zwar annimmt, nicht aber versucht, sie in lokale Postfächer zuzustellen. Aus diesem Grund darf **postfixbuch.de** auf dem Bastion Host nicht in **$mydestination** genannt werden!

- Da unser Bastion Host nun entgegen den DNS-Daten die E-Mails weitersenden soll, müssen wir in **/etc/postfix/transport** einen entsprechenden Eintrag vornehmen:

```
postfixbuch.de          smtp:[mail-intern.postfixbuch.de]
```

- Ein Virenfilter, z. B. *AMaViS*, sollte installiert sein.

16.4.2 Der innere Mailserver

Auch auf dem internen Mailserver (z. B. **mail-intern.postfixbuch.de**) sind einige Konfigurationen in **/etc/postfix/main.cf** vorzunehmen:

- Der äußere Mailserver sollte in der **main.cf** als Relayhost eingetragen werden.

- DNS-Lookups können wir gänzlich unterbinden: Entweder stellt unser Postfix lokal Mails zu, oder es geht an den fest eingestellten Relay. Dazu brauchen wir keinen unnötigen DNS-Verkehr auf dem Server und sollten dementsprechend auch keinerlei DNS-Verkehr in der Firewall freischalten.

```
disable_dns_lookups = yes
```

16.5 Sicheres Routing

Ist es einem Angreifer gelungen, einen Host in einem Netzwerk zu kompromittieren, wird ihm daran gelegen sein, von dort aus weitere Hosts aufzuspüren und zu erobern. Ein wichtiges, aber auch sehr bequemes Mittel ist das Sniffen des Netzwerkverkehrs: Man horcht mit und wartet auf Kennwörter und Zugangsdaten, die „vorbeikommen".

Ein Hub kommt einem Angreifer dabei sehr gelegen: Schließlich sendet er jedes Datenpaket auf jedes angeschlossene Netzwerkkabel, d. h., alle Datenpakete können an jeder angeschlossenen Netzwerkkarte abgegriffen und gesnifft werden.

Ein Switch ist da schon lästiger: Er trennt die einzelnen Netzwerkstränge voneinander und routet Datenpakete nur auf den Switch-Port, an dem er den Zielhost dieses Datenpakets kennt (oder, wie wir gleich sehen werden, zumindest vermutet...).

Um das zu verstehen, muss man sich etwas mehr mit dem Routing innerhalb des eigenen LAN beschäftigen. Ich will es absichtlich etwas ungenau, aber dafür ausreichend verständlich ausdrücken: Innerhalb des eigenen Subnetzes werden die Datenpakete nicht mehr direkt an die IP-Adresse, sondern direkt an die MAC-Adresse der beteiligten Netzwerk-Interfaces adressiert. Die MAC-Adresse ist eine in die Netzwerkkarten integrierte, (theoretisch) weltweit einmalige Adresse, so dass sich jedes Ethernet-Interface innerhalb eines LAN eindeutig ansprechen lässt.

Die beteiligten Hosts (und auch der Switch) unterhalten dazu einen so genannten *ARP-Cache*, in dem sie sich merken, welche IP-Nummer an welche MAC-Adresse gesendet werden muss. Die Netzwerkkarten untereinander reden sich dann nur noch über die MAC-Adresse an. In diesen MAC-Datenpaketen (für Experten genauer: *Ethernet Frames*) ist dann das eigentliche TCP/IP-Paket eingekapselt.

Hat ein Host/Gerät zu einer IP-Adresse keine MAC-Adresse im ARP-Cache, so stellt er an das Netz eine Broadcast-Anfrage:

```
linux:~ # tcpdump arp
tcpdump: listening on eth0
14:45:49.449570 arp who-has testsrv.postfixbuch.de tell 192.168.100.1
14:45:49.449618 arp reply testsrv.postfixbuch.de is-at 0:e0:7d:2:64:2b
linux:~ #
```

Wirft ein Angreifer nun flugs seinen Sniffer an, wird das Ergebnis nur sehr mager ausfallen: Da der Switch die Datenpakete anhand der gelernten MAC-Adressen routet, wird die Netzwerkkarte des Angreifers nur die Datenpakete sniffen können, die auch direkt an diesen Host adressiert sind. Nur: Viel interessanter dürfte der übrige Datenverkehr zwischen anderen Rechnern sein.

Doch was passiert nun, wenn ein Host – warum auch immer – zu einer IP-Adresse eine falsche MAC-Adresse eines anderen Rechners in seinem ARP-Cache gespeichert hat? Nun: Seine Netzwerkkarte wird die Datenpakete an die falsche Netzwerkkarte und damit an einen anderen Host schicken. Dass dieser Host eigentlich eine ganz andere IP-Nummer hat, spielt zunächst einmal keine Rolle, zunächst wird das Ethernet Frame an seine Netzwerkkarte adressiert. Dieser wird das Paket dann aber wegen der falschen IP-Nummer nicht annehmen, und unser absendender Host wird erkennen, dass er wohl eine neue ARP-Broadcast-Anfrage stellen muss, da er falsche oder veraltete Informationen hat. Soweit also nichts Schlimmes.

Programme wie **hunt**[3] können gezielt ARP-Caches einzelner Rechner manipulieren (*ARP Spoofing*). Einem einzelnen Host lässt sich gezielt eine falsche MAC-Adresse einimpfen – typischerweise die des Hosts, auf dem der Angreifer bereits sitzt. So werden Datenpakete zum Host des Angreifers geschickt, die diesen normalerweise nie erreichen würden (Abbildung 16.4).

Abbildung 16.4:
Durch eine
ARP-Manipulation an
zwei Rechnern lenkt
der Angreifer den
Datenstrom um und
hängt sich
dazwischen

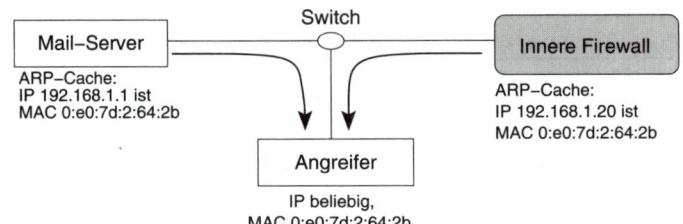

Tools[4] wie **hunt** sind dabei in der Lage, gezielt zwei Rechner gleichzeitig zu manipulieren: Dem Mailserver wird eine falsche MAC-Adresse für die Firewall eingeimpft, der Firewall eine falsche Adresse für den Mailserver. Der Angreifer sitzt mit **hunt** plötzlich in der Mitte, **hunt** kümmert sich darum, dass die Daten dann letztendlich an den echten Zielhost, also an die echte MAC-Adresse weitergeleitet werden. Das TCP/IP-Routing klappt also weiterhin problemlos, die Beteiligten ahnen nichts von dieser plötzlichen Umleitung!

An einem Hub ist das nicht sonderlich interessant, dort könnten wir ohnehin den gesamten Datenverkehr mitloggen. Doch ein Switch lässt sich damit plötzlich überlisten: Wegen der falschen MAC-Adressen wird uns der Switch Datenpakete zurouten, an die wir sonst nie gelangen können. Wir können uns plötzlich in die Mitte eines Datenstroms setzen, an den wir andernfalls nie herankommen würden. Und damit können wir auch gezielt über einen Switch „rübersniffen", und der arme Administrator fühlt sich (zu Unrecht) sicher, wenn er glaubt, das sei nicht möglich. *Eigentlich* ist das ja auch richtig ...

Eine andere Möglichkeit ist es, durch Tausende ARP-Anfragen und (gefälschte) ARP-Antworten den kleinen ARP-Cache des Switch derart zu überfluten, dass er nicht mehr in der Lage ist, sich Zuordnungen zu merken, da ständig neue Informationen auf ihn einprasseln (*ARP Flooding*). In der Folge neigen viele Switches dazu, plötzlich wie ein Hub zu agieren – da sie nicht mehr sinnvoll switchen können, pusten sie plötzlich jedes Datenpaket auf jedem Interface raus, in der verzweifelten Hoffnung, sich endlich einmal wieder dauerhaft ARP-Daten merken zu können.

Doch was ist nun die Lehre aus all dem?

Vor allem die Erkenntnis, dass (normale) Switches entgegen der weit verbreiteten Auffassung mitnichten sicher sind. Spielen Sie einmal mit **hunt** herum, es ist wirk-

---

[3] Sehr interessant zum Ausprobieren: http://lin.fsid.cvut.cz/~kra
[4] Pardon, liebe Script-Kiddies: „t00lZ".

lich einfach. Sie können beliebig Netzwerkverkehr sniffen, aber auch eine *Man-in-the-Middle*-Attacke durchführen und (mit etwas mehr Know-how) ganze Datenpakete austauschen und manipulieren.

Eine Trennung der Netzwerksegmente nur durch einen (normalen) Switch reicht nicht. Nur ein Router stellt tatsächlich eine physikalische Barriere dar. Auch unter diesem Gesichtspunkt ist das Konzept der Demilitarisierten Zonen mehr als sinnvoll.

Aber: Auch Switches können sicher sein. Geräte im oberen Preissegment können so konfiguriert werden, dass sie nicht mehr einfach MAC-Adressen lernen, sondern dass diese einem Switch-Port fest zugeordnet sind. Egal, was der Rest des Netzes sagt, egal, was für ARP-Pakete ankommen: Der Switch lässt sich nicht verwirren und switcht so, wie es sein Herr und Meister einst fest eingestellt hat.

Oft sehe ich in Firmen-LANs Switches mit diesen Fähigkeiten – und natürlich sind derartige Sicherheitseinstellungen stets brav deaktiviert und stellen damit natürlich auch keinerlei Schutz mehr dar. Oder aber Fernwartungszugänge auf dem Switch sind offen und mit den Default-Kennwörtern versehen, so dass sich jeder Schutz problemlos aushebeln lässt. MAC-Adressen fest einzuprogrammieren ist aufwändig und rächt sich immer dann, wenn sie sich tatsächlich einmal ändern, z. B. wenn ein neuer Host dazukommt oder eine Netzwerkkarte wegen eines Defekts ausgetauscht wird und sich damit die MAC-Adresse des Host ändert.

Zumindest im sicherheitssensiblen Bereich, an zentralen Stellen, in Demilitarisierten Zonen oder anderen Server-Bereichen sollte man sich diese Mühe machen, wenn einem die Technik zur Verfügung steht.

Allerdings schützt das noch nicht gegen eine weitere Verwundbarkeit: Die ARP-Caches auf den beteiligten Rechnern. Denn hardcodierte MAC-Adressen auf dem Switch sorgen dafür, dass sich der Switch nicht irrt. Aber wenn ein Host ein Ethernet Frame an die falsche MAC-Adresse losschickt, wird der Switch es brav an diese MAC-Adresse routen – auch wenn es der falsche Host ist. Der Switch begeht dabei keinen Fehler, denn das Ethernet Frame ist ja tatsächlich an diesen Host adressiert. Es ist das Problem eines manipulierten sendenden Host, der das Paket an die falsche MAC-Adresse sendet!

Abhilfe schafft hier ein kleines Programm namens **arpwatch**. Man sollte es auf einem *Network Intrusion Detection Host* installieren, und auch auf wichtigen zentralen Rechnern, die Opfer eines ARP Spoofing werden können. **arpwatch** überwacht den ARP-Cache auf Änderungen und schlägt dann Alarm. Manipulationen können so nicht unbemerkt bleiben. **arpwatch** protokolliert dann über **syslog** – und lässt sich somit bequem durch die oben schon erwähnten Tools wie **logsurfer** und andere überwachen. Schauen Sie es sich an, es ist nicht viel Aufwand.[5]

---

[5] Quellen: ftp://ftp.ee.lbl.gov/arpwatch.tar.gz
   Infos: http://www-nrg.ee.lbl.gov/

17

Viren und Würmer

Virenbekämpfung gehörte nicht unbedingt zu den klassischen Aufgaben eines *Post-masters*, sondern ist vielmehr ein allgemeines Problem jedes einzelnen Anwenders bzw. Administrators. Doch die Zeiten ändern sich: Hauptverbreitungsort heutiger Viren und Würmer ist das Internet und bevorzugt das Medium E-Mail.

Aus diesem Grunde habe ich mich entschieden, dieses Kapitel ein wenig ausführlicher zu gestalten. Zum einen werden Benutzer vielleicht häufig Anfragen oder Probleme diesbezüglich an Sie herantragen, zum anderen gibt es Möglichkeiten des Administrators, die Verbreitung von Viren zu verhindern, z. B. durch virenfilternde Mailserver.

Manche Mailviren verbreiten sich so stark, dass die dadurch erzeugte Daten- und Mailflut zum Zusammenbruch ganzer Netze und Mailserver führte, Daten-, Geschäfts- und Mailverluste natürlich eingeschlossen; Sie werden die wöchentlichen Horror-Meldungen sicher kennen.

Darüber hinaus werden Sie auch mit den immer wieder im großen Stil kursierenden angeblichen Virus-Warnungen zu tun haben, schon deshalb sollte man das notwendige Know-how als Postmaster mitbringen, um diese Warnungen richtig einschätzen zu können. Und wenn Sie für den Schutz eines LAN zuständig sind, ist dieses Thema ohnehin ein Muss.

17.1 Funktionsweise von Viren/Würmern/Trojanern

Viren werden ständig neu programmiert und auch technisch weiterentwickelt. Um gegen sie anzutreten, muss man grundlegend verstanden haben, wie sie vorgehen und wie sie funktionieren. Im Folgenden geht es uns also um die Fragen

- Wie verbreiten sich Viren?

- Wie können wir uns schützen?

- Was können sie anrichten, was nicht?

- Welche sind die wirklichen Schäden, die sie anrichten?

Zunächst müssen wir aber noch genauer definieren, wovon hier eigentlich die Rede ist. Von Benutzern und in den Medien wird schnell von einem Virus geredet, obwohl eigentlich etwas ganz anderes gemeint ist, z. B. ein Wurm. Eine klare Trennung ist insofern relevant, weil sich beide in ihrer Verbreitungsart unterscheiden und anders vorgehen können.

Malware (*Mal*icious Soft*ware*)
: eigentlich der Oberbegriff für sämtliche Programme, die destruktiven Code enthalten, d. h. Schaden anrichten sollen; insofern fallen alle nachfolgenden Gruppen unter diesen Begriff.

Viren
: ein absichtsvoll programmiertes Computerprogramm, das in der Lage ist, sich nach Aktivierung/Start durch den Benutzer auf dessen Computer zu installieren und dort aktiv zu werden; von dort aus kann es weitere Dateien oder Programme infizieren oder sich per E-Mail verschicken, muss jedoch auf anderen Rechnern ebenfalls wieder absichtlich oder unabsichtlich gestartet werden, z. B. durch einen gezielten Click auf das Attachment einer E-Mail.

Würmer
: werden vom Laien ebenfalls als Virus bezeichnet, unterscheiden sich aber insofern, als sie in der Lage sind, sich *selbstständig* auf Rechnern zu installieren und von dort aus weiter zu verbreiten. Es ist also keine irgendwie geartete Aktivierung durch einen Benutzer notwendig. Würmer arbeiten autonom in einem Netzwerk und reproduzieren sich dort selbst. Sie sind deshalb besonders gefährlich, da sie in der Lage sind, enorme Mengen von Computern

in kürzester Zeit zu infizieren. Würmer können sich auch genau wie Viren per E-Mail verbreiten – dank Sicherheitslücken in den Mailclients eines großen internationalen Softwarekonzerns müssen sie aber, anders als Viren, nicht mehr vom Benutzer „angeklickt" werden.

Auch für Linux-Systeme gibt es einen Netzwerk-Wurm, der in der Lage ist, Server automatisch zu infizieren und sich von dort aus weiterzuverbreiten. Der so genannte *Lion Worm* hat aber nie weite Verbreitung gefunden und spielt keine große Rolle mehr. Es gibt Skripten, die den Wurm im System aufspüren können.[1]

Trojaner

Programme, um Daten auf einem Computer auszuspionieren und sie an einen unberechtigten Dritten weiterzuleiten; interessant sind dabei vor allem ausgespähte Zugangskennungen und Kennwörter zu Datenbanken, Webseiten, Bankkonten. Ist ein Trojaner erst einmal installiert, kann er allein gelassen werden und arbeitet fröhlich vor sich hin. Häufig sind Trojaner in einem anderen, scheinbar oder tatsächlich nützlichen Programm versteckt. Das Opfer installiert also irgendein nützliches Tool, das auch seinen Dienst tut, das aber eben auch noch mehr tut ...

Backdoors

ermöglichen einem unberechtigten Dritten einen direkten Zugang zu einem Computer oder geschützten Bereich. Bekannte, etwas ergraute Vertreter sind z. B. **SubSeven**, **BackdoorG** oder **BackOrifice**, mit denen Windows-Rechner fast komplett ferngesteuert und damit auch beliebig bedient und ausgespäht werden konnten. Im Gegensatz zu Trojanern sind Backdoors also dazu da, einem Unberechtigten das Einloggen zu ermöglichen, um einen Rechner auszuspähen oder zu manipulieren. Ein guter Angreifer wird uns einen gut versteckten Backdoor installieren, damit er in Zukunft immer wieder auf unseren Server zurück kann. Wer weiß, ob es ihm noch einmal gelingt, eine Sicherheitslücke zu finden, falls wir die bisherige schließen sollten.

Trojaner und Backdoors sind nicht direkt Viren, sie können sich nicht selbst verbreiten und richten zunächst einmal auch keinen Schaden an. Allerdings gibt es natürlich auch ein Zusammenspiel zwischen Viren/Würmern und Trojanern: So installierte der im Herbst 2001 grassierende Wurm **W32.BadTrans/B** nebenbei den Trojaner **PWS-AV**, der unter bestimmten Umständen Anschläge auf der Tastatur protokolliert und derart ausgespähte Zugangsdaten per E-Mail an den Autor des Virus mailt. Oder ein Programm besteht eben aus Viren- und Trojanercode und kann beides.

Innerhalb der Gruppe „Viren" werden noch aufgrund der Verbreitungsart unterschieden:

---

[1] Informationen dazu auf http://www.sans.org/y2k/lion.htm

Bootsektorviren

Als noch häufig Disketten ausgetauscht wurden, verbreiteten sich Viren i. d. R. über spezielle Bootsektoren auf Disketten oder Festplatten. Technisch funktioniert das heute noch, und auch die Bootsektorviren von damals existieren noch. Doch mangels Diskettentausch spielen sie quantitativ kaum noch eine nennenswerte Rolle. Computer lassen sich relativ einfach dadurch schützen, dass im BIOS verhindert wird, dass der Rechner von Laufwerk A: bootet. Ein Bootsektorvirus kann den Computer nur beim Einschalten und Booten des Rechners infizieren, z. B. wenn eine infizierte Diskette im Laufwerk vergessen wurde, auf der der Computer das Betriebssystem des Rechners sucht. Übrigens: Wenn Sie einmal eine Diskette beim Einschalten vergessen haben sollten, schalten Sie den Rechner *aus* und wieder ein! Ein bloßer *Reset*, egal ob durch den Reset-Knopf oder ein Tastatur-Reset[2], genügt nicht, um den Virus aus dem Speicher zu löschen.

Programmviren

Programmviren sind normalem Programmcode vorgeschaltet, d. h., mit dem Start eines infizierten Programms wird auch parallel das Virenprogramm gestartet und damit aktiviert. Es kann dann weitere Programme befallen, sich vor deren Programmcode kopieren und damit weiterverbreiten. Ab und zu passiert es auch, dass Originalsoftware versehentlich direkt vom Hersteller infiziert und auf Original-CDs verkauft wird.[3]

Makroviren

Es klingt furchtbar, aber auch scheinbar harmlose Textdokumente können Viren enthalten. Die in großen Office-Programmpaketen enthaltenen Makrosprachen, mit denen sich häufig benötigte Programmabläufe automatisieren lassen, sind unter Umständen geeignet, Makroviren zu programmieren. Diese sind dann in diesen Text- oder Office-Dokumenten enthalten, werden beim Laden der Dateien aktiviert und können andere Dokumente befallen. Sie verbreiten sich von einem Computer zum anderen durch den Austausch unbemerkt infizierter Dateien.

Über makrofähige Office-Dokumente, die per Mail verschickt werden, ist es möglich, Viren zu verbreiten. Makroviren sind immer wieder anzutreffen. Deshalb handelt es sich aber noch nicht um Würmer oder Mailviren: Das Problem ist hier lediglich der Austausch einer virenverseuchten Datei. Würde diese per Diskette kopiert werden, würde sich der Virus natürlich genauso verbreiten. Das ändert aber nichts daran, dass sich die Benutzer bei der Bedienung ihres Mailclients infizieren.

Aus diesem Grunde wird es z. B. allgemein als äußerst unschön und riskant angesehen, E-Mails als *Word-für-Windows*-Dokumente zu versenden,

---

[2] (Strg)+(Alt)+(Entf), auch „TFS" genannt („Three Finger Salute to Billy").
[3] http://www.heise.de/newsticker/data/daa-03.12.01-001/

auch wenn Microsoft eine Zeitlang versucht hat, *MS Word* als Texteditor für *MS Outlook* durchzusetzen.

Wenn formatierte Dokumente wirklich notwendig sind, sollte man wenigstens auf ein neutrales Format wie das *Rich Text Format* (.rtf) ausweichen, das von jeder gängigen Textverarbeitung und auch auf allen Plattformen gelesen und auch erzeugt werden kann, das aber keine Makros und damit keine Makroviren enthalten kann. Zudem sind die Dateien auch noch erheblich kleiner.

Mailviren und Mailwürmer

Mailviren sind oftmals für einen bestimmten Mailclient geschrieben und nutzen bei diesem gezielt eine Sicherheitslücke aus, um sich auf dem Rechner installieren zu können. Durch die starke Verbreitung von Mailclients und Computern im Internet sind sie heute das Problem Nummer Eins.

Neben einer möglichen Schadensroutine – wie bei jedem anderen Virus auch – durchforsten sie meist gezielt das Adressbuch der Mailsoftware nach weiteren Adressen. An diese mailen sie sich dann unbemerkt im Hintergrund selbst, sobald der PC nur online im Internet ist.

Das ist insofern besonders perfide, als der Besitzer eines derart infizierten PCs diesen Mailversand zunächst einmal nicht bemerkt und auch in seinem Postausgang keinerlei Spuren finden wird. Die Mailkontakte erhalten aber eine scheinbar vertrauenswürdige E-Mail eines guten Bekannten oder Geschäftskontaktes, vertrauen dieser und klicken auf das Attachment – und installieren damit den mitgeschickten Virus. Oder im Falle eines Wurmes kann dieser sogar selbst ohne weiteres Zutun die Software des Empfängers befallen, allein der Empfang der Mail reicht aus. Auch das ist natürlich eine echte Glanzleistung der Softwarehersteller!

Häufig versehen sich Mailviren noch mit einem neutral und harmlos klingenden Text nach dem Motto „Schau Dir das mal an, das ist nett. Viele Grüße!", so dass der Empfänger glaubt, er habe diese Mail mit dem Attachment gezielt erhalten. Auffällig in Deutschland ist dabei allerdings, dass diese Vortexte häufig in Englisch geschrieben sind.

Ein weiterer beliebter Trick ist eine doppelte Dateiendung, um zu verschleiern, dass es sich bei dem Attachment um ein ausführbares Programm handelt. Auf vielen Windows-Installationen ist es Standardeinstellung, dass Dateiendungen ausgeblendet werden. Aus **hilfe.exe** wird dann in der Anzeige die Datei **hilfe**. Und aus **hallo.jpg.exe** wird plötzlich das scheinbare harmlose Bild **hallo.jpg**, das der Benutzer glaubt problemlos anklicken zu können... Gute Mailclients wie z. B. *The Bat*[4] (Windows) warnen nachdrücklich bei Attachments mit doppelter Dateiendung – Nicht-Windows-Betriebssysteme kennen das Problem natürlich nicht.

---

[4] http://www.ritlabs.com

Neuere Viren durchsuchen übrigens auch private Dokumente des Anwenders nach Mailadressen oder durchsuchen die lokal auf dem Rechner gespeicherten Webseiten, z. B. im Cache des Browsers. Damit werden auch E-Mail-Adressen beschickt, die der Absender gar nicht kennt oder noch nie bewusst gesehen hat, die aber auf *irgendwelchen* Webseiten der letzten Tage standen, die der Benutzer besucht hat.

Bei dieser Kategorie geht es also weniger darum, dass der Anwender eine E-Mail an jemanden verschickt, die *auch* virenverseucht ist, sondern es werden unbemerkt Mails erzeugt und verschickt, die *ausschließlich* den Virus/Wurm enthalten. Da der Schädling aber nicht mehr darauf angewiesen ist, dass der Benutzer einige wenige Mails am Tage schreibt, sondern sich problemlos hundertfach selbst verschicken kann, ist die Verbreitungsgeschwindigkeit erheblich größer!

Fassen wir zusammen: Für uns als Postmaster sind drei Malware-Kategorien besonders relevant, da sie sich auch über das Medium E-Mail verbreiten:

- Mailviren

- Mailwürmer

- durch Viren infizierte Office-Dateien oder Programmviren, die als Attachment verschickt werden

Gegen Mailviren und Mailwürmer hilft der Einsatz einer Software, die per se auf Sicherheit programmiert ist und für die wenig Viren bekannt oder geschrieben sind. In aller Regel wird das *nicht* das Mailprogramm sein, das am weitesten verbreitet ist. „Survival of the fittest" mag zwar in der biologischen Evolution gelten, auf die IT-Branche ist dieses Prinzip allerdings nicht übertagbar; PR scheint zumindest mittelfristig stärker als natürliche Auslese.

Beim dritten Punkt ist es unerheblich, welchen Mailclient wir einsetzen und wie sicher er ist, denn ein geladenes und ausgeführtes Dokument, das mit einem Makrovirus versehen ist, ist ein Problem der Anwendungssoftware eben dieses Dokumentes, und nicht des Mailclients, der das Dokument ja lediglich transportiert. Das Dokument selbst ist vom Absender ja gezielt und absichtlich verschickt worden und ist vom Empfänger erwünscht.

17.2 Betriebs- und volkswirtschaftliche Schäden

Über die volkswirtschaftlichen Schäden durch Computerviren gibt es natürlich nur Schätzungen, die sehr, sehr unterschiedlich ausfallen, je nachdem, was in die Berechnung mit einbezogen wird. In der ersten Auflage des Postfix-Buches konnte ich für 2000/2001 noch einen weltweiten jährlichen Schaden zwischen 7 bis 20 Milliarden US$ angeben. Doch allein für die Schäden des Wurmes *Sobig.F* (Sommer 2003) sind wohl bereits 30 Milliarden US$ anzusetzen.[5] Das macht für jeden Menschen weltweit, vom Baby bis zum Greis, runde 5 EUR! Und die Kosten anderer Würmer und Viren sind da noch nicht einmal eingerechnet. Dabei handelt es sich um Schäden, die sich durch gezielten Schutz größtenteils hätten vermeiden lassen.

Wenn der Virus eine Schadensroutine enthält, die z. B. gezielt Dateien zerstört oder löscht, haben Sie natürlich einen gewissen Schaden. Früher wurde dabei auch Hardware zerstört, z. B. durch gezielte Übertaktung der Grafikkarte oder durch gezielte Fehlsteuerung des Lesekopfes der Festplatte. 1998 erreichte **W95/CIH-10xx** dadurch traurige Berühmtheit, dass er nicht nur die Festplatte der infizierten Windows-Rechner, sondern auch das Flash-BIOS des Motherboards löschte. Ohne einen Austausch des BIOS-Chips war die Hardware damit praktisch „tot".[6]

Viele derartige Tricks sind heute durch verbesserte Hardware nicht mehr möglich, von hardwarezerstörenden Viren hörte man in letzter Zeit selten. Zu vermuten ist aber auch, dass die Qualität der Virenprogrammierer selbst schlichtweg nachgelassen hat.

Aber der Schaden aus der Schadensroutine ist meist das kleinste Problem. Sollten Dateien gelöscht werden, haben Sie doch ein Backup. Problematischer ist vielmehr der Folgeaufwand, den ein Virus nach sich zieht. Es ist wie bei einem Diebstahl: Das Problem ist nicht der fehlende *Geld*beutel, sondern der fehlende Geld*beutel*.

- Qualifizierte Techniker werden durch Virendesinfektion beschäftigt und von eigentlich wichtigeren Dingen abgehalten.

- Arbeitsrechner betroffener Mitarbeiter sind in dieser Zeit nicht nutzbar.

- Die Arbeit bleibt in dieser Zeit liegen, Aufträge werden nicht bearbeitet.

- Beschädigte Arbeitsrechner müssen u. U. neu aufgesetzt und installiert werden.

- Koordination, Absprache und Schutzmaßnahmen verbrauchen Arbeitszeit.

- Kollegen und Geschäftspartner müssen u. U. informiert und gewarnt werden.

- Daten müssen u. U. mühsam rekonstruiert oder neu geschrieben werden und sind für einige Zeit nicht abrufbar.

Auch in einem mittleren Firmennetzwerk mit weniger als hundert Rechnern betragen die anfallenden Folgekosten eines Virenbefalls schnell viele Tausend Euro. Man

---

[5] http://www.heise.de/newsticker/dataanw-24.09.03-006
[6] Dafür gibt es ja jetzt extra Dual-BIOS-Boards – aber wäre es nicht weitaus sinnvoller, sichere Software einzusetzen?...

kann es sich leicht an den Personalkosten eines qualifizierten Technikers ausrechnen. Selbst wenn man für jeden befallenen Rechner nur 10 Minuten ansetzt, in der Summe ist der Schaden enorm.

Der vorherige Aufwand, geeignete Schutzmaßnahmen – zum Beispiel virengesicherte Linux-Mailserver – zu installieren, ist demgegenüber lächerlich gering. Und etwaige Softwarekosten selbst im vierstelligen Bereich sind zumindest im betrieblichen Einsatz immer noch „Peanuts", verglichen mit den möglichen Kosten durch Produktions- und Arbeitsausfälle. Für Privatanwender lassen sich virenfilternde Mailserver sogar aus freier oder kostenloser Software aufsetzen, wie wir gleich sehen werden.

17.3 AMaViS – A Mail Virus Scanner

Ein sehr interessantes Projekt, das ich Ihnen wärmstens empfehlen möchte, ist *A MAil Virus Scanner* (AMaViS). Dieses pfiffige Programm arbeitet mit allen gängigen Mailservern und natürlich auch mit Postfix zusammen. AMaViS checkt Ihnen auf bequeme Art alle E-Mails nach Viren und – heute fast noch wichtiger – bindet Ihnen gleichzeitig den hervorragenden Spam-Filter *SpamAssassin* ein, mit dem Sie einen Großteil des eingehenden Spam herausfiltern und wirklich beachtliche Erfolge erzielen können.

Genaugenommen gibt es heute gleich eine ganze Vielzahl verschiedener AMaViS-Abarten: *amavis, amavis-perl, amavisd, amavis-ng* und *amavisd-new*. Alle sind Variationen des immer gleichen Prinzips mit verschiedenen Vor- und Nachteilen.

Ich möchte Ihnen aber ganz klar amavisd-new empfehlen, da er äußerst stabil, sehr performant und ressourcenschonend läuft, aktiv weiterentwickelt wird und hervorragend mit SpamAssassin zusammenarbeitet. Seit SUSE 9.0 ist auch der amavisd-new dabei, frühere SUSE-Versionen enthalten **amavis-perl**.

Da gerade die Art und Weise der jeweiligen Installationen bei den verschiedenen *AMaViS*-Abarten auseinanderfallen, gilt nachfolgende Funktionsbeschreibung und Installationsanleitung ausschließlich für amavisd-new!

17.3.1 Funktionsweise von AMaViS

AMaViS übernimmt bei dieser ganzen Angelegenheit eigentlich nur eine steuernde Aufgabe:

- es bekommt vom Mailserver eine Mail zur Prüfung vorgelegt

- es legt diese E-Mail SpamAssassin zur Prüfung vor, um Spam herauszufiltern

- es analysiert diese Mail und zerlegt sie in ihre Einzelteile

- es prüft rekursiv alle Attachments und die darin enthaltenen Dateien

- es packt Archive (**zip, rar, zoo**) rekursiv aus, d. h., auch die ausgepackten Dateien werden wiederum auf darin enthaltene Archive geprüft

- alle einzeln herausgefilterten Dateien werden an handelsübliche Virenscanner zur Prüfung übergeben.

AMaViS ist dabei zur Zusammenarbeit mit fast jedem üblichen Virenscanner bereit. Welchen Sie (in einer Linux-Version) einsetzen wollen, bleibt Ihnen überlassen. Wenn Sie auf Nummer Sicher gehen, können Sie die Mails auch zwei Virenkillern zur Prüfung vorlegen.

Sofern kein Virenkiller Einwände gegen die einzelnen Dateien hat, wird die Mail ordnungsgemäß zugestellt. Wird aber ein Virus gefunden und identifziert, so wird einstellbar

- der Absender darüber informiert, dass sein Computer virenverseucht ist, es sei denn, der gefundene Virus ist dafür bekannt, die Absendeadresse zu fälschen

- der Empfänger gewarnt, dass eine virenverseuchte E-Mail an ihn gefunden wurde

- die Mail in einem besonderen Verzeichnis auf dem Server gespeichert und *nicht* an den Empfänger zugestellt, da dieser sich ohnehin nur infiziert. Es obliegt dann dem Postmaster, diese E-Mail ggf. nach Warnung doch noch zuzustellen oder herauszugeben, doch das dürfte i. d. R. überflüssig sein.

Für ein flüssiges Virenfiltern sollte unser Server

- über etwas Rechenpower verfügen, da die E-Mails ausgepackt, analysiert und dem Virenfilter vorgelegt werden müssen

- bei größeren Systemen auch über eine ausreichend schnelle Festplatte verfügen, da die Filteroperationen und das Auspacken von Archiven zu einigen Dateioperationen führen

- etwas mehr RAM haben, da Virenprogramme oft mehrere Megabyte groß sind und u. U. mehrmals gleichzeitig gestartet werden

- über eine gute Sammlung diverser Packprogramme (**unzip, unrar, zoo, arc, lharc** u. a.) verfügen, um gepackte Dateienahänge auspacken und analysieren zu können

Zur Einschätzung ein kleines Beispiel: Auf einem Pentium-133 mit 32 Megabyte RAM war es kein Problem, einen Server mit Mailinglisten zu fahren, die 10 Millionen Mails im Jahr erzeugten. Postfix kann also sehr sparsam sein. Mit Virenfilter sollte man aber über 96 MByte RAM und einen kleinen Pentium-III oder AMD Athlon an aufwärts verfügen, das ist auch schon wieder mehr als genug. Sie sehen: „Rechenpower" ist immer relativ zum Betriebssystem zu sehen; ein Linux-Server ist genügsam.

17.3.2 Installation eines Virenkillers

Welchen Virenkiller Sie einsetzen spielt keine Rolle. Von AMaViS wird derzeit ein rundes Dutzend mit Rang und Namen erkannt und unterstützt.

Von kommerziellen Kunden verlangen die Hersteller von Virenkillern saftige Preise, denn sie wissen, was ein geschütztes Firmennetzwerk wert ist. Zum Teil ergeben sich unterschiedliche Preisstaffelungen je nach Art und Häufigkeit der möglichen Updates der Virendatenbank.

Durch die Zunahme von sich epidemieartig verbreitenden Würmern wird es allerdings zunehmend wichtiger, hochaktuelle Virendatenbanken zu haben. Wenn sich Würmer binnen Stunden weltweit ausbreiten, hängt der Schutz Ihres Netzwerkes auch daran, ob Sie das Update des Tages eingespielt haben!

Die Hersteller von Anti-Viren-Software vertreiben zum Teil kostenlose Windows-Versionen, lassen sich Linux-Varianten aber auch von Privatanwendern zum Teil teuer bezahlen. Wählen Sie ein Programm, dem Sie vertrauen oder das bei Tests in der Virenerkennung gut abschneidet. Die Benutzerfreundlichkeit des Programms selbst kann bei Einsatz von AMaViS ja relativ egal sein. Auf High-Traffic-Mailservern sollte man überlegen, einen Virenkiller einzusetzen, der ebenfalls als permanent im Hintergrund gestarteter Dämon läuft, z. B. *kavdaemon*, *Sophie* oder *Tropie*.

Ich kenne derzeit zwei kostenlose Virenkiller:

- Für Privatanwender hat sich der Einsatz von *AntiVir* von H+BEDV bewährt. Bei SUSE ist antivir dabei, und Sie können ihn bequem von der CD installieren. H+BEDV gewährt Privatanwendern per Mailanfrage eine kostenlose Lizenz. Vorsicht: Die Lizenz gilt nur für eine bestimmte Zeit, danach stellt der Virenkiller seine Arbeit ein und Ihre Mails werden nicht mehr verteilt! Besorgen Sie sich rechtzeitig über die Webseite des Herstellers einen neuen Lizenz-Key, den Sie dort aber schnell und unproblematisch zugeschickt bekommen.[7]

- Der Hersteller BitDefender vergibt seine Linux-Version grundsätzlich kostenlos – ob für den privaten oder gewerblichen Einsatz spielt keine Rolle.[8]

---

[7] http://www.antivir.de/privat
[8] http://www.bitdefender.com, dort im Download-Bereich unter „Free Products" die Linux-Version passend zur Version Ihrer glibc! Welche glibc-Version Sie haben, können Sie beispielsweise über die Softwareinstallation bei YaST herausfinden.

Es spricht nichts dagegen, sondern sogar viel dafür, *zwei* Virenkiller parallel einzusetzen. Das kostet zwar ein wenig Rechenperformance, erhöht die Absicherung aber deutlich.

Übrigens: Sie brauchen hier gerade *keine* speziellen „Multiuser-Server-Versionen" der Virenkiller. Denn der hier eingesetzte Virenkiller hat nur die Aufgabe, alle Dateien eines Verzeichnisses (die dorthin temporär abgespeicherte E-Mail) zu prüfen. Damit hat der Virenkiller gar nichts mit dem Multiuser-Betriebssystem zu tun, für das er ggf. als Mehrbenutzerlizenz zu lizenzieren wäre. Eine einfache Workstation-Version/Konsolen-Version reicht aus, sofern die kleingedruckten Lizenzbedingungen nichts anderes vorschreiben!

Erst recht aber brauchen Sie keine spezielle „Mail-Gateway-Version", denn AMaViS hat ja gerade die Aufgabe, die Schnittstelle zum Mailserver darzustellen. Die Mail-Gateway-Versionen der Virenkiller sind nur für jene bestimmt, die das (kostenlose) AMaViS nicht kennen oder nicht installieren können...

Noch einmal die dringende Bitte: Ihr virenfilternder Mailserver ist nur so gut wie der Virenkiller, der dahinter steht. Und dessen Qualität richtet sich entscheidend nach seiner Datenbank. Mit einer alten Datenbank werden Sie aktuelle Viren und Würmer nicht erkennen können.

Gute Virenkiller haben einen automatischen Updater integriert, der per HTTP-Download stets die aktuellen Virendefinitionsdateien herunterladen kann. Auch **antivir**:

```
linux:~ # antivir --update
AntiVir / Linux Version 2.0.6-10
Copyright (C) 1994-2002 by H+BEDV Datentechnik GmbH.
All rights reserved.

checking for updates

06.18.00.04 <=> 06.20.00.13 [vdf, loaded]
06.18.00.04 <=> 06.20.00.13 [vdf, on-disk]
06.18.00.01 <=> 06.20.00.01 [engine, running]
06.18.00.01 <=> 06.20.00.01 [engine, on-disk]
antivir.vdf 100% |**********************| 1558 KB  60.36 KB/s  0:00 ETA
antivir     100% |**************************| 652 KB  59.27 KB/s  0:00 ETA
06.20.00.13 <=> 06.20.00.13 [vdf, on-disk]
06.20.00.01 <=> 06.20.00.01 [engine, on-disk]

06.18.00.01 --> 06.20.00.01 (/usr/lib/AntiVir/antivir)
06.18.00.04 --> 06.20.00.13 (/usr/lib/AntiVir/antivir.vdf)

AntiVir updated successfully
```

Schreiben Sie einfach einen passenden Eintrag in die Cron-Tabelle, so dass Sie alle zwei Stunden auf ein Update prüfen.[9]

[9] Für Profis: Wenn Sie **antivir** selbst installieren, finden Sie auch einen Updater-Dämon.

Wenn Sie möchten, können Sie sich in die Mailinglisten der Hersteller der Virenkiller eintragen und sich über neu aufgenommene Viren und Würmer benachrichtigen lassen.

17.3.3 Installation von amavisd-new und SpamAssassin

AMaViS arbeitet nach folgendem Ablauf:

- amavisd-new öffnet auf **localhost:10024** einen eigenen Port mit einem kleinen LMTP- und SMTP-Server.

- eine eingehende Mail wird über den **content_filter** an **localhost:10024**, also amavisd-new, weitergeleitet. Die E-Mail verlässt dabei Postfix komplett.

- amavisd-new filtert die E-Mail. Ist sie in Ordnung, so wird sie wie eine neue E-Mail zurück an Postfix geleitet. Um zu vermeiden, dass sich eine Endlosschleife bildet, wird Postfix so konfiguriert, dass der **smtpd** nicht nur auf allen IP-Nummern Port **25** antwortet, sondern zusätzlich auf **localhost (IP 127.0.0.1)** Port **10025**. Postfix wird allerdings angewiesen, alle einkommenden Mails auf diesem Port *nicht* an den **content_filter** zu übergeben, sondern direkt zu bearbeiten.

- Ist eine Mail infiziert, verzichtet AMaViS – je nach Einstellung – darauf, diese E-Mail zurückzuspeisen, und sichert sie in einem Quarantäne-Verzeichnis auf dem Server. Stattdessen werden E-Mails mit Benachrichtigungen an Absender, Empfänger und Postmaster erzeugt.

- Wird eine Mail von SpamAssassin als Spam deklariert, wird sie unter dem Namen **/var/virusmails/spam-*** gespeichert und nicht weitergeleitet.

Abbildung 17.1 zeigt das Ablaufschema.

Abbildung 17.1:
Die Einbindung von
AMaViS

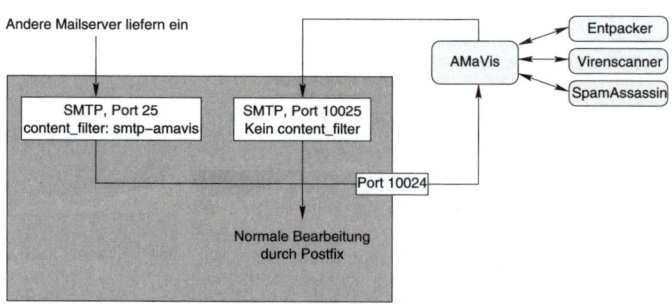

Beginnen wir mit der Installation von amavisd-new. Wenn Sie SUSE Linux einsetzen, finden Sie bis zur Version 8.2 zwei speziell an Postfix angepasste **amavis**-Pakete: **amavis-postfix** und **amavisd-postfix**. Dies sind allerdings zwei weitere der vielen AMaViS-Abarten. Ich empfehle Ihnen wegen der sehr guten Einbindung von SpamAssassin, sich lieber selbst den hier beschriebenen amavisd-new zu installieren! Ab der SUSE Version 9.0 ist glücklicherweise amavisd-new direkt als RPM-Paket enthalten; hier installieren Sie ihn einfach per YaST, die nachfolgende Installationsanleitung fällt für Sie dann natürlich entsprechend kürzer aus, da Nutzer, Pfade und Skripten bereits vorbereitet sind.

Falls Sie keinen entsprechend vorbereiteten Eintrag in **/etc/passwd** finden, legen Sie einen Benutzer **vscan** an. Geben Sie ihm eine User-ID unterhalb von 500 (Dämon-User) und geben Sie ihm aus Sicherheitsgründen die Login-Shell **/bin/false**. Legen Sie dazu auch eine System-Gruppe **vscan** an, also mit einer Gruppen-ID unter 100 (siehe auch Kapitel 15.6).

Haben Sie kein fertiges amavisd-new in Ihrer Distribution, laden Sie sich unter der Adresse **http://www.ijs.si/software/amavisd/** das Installationsarchiv herunter und speichern Sie es dorthin, wo Sie Ihre Quellen normalerweise pflegen, z. B. **/usr/local/src**. Entpacken Sie es und kopieren Sie die Config-Datei und das Programm in die entsprechenden Systemverzeichnisse. Da amavisd-new ein Perl-Skript ist, müssen wir es nicht übersetzen. Ein einfaches umkopieren reicht.

```
linux:/usr/src/packages # tar -xvzf amavisd-new-20030616.tar.gz

[... Ausgaben von tar ...]

linux:/usr/src/packages # cd amavisd-new-20030616
linux:/usr/src/packages/amavisd-new-20030616 # cp amavisd.conf /etc
linux:/usr/src/packages/amavisd-new-20030616 # cp amavisd /usr/sbin
```

Nun müssen wir noch einige Verzeichnisse anlegen und die richtigen Rechte vergeben:

```
linux:~ # mkdir /var/amavis
linux:~ # mkdir /var/virusmails
linux:~ # chown vscan:vscan /var/amavis
linux:~ # chown vscan:vscan /var/virusmails
linux:~ # chmod 750 /var/amavis
linux:~ # chmod 750 /var/virusmails
```

Sorgen Sie dafür, dass möglichst viele Pack- und Entpackprogramme auf Ihrem System installiert sind, sonst kann AMaViS die Mails nicht vollständig auspacken: also **gzip**, **bzip2**, **arc**, **lha**, **arj**, **unarj**, **rar**, **unrar** und **zoo**.

Zudem benötigt amavisd-new als Perl-Skript zwingend einige spezielle Perl-Bibliotheken. Schauen Sie, welche dieser Bibliotheken bei Ihrer Distribution als fertiges Paket dabei ist und installieren Sie ggf. nach. In Klammern der übliche Paketname:

Tabelle 17.1:	Perl-Bibliothek	Paket
Notwendige	Archive::Tar	Archive-Tar
Perl-Bibliotheken für	Archive::Zip	Archive-Zip
den Einsatz von	Compress::Zlib	Compress-Zlib
amavisd-new	Convert::TNEF	Convert-TNEF
	Convert::UUlib	Convert-UUlibx
	MIME::Base64	MIME-Base64
	MIME::Parser	MIME-Tools
	Mail::Internet	MailTools
	Mail::SpamAssassin	spamassassin
	Net::Server	Net-Server
	Net::SMTP	libnet
	Digest::MD5	Digest-MD5
	IO::Stringy	IO-stringyx
	Time::HiRes	Time-HiRes
	Unix::Syslog	Unix-Syslog

Alle fehlenden Bibliotheken, die Ihrer Distribution nicht beiliegen, können Sie bequem vom CPAN-Server installieren, beispielsweise so:

```
linux:~ # perl -MCPAN -e shell
[...]
cpan> install Mail::SpamAssassin
[...]
cpan> quit
linux:~ #
```

Zu guter Letzt fassen wir noch einmal kurz die Konfigurationsdatei an. Sie wirkt etwas unübersichtlich, da es sich dabei um reinen Perl-Code handelt. Sie müssen nicht viele Parameter einstellen. Aber die Optionen der Sektion I müssen Sie sich anschauen und Domain und User-/Gruppen-ID zwingend anpassen. Bei dieser Gelegenheit sollten Sie noch eine weitere kleine Änderung vornehmen, damit Ihnen AMaViS nicht per Syslog die Datei /var/log/mail vollmüllt; vielmehr soll es unter /var/amavis/amavis.log eine eigene Logdatei anlegen:

```
linux:~ # joe /etc/amavisd.conf
[...]
#
# Section I - Essential daemon and MTA settings
#
```

```
[...]
# $mydomain serves as a quick default for some other configuration
# settings. More refined control is available with each individual
# setting further down.
# $mydomain is never used directly by the program.
$mydomain = 'postfixbuch.de';       # (no useful default)


# Set the user and group to which the daemon will change if started
# as root (otherwise just keep the UID unchanged, and these settings
# have no effect):
$daemon_user  = 'vscan';      # (no default;  customary: vscan or amavis)
$daemon_group = 'vscan';      # (no default;  customary: vscan or amavis)
[...]
#
# Section III - Logging
#

# true (e.g. 1) => syslog;  false (e.g. 0) => logging to file
#$DO_SYSLOG = 1;                # (defaults to false)
```

Des Weiteren gibt es noch einige andere Parameter, die Sie nach persönlichen Vor-
lieben anpassen sollten. Schauen Sie die Config-Datei einmal durch, sie ist ausführlich kommentiert. Sofern auskommentierte Parameter bereits ihre Wunschop-
tionen enthalten, können Sie auskommentiert bleiben, da sie dann identisch mit
den Default-Einstellungen sind.

Starten Sie amavisd durch den Aufruf von amavisd foreground zunächst einmal im
Vordergrund, um alle möglichen Fehler- und Logmeldungen zu sehen. Wenn alles
klappt, alle Bibliotheken vorhanden sind und alle Pfade stimmen, sollte amavisd
sauber starten und den Port 10024 öffnen:

```
linux:~ # telnet localhost 10024
Trying 127.0.0.1...
Connected to localhost.
Escape character is '^]'.
220 [127.0.0.1] ESMTP amavisd-new service ready
quit
221 2.0.0 [127.0.0.1] (amavisd) closing transmission channel
Connection closed by foreign host.
linux:~ #
```

Sorgen Sie dann dafür, dass es bei jedem Systemstart automatisch mitgestartet
wird. Gibt es Probleme, so suchen Sie in /var/amavis/amavis.log und /var/log/mail
nach Fehlern.

17.3.4   amavisd-new in Postfix einbinden

Die Installation von amavisd-new ist recht einfach und mit einigen Schritten erledigt. Eigentlich ist SUSE auch für amavis vorbereitet, aber leider nur für amavis-

perl und **amavisd**, und nicht für den von uns hier eingesetzten amavisd-new. Wundern Sie sich also nicht, wenn Sie ggf. noch andere vorbereitete Einstellungen in den Config-Dateien vorfinden. Diese schaden nichts, nützen Ihnen aber auch nichts!

Gehen Sie stattdessen folgendermaßen vor:

Öffnen Sie die Datei **/etc/postfix/master.cf** und definieren Sie eine neue Transportmethode **smtp-amavis**:

```
linux:/etc/postfix # joe master.cf
[...]
smtp-amavis unix -        -         n        -        2   smtp
    -o smtp_data_done_timeout=1800
    -o disable_dns_lookups=yes
```

Darüber hinaus müssen wir noch einen **smtpd** *ohne* content_filter auf **localhost** Port **10025** öffnen, damit AMaViS die E-Mails wieder an Postfix zurücksenden kann. Auch das erledigen wir in der Datei **master.cf**. Sie werden dort bereits den Eintrag für **smtpd** auf Port **25** (= smtp) finden. Setzen wir direkt darunter das Pendant für **localhost:10025**.

```
smtp            inet n  -  n  -  -   smtpd
localhost:10025 inet n  -  n  -  -   smtpd -o content_filter=
```

Nach einem **rcpostfix reload** sollte Postfix auch auf **localhost** Port **10025** antworten. Versuchen Sie es:

```
linux:~ # telnet localhost 10025
Trying 127.0.0.1...
Connected to localhost.
Escape character is '^]'.
220 mail.postfixbuch.de ESMTP Postfix on SuSE Linux 8.2 (i386)
QUIT
221 Bye
Connection closed by foreign host.
linux:~ #
```

Es kann sein, dass Sie in Ihrer **master.cf** einen Transporteintrag namens **vscan** vorfinden. Er wird beim Einsatz der anderen AMaViS-Abarten genutzt, nützt uns bei amavisd-new aber nichts. Sie können ihn getrost ignorieren, er schadet nicht.

Nun sind wir auch fast fertig. amavisd-new läuft, und wir haben den Port **10024** getestet. Postfix ist (fast) vorbereitet und kann auf Port **10025** die E-Mails zurücknehmen. Auch das haben wir getestet.

Dann steht einem Start nichts im Wege. Öffnen Sie nochmals die **main.cf** und fügen Sie folgenden Eintrag hinzu, anschließend führen Sie einen Reload von Postfix aus:

```
linux:/etc/postfix # joe main.cf
[...]
content_filter = smtp-amavis:[127.0.0.1]:10024
[...]
linux:~ # rcpostfix reload
linux:~ #
```

Hiermit weisen wir Postfix an, alle eingehenden E-Mails über den Transportweg **smtp-amavis** an den **localhost** Port **10024** weiterzuleiten, also unseren amavisd-new, der die E-Mail prüft und schließlich wieder über Port **10025** zurück an Postfix sendet. Auf diesem Port hatten wir Postfix ja den **content_filter** als leer definiert. Postfix wird die Mail dann also normal behandeln und zustellen.

AMaViS sollte nun aktiv sein. Wir erkennen das zum einen daran, dass AMaViS allen E-Mails einen neuen Header **X-Virus-Scanned** hinzufügt. Außerdem sollten Sie die Logdateien prüfen, also **/var/log/mail** und **/var/amavis/amavisd.log**.

Wenn Sie AMaViS direkt aus den Sourcen erzeugt haben, finden Sie in den Quelltexten auch den Ordner **tests**. Darin befinden sich auch spezielle E-Mails, die eine besondere Virenkennung enthalten („EICAR-Testsignatur").[10] Dieses Prüfmuster wird von allen Virenkillern erkannt, ist aber natürlich nur ein nicht funktionsfähiger Testvirus zu Prüfzwecken. Mailen Sie ihn an sich selbst und schauen Sie in den Logdateien nach, was passiert:

```
linux:~ # sendmail postmaster@postfixbuch.de < sample-virus-nested.txt
linux:~ # sendmail postmaster@postfixbuch.de < sample-virus-simple.txt
```

Übrigens: Sollten Sie irgendwann einmal Probleme haben und amavisd-new kurzzeitig abschalten wollen, so reicht es, die obige **content_filter**-Anweisung durch eine Raute auszukommentieren. Sollten sich noch Mails in der Queue befinden, die Postfix weiterhin an amavisd-new zustellen will, so können Sie Postfix durch **postsuper -r ALL** anweisen, die Queue neu aufzubauen.

17.3.5 Tipps aus der Praxis: Performance

Noch eine Erfahrung aus der Praxis: Es ist sehr sinnvoll, die Anzahl der maximal zeitgleich möglichen Aufrufe von AMaViS zu limitieren. Im obigen Beispiel hatten wir in **/etc/postfix/master.cf** bereits die maximal erlaubten Instanzen auf 2 gesetzt.

Sie vermeiden damit, dass eine plötzlich aufkommende Flut vieler E-Mails Ihren Server lahmlegen kann, weil er plötzlich zwei Dutzend Virenkiller gleichzeitig laden muss. Unter Umständen kann das fatale Folgen haben. Wenn Ihnen RAM und Swap-Speicher ausgehen, kommt das einem Denial-of-Service-Angriff gleich. Im Alltag mag dieses Problem für Sie gar nicht erkennbar sein, weil Ihr Mailserver

---

[10] Weitere Infos: http://www.eicar.org/

scheinbar problemlos und rechtzeitig mit allen einkommenden Mails fertig wird. Haben Sie jedoch einmal einen kurzen Ausfall durch eine Leitungsstörung o. Ä., so wird Ihr Server in kurzer Zeit mit allen E-Mails der letzten Stunden überschüttet, und das Desaster nimmt seinen Lauf.

Zudem verlieren Sie durch eine Limitierung nicht viel: 10 gleichzeitig laufende Virenprüfungen brauchen auch entsprechend länger. Sorgen Sie lieber dafür, dass Ihr Server die zu prüfenden Mails schnell und zügig abarbeiten und alsbald sich um neue Mails kümmern kann. Haben Sie wirklich schnelle Server, können Sie den Wert auch etwas höher setzen. Aber limitieren Sie die Instanzen auf jeden Fall!

Keine gute Idee hingegen ist es, die Annahme der E-Mails auf **localhost:10025** durch **smtpd** zu beschränken. Hier ist es ja gerade unser Interesse, dass AMaViS seine fertigen und freigegebenen Mails möglichst schnell zurück an Postfix geben kann. Ein Performanceproblem werden Sie da auch nicht bekommen, da Postfix die Mails immer schneller verarbeiten als AMaViS sie liefern kann.

17.4   Sicherheitsrisiko Client

17.4.1   Konfiguration der Clients

Am besten wäre es natürlich, wenn sich die Clients gar nicht erst anstecken würden. Entscheidend sind dafür Auswahl und Konfiguration der Software auf dem Client. Viele Vireninfektionen wären schon durch eine bessere Konfiguration zu verhindern gewesen, fast alle durch eine Auswahl besserer Software.

Gefährlich sind fast immer „aktive Inhalte", also alles, was irgendwie ausführbar ist und deshalb einen Viruscode enthalten kann. Am sichersten wäre ein Mailclient, der ausschließlich Text-Mails darstellt – sonst nichts.

Stattdessen gibt es mittlerweile eine Vielzahl von Elementen, die Programmcode enthalten können und daher als stetes Sicherheitsrisiko anzusehen sind.

HTML-Mails

Viele Benutzer wünschen sich E-Mails mit Hintergrundbild, Textformatierungen und anderen Elementen. Mit normalen Mails im Textformat (ASCII) ist das nicht zu machen, da keine Formatinformationen möglich sind. Viele Mailclients unterstützen deshalb den Versand oder die Darstellung von E-Mails im HTML-Format. Praktisch wird aus der E-Mail eine kleine Webseite erzeugt, die dann verschickt wird.

Mit HTML allein kann man keinen Virus programmieren, aber es gibt viele Stimmen, die HTML ablehnen, weil HTML-Mails um ein Vielfaches größer sind als normale Mails und viele Mailclients HTML-Mails nicht darstellen können/wollen.

Das eigentliche Problem an HTML-Mails ist aber, dass in HTML weitere aktive Inhalte eingebettet werden können, z. B. JavaScript, Active-X-Controls oder Links zu ausführbaren Programmen. Neben den oben genannten Argumenten sollte man HTML-Mails also zu recht sehr kritisch betrachten, weil über den Umweg HTML unbemerkt aktive Inhalte auf den Computer gelangen und diesen infizieren können.

Ein im Jahr 2000 oft bei Würmern angetroffener Trick war es, dass sie Mails erzeugten, in denen das Wurm-Programm (!) als Hintergrundmusik (!) definiert war. Das ist in Textmails nicht möglich, in HTML-Mails aber sehr wohl. *Microsoft Outlook* lud daraufhin entgegen diverser Sicherheitseinstellungen diese vermeintliche „Musik", erkannte sie aber als ausführbares Programm und führte den Wurm sofort ungefragt aus – allen Sicherheitseinstellungen zum Trotz.

Für eine Infektion des Computers war damit nicht einmal mehr ein Klick auf ein Attachment notwendig, der bloße Anblick der E-Mail reichte aus – wenn man auf die Idee kam, *Outlook* als Mailclient einzusetzen; andere Mailclients hatten diesen eklatanten Programmierfehler nicht.

Wenn man die vielen Nachteile von HTML-Mails (Größe, viel Übertragungszeit, Sicherheitsprobleme) den wenigen Vorteilen gegenüberstellt, muss man unter Sicherheits- und Wirtschaftlichkeitsaspekten zu dem Schluss kommen, E-Mails im HTML-Format grundsätzlich nicht zu verschicken. Leider ist das bei vielen Mailclients Standard-Einstellung, kann aber problemlos auf das Format „Nur Text" geändert werden.

Aus Sicherheitsgründen sollte man sich auch sehr gut überlegen, ob man andererseits E-Mails im HTML-Format *empfangen* möchte – und sich bei Einsatz eines lausig programmierten Mailclients entsprechenden Risiken aussetzt. Unter dem Aspekt der Sicherheit sollte man also HTML für E-Mails möglichst vollständig deaktivieren.

JavaScript

JavaScript ist i. d. R. eine Erweiterung von HTML und kann in reinen Textmails nicht vorkommen, in HTML-Mails aber eingebettet sein und entsprechenden Virencode enthalten.

Es ist auch möglich, JavaScript zu benutzen, um unbemerkt weitere Dateien auf den Rechner zu laden, um diese dann zu starten und ausführen zu lassen. Es kann also normaler Programmcode auf den Rechner nachgeladen werden – und das macht es gefährlich.

Ergo: JavaScript ohne Wenn und Aber deaktivieren! Wenn man sich bei HTML noch über Sinn und Zweck streiten kann, ist JavaScript bei E-Mails unsinnig. Niemand verschickt normale E-Mails, in die er JavaScript einbaut. Eine Mail mit JavaScript ist grundsätzlich *sehr* verdächtig.

Java

Java selbst ist eine komplette Programmiersprache; in Java geschriebene Programme haben also dieselben Möglichkeiten wie ein normales, übersetztes Programm auch. Über Java einen Viruscode zu aktivieren und einen Computer zu infizieren ist also grundsätzlich kein Problem.

Auch hier gilt wieder: Normale E-Mails können kein Java enthalten, es sei denn, es ist als Programm im Attachment vorhanden. In HTML-formatierten Mails ist es aber wieder möglich, unbemerkt Java-Programme zu transportieren oder nachzuladen, die vom Client ausgeführt werden.

Ergo: Java in Mails deaktivieren!

Microsoft Active-X-Controls

Active-X-Controls sind soz. die „Microsoft-Variante" von Java, haben aber schon sehr schnell nach ihrer Einführung eine lange Spur von Sicherheitsproblemen nach sich gezogen.

Microsoft versucht, Sicherheit durch „glaubwürdige" oder zertifizierte Active-X-Controls zu erreichen, doch wurde auch dieser Schutz in der Vergangenheit mehrfach ausgehebelt und umgangen. Zudem ist es immer möglich, dass auch Active-X-Controls eigentlich glaubwürdiger Stellen schlichtweg Viruscode enthalten.

Selbst Microsoft äußerte in mehreren Veröffentlichungen und Security-Meldungen den Vorschlag, Active-X-Controls zu deaktivieren. Übrigens gleichermaßen im Mailclient *Outlook* wie auch im Internetbrowser *Internet Explorer*, da auch eine Infektion über Webseiten möglich ist.

Fassen wir kurz zusammen: HTML selbst ist harmlos, aber wegen der schlechten Lesbarkeit und der um ein Vielfaches größeren Datenmenge zu Recht in E-Mails verpönt. Es öffnet aber insbesondere durch Erweiterungen wie Skript- oder Programmiersprachen etliche Sicherheitslücken.

Wenn Sie unbedingt HTML einsetzen wollen, achten sie tunlichst darauf, alle weiteren „aktiven Inhalte" so gut wie möglich auszuschließen und zu deaktivieren. Und hoffen Sie darauf, dass es funktioniert. Erheblich sinnvoller und besser ist es, E-Mails so zu nehmen, wie sie klassisch sind: Einfacher, blanker, gut lesbarer Text. Um sich aber nicht durch den Empfang solcher Mails zu infizieren, sollten Sie auch hier so weit wie möglich alle anderen Spielereien deaktivieren.

17.4.2 Auswahl der Clients

Wie im Trick mit der Hintergrundmusik zu sehen, nützen aber die besten Sicherheitseinstellungen und Restriktionen nichts, wenn sich der Mailclient aufgrund von Programmfehlern nicht daran hält. Entscheidend ist also auch, *welchen* Mailclient Sie einsetzen.

Viele Firmen und Privatanwender setzen *Outlook (Express)* ein, weil es bei jedem Microsoft Windows automatisch mitinstalliert wird. Das mag bequem sein. *MS Outlook* und der *MS Internet Explorer* zeichnen sich allerdings durch erhebliche Sicherheitsprobleme aus. Fast alle Mailwürmer und Mailviren funktionieren nur im Zusammenspiel mit *MS Outlook*. Es gibt jedoch auch Alternativen.[11]

Andere Betriebssysteme als jene von Microsoft, also z. B. Linux/Unix, IBM OS/2 oder MacOS, haben weitaus weniger mit der Virenproblematik zu kämpfen. Das liegt zum einen an der sichereren Struktur des Betriebssystems, zum anderen aber auch an der Tatsache, dass es natürlich für das Betriebssystem am meisten Viren geben wird, das auch am weitesten verbreitet ist. Suchen Sie sich auf diesen Systemen einen beliebigen Mailclient. Natürlich kann jeder Client ein Sicherheitsproblem haben, doch ist unter anderen Systemen noch keine Software überdurchschnittlich auffällig geworden.

Doch in vielen Fällen sitzt das Problem vor der Tastatur: Anwender müssen eine sichere Software einsetzen, sie müssen aber auch selbst ausreichende Kenntnis von der Virenproblematik haben. Das fängt bei sehr banalen Erkenntnissen an, dass man nicht blind auf jedes Attachment klickt, das von irgendwoher kommt. Und auch die Tatsache, dass auf *jedem* Computer ein aktueller Virenkiller zu laufen hat, ist eigentlich naheliegend, wird aber selbst von vielen Admins nicht berücksichtigt. Man mag einwenden, dass man nicht von jedem Anwender Fachwissen verlangen kann. Ich bin da entschieden anderer Meinung, schließlich riskiert man nicht nur seine, sondern auch die Daten der anderen Benutzer. Wer Auto fahren will, muss ebenfalls das notwendige Wissen nachweisen, bevor er auf die Menschheit losgelassen wird. Es ist eben *nicht* so, dass jeder Mensch ohne jegliches Wissen um die technischen Hintergründe beliebig am Internet teilnehmen kann, auch wenn große Provider das in ihrer Werbung suggerieren. Die Erfahrung zeigt, dass das fatale Auswirkungen haben kann – auch *für andere*!

Fach- und Spezialwissen muss ein Anwender nicht haben, Grundwissen über den sicheren Umgang mit E-Mails schon. Andernfalls ist sichere Kommunikation über dieses Medium einfach nicht zu realisieren, und man darf sich über das Ergebnis und die Schäden nicht wundern.

17.5   Viren, die keine Viren sind

Statt großer Worte möchte ich Ihnen als Beispiel eine „wichtige" E-Mail vorstellen, die Sie so oder so ähnlich wohl auch schon mehrfach bekommen haben. Genießen Sie die nachfolgenden Zeilen und lächeln Sie darüber – alternativ können Sie auch darüber weinen, dass immer noch Müll dieser Art von Tausenden Anwendern weitergeleitet wird.

---

[11] Z. B. das für Windows kostenlose *Pegasus Mail* (http://www.pmail.com) oder Ritlabs *The Bat* (http://www.ritlabs.com).

Schaut euch dies bitte an!!!!!!!!!!!(und schickts an alle weiter!!!)

Ist dies wahr? Ich hoffe es. Ich sende dies, weil die Person, die mir diese Mail schickte, ein professioneller Geschaeftsmann ist und ein guter Freund, der mir keinen Muell verschickt.

Microsoft und AOL sind jetzt die groesste Internet-Gesellschaft. Und um sicher zu gehen, dass der Internet-Explorer wirklich das am meisten verwendete Programm ist, haben Microsoft und AOL jetzt den e-mail beta Test gestartet.

Wenn Du diese mail an Freunde weiterschickst, kann und wird Microsoft das ueber eine Periode von zwei Wochen notieren (wenn Du Microsoft Windows User bist). Fuer jede Person, der Du dieses e-mail schickt, wird Dir Microsoft $245,00 zahlen. Fuer jede Person, der du das sendest und die es weitersendet, zahlt Microsoft Dir $243,00; und fuer jede dritte Person, die das bekommt, bekommst Du $241,00 von Microsoft.

Innerhalb von zwei Wochen wird Microsoft Dich wegen Deiner Adresse kontaktieren und Dir dann einen Scheck senden. Ich dachte selbst, das sei Bloedsinn,aber zwei Wochen, nachdem ich diese mail bekam, kontaktierte mich Microsoft und innerhalb von ein paar Tagen erhielt ich einen Scheck ueber $24.800,00.

Du musst antworten, bevor der beta Test vorbei ist. Wenn sich irgendwer so was leisten kann, dann ist Bill Gates der Mann fuer sowas. Das ist alles Marketing Strategie von ihm. Machts gut.

Dale Bird Jewell Ridge, VA

Nur noch eine Ergaenzung fuer die von Euch, die mich kennen. Ich kenne Bruder Dale persönlich und wuerde meine Hand fuer ihn ins Feuer legen.

Colin

Analysieren wir den Text kurz mit der gebotenen Prise Sarkasmus:

- Die Taste mit dem Ausrufezeichen klemmt, oder, um es in den Worten von Terry Pratchett auszudrücken: „Drei Ausrufezeichen", fuhr er fort und schüttelte den Kopf. „Sicheres Zeichen für einen kranken Geist."[12]

- Der Verweis auf eine angeblich seriöse, kompetente und glaubwürdige Quelle soll Zweifel zerstören und die Mail rechtfertigen.

- Microsoft und AOL sind nach wie vor zwei verschiedene Gesellschaften, nicht eine. Übrigens mit jeweils eigenen Onlinediensten, und damit sind sie harte Konkurrenten.

[12] Terry Pratchett in seinem Buch „Eric".

- Im übrigen hat sich AOL zum damaligen Zeitpunkt gerade bei Netscape eingekauft und eben *kein* Interesse daran, den *Internet Explorer* von Microsoft durchzusetzen.

- Außerdem kann man mit dem IE keine Mails verschicken, das macht *MS Outlook*. Ein Mail-Beta-Test ist für den IE also völlig absurd.

- Wie sollte Microsoft übrigens erkennen, ob und wie oft man die Mail weitergeleitet hat?

- Ein kurzes Rechenbeispiel zum Schneeballprinzip: Angenommen man leitet die Mail nur an 10 Personen und diese leiten sie wieder an 10 Personen weiter, also vergleichsweise wenige Empfänger. Dann bekäme der Absender:
  10 × 245 $ für die ersten Empfänger = 2.450 US$
  100 × 243 $ für den zweiten Empfänger = 24.300 US$
  1000 × 241 $ für den dritten Empfänger = 241.000 US$
  Microsoft müsste auch die anderen Empfänger bezahlen. Wenn nur 100.000 Leute am Test teilnehmen würden, so müsste Microsoft 25 Milliarden US$ zahlen, um herausfinden zu lassen, ob ihre Software E-Mails verschicken kann… Übrigens müssten dann rund eine Milliarde Menschen weltweit beteiligt sein. Wie wäre es stattdessen mit ein paar systematischen Testmails?

Eine vergleichsweise einfach zu durchschauende Mail. Und sicherlich werden Sie jetzt sagen: „Darauf würde doch niemand reinfallen!" Doch! Dieser Text kursiert seit 1999 im Netz und lebte auch 2000 wieder auf. Auch in Zukunft werden wir ihm sicher wieder begegnen.

Schneeball- oder Kettenbriefe, in denen hohe Einnahmen versprochen werden, gibt es immer wieder. Nachgewiesenermaßen funktionieren Schneeballsysteme nicht, da die Anzahl der beteiligten Personen schon nach sehr wenigen Instanzen alsbald die Weltbevölkerung übertreffen müsste.

Ein anderes Beispiel für Falschmeldungen:

```
Wenn sie eine Nachricht auf Ihr Handy erhalten, dass sie unter der
Nummer 0141 455414 zurückrufen sollen, antworten sie auf keinen Fall
darauf. Ihre Rechnung steigt sonst ins Unermessliche.
```

```
Diese Information wurde von der "Zentralstelle zur Unterdrückung von
betrügerischen Machenschaften" (Office Central de Repression du
Banditisme) herausgegeben. Seit einiger Zeit haben Betrüger eine
Möglichkeit gefunden, mit der sie Ihr Mobiltelefon auf betrügerische
Weise nutzen können: Sie rufen Sie auf Ihrem Mobiltelefon an und geben
sich als Ihr Provider aus. Sie fordern sie dann auf, eine
Geheimnummer, entweder die 09 oder die 90 einzugeben, mit der
Erklärung, daß dies dazu dient, die richtige Funktionsweise zu
überprüfen.
```

```
Auf keinen Fall diese Geheimnummer eingeben und sofort auflegen! Mit
verfügen die Betrüger ansonsten über eine Möglichkeit, die Nummer
Ihrer SIM-Karte zu lesen, mit der dann eine neue Karte erstellt werden
kann.
```

Office Central de Repression du Banditisme klingt zwar wundervoll, international und seriös, existiert in der hier beschriebenen Form aber ebenso wenig wie die Möglichkeit, an die SIM-Kartennummer zu gelangen.

Das ändert sich auch dann nicht, wenn diese und andere derartige Mails immer wieder einmal begeistert in der Presse nachgedruckt werden. Man nennt diese Art von „Mailviren" Hoax (engl. „Scherz"). So mancher Hoax lief schon als Echtmeldung über die Ticker der Nachrichtenagenturen – und landete bundesweit als Warnung in den Medien. Auch viele große Firmen haben schon traurige Berühmtheit erlangt, weil von Ihnen ein Hoax auf ihre eigenen Mailinglisten mit vielen Tausend Kundenadressen weitergeleitet wurde. Ein klares Zeichen dafür, dass eine Mitarbeiterschulung Not tut.

Unter einem Hoax versteht man Kettenbriefe und Warnungen vor Viren oder anderen Dingen, die nicht existieren. Der eigentliche Virus ist *die Warnung selbst*. Ihre Verbreitungsmethode ist, vornehm ausgedrückt, menschliche Fürsorge. Besorgte Nutzer, die es ja wirklich nur gut meinen, leiten mit Enthusiasmus Hoax-Mails zu Hunderten hemmungslos an sämtliche Einträge in ihrem Adressbuch weiter, bis ihnen nach der zehnten Warnung langsam dämmert, dass sie auf die Schippe genommen werden.

Problematisch ist, dass diese Mails kein Verfallsdatum haben und über Jahre, zum Teil seit mehr als einem Jahrzehnt im Netz überleben. Und so mutieren selbst ursprünglich harmlose sog. „Tränendrüsen-Hoaxes" zu großen finanziellen Schaden anrichtenden Irrläufern.

Normalerweise warnen viele Hoaxes aber gezielt vor Computerviren und gefährlichen Attachments. In aller Regel existieren die dort genannten Dateien und Viren nicht. Selbst wenn die genannten Dateien existieren, ist Vorsicht angesagt: Manchmal werden Benutzer angewiesen, selbst wichtige Systemdateien des Betriebssystems zu löschen, um den vermeintlichen Virus zu deinstallieren:

```
Subject: Warnung vor virus "jdbgmgr.exe"

Hallo ...

ich habe heute eine mail erhalten, in dem vor dem
obigen Virus gewarnt wird. Er verteilt sich über
das Adressbuch über Windows/C:.

Er kann wie folgt entfernt werden:
1. Gehen Sie in Windows unter Extra, Suchen, Dateien/Ordner
2. Unter dem Namen Fenster schreiben Sie: "jdbgmgr.exe"
3. Im Fenster Suchen gehen Sie auf "(C:)"
```

```
4. Klicken Sie nun auf: Suche Starten
5. Der Virus hat einen kleinen Bär als Icon vor dem Namen "jdbgmgr.exe"
AUF KEINEN FALL ÖFFNEN!
6. Klicken Sie ihn mit der rechten Maustaste an und entfernen Sie ihn
ihn den Papierkorb.
7. Gehen Sie auf den Papierkorb und leeren Sie ihn komplett.

Falls Sie den Virus finden, warnen Sie bitte alle Adressen aus Ihrem
Adressbuch, auch wenn Sie in der letzten Zeit keine e-mails verschickt
haben, damit Sie ebenalls ihre E-mail-Partner warnen können. Der
Virus schläft etwa 14 Tage, bevor er Ihren Computer beschädigt.

Dies nur zur Sicherheit und Information.
```

Nun, eines steht fest: Der Sicherheit dient diese Mail nicht, denn **jbdgmgr.exe** ist eine wichtige Systemdatei, die zu Java unter Windows gehört (*Java Debugging Manager*). Insofern ist es wenig erstaunlich, dass anscheinend fast jeder PC infiziert zu sein scheint. Löscht der Nutzer die Datei, so beschädigt er seine Windows-Installation und fügt sich selbst Schaden zu. Der Vorgänger dieses Hoax warnte nach dem gleichen Prinzip vor einem Virus namens SULFNBK.EXE – in Wirklichkeit eine wichtige Systemdatei von Windows 98 zur Verwaltung langer Dateinamen. Die Existenz der hier beschriebenen Dateinamen ist gerade *kein* Indiz für eine Virusinfektion!

Doch selbst wenn die dort benannten Viren existieren sollten, ist der Ansatz, massenweise Warnungen herumzusenden, falsch: Zum einen wird eine trügerische Sicherheit vermittelt, dass andere Attachments sicher seien und man sich durch „Wissen" schützen könne. Zum anderen muss man die Probleme selbst in den Griff bekommen, und das sind schlecht programmierte Mailclients und Betriebssysteme, die sich von Viren infizieren lassen. Zu guter Letzt sind rund 65.000 verschiedene Viren bekannt. Es ist daher sinnlos, vor *einem* bestimmten Virus zu warnen. Auf ein Jahr gerechnet könnte man täglich vor rund 180 Viren warnen. Computer und Software müssen aber *generell* sicher sein.

Abschließend möchte ich Ihnen noch ein (reales) Musterbeispiel eines Hoax vorstellen, einen Klassiker. Sie erkennen darin viele typische Merkmale. Einmal bewusst gelesen, wird man in Zukunft jeden Hoax 10 Meilen gegen den Wind wittern und nicht mehr darauf hereinfallen.

Ich präsentiere: Der Doppel-Hoax „Virtual Card / Internet Flower for you". Immer wieder beliebt, immer wieder in deutschen Postfächern anzutreffen. Vorhang auf und Bühne frei:

```
Subject: Viruswarnung

V I R U S W A R N U N G !

Es wurde gerade ein neues Virus festgestellt, den Microsoft und McAfee
```

als den bisher gefährlichsten Virus überhaupt bezeichnen!

Dieses Virus wurde erst am Freitag nachmittag von McAfee festgestellt
und wird noch nicht von Virenscannern erkannt. Das Virus zerstört den
Null-Sektor der Festplatte, wo wichtige Informationen für die Funktion
der Festplatte gespeichert sind.

Die Funktionsweise des Virus ist wie folgt:

Das Virus versendet sich automatisch an alle Kontaktadressen aus dem
Email-Adressbuch und gibt als Betrefftext "A Virtual Card for You" an.

Sobald die vorgebliche virtuelle Postkarte geöffnet wird, bleibt der
Rechner hängen, sodass der Anwender einen Neustart vornehmen muss.

Wird nun die Kombination [Strg]+[Alt]+[Del] oder der Reset-Knopf am
Rechnergehäuse gedrückt, löscht das Virus den Null-Sektor der
Festplatte, womit die Festplatte dauerhaft unbrauchbar ist. Wenn Sie
also eine Nachricht mit dem Betreff "A Virtual Card for You" erhalten,
öffnen Sie diese mail KEINESFALLS, sondern löschen Sie die Nachricht
sofort.

Am Freitag hat dieses Virus Innerhalb weniger Stunden geradezu eine
Panik unter EDV-Usern in New York verursacht, wie CNN berichtet.
http://www.cnn.com

Diese Warnung stammt von einem Microsoft-Mitarbeiter.

Bitte leite das vorliegende Mail an alle Personen in Ihrem
Email-Verzeichnis weiter. Es ist sicherlich besser, diese Nachricht 25
Mal zu erhalten, als gar nicht!

Intel meldet ebenfalls ein neues und sehr gefährliches Virus, das sich
mit der Betreffzeile "An Internet Flower For You" verbreitet.

Wenn Ihr eine derartige Email erhalten, öffnen Sie diese nicht,
sondern löschen Sie sie sofort. Dieses Virus löscht alle DLL-Dateien
von Ihrem Rechner, sodass der Rechner danach nicht mehr hochfahren
kann.

Hoaxes sind eigentlich *sehr* einfach zu erkennen, vor allem dann, wenn man auch
einmal darüber nachdenkt, was man liest. Sie haben einen typischen Aufbau:

- Sie sind i. d. R. schon unzählige Male von ungeübten Anwendern weitergeleitet
  worden. Vor Beginn der Mail gibt es oft viele Weiterleitungstexte und viele Mailadressen – dieses Drama habe ich uns hier erspart. Aber schon das ist ein sehr
  sicheres Anzeichen.

- Sie sind häufig mit vielen Ausrufe- oder Fragezeichen hintereinander gespickt,
  um den nötigen Nachdruck zu verleihen.

- Es wird stets eine angeblich glaubwürdige Quelle genannt. Das sind wahlweise großen Firmen oder sehr kompetente Privatpersonen, die jemand kennt, die jemand kennt, die jemand kennt und der garantiert, dass er jemanden kennt, der weiß, was er tut. Dass genannte Firmen sich teilweise gar nicht mit Viren beschäftigen (wie z. B. der Chiphersteller Intel), spielt im Eifer des Gefechts keine Rolle.

- Sofern vor den ultimativen, alleszerstörenden Super-Viren gewarnt wird, wird oft nicht gesagt, für welches Betriebssystem der Virus bestimmt ist. Viren sind Programme – sie funktionieren i. d. R. nur auf der Plattform, für die sie programmiert worden sind.

- Es werden meist Auswirkungen in drastischer Form geschildert, auch wenn diese z. T. technisch gar nicht möglich sind. Wenn noch eine Prise wichtig klingender (aber fiktiver) Fachwörter hinzu kommt, gibt das dem Hoax erst die richtige Würze.

- Hoaxes geben oft vor, aktuell zu sein: Auch hier lautete die Meldung, dass „letzten Freitag" etwas passiert sei. Und dieser Text kursiert dann jahrelang im Netz… Hoaxes sind typischerweise auch nicht mit genaueren Terminen versehen, die erkennen lassen, wann sie geschrieben wurden oder ob sie wirklich (noch) aktuell sind. Meist sind sie einige Jahre alt.

- Sofern direkt namentlich Ansprechpartner, z. T. mit Telefonnummer oder Mailadresse genannt werden, sind diese Angaben meist falsch. Existieren diese Personen ausnahmsweise einmal, haben sie mit dem Hoax nichts zu tun und werden terrorisiert.

- Schließlich ist die wichtigste Anmerkung aber die Bitte, diese E-Mail sofort an möglichst viele Bekannte weiterzuleiten, um sie zu warnen.

Anders als in einigen Hoaxes geschrieben, ist es *nicht* egal, ob diese Warnungen lieber zehnmal zuviel als einmal zu wenig bei anderen Benutzern ankommen. Hoaxes sind ein ernstes Problem.

- Sie stören auf die Dauer ungemein.

- Sie kosten Übertragungszeit und den Providern Bandbreite.

- Sie kosten Bearbeitungszeit.

- Sie verstopfen Postfächer.

- Personen, die daran glauben, kosten sie erst recht Zeit, wenn sie mühsam weitergeleitet werden.

- In Firmennetzwerken blockieren Sie Support-Mitarbeiter und Techniker, die den Kollegen diesen Unsinn noch erklären und austreiben müssen.

Der Hoax-Experte der Technischen Universität Berlin, Frank Ziemann, schätzt, dass die Kosten einer Hoax-Welle für ein mittelständisches Unternehmen mit 1000 EDV-Anwendern ungefähr dem Wert einer Vollzeitstelle eines EDV-Technikers entspricht. Insofern haben wir auch ein Problem, das uns als Postmaster eines LAN zu interessieren hat.

Wie also gegen Hoaxes vorgehen? Hoaxes basieren auf einem elementaren Problem: Normale Anwender verfügen meist nicht über die Fachkenntnis, selbst offensichtlichen Unsinn in den Warnungen zu erkennen. Und deprimierenderweise verschicken auch gestandene Postmaster manchmal diesen Müll.

Als Konsequenz daher eine Goldene Regel:

> *Endanwender haben keine Warnungen weiterzuleiten! –*
> *... es sei denn an ihren Postmaster zur Prüfung!*

Es muss geklärt werden, dass nur Postmaster und wirklich erfahrene Personen für derartige Warnungen zuständig sind. Besorgte Endanwender können diese Warnungen gerne an den Postmaster ihres Vertrauens weiterleiten – sollten von eigenen Weiterleitungen an Dritte aber tunlichst absehen.

Sie als Postmaster hingegen haben Ihre Anwender aufzuklären und sollten selbst auf dem Laufenden sein, was die aktuell kursierenden Warnungen angeht. Beste Anlaufstelle dafür ist die Hoax-Infoseite von Frank Ziemann von der TU Berlin.[13] Einen Hoax weiterzuleiten, der hier bereits gelistet ist, sollte einen vor Scham im Boden versinken lassen.

Aber damit Sie auch noch etwas Positives zum Schmunzeln haben, erlaube ich mir noch ein letztes Mal, einen Hoax zu zitieren. Und ob Sie es glauben oder nicht: Auch *diesen* Text habe ich schon als ernste Warnung bekommen ...

Vielleicht eignet sich diese E-Mail für einen Aushang oder ein Info-Blatt für Ihre Mitarbeiter oder Kollegen – aber bitte: Leiten Sie diesen Text nicht als E-Mail weiter, denn es *wird* Personen geben, die ihn als echte Warnung weiterverbreiten!

```
NEUER BOeSER VIRUS !!!!

Ein neuer, ganz, ganz gefaehrlicher Virus ist im Umlauf! Wenn Sie eine
E-Mail mit dem Titel BAD TIMES erhalten, loeschen Sie sie sofort ohne
sie zu lesen! Es handelt sich dabei um den bislang gefaehrlichsten
Virus der bekannt ist.

Er wird beim Lesen Ihre Festplatte formatieren. Und nicht nur die,
```

---

[13] http://www.hoax-info.de

sondern alle Disketten, die auch nur in der Naehe Ihres PCs liegen. Er loescht alle auf ihrer Festplatte vorhandenen JPG Files, loescht die Win.ini und uebertaktet ihren Prozessor um 500%! Die Umdrehungszahl der Festplatte wird verdoppelt und die Ram-Haltebuegel werden gelockert!

Falls sie zu diesem Zeitpunkt noch nicht reagiert haben, loescht der Virus ihre TV-Senderprogrammierung. Er polt den Staubsauger um und schwaengert ihren Hund oder die Katze -- oder beide! Zu diesem Zeitpunkt hat er per Modem schon lange eine 0190-Nummer gewaehlt, schnappt sich Ihr Auto und verpulvert die gesamte Deckung ihrer Kreditkarte im naechsten Puff. Er wird den Thermostat ihres Kuehlschranks so einstellen, dass Ihre Eisvorraete schmelzen und die Milch sauer wird.

Er wird die Magnetstreifen auf Ihrer Kreditkarte entmagnetisieren, die Geheimzahl Ihrer EC-Karte veroeffentlichen und Ihr Konto saldieren, die Spurlage Ihres Videorecorders verstellen und Subraumschwingungen dazu verwenden, jede CD, die Sie sich anhoeren, zu zerkratzen. Er wird allen Ihren One-Night-Stands Ihre neue Telefonnummer mitteilen. Er wird Frostschutzmittel in Ihr Aquarium und in die besten Weinflaschen schuetten, all Ihr Bier austrinken und die stinkenden Socken auf dem Esstisch ausbreiten, wenn Sie Besuch kriegen. Er wird Ihre Autoschluessel verstecken und die Batterie entladen waehrend Sie schlafen und Ihr Autoradio stoeren, damit Sie statt Staumeldungen nur freie Strecken mitgeteilt bekommen. Er wird Ihr Shampoo mit Leim und Ihre Zahnpasta mit Schuhcreme vertauschen, waehrend er sich hinterruecks mit Ihrer Freundin/Ihrem Freund trifft und die gemeinsamen Naechte im Palace-Hotel auf Ihre Kreditkartennummer verbucht.

BAD TIMES verursacht Juckreiz im Arsch, vernichtet jegliches Toilettenpapier und platziert den eingesteckten Foen unmittelbar neben der Badewanne. Er ist subtil, aber hinterhaeltig, gefaehrlich, ja schrecklich. Das sind nur einige Auswirkungen, seien Sie also vorsichtig, sehr, sehr vorsichtig! Auch Microsoft, IBM und AOL haben erst kuerzlich in einer Pressemitteilung auf die Gefaehrlichkeit dieses Virus hingewiesen. Senden Sie daher diese Viren-Warnung unbedingt an ALLE Freunde und Bekannte weiter. Am Besten in doppelter oder dreifacher Ausfertigung!!!

18

Der Lauscher an der Wand

18.1 Die Sorglosigkeit im Alltag

Ein Großteil des Datenverkehrs im Internet läuft heute noch unverschlüsselt ab. Persönliche und geschäftliche E-Mails, Adressen, persönliche Angaben in Webformularen, Kreditkarten- und Konteninformationen, Zugangskennwörter, Usernamen und viele, viele andere Informationen werden über viele verschiedene Stationen und Router des Internet geschickt. Oft lässt sich gar nicht genau sagen, welchen Weg die einzelnen Datenpakete nehmen und wer sie alles kontrollieren könnte.

Aber fest steht: Diese Daten tatsächlich systematisch zu kontrollieren und auszuwerten erfordert etwas Aufwand und Technik, ist aber kein Problem. Große und kleine Hacker, Script-Kiddies, Unternehmen, Staatsorgane und viele andere Stellen haben ein Interesse daran. Den Datenstrom des Internet kann man überall da mitschneiden, wo die Datenpakete auf ihrem Weg durch das Netz vorbeikommen: zentrale Netzknoten, Backbones der Provider, Telekommunikationsverteiler und Satellitenverbindungen. Je technischer die Welt, desto einfacher können immer größere Teile der Kommunikation systematisch erfasst und ausgewertet werden.

Aber auch im Sinne der Verbraucher schlagen Datenschützer schon lange Alarm: Die Folgen unseres heute sorglosen Umgangs mit persönlichen Daten werden wir erst in zehn Jahren merken, wenn alles zu spät ist. Nicht die einzelnen Informationen sind es – erst in ihrer Summe sind sie interessant, lassen interessante Rückschlüsse zu, führen zum gläsernen Verbraucher und Bürger. Und einmal bekannte Daten lassen sich nie wieder zurückholen.

Für den Betrieb eines sicheren Mailservers ist es unabdingbar, bei jeder sich bietenden Gelegenheit Verschlüsselungsmechanismen einzusetzen. Es geht dabei nicht um das gezielte Verstecken einzelner „Geheimnisse". Schon die Frage, ab wann etwas geheim ist, lässt sich kaum beantworten. Vielmehr muss es uns grundsätzlich darum gehen, sämtliche Daten zu verschlüsseln, so unwichtig sie auch sein mögen.

Eine einzelne verschlüsselte Information lässt sich immer irgendwie knacken – notfalls mit immensem Rechenaufwand. Ist hingegen fast *alles* verschlüsselt, greift das Nadel-im-Heuhaufen-Prinzip. Denn der Aufwand, alles zu entschlüsseln, ist nicht mehr tragbar.

Wollen wir also irgendwann tatsächlich private oder interne Daten versenden, müssen wir schon vorher mit Sicherheitsmaßnahmen anfangen. Datenverschlüsselung und Kryptographie sind eine Selbstverständlichkeit – ihre Pendants im realen Leben sind schon lange anerkannt und durchgesetzt: Briefe werden zugeklebt und Telefonate sind vertraulich.

18.2 Leistungsfähigkeit von Abhöreinrichtungen

Das Gemeinschaftsprojekt *Echelon* der Nachrichtendienste der USA, Englands, Kanadas, Australiens und Neuseelands war eigentlich nicht neu, als es ca. 1998 durch einige hartnäckige Kritiker ins Rampenlicht gezerrt wurde. Doch jetzt ist die Aufregung um Echelon bereits wieder vergangen. Und das, obwohl bereits an leistungsfähigeren und umfassenderen Projekten wie *Enfopol* oder *Data Retention* gearbeitet wird, die die staatliche Totalüberwachung weitestgehend perfektionieren sollen.

Genau genommen ist Echelon eigentlich schon ziemlich alt. Geplant seit den späten 60ern, ist es heute schon seit weit über 20 Jahren in Betrieb. Schon lange existieren entsprechende europäische Abhörstationen in England – und auch in Deutschland, im bayerischen Bad Aibling. Bislang arbeitete Echelon still und leise – und zumindest von der breiten Öffentlichkeit unbemerkt. Nur Datenschützer und hartgesottene Kenner der Datenschnüffelei hoben immer wieder alarmierend den Zeigefinger – nur interessierte sich niemand dafür.

Dabei war Echelon ein neuer Schritt der staatlichen elektronischen Datenspionage durch Amerika und seine Verbündeten: Ein leistungsfähiges System mit weltweiten Abhörstationen, das auch in Europa in der Lage ist, große Teile der Telefon-,

Daten- und Faxübertragungen gleichzeitig abzuhören, zu speichern, auszuwerten und Stimmen und Anrufer zu identifizieren. Ein System, das auch den elektronischen Datenverkehr des Internet im ganz, ganz großen Stil systematisch auswertet: Schon 1995 installierte die National Security Agency (NSA) auf neun großen *Internet Exchange Points* (IPX) entsprechende Sniffer. Diese IPX wurden teilweise von der US-Regierung selbst, teilweise von amerikanischen Unternehmen betrieben. Da damals auch europäischer IP-Verkehr zu weiten Teilen über die USA abgewickelt wurde, saßen sie mittendrin.

Echelon hat es auf jeden abgesehen, denn es sammelt ganz grundsätzlich Informationen und Daten aller Art. Was waren das für gute alte Zeiten, als eine Telefonüberwachung noch bedeutete, dass „Kanalarbeiter" neben den grauen Telefon-Schaltkästen auf den Bürgersteigen intensive Untergrundarbeiten in einem kleinen Zelt zu erledigen hatten. Was war das noch für ein Aufwand, als einzelne Telefonleitungen tatsächlich mit Draht und Tonbandgerät angezapft werden mussten!

Heute ist das anders: Echelon und viele andere Überwachungssysteme filtern alles, was sie technisch kriegen können. Alles. Und Echelon kriegt eine ganze Menge. Man muss davon ausgehen, dass es in der Lage ist, sämtliche Satellitenverbindungen zu 100% zu erfassen, auch Seekabel wurden schon angezapft und dürften zu weiten Teilen mitausgewertet werden. Und damit sollte jeder ein Problem haben![1]

Datenverschlüsselung ist also mehr denn je notwendig. Sie ist keine Frage von Geheimniskrämerei oder Kriminalität und auch keine Frage eines vielleicht übertriebenen Datenschutzgedankens. Sie ist schlichtweg notwendig. Für Private und auch für Firmen, denn große Konzerne, aber auch der Mittelstand mit internationalen Kontakten sind die Opfer.

Die derzeitigen Bestrebungen auf europäischer Ebene lassen da kein besseres Gefühl aufkommen. Geht es nach den derzeit laufenden EU-Planungen zu Enfopol oder zu laufenden Diskussionen über Data Retention, sollen europaweit E-Mails und Verbindungsdaten sieben Jahre lang gespeichert, archiviert und ausgewertet werden dürfen. Datenspuren sollen ohne Verdacht und konkreten Anhaltspunkt, sondern stattdessen rein prophylaktisch und auf Vorrat gespeichert werden. Elektronische Kommunikation hat viele Vorteile, aber elektronische Kommunikation lässt sich auch in einem enormen Umfang, in einem bislang nie erreichten Ausmaß systematisch elektronisch überwachen und auswerten.

Politiker aller Herren Länder, auch unseres eigenen, haben die Entwicklungen nach dem Attentat auf das World-Trade-Center genutzt, um die schon länger in der Schublade liegenden Überwachungspläne hervorzuziehen und unter dem Banner „Kampf gegen den weltweiten Terrorismus" umzusetzen. Die Überwachung jeglichen Datenverkehrs wurde drastisch ausgeweitet und ist so massiv wie nie zuvor – und wird beileibe nicht wirklich und ausschließlich aus Gründen der Terrorismusbekämpfung durchgeführt.

---

[1] Informationen zu Echelon finden Sie z. B. hier: http://www.echelonwatch.org.

Der einzige Schutz: Datenverschlüsselung, denn Anonymität ist kaum zu gewährleisten. Jegliche elektronische Kommunikation muss, wo immer es geht, verschlüsselt werden.

Für weitere Informationen:

http://www.ilka.org
> Ilka Schröder ist eine politisch sehr umstrittene Ex-Grüne Europaabgeordnete (jetzt Fraktion GUE/NGL, im nächsten Parlament wohl nicht mehr dabei), aber unbestritten die Nummer Eins in der offenen Information und Kritik über Echelon, Enfopol und elektronische Datenschnüffelei.

http://duncan.gn.apc.org/interception_capabilities_2000.htm
> Der so genannte „STOA-Report" von Duncan Campbell vom April 1999 ist eine sehr interessante und aufschlussreiche Lektüre, die auch viele technische Details offenbart. Der Report *Interception Capabilities 2000* enthält heißen Stoff und harte Fakten.

http://www.heise.de/tp/deutsch/special/enfo
> Eine Link- und Artikelsammlung von *Telepolis* zu Enfopol.

18.3 SSL/TLS – Schutz durch verschlüsselte Verbindungen

Secure Socket Layer (SSL v2/3) bzw. der Nachfolger *Transport Layer Security* (TLS v1) stellen ein Verfahren dar, mit dem sich beliebige TCP/IP-Verbindungen verschlüsseln lassen.

Sie setzen dabei auf sehr niedriger TCP/IP-Ebene in der Übertragung an (für Profis: OSI-Schicht 3). Anders als PGP, das auf Applikationsebene arbeitet (z. B. in der Mailsoftware), sichert SSL/TLS unmittelbar die TCP/IP-Verbindung zwischen zwei Hosts. Das macht es so flexibel, denn nahezu jedes Protokoll, das mit einem einzelnen Verbindungskanal auskommt, lässt sich damit über SSL/TLS absichern. Bekannte Vertreter sind z. B. HTTPs, POP3s, IMAPs oder SMTPs.

SSL/TLS funktioniert dabei grundsätzlich wieder nach dem von PGP bekannten *Public-/Private-Key*-Verfahren, d. h., es können auch zwei Hosts eine abhörsichere Verbindung aufbauen, die sich vorher noch gar nicht kannten. Durch das *Public-/Private-Key*-Verfahren ist es unnötig, über einen zweiten gesicherten Kanal zu verfügen, über den ein Schlüssel transportiert werden kann. Auch ein von vornherein mitlauschender Angreifer bekommt die *Private Keys* nie in die Hände – und ist damit nicht in der Lage, die mitgeschnittene Kommunikation zu dekodieren.

Eine verschlüsselte Verbindung zu einem unbekannten Host aufzubauen ist also kein Problem – etwas anders sieht es bei der Frage der Authentifizierung aus. Es *könnte* ein Angreifer in der Mitte sitzen und die übertragenen Schlüssel durch eigene ausgetauscht haben. Nur durch das *Public-/Private-Key*-Verfahren allein können wir Verschlüsselung einsetzen, können aber nicht garantieren, dass wir auch tatsächlich mit demjenigen Daten austauschen, von dem wir glauben, er sei unser Partner.

Dieses Problem löst die Signierung eines *Public Keys*. Dabei steht eine so genannte *Certification Authority* (CA) durch eine digitale Unterschrift dafür ein, dass sie sich höchstselbst davon überzeugt hat, dass dieser Schlüssel einer bestimmten Person oder Organisation gehört.

CAs sind dabei nicht vorbestimmt: Praktisch jeder kann seine eigene CA aufmachen und seine eigenen oder die Schlüssel Dritter signieren. Nur stellt sich die Frage, ob der Rest der Welt diese selbst gemachten CAs kennt und ihnen vertraut. Große, professionelle CAs haben dafür gesorgt, dass ihre CA-Schlüssel in den üblichen Mail- und Webclients bereits fest eingebunden sind. Jeder dieser Clients kann die von diesen CAs signierten Schlüssel sofort als gesichert und vertrauenswürdig übernehmen.

Bei selbst gebauten CAs fällt das weg: Die Schlüssel sind zwar signiert – aber von einer dem Client unbekannten CA. Der Client muss also den Benutzer fragen, ob er dieser CA vertraut. In der Praxis ist das ein einmaliger Vorgang. An der Qualität der Verschlüsselung ändert das rein gar nichts – nur die Frage, ob dieser Schlüssel dem gehört, von dem er zu sein scheint, lässt sich nicht hundertprozentig klären. Deshalb werden sich auch viele Firmen weiterhin ihre Schlüssel teuer von bekannten, etablierten CAs signieren lassen.[2]

Wichtig sind absolut sicher authentifizierte Schlüssel vor allem bei Webservern: Hier wird garantiert, dass ein HTTPs-Schlüssel tatsächlich zur angesprochenen Webseite einer Bank gehört, und nicht etwa einem *Man-in-the-Middle*, der den Schlüssel ausgetauscht hat und so unsere Daten und PIN-Nummern zum Online-Banking ausspionieren möchte. Weitere zentrale Einsatzgebiete sind z. B. das Übertragen von Konto- oder Kreditkartendaten beim Online-Shopping – aber auch die Abfrage von E-Mail-Postfächern per Web-Interface und dergleichen.

Auch Mailserver lassen sich über SSL/TLS sichern: POP3s, IMAPs und SMTPs sind sehr sinnvoll und wünschenswert, aber bislang leider kaum vertreten. Die eigentlichen Verfahren POP3, IMAP und SMTP kommen dabei wie gewohnt zum Einsatz, an ihnen ändert sich nichts! SSL/TLS ist ja gerade eine Verschlüsselung auf Transportebene, d. h., die gesamte Verbindung wird gesichert, und darüber läuft dann „normales" POP3 ab. Genauer könnte man sagen: HTTP, POP3, IMAP, SMTP *über* SSL/TLS.

So gut wie alle heutigen Mailclients unterstützen das. Manchmal ist es direkt als POP3s oder IMAPs benannt, manchmal ist es etwas verklausuliert in der Konfigura-

---

[2] http://www.verisign.com
    http://www.thawte.com

tion zu finden: „Server erfordert sichere Verbindung." Auf jeden Fall sollten Sie Ihre Nutzer grundsätzlich anhalten, diese Verfahren zu benutzen – es gibt eigentlich keine Nachteile, außer etwas CPU-Last. Auch hausintern sollten Sie grundsätzlich verschlüsseltes POP3 und IMAP einsetzen: Ausgespähte Passwörter sind ein vollkommen überflüssiges Sicherheitsrisiko.

Die Frage der Authentifizierung des Mailservers spielt dabei eine weniger wichtige Rolle als bei Webservern. Häufig werden deshalb selbst signierte Schlüssel eingesetzt, denn das spart die Signierungskosten einer kommerziellen CA. Der Anwender kann dann darauf vertrauen, dass der Schlüssel tatsächlich zu seinem Mailserver gehört. Denn anders als beim Web hat es der Nutzer i. d. R. nicht mit völlig fremden, wechselnden Webservern unbekannter Anbieter zu tun, sondern stets mit „seinem" Mailserver, auf dem sein Postfach liegt.

Mailclients warnen teilweise beim Aufbau von POP3s oder IMAPs-Verbindungen zu Servern mit selbst signierten Schlüsseln. Doch da der Nutzer diese Schlüssel lokal akzeptieren und abspeichern kann, ist man für die Zukunft trotzdem gesichert und kann Authentizität garantieren: Würde ein Angreifer den Schlüssel austauschen, so würde das der Mailclient merken, denn der übertragene Schlüssel stimmt nicht mehr mit dem gespeicherten überein.

Nicht unbedingt die Authentifizierung ist es also, die uns treibt, sondern die Verschlüsselung der Mailverbindungen! Sowohl die E-Mails als auch der POP3/IMAP-Dialog werden kodiert. Und dadurch gehen auch Zugangsdaten zum Postfach nie im Klartext über das Netz.

SSL/TLS macht jedoch Systeme wie PGP keinesfalls überflüssig. Denn SSL/TLS sichert nur den Moment des Transports. In der Sekunde des Abrufs gehen alle Daten unlesbar über die Leitung. Auf dem Server selbst und auch auf dem Client liegen sie hingegen im Klartext vor, wie immer. Ein Angreifer könnte die Mails dort problemlos lesen. Auch sonst kann man nie sicherstellen, wie eine E-Mail an das Ziel gelangt. Die wenigsten Mailserver versuchen untereinander eine SMTPs-Verbindung aufzubauen, i. d. R. wird Klartext-SMTP verwendet. Wollen wir also den elektronischen Briefumschlag zukleben, brauchen wir PGP. Und wollen wir unsere Login-Daten geheim halten, brauchen wir SSL/TLS. Es ist keine Frage des „Entweder – Oder", sondern eine Frage des „Sowohl – Als auch"!

SSL/TLS für einen Mailserver einzurichten ist kein großer Aufwand. Zumindest nicht mit den Lösungen, die nun vorgestellt werden. Sie sind schnell, sicher und problemlos zu installieren. Die größte Hürde ist, dass Sie sich aufraffen müssen, es zu tun!

Eine Einrichtung geht dabei in zwei Schritten vor sich:

- Wir generieren ein SSL-Schlüsselpaar und signieren es, z. B. mittels *OpenSSL*.

- Wir richten ein Programm ein, das die SSL/TLS-Verbindung mit diesem Schlüssel verwaltet, z. B. **stunnel**.

18.3.1 Key-Generierung mit OpenSSL

OpenSSL ist eine freie, unkommerzielle Implementierung von SSL, mit der man sowohl eigene CAs generieren als auch eigene Schlüssel in allen Varianten und Formaten erzeugen und signieren kann. [3]

Um sich in OpenSSL näher einzuarbeiten, sollten Sie einen Blick auf die eben genannte Webseite oder auf **/usr/share/doc/packages/openssl** werfen.

Um Verschlüsselung sinnvoll einzusetzen, benötigen Sie:

- einen *Private Key*

- einen *Public Key*, der von einer *Certification Authority* (CA) beglaubigt ist

- den *Public Key* eben dieser CA, um deren Unterschrift zu überprüfen

In Anleitungen zu **stunnel** ist ein Verfahren beschrieben, einen Schlüssel zu bekommen, der nicht von einer CA unterschrieben ist. Spätestens, wenn wir Postfix einsetzen, benötigen wir aber CA-unterschriebene Schlüssel, also machen wir es gleich richtig.

Legen Sie sich eine neue CA an, und vermeiden Sie hier und später bei den Schlüsseln Umlaute und Sonderzeichen in den Angaben. Schützen Sie die CA mit einer Passphrase (die Sie sich auch merken sollten!):

```
linux:~ # cd /usr/share/ssl/misc
linux:/usr/share/ssl/misc # ./CA.pl -newca
CA certificate filename (or enter to create)

Making CA certificate ...
Using configuration from /usr/share/ssl/openssl.cnf
Generating a 1024 bit RSA private key
.................................................++++++
......++++++
writing new private key to './demoCA/private/cakey.pem'
Enter PEM pass phrase: capasswd
Verifying password - Enter PEM pass phrase: capasswd
-----
You are about to be asked to enter information that will be incorporated
into your certificate request.
What you are about to enter is what is called a Distinguished Name or
a DN. There are quite a few fields but you can leave some blank
For some fields there will be a default value,
If you enter '.', the field will be left blank.
-----
Country Name (2 letter code) [AU]:DE
```

---

[3] Quellen: ftp://www.openssl.org/source
Infos: http://www.openssl.org

```
State or Province Name (full name) [Some-State]:Bayern :-)
Locality Name (eg, city) []:Muenchen
Organization Name (eg, company) [Internet Widgits Pty Ltd]:Open Source P
ress
Organizational Unit Name (eg, section) []:Open Source Press
Common Name (eg, YOUR name) []:Tux
Email Address []:ca-technik@opensourcepress.de
linux:/usr/share/ssl/misc #
```

Anschließend erzeugen Sie einen neuen Private Key und gleichzeitig eine *Certificate Request*, also eine Anfrage an die CA. Geben Sie dabei *unbedingt* im Feld *Common Name* den echten Hostnamen Ihres Mailservers an, denn der Client überprüft später anhand dieser Angabe, ob der Schlüssel zum Server zu passen scheint (bei der CA war der *Common Name* hingegen egal).

```
linux:/usr/share/ssl/misc # ./CA.pl -newreq
Using configuration from /usr/share/ssl/openssl.cnf
Generating a 1024 bit RSA private key
...........................................++++++...........++++++
writing new private key to 'newreq.pem'
Enter PEM pass phrase:reqpasswd
Verifying password - Enter PEM pass phrase:reqpasswd
-----
You are about to be asked to enter information that will be incorporated
into your certificate request.
What you are about to enter is what is called a Distinguished Name or
a DN. There are quite a few fields but you can leave some blank
For some fields there will be a default value,
If you enter '.', the field will be left blank.
-----
Country Name (2 letter code) [AU]:DE
State or Province Name (full name) [Some-State]:Berlin
Locality Name (eg, city) []:Berlin
Organization Name (eg, company) [Internet Widgits Pty Ltd]:Open Source P
 ress
Organizational Unit Name (eg, section) []:Postfix Buch
Common Name (eg, YOUR name) []:mail.postfixbuch.de
Email Address []:postmaster@postfixbuch.de

Please enter the following 'extra' attributes
to be sent with your certificate request
A challenge password []:
An optional company name []:
Request (and private key) is in newreq.pem
linux:/usr/share/ssl/misc #
```

Unterschreiben Sie nun die *Certificate Request* mit der eigenen CA. Das gewünschte Kennwort ist natürlich das Kennwort Ihrer CA, denn der CA-Schlüssel ist damit geschützt!

```
linux:/usr/share/ssl/misc # ./CA.pl -sign
Using configuration from /usr/share/ssl/openssl.cnf
Enter PEM pass phrase:capasswd
Check that the request matches the signature
Signature ok
The Subjects Distinguished Name is as follows
countryName           :PRINTABLE:'DE'
stateOrProvinceName   :PRINTABLE:'Berlin'
localityName          :PRINTABLE:'Berlin'
organizationName      :PRINTABLE:'Open Source Press'
commonName            :PRINTABLE:'mail.postfixbuch.de'
emailAddress          :IA5STRING:'postmaster@postfixbuch.de'
Certificate is to be certified until Mar 01 21:47:21 2005 GMT (365 days)
Sign the certificate? [y/n]:y


1 out of 1 certificate requests certified, commit? [y/n]y
Write out database with 1 new entries
Data Base Updated
Signed certificate is in newcert.pem
linux:/usr/share/ssl/misc #
```

Einziges Problem, das noch offen ist: Der *Private Key* ist derzeit noch mit Ihrem Kennwort verschlüsselt. Das ist zwar wünschenswert, sorgt aber dafür, dass ein Mail- oder Webserver nicht automatisch starten kann, da er die Passphrase zur Dekodierung des Private Key benötigt.

Es bleibt uns also nichts anderes übrig, als den Private Key unverschlüsselt vorzuhalten und ihn allein durch Dateirechte zu schützen.

```
linux:/usr/share/ssl/misc # openssl rsa <newreq.pem >key.pem
read RSA key
Enter PEM pass phrase: **********
writing RSA key
linux:/usr/share/ssl/misc #
```

Das Schwierigste ist geschafft, nun müssen die Dateien nur noch an die passenden Stellen kopiert und abgesichert werden. Achten Sie beim Zusammenkopieren der Schlüssel darauf, dass erst key.pem und dann newcert.pem in die Datei stunnel.pem geschrieben werden:

```
linux:/usr/share/ssl/misc # chmod 400 *.pem
linux:/usr/share/ssl/misc # cp newcert.pem /etc/postfix/cert.pem
linux:/usr/share/ssl/misc # cp key.pem /etc/postfix/key.pem
linux:/usr/share/ssl/misc # cp demoCA/cacert.pem /etc/postfix/CAcert.pem
linux:/usr/share/ssl/misc # chmod 400 /etc/postfix/*.pem
linux:/usr/share/ssl/misc #
linux:/usr/share/ssl/misc # mkdir /etc/stunnel
linux:/usr/share/ssl/misc # cat key.pem newcert.pem \
> >/etc/stunnel/stunnel.pem
```

```
linux:/usr/share/ssl/misc # chmod 400 /etc/stunnel/stunnel.pem
linux:/usr/share/ssl/misc #
```

/etc/stunnel ist der in stunnel einkompilierte Standard-Pfad (zumindest bei SUSE Linux). Sollte Ihr stunnel den Schlüssel nicht finden, schauen Sie mit der Option -V nach, wie Ihr Default-Pfad lautet, und kopieren Sie die Dateien einfach an diesen Ort:

```
linux:/usr/share/ssl/misc # stunnel -V
```

```
Default behaviour:
        run in inetd mode (unless -d used)
        run in background (unless -f used)
        run in ssl server mode (unless -c used)

Compile time defaults:
        -v level        no verify
        -a directory    (none)
        -A file         (none)
        -S sources      2
        -t timeout      300 seconds
        -B bytes        64
        -D level        5
        -P pid dir      /var/run/stunnel/
        -p pemfile      in server mode: /etc/stunnel/stunnel.pem
                        in client mode: none
```

18.3.2 POP3s, IMAPs mit stunnel

Schlüssel und Zertifikat sind unter Dach und Fach, nun geht's an stunnel. Dessen Vorgehen ist so trivial einfach wie universell passend.

Wenn Sie einen bereits funktionierenden Postfix-Mailserver nebst POP3 und IMAP-Server haben, können Sie diesen ganz bequem mit SSL/TLS nachrüsten: stunnel öffnet bestimmte Ports und nimmt dort SSL/TLS-Verbindungen an, z. B. auf Port 995 (POP3s) oder Port 993 (IMAPs). Diese werden dann dekodiert und lokal an die normalen Ports 110 (POP3) oder 143 (IMAP) weitergeleitet. Das geschieht dann zwar unverschlüsselt, aber innerhalb desselben Hosts. Die Daten gehen nicht im Klartext über das Netz.

Es ist also einerlei, ob Ihre installierten Programme SSL/TLS unterstützen, denn sie bekommen normale Klartextverbindungen! stunnel macht nur eine Port-Weiterleitung, Sie können damit jeden beliebigen TCP/IP-Dienst auch *secure* anbieten![4] Abbildung 18.1 zeigt das als Schema.

---

[4] Mit UDP geht das nicht, da UDP ja keine Verbindungen hat, die man verschlüsseln könnte.

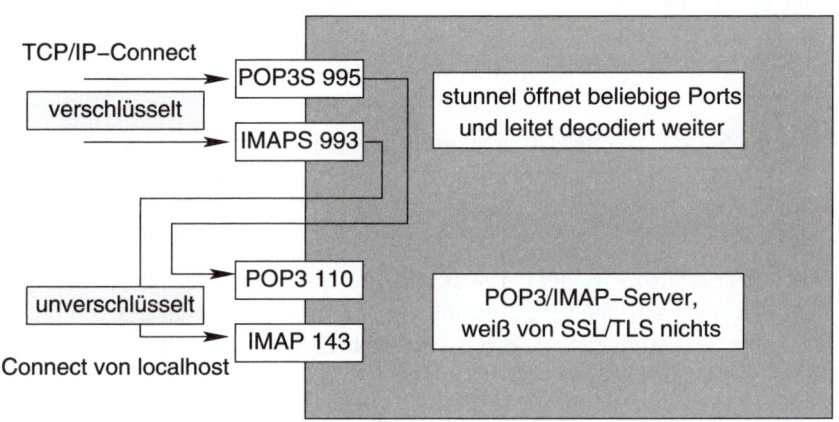

Abbildung 18.1:
stunnel *decodiert und leitet weiter*

Das alte stunnel (bis SUSE 8.1)

Bis einschließlich SUSE 8.1 musste **stunnel** alleine durch Aufrufparameter konfiguriert werden. Schauen Sie sich dazu folgendes Beispiel an:

```
linux:~ # nmap localhost
Starting nmap V. 2.54BETA22 ( www.insecure.org/nmap/ )
Interesting ports on localhost (127.0.0.1):
(The 1532 ports scanned but not shown below are in state: closed)
Port      State      Service
25/tcp    open       smtp
110/tcp   open       pop3
143/tcp   open       imap

Nmap run completed -- 1 IP address (1 host up) scanned in 2 seconds

linux:~ # stunnel -d pop3s -r localhost:pop3 -p /etc/stunnel/stunnel.pem
linux:~ # stunnel -d imaps -r localhost:imap -p /etc/stunnel/stunnel.pem
linux:~ # nmap localhost
Starting nmap V. 2.54BETA22 ( www.insecure.org/nmap/ )
Interesting ports on localhost (127.0.0.1):
(The 1532 ports scanned but not shown below are in state: closed)
Port      State      Service
25/tcp    open       smtp
110/tcp   open       pop3
143/tcp   open       imap
993/tcp   open       imaps
995/tcp   open       pop3s

Nmap run completed -- 1 IP address (1 host up) scanned in 2 seconds
```

Legen Sie sich ein entsprechendes Start-Script in das Verzeichnis /etc/init.d, damit stunnel beim nächsten Booten automatisch geladen wird.

Das neue stunnel (ab SUSE 8.2)

Mit SUSE 8.2 kam das neue **stunnel** in der Version 4, die auf den ersten Blick alles Bekannte der bisherigen Versionen zu ignorieren scheint – nichts funktioniert mehr... Doch keine Angst, so schlimm sieht es wirklich nur auf den ersten Blick aus.

Neben dem großen Pluspunkt, dass **stunnel** jetzt in einer **chroot**-Umgebung gestartet werden kann, gibt es statt Kommandozeilen-Argumenten jetzt eine Config-Datei unter /etc/stunnel/stunnel.conf, wo wir auch gleich mehrere Ports von **stunnel** belegen und weiterleiten lassen können. Der früher notwendige Start mehrerer **stunnel**-Instanzen für jede einzelne Weiterleitung entfällt. SUSE bringt jetzt auch ein eigenes Start-Skript **rcstunnel** mit.

Passen Sie die Config-Datei an, die Voreinstellungen können Sie i. d. R. so lassen. Wichtig sind die folgenden Einstellungen, die hoffentlich schon vorbereitet sind und ggf. nur noch aktiviert werden müssen. Bei dieser Gelegenheit gleich der Hinweis: Bitte aktivieren Sie *keine* Weiterleitung für SMTP/SMTPs, im folgenden Abschnitt klären wir auch noch, warum!

```
linux:/etc/stunnel # joe stunnel.conf
[...]
# client = yes | no
# client mode (remote service uses SSL)
# default: no (server mode)
client = no

[...]
cert = /etc/stunnel/stunnel.pem

[...]
[pop3s]
accept  = 995
connect = 110

[imaps]
accept  = 993
connect = 143
```

Sie können **stunnel** dann ganz normal über **rcstunnel start**, bzw. **rcstunnel stop** aktivieren oder anhalten. Wenn alles läuft, sollte **nmap** ungefähr folgendes Ergebnis liefern:

```
linux:~ # nmap localhost
Starting nmap V. 2.54BETA22 ( www.insecure.org/nmap/ )
```

```
Interesting ports on localhost (127.0.0.1):
(The 1532 ports scanned but not shown below are in state: closed)
Port       State        Service
25/tcp     open         smtp
110/tcp    open         pop3
143/tcp    open         imap
993/tcp    open         imaps
995/tcp    open         pop3s

Nmap run completed -- 1 IP address (1 host up) scanned in 2 seconds
```

Abschließend sollten Sie nicht vergessen, **stunnel** über YaST oder **inserv** in die entsprechenden Runlevel einzutragen, damit der Dienst zukünftig automatisch gestartet wird.

Für Umsteiger von den alten, kommandozeilenorientierten **stunnel**-Versionen gibt es übrigens den **stunnel3_wrapper**. Er versteht die bisherigen alten Kommandozeilenoptionen, lädt den neuen **stunnel** nach und übergibt ihm die Konfiguration. Alte Skripten müssen also nicht in den Papierkorb: Sie müssen nur **stunnel** durch **stunnel3_wrapper** ersetzen.

Alt:

```
linux:~ # stunnel -d pop3s -r localhost:pop3 -p /etc/stunnel/stunnel.pem
```

Neu:

```
linux:~ # stunnel3_wrapper -d pop3s -r localhost:pop3 \
> -p /etc/stunnel/stunnel.pem
```

18.3.3 Postfix mit TLS

SMTPs mit stunnel?

Aber Vorsicht: Es gibt einen Grund, warum in den gezeigten Beispielen SMTPs mit Port **465** fehlt! **stunnel** leitet diese Verbindungen an **localhost** weiter. Für unser Postfix sieht es deshalb so aus, als ob sie von unserem eigenen Server stammten. Dementsprechend wird auch die IP-Nummer unseres Mailservers als Absende-IP-Nummer in **/var/log/mail** notiert: **127.0.0.1**.

Damit hebeln wir aber plötzlich sämtliche UCE-Schutzmaßnahmen aus, die wir in Kapitel 9.5 besprochen haben. Da die eigene IP meist in **$mynetworks** enthalten und damit zum „Relayen", also zum Versand von E-Mails an externe Adressen freigeschaltet ist, könnte ein UCE-Versender über SMTPs problemlos Millionen von Mails einliefern – die unser Postfix akzeptieren und zustellen würde.

Mir ist bislang zwar noch kein Fall bekannt, wo Spammer diese Lücke ausgenutzt bzw. sich daran versucht haben. Der technische Aufwand wäre aber nicht sonderlich groß. Je mehr sich SMTPs verbreitet, desto mehr Spammer werden auch dieses Prinzip verstehen und es ausnutzen. Schaffen Sie sich also keine Sicherheitslücke, die wir an anderer Stelle eigens geschlossen haben. Auf den Einsatz von **stunnel** sollten Sie deshalb an dieser Stelle verzichten!

Der Einsatz ist hier aber auch gar nicht nötig: Postfix selbst unterstützt SSL/TLS, wie wir gleich sehen werden.

SMTPs und STARTTLS mit Postfix

Es gab Planungen, SSL/TLS ebenso wie bei POP3/IMAP auch bei SMTP als *Wrapper* einzusetzen, dafür wurde SMTPs auf Port **465** eingeplant. Andererseits birgt das eben gewisse Probleme in sich.

Mittlerweile wurde SSL/TLS in das (E)SMTP-Protokoll integriert: Der ursprüngliche Connect auf Port 25 findet noch unverschlüsselt statt, direkt nach dem **EHLO**-Kommando wechselt der Client durch das ESMTP-Kommando **STARTTLS** in eine verschlüsselte Übertragung. Von da an ist die komplette Kommunikation gesichert – auch die Übertragung der übrigen SMTP-Kommandos, also auch **MAIL FROM:** und **RCPT TO:**

Einen Port müssen wir Postfix also nicht zuweisen, sondern nur einige Änderungen in der **main.cf** vornehmen. Eine ausführliche Auflistung finden Sie in der Datei **sample-tls.cf**. Voraussetzung ist jedoch, dass die SSL/TLS-Unterstützung in Postfix eingebunden ist (bei SUSE ist das der Fall). Ggf. müssen Sie Ihren Postfix-Quellcode patchen, siehe Anhang A.3, Seite 455.

```
linux:/etc/postfix # joe main.cf
[...]
# Aktiviert STARTTLS, wenn Postfix Server ist:
smtpd_use_tls = yes

# Loggt (nicht) in den Received-Zeilen:
smtpd_tls_received_header = no

#
smtpd_tls_key_file = /etc/postfix/key.pem
smtpd_tls_cert_file = /etc/postfix/cert.pem
smtpd_tls_CAfile = /etc/postfix/CAcert.pem

#
# Aktiviert STARTTLS, wenn Postfix ausliefert:
smtp_use_tls = yes

smtp_tls_key_file = /etc/postfix/key.pem
smtp_tls_cert_file = /etc/postfix/cert.pem
smtp_tls_CAfile = /etc/postfix/CAcert.pem
[...]
```

SMTPs auf Port 465 ist damit eigentlich überflüssig – leider ist dieser Port bis heute bei *MS Outlook* als Default-Port für SSL/TLS-Übertragung eingeplant. Aus diesem Grunde sollten Sie SMTPs in der **master.cf** trotzdem freischalten – Sie benötigen dabei kein **stunnel**. Postfix selbst kümmert sich dann um die Verschlüsselung.

Noch ein Wort zum Service **submission** auf Port 587: Bislang hat dieser Service kaum eine nennenswerte Verbreitung gefunden. Er bietet als Ersatz zu SMTP eine authentifizierte Übertragung und ist speziell dafür gedacht, Mail-Clients das Einliefern von E-Mails bei Relayhosts zu ermöglichen.

Aber: Wenn die Schlüssel und TLS eingerichtet sind, sind nur wenige Änderungen in der **master.cf** notwendig, um auch **submission** zu aktivieren. Es macht also keinen Aufwand und schadet nichts – vielleicht freut sich irgendein Client ja einmal darüber.

Sie sollten also **submission** und **smtps** in der **master.cf** aktivieren – und anschließend ein **rcpostfix reload** nicht vergessen.

```
linux:~ # joe master.cf
# ========================================================================
# service type  private unpriv  chroot  wakeup  maxproc command + args
#               (yes)   (yes)   (yes)   (never) (50)
# ========================================================================
smtp       inet n       -       n       -       10      smtpd
smtps      inet n       -       y       -       -       smtpd -o
       smtpd_tls_wrappermode=yes -o smtpd_sasl_auth_enable=yes
submission inet n       -       y       -       -       smtpd -o
       smtpd_enforce_tls=yes -o smtpd_sasl_auth_enable=yes
```

Übrigens müssen Sie sich nicht wundern, wenn Sie in **/etc/postfix** bei aktiviertem SSL/TLS die Datei **prng_exchange** finden. Diese gehört zum SSL/TLS-System und wird vom Postfix-Modul **tlsmgr** angelegt, der Postfix darüber mit „sauberen Zufallszahlen" versorgt. Fassen Sie diese Datei nicht an, sie ist nicht dazu gedacht, editiert zu werden.

Und noch ein Hinweis: Es gibt den Parameter **smtpd_tls_auth_only**, der dafür sorgt, dass SMTP-Auth nur bei verschlüsselten Verbindungen aktiviert wird (siehe Kapitel 9.12.3, Seite 210).

18.4 Pretty Good Privacy (PGP) und der GNU Privacy Guard (GNUPG)

Pretty Good Privacy („recht gute Privatsphäre") ist das Motto und gleichnamige Programm des Amerikaners Philip Zimmermann.[5] Im Jahr 1991 stellte er PGP

---

[5] http://www.philzimmermann.com

zum ersten Mal vor. Sein Slogan: „Kryptographie für die Massen". Seitdem hat sich PGP in all den Jahren sehr weiterentwickelt und positive, aber auch sehr negative Wendungen genommen. Und es hat natürlich auch Konkurrenz und Nebenbuhler bekommen, wie z. B. GNUPG.

Wie auch immer: Eine Zeitlang war es recht modern, Software wie PGP einzusetzen, doch auch diese Euphorie hat leider wieder nachgelassen, obwohl es täglich mehr Gründe gibt, es zu benutzen. Da das Prinzip von PGP und GNUPG oft noch unbekannt ist, soll es hier vorgestellt werden. Wenn es um den Schutz der Daten durch den Benutzer selbst geht, ist eine Verschlüsselung über PGP oder GNUPG erste Wahl.

18.4.1 Geschichte und Technik von PGP

Zimmermann schuf mit PGP eine sehr innovative, leistungsfähige Software, die er absichtlich Public Domain machte – also für jedermann frei und kostenlos nutzbar. Ihn störten die zunehmenden technischen Vorrichtungen zum Ausspionieren von Daten. Doch nicht nur im Internet leistet das Programm gute Dienste: PGP ist ganz allgemein hervorragend geeignet, um

- Daten aller Art (Partitionen, Dateien, E-Mails, Netzwerkverkehr) zu verschlüsseln;

- Daten durch den Aussteller elektronisch unterschreiben zu lassen, um

  - den Unterschreibenden eindeutig zu identifizieren, also die Authentizität der Quelle zu sichern;

  - eine Manipulation der Daten durch Dritte auszuschließen, also für den Unterschreibenden sicherzustellen, dass die Daten auch so verbreitet werden, wie er sie tatsächlich erstellt hat.

Hier haben wir schon seit vielen Jahren die „digitale Signatur", die die Wirtschaft ewig diskutiert und plant.

18.4.2 Das Public-/Private-Key-Verfahren

PGP basiert dabei auf dem *Public-/Private-Key*-Verfahren: Jeder Nutzer generiert sich in einer sehr sicheren Prozedur mit vielen Zufallsfaktoren ein Schlüsselpaar. Dieses besteht aus zwei Schlüsseldateien:

Private Key
> Der *Private Key* (auch „Secret Key" genannt) wird gehütet wie ein Augapfel. Auch wenn er zusätzlich durch ein Kennwort geschützt ist, darf er den Rechner des Besitzers nicht verlassen. Mit dem *Private Key* ist es möglich,

- Daten zu signieren und

- Daten zu *ent*schlüsseln

Public Key

Der Public Key jedoch ist frei. Er kann, darf und soll öffentlich publiziert werden, z. B. auf der Homepage, auf öffentlich zugänglichen Schlüsselservern oder auf Anfrage per E-Mail. Mit dem Public Key ist es nur möglich,

- Daten zu *ver*schlüsseln, nicht aber zu entschlüsseln. Das kann nur der Private Key.

- zu prüfen, ob die Signatur einer Datei zu einem bestimmten öffentlichen Schlüssel gehört. Hat man sichergestellt, dass ein öffentlicher Schlüssel zweifelsfrei zu einer bestimmten Person gehört, kann man zu jeder Datei feststellen, ob diese von exakt dieser Person mit ihrem Private Key unterschrieben worden ist. Zudem würde sich feststellen lassen, ob Daten nach der Unterschrift durch Dritte verändert worden sind.

18.4.3 PGP-Software und Waffenexport

Die Kryptographie, die hinter PGP steckt, ist sehr gut. Da die Schlüssellängen variabel sind und sich beliebig verlängern lassen, kann die Stärke der Kryptographie an die immer stärker werdende Rechenkraft der Computer angepasst werden. Vor zehn Jahren galten 384 oder 512 Bit PGP-Schlüssellänge noch als *militärisch sicher*, heutzutage sind Schlüssellängen von 8192 Bit Länge Standard.

Wie gut diese Kryptographie war, wurde alsbald von dritter Seite indirekt bestätigt. 1993 wurde Phil Zimmermann von den USA wegen *Waffen*exports angeklagt, da PGP von überall aus der Welt vom Webserver in Amerika heruntergeladen werden konnte. Kryptographie unterliegt in den USA unter bestimmten Voraussetzungen einem Exportverbot. Übrigens ist das der Grund, warum früher viele Programme (z. B. Web-Browser) in Europa nur einen 40 bzw. 56 Bit langen Schlüssel enthielten, in der amerikanischen oder gepatchten Version aber zu wesentlich stärkerer Kryptographie in der Lage waren.

Nach einer internationalen Protestwelle und auch Spenden für die Verteidigung von Phil Zimmermann wurde das Verfahren drei Jahre später eingestellt.

So ist zu erklären, warum PGP heute in zwei Versionen verfügbar ist: PGP und die internationale Version PGPi. Letztere unterscheidet sich von PGP zwar nicht wirklich, doch ist die starke Kryptographie offiziell stets erst außerhalb der USA hineinprogrammiert worden, und der Webserver von PGPi steht außerhalb der USA. Damit liegt kein „Export" mehr vor ...

Die PGP-Version 2.6.3i wurde damals angeblich in der Schweiz erzeugt, um das Exportverbot zu umgehen. Der *ausgedruckte* Quelltext von PGP unterfiel als wissenschaftliche Dokumentation nicht dem Exportverbot und wurde damals angeblich auf dem Postweg aus den USA in die Schweiz verschickt und dort abgetippt.

18.4.4 Vorsicht vor PGP 5.x

Als den amerikanischen Geheimdiensten klar war, dass sie die Entwicklung derartiger Kryptographie für jedermann nicht stoppen konnten, verfolgten sie das Ziel, die Hersteller von Krypto-Software dazu zu bringen, ihre Kryptographie so zu gestalten, dass es möglich war, jede E-Mail nicht nur mit dem Private Key, sondern auch mit einem besonderen „Generalschlüssel" zu entschlüsseln. De facto würde der Einsatz dieser Krypto-Software den Geheimdiensten dann sehr entgegenkommen: Sie müssten dann gar nicht mehr knacken, sondern könnten bequem und schnell im großen Stil entschlüsseln.

Mit einem solchen Generalschlüssel könnte man weltweit alle mit diesem Programm verschlüsselten Daten dechiffrieren. Würde er aber bekannt werden, wäre die komplette Krypto-Software auf einen Schlag untauglich. Nachdem es in den 90ern schon unseren Banken nicht gelungen ist, den Schlüssel der PINs der EC-Karten geheim zu halten, und immer wieder auch militärische Staatsgeheimnisse bekannt und ausspioniert werden, könnte man düstere Ahnungen bekommen.

Phil Zimmermann hatte sich gegen diesen Generalschlüssel stets entschieden gewehrt, dennoch schwenkte er in Version 5.x von PGP um und stieß damit weltweit die PGP-Anhänger vor den Kopf. Ein staatlicher Generalschlüssel ist in PGP 5.x zwar nicht aktiviert, die grundsätzlichen Programmfunktionen waren jedoch enthalten. Zudem lagen Teile des Programmcodes plötzlich nicht mehr offen.

Die offizielle Begründung war freilich eine andere: Im Rahmen eines Einsatzes von PGP in der freien Wirtschaft sollte Firmen die Gelegenheit gegeben werden, stets an die Daten ihrer Mitarbeiter heranzukommen. Nun – diese Idee macht den mehr als faden Beigeschmack eines solchen Generalschlüssels keineswegs besser.

Erst ab Version 6.x lag der PGP-Quelltext wieder vollständig offen, und die Funktionen des Generalschlüssels wurden wieder entfernt.

18.4.5 OpenPGP, GNUPG und PGP

Diese obskuren Entwicklungen und lizenrechtliche Probleme bei den von PGP verwendeten Algorithmen führten in der Folge zu eigenständigen Open-Source-Entwicklungen aus der Szene: OpenPGP, ein in RFC 2440 festgelegter Standard zum Austausch verschlüsselter Kommunikation, und GNUPG, ein vollwertiger Ersatz für PGP, der sich natürlich nach dem OpenPGP-Standard richtet.

GNUPG macht PGP weitestgehend überflüssig: Es hat einen vergleichbaren Funktionsumfang, einen offen einsehbaren Quellcode und verletzt keine Verschlüsselungspatente. Daraus folgt leider auch eine Inkompatibilität zum alten PGP 2.6.3, das damals teilweise Schlüssel nach dem patentierten RSA- oder IDEA-Algorithmus erzeugte.[6] Das spielt aber immer weniger eine Rolle, da diese Algorithmen immer weniger eingesetzt werden und Alternativen vorhanden sind.

Wenn von PGP gesprochen wird, steht das heute als Synonym für das „echte" PGP in den Versionen 2.6.2 oder 5.0, aber auch GNUPG gleichermaßen. Wann immer von PGP die Rede ist, können Sie also auch einfach GNUPG einsetzen (als Programmname übrigens **gpg**).

18.4.6 PGP im Einsatz

Viele Softwarepakete sind mittlerweile mit einem PGP-Schlüssel des Herstellers signiert, um zu verhindern, dass der Quellcode verändert und durch Dritte Hintertürchen in das Programm gebracht werden.

Übrigens: Auch die RPM-Pakete von SUSE Linux sind mit dem SUSE-Schlüssel signiert und können so verifiziert werden. Auf den Webseiten von SUSE finden Sie den offiziellen SUSE-*Public-Key* und dessen Fingerprint. Der Key ist auch nach der Installation gleich im *Public Keyring* von **root** enthalten.[7]

Gerade wenn Sie keine offiziellen Distributions-CDs einsetzen oder Updates aus dem Internet herunterladen, sollten Sie diese prüfen, insbesondere bei sicherheitskritischen Programmen. RPM kann das direkt und zieht **gpg** zu Rate:

```
linux:~ # rpm -v --checksig stunnel.rpm
stunnel.rpm:
MD5 sum OK: b6949a5c8da6cee1869c58e3773bc877
gpg: Signature made Thu Oct 25 18:19:57 2001 CEST using DSA key ID 9C800
ACA
gpg: Good signature from "SuSE Package Signing Key <build@suse.de>"
gpg: WARNING: This key is not certified with a trusted signature!
gpg:           There is no indication that the signature belongs to the o
wner.
gpg: Fingerprint: 79C1 79B2 E1C8 20C1 890F  9994 A84E DAE8 9C80 0ACA
```

Doch nicht nur für Administratoren ist PGP interessant. Phil Zimmermann wollte schließlich Kryptographie für die *Massen*. Anwender können und sollen PGP insbesondere bei der elektronischen Kommunikation einsetzen, zum Beispiel bei E-Mails. Gute Mailclients unterstützen PGP mittlerweile direkt durch eingebundene Module, so dass es in der Anwendung ein Kinderspiel ist, alle E-Mails an bestimmte Empfänger verschlüsseln zu lassen. PGP verfügt dabei über einen „Schlüsselbund" (*Keyring*), in dem lauter öffentliche Schlüssel gespeichert sind und dem man nach

---

[6] http://www.foebud.org/pgp/html/node13.html
[7] Stand Oktober 2003:http://www.suse.de/de/support/security/contact
Fingerprint: 73 5F 2E 99 DF DB 94 C4 8F 5A A3 AE AF 22 F2 D5

Belieben die Schlüssel seiner Kontakte hinzufügen kann. Da jeder Schlüssel neben dem Namen der Person auch die Mailadresse enthält, kann die Mailsoftware automatisch den passenden Schlüssel heraussuchen und ausgehende Mails ohne Zutun durch den Anwender verschlüsseln.

Aber was passiert, wenn Sie jemandem eine PGP-verschlüsselte Mail schicken, und derjenige hat gar kein PGP? Nun – das kann doch gar nicht passieren! Machen Sie sich das *Public-/Private-Key*-Prinzip noch einmal klar:

- Mit dem Public Key des *Empfängers* wird verschlüsselt, es wird *nicht* mit unserem eigenen Schlüssel verschlüsselt.

- Der Empfänger entschlüsselt mit *seinem* Private Key.

- Eine etwaige Antwort des Empfängers wird dann wieder mit dem Public Key des ursprünglichen Absenders verschlüsselt. Man verschlüsselt also immer mit dem Public Key des Empfängers!

Wenn jemand kein PGP hat, so hat er keinen öffentlichen Schlüssel, also können wir ihm auch nicht aus Versehen etwas Verschlüsseltes schicken. In diesem Falle können wir halt nur unverschlüsselt mit ihm kommunizieren.

Halten Sie Ihre Kollegen und Anwender an, PGP zu installieren und einzusetzen! Neben der Tatsache, dass E-Mails andernfalls auch beliebig fälschbar sind, ist nur so gesichert, dass Ihre Daten nicht von jedem x-beliebigen Möchtegernhacker abgehört werden können. Die Übertragung von Mails per SMTP oder POP3/IMAP erfolgt im Klartext, ein Sniffen der Daten ist kein Problem.

Philip Zimmermann verglich PGP immer mit einem Briefumschlag: Jeder Mensch nutzt Briefumschläge und klebt sie zu. Niemand käme auf die Idee, einen Briefumschlag nur dann zuzukleben, wenn tatsächlich ein Geheimnis darin enthalten sein könnte. Mal abgesehen davon, dass es sich lohnt, auch „normale" Daten geheim zu halten – verschicken Sie Steuererklärung, Geschäfts-, Familien- oder Liebesbriefe immer auf Postkarten, so dass jeder Aushilfsbriefträger mitlesen kann? Nein? Warum tun Sie das dann bei E-Mails?

18.4.7 Weitere Informationen

Wenn Sie sich weiter mit PGP und GNUPG beschäftigen wollen, was privat und beruflich nur zu empfehlen ist, bietet sich das PGP-Buch des *foebud e.V.* an.[8]

---

[8] Christopher Creutzig, Andreas Buhl, Philip Zimmermann: „PGP – Pretty Good Privacy – Der Briefumschlag für Ihre elektronische Post", Verlag Art d'ameublement, ISBN 3980218295; online zu lesen und zu bestellen unter: http://www.foebud.org/pgp.

Die PGP-Software und Anleitungen finden Sie natürlich zum Download im Internet.[9]

Auch GNUPG hat mittlerweile eine umfangreiche, in mehrere Sprachen übersetzte Webseite; das *GNU Handbuch zum Schutz der Privatsphäre* ist ebenfalls sehr informativ und ausführlich.[10]

18.5 Schutz vor Wirtschafts- und Betriebsspionage

Wirtschafts- und Betriebsspionage – auf den ersten Blick ein sehr abseitiges Thema. Geht es jetzt nicht doch etwas zu weit? Nein, keineswegs.

Es geht hier um die Frage, inwieweit Sie als künftiger oder bereits tätiger Postmaster und Administrator in der Lage sind, dieser Form von Kriminalität entgegenzuwirken. Denn das Problem der Wirtschaftsspionage hat sich längst von bestochenen Mitarbeitern mit Akten und Disketten unter dem Pullover zu „sauberen" Angriffen auf das Kommunikationssystem der Konkurrenz verlagert.

Warum sollte man noch auf kriminellem Wege und mit hohem Risiko Mitarbeiter bestechen und anwerben, wenn jeder minderjährige Computerfreak in kurzer Zeit aus Viren-Baukästen ein eigenes, für Sie maßgeschneidertes Programm zusammenstellt, das nur noch in die Computer der Konkurrenz eingespeist werden muss? Dank schlecht konfigurierter Mailserver, sicherheitstechnisch bedenklicher Mailclients und mehr als sorglos agierender Mitarbeiter wohl kaum ein Problem. Mailen Sie den Trojaner der Chef-Sekretärin oder den Mitarbeitern der Auftragsverwaltung. Bei einigen Mailclients müssen die Empfänger Ihre Mail noch nicht einmal anklicken, um sich zu infizieren. Lassen Sie den Trojaner im Verborgenen arbeiten – lassen Sie sich zum Beispiel nach und nach sämtliche Dokumente aus dem Windows-Ordner **Eigene Dateien** an eine Deck-E-Mailadresse mailen.

Sie würden sehen: Nach kurzer Zeit wissen Sie über die Firma *alles*. Preislisten, Kalkulationen, Sitzungsprotokolle, Angebote an Großkunden ... Selbst wenn Ihr Programm irgendwann entdeckt und analysiert werden sollte, was soll's? Wenn Sie es richtig machen, werden Sie keine verfolgbaren Spuren hinterlassen haben.

Wenn Sie ein Netzwerk betreuen, schützen Sie Ihre Firma! Machen Sie sich das klar: Unter Umständen liegt es an Ihnen, zu verhindern, dass Ihre gesamte Firma ruiniert wird. Sicher, es mag auf die Einzelfälle ankommen. Aber es gibt Situationen, wo schon drei verlorene Großaufträge in Folge den Konkurs eines gesamten Unternehmens auslösen können. Der Mitarbeiter, der hier aufpassen muss und verantwortlich ist, sind *Sie!*

---

[9] http://www.pgpi.com
http://www.gnupg.org
[10] http://www.gnupg.org/
http://www.gnupg.org/(de)/documentation/guides.html

Sie müssen

- verhindern, dass Trojaner eingeschleust werden oder Ihr Netzwerk anderweitig gehackt wird

- Ihr Netz regelmäßig überwachen und überprüfen, um Einbruchsversuche zu erkennen

- Ihre Kollegen und Mitarbeiter schulen, fortbilden und zu entsprechenden Vorsichtsmaßnahmen anhalten. Wahrscheinlich werden die Mitarbeiter das nicht einsehen, ggf. müssen Sie sie zu entsprechenden Verhaltensweisen und sicheren Passwörtern *zwingen*.

- sich vor allem Gedanken um *sichere Server* und *sichere Software* machen. Am interessantesten dürfte sogar weniger Ihr Mailserver als die Clients der Mitarbeiter sein. Wenn Sie Software einsetzen, die als notorisch unsicher gilt, so handeln Sie grob fahrlässig! Das gilt insbesondere für den E-Mail-Client und den Web-Browser! Beachten Sie hier auch Updates und Sicherheitsfixes der Hersteller!

Eine Idee ist es, sämtlichen Datenverkehr aus dem LAN auf Port 25 (SMTP), 110 (POP3), 143 (IMAP), aber auch die Ports 465 (SMTPs), 587 (submission), 995 (POP3s) und 993 (IMAPs) ins Internet an der Firewall zu blocken. Mailverkehr kann dann nur stattfinden, indem die Mitarbeiter den firmeneigenen, virengefilterten Mailserver für den Ein- und Ausgang benutzen, vorzugsweise in Kombination mit einem Mailrelay in einer Demilitarisierten Zone (Kapitel 16.2).

Zudem kann man dadurch verhindern, dass ein Trojaner einen eingebauten kleinen SMTP-Client hat und seine Daten selbst direkt ins Internet mailt, so dass er noch nicht einmal auf Ihrem Mailserver Spuren hinterlassen würde. Auf der anderen Seite haben webbasierte Free-E-Mail-Dienste eine große Verbreitung erlangt und sind ebenfalls geeignet, Rechner des LAN zu infizieren. Insofern gibt es gute Argumente für oder gegen eine solche Sperrung; die Entscheidung sei Ihnen überlassen.

Sie können diverse technische Maßnahmen treffen – doch Sie sind auch auf das Verhalten der Nutzer angewiesen. Und diese teilen oft mitnichten Ihre Sorgen und Bedenken. Ein durchschnittlicher Fall aus der Praxis, der tatsächlich stattgefunden hat: Nach einer Vireninfektion in großem Stil waren zwei Techniker zwei Tage lang beschäftigt, die 50 Computer eines Unternehmens vom Virus zu säubern und ggf. neu zu installieren. Diverse geschäftliche Dokumente wurden beschädigt oder zerstört, waren aber größtenteils durch Backups gesichert.

Nur drei Wochen später schickten die Techniker eine Rundmail an die Mitarbeiter, in der sie warnten, dass Attachments mit ausführbaren Dateien nicht angeklickt werden dürfen, und verwiesen auf das hohe Risiko und den erst kürzlich erfolgten Vorfall. Als Beispiel für ein solches Attachment hängten sie eine Beispieldatei an ihre Rundmail an. Dieses Attachment war mit einem Link auf eine Datei auf dem

Firmen-Webserver versehen. Anhand der Logdateien mit den Abrufen dieser Datei konnte man leicht feststellen: Über ein Viertel der Mitarbeiter klickte trotz darüber stehender Warnung auf das Attachment...

Teil V

Projekt

19

MySQL-basierter
Web-Free-Mailer

Wir kommen zum großen Showdown dieses Buches: Die Installation eines Mail-servers, auf dem über Webseiten sofort benutzbare Postfächer angelegt werden können. Das Ganze ist MySQL-datenbankgestützt und erfordert damit keine wirk-lichen Accounts auf Systemebene. Stattdessen können einfach Accounts und Wei-terleitungen durch PHP-Skripte angelegt werden. Die Benutzer können wahlweise über POP3/IMAP oder über ein Webmail-Interface darauf zugreifen.

Im nachfolgenden Kapitel wird der Aufbau der Software detailliert besprochen, in-klusive aller notwendigen Tools und Einstellungsparameter. Ich habe diese Lösung für eine namhafte große deutsche Organisation im täglichen Einsatz, wo sie pro-blemlos und sauber läuft. Das Ganze ergibt einen Mailserver, wie Sie ihn anderswo als durchaus kostspielige „Out-of-the-Box-Lösung" käuflich erwerben können.

Da das Vorhaben MySQL-gestützt ablaufen soll, sollten Sie über einen funktionie-renden MySQL-Server und ggf. auch Webserver auf diesem Host verfügen, andern-falls müssen Sie sich in dieses Thema gesondert einarbeiten.

Zwar erhalten Sie hier eine Schritt-für-Schritt-Anleitung mit allem, was zu tun ist; je nach Distribution können aber einzelne Dateien oder Pfade in Ihrem System abweichen. Meine Anleitung basiert auf SUSE Linux Version 9.0 und 8.2.

Sie benötigen für diese Installation ein Postfix mit MySQL-Unterstützung. Leider liefert SUSE sein Postfix-RPM *nicht* mit MySQL-Support aus. In diesem Fall kommen Sie nicht umhin, Ihr Postfix selbst zu kompilieren. Ich habe Ihnen dazu in Appendix A ab Seite 449 eine ausführliche Anleitung und Erklärung zusammengestellt.

Bevor Sie dieses Kapitel umsetzen können, muss Ihr Postfix MySQL unterstützen, daran führt kein Weg vorbei. Sie können das über ein **postconf -m** testen. Falls nicht – auf zu Appendix A!

```
linux:~ # postconf -m
static
sdbm
pcre
nis
regexp
mysql
environ
proxy
ldap
btree
unix
hash
linux:~ #
```

19.1   Pakete installieren

Für die nachfolgende Übersetzung von Courier-IMAP benötigen wir einige Pakete, die in Standard-Installationen i. d. R. nicht vorhanden sind. Damit wir nicht ständig nachinstallieren müssen, lohnt es sich, alle diese Pakete in einem Schwung einzuspielen.

Also: Für die Übersetzung von Courier-IMAP benötigen Sie

- alles, was zum Übersetzen der Quellen notwendig ist, z. B. **gcc-c++** (ältere SUSE-Version: **gpp** und **gcc**), **libgpp** und **make** sowie deren Abhängigkeiten.

- Paket **mysql-devel**

- Paket **zlib-devel** (früher: **libz-devel**)

- Paket **openssl-devel**

Für MySQL:

- Paket **mysql**

- Paket **mysql-client**

- ggf. die Pakete **apache**, **mod_php4** und **phpmyadmin** (nebst Abhängigkeiten), sofern Sie MySQL über eine grafische Oberfläche administrieren möchten

19.2 Die MySQL-Datenbank

Eine MySQL-Datenbank wird die Informationen über die Nutzernamen, die Mailadressen, die Kennwörter, Pfade zum Mailverzeichnis und die Linux-User-IDs enthalten. Diese Datenbank nutzen wir für Postfix – es sucht dort das Mailverzeichnis passend zu Mailadressen heraus und holt sich die **uid/gid**, um die Dateien mit den passenden Rechten abzuspeichern.

Gleichzeitig binden wir diese Datenbank auch an Courier-IMAP an. Der holt sich dann bei POP3/IMAP-Logins die Nutzerauthentifikation und den Pfad zum Mailverzeichnis aus dieser Datenbank. Über ein passendes PHP-Skript auf den Webseiten lassen sich dann später im laufenden Betrieb leicht Accounts neu anlegen oder bearbeiten.

Sie können die folgenden Aufgaben direkt mit MySQL erledigen, oder Sie nehmen die Web-Oberfläche *phpMyAdmin* zu Hilfe. Legen Sie bei MySQL einen Nutzer **postfix** mit Kennwort und eine Datenbank mit dem Namen **mailbase** an. Erzeugen Sie dann die Tabelle **mailusers** mit folgenden Spalten (Abbildung 19.1):

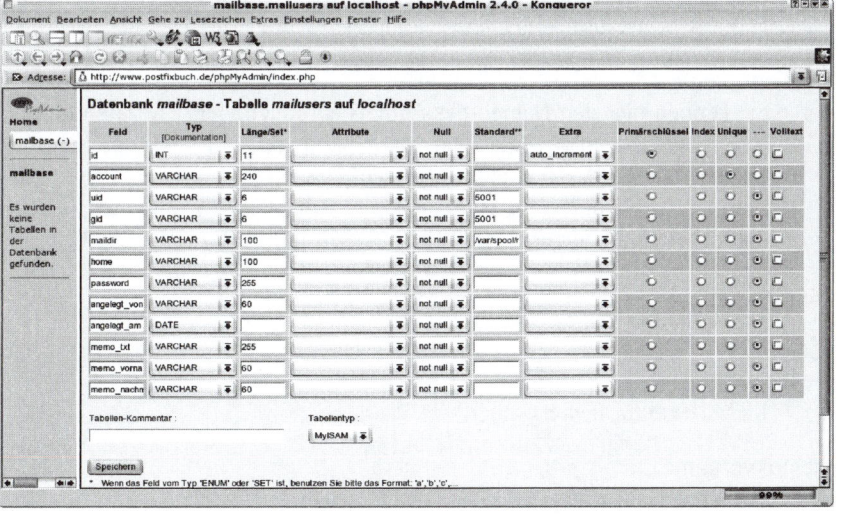

Abbildung 19.1:
Tabelle mailusers *in der Datenbank* mailbase *unter phpMyAdmin*

account
> Hier werden die vollständigen Mailadressen inklusive Domain gespeichert.

uid
> die Nutzer-ID auf Linux-Ebene; wir belassen sie stets bei 5001

gid
> die Gruppen-ID auf Linux-Ebene, ebenfalls stets 5001

maildir
> der individuelle Pfad zum Verzeichnis des jeweiligen Mailordners

home
> ein Home-Verzeichnis des Nutzers; Inhalt spielt kaum eine Rolle, Hauptsache, es ist vorhanden. Wir benötigen es nur, weil wir über diese Datenbank einen kompletten Nutzereintrag wie in /etc/passwd abbilden wollen. Auf das Home-Verzeichnis selbst wird zum Abspeichern der E-Mails nicht zugegriffen.

password
> wohl selbsterklärend

Das waren die elementar wichtigen Felder. Darüber hinaus können Sie auch folgende optionalen Felder anlegen, die allein für Ihre Verwaltung sinnvoll sein können, aber von Postfix oder Courier-IMAP nicht ausgewertet werden. Sie *können* diese anlegen und später mit passenden Werten füllen, *müssen* es aber nicht:

id
> eine fortlaufende Index-Nummer, um den Datensatz später leicht aus einem PHP-Skript heraus ansprechen zu können

angelegt_von
> Sie können hier den Namen des Admins eintragen, der den Datensatz angelegt oder zuletzt verändert hat. Wenn Sie später die PHP-Skripten mit der Userverwaltung in einem passwortgeschützten Bereich auf der Webseite haben, können Sie auch den Usernamen aus dem HTTP-Login übernehmen und hier ablegen! Sie finden ihn in PHP in $_SERVER[PHP_AUTH_USER].

angelegt_am
> Datum der letzten Änderung

memo_txt
> MEMO-Feld für Bemerkungen

memo_vorname
> Vorname des Nutzers

memo_nachname
> Nachname des Nutzers

Aber noch einmal: Dieser zweite Teil ist dazu gedacht, Ihnen die Verwaltung zu vereinfachen, technisch notwendig ist er nicht.

Wenn Sie nicht über *PHPMyAdmin* gehen, können Sie direkt nachfolgenden MySQL-Befehl nutzen:

```
linux:~ # mysql
mysql> use mysql;
mysql> insert into user (Host, User, Password)
  values('localhost', 'postfix', password('supergeheim'));
mysql> insert into db (Host, Db, User, Select_priv)
  values('localhost','mailbase','postfix','Y');
mysql> create database mailbase;
mysql> use mailbase;
mysql> CREATE TABLE 'mailusers' (
 'id' INT( 11 ) NOT NULL AUTO_INCREMENT,
 'account' VARCHAR( 240 ) NOT NULL ,
 'uid' VARCHAR( 6 ) DEFAULT '5001' NOT NULL ,
 'gid' VARCHAR( 6 ) DEFAULT '5001' NOT NULL ,
 'maildir' VARCHAR( 100 ) DEFAULT '/var/spool/maildirs' NOT NULL,
 'home' VARCHAR( 100 ) NOT NULL ,
 'password' VARCHAR( 255 ) NOT NULL ,
 'angelegt_von' VARCHAR( 60 ) NOT NULL ,
 'angelegt_am' DATE NOT NULL ,
 'memo_txt' VARCHAR( 255 ) NOT NULL ,
 'memo_vorname' VARCHAR( 60 ) NOT NULL ,
 'memo_nachname' VARCHAR( 60 ) NOT NULL ,
 PRIMARY KEY ( 'id' ) ,
 UNIQUE ( 'account' )
 ) TYPE = MYISAM ;
Query OK, 0 rows affected (0.01 sec)
mysql> quit
linux:~ # mysqladmin reload
```

Wenn Sie möchten, können Sie auch die Weiterleitungen der E-Mails, also die **virtual**-table, über MySQL verwalten lassen. In diesem Fall legen Sie noch innerhalb der Datenbank **mailbase** eine weitere Tabelle namens **weiterleitungen** an (Abbildung 19.2).

```
linux:~ # mysql
mysql> use mailbase;
mysql> CREATE TABLE 'weiterleitungen' (
  'id' INT( 11 ) NOT NULL auto_increment,
  'forward_from' varchar(240) NOT NULL default '',
  'forward_to' varchar(240) NOT NULL default '',
  'angelegt_von' varchar(60) NOT NULL default '',
  'angelegt_am' date NOT NULL default '0000-00-00',
```

```
'memo_txt' varchar(255) NOT NULL default '',
PRIMARY KEY  ('id'),
UNIQUE KEY ('forward_from')
) TYPE=MyISAM;
Query OK, 0 rows affected (0.01 sec)
mysql> quit
linux:~ # mysqladmin reload
```

Abbildung 19.2:
Die ausführliche
Variante der
mailbase-*Datenbank*
enthält auch virtual-
Weiterleitungen

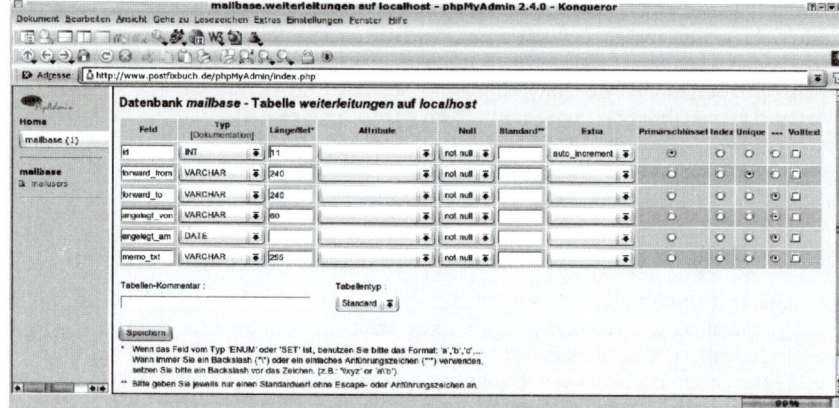

Wenn das geklappt hat, sind wir an dieser Stelle zunächst einmal mit MySQL fertig.

19.3 Courier-IMAP übersetzen

Courier-IMAP scheint bei vielen Distributionen nicht enthalten zu sein – auch nicht bei SUSE Linux. Um einen Download des Quellcodes werden wir deshalb ebenso wenig herumkommen wie um ein Übersetzen auf eigene Faust.[1]

Courier-IMAP möchte nicht mit **root**-Rechten übersetzt werden! Loggen Sie sich deshalb als normaler Nutzer ein, entpacken Sie den Quellcode, starten Sie das Skript ./**configure** und übersetzen Sie dann mit **make**.[2] Erst wenn es an die Installation der fertig übersetzten Dateien geht, sollten Sie mit **su** zu **root** wechseln.

Und noch ein Hinweis: Um die MySQL-Unterstützung in Courier-IMAP einkompilieren zu können, müssen Sie die oben schon erwähnten Pakete **mysql-devel** und **zlib-devel** installiert haben.

```
user@linux:~> wget \
> http://prdownloads.sourceforge.net/courier/courier-imap-1.4.4.tar.gz
```

[1] Quellen: http://www.courier-mta.org/download.php#imap
Infos: http://www.inter7.com/courierimap/
[2] Bei RedHat: ./configure –with-redhat und dann make!

```
[...]
user@linux:~> tar -xvzf courier-imap-1.4.4.tar.gz
[...]
user@linux:~> cd courier-imap-1.4.4
user@linux:~/courier-imap-1.4.4> ./configure
[...]
checking for mysql_config... (cached) /usr/bin/mysql_config
checking for mysql_connect... (cached) no
[...]
creating testsuitefix.pl
creating mkimapdcert
creating mkpop3dcert
creating imapd.cnf
creating pop3d.cnf
creating config.h
user@linux:~/courier-imap-1.4.4> make
[...]
cp imap/imapd.dist .
cp imap/imapd-ssl.dist .
cp imap/pop3d.dist .
cp imap/pop3d-ssl.dist .
cp imap/imapd.cnf .
cp imap/pop3d.cnf .
cp -f ./maildir/quotawarnmsg quotawarnmsg.example
user@linux:~/courier-imap-1.4.4> make check
for f in 'cat authlib/installlist authlib/installlist.sh' ; do rm -f /ho
me/tux/courier-imap-1.4.4/=install-check/usr/lib/courier-imap/libexec/au
thlib/$f  ; done rm -f /home/tux/courier-imap-1.4.4/=install-check/usr/l
ib/courier-imap/bin/couriertls
make[2]: Leaving directory '/home/tux/courier-imap-1.4.4'
make[1]: Leaving directory '/home/tux/courier-imap-1.4.4'
user@linux:~/courier-imap-1.4.4> su
Password: supergeheim
linux:/home/tux/courier-imap-1.4.4 # make install
[...]
------------------------------------------------------------------------
You must now set up the following command to run at system boot:

/usr/lib/courier-imap/libexec/authlib/authdaemond start
------------------------------------------------------------------------
Do not forget to run make install-configure
make[2]: Leaving directory '/home/tux/courier-imap-1.4.4'
make[1]: Leaving directory '/home/tux/courier-imap-1.4.4'
linux:/home/tux/courier-imap-1.4.4 # make install-configure
[...]
authdaemonrc:
  authmodulelist: new
  authmodulelistorig: new
  daemons: new
  version: new
  authdaemonvar: new
make[1]: Leaving directory '/home/tux/courier-imap-1.4.4'
```

```
linux:/home/tux/courier-imap-1.4.4 # cd /usr/lib/courier-imap
linux:/usr/lib/courier-imap # dir
insgesamt 52
drwxr-xr-x    9 root     root         4096 Apr 26 13:09 .
drwxr-xr-x   75 root     root        20480 Apr 26 13:09 ..
drwxr-xr-x    2 root     root         4096 Apr 26 13:09 bin
drwxr-xr-x    2 root     root         4096 Apr 26 13:10 etc
drwxr-xr-x    3 root     root         4096 Apr 26 13:09 libexec
drwxr-xr-x    5 root     root         4096 Apr 26 13:09 man
drwxr-xr-x    2 root     root         4096 Apr 26 13:09 sbin
drwxr-xr-x    2 root     root         4096 Apr 26 13:09 share
drwxr-xr-x    3 root     root         4096 Apr 26 13:09 var
linux:/usr/lib/courier-imap #
```

Geschafft! Nun fehlt nur noch der automatische Start von Courier-IMAP. Nutzen Sie dafür die mitgelieferten Skripte aus /usr/lib/courier/libexec.

```
linux:/usr/lib/courier-imap # cd /etc/init.d/rc3.d
linux:/etc/init.d/rc3.d # ln -s \
> ../../../usr/lib/courier-imap/libexec/imapd.rc S25imapd
linux:/etc/init.d/rc3.d # ln -s \
> ../../../usr/lib/courier-imap/libexec/imapd-ssl.rc S25imapd-ssl
linux:/etc/init.d/rc3.d # ln -s \
> ../../../usr/lib/courier-imap/libexec/pop3d.rc S25pop3d
linux:/etc/init.d/rc3.d # ln -s \
> ../../../usr/lib/courier-imap/libexec/pop3d-ssl.rc S25pop3d-ssl
linux:/etc/init.d/rc3.d #
```

Nun sollte alles vorhanden sein – fehlt nur noch die Konfiguration!

19.4   Die Einrichtung von Courier-IMAP

Wir müssen Courier-IMAP an die MySQL-Datenbank anbinden, und hier haben uns nun die Einstellungen in den Konfigurationsdateien im Verzeichnis /usr/lib/courier-imap/etc zu interessieren.

Dazu müssen wir zuerst in /usr/lib/courier-imap/etc/authdaemonrc Änderungen vornehmen, schließlich müssen wir eintragen, dass wir die Authentifizierung (nur) über eine MySQL-Datenbank vorzunehmen gedenken.

```
linux:/usr/lib/courier-imap/etc # joe authdaemonrc
##NAME: authmodulelist:0
#
# The authentication modules that are linked into authdaemond.  The
# default list is installed.  You may selectively disable modules simply
# by removing them from the following list.  The available modules you
# can use are: authcustom authcram authuserdb authmysql authshadow
```

```
# authpwd

# authmodulelist="authcustom authcram authuserdb authmysql authshadow aut
hpwd"
authmodulelist="authmysql"
linux:/usr/lib/courier-imap/etc #
```

Nun fehlt nur noch die Konfigurationsdatei für den MySQL-Zugriff, schließlich müssen wir dafür Datenbank, Nutzer, Kennwort etc. konfigurieren. Sie finden in diesem Verzeichnis auch eine Datei namens **authmysqlrc**, die Sie anpassen können. Fehlt Ihnen diese Datei, wurde eine MySQL-Unterstützung nicht einkompiliert, z. B. weil Sie **mysql-devel** nicht installiert hatten. Gehen Sie zurück und starten Sie die Übersetzung nach einem **make clean** erneut.

Editieren Sie die Datei **authmysqlrc** und beachten Sie dabei zwei Fallstricke, die auf der Mailingliste **postfixbuch-users** in der Vergangenheit wiederholt für Verwirrung sorgten:

1. In der Config-Datei sind *zwei* Einträge für ein mögliches Passwortfeld vorgesehen, **MYSQL_CRYPT_PWFIELD** und **MYSQL_CLEAR_PWFIELD**. Die hier vorgestellte Lösung arbeitet mit Klartext-Passwörtern, darum dürfen Sie **MYSQL_CRYPT_PWFIELD** *nicht* aktivieren!

2. Courier-IMAP und MySQL reagieren sehr empfindlich, wenn Courier nach Spalten fragt, die in der MySQL-Tabelle nicht existieren. In diesem Fall liefert MySQL zwar einen Fehler zurück, den Courier-IMAP aber nicht versteht. Die Folge: Der Login per POP3 oder IMAP klappt einfach nicht, obwohl alles sauber aussieht und MySQL auch gefragt wird. Achten Sie darauf, dass Sie *ausschließlich* die im nachfolgenden Listing vorgestellten Parameter aktivieren und keine Spaltennamen eintragen, die in der Tabelle nicht existieren!

```
linux:/usr/lib/courier-imap/etc # joe authmysqlrc
##NAME: LOCATION:0
#
# The server name, userid, and password used to log in.

MYSQL_SERVER            localhost
MYSQL_USERNAME          postfix
MYSQL_PASSWORD          supergeheim


##NAME: MYSQL_PORT:0
#
# MYSQL_PORT can be used with MySQL version 3.22 or later to specify a
# port to connect to.

MYSQL_PORT              3306
```

```
##NAME: MYSQL_DATABASE:0
#
# The name of the MySQL database we will open:

MYSQL_DATABASE          mailbase

##NAME: MYSQL_USER_TABLE:0
#
# The name of the table containing your user data.  See
# README.authmysqlrc for the required fields in this table.

MYSQL_USER_TABLE        mailsystem

##NAME: MYSQL_CRYPT_PWFIELD:0
#
# Either MYSQL_CRYPT_PWFIELD or MYSQL_CLEAR_PWFIELD must be defined.
# Both are OK too. crypted passwords go into MYSQL_CRYPT_PWFIELD,
# cleartext passwords go into MYSQL_CLEAR_PWFIELD.  Cleartext passwords
# allow CRAM-MD5 authentication to be implemented.

#MYSQL_CRYPT_PWFIELD     crypt

##NAME: MYSQL_CLEAR_PWFIELD:0
#
#
MYSQL_CLEAR_PWFIELD     password

##NAME: MYSQL_DEFAULT_DOMAIN:0
#
# If DEFAULT_DOMAIN is defined, and someone tries to log in as 'user',
# we will look up 'user@DEFAULT_DOMAIN' instead.
#
#
DEFAULT_DOMAIN                          freemail.postfixbuch.de
[...]

##NAME: MYSQL_MAILDIR_FIELD:0
#
# This is an optional field, and can be used to specify an arbitrary
# location of the maildir for the account, which normally defaults to
# $HOME/Maildir (where $HOME is read from MYSQL_HOME_FIELD).
#
# You still need to provide a MYSQL_HOME_FIELD, even if you uncomment
# this out.
#
MYSQL_MAILDIR_FIELD     maildir

linux:/usr/lib/courier-imap/etc #
```

19.5 Die Anpassungen bei Postfix

Postfix müssen wir nun zunächst einmal wie einen ganz normalen Mailserver konfigurieren, also „das komplette Programm": Hostnamen, IP-Bereich, Spam-Schutz/ Blocklisten, die Restrictions, und und und.

Speziell wird es jetzt nur bei der Einbindung von MySQL: Für das eigentliche Abspeichern von E-Mails in die Mailordner ist nicht mehr der *Mail Transport Agent* (MTA) Postfix, sondern der MDA, der *Mail Delivery Agent*, zuständig. Postfix bringt von Hause aus das Programm local mit, das aber nicht in der Lage ist, seine Daten aus einer MySQL-Datenbank zu gewinnen.

Das kleine Erweiterungsprogramm virtual, das nicht mit der virtual-table zu verwechseln ist, ist eine Abwandlung von local und kann MySQL-Tabellen abfragen.[3]

Was nun zu tun ist:

- Für die Maildomain ist als Transportweg virtual: anzugeben, damit Postfix die Mail an diesen MDA übergibt.

- In der Config-Datei ist einzutragen, aus welchen Lookup Tables virtual seine Informationen zum Abspeichern zu gewinnen hat.

Wie Sie sich vielleicht aus Kapitel 5.3.5 erinnern, tragen wir in den Lookup Tables in /etc/postfix/main.cf nicht die vollständigen MySQL-Zugangsdaten ein, sondern verweisen nur auf eine Datei, die die Zugangsdaten enthält.

Legen Sie dazu in /etc/postfix die Datei ids.mysql an und tragen Sie folgenden Inhalt ein:

```
linux:/etc/postfix # joe ids.mysql
user=postfix
password=supergeheim
hosts=localhost
dbname=mailbase
table=mailsystem
select_field=uid
where_field=account
```

Jetzt benötigen wir noch an gleicher Stelle die Datei mailbox.mysql:

```
linux:/etc/postfix # joe mailbox.mysql
user=postfix
password=supergeheim
hosts=localhost
dbname=mailbase
```

---

[3] virtual existiert erst seit ca. 2002; sollten Sie ein ganz altes Postfix haben, müssen Sie updaten!

```
table=mailsystem
select_field=maildir
where_field=account
```

Wollen Sie auch die **virtual**-table über MySQL abbilden, so legen Sie gleich noch die Datei **forward.mysql** an:

```
linux:/etc/postfix # joe forward.mysql
user=postfix
password=supergeheim
hosts=localhost
dbname=mailbase
table=weiterleitungen
select_field=forward_to
where_field=forward_from
```

Jetzt müssen die passenden Lookup Tables nur noch in **/etc/postfix/main.cf** eingetragen werden. Bei dieser Gelegenheit nehmen wir diese Maildomain in **relay-domain** mit auf. Postfix sieht sich für diese Domain lediglich als Relay an, als Zwischenstation, da es die E-Mails an **virtual** zur weiteren Zustellung übergeben soll. Insofern sollten wir unseren Mailserver in **$myhostname** und **$mydomain** anders benennen, als die eigentliche Maildomain nachher heißt. Die Domain **free-mail.postfixbuch.de** darf *nicht* in **$mydestination** stehen, sonst versucht Postfix die Mails lokal zuzustellen, statt sie an **virtual** zu übergeben.

```
linux:/etc/postfix # joe main.cf
relay_domains = $mydestination, freemail.postfixbuch.de

virtual_maps = mysql:/etc/postfix/forward.mysql
# möglich ist auch:
# virtual_maps = hash:/etc/postfix/virtual,
#                mysql:/etc/postfix/forward.mysql

# Pfad, der vor jede Maildir-Angabe vorgeschaltet wird:
virtual_mailbox_base= /var/spool/maildirs
# Die Nutzer-IDs zum Abspeichern der Mails:
virtual_uid_maps=mysql:/etc/postfix/ids.mysql
virtual_gid_maps=mysql:/etc/postfix/ids.mysql
# Der Pfad zum Maildir:
virtual_mailbox_maps=mysql:/etc/postfix/mailbox.mysql
# Minimale uid/gid, die aus der Datenbank akzeptiert wird:
virtual_minimum_uid = 5000
```

Und zu guter Letzt ist für diese Domain die Transportmethode **virtual:** einzustellen. Als letzter MX-Host ist ja unser Server eingetragen, nun müssen wir ihm sagen, wie es weitergeht.[4]

---

[4] Bei Postfix ab Version 1.2 könnte man hier statt der Einträge in **relay_domains** und der transport-table alternativ auch in der **main.cf** den Eintrag **virtual_mailbox_domains** free-mail.postfixbuch.de setzen.

```
linux:/etc/postfix # joe transport
freemail.postfixbuch.de          virtual:
linux:/etc/postfix # postmap transport
linux:/etc/postfix #
```

Hinweis: Lassen Sie Postfix in einer **chroot**-Umgebung laufen, bekommen Sie mit **virtual** Probleme. Wenn dieses versucht, mit MySQL über einen MySQL-Socket zu kommunizieren, sucht es ihn unter **/var/lib/mysql/mysql.sock**. Durch die **chroot**-Umgebung ist dieser Pfad aber auf **/var/spool/postfix/var/lib/mysql/mysql.sock** verbogen. Postfix-Profis können dafür den Dienst **proxymap** nutzen (Kapitel 5.3.7, Seite 109), einfacher und vertretbar ist es auch, das Modul **virtual** (und nur dieses) *nicht* chrootet laufen zu lassen. Stellen Sie das ggf. in der Datei **master.cf** ein:

```
linux:~ # joe /etc/postfix/master.cf
# ========================================================================
# service type  private unpriv  chroot  wakeup  maxproc command + args
#               (yes)   (yes)   (yes)   (never) (50)
# ========================================================================
smtp      inet  n       -       y       -       -       smtpd
[...]


virtual   unix  -       n       n       -       -       virtual

[...]
linux:~ #
```

19.6 Die Vollendung des Mailsystems

So weit, so gut – nun haben wir es fast geschafft. Einige wenige Arbeitsschritte sind noch notwendig. Legen Sie einen Nutzer- und einen Gruppenaccount für die von uns benutzte User-ID an, damit die ID reserviert ist und nicht irgendwann einmal an einen echten Nutzer vergeben wird.

```
linux:~ # useradd -u 5001 -d /var/spool/postfix -s /bin/false mailsystem
linux:~ # groupadd -g 5001 mailsystem
linux:~ #
```

Legen Sie nun noch das Maildir-Verzeichnis und auch gleich einen passenden Unterordner für die Domain mit an:

```
linux:~ # mkdir -p /var/spool/maildirs/freemail.postfixbuch.de
linux:~ # chown 5001:5001 /var/spool/maildirs/freemail.postfixbuch.de
```

Sofern die MySQL-Datenbank nun entsprechend gefüllt wird, sind wir fertig. Legen Sie einen Beispielnutzer an und tragen Sie folgende Werte ein:

uid und gid

> jeweils **5001**; das ist der Standardwert. Man könnte hier in einer ausgereifteren Umgebung aufsteigend unterschiedliche IDs angeben.

account

> Im Feld **account** tragen wir die vollständige Mailadresse dieses Accounts ein, z. B. testleser@freemail.postfixbuch.de

maildir

> Hier wird der Pfad zum Maildir-Verzeichnis angegeben, allerdings relativ zu **/var/spool/maildirs/domain.de**, das wir ja bereits in der **main.cf** angegeben haben. Hier einfach den Usernamen (ohne **@freemail.postfixbuch.de**) nehmen. Und: Achten Sie *unbedingt* darauf, dass der Pfad durch einen Slash abgeschlossen wird, also **testleser/**. Aus Homeverzeichnis und maildir ergibt sich dann der Pfad: **/var/spool/maildirs/freemail.postfixbuch.de/tux/**.

home

> Hier sollte ja das Home-Verzeichnis dieses „Benutzers" angelegt werden, setzen Sie es auf den immer gleichen Default-Wert **/var/spool/maildirs/freemail.postfixbuch.de** – oder wie Ihre Domain eben heißt.

password

> Tragen Sie hier das Passwort des Benutzers ein.

Der folgende MySQL-Befehl sollte das erledigen:

```
linux:~ # mysql
Welcome to the MySQL monitor.  Commands end with ; or \g.
Your MySQL connection id is 7 to server version: 3.23.48-log

Type 'help;' or '\h' for help. Type '\c' to clear
the buffer.

mysql> use mailbase
Database changed
mysql> INSERT INTO 'mailusers' ( 'id' , 'account' , 'uid' , 'gid' ,
 'maildir' , 'home' , 'password' , 'angelegt_von' , 'angelegt_am' ,
 'memo_txt' , 'memo_vorname' , 'memo_nachname' )
VALUES ( '', 'tux@freemail.postfixbuch.de', '5001', '5001', 'tux' ,
 '/var/spool/maildirs', 'tux4ever', 'geeko', '2003-09-07',
 'Auch Tux darf mailen', 'Tux', 'Tux' );
mysql> quit
Bye
linux:~ #
```

Alternativ geht das auch über *phpMyAdmin*, wie Abbildung 19.3 zeigt:

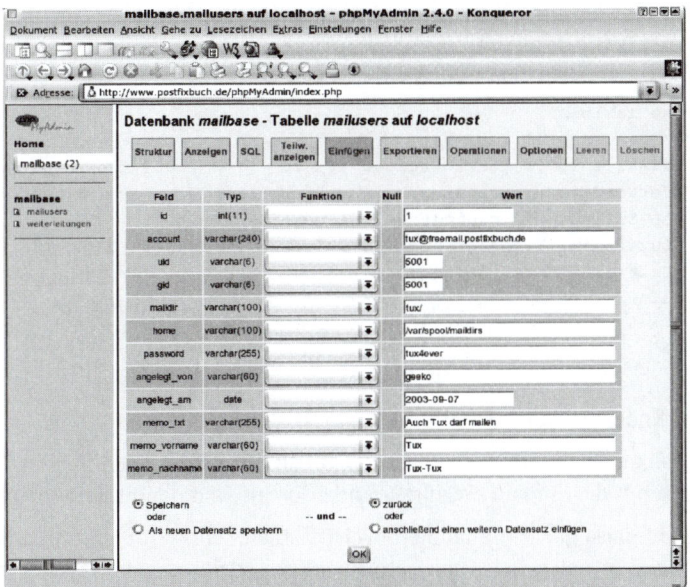

Abbildung 19.3:
Eintrag eines
Nutzeraccounts

Wenn Sie möchten, können Sie auch wie folgt **virtual**-Weiterleitungen anlegen:

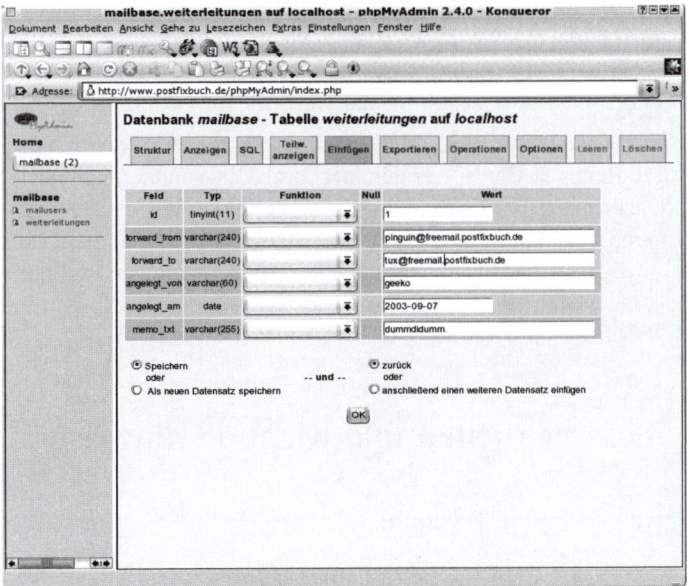

Abbildung 19.4:
Auch Weiterleitungen
sind schnell angelegt

```
linux:~ # mysql
Welcome to the MySQL monitor.  Commands end with ; or \g.
Your MySQL connection id is 7 to server version: 3.23.48-log

Type 'help;' or '\h' for help. Type '\c' to clear the buffer.

mysql> use mailbase
Database changed
mysql> INSERT INTO 'weiterleitungen' ( 'id' , 'forward_from' ,
    -> 'forward_to' , 'angelegt_von' , 'angelegt_am' , 'memo_txt' )
    -> VALUES ('1', 'pinguin@freemail.postfixbuch.de',
    -> 'tux@freemail.postfixbuch.de', 'geeko', '2003-09-06',
    -> 'Halt eine Weiterleitung.' );
mysql> quit
Bye
linux:~ #
```

Der Ablauf nochmal kurz skizziert:

Eine E-Mail an testleser@freemail.postfixbuch.de gelangt über SMTP zu Postfix. Postfix erkennt die Domain als zu relayende Domain und nimmt die Mail an.

Postfix wird dann ganz normal die üblichen Arbeitsschritte durchführen und dabei auch die **virtual**-table(s) nach etwaigen Weiterleitungen befragen – also die Textdatei /etc/postfix/virtual und, falls Sie das eingestellt haben, auch die MySQL-Tabelle mit unseren Weiterleitungen, die natürlich auch auf externe Zieladressen verweisen können.

Ist alles aufgeräumt und geordnet, stellt der Queue-Manager anhand der **transport**-table fest, dass er die Mail an das Programm **virtual** zu übergeben hat. Dieses startet einige MySQL-Abfragen und findet anhand der Mailadresse die zugeordnete **uid/gid** und den Pfad zum Maildir heraus, wo es die Mail abspeichert.

Loggt sich ein Nutzer über POP3/IMAP ein, fragt Courier-IMAP seinerseits die gleiche MySQL-Datenbank. Der Nutzer gibt zwar als Login-Kennung nur einen Nutzernamen an, aber die in der Courier-IMAP-Config definierte Domain wird an diese Login-Kennung angehängt. Es entsteht eine vollständige Mailadresse, die so auch in unserer MySQL-Datenbank in der Spalte **account** aufzufinden ist. Courier-IMAP findet das Maildir und die **uid/gid** sowie das Login-Kennwort. Stimmt das Kennwort, liefert Courier-IMAP die Mails über POP3/IMAP aus.

19.7   Besonderheiten und wichtige Hinweise

Bitte beachten Sie noch folgende wichtige Hinweise zu dieser Lösung:

- Mit dem Eintrag des Useraccounts in der MySQL-Datenbank ist noch nicht das entsprechende Verzeichnis für die Ablage der Mails angelegt worden. Ein Login über Courier-IMAP wird wegen eines Fehlers scheitern, solange der Ordner nicht existiert. Andererseits wird Postfix die Situation retten und diesen Ordner ohne weitere Umstände anlegen, sobald die erste Mail eintrifft. Wir haben das Problem dadurch gelöst, dass beim Anlegen eines Accounts über ein PHP-Skript einfach eine kleine Init-Mail erzeugt wird.

- Die Lösung hier ist ein *Anfang* zum individuellen Weiterbau. Sie funktioniert, hat aber keinen Anspruch auf Vollständigkeit, und es sind sicherlich hier und da noch Verbesserungen möglich. Sie dient dazu, Ihnen eine Basis für weitere Entwicklungen zu geben und Ihnen das Prinzip und die Möglichkeiten und Vorgehensweisen klar zu machen. Um die Darstellung nicht unnötig zu verkomplizieren, sind einige Details und Optimierungsmöglichkeiten absichtlich weggelassen worden. Ich schließe auch jede Haftung für etwaige bislang unentdeckte Fehler oder Sicherheitslücken dieser Lösung aus!

- Über die ideale Passwort-Lösung kann man streiten. Eine Klartext-Speicherung der Userpasswörter ist nicht unbedingt das Gelbe vom Ei. Wer Zugriff auf die Datenbank hat, hat Zugriff auf alle Kennwörter. Wenn alles klappt und Sie mit Aufbau und Procedere dieser Lösung vertraut sind, könnten Sie daran gehen, die Kennwörter in der MySQL-Tabelle verschlüsselt abzulegen.

- Wenn Sie passende Webseiten über PHP aufsetzen, können Sie über entsprechende Eintragsskripts diese Kennungen in die MySQL-Datenbank einfügen und damit Ihren Nutzern ermöglichen, sich sofort nutzbare Mailaccounts zu schaffen.

- Wenn Sie sich selbst PHP-Skripte schreiben, mit denen Einträge in den Datenbanken erstellt oder editiert werden können, müssen Sie unbedingt alle Eingaben überprüfen, filtern und absichern, z. B.:

  - Unzulässige Zeichen in Mailadressen, allen voran Hochkommata (Kommandosubstitution!), Leerzeichen, Umlaute und Sonderzeichen, Schrägstriche (Pfadangaben!) usw.

  - Das **maildir** muss mit einem Schrägstrich abgeschlossen werden.

- Die hier vorgestellte Lösung kommt prinzipiell auch mit mehreren Domains klar und ist darum auch geeignet, Mailhosting zu betreiben, zumal in der **account**-Spalte stets auch bequem die Maildomain mit abgespeichert wird. Die weiteren Domains müssen in der **transport**-table eingetragen werden, und anhand des unterschiedlichen Domain-Anteils im **home**-Pfad können Sie die Mails in verschiedene Pfade sortieren lassen, so dass sich gleichnamige User unterhalb von /var/spool/maildirs nicht in die Quere kommen. Allerdings müsste man in der Datei **main.cf** den Domain-Anteil aus **virtual_mailbox_base** herausnehmen und über **home** jeweils in der Tabelle individuell abspeichern. Nur etwas für Profis.

- Die Anwendung hier geht davon aus, dass alle virtuellen Nutzer jeweils die identische User- und Gruppen-ID 5001 haben. Es wäre natürlich möglich, diese aufsteigend zu benutzen, um einen Tick mehr Sicherheit in das System zu bringen. Ist die User-ID hingegen stets identisch, könnte man in der **main.cf** statt des MySQL-Lookups auch einfach den Typ **static** benutzen und die Datei **ids.mysql** weglassen. Postfix würde dann pro E-Mail-Einlieferung zwei MySQL-Abfragen weniger stellen müssen, und wir können Systemlast sparen:

```
linux:/etc/postfix # joe main.cf
virtual_uid_maps=static:5001
virtual_gid_maps=static:5001
```

Die Felder **uid** und **gid** müssen aber dennoch in der Tabelle verbleiben, da sie auch von Courier-IMAP benötigt werden. Um das Ganze etwas zu vereinfachen und um unterschiedliche User-IDs vorzubereiten, wurde hier nicht die **static**-Lösung gewählt.

- Eine Besonderheit gibt es bei Catch-All-Weiterleitungen in der **virtual**-table. Diese gehen mit dieser Lösung *nicht* mehr! Egal ob Sie die Datei oder die MySQL-Datenbank als **virtual**-table einsetzen, Sie können dort kein catch-all wie @free-mail.postfixbuch.de einsetzen. Denn Postfix würde *alle* Mails an den catch-all verschieben, da es zu diesem Zeitpunkt nicht prüfen kann, ob ein entsprechender Nutzeraccount existiert und der catch-all nicht greifen dürfte.

  Das Programm **virtual** wird die Datenbank aber erst nach der vollständigen Mailadresse befragen und die Mail ggf. in das zugehörige Maildir ausliefern, und erst wenn es eine Mailadresse nicht gefunden hat, nochmals eine erneute Abfrage nach der bloßen Domain starten und schauen, ob es auf diesem Wege doch noch sinnvolle Ergebnisse bekommt.

  Sie können also in der Tabelle **mailsystem** den Nutzeraccount des Postmasters kopieren und die Mailadresse in **account** derart abändern, dass lediglich @free-mail.postfixbuch.de gespeichert ist. Die übrigen Angaben, also uid/gid, Passwort und vor allem die Pfade in **maildir** und **home** müssen mit dem Postmaster-Account identisch sein![5] Postfix wird die catch-all-Mail dem Postmaster ins Verzeichnis einsortieren (darum sind identische User-IDs wichtig!). Dieser Trick ist notwendig, da sich der Catch-All-Account mangels richtigem Usernamen selbst nie über Courier-IMAP einloggen könnte!

- Eine Accountverwaltung über PHP ermöglicht Ihnen nette Varianten und Tricks – entsprechende PHP-Kenntnisse vorausgesetzt. So können Sie beim Eintragen eines Nutzers einfach nur nach Vor- und Nachname fragen und den Accountnamen **vorname.nachname** und den **maildir**-Pfad automatisch berechnen lassen. Zugleich können automatisiert Weiterleitungen von **vorname@**, **nachname@**

---

[5] Aus diesem Grund wurde **home** in der MySQL-Tabelle nicht mit dem Flag **UNIQUE** belegt, das andernfalls recht sinnvoll wäre.

oder **vnachname@** erzeugt und angelegt werden. Wenn Sie noch ein paar PHP-Abfragen ergänzen, haben Sie auch sehr schnell eine Routine zusammen, die zu einem bestimmten Account alle darauf zeigenden Aliases ermittelt, so dass man sie editieren oder löschen kann.

- Besonders nett wird es, wenn Sie nach vergleichbarem Schema auch noch **pure-reftpd** an eine MySQL-Tabelle anbinden und darüber die Nutzerauthentifizierung der FTP-Accounts von gehosteten Webseiten machen. Wenn dann noch eine Benutzerverwaltung darumgestrickt wird, haben Sie einen recht komfortablen Hosting-Server...

19.8   Webmailer

Als webbasierte Oberfläche können Sie praktisch jeden Webmailer einsetzen, der Postfächer über POP3 oder IMAP abfragen kann. Da es zahlreiche verschiedene Programme gibt und eine genauere Beschreibung den Umfang dieses Buches sprengen würde, möchte ich Ihnen nur zwei Tipps geben:

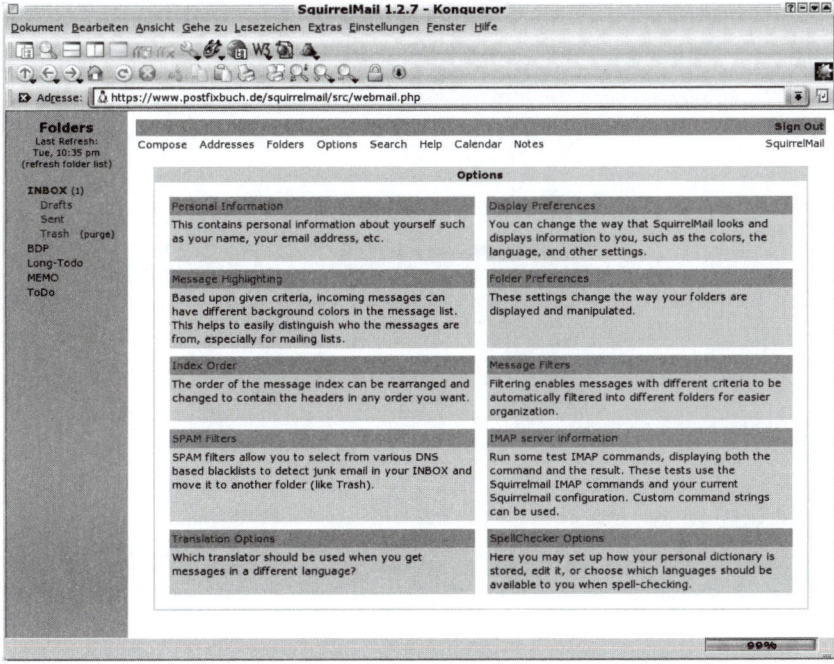

Abbildung 19.5:
Nutzer können die
vielen Funktionen von
Squirrelmail selbst
einstellen

Squirrelmail

Squirrelmail[6] ist ein einfacher, aber bereits sehr, sehr mächtiger Webmailer, der mittlerweile auch den üblichen Distributionen beiliegt. Er ist auf meinen Servern erste Wahl, und die Nutzer sind sehr zufrieden damit und kommen gut damit klar. Squirrelmail ist mehr als ein reines Interface zum Postfach, es hat bereits viele Zusatzfunktionen wie Mailfilter, Adressbücher, Rechtschreibprüfung und steht den eigens entwickelten Webmailern von *Web.de* oder *GMX.de* kaum nach. Abbildung 19.5 zeigt einen Überblick über die Optionen.

Horde

Das *Horde Project*[7] hat mit dem *Horde Frameset* eine Grundstruktur geschrieben, in die sich zahlreiche verschiedene Module einfügen. Darunter ist auch *IMP*, ein guter und kostenloser Webmailer. Sie sehen ihn in Abbildung 19.6. Andere Module wie *Turba* verwalten Adressbücher der Nutzer, *Kronolith* verwaltet einen offenen Kalender. Etliche weitere Module stehen zur Verfügung oder sind geplant.

Horde ist dann für Sie interessant, wenn Sie einen mächtigen Webmailer mit vielen anderen Zusatzmodulen installieren wollen.

Abbildung 19.6:
Horde/IMP in Aktion

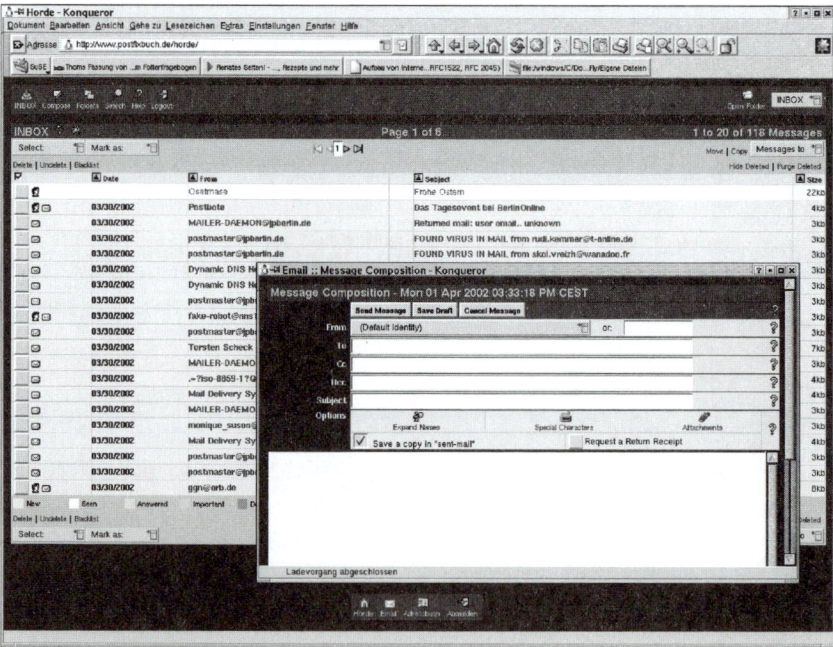

---

[6] http://www.squirrelmail.org
[7] http://www.horde.org

Solange Sie aber „nur" einen Webmailer brauchen, würde ich Ihnen Squirrelmail empfehlen. Nur wenn Sie wirklich den mächtigen Funktionsumfang der Zusatzmodule aus dem Horde-Projekt benötigen, ist der Horde-Mailer IMP für Sie sinnvoll.

19.9 Schlusswort

So, lieber Leser: Alles hat ein Ende, dieses Buch auch. Zumindest der offizielle Teil. Im Anhang finden Sie weitere Informationen zur Vertiefung sowie eine Postfix-Referenz.

Ich hoffe, ich konnte Ihnen alles verständlich erklären, und Sie fanden es gleichermaßen kurzweilig und lehrreich. Besuchen Sie doch einmal die Postfixbuch-Webseiten: http://www.postfixbuch.de

Mein Team und ich[8] versuchen dort aktuelle Änderungen zu Postfix bekannt zu geben, sicherlich werden dort auch Hinweise auf kleine Fehler oder Änderungen bezüglich zukünftiger SUSE- oder Postfix-Versionen zu finden sein. Von den hier vorgestellten Softwarepaketen veröffentlichen wir dort auch RPM-Pakete, sofern sie auf den original SUSE-CDs nicht enthalten sind.

Auf den Webseiten bzw. in den zugehörigen Mailinglisten **postfixbuch-announce** und **postfixbuch-users** können Sie auf andere Postfix-Administratoren treffen und Fragen, Antworten, Tipps und Tricks austauschen. Vergessen Sie bei der Schilderung von Fragen oder Problemen nicht die Ausgabe von **postconf -n** anzuhängen, damit man Ihnen auch helfen kann.

Alle URLs dieses Buches finden sich dort auch nach Kapiteln sortiert – bequem zum Anklicken und ggf. auch aktualisiert, falls sie sich nach Drucklegung des Buchs geändert haben sollten.

Wenn Sie Fehler gefunden oder Verbesserungsvorschläge für die nächste Auflage haben, bin ich für Feedback sehr dankbar. Falls Sie eigene Entwicklungen, Ergänzungen oder RPM-Pakete haben, veröffentlichen wir diese gern über die Postfix-Buch-Webseiten.

Schreiben Sie mir: autor@postfixbuch.de. – Ich freue mich!

---

[8] http://www.heinlein-partner.de

Teil VI

Anhang

A

Postfix kompilieren

In diesem Anhang möchte ich Ihnen eine Schritt-für-Schritt-Anleitung zum Kompilieren und Installieren von Postfix aus den Quellen geben. Im Normalfall sollte das nicht notwendig sein; wenn Ihre Distribution ein aktuelles Postfix mitliefert, sollten Sie lieber dieses benutzen.

Ein selbst kompiliertes Postfix ist aber in zwei Fällen sinnvoll:

- Sie möchten wegen neuer Features eine neuere Version haben, als in Ihrer Distribution enthalten ist. Postfix entwickelt sich derzeit sehr schnell weiter. In einigen Distributionen wird noch Postfix 1.x ausgeliefert, die Version 2.x verfügt aber schon über einige wichtige Neuerungen.

- Sie haben zwar bereits eine aktuelle Version, müssen aber Patches einspielen (wie z. B. den TLS-Patch für verschlüsselte Verbindungen) oder benötigen einige Maptypes, die im fertigen Paket Ihrer Distribution nicht enthalten sind (z. B. Unterstützung für MySQL).

A.1 Vorbereitungen

Um auf Nummer Sicher zu gehen, empfehle ich Ihnen, falls nicht schon geschehen, die Postfix-Version Ihrer Distribution zu installieren. Das hat den Vorteil, dass bei einem Upgrade auf die neue Version die für Postfix vorgesehenen Pfade, Skripte und Accounts weiter genutzt werden können; damit bleibt Ihnen die eventuelle Anpassung der Makefiles erspart. Im Idealfall kopieren Sie dann einfach nur die neuen Binärdateien über die vorhandene Installation. Wer sich mit RPM-Paketen auskennt, kann sich das Quellcode-RPM der Distribution installieren, dieses einfach modifizieren und sich sein eigenes RPM bauen.

Allerdings sollten Sie dann aufpassen, dass automatische Security-Updates, z. B. über YOU, nicht Ihre selbst kompilierte Version überschreiben! Bei SUSE können Sie dazu in YaST in der Softwareverwaltung durch einen Mausklick auf das Postfix-Paket ein kleines Schloss setzen lassen, das dieses Paket vor Veränderungen durch Updates schützt; im Textmodus erreichen Sie das durch „*".

Um Postfix zu übersetzen, benötigen Sie folgende Grundpakete (je nach Features kommen später ggf. noch weitere Pakete dazu):

- gcc (und Abhängigkeiten)

- make

- db-devel

- pcre-devel

- wget (optional als Tool zum Download der Sourcen)

Zunächst müssen Sie sich bei einer kompletten Neuinstallation oder einem Upgrade von einer sehr alten Version um die richtigen Nutzeraccounts kümmern.

Die Distributionen sollten in **/etc/passwd** bereits einen User **postfix** angelegt haben. Falls Sie dort noch keinen entsprechenden Account vorfinden, so erzeugen Sie ihn und sichern ihn gleich ab.

```
linux:~ # useradd -r -d /var/spool/postfix -s /bin/false postfix
linux:~ #
```

Seit Postfix 1.1.x sind *zwei* Gruppen notwendig – **postfix** und **maildrop**. Die Gruppe **postfix** wird eventuell vorhanden sein, ältere Distributionen werden **maildrop** aber noch nicht vorgesehen haben. Fügen Sie diese Gruppe also ggf. hinzu.

```
linux:~ # groupadd -r postfix
groupadd: group postfix exists
linux:~ # groupadd -r maildrop
linux:~ #
```

A.2 Wie Makefiles erzeugt werden

Welche Features Postfix unterstützt, hängt davon ab, wie die für das Kompilieren notwendigen Makefiles erzeugt werden. Durch die Angabe bestimmter Parameter (CCARGS und AUXLIBS) werden weitere Bibliotheken mit entsprechenden Features dazugelinkt und aktiviert.

In diesem Kapitel sind die Parameter für die Grundfassung, MySQL, PCRE und die „All-Inclusive-Deluxe-Variante" aufgelistet. Haben Sie darüber hinaus noch weitere Patches vorgesehen, finden Sie in den READMEs sicher die entsprechenden Makefile-Parameter.

Generell gilt: Sie können sich entweder ein Makefile erstellen, das Postfix mit nur einer zusätzlichen Unterstützung übersetzt, oder Sie generieren sich ein Makefile, das mehrere Funktionen in Postfix integriert. Das Vorgehen ist auch im letzeren Fall relativ simpel.

Wer das Kompilieren von Programmen nicht gewohnt ist, hat möglicherweise anfangs Schwierigkeiten, mehrere Funktionen zu kombinieren; in den README-Zeilen finden Sie i. d. R. aber eine entsprechende Anleitung.

Wenn Sie Funktionen kombinieren, dürfen Sie die make-Aufrufparameter nicht einfach aneinanderreihen, also *mehrere* Male CCARGS oder AUXLIB anführen, sondern müssen sie sammeln und zusammenfassen: Zunächst alle CCARGS-Argumente der gewünschten Funktionen, gefolgt von den gesammelten Parametern unter AUXLIBS. Die nachfolgenden Beispiele verdeutlichen das.

Wollen Sie z. B. nur LDAP einbinden, lauten die Parameter:

```
"CCARGS=-DHAS_LDAP -I/usr/local/include"
"AUXLIBS=-L/user/local/lib -lldap -llber"
```

Bei MySQL lautet es entsprechend anders:

```
"CCARGS=-DHAS_MYSQL -I/usr/include/mysql"
"AUXLIBS=-L/usr/lib/mysql -lmysqlclient -lz -lm"
```

Wollen Sie beide Funktionen gleichzeitig einbinden, so sähe der Eintrag für LDAP und MySQL folgendermaßen aus:

```
"CCARGS=-DHAS_LDAP -I/usr/local/include -DHAS_MYSQL
-I/usr/include/mysql"
"AUXLIBS=-L/usr/local/lib -lldap -llber
-L/usr/lib/mysql -lmysqlclient -lz -lm"
```

Nun geht's los: Besorgen Sie sich den aktuellen Postfix-Quellcode und speichern Sie das Archiv in **/usr/local/src** bzw. dorthin, wo Sie gewöhnlich Ihren Quellcode aufbewahren. Denken Sie auch daran, die genannten Pakete zu installieren!

Die aktuellen Veröffentlichungen finden Sie unter http://www.postfix.org. Hier lohnt es sich auch, des öfteren zu stöbern: Wichtige Hinweise auf Änderungen oder weitere Beispiele für spezielle Postfix-Anpassungen finden Sie hier.

Die folgenden Beispiele wurden mit der Postfix-Version 2.0.14 erstellt. Packen Sie das Archiv aus und wechseln Sie in das neu erstellte Postfix-Verzeichnis:

```
linux:/usr/local/src # tar -xvzf postfix-2.0.16.tar.gz
[...]
postfix-2.0.16/COPYRIGHT
postfix-2.0.16/makedefs
postfix-2.0.16/postfix-install
linux:/usr/local/src # cd postfix-2.0.16
linux:/usr/local/src/postfix-2.0.16 #
```

Wenn Sie Postfix nicht zum ersten Mal auspacken, sondern bereits mit anderen Parametern übersetzt haben, sollten Sie zuvor mit **make clean** aufräumen, damit nichts durcheinanderkommt.

Nun zum Makefile: Wer Arbeit sparen möchte, kann ggf. auch einfach die Passagen aus den README-Dateien mit Cut & Paste übernehmen. Und: Je nach Distribution müssen Sie eventuell die **INCLUDE**- und **AUXLIBS**-Pfade anpassen! Die hier gezeigten Pfade basieren auf SUSE Linux 8.2 und 9.0.

Für Geizkragen: Postfix spartanisch

Die Grundübersetzung von Postfix ist trivial:

```
linux:/usr/local/src/postfix-2.0.16 # make -f Makefile.init makefiles
[...]
linux:/usr/local/src/postfix-2.0.16 # make
[...]
linux:/usr/local/src/postfix-2.0.16 #
```

Über den Aufruf postconf -m können Sie bekanntlich feststellen, welche Datenquellen von Ihrem Postfix unterstützt werden. Doch Vorsicht: Da Postfix ja noch nicht installiert ist, müssen Sie es mit unten stehender Pfadangabe starten, um auch das neu übersetzte Programm anzusprechen:

```
linux:/usr/local/src/postfix-2.0.16 # src/postconf/postconf -m
static
pcre
nis
regexp
environ
proxy
btree
```

```
unix
hash
linux:/usr/local/src/postfix-2.0.16 #
```

Wir müssen nun noch das kompilierte Postfix installieren. Wie das geht, zeigt Abschnitt A.4.

Für Datenbänkler: Postfix mit MySQL-Unterstützung

Für Postfix mit MySQL-Support, wie wir ihn auch für den Web-Free-Mailer aus Kapitel 19 benötigen, müssen Sie zusätzlich folgende Pakete installieren:

- mysql-devel (mit Abhängigkeiten) und

- zlib-devel (früher: libz-devel)

Der make-Aufruf sieht dann entsprechend anders aus:

```
linux:/usr/local/src/postfix-2.0.16 # make -f Makefile.init \
> makefiles 'CCARGS=-DHAS_MYSQL -I/usr/include/mysql' \
> 'AUXLIBS=-L/usr/lib/mysql -lmysqlclient -lz -lm'
[...]
(set -e; echo "# DO NOT EDIT";  /bin/sh ../../makedefs && cat Makefile.in
) >Makefile
[src/virtual]
(set -e; echo "# DO NOT EDIT";  /bin/sh ../../makedefs; cat Makefile.in)
>Makefile
rm -f Makefile; (set -e; /bin/sh makedefs && cat Makefile.in) >Makefile
linux:/usr/local/src/postfix-2.0.16 # make
[...]
gcc -Wmissing-prototypes -Wformat -DHAS_MYSQL -I/usr/include/mysql/ -g -O
 -I. -I../../include -DLINUX2 -I.. -c unknown.c
gcc -Wmissing-prototypes -Wformat -DHAS_MYSQL -I/usr/include/mysql/ -g -O
 -I. -I../../include -DLINUX2 -I.. -o virtual virtual.o
mailbox.o recipient.o deliver_attr.o maildir.o unknown.o ../../lib/libmas
ter.a ../../lib/libglobal.a ../../lib/libutil.a  -L/usr/lib/mysql -lmysql
client -lz -lm -ldb -lnsl -lresolv
cp virtual ../../libexec
linux:/usr/local/src/postfix-2.0.16 #
```

Postfix unterstützt dann die folgenden Datenquellen für seine Lookup Tables:

```
linux:/usr/local/src/postfix-2.0.16 # src/postconf/postconf -m
static
pcre
nis
regexp
```

```
environ
proxy
mysql
btree
unix
hash
linux:/usr/local/src/postfix-2.0.16 #
```

Wir müssen nun noch das kompilierte Postfix installieren. Wie das geht, zeigt Abschnitt A.4.

Für Verzeichnisdienstler: Postfix mit LDAP-Unterstützung

Für LDAP wird analog das Paket

- openldap2-devel

benötigt und make entsprechend aufgerufen:

```
linux:/usr/local/src/postfix-2.0.16 # make clean
[...]
linux:/usr/local/src/postfix-2.0.16 # make -f Makefile.init \
> makefiles CCARGS="-I/usr/local/include -DHAS_LDAP" \
> AUXLIBS="-L/usr/local/lib -lldap -llber"
[...]
linux:/usr/local/src/postfix-2.0.16 # make
[...]
linux:/usr/local/src/postfix-2.0.16 # src/postconf/postconf -m
static
pcre
nis
regexp
environ
proxy
ldap
btree
unix
hash
linux:/usr/local/src/postfix-2.0.16 #
```

Wir müssen nun noch das kompilierte Postfix installieren. Wie das geht, zeigt Abschnitt A.4.

Für Habenwoller: Postfix als Alleskönner

Wenn Sie Ihr Postfix schon selbst übersetzen, sollten Sie es eigentlich stets schlank halten und exakt an Ihre tatsächlichen Bedürfnisse anpassen. Aber es kann ja Situationen geben, wo wirklich fast alles benötigt wird, also

- mysql-devel

- openldap2-devel

- pcre-devel

- zlib-devel (früher: libz-devel)

Kombinieren Sie die entsprechenden Aufrufparameter einfach, aber achten Sie darauf, die jeweiligen **CCARGS**- und **AUXLIBS**-Aufrufe zusammenzufassen!

```
linux:/usr/local/src/postfix-2.0.16 # make tidy
[...]
linux:/usr/local/src/postfix-2.0.16 # make -f Makefile.init \
> makefiles "CCARGS=-DHAS_LDAP -I/usr/local/include \
> -DHAS_MYSQL -I/usr/include/mysql" "AUXLIBS=-L/usr/local/lib \
> -lldap  -llber -L/usr/lib/mysql -lmysqlclient -lz -lm"
[...]
linux:/usr/local/src/postfix-2.0.16 # make
[...]
linux:/usr/local/src/postfix-2.0.16 # src/postconf/postconf -m
static
pcre
nis
regexp
environ
proxy
mysql
ldap
btree
unix
hash
linux:/usr/local/src/postfix-2.0.16 #
```

Wir müssen nun noch das kompilierte Postfix installieren. Wie das geht, zeigt Abschnitt A.4.

A.3 Wie Quellcode gepatcht wird

Um Funktionen hinzuzufügen, die noch nicht im offiziellen Quellcode enthalten sind, müssen Sie einen so genannten „Patch" einspielen und Postfix neu übersetzen. Am Beispiel von TLS/SSL will ich Ihnen die Installation eines solchen Patch zeigen.

Im normalen Quellcode fehlt derzeit noch die Unterstützung für SSL/TLS-verschlüsselte Verbindungen. Lutz Jänicke stellt einen entsprechenden Patch zur Verfügung, den Sie sich downloaden können.[1] Achten Sie darauf, dass die Versionen von Patch und Postfix exakt übereinstimmen. Zudem müssen Sie folgende Pakete installieren:

[1] http://www.aet.tu-cottbus.de/personen/jaenicke/pfixtls/

- openssl

- openssl-devel

- patch

Kopieren Sie den Patch in Ihr Quellcode-Verzeichnis (z. B. **/usr/local/src**) und packen Sie den Patch und ggf. auch den Postfix-Quellcode aus.

```
linux:/usr/local/src # wget ftp://ftp.aet.tu-cottbus.de/pub/postfix_tls\
> /pfixtls-0.8.16-2.0.16-0.9.7b.tar.gz
linux:/usr/local/src # tar -xvzf pfixtls-0.8.16-2.0.16-0.9.7b.tar.gz
[...]
linux:/usr/local/src # ls -la
total 1816
drwxr-xr-x     5 root      root           4096 Dec  3 13:20 .
drwxr-xr-x    10 root      root           4096 Dec  3 12:35 ..
drwxr-xr-x     5 11019     11000          4096 Dec  3 13:23 pfixtls-0.8.16-2
.0.16-0.9.7b
-rw-r--r--     1 root      root         234105 Dec  3 13:20 pfixtls-0.8.16-2
.0.16-0.9.7b.tar.gz
drwxr-xr-x    15 1001      wheel          4096 Sep 14 02:05 postfix-2.0.16
-rw-r--r--     1 root      root        1353520 Dec  3 12:57 postfix-2.0.16.t
ar.gz
linux:/usr/local/src #
```

Wechseln Sie in das Postfix-Verzeichnis und spielen Sie den Patch ein:

```
linux:/usr/local/src # cd postfix-2.0.16
linux:/usr/local/src/postfix-2.0.16 # patch -p1 < \
> ../pfixtls-0.8.16-2.0.16-0.9.7b/pfixtls.diff
patching file Makefile.in
patching file conf/master.cf
patching file conf/postfix-files
patching file conf/sample-auth.cf
[...]
patching file src/util/dict_sdbm.c
patching file src/util/dict_sdbm.h
patching file src/util/sdbm.c
patching file src/util/sdbm.h
linux:/usr/local/src/postfix-2.0.16 #
```

Natürlich sollte das Einspielen des Patch keine Fehlermeldungen hervorrufen. Sollte der Patch wie im nachfolgenden Listing nicht funktionieren, so prüfen Sie nochmals genau, ob die Versionen von Patch und Postfix übereinstimmen. Eventuell müssen Sie per Hand nacharbeiten, wenn Sie sich das zutrauen:

```
[...]
patching file src/util/dict_open.c
```

```
Hunk #2 FAILED at 196.
1 out of 2 hunks FAILED -- saving rejects to file src/util/dict_open.c.r
ej
[...]
```

Die Angabe von **-p1** bedeutet übrigens, dass die Pfadangaben im Patchfile um eine Ebene verringert werden, da wir uns ja bereits im Postfix-Ordner befinden. Wenn Sie auch für andere Pakete einen Patch einspielen wollen, so schauen Sie kurz ins Patchfile, ob in den ersten Zeilen nur die Dateien oder noch das Quellcode-Verzeichnis genannt ist. Im letzteren Fall müssen Sie den Patch mit **patch -p0** eine Ebene über dem Quellcode aufrufen oder eben mit **patch -p1** direkt im Quellcode-ordner.

Nun ist unser Postfix vorbereitet, wir können das Makefile erstellen und mit **make update** die Übersetzung des geänderten Quellcodes starten.

```
linux:/usr/local/src/postfix-2.0.16 # make makefilesCCARGS="-DUSE_SSL \
> -I/usr/local/ssl/include" AUXLIBS="-L/usr/local/ssl/lib -lssl -lcrypto"
[...]
(set -e; echo "# DO NOT EDIT";  /bin/sh ../../makedefs && cat Makefile.in
) >Makefile
[src/tlsmgr]
(set -e; echo "# DO NOT EDIT";  /bin/sh ../../makedefs; cat Makefile.in)
>Makefile
rm -f Makefile; (set -e; /bin/sh makedefs && cat Makefile.in) >Makefile
linux:/usr/local/src/postfix-2.0.16 # make
[...]
gcc -Wmissing-prototypes -Wformat -DUSE_SSL -I/usr/local/ssl/include -DHA
S_PCRE  -g -O -I. -I../../include -DLINUX2 -o tlsmgr tlsmgr.o ../../lib/l
ibmaster.a ../../lib/libglobal.a ../../lib/libutil.a -L/usr/local/ssl/lib
 -lssl -lcrypto -L/usr/lib -lpcre -ldb -lnsl -lresolv
cp tlsmgr ../../libexec
linux:/usr/local/src/postfix-2.0.16 #
[...]
```

Das war's! Unser Postfix verfügt nach der Installation jetzt auch über TLS/SSL-Unterstützung, die natürlich noch in der **main.cf** aktiviert werden muss (Kapitel 18.3, Seite 402).

Sie müssen das kompilierte Postfix nun noch installieren.

A.4 Installation und Upgrade

Nachdem Sie Postfix entsprechend Ihren Wünschen übersetzt haben, müssen Sie es noch installieren. Wenn Sie bereits ein bestehendes Postfix haben, können Sie per **make upgrade** darüber installieren. Das hat den Vorteil, dass Postfix aus der Datei

/etc/postfix/main.cf alle relevanten Einstellungen und Pfade übernehmen kann. Installieren Sie Postfix zum ersten Mal, wählen Sie **make install**.

In jedem Fall aber sollten Sie zuvor ein ggf. noch laufendes Postfix oder Sendmail anhalten (**rcpostfix stop** oder **rcsendmail stop**)!

```
linux:/usr/local/src/postfix-2.0.16 # rcpostfix stop
Shutting down mail service (Postfix)                    done
linux:/usr/local/src/postfix-2.0.16 # make upgrade
[...]
Skipping /usr/share/doc/packages/postfix/README_FILES/ULTRIX_README...
Skipping /usr/share/doc/packages/postfix/README_FILES/UUCP_README...
Skipping /usr/share/doc/packages/postfix/README_FILES/VERP_README...
Skipping /usr/share/doc/packages/postfix/README_FILES/VIRTUAL_README...
linux:/usr/local/src/postfix-2.0.16 # postconf mail_version
mail_version = 2.0.16
linux:/usr/local/src/postfix-2.0.16 # rcpostfix start
Starting mail service (Postfix)                    done
linux:/usr/local/src #
```

Nach einem Neustart sollte Ihr Postfix wie gewohnt arbeiten. Sie können das durch einen Blick in Logfiles und über **telnet**-Verbindungen zu Port **25** verifizieren:

```
linux:/usr/local/src/postfix-2.0.16 # tail /var/log/mail
[...]
Apr 27 19:52:18 mail postfix/postfix-script: starting the Postfix mail s
ystem
Apr 27 19:52:19 mail postfix/master[16274]: daemon started
linux:/usr/local/src/postfix-2.0.16 # telnet localhost 25
Trying 127.0.0.1...
Connected to localhost.
Escape character is '^]'.
220 mail.postfixbuch.de ESMTP
QUIT
221 Bye
Connection closed by foreign host.
linux:/usr/local/src/postfix-2.0.16 #
```

Sollte es Fehler geben, so prüfen Sie bitte folgende Punkte:

- Haben Sie vielleicht vergessen, die Gruppe **maildrop** anzulegen?

- Sind bei Ihrer Distribution vielleicht Pfade anders?

- Haben Sie Postfix vielleicht mehrfach mit verschiedenen Optionen übersetzt und vor der letzten Übersetzung ein **make clean** vergessen?

- Scheiterte vielleicht die Einbindung der einzelnen Maptypes daran, dass Sie sich entweder bei der Erstellung der Makefiles vertippt haben oder dass Sie eine der **devel**-Bibliotheken vergessen haben?

- Lesen Sie in den Sourcen die Datei **INSTALL**, um nachzusehen, ob sich bei neueren Postfix-Versionen vielleicht Änderungen ergeben haben, die zur Drucklegung des Buches noch nicht bekannt waren.

B

Einen Nameserver einrichten

B.1 Das Domain Name System (DNS)

Das *Domain Name System* (DNS) kümmert sich im Internet neben anderem hauptsächlich um die Zuordnung von IP-Nummern zu Hostnamen (**www.postfix.org** ist **131.211.80.18**) oder eben auch um die Information, an welche Server E-Mails einer Domain eingeliefert werden sollen.

Eigentlich ist das DNS für die Funktionsfähigkeit des Internet nicht zwingend notwendig. Aber ein Internet ohne DNS würde bedeuten, dass wir allein mit IP-Nummern arbeiten müssten, was im Alltag doch erhebliche Komplikationen mit sich brächte, spätestens mit der Einführung von IPv6 (64 Bit lange IP-Nummern!)...

Auf das DNS wird eigentlich bei jedem Internet-Dienst zurückgegriffen: Web, Mail, News, IRC (Chat). Das DNS steht faktisch am Anfang einer jeden Internet-Nutzung – denn bevor Client und Server miteinander in Verbindung treten, muss der Client über eine DNS-Abfrage die IP-Nummer des Servers ermitteln.

Wenn Sie diesen Anhang lesen, ist Ihnen das DNS-System anscheinend noch nicht ganz geläufig, oder Sie wünschen noch einmal eine grundlegende Wiederholung. Fangen wir also an!

Top-Level-Domains

Auf der Welt gibt es verschiedene *Top-Level-Domains*, die entweder einer Länderkennung entsprechen oder eine andere logische (*generische*) Gliederung bezwecken. Tabelle B.1 listet die wichtigsten auf.

TLD	Bedeutung
Country Top-Level-Domains (cTLD):	
de	Deutschland
ch	Schweiz
at	Österreich (Austria)
fr	Frankreich
es	Spanien (España)
uk	Großbritannien (United Kingdom)
it	Italien
pl	Polen
Generische Top-Level-Domains (gTLD):	
com	Firmen (commercial)
net	Internet-Organisationen/Firmen
org	Organisationen/Gruppen
mil	Militär
edu	Schulen und Universitäten (educational)
gov	Regierung (Government)
Die „sieben neuen" generischen Domains:	
info	Informationsdienste
museum	Museen der Welt
biz	Kommerzielle Firmen
aero	Flugzeugindustrie
coop	Kooperativen
name	Privatpersonen
pro	Professionals aus allen Berufen

Diese Domains wurden in der Vergangenheit stets von einer zentralen Stelle verwaltet – gegen eine Gebühr konnte man dort eine Domain „registrieren". Eine solche Stelle nennt man *Network Information Center* (NIC). In Deutschland gibt es DENIC, in der Schweiz CHNIC (alias Switch), die Italiener haben ITNIC. Nur in den USA nannte man sich ganz selbstverständlich und selbstbewusst *Inter*NIC, diese Stelle war für die Registrierung der Domains **com/net/org** (kurz: *cno*) zuständig.

Mittlerweile wurde diese Monopolstellung von InterNIC aber aufgehoben, und verschiedene konkurrierende Betreiber registrieren die cno-Domains sowie die ab dem Jahr 2001 eingeführten sieben neuen Top-Level-Domains wie **info** oder **biz**. In Deutschland kommt man um DENIC aber derzeit nicht herum, wenn man eine **de**-Domain haben möchte.

Eine Registrierung bei DENIC

Will man eine **de**-Domain registrieren, kann man sich entweder direkt an DENIC wenden (was i. d. R. sehr teuer ist) oder diesen Service von einem großen Domainregistrar erledigen lassen, der aufgrund seiner großen Anzahl von Registrierungen erheblich günstigere Konditionen von DENIC erhält. Wie auch immer – in den Datenbanken bei DENIC sind letztlich immer Informationen zu einer Domain gespeichert. Schauen wir uns bei DENIC die dort abfragbaren Daten zur Domain **suse.de** an; wir können dafür den Befehl **whois** nutzen:

```
linux:~ # whois suse.de
% Copyright (c)2002 by DENIC
%
% Restricted rights.
%
%
% Except for agreed Internet operational purposes, no part of this
% information may be reproduced, stored in a retrieval system, or
% transmitted, in any form or by any means, electronic, mechanical,
% recording, or otherwise, without prior permission of the DENIC
% on behalf of itself and/or the copyright holders. Any use of this
% material to target advertising or similar activities are explicitly
% forbidden and will be prosecuted. The DENIC requests to be notified
% of any such activities or suspicions thereof.

domain:     suse.de
descr:      Suse Linux AG
descr:      Deutschherrnstrasse 15 - 19
descr:      90429 Nuernberg
nserver:    dns1.noris.net
nserver:    dns2.noris.net
nserver:    dns3.noris.net
nserver:    kerberos.suse.cz
nserver:    ns.suse.de 195.135.220.2
status:     connect
```

```
changed:      20030811 091626
source:       DENIC

[admin-c]
Type:         PERSON
Name:         Milisav Radmanic
Address:      Director Internal IT
Address:      Deutschherrnstrasse 15 - 19
City:         Nuernberg
Pcode:        90429
Country:      DE
Changed:      20030212 151411
Source:       DENIC

[tech-c]
Type:         PERSON
Name:         Christian Deckelmann
Address:      Deutschherrnstrasse 15 - 19
City:         Nuernberg
Pcode:        90429
Country:      DE
Phone:        +49 911 740530
Fax:          +49 911 7417755
Email:        hostmaster@suse.de
Changed:      20030212 151810
Source:       DENIC

[zone-c]
Type:         PERSON
Name:         Heiko Rommel
Address:      Deutschherrnstrasse 15 - 19
City:         Nuernberg
Pcode:        90429
Country:      DE
Phone:        +49 911 74053 0
Fax:          +49 911 741 77 55
Email:        hostmaster@suse.de
Changed:      20030212 152218
Source:       DENIC
```

Wie wir sehen, sind bei DENIC Inhaber und Ansprechpartner zur Domain gespeichert:

owner und **admin-c** (*Admin Contact*)
> der administrative Kontakt und Ansprechpartner bei rechtlichen Fragen oder bei der Übertragung der Domains an andere Provider

tech-c (*Technical Contact*)
> der technische Ansprechpartner, zum Beispiel bei Fehlfunktionen von Servern

zone-c (*Zone Contact*)
> der Betreuer des Nameservers als Ansprechpartner zum Beispiel bei fehler-
> haften Einträgen im Nameserver

Natürlich kann auch in allen Bereichen der gleiche Ansprechpartner eingetragen
werden, wenn sich diese Person um alle Aufgaben kümmert.

Des Weiteren finden sich hier über das Feld **nserver:** lediglich Verweise auf zwei
bis vier Nameserver. Zwar ist es grundsätzlich auch möglich, die DNS-Daten einer
Domain direkt in die DENIC-Datenbank einzutragen, doch ist das unpraktikabel und
wird selten gemacht.

Änderungen wären nur mit Hilfe des DENIC möglich, und auch die Aktualisierung
der Datenbank geschieht nur einmal täglich. Sinnvoller ist es, wenn hier lediglich
ein Verweis auf den autoritativen Nameserver der Domain eingetragen ist. Erst dieser hat dann die eigentlichen Domaindaten.

Was passiert also bei einer Abfrage?

Möchte ein Nameserver im Internet eine DNS-Abfrage durchführen, so sind dafür
mehrere Schritte nötig, die der abfragende Nameserver automatisch ausführt:

Die Root-Nameserver
> Über eine fest definierte Liste von Root-Nameservern kann der fragende
> Nameserver das für die Top-Level-Domain zuständige *Network Informa-*
> *tion Center* ermitteln. Diese Liste ist fest eingebunden – wir finden sie in
> /var/lib/named/root.hint. Würde diese Liste fehlen, könnte ein Nameserver
> keine fremden Domains mehr auflösen! Wer die Root-Nameserver der Welt
> kontrolliert, der kontrolliert das Internet. Eine Top-Level-Domain, die in den
> Root-Nameservern nicht eingetragen ist, existiert quasi nicht mehr.[1]

Das NIC
> Die zweite Abfrage geht an die Nameserver des NIC der Top-Level-Domain.
> Hier also an DENIC. Wie wir oben sehen, hat das NIC seinerseits keine nähe-
> ren Informationen zur Domain gespeichert, kann aber als Antwort die ei-
> gentlich zuständigen Nameserver der Domain liefern. Hier zum Beispiel na-
> me.noris.net.

Der autoritative Nameserver
> Die dritte Anfrage wird dann an den Nameserver der Domain gesendet. Erst
> dieser kann über seine gespeicherte Zonen-Datei die Anfrage auflösen und
> uns Auskunft geben: **www.suse.de** hat die IP-Nummer **213.95.15.200**.

---

[1] Zufällig waren während der „heißen Phasen" jeweils die Domains .af (Afghanistan) und .iq
(Irak) nicht erreichbar. So viel zur Frage, wer das Internet regiert und wie neutral die „Internet-
Regierung" ist.

Wollen wir also eine Domain registrieren und einrichten, sind zwei Schritte nötig:

Registrierung bei DENIC oder einem Registrar
Bei DENIC werden Inhaber, die drei Contacts und die zwei bis vier Nameserver der Domain eingetragen. Diesen Service erledigen verschiedene Registrare mittlerweile recht kostengünstig. Für andere Top-Level-Domains muss man sich ggf. an die jeweiligen NICs oder andere Registrare wenden.

Die Nameserver aufsetzen
Die bei DENIC eingetragenen Nameserver müssen selbstverständlich installiert sein und funktionieren. Ein Nameserver kann natürlich nicht nur eine Domain verwalten, sondern für beliebig viele Domains gleichzeitig zuständig sein.

Schauen wir uns also an, wie wir einen Nameserver installieren.

B.2 bind – der Nameserver-Dämon

Der bekannteste Nameserver für Unix/Linux ist **bind**. Aktuell ist Version **bind9**; sie bringt erhebliche Verbesserungen mit, hat diverse Sicherheitslücken geschlossen und schützt durch einige neue Verschlüsselungsmechanismen. Man sollte also darauf achten, **bind9** zu installieren – leider ist in einigen Linux-Distributionen weiterhin **bind8** als Nameserver enthalten. Schauen Sie also bei der Installation genau hin.[2]

Die Datei /etc/named.conf

Wie immer findet sich im Verzeichnis **/etc** die Konfigurationsdatei unserer Software – hier unter dem Namen **/etc/named.conf**. Neben allgemeinen „globalen" Einstellungen findet sich dort eine Sektion für jede Domain, für die dieser Nameserver zuständig ist. In der Praxis wird eine Firma oder ein Provider ja eine Vielzahl verschiedener Domains pflegen – alle auf dem gleichen Nameserver. Für jede Domain, für die wir zuständig sind, legen wir also einen Abschnitt nach dem folgenden Muster an:

```
zone "postfixbuch.de" {
  type master;
  file "postfixbuch.de.hosts";
  allow-update { none; };
  allow-transfer { ns.provider.com; 192.168.217.1; };
```

---

[2] Quellen: ftp://ftp.isc.org/isc/bind9/
Infos: http://www.isc.org/products/BIND/

```
  allow-query { any; };
};
```

Wer sich tiefergehend mit dem DNS beschäftigt, wird hier vielleicht noch weitere Parameter angeben wollen, für die Grundfunktionalität reicht dieses Muster aber aus. Beachten Sie bitte das korrekte Setzen der Klammern und der Semikola!

Die Bedeutungen der Parameter im Einzelnen:

zone "postfixbuch.de"

Dieser Nameserver ist für die Domain mit dem Namen postfixbuch.de *autoritativ*, d. h. zuständig, und gibt anderen Nameservern Auskunft über Daten dieser Domain. Domains, für die dieser Nameserver nicht zuständig ist, müssen nicht eingetragen werden – er löst diese dann durch Abfragen der zuständigen Nameserver im Netz auf.

type master;

Dieser Nameserver ist der *Master*, also der *Primary Nameserver*. Er hat die Zonen-Datei lokal gespeichert und richtet sich nur nach dem, was in dieser Datei steht.

allow-update { none; };

Kein anderer Nameserver darf andere Daten zu dieser Zone einspielen.

allow-transfer { ns.provider.com; 192.168.217.1; };

Nur der Rechner ns.provider.com und die IP-Nummer 192.168.217.1 dürfen eine komplette Kopie der Zonen-Datei bekommen. Das ist dann nötig, wenn diese Rechner als weitere Nameserver (*Slave* oder auch *Secondary DNS*) zuständig sind. Natürlich ist ns.provider.com hier nur ein Beispiel!

Vorsicht: Viele Nameserver schalten den Zonentransfer pauschal für alle Hosts frei. Eine Zone birgt für einen Angreifer wertvolle Hinweise über den gesamten Aufbau des Netzes! Sie sollten einen Zonentransfer nur für die Hosts freischalten, die auch tatsächlich *Secondary Nameserver* Ihrer Zone sind!

allow-query { any; };

Jeder Nameserver der Welt bekommt Auskunft zu dieser Domain – jedoch bekommen andere Nameserver nur einzelne *konkrete* Anfragen beantwortet („Welche IP-Nummer hat www.postfixbuch.de?"), sie dürfen aber nicht die komplette Zonen-Datei übertragen.

Wie wir oben gesehen haben, hat eine Domain mindestens zwei Nameserver. Die weiteren Nameserver einer Domain nennen wir *Secondary* oder auch *Slave*. *Primary* und *Secondary* sind natürlich zwei verschiedene Rechner, sie sollen ja für Ausfallsicherheit sorgen. Es wäre sinnlos – und ist auch unmöglich – einen Eintrag für den *Secondary* auf dem Rechner des *Master* vorzunehmen.

Auf dem *Secondary Nameserver* würde der Eintrag in /etc/named.conf nur wenig anders aussehen:

```
zone "postfixbuch.de" {
  type slave;
  file "postfixbuch.de.hosts";
  masters { ns.postfixbuch.de; };
  allow-update { none; };
  allow-query { any; };
};
```

Die Unterschiede:

- **type slave;** Der **type** des Nameservers ist **slave**. Das bewirkt, dass er zwar eine Zonen-Datei vorhält und entsprechend autoritativ anderen Nameservern antworten darf, doch wird diese Zonen-Datei regelmäßig mit dem *Master*, dem *Primary Nameserver*, abgeglichen.

- **masters { ns.postfixbuch.de; };** Hat der *Master* eine neuere Zonen-Datei als der *Slave*, transferiert der *Slave* die komplette Datei vom *Master* (das hatten wir ja dort erlaubt, siehe oben) und speichert sie als Kopie lokal ab.

- Eine Änderung in der Zonen-Datei auf dem *Slave* wäre also sinnlos, sie würde nach kurzer Zeit durch eine Kopie des Originals vom *Master* überschrieben werden. Änderungen nehmen wir also stets auf dem *Master*, dem *Primary Nameserver*, vor. Und nur dort.

- Ist der *Primary Nameserver* einer Domain ausgefallen oder nicht erreichbar, kann der *Secondary Nameserver* weiterhin arbeiten und Auskunft geben. Da auch der *Secondary Nameserver* bei DENIC eingetragen ist, richten sich Anfragen aus dem Internet also auch an ihn.

Die einzelnen Definitionen zu dieser Domain stehen nun aber in der *Zonen-Datei*, auf die durch den Eintrag **file** verwiesen wird. Erst dort finden sich die eigentlichen Einträge zu dieser Domain. Welchen Dateinamen Sie als **file** angeben, ist zunächst einmal egal – Hauptsache, **bind** findet diese Datei anschließend unter diesem Namen wieder. Theoretisch wäre es auch möglich, der Zonen-Datei einen beliebigen Namen zu geben, der mit dem Domainnamen nichts zu tun hat – doch wer behält dann noch die Übersicht?

Zudem empfiehlt es sich, den kompletten Domainnamen als Dateinamen zu verwenden. Unpraktisch wäre also **suse.host** – denn was passiert, wenn wir gleichzeitig für **suse.de** und **suse.com** zuständig sind?! Das Chaos wäre vorprogrammiert, sobald wir mehr als ein Dutzend Domains pflegen. Benennen Sie die Dateien sauber nach der vollen Domain durch, sonst rächt sich diese Schlamperei irgendwann, macht Arbeit und bringt Fehler.

Die Zonen-Dateien

Im Verzeichnis **/var/lib/named** (ältere Versionen: **/var/named**) finden wir zu jeder Domain eine eigene Datei. Erst hier sind nähere Angaben zu dieser Domain definiert. Hier ein Beispiel:

```
$TTL 86400      ; 86000 Sekunden alias 1D = 1 Tag.
@ IN SOA ns1.postfixbuch.de. root.postfixbuch.de. (
            2004020701 ; serial [yyyyMMddNN]
            40000 ; refresh in seconds
            7200 ; retry in secodns (alias 2h)
            604800 ; expire in seconds (alias 1W)
            86400) ; minimum in seconds

@       86400   IN  NS      ns1.postfixbuch.de.  ; gültiger Rechnername!
@       86400   IN  NS      ns4.tmag.de.

@       86400   IN  A       213.203.238.18
www     43200   IN  A       213.203.238.18
mail            IN  A       213.203.238.5

ns1     86400   IN  A       213.203.238.4

@               IN  MX  5   mail.postfixbuch.de.
@               IN  MX 10   mxnx.jpberlin.de.
@       86400   IN  MX 20   backupmailserver.woanders.de.

listen          IN  MX  5   mail
listen          IN  MX 10   mxnx.jpberlin.de.
listen  86400   IN  MX 20   backupmailserver.woanders.de.
```

Im Kopf finden sich immer folgende zwei Parameter:

$TTL

Der TTL-Wert bestimmt die maximale Gültigkeitsdauer der nachfolgenden Einträge (TTL – „time to live"). Die Angabe im Kopf der Zonen-Datei definiert dabei einen Default-Wert, der in den einzelnen Einträgen auch abweichend überschrieben werden kann (s. u.). Es empfiehlt sich hier einen Wert von $TTL 1D zu setzen, also „1 day" oder auch 86400 Sekunden. Falls Sie irgendwann einmal Ihre IP-Nummern ändern, müssen Sie an diesen Parameter denken. Setzen Sie ihn rechtzeitig vor der Umstellung auf eine entsprechend kurze Dauer. Andere Nameserver des Internet können sonst bis zur maximalen TTL-Dauer Ihre alten Einträge cachen, ohne Ihren Nameserver befragen zu müssen, und Ihre IP-Umstellung endet im Chaos!

SOA

Der *Start of Authority* legt noch diverse Zeitparameter fest, die wir aber problemlos in der Standardeinstellung lassen können. Interessanter sind hier die vierte und fünfte Spalte: **ns1.postfixbuch.de** definiert noch einmal, von welchem Rechner die Originaldatei dieser Zone kommt (damit man nicht den Überblick verliert); tragen Sie also hier im Zweifel den Hostnamen des *Primary Nameservers* ein.

Dahinter steht nichts anderes als die E-Mail-Adresse eines Ansprechpartners bei Problemfällen, allerdings darf der Eintrag kein „@" enthalten, so dass man statt **root@postfixbuch.de** einfach **root.postfixbuch.de** schreibt. Da dieser Eintrag ohnehin dazu bestimmt ist, von Menschen gelesen zu werden, kann man leicht die richtige Mailadresse herauslesen.

Besondere Beachtung sollte man noch der Seriennummer schenken. Diese hat das Format eines rückwärts aufgebauten Datums der letzten Änderung sowie eines weiteren zweistelligen Wertes (bei mehreren Änderungen an einem Tag): JJJJMMTTNN. Anhand der Seriennummer erkennen die Nameserver, ob sie eine veraltete Version der Zonen-Datei gespeichert haben. Des Weiteren wird im laufenden Betrieb bei einem Reload (bei Suse: **rcnamed reload**) der Nameserver eine geänderte Datei nur dann einlesen, wenn er eine neuere Seriennummer feststellt. Vergessen Sie diese Nummer anzupassen, wird eine Änderung in der Zonen-Datei nicht aktiv!

Die nachfolgenden Zeilen in der Datei definieren die Werte für einzelne Hosts, die zu dieser Domain gehören. Jedem Host können dabei natürlich auch mehrere Definitionen zugewiesen werden. Den Aufbau dieser Einträge können Sie der Tabelle B.2 entnehmen.

Tabelle B.2: Einträge in der Zonen-Datei

Hostname	TTL	Klasse	Typ	Wert
www	86400	IN	A	123.123.123.123
mail	86400	IN	A	123.123.123.123
smtp		IN	CNAME	mail.suse.de.
ns		IN	A	123.123.123.123.
suse.de.	43200	IN	MX 10	mail.suse.de.
suse.de.		IN	MX 20	ns1.suse.com.
suse.de.		IN	MX 40	mail.noris.net.

Die Bedeutung der Spalten im Einzelnen:

Hostname

Hostname, auf den sich die nachfolgende Zuweisung bezieht

TTL

Der Wert kann entfallen, dann wird der Standardwert genommen, den wir bereits oben im Kopf der Datei definiert hatten.

Klasse

> lautet immer **IN** – für *Internet*. Das Feld wird derzeit nicht anders genutzt und ist für Erweiterungen vorgesehen. Tragen Sie immer **IN** ein – bei einigen Versionen kann die Angabe sogar ebenso wie der $TTL-Wert entfallen.

Typ

> definiert die Art des Eintrags für diesen Hostnamen, also was wir an dieser Stelle definieren wollen – die IP-Nummer? den Mailserver? ein Text-Memo? Tabelle B.3 listet die möglichen Typen auf.

Wert

> Schließlich weisen wir den Wert zu, geben also je nach Typ die IP-Nummer oder einen Hostnamen an.

Typ	Bedeutung	Wert	
SOA	Start of Authority	Verwaltungsinformationen zur Domain	*Tabelle B.3:*
NS	Nameserver	Welche Nameserver sind autoritativ zuständig?	*Die Typen eines*
A	Address	weist dem Host eine IP-Adresse zu	*DNS-Record*
CNAME	Canonical Name	definiert Hostnamen als Alias für anderen Host	
MX <prio>	Mail Exchange	weist Mailserver mit Priorität <prio> zu	
PTR	Pointer	weist IP-Adresse einen Hostnamen zu (Gegenstück zum A-Record)	
HINFO	Hostinfo	Bemerkungen zu Hardware oder Betriebssystem (kaum noch genutzt)	
TXT	Text	weiterer Raum für freien Text (Ansprechpartner o. Ä.)	

Beachten Sie bitte noch folgende Anmerkungen und Fehlerquellen:

- Achten Sie auf die abschließenden Punkte! Wird ein Hostname vollständig angegeben (*Fully Qualified Domain Name*, FQDN), so muss er mit einem „." abschließen. Endet ein Eintrag nicht mit einem Punkt, wird vom Nameserver die Domain nochmals angehängt, um den Eintrag zu vervollständigen. So lässt sich diese Datei dann leichter als Muster für weitere Domains benutzen.

  Aus **mail** wird **mail.opensourcepress.de**, aus **mail.opensourcepress.de** wird – wenn kein abschließender Punkt angegeben wird – plötzlich **mail.opensource-**

press.de.opensourcepress.de. Nur mail.opensourcepress.de. bleibt korrekt, dank des abschließenden Punktes wird nicht noch einmal die Domain angehängt. Vergessene Punkte sind eine beliebte Fehlerquelle und sorgen für verrückte Ergebnisse.

- Im Falle eines MX-Eintrags ist die Angabe der Priorität zwingend.

- Ein MX-Eintrag sollte nicht auf einen Namen zeigen, der seinerseits nur durch ein CNAME definiert ist. Achten Sie darauf, dass ein MX-Eintrag direkt auf einen durch einen A-Record definierten Eintrag zeigt. Falsch wäre folgende Einstellung:

```
mail.opensourcepress.de.   IN A     213.203.238.6
smtp.opensourcepress.de.   IN CNAME mail.opensourcepress.de.
opensourcepress.de.        IN MX 10 smtp.opensourcepress.de.
```

denn smtp.opensourcepress.de ist ein CNAME auf mail.opensourcepress.de!

B.3   Den Nameserver testen

Wenn wir bis hierhin alles befolgt haben, dann haben wir

- die Zone in /etc/named.conf eingetragen, falls wir sie auf dem Nameserver gänzlich neu anlegen müssen, sowie uns um einen *Secondary Nameserver* und um eine Registrierung der Domain gekümmert

- ggf. die Zonen-Datei /var/lib/named/zonename.de.hosts angelegt, falls noch nicht vorhanden

- in dieser Zonen-Datei alle Einträge vorgenommen bzw. eine vorhandene Zonen-Datei um (mindestens einen) MX-Eintrag ergänzt, der auf den Hostnamen unseres Mailservers zeigt

- die Seriennummer der Zonen-Datei neu gesetzt und die Änderungen vom Nameserver einlesen lassen (bei SUSE: rcnamed reload).

Nun sollten wir hoffen, dass unser Nameserver korrekt funktioniert. Doch wie erhalten wir Gewissheit darüber? Dazu können wir uns der Programme nslookup oder dig bedienen. Allerdings wird der Klassiker nslookup nicht mehr weiterentwickelt und soll wegfallen – der Nachfolger dig ist mächtiger und moderner.

```
linux:~ # dig suse.de

; <<>> DiG 8.3 <<>> suse.de
;; res options: init recurs defnam dnsrch
```

```
;; got answer:
;; ->>HEADER<<- opcode: QUERY, status: NOERROR, id: 4
;; flags: qr rd ra ad; QUERY: 1, ANSWER: 1, AUTHORITY: 4, ADDITIONAL: 4
;; QUERY SECTION:
;;      suse.de, type = A, class = IN

;; ANSWER SECTION:
suse.de.                44m28s IN A     213.95.15.200

;; AUTHORITY SECTION:
suse.de.                21h23m40s IN NS  name.noris.net.
suse.de.                21h23m40s IN NS  ns.noris.net.
suse.de.                21h23m40s IN NS  ns1.suse.com.
suse.de.                21h23m40s IN NS  ns.suse.de.

;; ADDITIONAL SECTION:
name.noris.net.         19h18m17s IN A   62.128.1.42
ns.noris.net.           5h52m46s IN A    62.128.1.53
ns1.suse.com.           11M IN A         202.58.118.2
ns.suse.de.             6h45m12s IN A    213.95.15.193

;; Total query time: 51 msec
;; FROM: hurricane to SERVER: default -- 62.8.206.147
;; WHEN: Mon Oct 29 17:17:32 2001
;; MSG SIZE  sent: 25  rcvd: 193
```

Oder wenn wir uns für die MX-Records dieser Domain interessieren:

```
linux:~ # dig suse.de MX

; <<>> DiG 8.3 <<>> suse.de MX
;; res options: init recurs defnam dnsrch
;; got answer:
;; ->>HEADER<<- opcode: QUERY, status: NOERROR, id: 4
;; flags: qr rd ra ad; QUERY: 1, ANSWER: 3, AUTHORITY: 4, ADDITIONAL: 6
;; QUERY SECTION:
;;      suse.de, type = MX, class = IN

;; ANSWER SECTION:
suse.de.                4h5m IN MX      42 mail.suse.de.
suse.de.                4h5m IN MX      69 ns1.suse.com.
suse.de.                4h5m IN MX      96 mail.noris.net.

;; AUTHORITY SECTION:
suse.de.                21h23m18s IN NS  ns1.suse.com.
suse.de.                21h23m18s IN NS  ns.suse.de.
suse.de.                21h23m18s IN NS  name.noris.net.
suse.de.                21h23m18s IN NS  ns.noris.net.

;; ADDITIONAL SECTION:
ns1.suse.com.           10m38s IN A     202.58.118.2
```

```
mail.noris.net.        15h10m31s IN A   62.128.1.25
mail.suse.de.          14h7m33s IN A    213.95.15.193
name.noris.net.        19h17m55s IN A   62.128.1.42
ns.noris.net.          5h52m24s IN A    62.128.1.53
ns.suse.de.            6h44m50s IN A    213.95.15.193

;; Total query time: 61 msec
;; FROM: hurricane to SERVER: default -- 62.8.206.147
;; WHEN: Mon Oct 29 17:17:53 2001
;; MSG SIZE  sent: 25  rcvd: 267
```

Sollten Sie auf einem älteren System arbeiten, auf dem nur **nslookup** installiert ist, schauen wir uns auch das kurz an. **nslookup** liefert im Standardaufruf stets den A-Record zu einem Hostnamen, sofern einer definiert ist:

```
user@linux:~> nslookup www.suse.de

Answer crypto-validated by server:
Server:  ns.postfixbuch.de
Address:  62.8.206.147

Answer crypto-validated by server:
Non-authoritative answer:
Name:     www.suse.de
Address:  213.95.15.200

user@linux:~>
```

Jedoch können wir auch **nslookup** ohne weiteren Parameter starten und landen dann in einer kleinen Konsole, wo wir weitere Parameter angeben können. Interessant ist die Angabe eines anderen *Querytype*, wenn wir also nicht nach einem A-Record, sondern nach einem MX-Record suchen wollen. Mittels **set q=MX** können wir nach einem MX-Eintrag, mittels **set q=SOA** können wir nach dem SOA-Eintrag fragen lassen:

```
user@linux:~> nslookup

Answer crypto-validated by server:
Default Server:  ns.postfixbuch.de
Address:  62.8.206.147

> set q=MX
> suse.de
Server:  ns.postfixbuch.de
Address:  62.8.206.147

Answer crypto-validated by server:
Non-authoritative answer:
```

```
suse.de    preference = 96, mail exchanger = mail.noris.net
suse.de    preference = 42, mail exchanger = mail.suse.de
suse.de    preference = 69, mail exchanger = ns1.suse.com

Authoritative answers can be found from:
suse.de    nameserver = ns1.suse.com
suse.de    nameserver = ns.suse.de
suse.de    nameserver = name.noris.net
suse.de    nameserver = ns.noris.net
ns1.suse.com    internet address = 202.58.118.2
mail.noris.net  internet address = 62.128.1.25
mail.suse.de    internet address = 213.95.15.193
name.noris.net  internet address = 62.128.1.42
ns.noris.net    internet address = 62.128.1.53
ns.suse.de      internet address = 213.95.15.193
>
> set q=SOA
> suse.de
Server:  ns.postfixbuch.de
Address:  62.8.206.147

Answer crypto-validated by server:
Non-authoritative answer:
suse.de
        origin = ns.suse.de
        mail addr = postmaster.suse.de
        serial = 2001102201
        refresh = 86400 (1D)
        retry  = 7200 (2H)
        expire = 604800 (1W)
        minimum ttl = 86400 (1D)

Authoritative answers can be found from:
suse.de    nameserver = ns.suse.de
suse.de    nameserver = name.noris.net
suse.de    nameserver = ns.noris.net
suse.de    nameserver = ns1.suse.com
name.noris.net  internet address = 62.128.1.42
ns.noris.net    internet address = 62.128.1.53
ns1.suse.com    internet address = 202.58.118.2
ns.suse.de      internet address = 213.95.15.193
>exit
user@linux:~>
```

B.4 Tipps zur Fehlersuche

Es reicht ein einzelner Buchstabe, ein vergessenes Semikolon oder ein „." an der falschen Stelle, und **bind** verweigert seinen Dienst. Gehen Sie der Reihe nach die nachfolgende Checkliste durch, und die Fehlersuche wird kein Problem sein:

- Die Frage aller Fragen: Läuft **bind** überhaupt? Antworten Sie nicht sofort mit „Ja", nur weil Sie **bind** einmal gestartet haben. **bind** hat die Angewohnheit, zunächst (anscheinend fehlerfrei) zu starten und sich im Falle eines Syntax-Fehlers dann doch noch zu verabschieden. Überprüfen Sie es: Geben Sie **ps ax** ein und suchen Sie nach einem Eintrag **named**!

- Wenn Sie Suse Linux in einer Version vor 8.0 verwenden, überprüfen Sie, ob in **/etc/rc.config** der Wert **START_NAMED=yes** gesetzt ist. Ab Suse 8.0 müssen Sie die Symlinks in **/etc/init.d/rc3.d** richtig setzen, z. B. mit dem Runlevel-Editor von YaST.

- Hat sich **bind** doch noch beendet, werden Sie in aller Regel in der Datei **/var/log/ messages** detaillierte Fehlermeldungen finden, in denen der Grund (z. B. eine fehlende Datei) oder sogar die syntaktisch fehlerhafte Datei mit exakten Zeilenangaben genannt sind.

- Werfen Sie nochmals einen scharfen Blick auf die Dateien. Sind alle Klammern, Semikola und Punkte richtig gesetzt?

- Wenn Sie Korrekturen durchführen: Denken Sie daran, dass diese erst nach einem Reload des Nameservers aktiviert werden, bei Änderungen in Zonen-Dateien werden diese erst nach Erhöhung der Seriennummer geladen!

B.5   Zusammenfassung

Dieser Anhang hat eine allgemeine Einführung in den Aufbau des Domain Name System gegeben und die Installation von **bind9** aufgezeigt.

Weitere Informationen finden Sie in den Manual-Pages (**man nslookup** und **man dig**). Werfen Sie auch einen Blick in die Dokumentation zu **bind9**, die auch Beispiele enthält: **/usr/share/doc/packages/bind9**.

Sehr interessant und ausführlich ist auch das deutsche DNS-Howto, bei SUSE Linux zu finden unter **/usr/share/doc/howto/de**.

Das Kapitel 6.1 zeigt Ihnen die speziellen Konfigurationen des DNS zum Betrieb eines Mailservers.

Subnetzmasken

Immer wieder praktisch zum Nachschlagen: Eine Tabelle mit Subnetzmasken eines Class-C-Netzes!

Zahl IPs	Zahl Hosts	Dezimal	Hex	Kurznotation
1	1	255.255.255.255	FF.FF.FF.FF	/32
4	2	255.255.255.252	FF.FF.FF.FC	/30
8	6	255.255.255.248	FF.FF.FF.F8	/29
16	14	255.255.255.240	FF.FF.FF.F0	/28
32	30	255.255.255.224	FF.FF.FF.E0	/27
64	62	255.255.255.192	FF.FF.FF.C0	/26
128	126	255.255.255.128	FF.FF.FF.80	/25
256	254	255.255.255.0	FF.FF.FF.00	/24

Tabelle C.1: Subnetzmasken

D

Die Postfix-Referenz

Die nachfolgende Referenz stellt eine Auflistung der zulässigen Parameter in der Datei **main.cf** für Postfix Version 2.0.16 inkl. TLS-Patch dar.

Sie können die Parameterliste leicht selbst erzeugen: Das Kommando **postconf** gibt all diese Dinge aus, versehen natürlich mit den jeweils bei Ihnen gerade aktuellen Einstellungen. **postconf -n** hingegen gibt (wesentlich kürzer) all die Variablen aus, die von den Default-Einstellungen abweichen.

Die wichtigsten Parameter wurden im Buch ausführlich besprochen, viele andere hingegen sind im Alltag eigentlich nie zu ändern und spielen faktisch keine Rolle, sollten also auf den Default-Werten stehen bleiben.

Die Liste ist hier dennoch abgedruckt und kurz kommentiert, da sie sich so einfacher lesen lässt als am Bildschirm. Zudem lohnt es sich, einmal die Parameter zu überfliegen und eventuell Einstellungsmöglichkeiten zu finden, die nützlich sein könnten. Je nachdem welche Fähigkeiten in Ihr Postfix einkompiliert sind, kennt Postfix entsprechende zusätzliche Parameter – oder eben nicht.

Wenn Sie zu einzelnen Parametern genauere Erklärungen benötigen, können Sie die diese im Stichwortverzeichnis am Ende des Buches nachschlagen, um die Seitenzahl zu finden, auf der das Thema behandelt wird. Es dürfte allerdings verständlich sein , dass bei über 330 Parametern, von denen sehr viele wirklich uninteressant sind und auf den Default-Werten belassen werden sollten, nicht alle Parameter im Buch auftauchen. Sie finden aber ggf. kurze Erklärungen in den Dateien **HISTORY** und **RELEASE_NOTES**, die den Postfix-Quelltexten beiliegen. Greppen Sie einfach nach den Stichwörtern in diesen Dateien.

Noch ein kurzes Wort zur Postfix-Logik der Parameter. Viele Parameter sind gruppiert, d. h., schon an ihrem Namen ist zu sehen, für welche Module von Postfix sie eine Rolle spielen:

default_
Default-Optionen; gelten grundsätzlich zunächst einmal für alle Module, bei denen sie sinnvoll sind. Sie können durch speziellere Optionen überschrieben werden.

smtp_
Optionen für den *Versand* von Mails per SMTP

smtpd_   Optionen für den *Empfang* von E-Mails per SMTP

lmtp_
Optionen für den Versand von E-Mails per LMTP

qmqpd_
Optionen für die Kommunikation per QMQP, ein Protokoll des MTA **QMail**, das auch von Postfix unterstützt wird

tls_
Parameter rund um SSL/TLS, also verschlüsselte Verbindungen (allerdings auch **smtp_tls_** und **smtpd_tls_**)

Die Parameter im Einzelnen:

2bounce_notice_recipient = postmaster
Zieladresse für *Double Bounces*, also gebouncte E-Mails, die wiederum unzustellbar sind

access_map_reject_code = 554
SMTP-Fehlercode bei einem **REJECT** aus einer **access**-table

alias_database = hash:/etc/aliases
bestimmt, welche Tabelle beim Befehl **newaliases** erzeugt wird

alias_maps = hash:/etc/aliases
> Table(s) mit den Mail-Aliasen

allow_mail_to_commands = alias,forward
> in diesen Tables dürfen Mails an Programme gepiped werden

allow_mail_to_files = alias,forward
> in diesen Tables dürfen Mails in Dateien umgelenkt werden

allow_min_user = no
> erlaubt Mailadressen, die mit einem „-" beginnen

allow_percent_hack = yes
> lässt **rewrite** Adressen wie **user%domain1.de@domain2.de** nach **user@domain1.de** umschreiben

allow_untrusted_routing = no
> erlaubt Mailadressen mit doppelten „@" oder „%", die also ein fremdes Mail-routing beinhalten

alternate_config_directories =
> Pfad zu weiteren Config-Verzeichnissen

always_bcc =
> an diesen Account wird von jeder Mail ein BCC geschickt

append_at_myorigin = yes
> reinen Usernamen ohne Host-Anteil wird **$myorigin** angehängt

append_dot_mydomain = yes
> Nicht-FQDN-Hostnamen in der Mailadresse wird **$mydomain** angehängt

best_mx_transport =
> weist einer Mail eine neue Transportmethode zu, wenn der Mailserver der beste MX-Host für diese Domain ist. Sinnvoll ist z. B. der Wert **local**; das verhindert ein Bounce mit **Mail loops back to myself.**, wenn in der **virtual**-table nicht **domain.de anything** gesetzt ist.

biff = yes
> aktiviert die Zusammenarbeit mit dem **biff**-Dämon, einem kleinen Tool zur Information über neu hereingekommene Mails

body_checks =
> Tabelle für eine Filterung des Mailbodies

body_checks_size_limit = 51200
> Anzahl der Bytes, die Postfix vom Mailbody durchprüft. Verhindert zu große Last bei megabytegroßen E-Mails.

bounce_notice_recipient = postmaster
Mailadresse, an die Benachrichtigungen über Bounces gehen – sofern notify_classes = bounce gesetzt ist

bounce_service_name = bounce
Name, unter dem Postfix diesen Service in der **master.cf** findet

bounce_size_limit = 50000
Anzahl an Bytes, die bei einem Bounce maximal zurückgeschickt werden

broken_sasl_auth_clients = no
aktiviert einen anderen Begrüßungsstring für **SMTP-Auth**, umgeht einen *Outlook*-Fehler

canonical_maps =
Pfad zur **canonical**-table

cleanup_service_name = cleanup
Name, unter dem Postfix diesen Service in der **master.cf** findet

command_directory = /usr/sbin
Pfad zu den Postfix-Programmen

command_expansion_filter =
1234567890!@%-_=+:,./abcdefghijklmnopqrstuvwxyzABCDEFGH
IJKLMNOPQRSTUVWXYZ
legt fest, welche Zeichen in einer Umleitung an ein Kommando benutzt werden dürfen (filtert Shell-Sonderzeichen etc.)

command_time_limit = 1000s
Maximalzeit, die **local** auf externe Programme wartet, danach wird abgebrochen

config_directory = /etc/postfix
Config-Directory von Postfix

content_filter =
Transportmethode, an die jede E-Mail weitergeleitet wird

daemon_directory = /usr/lib/postfix
Pfad zu den Postfix-Modulen

daemon_timeout = 18000s
Timeout, nach dem ein nicht antwortender Dämon gekillt und neu gestartet wird

debug_peer_level = 2
Logstufe, um die im Debug-Modus ausführlicher geloggt wird

debug_peer_list =
> bei diesen Hostnamen/IP-Nummern/Mailadressen wird ausführlicher geloggt

default_database_type = hash
> Datentyp, den **postmap** erzeugt, wenn nicht anders angegeben

default_delivery_slot_cost = 5
> dient **nqgmgr** zur Berechnung der optimalen Verteilung von ausgehenden E-Mails

default_delivery_slot_discount = 50
> dient **nqgmgr** zur Berechnung der optimalen Verteilung von ausgehenden E-Mails

default_delivery_slot_loan = 3
> dient **nqgmgr** zur Berechnung der optimalen Verteilung von ausgehenden E-Mails

default_destination_concurrency_limit = 10
> Maximalzahl gleichzeitiger Verbindungen zu einem Ziel

default_destination_recipient_limit = 50
> Maximalzahl der Empfänger in einer einzigen Mail. Größere Empfängerlisten werden auf mehrere Mails aufgeteilt.

default_privs = nobody
> Default-Nutzerrechte für nachgeladene Programme und Dateizugriffe

default_process_limit = 50
> maximale Anzahl gleichzeitiger Prozesse einer Art, sofern in **master.cf** nicht anders angegeben

default_rbl_reply = $rbl_code Service unavailable; $rbl_class [$rbl_what] blocked using rbl_domain{rbl_reason?; $rbl_reason}
> SMTP-Returncode an den Client, wenn ein RBL/RHSBL-Lookup einen Treffer ergab

default_recipient_limit = 10000
> Maximalanzahl Empfänger

default_transport = smtp
> zu benutzende Transportmethode, sofern nicht anders angegeben

default_verp_delimiters = +=
> **VERP** kodiert die Ziel-Adresse im Return-Path, nützlich für Mailinglisten. Der Delimiter legt fest, durch welche Zeichen dabei „." und „@" ersetzt werden.

defer_code = 450
> SMTP-Returncode, der bei einem **defer** an den Client zurückgegeben wird
> (**4xx** = temporärer Fehler, Client versucht es später neu!)

defer_service_name = defer
> Name, unter dem Postfix diesen Service in der **master.cf** findet.

defer_transports =
> Mails dieser Transportmethode werden in die Queue gestellt und erst bei
> einem expliziten *Queue flush* ausgeliefert

delay_notice_recipient = postmaster
> Postadressen, die bei Mailverspätungen benachrichtigt werden – sofern **no-
> tify_classes = delay** gesetzt ist

delay_warning_time = 0h
> Verspätung einer Mail, ab der der Absender informiert wird (häufig benutzt:
> 4 Stunden)

deliver_lock_attempts = 20
> maximale Anzahl der Versuche, in denen Postfix versucht, eine Datei für sich
> zu locken

deliver_lock_delay = 1s
> Wartezeit, bevor Postfix auf eine gelockte Datei erneut zuzugreifen versucht

disable_dns_lookups = no
> deaktiviert DNS-Lookups vollständig, z. B. in Dialup-Netzwerken

disable_verp_bounces = no
> deaktiviert Bounces an VERP-Adressen, sendet stattdessen einen normalen
> Bounce

disable_vrfy_command = no
> deaktiviert das SMTP-Kommando VRFY

dont_remove = 0
> Dummy-Eintrag

double_bounce_sender = double-bounce
> Absenderadresse für *Double Bounces*

duplicate_filter_limit = 1000
> maximale Anzahl der gemerkten Empfänger in der Adressliste von **local** oder
> **cleanup**, wenn diese doppelte Adressen herausfiltern

empty_address_recipient = MAILER-DAEMON
> Mailadresse, die bei fehlenden Angaben eingesetzt wird

error_notice_recipient = postmaster
> Mailadresse, die bei Fehlern zu benachrichtigen ist

error_service_name = error
> Name, unter dem Postfix diesen Service in der **master.cf** findet

expand_owner_alias = no
> löst bei ausgehenden Mailinglisten-Mails die Adresse **listenname-owner** anhand der **aliases**-table direkt in die echte Mailadresse des Owners auf

export_environment = TZ
> Environment-Variablen, die Postfix nachgeladenen Programmen zur Verfügung stellt

extract_recipient_limit = 10240
> maximale Anzahl der Empfänger, die Postfix aus dem Header ausliest, bevor er abbricht

fallback_relay =
> Unzustellbare/fehlerhafte Mails werden an diesen Host zur weiteren Bearbeitung eingeliefert

fallback_transport =
> Standard-Transportmethode, auf die bei Fehlern zurückgegriffen wird

fast_flush_domains = $relay_domains
> baut für diese Domains eine separate Logdatei auf, damit diese bei ETRN schneller aus den Queues herausgefischt und zugestellt werden können

fast_flush_purge_time = 7d
> maximale Haltezeit für eine leere fast-flush Logdatei

fast_flush_refresh_time = 12h
> Zeit, nach der die Logdatei für ein Ziel neu aufgebaut werden muss

fault_injection_code = 0
> aktiviert einen Testmodus, um korrupte Mails einspeisen zu können. Muss für echte Mailserver auf „0" bleiben!

flush_service_name = flush
> Name, unter dem Postfix diesen Service in der **master.cf** findet

fork_attempts = 5
> Maximalanzahl der Versuche, einen neuen Prozess zu initiieren

fork_delay = 1s
> Wartezeit zwischen zwei Versuchen, einen neuen Prozess zu initiieren

forward_expansion_filter =
    1234567890!@%-_=+:,./abcdefghijklmnopqrstuvwxyzABCDEFGH
    IJKLMNOPQRSTUVWXYZ
    legt fest, welche Zeichen in einer .forward-Datei benutzt werden dürfen
    (filtert Shell-Sonderzeichen etc.)

forward_path = $home/.forward$recipient_delimiter$extension,
    $home/.forward
    Dateien, in denen nach persönlichen Weiterleitungen eines Nutzers gesucht
    wird

hash_queue_depth = 2
    Tiefe der hash-Struktur in den Queues

hash_queue_names = incoming,active,deferred,bounce,defer,flush
    Queues, in denen eine hash-Struktur aufgebaut werden soll

header_checks =
    Table mit Filtermustern für den Header

header_size_limit = 102400
    Maximale Länge des Headers

helpful_warnings = yes
    sorgt dafür, dass Postfix unwichtige, aber ggf. nützliche Warnungen in die
    Logfiles schreibt.

home_mailbox =
    Pfad zum Maildir des Benutzers, relativ zu seinem Home-Verzeichnis

hopcount_limit = 50
    Maximale Anzahl an passierten Mailservern, verhindert Endlosssschleifen

ignore_mx_lookup_error = no
    Sofern eine MX-Abfrage kein Ergebnis liefert, versucht Postfix, das Ganze an
    den A-Record zuzustellen

import_environment = MAIL_CONFIG MAIL_DEBUG MAIL_LOGTAG
    TZ XAUTHORITY DISPLAY
    Enviroment-Variablen, die von Postfix eingelesen werden

in_flow_delay = 1s
    Wenn Postfix vor lauter einkommenden Mails die ausgehenden Queues nicht
    mehr bearbeiten kann, werden einkommende E-Mails um diese Zeit verzögert
    angenommen. Dadurch gewinnt Postfix Zeit, seine Queues abzuarbeiten.

inet_interfaces = all
    IP-Nummern, auf denen Postfix einen Port öffnet und Verbindungen an-
    nimmt

initial_destination_concurrency = 5
    Anzahl gleichzeitiger Verbindungen zu einem anderen Host, Postfix schaltet
    später ggf. weitere Parallelverbindungen dazu. Sollte nicht auf „1" stehen,
    sonst blockiert eine defekte Empfängeradresse die gesamten Mails an dieses
    Ziel.

invalid_hostname_reject_code = 501
    SMTP-Errorcode bei ungültigen Hostnamen im SMTP-Kommando HELO/EHLO

ipc_idle = 100s
    Timeout, nach dem die Inter-Prozess-Kommunikation zwischen zwei Pro-
    grammen beendet wird, wenn sie keine Daten mehr auszutauschen haben

ipc_timeout = 3600s
    genereller Timeout für die Inter-Prozess-Kommunikation (IPC) zwischen den
    Postfix-Prozessen

line_length_limit = 2048
    Maximallänge einer Zeile in Bytes, danach wird sie umbrochen

lmtp_cache_connection = yes
    hält LMTP-Verbindung offen, um diese für mehrere E-Mails nacheinander zu
    nutzen

lmtp_connect_timeout = 0s
    Timeout für den Aufbau der Verbindung – wenn „0", wird der Standardwert
    für TCP/IP-Verbindungen aus dem Kernel genommen

lmtp_data_done_timeout = 600s
    Timeout nach erfolgter Übertragung der Mail per LMTP

lmtp_data_init_timeout = 120s
    Timeout nach dem LMTP-Kommando DATA

lmtp_data_xfer_timeout = 180s
    Timeout während der Übertragung einer Mail an einen LMTP-Server

lmtp_lhlo_timeout = 300s
    Timeout nach dem LMTP-Kommando LHLO

lmtp_mail_timeout = 300s
    Timeout nach dem LMTP-Kommando MAIL FROM:

lmtp_quit_timeout = 300s
    Timeout nach dem LMTP-Kommando QUIT

lmtp_rcpt_timeout = 300s
    Timeout nach dem LMTP-Kommando RCPT TO:

lmtp_rset_timeout = 300s
> Timeout nach dem LMTP-Kommando RSET

lmtp_sasl_auth_enable = no
> aktiviert SMTP-Auth beim Versand über LMTP

lmtp_sasl_password_maps =
> Table mit den Kennungen/Passwörtern für authentifizierte LMTP-Verbindungen

lmtp_sasl_security_options = noplaintext, noanonymous
> zu benutzende Authentifizierungsmöglichkeiten bei LMTP-Verbindungen

lmtp_skip_quit_response = no
> beendet die LMTP-Sitzung nach dem Quit, ohne auf eine Antwort des LMTP-Servers zu warten

lmtp_tcp_port = 24
> TCP-Port, auf dem der LMTP-Server angesprochen wird

local_command_shell =
> Shell, in der Kommandos ausgeführt werden

local_destination_concurrency_limit = 2
> Maximalzahl gleichzeitig zuzustellender lokaler Mails

local_destination_recipient_limit = 1
> maximale Empfängeranzahl bei lokaler Zustellung der Mails

local_recipient_maps =
> Table mit lokalen Mailadressen, für die Postfix Mails annehmen soll. Unzustellbare Mails werden dann gar nicht erst angenommen.

local_transport = local
> Transportmethode für lokale Mails

luser_relay =
> Lokal unzustellbare Mails werden nicht gebounct, sondern an die hier gesetzte Adresse weitergeschickt. Die Variablen $user und $mailbox sind zulässig, z. B. $mailbox@andererhost.postfixbuch.de

mail_name = Postfix
> Name für den SMTP-Begrüßungsbanner

mail_owner = postfix
> Userkennung von Postfix

mail_release_date = 20020222
> Datum der Postfix-Version

mail_spool_directory = /var/mail
> Pfad zum spool-Directory

mail_version = 1.1.4
> Postfix-Version

mailbox_command =
> Programm zum Schreiben der Mails in die lokalen Postfächer (default: local)

mailbox_command_maps =
> Table, um einzelnen Adressen ein anderes **mailbox_command** zuweisen zu können

mailbox_delivery_lock = flock, dotlock
> Art des Lockens bei lokaler Zustellung in die Postfächer

mailbox_size_limit = 51200000
> Maximale Größe eines einzelnen User-Postfaches, danach wird gebounct

mailbox_transport =
> optionale Transportmethode, bevor eine Mail in Postfächer einsortiert werden soll

mailq_path = /usr/bin/mailq
> Pfad zum Programm **mailq**

manpage_directory = /usr/share/man
> Pfad zu den Manpages

maps_rbl_domains =
> zu benutzende Domains für eine RBL-Prüfung

maps_rbl_reject_code = 554
> SMTP-Errorcode bei einem **REJECT** nach RBL-Prüfung

masquerade_classes = envelope_sender, header_sender, header_recipient
> Bereiche, in denen Postfix Mailadressen maskieren soll

masquerade_domains =
> bei Absendeadressen der angegebenen Domain(s) wird der Hostanteil herausgelöscht, aus tux@host.domain.de wird tux@domain.de

masquerade_exceptions =
> Mailadressen dieser Nutzer werden nicht maskiert

max_idle = 100s
> nach dieser Zeit ohne Aufgabe beendet sich das jeweilige Postfix-Modul, es wird ggf. später vom Postfix-Masterprogramm erneut gestartet

max_use = 100

Anzahl der maximalen Jobs, bevor ein Modul sich beendet und vom Postfix-Masterprogramm erneut gestartet wird; vermeidet Speicherlecks.

maximal_backoff_time = 4000s

Maximalzeit, nach der Postfix versucht, eine Mail erneut zuzustellen, bzw. einen Host zu erreichen

maximal_queue_lifetime = 5d

Anzahl der Tage, nach denen eine Mail nicht weiter zuzustellen versucht wird

message_size_limit = 10240000

Maximalgröße einer Mail, darüber verweigert Postfix die Annahme

mime_boundary_length_limit = 2048

Maximallänge der Zeichenkette, die als MIME-Boundary benutzt werden darf

mime_header_checks = $header_checks

Table, die Postfix für Headerchecks *angehängter* E-Mails benutzt

mime_nesting_limit = 100

Maximalanzahl in sich verschachtelter E-Mail-Anhänge, die Postfix untersucht

minimal_backoff_time = 1000s

Minimalzeit, bevor Postfix eine unzustellbare Mail wieder zuzustellen versucht, bzw. einen Zielhost wieder kontaktiert

mydestination = $myhostname, localhost.$mydomain

Domains, für die Postfix *Final Destination* ist und sie lokal zustellt

mydomain = domain.name

Domain des Mailservers

myhostname = host.domain.name

FQDN-Hostname des Mailservers

mynetworks = 127.0.0.0/8 10.209.113.0/24

IP-Nummern, die bei **permit_mynetworks**, **permit_auth_destination** und **reject_unauth_destination** relayen dürfen

mynetworks_style = subnet

wie **mynetworks**, verzichtet aber auf die Angabe der IP-Bereiche, sondern schaltet pauschal das Subnetz des Mailservers frei. Weitere Möglichkeiten: **class** (das ganze Class A/B/C-Netz des Servers) oder **host** (nur der Mailserver selbst).

myorigin = $myhostname

Hostname, der bei der Erzeugung neuer E-Mails benutzt wird

nested_header_checks = $header_checks
> Maximalanzahl in sich verschachtelter E-Mail-Anhänge, die Postfix untersucht

newaliases_path = /usr/bin/newaliases
> Pfad zum Programm **newaliases**

non_fqdn_reject_code = 504
> SMTP-Code bei einem **REJECT** wegen eines Nicht-FQDN-Hostnamens

notify_classes = resource,software
> Bereiche, in denen der Postmaster bei Fehlern informiert wird. Weitere Möglichkeiten: **bounce** (unzustellbare Mails), **policy** (REJECTS bei Restrictions), **delay** (Mailverzögerungen), **2bounce** (*Double Bounces*).

owner_request_special = yes
> aktiviert eine besondere Behandlung für die Adressen **owner-listenname** und **listenname-request** bei Mailinglisten

parent_domain_matches_subdomains = debug_peer_list,
fast_flush_domains,mynetworks,permit_mx_backup_networks,
qmqpd_authorized_clients,relay_domains,
smtpd_access_maps
> Parameter, in denen eine Domainangabe automatisch auch deren Subdomains miterfasst.

permit_mx_backup_networks =
> wenn gesetzt, dürfen nur diese IP-Nummern über uns relayen, parallel gesetzt sein muss **permit_mx_backup**!

prepend_delivered_header = command, file, forward
> fügt in diesen Fällen einen Header **Delivered-To:** in die Mail ein, daran können später eventuelle Mailschleifen entdeckt und geblockt werden (*Loop Detection*)

process_id_directory = pid
> Verzeichnis für Dateien mit Prozess-IDs, relativ zu **/var/spool/postfix**.

program_directory = /usr/libexec/postfix
> Pfad zu den Postfix-Programmen

propagate_unmatched_extensions = canonical, virtual
> legt fest, ob Mail Extensions auch in den hier angegebenen Tables berücksichtigt werden sollen, so dass je nach Extension unterschiedlich reagiert werden kann

proxy_interfaces =
> Die IP-Adresse eines etwaigen Gateways, das NAT/Masquerading macht. Verhindert Open Relays und Mailschleifen (wichtig!) und sorgt dafür, dass der Server auch als Backup-MX funktioniert. Siehe Seite 143.

proxy_read_maps = $local_recipient_maps $mydestination $virtual_alias_maps $virtual_alias_domains $virtual_mailbox_maps $virtual_mailbox_domains $relay_recipient_maps $relay_domains $canonical_maps $sender_canonical_maps $recipient_canonical_maps $relocated_maps $transport_maps $mynetworks
> Lookup Tables, bei denen **proxy_interfaces** berücksichtigt werden soll

qmgr_clog_warn_time = 300s
> Zeit zwischen einzelnen Warnungen, wenn E-Mails an ein bestimmtes einzelnes Ziel die Outgoing-Queue verstopfen

qmgr_fudge_factor = 100
> Prozentsatz an Ressourcen, die ausgehende E-Mails von Postfix zur Verfügung gestellt bekommen

qmgr_message_active_limit = 10000
> Maximalzahl gleichzeitiger Mails in der **active**-Queue

qmgr_message_recipient_limit = 10000
> maximale Größe der Verwaltungstabelle des **qmgr**.

qmqpd_authorized_clients =
> Postfix unterstützt auch das Prokoll QMQP, das eigentlich zum MTA *Qmail* gehört. Die in diesem Parameter angegebenen Hosts dürfen Postfix mit QMQP kontakten.

qmqpd_error_delay = 5s
> Wartezeit nach einem Fehler in einer QMQP-Verbindung

qmqpd_timeout = 300s
> Timeout beim Aufruf des **qmqpd**

queue_directory = /var/spool/postfix
> Pfad zu den Queue-Ordnern

queue_minfree = 0
> minimaler noch freier Plattenplatz in Bytes, ansonsten verweigert Postfix die Annahme von Mails

queue_run_delay = 1000s
> Anzahl der Sekunden, nach denen Postfix die **deferred**-Queue nach zuzustellenden Mails durchsucht

queue_service_name = qmgr
>   Name, unter dem Postfix diesen Service in der **master.cf** findet

rbl_reply_maps =
>   bietet die Möglichkeit, über eine seperate Lookup-Table unterschiedliche
>   SMTP-Errorcodes und Antworttexte zu definieren, je nachdem, welcher RBL-
>   Dienst den Block geliefert hat

readme_directory = /usr/share/doc/packages/postfix/README_FILES
>   Verzeichnis der **README**-Dateien

recipient_canonical_maps =
>   anonical-table nur für Empfänger-Adressen

recipient_delimiter = +
>   Trennzeichen, um in der Empfängeradresse die Mail Extension abzutrennen

reject_code = 554
>   allgemeiner SMTP-Code bei einem **REJECT**

relay_domains = $mydestination
>   Domains, für die bzw. von denen Postfix relayt

relay_domains_reject_code = 554
>   SMTP-Errorcodes bei einem **Relay Access denied**

relay_recipient_maps =
>   Lookup-Tables mit Empfängeradressen des **virtual-Moduls**, damit Mails an
>   nicht existente User abgelehnt werden können

relay_transport = relay
>   Name, unter dem Postfix diesen Service in der **master.cf** findet

relayhost =
>   Host, an den alle ausgehenden Mails zugestellt werden, statt diese an den
>   MX-Host zu senden

relocated_maps =
>   Tabelle mit den Relocated-Einträgen

require_home_directory = no
>   erzwingt die Existenz eines Home-Verzeichnisses eines lokalen Empfängers

resolve_dequoted_address = yes
>   löst Mailadressen, die in Anführungszeichen weiteren Text beinhalten, oder
>   **user@domain1@domain2** rekursiv korrekt auf, damit sich diese Adressen
>   nicht von Spammern zunutze gemacht werden können

rewrite_service_name = rewrite
Name, unter dem Postfix diesen Service in der **master.cf** findet

sample_directory = /etc/postfix/samples
Verzeichnis, in das bei Installation und Update die Beispiel-Konfigurationen
eingespielt werden

sender_canonical_maps =
canonical-table für Sender-Adressen

sendmail_path = /usr/sbin/sendmail
Pfad zum *Sendmail*-Ersatz **sendmail**

service_throttle_time = 60s
ein abgestürztes Modul wird erst nach dieser Wartezeit neu gestartet, um
Endlosschleifen zu vermeiden, die den Rechner lahm legen könnten

setgid_group = maildrop
UserID für die **maildrop**-Queue

showq_service_name = showq
Name, unter dem Postfix diesen Service in der **master.cf** findet

smtp_always_send_ehlo = yes
Postfix identiziert sich immer als ESMTP-fähiger Server

smtp_bind_address =
IP-Adresse, die für ausgehende Verbindungen benutzt wird. Bei fehlender
Angabe wählt Postfix die sinnvollste aus allen IP-Adressen des Servers aus.

smtp_break_lines = yes
bricht überlange Zeilen in ausgehenden E-Mails um

smtp_connect_timeout = 0s
Timeout für den Aufbau der Verbindung – wenn „0", wird der Standardwert
für TCP/IP-Verbindungen aus dem Kernel genommen.

smtp_data_done_timeout = 600s
Timout nach Übertragung einer E-Mail

smtp_data_init_timeout = 120s
Timeout nach Absenden des SMTP-Kommandos **DATA**

smtp_data_xfer_timeout = 180s
Timeout bei Übertragung einer Mail

smtp_destination_concurrency_limit =
$default_destination_concurrency_limit
maximale Anzahl gleichzeitiger Verbindungen per SMTP zu einem Host

smtp_destination_recipient_limit =
$default_destination_recipient_limit
maximale Anzahl der Empfänger in einer Mail, die über SMTP versendet wird

smtp_enforce_tls = no
erzwingt SSL/TLS beim Versand per SMTP

smtp_helo_name = $myhostname
Name, den Postfix beim Connect an anderen Servern als HELO-Namen angibt

smtp_line_length_limit = 990
Maximallänge der Zeilen einer E-Mail

smtp_helo_timeout = 300s
Timeout nach Absenden des SMTP-Kommandos HELO/EHLO

smtp_mail_timeout = 300s
Timeout nach dem Versand des SMTP-Kommandos MAIL FROM:

smtp_never_send_ehlo = no
Postfix identifziert sich nie als ESMTP-fähiger Server

smtp_pix_workaround_delay_time = 10s
Workaround für einen Fehler in Cisco PIX Firewalls. Fügt eine Wartezeit vor
dem „." ein, der die DATA-Übertragung in einer SMTP-Sitzung beendet.

smtp_pix_workaround_threshold_time = 500s
Wenn eine E-Mail länger als diese Zeit in der Mailqueue liegt, geht Postfix
davon aus, dass die Cisco PIX fehlerhaft ist, und wendet die Verzögerung an,
um den Fehler auszugleichen.

smtp_quit_timeout = 300s
Timeout nach Übertragung des SMTP-Kommandos QUIT

smtp_randomize_addresses = yes
mixt die Reihenfolge der Envelope-Adressen bei einer SMTP-Sitzung, um zu
verhindern, dass stets die gleiche defekte Adresse die gesamte Auslieferung
einer Mail blockiert

smtp_rcpt_timeout = 300s
Timeout nach Übertragung des SMTP-Kommandos RCPT TO:

smtp_sasl_auth_enable = no
aktiviert die Identifizierung über SMTP-Auth bei ausgehenden Verbindungen

smtp_sasl_password_maps =
Table mit den Passwortdaten für ausgehende SMTP-Auth-Verbindungen

smtp_sasl_security_options = noplaintext, noanonymous
> zulässige Identifizierungsmethoden bei ausgehenden SMTP-Auth-Verbindungen

smtp_skip_4xx_greeting = yes
> ignoriert Begrüßungsstrings mit einem SMTP-Code 4xx (temporärer Fehler), versucht die E-Mail trotzdem abzusetzen

smtp_skip_5xx_greeting = yes
> ignoriert Begrüßungsstrings mit einem SMTP-Code 5xx (dauerhafter Fehler), versucht die E-Mail trotzdem abzusetzen

smtp_skip_quit_response = yes
> wartet nach dem SMTP-Kommando QUIT nicht mehr auf eine Antwort, sondern trennt die Sitzung

smtp_sasl_tls_security_options = $var_smtp_sasl_opts

smtp_sasl_tls_verified_security_options = $var_smtp_sasl_tls_opts

smtp_starttls_timeout = 300s

smtp_tls_CAfile =

smtp_tls_CApath =

smtp_tls_cert_file =

smtp_tls_cipherlist =

smtp_tls_dcert_file =

smtp_tls_dkey_file = $smtp_tls_dcert_file

smtp_tls_enforce_peername = yes

smtp_tls_key_file = $smtp_tls_cert_file

smtp_tls_loglevel = 0

smtp_tls_note_starttls_offer = no

smtp_tls_per_site =

smtp_tls_scert_verifydepth = 5

smtp_tls_session_cache_database =

smtp_tls_session_cache_timeout = 3600s

smtp_use_tls = no
> aktiviert TLS-Verschlüsselung auch bei ausgehenden E-Mails

smtpd_banner = $myhostname ESMTP $mail_name
> Begrüßungszeile, die der Client direkt nach dem Connect per SMTP ausge-
> geben bekommt

smtpd_client_restrictions =
> Restrictions-Prüfungen direkt nach dem Connect des Clients

smtpd_data_restrictions =
> Restriction, die nach der Eingabe von DATA im SMTP-Dialog ausgeführt wird

smtpd_delay_reject = yes
> ein REJECT einer Restriction wird „aufgehoben" und erst nach der Prüfung
> von RCPT TO: ausgegeben, auch wenn es schon vorher feststeht. Schlechte
> Mailclients kapieren den REJECT nach einem MAIL FROM: sonst nicht und
> versuchen immer wieder, die Mail einzuliefern.

smtpd_enforce_tls = no
> erzwingt SSL/TLS bei eingehenden Verbindungen

smtpd_error_sleep_time = 5s
> Anzahl in Sekunden vor der Ausgabe eines SMTP-Fehlercodes

smtpd_etrn_restrictions =
> limitiert das SMTP-Kommando ETRN auf die hier genannten Hosts

smtpd_hard_error_limit = 100
> Anzahl der Fehler in einer SMTP-Sitzung, nach der Postfix die Verbindung
> abbricht

smtpd_helo_required = no
> entscheidet, ob ein Client ein HELO senden muss

smtpd_helo_restrictions =
> Restrictions-Prüfungen nach dem HELO-Kommando

smtpd_history_flush_threshold = 100
> maximale Kommandos zum Debuggen

smtpd_junk_command_limit = 100
> Müll-Kommandos, um Verbindung offen zu halten/maximal

smtpd_noop_commands =
> definiert SMTP-Kommandos, auf denen Postfix zwar ein 250 OK ausgibt,
> aber keinerlei Aktion tätigt. Wenn der Wert leer ist, gilt weiterhin der SMTP-
> Befehl NOOP.

smtpd_null_access_lookup_key = <>
: setzt einen Wert, nach dem in Tables gesucht wird, wenn eine Mail keinen Absender hatte. So lassen sich auch Bounces mit einem OK oder REJECT abfangen.

smtpd_recipient_limit = 1000
: Maximalanzahl der SMTP-Envelope-Empfänger in einer Mail

smtpd_recipient_restrictions = permit_mynetworks, check_relay_domains
: Restrictions nach dem SMTP-Envelope-Empfänger

smtpd_restriction_classes =
: definiert *Restriction Classes*

smtpd_sasl_auth_enable = no
: aktiviert SMTP-Auth bei eingehenden Verbindungen

smtpd_sasl_local_domain = $myhostname
: Domain, die bei SMTP-Auth an die Nutzerkennung mit angehängt wird, wenn diese in der Datenbank überprüft wird

smtpd_sasl_security_options = noanonymous
: zulässige Identifizierungsmethoden bei eingehenden SMTP-Auth-Verbindungen

smtpd_sasl_tls_security_options = $smtpd_sasl_security_options
: zulässige Identifizierungsmethoden bei eingehenden SMTP-Auth-Verbindungen, wenn TLS-verschlüsselte Verbindungen vorliegen

smtpd_sender_login_maps =
: access-table für SMTP-Auth

smtpd_sender_restrictions =
: Restrictions nach dem SMTP-Envelope-Sender

smtpd_soft_error_limit = 10
: Anzahl der Fehler in einer SMTP-Sitzung, nach der Postfix eine Sonderwartezeit einlegt

smtpd_starttls_timeout = 300s
: Timeout nach Angabe von STARTTLS im SMTP-Dialog

smtpd_timeout = 300s
: Timeout der Inaktivität, nachdem smtpd eine Verbindung abbricht

smtpd_tls_CAfile =

smtpd_tls_CApath =

smtpd_tls_ask_ccert = no

smtpd_tls_auth_only = no

smtpd_tls_ccert_verifydepth = 5

smtpd_tls_cert_file =

smtpd_tls_cipherlist =

smtpd_tls_dcert_file =

smtpd_tls_dh1024_param_file =

smtpd_tls_dh512_param_file =

smtpd_tls_dkey_file = $smtpd_tls_dcert_file

smtpd_tls_key_file = $smtpd_tls_cert_file

smtpd_tls_loglevel = 0

smtpd_tls_received_header = no

smtpd_tls_req_ccert = no

smtpd_tls_session_cache_database =

smtpd_tls_session_cache_timeout = 3600s

smtpd_tls_wrappermode = no

smtpd_use_tls = no
> aktiviert TLS-Verschlüsselung für den Empfang von Mails

soft_bounce = no
> *Soft Bounce* dient dem Austesten eines Servers – Bounce-Nachrichten wer-
> den erzeugt, die Mails verbleiben aber in der Mailqueue für spätere Zustell-
> versuche.

stale_lock_time = 500s
> Zeitraum, nach dem Postfix offenbar liegen gebliebene Lock-Dateien zwangs-
> weise entfernt

strict_7bit_headers = no

strict_8bitmime = no

strict_8bitmime_body = no

strict_mime_encoding_domain = no

strict_rfc821_envelopes = no
> erzwingt korrekte Envelope-Adressen nach **RFC 2821**, also z. B. Mailadressen in „< >"

sun_mailtool_compatibility = no
> Zusammenarbeit mit Mailtool von Sun „uralt Solaris"

swap_bangpath = yes
> sorgt dafür, dass gebangte Routpfade aus UUCP-Verbindungen in eine Domainform umgeschrieben werden, aus site!user wird user@site

syslog_facility = mail
> Ausgabekanal für Logmeldungen an **syslogd**

syslog_name = postfix
> Ausgabename für Logmeldungen an **syslogd**

transport_maps =
> Tabelle mit den Transporteinträgen

transport_retry_time = 60s
> Wartezeit, bevor ein gestörter Postfix-Transport erneut angesprochen wird

undisclosed_recipients_header = To: undisclosed-recipients:;
> Header, der eingefügt wird, wenn kein Header **To:** in der Mail vorgefunden wird

unknown_address_reject_code = 450
> SMTP-Errorcode bei unbekannten Mailadressen

unknown_client_reject_code = 450
> SMTP-Errorcode bei einem **REJECT** eines Client nach einer **access**-table

unknown_hostname_reject_code = 450
> SMTP-Errorcode bei unbekannten/nicht auflösbaren Hostnamen

unknown_local_recipient_reject_code = 450

unknown_relay_recipient_reject_code = 550

unknown_virtual_alias_reject_code = 550

unknown_virtual_mailbox_reject_code = 550

verp_delimiter_filter = -=+
> Zeichen, die für eine Kodierung der Mailadresse bei **VERP** genutzt werden können

virtual_alias_domains = $virtual_alias_maps

virtual_alias_maps = $virtual_maps

virtual_gid_maps =
> Table für die Zuordnung von GID zu Mailadressen für die Transportmethode
> virtual

virtual_mailbox_base =
> Pfad, der jeder Mailbox vorangestellt wird

virtual_mailbox_domains = $virtual_mailbox_maps

virtual_mailbox_limit = 51200000
> Maximale Größe eines einzelnen User-Postfachs bei der Transportmethode
> **virtual**, danach wird gebounct

virtual_mailbox_lock = fcntl
> Art des Lockings bei **virtual**

virtual_mailbox_maps =
> Table mit den Zuordnungen von Mailadresse zum Postfach

virtual_maps =
> Table mit den **virtual**-Einträgen

virtual_minimum_uid = 100
> kleinste UID, die **virtual** aus der **virtual_uid_maps** akzeptiert

virtual_transport = virtual
> Name, unter dem Postfix diesen Service in der **master.cf** findet

virtual_uid_maps =
> Table für die Zuordnung von UID zu Mailadressen für die Transportmethode
> virtual

Index